中国古代艺术风格论

ZHONGGUO GUDAI YISHU FENGGELUN

张兰芳◉著

山西出版传媒集团
山西教育出版社

图书在版编目（CIP）数据

中国古代艺术风格论／张兰芳著．—太原：山西教育出版社，2017.12
（中国古代艺术学理论经典文献研究丛书／王廷信总主编）
ISBN 978－7－5440－8743－8

Ⅰ．①中… Ⅱ．①张… Ⅲ．①艺术风格－研究－中国－古代
Ⅳ．①G052

中国版本图书馆CIP数据核字（2016）第235216号

中国古代艺术风格论
ZHONGGUO GUDAI YISHU FENGGELUN

选题策划	薛海斌
责任编辑	郭志强　杨　文　康红刚
复　　审	刘晓露
终　　审	薛海斌
装帧设计	张世伟
印装监制	蔡　洁
出版发行	山西出版传媒集团·山西教育出版社 （地址：太原市水西门街馒头巷7号　电话：0351－4729801　邮编：030002）
经 销 者	山西出版传媒集团·山西教育出版社
承 印 者	山西新华印业有限公司
开　　本	720mm×1020mm　1／16
印　　张	25
字　　数	456千字
版　　次	2017年12月第1版
印　　次	2017年12月第1次印刷
书　　号	ISBN　978－7－5440－8743－8
定　　价	78.00元

总 序

自19世纪末到20世纪初期艺术学学科被德国学者提出以来，属于二级学科艺术学的学科即有众多学者在探索，但直到1997年，该学科方在中国从体制上得以确立，具体体现在1997年国务院学位办修订的《学位授予和人才培养学科目录》当中。2011年，国务院学位办针对1997年修订的《学位授予和人才培养学科目录》重新修订并向全国颁布，在重新修订的目录中，艺术学首次从文学门类中独立出来，成为新的第十三个学科门类，艺术学理论成为其中的一个一级学科。这是有史以来艺术学的重大进步，也是艺术学理论学科发展的重要机遇。

在中国艺术研究领域中，基于某个艺术门类的史论研究成果都很丰富。尤其是针对某个艺术门类的文献整理，自20世纪上半叶以来都有较为系统的文献出版。但与艺术学理论学科相对应的文献整理与理论研究则显得十分薄弱。

文献是学科的基础，缺乏清晰的文献脉络，便无法为学科准确定位，也将深刻影响到学科的长足发展。目前艺术学理论学科缺乏清晰而又完整的理论文献体系，故而造成学科自身的诸多困惑。因此，整理与研究属于艺术学理论学科的相关文献便成为迫在眉睫的工程。为了给艺术学理论学科奠定理论基础，我们特编撰本丛书。

虽然艺术学理论学科从制度上确立较晚，但有关该学科相关问题的探索却由来已久。自公元前数世纪以来，中外学者的大量著作均涉及艺术学理论的内容。就我国而言，艺术学理论的探索从先秦诸子发端，继而引发大批理论家和艺术家探索艺术问题。这些问题的探讨形成了浩瀚的艺术理论成果，分散在经、史、子、集等各类文献当中，其中既有文史哲方面的，又有各个艺术门类方面的。要从这浩如烟海的文献当中整理出属于艺术学理论学科的基本文献，其难度是可想而知的。但尽管难度极大，仍然需要去做。本丛书正是从这些文献中尽力搜寻符合艺术学理论学科特点的文献。

要从众多的文献当中寻找符合艺术学理论学科的文献，其难度不仅仅是文献之众，更多地体现在对于文献的辨析。我们在寻找的过程中，尽量寻找适合于不同艺术门类、具有普遍价值的经典文献。许多文献可能是针对一个具体的艺术门类而谈的，但如果也对其他艺术门类有所启示，本丛书也予以收录。中国艺术在视角和方法上是触类旁通的，我们认为这种办法是富有成效的。

本丛书从艺术学理论学科的文献整理做起，进而在此基础上分5个专题进行理论研究，试图为艺术学理论在基本文献和基本原理两大方面奠定基础。本丛书分“文献篇”和“理论篇”两大部分。“文献篇”所收录的文献自先秦起至1840年为止。“理论篇”的研究所依据的文献的出现时间也与文献篇相同。

“文献篇”采取“打通门类、分类整理”的原则编写。“打通门类”意在使本丛书所收录的文献所体现的观点能够适应于不同的艺术门类。“分类整理”是将文献划分为观念编、体式编、功能编、创作编、风格编、品鉴编等六个专题，便于读者从某个角度思考艺术的宏观问题。在此基础上，形成精要编，便于使读者概览中国艺术学理论学科的经典文献。

“理论篇”是在上述六个专题的基础上进行拓展，分为中国古代艺术体式论、中国古代艺术范畴论、中国古代艺术功能论、中国古代艺术创作论、中国古代艺术风格论、中国古代艺术品鉴论、中国古代艺术学文献概论、中国古代艺术学理论关键词等。

本丛书是针对中国古代艺术学理论文献整理与理论研究的初步探索。许多学者都是初涉艺术学理论学科，尤其是一部分年轻学者的参与，既使本丛书显示出勃勃生机，又在学术研究方面显得青涩。因此，我们特别期待学术界的方家予以指正。

最后，我要感谢江苏省教育厅、山西教育出版社、东南大学社科处等单位对本丛书的大力支持，感谢山西教育出版社的副总编辑薛海斌先生对于本丛书所倾注的心血。

是为序。

王廷信

2016年3月20日于梅庵

序　一

张兰芳博士最近完成一部专著《中国古代艺术风格论》准备出版。她将书稿发给我，嘱我为之作序。作序我不敢当，但对于兰芳博士和她的这部著作，我却的确要讲几句话。

我虽认识兰芳博士仅有两年多时间，却明晰地感到这是一位不甘平凡、顽强拼搏、不断以新的目标努力超越自我的知识女性。我认识她，缘于她报考博士后的经历。2014年11月我应邀参加东南大学艺术学院建院八周年暨艺术学科恢复办学20周年庆典，并在同期举行的“国际视野下的艺术教育高峰论坛”担任点评嘉宾。正是在这次论坛上，当时正在攻读东南大学艺术学理论方向博士学位的张兰芳同学找到我，问询我所在的中国艺术研究院招收博士后的有关情况。快到年底的时候，她携带刚打印出来、还带着油墨清香的博士论文初稿，以及博士后进站的研究计划，从南京来到北京找到我，希望我能够作为她攻读博士后的合作导师，并征求我对其博士后进站研究计划的看法和意见。听了她对自己博士论文内容的介绍以及博士后的进站研究设想，我当即表示欢迎她报考我院的博士后，并与她深入探讨了如果能够进站将如何调整、修改已有的研究方案。可惜的是，在即将进站答辩的前夕，我们研究生院的招生部门说是由于年龄的原因，通知她无法进站。后来了解到，教育部对于人文社会科学博士后进站的年龄是可以适当放宽的。兰芳当时仅比规定的年龄超出几个月，这个问题对于教育部一些部属高校可能根本不算问题，但对于我们非教育部直属的科研单位，却成了无法逾越的障碍。令人欣慰的是，兰芳随即申请报考南京艺术学院的博士后，非常顺利地进站，如其所愿展开她所钟情的课题研究。听到这一消息，我这颗充满歉意的心方才略微感到一丝宽慰。

让我对兰芳博士产生深刻印象并心存敬意的是2015年11月在北京中国文联“文艺家之家”召开的第十一届全国艺术学年会。此次年会是全国艺术学学会开满十届年会之后新的一轮的首次年会，又是首次在首都北京召开，艺术学理论界对此次年会寄予很高期待。此次年会原计划由我所在的中国艺术研究院研究生院具体承办，但由于临近开会时有关上级部门对于会议规模、人数的限制，最后改由中国文联出版社具体承办。在时间很紧、任务繁重的情况下，第十一届年会开成了一届不只参会人员数量最多、达到二百六十人以上而且讨论的问题居于前沿、提交论文质优量巨、发言讨论热烈深入、青年学者表现抢眼等亮点频现、精彩连连的相当成功的盛会。此次年会的成功举办，当然离不开中国文联出版社掌门人朱庆社长的热情支持、倾力操办与精心组织。实际上，会议的成功，还不能不提到另一位在朱庆社长身后事无巨细埋头工作、踏实严谨默默奉献的得力干将——张兰芳博士。对于她井井有条富有效率的出色工作，我看在眼里，心里不禁会想：能如此任劳任怨且一直保持高度的热情投入工作，她还有什么做不好呢？

回到兰芳的这部专著上来。让我乐于认真阅读这部在博士论文基础上修改完善的专著的原因，可能主要有两点：首先，我在从20世纪80年代中期开始的艺术学研究学术之旅，无论是在写作专著《元艺术学》和《现代艺术学导论》时，还是在主持国家青年社科基金课题、主编《艺术类型学》，都比较关注艺术风格的问题，把它作为艺术类型学研究中与艺术分类问题同等重要的研究对象进行探讨，因此，当我看到兰芳博士的这部书稿将中国古代艺术风格理论作为自己的研究对象进行今日艺术风格理论的建构，这自然会引起我浓厚的兴趣。其次，兰芳博士踏实认真的工作态度与勤勉刻苦的钻研精神，让我心生敬意和好奇，据我了解，兰芳并不是那种可归之于“聪明”阵列的人，她之前的专业背景与经历也说不上有什么优势——她曾长期担任中学老师，不可能有非常充分的时间阅读专业书籍，这都令她的专业研究之路比起其他同专业的博士生们远为艰难吃力。但是，她的那种吃苦耐劳、不甘平凡的精神，让我相信一个永恒的真理，即：“勤能补拙”。读了她的书稿，作者的确没有让我失望。我读到了一部朴实、充实、扎实、求实的中国古代艺术风格理论研究的有益著作。我为她辛勤耕耘所收获的不俗成果而感到高兴。

艺术风格问题是艺术基础理论研究的重要论题之一，长期以来备受学界关注。特别是与中国古代艺术风格的相关研究，已从文艺学（文学学）、美学，特别是各具体艺术门类的个别艺术学视角做过大量的分析研究。这些探讨既有基于创作实践的风格论题研究，也有基于理论文献的风格论题研究，总体上呈现出多向度特征，充分展现了中国古代各个门类艺术创作风格特色与风格理论的丰富性与多元性。

然而，就目前古代艺术风格研究的理论范式来看，主要是分门别类的风格研究，即从微观层面对古代诗歌、散文、小说、书法、绘画、雕塑、园林、建筑、音乐、舞蹈、戏曲、曲艺等个别门类艺术领域中的风格事象、风格理论进行具体的、局部的、纵深的研究，而很少有从艺术一般的宏观层面对不同门类艺术所关涉的具有普遍共性的艺术风格问题予以关注和思考。近些年，情况有所变化，有的研究者尝试对某个门类艺术的风格问题作历时性贯通研究，也有研究者对某个特定时代的多个门类共性艺术风格问题作共时性断代研究，但仍有其明显的局限性：或局限于对单个门类艺术领域之内，或局限于特定历史阶段之内，而未能将中国古代不同历史时期的各个门类艺术视为一个整体，看作一个完整的“艺术世界”，在打通门类艺术之间壁垒的基础上，对多个门类艺术中所关涉的共通性、规律性、普遍性的风格问题进行宏观层面的整体观照。而这样一种新的研究范式，正是当下艺术学理论学科所迫切需要的。

众所周知，“艺术学理论”是一个非常年轻的、在中国当代独特学术土壤中逐渐开花的艺术学科。它源自20世纪90年代中期形成的艺术学一级学科体系中排在八个二级学科第一位的、名称同样叫做“艺术学”的二级学科。在现实需求的强烈呼唤和逻辑合理性的强大力量双重作用下，经过学界众多学者的强烈呼吁和大力倡导，当年偏居于文学学科门类之下的一级学科艺术学，终于在2011年早春时节，上升为单独的学科门类，当时作为二级学科的“艺术学”在新的艺术学门类下一级学科的重组重构中，在一片针对以往的二级学科“艺术学”是否有必要升级为一级学科的质疑声中，有幸顶住重重压力，升级为一级学科，并更名为“艺术学理论”，与另外四个艺术学一级学科比肩并立。当然，“艺术学理论”这一学科名称的命名是否理想，也还存在一些争论。按我一以贯之的看法，这个一级学科的命名，用德国一般艺术学倡导者狄索瓦（有人译作“德索”）的学科概念，命名为“一般艺术学”，其实是最为理想也最为方便的办法。鉴于目前艺术学理论这一学科名称已被广泛使用，人们也明白其内涵与外延与“一般艺术学”大致相当，我们姑且使用这一学科概念。显而易见，与其他四个艺术学一级学科或更具体的个别艺术学学科相比，艺术学理论这一艺术学一级学科，无论是在研究对象、视野范围上，还是在研究方法、研究范式、研究视角等方面，都具有自己的独特之处。个别艺术学主要针对自身学科领域之内的具体问题进行特殊性、个别性研究；而艺术学理论学科的视野范围却遍及不同种类的艺术领域，以不同类别的艺术创作实践、纷繁事象及理论文献等为研究对象，旨在打破各个类别艺术之间的壁垒，通过各种类艺术之间的关联，构建能够涵盖各种类艺术普遍规律的宏观理论体系。艺术风格问题作为各种类艺术都必然关涉的重要论题，同样也是艺术学理论学科所关注的基础理论问题。尤其是在该学科的理论体系、话语体系仍处在建构之中、尚不完备的现状之下，对艺术风格问题，特别是对中国古代艺术风格的共性、规律性的问题从宏观层面予以概括、总结，不仅有助于对该学科的理论体系、话语体系的建构与完善，而且对挖掘整理传统艺术史料资源、建设富有中国特色的艺术学学科体系大有裨益。

然而，说起来容易，做起来却谈何容易。别的不说，就古代艺术风格理论研究来说，要想从今日艺术学理论（一般艺术学）视角来展开探讨，这不仅要求研究者以宏阔的视野对中国古代不同种类艺术的史、论知识有所了解和掌握，能从纷繁复杂的风格事象、风格理论中择取出研究所需的史料资源，更重要的是，能在融会贯通、考察分析史料资源的基础上，从艺术一般的视角，提出具有共性特点和普遍意义的风格论题，从宏观层面初步构建出古代艺术风格的理论框架。我们知道，中国古代艺术种类众多、历史悠久、风格多样，而且各个种类艺术之间的发展具有不平衡性，有的艺术成熟得早，有的成熟得晚；某一种类艺术所具有的某种特殊风格，不一定在其他种类艺术中也同样存在。若想从庞杂纷乱的个别现象中发现共性问题是非常困难的。但不可否认的是，纵然艺术千姿百态，共性的风格问题一定潜藏在个性风格问题之中。

循着这一思路，该书的作者在创设风格论题、建构理论框架的时候，非常注重跨越各种艺术之间的界限，力求从极具个性的风格现象中探究具有基础性、普遍性和一般性的风格论题。艺术风格形成论、艺术风格类型论、艺术风格特征论以及艺术风格发展论这四个论题的创设，均基于对古代各种类艺术史、论的考察分析，尤其是相关古代艺术的风格事象与风格理论的史料资源，是本书创设共性风格论题的基础和源泉。

该书对古代艺术风格论题的理论架构及具体阐发，具有不少可圈可点之处。首先，该书注重理论提升，从个性中寻求共性。如“艺术风格形成论”一章，作者认识到任何层面的风格形成，都必然受到所处时代环境、地理环境的影响，同时还离不开创作主体的能动创造。这一视点，基本可以较为全面地关涉古代艺术风格的任何一个层面，诸如时代风格、地域风格，乃至个性风格的形成问题，并予以阐释；又如该书“艺术风格特征论”一章，作者提出独特性、多样性、稳定性、变异性、归属性是中国古代艺术风格的“一般特征”，无疑是对在不同类别的艺术中诸多个性风格特征考察分析的基础上所作出的归纳概括与理论升华，可以较为全面地涵盖纷纭繁杂的风格事象的共有特征。其次，该书注重理论与实践相结合，其有关共性风格论题，是对创作实践领域典型风格案例与理论文献中关乎风格现象的经典言论作整体观照的基础上而提出的。如“艺术风格类型论”一章，作者在对古代艺术风格类型理论发展脉络予以梳理的基础上，提出自己对风格类型的见解，认为古代各种类艺术中普遍存在着共性的基本风格类型，并从“形”“意”“文”“法”“气”五个方面，以两两相对的方式提出了五对基本风格类型，还从不同类别艺术领域选取大量具有代表性的典型案例予以论证，并从丰厚的理论文献中旁征博引，沟通各类艺术理论之间的内在关联，尽可能地实现对古代艺术风格的全面观照；最后，本书建构艺术风格理论框架，重视对古代概念、范畴等传统资源的借鉴和运用，彰显理论研究的民族特色。如从“品评”视角对古代各类别艺术理论文献中累积的风格品评理论作了挖掘整理，并对不同种类艺术所具有的共性的风格品评特征作了梳理和概括；又如，以“通变”来阐释古代“艺术风格发展的规律”，以“师古”“师造化”“师心”三方面解析古代“艺术风格发展的路径”，有效实现了古代概念、范畴的当代阐释与转化，彰显了理论研究的民族特色，体现了古代艺术理论资源对当代理论体系构建的重要意义。

可以说，该书从“艺术学理论”学科这个新的学科视角，对古代各种类艺术所关涉的共性风格问题进行了综合研究，大胆突破了仅对古代艺术风格问题进行个别艺术学研究的狭窄视域，是一次积极而有益的尝试。作者充分认识到古代各种类艺术风格的丰富性与复杂性，思考艺术风格问题注重与社会历史、哲学思想、审美文化等相结合，与创作实践、批评与鉴赏相结合，综合历史学、文化学、社会学、地理学、心理学等跨学科方法对风格问题作了系统而综合的思考。为了更为明晰条理、直观形象地阐释观点，还辅以大量的图像予以说明。该书研究对象范围涉猎广泛，史料丰富，旁征博引，却基本能做到结构合理，思路清晰，理论框架规整有序。无论研究视角、学术思想、还是研究方法等方面，均具有一定的创新性。可见，作者具有良好的理论研究素养，为风格论题研究投入了很大的努力。当然，该书作为作者攻读博士学位期间的研究成果，由于时间、精力有限，在理论研究的深度和广度上，还有待于进一步充实和完善，但在某种程度上，却弥补了目前中国艺术学研究领域尚缺乏对中国古代艺术风格进行综合研究的缺憾，在艺术风格学研究方面为有中国特色艺术学理论体系的建构与完善做了可贵的基础性研究工作，这是应该予以充分肯定的。

《中国古代艺术风格论》在兰芳博士专业求学、治学的道路上，还只是一个起步。以其毅力、韧劲和不懈追求，相信她会继续做出新的可喜的业绩。

李心峰

丙申年十月廿二日晨，小雪飘落中

序　二

艺术风格是艺术作品独特内容与形式的统一性体现。自然，也是艺术家个性特征与作品题材、体裁以及时代诸条件构成的统一性表现。“风格即其人”，这是法国作家布封的一句名言，黑格尔对此又有进一步的发挥，提出“风格是艺术家在表现方式和笔调曲折等方面呈现的人格特点”。由此而言，艺术风格乃是艺术家创造个性成熟的标志，更是其作品达到较高艺术水准的标志。

在我国古代，也有不少文论阐述艺术风格的特点，如晋人葛洪《抱朴子》中说：风格即人的风度品格。南朝刘勰《文心雕龙》也说：“心生而言立，言立而文明”，意指文章的风范格局，阐明了风格特征。至迟到唐代的书画史论著作，风格又被当作是书画艺术的品评标准，将风格引入艺术鉴赏之中。清人刘熙载《艺概》也有特别评述，认为“诗品出于人品”，这是将风格与人格合一看待的启示。近现代以来，学界或文界广泛地在美学、文学、艺术、文艺评论等领域使用“风格”，综合分析来看，应不同于一般的艺术特色或创作个性，而是通过艺术作品表现出来的相对稳定性，来反映艺术家在艺术上摆脱各种模式化的束缚，从而趋向或达到个性成熟的标志。

如是说来，关于艺术风格问题的探讨，可谓是中外古今艺术理论的核心话题，若再延伸而论，又涉及艺术史学、艺术美学、艺术形态学、艺术批评学，以及艺术流派与艺术特色等方面的问题研究。当然，还有更为重要的是，对古典文献中有关艺术风格的概念、范畴，以及文论相关问题进行阐释。总体说来，这些研究的主旨均指向丰富多元。然而，我们不得不说，在整个艺术学理论研究领域，但凡涉及艺术风格问题的探讨，现阶段的研究大多关注对具体艺术作品风格形态或风格事象问题进行个案探讨，针对艺术风格的总体面貌及普遍性特征的探究依然缺乏，这或多或少局限了关于艺术风格问题的深入研究，以至影响“风格论”这类主题研究向多重视角扩展的可能。

事实证明，对艺术风格问题的关注极为重要，这是解决对艺术创作和艺术审美认识的关键。值得欣慰的是，兰芳博士的新作《中国古代艺术风格论》，针对上述各类问题的探讨均有涉及，且以独特的研究视角和思考进行了十分有益的推进式探讨，或直接单列章节，或将其融入“艺术作品”“艺术家”等论题当中，已然将“艺术风格”论题视为艺术基础理论的重要组成部分，并就艺术风格的相关研究问题，选择典型个案，以点带面形成多重突破，主要是将门类艺术之间的界限打破，构成一般艺术学的视野，即以艺术学理论的角度，围绕诗歌、散文、音乐、舞蹈、建筑、书法、戏曲等多个门类艺术领域的风格形态或风格事象纳入到研究的范畴，体现出宏阔的理论视野。就研究内容来看，主要着眼于多个门类艺术的共性风格问题（包括风格概念、风格形成、风格特征，以及风格与流派、思潮的关系等），以此研究视角构成与以往个案研究截然不同的方式，来解读艺术风格的种种特点或特征。就其理论阐释来看，具有简单通俗、浅显易懂的语言特点，有助于理解和把握艺术风格论的完整理解。

更重要的是，兰芳博士的这部论著书稿，其研究直指“中国古代艺术风格”，这符合当今艺术学理论界倡导的主题，即立足于中国，以中国的立场、观点和方法，解释重大的理论问题。书稿题目名称似乎很大，考察范围也相当广阔，但阅读之后，该书的理论框架并非大而不实，作者借助对我国古代不同历史时期所形成或呈现的艺术形态、艺术家或艺术作品风格事象，以及相关“风格”的理论文献，进行深入细致的探讨分析，尤其是选取了一个独特而新颖的研究视角——艺术学理论的学科视角，将中国古代文学、音乐、舞蹈、绘画、书法、戏曲、建筑、工艺等不同门类艺术视为一个整体（即广义的“艺术”），对其所关涉的普遍的、共性的风格问题从宏观层面展开一般研究。这是以往风格研究从未涉足过的，不同于个案的研究，自然也不同于“概论”式的简单阐述。

众所周知，关注艺术学基础理论的建构，究竟哪些理论才能纳入到基础理论的范畴？我想既然强调理论的基础性，就要求所论之题具有某一特定门类艺术自身的特殊性、个别性，同时还与其他艺术之间具有一定的普遍性、一般性。就兰芳博士书稿的理论框架而言，可谓是跨越了时空界限，突破了各个门类艺术之间的壁垒，对古代艺术的共性风格问题从形成、类型、特征以及发展四个方面展开研究，不仅沟通了门类艺术的内在关联，而且构建起涵盖各门类艺术普遍规律的宏观理论体系。因而，该书可以说是艺术学基础理论研究中具有代表性的一个研究案例。

再者，本书结合我国古代历史语境，注重一般规律的理论提升。如“古代艺术风格形成论”，作者认识到艺术风格形成与事物发生的原因之间具有异质同构的相通性，风格形成固然与所处的地点、时间因素相关，但更离不开“人”的主导作用，思路看似简单，但却抓住了风格形成的主要原因。在具体的理论阐述中，作者首先从地理环境入手，认为早在人类蒙昧时期，地理环境就对人类的生存生活乃至审美情趣、艺术活动类别、方式产生影响，进而对风格的形成提供了“江山之助”；其次，作者结合中国古代特殊历史语境，从“时代治乱”“经济兴衰”“主流思想”“统治者干预”四个方面分析了时代环境对风格形成的影响，符合中国古代艺术风格的实际状况；最后，作者分析了“人”的主导作用。之所以这样排列三个因素，主要缘于古代社会对人的主体性作用认识较晚，直到魏晋六朝才出现个性风格论。作者旁征博引，列举大量风格事象与古代言论，对风格形成的主体因素作了重点分析，并对古代“文如其人”说法作了重新思考，理论阐述中不乏独到的理论见解，可圈可点。

本书以“共性”研究为基本出发点，仍以富有典型意义的个案作为理论研究的支撑。如“古代艺术风格类型论”一章，作者通过对历代不同门类艺术世界中风格事象的考察，发现古代艺术风格类型纷繁多样是客观存在的事实，但在同一时期不同门类艺术之间，甚至不同时期不同门类艺术之间，在风格类型上存在某些“共通”的特点，而且，由于审视角度与划分依据的不同，所得的风格类型也不同，由此提出从“形”“意”“文”“法”“气”五个方面，以两两相对的方式划分出五对基本风格类型，并从不同门类艺术中择取丰富的“个性”风格典型案例予以佐证；又如“古代艺术风格特征论”一章，作者认识到艺术风格是特殊性与一般性的统一，个性与共性的统一，提出了风格的五个一般特征，即独特性、多样性、稳定性、变异性以及归属性，在进行理论阐释中，同样列举了大量具体、感性的风格案例佐证论点。

这里还要提及的是，本书章节的理论建构有其特色，是基于对我国古代艺术理论文献资源的考察与运用。如“古代艺术风格类型论的演进”研究，作者对中国历代理论文献中积累的相关“风格类型”理论文献作了考察，厘清了风格类型论的发展脉络；又如“古代艺术风格的品评特征”研究，作者对中国古代诗歌、散文、书法、绘画、戏曲、小说等多个门类艺术批评领域相关风格的“品评”理论文献作了总体概览与深入细致的考察分析，表明古代风格品评的关联性、普遍性特点。另外，作者还将古代概念、范畴直接用于理论建构，如采用“通变”阐释“古代艺术风格发展的规律”，采用“师古”“师造化”“师心”来阐释“古代艺术风格发展的路径”，以及用“含蓄”“素朴”“阴柔”“阳刚”等范畴作为风格类型名称等，不仅彰显了古代理论文献资源的丰厚与广博，而且发挥了古代理论文献资源建构风格理论体系的当代意义。

应该说，我国古代艺术风格事象纷繁复杂，相关风格的理论文献也可谓是广博丰厚，面对如此宏大的论题，作者能够从艺术学理论这个新的学科视角出发，理出一条清晰的研究思路，并以合理的结构，规整有序的理论框架，对古代不同门类艺术所具有的共性风格问题从宏观层面予以观照，实属不易。可见，作者具有较好的文献基础和理论素养，自然也显示出较强的科研能力。当然，作为博士期间的研究成果，由于时间、精力所限，可能该书对于共性风格论题的思考与研究，在广度与深度上还有待于进一步拓展和深入，但该书能够围绕“艺术风格”论题，尤其是针对我国古代艺术风格论题，进行如此深入细致的专门研究，无疑是对当前风格研究问题的一次突破，同时也为建构中国特色艺术学基础理论体系作了一次有意义的尝试。

近年来，兰芳博士一直在从事“风格论题”的相关研究，尤其对中国古代艺术风格论题的思考，正在逐步走向深入。作为她在博士后期间的合作导师，我看到她执着于艺术学基础理论研究，形成了自己稳定的研究方向，感到由衷的高兴。相信，通过她的继续努力和对学术孜孜不倦的探索精神，今后还将取得更新的研究成果。我祝愿兰芳博士事业进步，是为序。

夏燕靖

2017年岁末于金陵古城

目 录

绪 论

《中国古代艺术风格论》是江苏省教育厅高校哲学社会科学重点研究基地重大项目“中国古代艺术学经典理论文献研究”（项目编号：2010JDXM002）子课题之一。

风格问题是基础理论研究的重要论题之一，长期以来备受学界关注。尤其是相关中国古代艺术风格论题的研究，直接关系到对古代艺术资源与理论精粹的挖掘、整理与中国特色艺术理论体系的当代构建。古人云：“求木之长者，必固其根本；欲流之远者，必浚其泉源。”中国学术的自主性重建，关键在于对古代艺术资源与理论文献的挖掘、整理与研究，这是探索中国特色艺术理论的有力确证，对提升中国文化艺术软实力大有裨益。

然而自从20世纪以来，我们国家的艺术基础理论研究，长期受到国外艺术理论的影响，无论体系建构、理论阐释、话语描述、例证列举等都存在较为严重的“西化”倾向。长此以往，对我国的艺术学学科建设是相当不利的。当然，我们不能否认外来艺术理论的输入，对我国艺术学学科建设所发挥的重要作用，然而，中外历史文化背景的不同，决定了理论内涵、话语表述及审美视角等方面的不同，用外来理论阐释中国的艺术问题犹如隔靴搔痒，难以深入问题本质，而且这种生拉硬拽的强行阐释，最终将导致中国艺术学学科难以走上独立发展道路。艺术学升级为独立的学科门类，标志着富有“中国特色”的学科体制正式形成。艺术学学科建设的着力点理所应当更多地倾向于中国本土的艺术实践与理论基础，以便充分彰显“民族特色”。风格问题作为既有个别性，又有一般性的重要论题，不仅需要在各个门类艺术学科领域获得进一步深化与拓展，而且在作为一级学科的艺术学理论学科领域，同样应当予以重视和思考。

一、研究现状分析

通过对大量相关研究成果的考察分析发现，目前的古代艺术风格研究主要在文艺学、美学和门类艺术学三大学科领域开展，研究成果丰硕、研究视野开阔、论题指向多元。概括起来，主要基于两大层面：

其一，基于创作实践的古代艺术风格研究。包括：（1）关于艺术家个性风格的研究；（2）关于艺术经典作品风格的个案分析；（3）关于艺术形态风格的研究；（4）关于艺术家群或流派风格的研究；（5）关于艺术风格形成、演变及影响的研究；（6）关于艺术风格的比较研究；（7）关于艺术风格的综合研究；等等。

其二，基于理论文献的古代艺术风格研究。包括：（1）关于古代理论家相关风格问题的个案研究；（2）关于古代经典风格专论的释义与研究；（3）关于古代艺术品评文献中风格问题的研究；（4）关于“文如其人”、人品与文品的研究；（5）关于古代艺术风格范畴的研究；（6）关于古典风格理论的综合研究；等等。

上述论题由于研究对象、研究视角以及研究方法的不同，不断丰富着风格论题的研究视野，层出不穷的研究成果表明古代艺术风格论题研究已然成为基础理论研究不可或缺的重要论题之一，但也存在诸多问题。以下对该论题研究现状的评述，在梳理概括论题指向、研究特点的同时，还指出目前风格研究存在的不足与缺失，进而为古代艺术风格研究论题的进一步拓展，提出新的研究视角和思路方法做一些尝试与探索。

1. 风格论题遍及三大学科领域，相互影响，各有侧重

就所涉学科门类来看，目前古代艺术风格论题研究遍及文艺学、美学和艺术学三大学科领域。相比较而言，文艺学关于风格问题的研究探讨，一直发挥着先导性作用；美学从审美视角关注文学和艺术中的风格问题，尤其注重从理论文献中择取风格概念、术语等作为美学范畴进行研究；门类艺术学向来重视风格问题的具体研究，研究对象丰富多样，但门类艺术之间却存在明显的失衡现象。总体来说，三大学科领域相关风格问题研究彼此关联、相互影响、各有侧重。

文艺学以文学为主，在基础理论研究中占据核心地位。文学由于自身体式多样，发展成熟较早，理论家对诸多论题的认识理解与理论思考也明显早于其他门类艺术，在长期的历史发展进程中，积累了相当丰厚的理论资源。就风格问题而言，文学在论题指向、研究方法、研究视角等方面，为美学、门类艺术学研究风格问题树立了“标准”的研究范式和体例。这一点可从文学领域相关风格论题的大量研究成果中得到证实。早在20世纪60年代初，文学领域就有关于古代艺术风格论题的研究，如朱德才《略论辛弃疾词的艺术风格及其它》（1963）等。新时期以后，关于风格的研究论题如同雨后春笋一般涌现出来，无论是基于创作实践层面的风格论题，还是基于理论文献层面的风格论题，文学都一直处于领先位置。创作实践层面，如蹇长春《试论白居易诗歌的艺术风格》（1980）、龚兆吉《一生不负溪山债——略论辛弃疾山水词的艺术风格》（1981）、陈华昌《试论苏轼词的艺术风格》（1982）等关于艺术家个性风格的研究，傅继馥《论〈儒林外史〉语言的艺术风格》（1980）、栾睿《谈元代散曲家薛昂夫的作品风格》

（1984）等关于古代经典作品风格的研究，李德伦《〈李凭箜篌引〉与〈琵琶行〉的艺术风格比较》（1983）等关于艺术风格的比较研究，王季思《元人杂剧的本色派和文采派》（1964）等关于流派风格的研究，江先堂《李贺诗歌“奇绝冷艳”风格成因试探》（1993）、王定璋《李白艺术风格的文化渊源》（1994）等关于风格成因的研究，严迪昌《文学风格漫谈》（江苏人民出版社1983年版）、王明居《文学风格论》（花城出版社1990年版）等关于风格问题的综合研究等，从不同视角对创作实践领域诸多风格问题作了探讨。理论文献层面，陈永标《屠隆的艺术风格论》（1979）、丛金玉《钟嵘风格理论漫评》（1988）等对古代理论家相关风格理论的研究；詹锳《文心雕龙的风格学》（人民文学出版社1982年版）、乔力《二十四诗品探微》（齐鲁书社1983年版）等对古代经典风格专论的研究；刘彦钊《含蓄也是文艺的基本规律之一》（1980）、曹顺庆《“风骨”与“崇高”》（1982）、吴世昌《宋词中的“豪放派”与“婉约派”》（1983）、蒋寅《古典诗学中“清”的概念》（2000）等对古代风格范畴的研究，吴熙贵《论气与古代文学风格》（1987）等对古代文学风格的整体研究，曾雄才《谈古代文论中的品评批评》（1990）等对古代文论的品评研究等，从不同视角对古代文学理论文献中相关风格问题作了挖掘整理与阐释分析。上述风格论题指向的丰富多元，为美学和门类艺术学探讨风格问题提供了可资借鉴效仿的模式，发挥了典范作用。

美学将文学、艺术作为研究对象是久已存在的事实。就风格问题而言，美学的学科特点，决定其从文学或门类艺术实践中选择适合的研究对象从美学层面予以观照，或从古代文论或门类艺术理论中提取“风格”概念或范畴进行审美视角的理论探讨。20世纪80年代以来，随着学科理论建设的需要，学界重视古代范畴研究，包括风格范畴在内的范畴被纳入了美学研究的视野范围，使美学成为与文学、门类艺术学共同担负探讨风格问题的重要学科之一。杨成寅主编《美学范畴概论》（浙江美术学院出版社1991年版）、涂光社《中国古代美学范畴发生论》（人民教育出版社1999年版）、李欣复《中国古典美学范畴史》（香港天马图书有限公司2003年版）等美学范畴著作，将风格范畴视为美学体系的一部分进行研究；叶朗《中国美学史大纲》（上海人民出版社1985年版）、陈望衡《中国古典美学史》（湖南教育出版社1998年版）、蔡仲德的《中国音乐美学史》（人民音乐出版社2003年版）等美学史论著作包含对风格范畴的理论研究；王世德主编的《美学辞典》（知识出版社1986年版），李泽厚、汝信主编的《美学百科全书》（社会科学文献出版社1990年版），朱立元的《美学大辞典》（上海辞书出版社2014年版）等美学辞典或百科全书，对和、逸、奇、丽、清、冲淡、含蓄、清奇、纤秾、绮丽、劲健、婉约、豪放、阳刚、阴柔等风格范畴词条作了解析阐释。此外，还有大量关于风格范畴的比较研究或个案研究，如樊莘森、高若海《阴柔之美与阳刚之美》（1983）、姚文放《“阳刚之美”和“崇高”的系统论辨析》（1987）、许自强《谈疏野》（1987）、张海明《论冲淡美》（1988）、费邓洪《含蓄与弦外之音——中国文人音乐审美特色探》（1989）、李欣复《“逸”美概念之源流、涵义及构成系统》（1990）、李天道《中国传统美学“典雅”说的规定性意义》（2007）、张郁乎《中国画的“逸品”问题》（2011）、何世剑《中国古典戏曲理论批评视野中的曲“丽”论》（2013）等，择取古代文学、艺术理论中的风格范畴作了细致深入的研究。可以说，美学对风格问题的理论探讨，离不开文学与门类艺术及其理论文献的滋养与支持；反过来，美学也以独特的学科视角，为文学、门类艺术学研究风格问题提供了思路和方法。

门类艺术学一直重视对风格问题的研究，尤其是中国古代各门类艺术风格的多样性和形态样式的丰富性，为研究者提供了无以计数的研究对象和从多重视角探讨风格问题的可能性；而且中国古代各门类艺术领域积淀了相当丰厚的风格理论资源，无论是零星散论，还是风格专论，都已逐步进入研究者的视野范围。需要特别指出的是，门类艺术学在风格研究的论题指向与研究方法上，存在效仿文学、美学的倾向，但随着艺术学上升为独立的学科门类，其下设的各个门类艺术学更加重视对传统资源的挖掘与学科体系的当代构建，古代艺术风格论题逐渐成为备受研究者关注的热点论题，获得了最大化的发挥，众多不为人知的风格事象和风格理论文献资源得到挖掘、整理与研究，相关风格论题的研究成果越来越多，总体上呈现出百花齐放的繁荣局面，但各门类艺术之间却存在着严重的失衡现象。创作实践层面，风格论题主要偏重于绘画、书法、建筑、雕塑、工艺美术、园林等造型艺术，而对音乐、舞蹈、戏曲等表演艺术明显不足。究其原因，恐怕与目前遗留的实物与文献史料有直接关系。造型艺术风格由于借助了可视的、静态的物质载体，研究者可从外在形貌、媒材、技艺等表现方式中获取信息，结合文献史料记载，对艺术本体的风格特色及其潜在的内涵本质进行分析研究；而表演艺术则不同，考古发现的实物遗存虽然载有一定数量相关音乐、舞蹈或戏曲的图像或符号刻画，文献史料中也有相关图片、谱例或符号记录，但表演艺术风格更多地需要借助非物质化的、动态的身体表演或声音符号来呈现风格特点，加之古今记谱方式不同、传统表演技艺流失，以及可见的考古出土实物资源有限等问题，为研究者深入探讨古代表演艺术风格带来诸多困难。理论文献层面的风格研究，失衡现象同样存在，风格论题多出自于绘画、书法、戏曲及音乐等理论文献，而建筑、雕塑与工艺美术等门类艺术相关风格理论几乎未见论及。这些不平衡现象，需引起研究者重视，未来应随着考古实物与理论文献的进一步挖掘考察，不断予以关注。

2. 基于创作实践的风格论题多，基于理论文献的风格论题少

就研究成果数量来看，基于创作实践层面的风格论题明显多于基于理论文献层面的风格论题。

基于创作实践层面的风格论题遍及古代诗、词、散文、小说、戏曲、音乐、舞蹈、绘画、书法、建筑、园林、工艺美术等多个门类艺术领域，考察范围贯穿中国古代不同历史阶段与地域空间，分析研究的细化程度涉及风格问题的方方面面。如关于艺术家个性风格的研究，不仅围绕艺术家所擅长的体裁对其个性风格展开研究，如袁卓《略论乔吉散曲的艺术风格》（2004）、孙晓光《八大山人的绘画风格与特点》（2012）、宁萌《姜夔自度曲音乐风格研究》（2014）等，还以集中凝练的语汇从美学视角对个性风格作了审美概括，如武复兴《诗情画意淡远恬静——说王维诗的艺术风格》（1993）、董菱《清峻飘逸含蓄蕴藉——浅谈王羲之的书法艺术风格》（1998）等；不仅针对艺术家所擅长的某一类题材内容或体裁形式的风格进行细化研究，如朱兴艳《杜甫绝句的内容及艺术风格探讨》（2007）、张元芝《陈淳写意花鸟画的艺术风格与美学特点》（2010）等，还对艺术家风格的内涵与外延作了进一步深挖或拓展，如陈新璋《韩愈诗歌的进步内容和艺术风格》（1980）、刘天利《徐渭的精神个性与文艺创作风格》（2011）等。又如关于艺术经典作品的研究，研究者将艺术作品视为承载风格特色的媒介，钟竞达《意境说和〈红楼梦〉的艺术风格》（1989）、范迎春《北宋汝窑〈三足樽〉的艺术风格和审美特质》（2007）、李德敬《诸城琴曲〈关山月〉音乐风格研究》（2008）、沈一萍《从〈自书诗卷〉看陆游的书法风格》（2008）、曹新刚《孙位〈高逸图〉及其绘画风格》（2008）、邹琳玲《从〈霓裳羽衣舞〉看唐代的舞蹈艺术风格》（2014）等论文，从不同门类艺术视角对经典作品风格作了研析，力求挖掘作品潜藏的丰富内涵，展现风格特色。其他几个论题指向，如艺术流派风格研究，艺术形态风格研究，艺术风格研究形成、演变及影响研究，风格的比较研究以及艺术风格的综合研究等也是如此，都能基于创作实践，对风格问题展开多角度的研究。众所周知，风格是创作高度成熟的体现，是艺术所能企及的最高境界，任何一种艺术风格的呈现，绝非一蹴而就，其背后都积淀着丰厚的创作实践。研究者对五花八门的艺术风格事象展开研究，不仅是对古代艺术风格的丰富性、多样性和独特性的充分展现，同时也是对古代艺术资源的挖掘、整理，更是对古代艺术风格历史价值与现实意义的有力彰显。

相比之下，基于理论文献层面的风格论题，在研究成果数量上则相对较少。

虽然目前的风格论题研究涵盖了古代诗论、文论、画论、书论、乐论、曲论等多个领域，论题指向也丰富多元，研究者力求从自身学科专业出发，对古代理论文献资源予以深入挖掘和理论阐释。但在论题来源、论题设置等方面存在一些问题。（1）论题来源上，大量的风格论题来自古代文论，而其他门类艺术理论相关风格文献的挖掘研究明显较少。如对古代理论家相关风格理论的研究，陈永标《屠隆的艺术风格论》（1979）、胡金望《论姚鼐的阳刚阴柔说》（1986）、丛金玉《钟嵘风格理论漫评》（1988）、张利群《论况周颐〈蕙风词话〉的"风格"说》（1992）、王志强《评皎然的风格观》（1995）、王顺贵《谢榛诗歌审美艺术风格论》（2000）、赵永纪的《严羽风格论的历史地位》（2001）等论文，主要出自古代文论、诗论，而对门类艺术理论家相关风格理论的研究尚处匮乏状态。又如对古代艺术品评文献相关风格问题的挖掘探讨，大量的论题来自文论，尽管有些针对门类艺术理论中的风格文献作了挖掘研究，如马国俊《论书法品评视角的审美定位及其延伸——兼评〈书品〉与〈书谱〉在书法品评史上的地位》（2005）、陈池瑜《谢赫〈画品〉的历史价值及若干问题辨析》（2009）、陈太一《〈中麓画品〉褒浙贬吴思想辨析》（2013）、李玉莲《〈远山堂曲品、剧品〉的价值》（1999）、俞为民《朱权〈太和正音谱〉研究》（2011）等，但研究数量明显较少，尚有相当数量的风格散论未能进入研究者的视野。（2）论题设置上，存在明显的"扎堆"现象，某些风格文献、范畴概念一再被研究者从不同角度研究阐释，而很多零散的风格篇目或体例，尚未引起研究者足够的关注与认知。如对《文心雕龙》与《二十四诗品》这两部经典风格专论，一再被研究者释义或研究，涌现出大量的学术成果：前者如范文澜《文心雕龙注》（人民文学出版社1958年版）、詹锳《文心雕龙义证》（上海古籍出版社1989年版）、周振甫《刘勰的风格论》（1979）、姜岱东《风格的外部形态和内部意蕴——刘勰风格理论初探》（1985）等；后者如乔力《二十四诗品探微》（齐鲁书社1983年版）、张国庆《〈二十四诗品〉诗歌美学》（中央编译出版社2008年版）、肖驰《司空图的诗歌宇宙——论〈二十四诗品〉的可理解性》（1985）、张少康《〈二十四诗品〉绎意》（2002）等著述，从多角度对古典风格专论作了深度挖掘与广度拓展。另外，相关"文如其人"命题、"丽""淡""逸""含蓄""阴柔阳刚"等风格范畴，也是备受研究者热衷的论题，力求在重新阐释与深入思考的过程中提出新的看法与观点。这样的"扎堆"研究，一方面体现了某些风格理论文献史料的重要性，具有可供探讨的丰富内涵，另一方面也造成了风格论题研究视野的窄化。

当然，造成风格理论研究成果数量较少的原因，还与文学与各门类艺术理论相关风格文献的分布与学科研究的侧重点有关。从文献分布来看，除了文学，古代戏曲、书法、绘画、音乐等都是与古代文人相关的艺术类别，非常重视思想主张、品评观点及创作经验等的理论积累与承传发展，特别是在文学的影响下，结合门类艺术自身特点，不同程度地积累了一定数量的风格理论文献；而其他偏重于技艺的门类艺术如建筑、雕塑、工艺美术等，在中国古代多是工匠所为，往往重视对实操技艺、构造方法的如实记录与经验总结，甚少论及风格问题，更不可能像文学一样能从历史的、哲学的以及文化的视角来探讨风格问题，形成专门的风格概念、术语及范畴，甚至系统的风格理论。从学科研究的侧重点来看，文学、美学领域的研究者重视理论阐发，侧重于从传统理论资源中挖掘风格文献进行理论建构；门类艺术学研究者重视分析现象，而对理论文献中涉及风格问题的篇目体例进行挖掘考察，尚未引起足够的重视。由此造成基于艺术理论文献层面研究成果数量，在整体上明显少于创作实践层面的风格论题研究。

3. 风格论题个案研究多，综合研究少

就研究对象范围来看，目前的风格论题绝大多数属于个案研究，仅有少量的综合研究。

个案研究，是指对某一个体、群体或组织较长时间的考察分析，从而研究其行为发展变化的全过程的方法。个案研究的研究范围较窄，研究对象具体而有针对性。就目前的风格论题来看，个案研究主要体现在：

（1）围绕个体艺术家、艺术作品、艺术形态等风格事象展开研究，旨在从不同视角对其风格的本质、特点、成因、演变以及价值等具体问题进行研究。如董菱《旷达雄放意趣天真——浅谈苏轼的书法艺术风格的形成》（1999）、王育花《从〈万壑松风图〉看李唐绘画风格之流变》（2008）、汪小洋《汉画像石中之佛像艺术风格考》（2007）、李新珂《南阳汉代陵墓石雕艺术风格及成因》（2010）、陈培《米芾〈苕溪诗帖〉书法风格研究》（2015）等。虽然有些风格论题，如关于艺术家群或流派风格的研究，侧重于探讨群体风格的相似性与共通性，如赵运虎《简论清初四僧的绘画风格》（2001）、顾聆森《论吴中昆剧流派》（2006）、郑祖襄《南宋浙派琴乐风格探微》（2011）等，但却仍未脱离门类艺术的局囿，或时空地域的制约；还有的风格论题虽然针对某种艺术形态风格进行断代研究或区域研究，如唐荀《元代雕塑风格解析》（2007）、余远花《浅析敦煌壁画的艺术风格》（2008）、崔勇彬《山西永乐宫元代壁画的艺术风格》（2014）等，甚至跨越时空、地域的限制，对某个艺术形态风格进行整体研究，如伍蠡甫《文人画艺术风格初探》（1982）、谢建军《书法艺术风格的美学阐释》（2011）等，但依然未能脱离门类艺术的局囿，仍属个案研究或特殊研究的范畴。

（2）针对某一风格观点、理论文献、品评批评、命题概念、范畴术语等展开具体研究，旨在凸显风格理论的内涵、方法、特征、地位、意义等。如穆克宏《刘勰的风格论刍议》（1980）、龙建国《评姚鼐“阳刚阴柔说”》（2000）、洪树华《严羽的诗“品”论》（2010）、许永福《〈书谱〉风格式品评对〈书断〉三品论的影响》（2011）、李浩然《谢赫〈古画品录〉中顾画“品第”研究》（2014）、陈太一《〈中麓画品〉褒浙贬吴思想辨析》（2013）、蒋寅《文如其人？——一个古典命题的合理内涵与适用限度》（2001）、程杰《宋诗“平淡”美的理论和实践》（1995）、傅合远《论“逸品”审美内涵的历史深化与发展》（2002）等，都是关于风格问题的个案研究。有些研究虽然扩大了考察研究范围，对某个时代的诸多风格理论或风格品评进行系统研究，如刘泽江《先秦时期古典文学风格论形成的基本条件》（2002）、陈刚《清代戏曲审美风格理论初探》（2006）、傅如明《魏晋南北朝时期书法品评及其影响》（2012）、高阳《复述与创新——明清绘画品评中的崇古标准及价值》（2015）等，但局限于单一门类艺术领域某个风格问题的研究，仍然属于个案研究。

综合研究，是指将不同种类或不同性质的事物综合在一起，在研究过程中以注重把握事物的整体概念，全面考虑各个部分之间的联系作为基本原则。综合研究的研究范围较广，研究对象侧重于对共性问题的提炼与概括。具体到风格论题而言，综合研究倡导以宏阔的视野对文学与各门类艺术所具有的共性的、普遍的风格问题进行全面观照与整体把握。而目前的综合研究，尚处于起步探索阶段，分别在两个领域展开：

（1）文学领域的风格“综合”研究：20世纪80年代初，文学率先展开对诸多风格问题进行综合研究的尝试与探索。吴功正的《文学风格七讲》（上海文艺出版社1983年版）、周振甫《文学风格例话》（复旦大学出版社2005年）等著述，基于对创作实践领域诸多风格事象的考察分析，从宏观层面对包括风格概念、风格个体性、风格时代性与客观性、风格多样性与丰富性、风格与批评的关系、作品风格、流派风格、时代风格、地域风格等问题作了“综合”研究，初步确立了风格综合研究的范式。樊德三《中国古代的文学风格论》（1997）、雷淑娟《中国古代文学风格理论探微》（1999）、刘泽江《古典文学风格论产生的理论基础》（2002）等，以更为宏阔的视野对整个中国古代文学风格问题所关涉的重要理论作了整体观照，特别是吴承学的《中国古典文学风格学》（北京大学出版社2011年版），将文学风格“综合”研究提升至“风格学”的高度，对风格的理论渊源、体系、特色、批评方式，以及对体性、人品文品、时代风格、文体风格、地域风格论等问题作了全面、系统的总结概括。尽管这些研究仅仅针对文学风格问题作了探讨，但论题设置的宏观性，研究视野的开阔性，为门类艺术学进行风格“综合”研究提供了思路与方法。

（2）门类艺术学领域的风格“综合”研究起步较晚，但也逐步引起研究者的重视。20世纪80年代末，尚民杰《漫谈唐代的艺术风格》（1989）对唐代多个门类艺术作了较为全面的分析研究，旨在实现对唐代艺术风格的整体观照。该研究突破了过去研究风格仅限于对单一门类艺术领域进行个案研究的局限，开始从宏观层面对同一历史语境下不同门类艺术风格问题进行综合研究，是一种进步。新世纪以来，不断有研究者尝试对多门类艺术风格进行“综合”研究，如李心峰《从艺术种类与艺术风格看中国三代艺术的发展轨迹与辉煌成就——中国三代艺术的意义再论》（2003）从艺术种类和艺术风格视角切入，对中国三代艺术的发展轨迹作了整体审视，旨在彰显三代艺术在中华艺术发展史乃至世界艺术史上的地位和意义。此外，褚春元《西周初期青铜艺术和乐舞艺术风格论》（2008）、刘凯的博士论文《元代艺术风格研究》（2013）等，对不同门类艺术风格之间的关系、成因、总体特征以及价值意义等作了综合性断代研究，论题名称上突破了对单一门类艺术风格进行个案研究的局限，体现了对多门类艺术进行综合研究的宽阔视野。虽然成果数量不多，但在拓展古代艺术风格论题研究路径上付出很大努力。

当然，目前的风格“综合”研究也存在一些不容忽视的问题，即有些风格论题名称看似宏大，冠以“古典风格理论”字眼，但在研究内容上却存在“以偏概全”的倾向。如陈思《中国古典风格理论的演进》（1993）、孙海洋、范进军《历代风格论探胜》（1990）、朱军《中国古典风格理论的民族性探究》（2010）等，仅针对“文学”中的诸多风格理论作了“汇集”或梳理，未能将其他门类艺术领域相关风格理论也涵括在内，然而这些“偏颇”的论题，在某种程度上，也为探索风格“综合”研究提供了启迪与警示。

综上所述，虽然目前的古代艺术风格论题研究硕果累累，充分展现了古代风格事象与风格理论的丰富多元，但至今尚缺乏对古代文学、艺术“共性”风格问题的综合研究。文学与各门类艺术由于表现形态的不同，加之学科门类设置的各自独立，致使相关风格问题的探讨长期在不同领域内深化拓展，甚少突破门类艺术的界限，探讨相互之间的关联性。回归到中国古代艺术发展进程当中，我们发现文学与各门类艺术无论在创作实践，或是理论研究层面，都存在大量互相影响、彼此融通的史实，相互之间存在密切的关联性与内在的相通性。虽然文学与各门类领域相关风格论题所关注的研究对象有所区别，但从同一研究视角对多种风格事象或理论文献展开研究，却普遍存在于文学、艺术领域，研究方法与理论思维上的一致性，同样说明具体的、个别的风格研究中潜藏着共性的风格问题。

由此从广义“艺术”层面来探讨中国古代不同历史时期文学与门类艺术之间共性风格问题是可能的，也是可行的。

特别是学科目录调整之后，艺术学升级为独立的学科门类，对风格问题的研究不仅需要从单一门类艺术学视域出发，进一步开掘、发现新的研究对象，丰富与深化风格论题指向，凸显门类艺术风格的特殊性，展现门类艺术风格的多样性；更需要以宏阔的视野，在打通门类艺术之间壁垒的基础上，从宏观层面构建具有普遍意义的风格理论体系，进而实现对文学与各门类艺术共性风格的整体观照。而这一研究视角，正是当前一级学科艺术学理论所关涉的重要论题，也是未来古代艺术风格论题最具前景的论题方向。对艺术学学科基础理论框架体系的完善，乃至中国艺术学学科民族化学理建构具有重要而深远的意义。

二、研究对象及意义

本书以中国古代艺术风格为研究对象，所关涉的范围包括两方面：其一，涵盖从商周至清末的时空范围；其二，将古代文学与各门类艺术中的风格事象与风格理论作为研究对象。需要特别指出的是，本书并非要对中国古代文学与各门类艺术领域中所有艺术形态、艺术家、艺术作品风格以及相关风格言论、体例都一一进行考察分析，并对它们进行个案研究；而是要从艺术学理论这个新的学科视角，对古代文学与各门类艺术所关涉的几个重要的、具有普遍的“共性”风格论题从宏观层面进行综合研究。概括起来，主要有如下几点意义：

1. 有助于对中国古代艺术风格事象及风格理论的认识与理解

中国古代艺术史是一部风格演变史。不同历史时代各门类艺术领域涌现出众多成就卓著的艺术大家，创造了浩如烟海、风格各异的艺术作品，构成丰富绚烂的艺术世界。诸如李白诗歌的飘逸豪放、杜甫诗歌的沉郁悲伤、颠张醉素的狂草、颜体雄浑、柳体瘦劲、曹衣出水、吴带当风、黄家富贵、徐熙野逸……究竟是什么特质使艺术世界呈现出色彩斑斓的艺术风采呢？其最根本的特质就在于艺术风格。歌德曾说风格是“艺术所能企及的最高境界，艺术可以向人类最崇高的努力相抗衡的境界”[①]。风格是不同历史时期各门类艺术领域创作主体孜孜以求的奋斗目标，艺术风格随同“时序”“世情”不断发展嬗变，犹如一幅绵延不绝、异彩纷呈的图卷，向世人展现出道道迷人耀眼的光辉。

中国古代理论家非常重视对艺术风格的理论探讨，且较西方艺术风格理论更为久远、深厚、完备。早在魏晋时期，曹丕的《典论·论文》、陆机的《文赋》、钟嵘的《诗品》、刘勰的《文心雕龙·体性》等著述中就有关于艺术风格问题的

① ［德］歌德等:《文学风格论》，王元化译，上海译文出版社1982年版，第3页。

理论探讨，说明风格问题对于艺术创作的重要性，已然引起理论家的关注。虽然这些风格理论主要针对文学领域，但对于其他门类艺术来说却有普适意义，且其影响逐渐由文学领域向其他艺术门类拓展、延伸。南齐谢赫《古画品录》、庾肩吾《书品》、唐李嗣真《书后品》、司空图《二十四诗品》、宋黄休复《益州名画录》、明徐上瀛《溪山琴况》、吕天成《曲品》、清姚鼐"阴柔阳刚"说……体现了古代艺术风格理论的逐步丰富与深入。古代艺术风格理论生成于我国独特而悠久的历史文化传统背景之下，渗透着古人相关风格问题与艺术审美的真知灼见，具有迥异于西方的理论体系和民族特点。

本书从宏观层面对古代艺术风格展开综合研究，基于对中国古代纷繁多样的风格事象与风格理论的充分考察与分析，旨在沟通相互之间的内在关联，实现对古代艺术风格较为全面系统的认识和理解。

2. 有利于艺术学理论学科体系的建构与完善

风格论题是艺术学基础理论研究的重要论题之一，然而目前关于这个论题的宏观研究明显不足。首先，长期追随西方风格理论，或译介或模仿，未能清醒地认识到本民族艺术风格理论的重要性。西方的艺术风格学是基于西方艺术创作实践与风格特点的理论总结，并没有考虑到中国艺术的特殊性和民族性，简单模仿、生硬套用，只能是削足适履。其次，艺术风格研究长期在文学或单一门类艺术领域各自为政，从未将它们视为一个"整体"，从广义"艺术"层面，以宏阔的视野对"共性"风格问题进行探讨，很不利于对各门类艺术之间相通的风格本质与基本规律的把握。尽管近些年有研究者致力于对不同门类艺术风格展开断代研究，但毕竟还是局部的、个别的。最后，与艺术功能、艺术观念、艺术精神、艺术鉴赏等论题的宏观研究相比较，风格论题的宏观研究明显不足，亟须对各门类艺术进行融会贯通的研究，形成较为完整的风格理论。

不同于门类艺术学探讨艺术的个别性与特殊性，艺术学理论的学科意义，旨在打破不同门类艺术之间的壁垒，通过各门类艺术的关联，构建能够涵盖各门类艺术普遍规律的宏观理论体系。具体到古代艺术风格论题，突破门类艺术的壁垒，跨越时空地域的界限，探讨"共性"风格问题，不仅符合艺术学理论的学科特点，而且是建构与完善艺术学理论学科体系不可或缺的重要论题。

3. 有助于指导创作实践与艺术理论的创新发展

中国历代艺术风格及理论成果，是不同历史时期各门类艺术高度成熟、繁荣发展的体现，虽然距今历时久远，但其所昭示的民族特色、所蕴含的民族内涵、所传达的民族精神却依然存在。这是一笔极其宝贵的文化财富，是中华民族历史、思想与审美的凝结、标识与代言，需要给予特别的珍视与传承，更需进一步创新发展。艺术存在的价值在于风格的独特创造，理论的创新离不开对传统的承继，中国古代艺术风格及理论精粹在历史进程中所形成的创作方法、术语概念、话语体系以及所饱含的民族精神，对于今天创作实践领域实现风格的“百花齐放”，构建富有中国特色的艺术理论体系具有重要的指导意义。

任何一个民族，离开对传统的继承与弘扬，将成为无源之水、无本之木。特别是在当前时代境遇下，生存环境的变迁，外来文化的冲击，为创作实践与理论建设披上了华而不实的“外衣”，陷入迷茫的求索与失语状态当中，此时更需要加强对中国传统文化艺术及理论精粹的重新审视与挖掘考察，以便充分彰显古代艺术风格的魅力价值与智慧精华，使其能在新时代背景下重新散发出绚丽的光彩，进而推动当前艺术创作实践与理论建设不断创新发展。

三、主要论题与研究方法

1. 主要论题

古代艺术风格问题相当复杂，所涉及内容与领域较为庞大。本书不可能将古代各门类艺术领域不同层面的风格问题全部纳入研究视野，但力求能以“共性”的风格问题为引导，对古代文学与各个门类艺术进行宏观层面的综合研究。

第一，古代艺术风格形成论：主要对影响古代艺术风格形成的主要原因进行系统性分析研究。艺术风格是创作高度成熟的体现，形成原因非常复杂。但考虑到艺术风格的形成与事物发生的原因之间存在异质同构的相通性，本书从地点、时间、人物三个维度思考风格的成因问题，提出地理环境、时代环境与创作主体是影响艺术风格形成的主要原因，艺术风格是三者融会贯通、共同作用的结果，并结合大量艺术事象与经典理论对这一观点予以分析论证。

第二，古代艺术风格的类型论：主要从类型学意义对古代艺术风格类型进行研究。本书在对历代风格类型论发展脉络梳理概括的基础上，发现丰富多样的艺术风格之间具有类型化趋向。风格类型划分的依据和角度不同，划分结果也不同。由此提出从“形”“意”“文”“法”“气”五个方面来划分与建构艺术基本风格类型，并结合历代相关风格言论阐释与不同门类艺术风格的特点，对“简约与繁丰”“含蓄与明快”“素朴与华丽”“谨严与疏放”“阴柔与阳刚”五对基本风格类型作了分析研究，旨在实现对古代艺术风格多重角度的审美观照。

第三，古代艺术风格的特征论：主要对古代艺术风格的一般特征和品评特征进行研究。古代各门类艺术形态多样、风格迥异，但无限丰富的个性特征中却隐含着相通的一般特征，综合多门类艺术风格的共性特点，本书概括古代艺术风格的一般特征为独特性、多样性、稳定性、变异性和归属性。古人重视风格品评，相关风格品评遍及历代不同门类艺术批评领域，常采用“以物譬喻”“分级品第”的方式品评作家、作品风格，由此形成了独具民族特色的话语系统，风格品评的意象化、品第化特征，代表了古人认识与理解风格特征的独特视角和审美情趣。

第四，古代艺术风格发展论：主要对古代艺术风格发展的规律、路径及对后世创作的影响进行研究。本书溯源古代哲学“通变”思想，结合相关理论阐释分析，指出“通变”是古代艺术风格不断承传发展所遵循的基本规律；古代艺术风格在保持历史继承性的同时不断发展嬗变，创造着一个又一个发展峰值，关键在于历代创作主体始终秉持了“三师”发展路径；古代艺术风格影响后世创作是必然的，且历时越久，所提供的资源储备与典型范式就愈加丰厚，受顾颉刚“层累说”启发，对影响后世创作的方式从内容与形式两方面作了分析研究。

2. 研究方法

本书对风格论题展开综合研究，主要基于对多门类艺术风格事象与史论文献相关风格理论的搜集整理与考察分析。由于艺术风格问题非常复杂，在探讨风格的形成、特征、类型以及发展这四个论题时，不仅着眼于艺术自身特点进行分析，还结合社会学、历史学、哲学、地理学、文化学、心理学等多个学科，从跨门类、跨学科的多重角度予以思考。对艺术风格规律性问题的归纳、总结，本书注重以史为依托，以“问题”为引导，在充分了解各门类艺术史中具体的、个别的艺术风格事象及发展演变脉络的前提下，秉持了“三个超越”原则，即超越门类、超越时空、超越个别，对其普遍的、共性的风格问题进行理论提升，且注重批评意识的渗入，将史、论、评相结合作为贯穿全文的基本研究方法。另外，本书还采用图像分析和比较分析的方法，旨在将“共性”风格论题表述得更加直观、形象，理论阐释得更为明晰、条理。

本书对古代各门类艺术所关涉的几个重要的共性风格问题进行研究，旨在突破从单一学科门类对风格问题进行个案研究的狭窄视域，从新的学科视角对古代艺术风格论题的综合研究做一些尝试，尤其为艺术学基础理论体系的建构与完善做一些探索性工作。由于古代艺术风格问题相当复杂，涉及内容与领域较为庞大，本书不可能在短时期内将古代各个门类艺术所涉猎的风格事象及风格理论全部纳入研究视野；加之作者本人才疏学浅、精力能力有限，对诸多共性风格问题审视的角度、思考的深度广度，难免挂一漏万、顾此失彼，相关风格问题的理论阐释，可能存在不够深入细致的缺陷与不足，敬请学界专家批评指正。

第一章　古代艺术风格形成论

艺术风格是创作所能企及的最高境界，其形成原因非常复杂。古今中外理论家试图从不同视角对这一问题进行解答。法国史学家兼批评家丹纳曾在《艺术哲学》中提出，“种族”“环境”和“时代”是艺术品产生及其风格面貌形成的三个重要因素，旨在从外部客观条件来分析影响艺术及风格的成因，却忽略了内部主观条件。对于某一特定民族的艺术来说，其风格面貌的形成，固然离不开环境与时代这两个客观性因素的影响，然而更为重要的因素是身处特定环境和时代中的创作主体——人，不仅环境和时代的影响需要通过人的中介作用得以实现，而且艺术风格的独创性更因主体个性独特性而形成。中国古代探讨风格的形成问题，早在汉魏六朝时期就有相关的理论著述，如曹丕《典论·论文》提出“文以气为主”的命题，着重强调主体对风格形成的决定作用，刘勰《文心雕龙·体性》从“才、气、学、习”四个方面对风格形成的主观原因作了分析。结合对古代大量风格事象的考察分析，我们发现艺术风格的形成，实质上与事物发生的原因之间存在异质同构的共通性，可从时间、地点、主体三个方面进行思考。任何一个时代、民族、地域乃至个性风格，都是特定时期、特定环境下的创作主体通过艺术作品在内容与形式的和谐统一中所呈现出的稳定而独特的整体风貌与艺术特色。由此，本书提出从地理环境、时代环境以及创作主体三方面，对影响古代艺术风格形成的主要原因展开研究，并结合古代各门类艺术创作风格事象及风格理论对这一观点予以分析论证。

第一节　地理环境

地理环境是人类生存与活动的物理空间，也是人类创造历史的舞台与基础。地理环境因地质构造、地形地貌、气候条件的不同而呈现出明显差异，不仅影响着人类的气质性格、社会生产生活方式，同时也影响着人类的审美情趣以及艺术活动的类别、样式和风格。身处不同地理环境中的创作主体，其创作的题材内容、表现方式也会不可避免地受到地理环境的影响和制约。因此，其艺术作品的风格也必然会呈现出某一地域的特有色彩，这就是因地理环境不同而形成的地域风格。

中国自古以来幅员辽阔，地形地貌复杂多样，各地艺术风格差异明显，无论是山川水土的自然地理环境，还是民俗风情的人文地理环境，都对艺术创作产生了重要的影响。因此，从地理环境角度出发，研究地理环境与艺术风格形成之间的关系，应当是风格形成论不可或缺的重要内容。

早在人类尚处原始蒙昧时期，地理环境就对人类的生存和活动产生着重要的影响作用，因此人类对为他们的生产和活动提供物质资料的地理环境的认识也最早。早期社会，人类自我意识尚未觉醒，艺术多属于集体性民间创作，而且由于交通阻塞，不同地域相互之间很少发生交流，因而各地的艺术创作呈现出浓郁的地方色彩。《左传·襄公二十九年》记载吴公子札观周乐，可从不同地域的音乐风格色彩中分辨出当地的政教治理状况："使工为之歌《周南》《召南》，曰：'美哉！始基之矣，犹未也，然勤而不怨矣。'为之歌《邶》《鄘》《卫》，曰：'美哉！渊乎！忧而不困者也。吾闻卫康叔、武公之德如是，是其《卫风》乎！'……为之歌《郑》，曰：'美哉！其细已甚，民弗堪也，是其先亡乎！'为之歌《齐》，曰：'美哉！泱泱乎，大风也哉！表东海者，其大公乎！国未可量也。'……"《汉书·地理志》指出各地的风土民情对艺术创作的影响："天水、陇西，山多林木，民以板为室屋……故《秦诗》曰：'在其板屋'；又曰：'王于兴师，修我甲兵，与子偕行。'及《车辚》《四驖》《小戎》之篇，皆言车马田狩之事。"艺术是现实社会生活的反映方式，地理环境作为社会生活的一部分，必然体现在艺术作品中。人们所处的地域空间越封闭，交通往来越少，对艺术作品的地域风格的形成，影响也愈为明显。

随着时代的发展，不同地域之间相互发生政治、经济和文化交流越频繁，地域间相互吸收借鉴的成分越大，地域风格也会随之减弱。魏晋时期，社会动荡、民族间人员流动频繁，加之此时人的自我意识觉醒，艺术创作更多地关注于创作主体个性对艺术风格的影响，而对地理环境影响艺术风格的讨论有所减弱。唐宋以后，随着地域之间交流往来的日益频繁，创作主体将走进不同地理环境获取创作资源和灵感，成为艺术风格创新的有效途径。

然而，就中国封建社会总体而言，各时期对地理环境影响艺术创作及作品风格的讨论却从未停止。由此也说明地理环境作为创作主体的生存活动空间，对艺术作品风格的形成具有不可忽视的重要作用。

一、土地各以其类生——自然地理的印记

1. 地理环境对人的性格影响

地理环境是自然形成的物理空间，是不以人的意志为转移的客观存在。从某种程度上来说，地理环境对生存于其中的人群或物种，具有一定的选择性和塑造性，只有适应地理环境所提供的客观条件，才能生存下来。而且在长期适应外界地理环境的过程中，由于受到当地地形地貌、气候条件等的影响和制约，人们在气质、性格，甚至体质、音腔等方面，往往会呈现出相对稳定而统一的地域特征。孟子曾在《尽心上》中说："居移气，养移体，大哉居乎！"[①]荀子也在《儒效》说："居楚而楚，居越而越，居夏而夏：是非天性也，积靡使然也。"[②]《淮南子·地形训》曾提出"土地各以其类生"的观点："轻土多利，重土多迟。清水音小，浊水音大。湍水人轻，迟水人重。中土多圣人。皆象其气，皆应其类……是故坚土人刚，弱土人肥，垆土人大，沙土人细，息土人美，秏土人丑"，指出了人的性格、气质、体质、相貌、声音乃至品行都与所处的地理环境密切相关，正所谓"一方水土养一方人"。《礼记·中庸》论及"南方之强与？北方之强与？"唐孔颖达为此注疏说："南方谓荆扬之南，其地多阳。阳气舒散，人情宽缓和柔"，"北方沙漠之地，其地多阴。阴气坚急，故人性刚猛，恒好争斗"[③]，指出了南北不同地域环境对人的性格产生深刻影响。宋庄绰《鸡肋编》卷上更为直截了当地指出："大抵人性类其土风。西北多山，故其人重厚朴鲁。荆扬多水，其人亦明慧文巧，而患在轻浅。"[④]可见，自然地理环境对人性格的形成具有深刻的影响作用。

这种观点在西方学者那里，也有类似的表达。黑格尔《历史哲学》曾指出："每一个形态自称为一个实际生存的民族。……在自然存在的方式里，属于'时间'的范围，也属于'空间'的范畴；每一个世界历史民族所寄托的特殊原则，同时在本身中也形成它自然的特性。'精神'赋形于这种自然方式之内，容许它的特殊形态采取特殊的生存。……这些自然的区别第一应该被看作是特殊的可能性，所说的民族精神便从这些可能性里滋生出来。'地理的基础'便是其中的一种可能性。我们所注重的，并不是要把各民族所占据的土地当做是一种外界的土地，而是要知道这地方的自然类型和生长在这土地上的人民的类型和性格有着密

① 刘俊田、林松、禹克坤译注：《四书全译》，贵州人民出版社1988年版，第623页。

② 何明主编：《荀子新注》（上），西苑出版社2001年版，第46页。

③《礼记·中庸》，载《十三经注疏·礼记正义》卷第五十二，北京大学出版社1999年版，第1427-1428页。

④［宋］庄绰撰：《鸡肋编》，萧鲁阳点校，中华书局1983年版，第11页。

切的联系。”[①]可见，人的性格与地理环境之间的相通性，正是缘于特定地理环境的长期浸染与潜移默化所致。法国学者丹纳也在《艺术哲学》中说“不同的生活环境将天赋优异的日耳曼民族盖上不同的印记”，如同同一植物的几颗种子播种在气候、土壤各异的地方，它们会适应各自的地域，成长壮大，生出好几个变种，在共同性基础上生出不同特点。他以生活在尼德兰的日耳曼民族为例，尼德兰地处低湿平原，周围是山区、河流、池塘和沼泽，由于常年饱受洪水的侵袭，地理环境的恶劣，加上气候的严峻，这里几乎不是人待的地方，而是水鸟和海狸的栖身之所。然而，团结、奋斗的日耳曼人常年不断地筑堤防洪，利用风力、水利、平原及黏土，开运河、造船舶、制砖瓦、办工业，将全部聪明才智集中于克服困难当中，逐渐养成了尼德兰人坚毅安静的性格、旷达的胸怀和实际的头脑，而这一切都与地理环境的影响不无关系，完全不可能像德国人那样耽于幻想，空谈哲理，沉浸于想入非非的梦境和形而上学的漫游当中。[②]由此可见，地理环境的确对人的性格及习惯特点的塑造有着不可忽视的重要作用。

2. 地理环境对社会生产生活方式的影响

地理环境作为人类从事社会实践活动的场所，不仅为人类提供得以生存的物质生活资料，而且决定着人类的社会生产生活的方式。普列汉诺夫特别强调地理环境对人类活动的重要作用，他认为地理环境是生产力发展的最初动因，在肯定达尔文进化论关于四肢分离与双手形成对人类生产的重要意义的基础上，他认为人的双手正是“由于某种地理环境的特点形成的”[③]，并且是它使人类的祖先提高到制造工具的动物而与其他动物有所区别，而且人类最初的生产工具、劳动对象及生产活动的特性等，都难以脱离地理环境的影响，人类社会生产力部门的最初分布“既不决定于人的意志，也不取决于什么神的力量，而是直接决定于特定的地理环境条件。”[④]普列汉诺夫的地理环境决定论的前提条件是，只有在人类社会产生和发展初期，这是与辩证唯物主义一元论原则一致的。马克思在《资本论》中也表达了类似的思想，他认为空间是一切生产和一切人类活动所需的要素，而且“不同的公社在各自的自然环境中，找到不同的生产资料和不同的生活资料。因此，它们的生产方式、生活方式和产品，也就各不相同。”[⑤]显然，人类

① ［德］黑格尔著，王造时译：《历史哲学》，商务印书馆1963年版，第123页。

② ［法］丹纳著，彭笑远编译：《艺术哲学》，北京出版社2007年版，第69-70页。

③ ［苏］普列汉诺夫：《论一元论历史观之发展》，三联书店1973年版，第111页。

④ 方云凤：《论普列汉诺夫对马克思主义地理环境学说的重大贡献》，《杭州师范学院学报》1992年第5期。

⑤《马克思恩格斯全集》第23卷，人民出版社1972年版，第390页。

最初的生产生活是根据所处的地理环境所提供的条件才开始的，靠近河海湖泊的以渔业为生，靠近山林以狩猎采集为主，地处平原的以种植为业。《汉书·地理志》载："天水、陇西，山多林木，民以板为室屋，及安定、北地、上郡、西河，皆逼近戎狄，修习战备，高上气力，以射猎为先。"正是由于地理环境的特殊性，山多林木，决定了当地人以狩猎为生，且由于逼近戎狄，因而时刻处于战备状态，崇尚气力。可见，自然地理环境对生产方式的影响，同时也对人们生活方式及气质性格产生影响。一般说来，艰苦恶劣的地理环境，有助于培养出勤劳淳朴、吃苦耐劳的性格，而物资丰厚的地理环境，反而容易使人骄奢淫逸，贪图享乐。正如《国语·鲁语下》所说："沃土之民不材，逸也。瘠土之民莫不响义，劳也。"

3. 地理环境对审美情趣的影响

地理环境对人的审美情趣同样具有潜在的基础性影响作用。人与自然之间有着无法割舍的亲密关系，长期处于某一地理环境中，地形地貌、山川河流、云霞烟雾等自然景观与创作主体之间息息相通，构成了与地理环境相适应的文化审美心理结构和审美情趣。清孔尚任曾说："盖山川风土者，诗人性情之根柢也。得其云霞则灵，得其泉脉则秀，得其冈陵则厚，得其林莽烟火则健。凡人不为诗则已，若为之，必有一得焉。"①创作主体的审美情趣来自于自然景观的浸润与熏陶，山川风土是艺术创作的"根柢"。清沈德潜也说："永嘉山水主灵秀，谢康乐称之；蜀中山水主险隘，杜工部称之；永州山水主幽峭，柳仪曹称之。略一转移，失却山川真目。"②诗人不同诗风的形成，正是源自于各地自然地理环境各有其美，创作主体将对不同地理环境的审美感受投注于创作当中，正所谓"得江山之助者，诗之品格每肖所处之地"。③诗歌尚且如此，绘画体现得更为鲜明。清沈宗骞《芥舟学画编·宗派》曾说："天地之气，各以方殊，而人亦因之。南方山水蕴藉而萦纡，人生其间得气之正者，为温润和雅，其偏者则轻佻浮薄。北方山水奇杰而雄厚，人生其间得气之正者，为刚健爽直，其偏者则粗厉强横。此自然之理也。于是率其性而发为笔墨，遂亦有南北之殊焉。"身处南北方不同的地理环境之中的创作主体，其审美情趣因地而异，由此导致其"画以地异"。明唐志契《绘事微言·画以地异》说："写画多有因地而分者，不独师法也。如李思训、黄筌便多山峡气象者，生于成都也。宋二水、范中立有秣陵气象者，家于建康也。米海岳曾作宦京口，便多镇江山色。黄公望隐于虞山，落笔便是常熟山

① ［清］孔尚任著，汪蔚林编：《孔尚任诗文集》卷六《古铁斋诗序》，中华书局1962年版，第475页。

② ［清］沈德潜著，霍松林校注：《说诗晬语》，人民文学出版社1979年版，第245页。

③ ［清］沈德潜：《归愚文钞余集》卷一，《艿庄诗序》，清乾隆刻本。

色，信高人笔底往往为山川所囿乎？”此外，梁启超也认为天然景物影响创作主体的审美情趣，产生出雄浑悲壮与秀逸纤丽两种风格。他以文学为例，指出：“燕赵多慷慨悲歌之士，吴楚多放诞纤丽之文，自古然矣。自唐以前，于诗于文于赋，皆南北各为家数。长城饮马，河梁携手，北人之气概也；江南草长，洞庭始波，南人之情怀也。散文之长江大河、一泻千里者，北人为优；骈文之镂云刻月，移我情者，南人为优。盖文章根于性灵，其受四围社会之影响特甚焉。”①可见，地理环境对作者审美情趣的影响，是促使其创作风格迥异的重要原因。

无独有偶，法国学者丹纳《艺术哲学》中也谈到类似现象。他认为希腊雕塑是一种全民性、普遍性的完美艺术，希腊地区之所以特别适合创作人体艺术，是因为这里的气候温和宜人，环境适宜，“既没有巨妖式的喜马拉雅，错综复杂与密密层层的草木，巨大的河流……也没有无穷的森林，无垠的平原，狰狞可怖的无边的大海……眼睛在这儿能毫不费事地捕捉事物的外形，留下一个明确的形象。一切都大小适中，恰如其分，简单明了，容易为感官所接受”，“这便形成希腊人的精神模子，为他后来面目清楚的思想打下基础。”②因此，在这一气候、环境中成长的民族更为和谐、艺术家的审美情趣、艺术表达也力求体现这种和谐，而“只有完美的人体能表现—— 一切表现人体的艺术都依赖这些形势”③，由此得出“自然界的结构留在民族精神上的印记”④这样的结论。

地理环境影响创作主体的审美情趣，不是刻意而为，而是自然而然的潜移默化。创作主体的艺术创作也并非只是天马行空的任意想象，实则是将平素“惯常的印象”投射到艺术创作中：“北方人喜爱的形象和南方人乐于追忆的形象间存在着差别。气候当然是产生这些差别的主要原因之一，诗人的梦想固然可以产生非凡的事物；然而惯常的印象必然出现在一切作品之中。如果避免对这些印象的回忆，那就失去作品最大的优点，也就是描绘作家亲身感受这样一个优点。”⑤可见，“骏马秋风塞北”和“杏花春雨江南”既是中国南北方不同地理环境的真实写照，同时也是作者亲身感受之后而获得的两种不同的审美趣味。身处江南无法体会到北方边塞环境恶劣、气候严寒、“风头如刀面如割”的感受，也写不出“天苍苍、野茫茫，风吹草低见牛羊”那样苍凉豪放的诗句，而居于塞北也难以想象到江南小桥流水与风和日丽，写不出“逶迤带绿水，迢递起朱楼”，“小楼一夜听春雨，

① 梁启超：《饮冰室文集全编》卷三《中国地理大势论》，上海广益书局1948年版，第105页。

② ［法］丹纳著，傅雷译：《艺术哲学》，人民文学出版社1963年版，第255、256页。

③ ［法］丹纳著，傅雷译：《艺术哲学》，人民文学出版社1963年版，第142页。

④ ［法］丹纳著，傅雷译：《艺术哲学》，人民文学出版社1963年版，第255页。

⑤ ［法］史达尔：《论文选》，载伍蠡甫等编：《西方文论选》下卷，上海译文出版社1979年版，第125、126页。

深巷明朝卖杏花”的诗句。可见，地理环境影响艺术作品风格，是毋庸置疑的。

二、声以俗移——人文地理的影响

地理环境不仅包括固定存在的自然地理环境，还应包括动态变化的人文地理环境，也即特定地理环境中所形成的风俗民情。相对于自然地理之“物”的因素来说，人文地理之“人”的因素对创作的影响恐怕更为直接、深刻。人类在长期适应某个特定地理环境的过程中，逐渐形成与之相应且为特定人群共同认可、世代相传的风俗、习惯、信仰、观念等，尽管随着社会的发展与时代变迁，某些风俗习惯可能会发生局部变化，但其精神实质却不会完全改变，它同自然地理环境一样，为特定地域所独有，对于身处其中的创作主体及其风格来说，同样具有不可忽视的重要影响作用。

早在先秦时期，孔子谈及诗歌的社会作用时指出：“《诗》，可以兴，可以观、可以群、可以怨。”其中“观”，郑玄解释为“观风俗之盛衰”[①]，朱熹《论语集注》解释为“考见得失”[②]，也就是说通过诗歌可以了解社会生活、政治风俗的情况。中国自古就重视风俗传统，认为“为政必先究风俗”，“观风俗，知得失”是历代帝王恪守的祖训，最高统治者不仅要亲自过问风俗民情，还要委派官吏考察民风民俗，将其作为制定国策的重要参照，载入史册，以便为后世留下治理风俗的经验。《汉书·艺文志》载：“古有采诗之官，王者所以观风俗，知得失，自考正也。”关于“风俗”的解释，《汉书·地理志下》说：“凡民函五常之性，而其刚柔缓急，音声不同，系水土之风气，故谓之风；好恶取舍，动静亡常，随君上之情欲，故谓之俗。”应劭《风俗通义》说：“风者，天气有寒暖，地形有险易，水泉有美恶，草木有刚柔也。俗者，含血之类，像之而生。故言语歌讴异声，鼓舞动作殊形，或直或邪，或善或淫也。圣人作而均齐之，咸归于正；圣人废，则还其本俗。”北齐刘昼在《刘子·风俗》中说：“土地水泉，气有缓急，声有高下，谓之风焉；人居此地，习以成性，谓之俗焉。”可见，“风”是受自然地理环境影响而形成的特征，而“俗”则是人在适应环境中逐渐形成的习俗、惯例。“风俗”合为一个概念，指的是特定区域、特定人群沿革下来的风气、礼节、习惯等的总和。

艺术作为社会现实生活的反映形式，特定地域的政治、文化、民俗等必然会通过艺术作品反映出来。《左传·襄公二十九年》所记载的吴公子观乐，正是通过听辨不同地域风格的音乐来考察政教治乱状况和民俗风情，以便从中汲取施政

---

① 《论语·阳货》，载《十三经注疏·论语注疏》卷第十七，北京大学出版社1999年版，第237页。

② ［宋］朱熹撰：《四书章句集注·论语集注》卷九，中华书局1983年版，第178页。

的经验教训："为之歌《郑》，曰：'美哉！其细已甚，民弗堪也。是其先亡乎！'……为之歌《秦》，曰：'此之谓夏声。夫能夏则大，大之至也，其周之旧乎？'为之歌《魏》，曰：'美哉，沨沨乎！大而婉，险而易行，以德辅此，则明主也。'……为之歌《陈》，曰：'国无主，其能久乎！'"[①]正所谓"听音而知治乱，观乐而晓盛衰。"[②]明屠隆认为民风习俗是影响艺术作品地域风格的主要原因，提出了"声以俗移"的观点："周风美盛，则《关雎》《大雅》；郑、卫风淫，则《桑中》《溱洧》；秦风雄劲，则《车邻》《驷驖》；陈、曹风奢，则《宛丘》《蜉游》；燕、赵尚气，则荆、高悲歌；楚人多怨，则屈骚凄愤。斯声以俗移者也。"[③]可见，各地民俗风情对于艺术创作的影响是必然的，任何身处于其中的创作主体都无法摆脱当地风俗民情的浸染与裹挟。正如《荀子·儒效》所说："习俗移志，安久移质。"曹丕《典论·论文》评价徐干"时有齐气"，李善注："言齐俗文体舒缓，而徐干亦有斯累。"[④]因徐干是齐地人，在齐地风俗影响下的文体普遍呈现出舒缓的风格特征，因而徐干也难脱其风俗所囿。《左传·襄公二十九年》也提到："为之歌《齐》，曰：'美哉！泱泱乎，大风也哉！表东海者，其大公乎？国未可量也。"这是对齐国泱泱大国风范的赞美。先秦时期，齐风的舒缓之气备受赞美，而到魏晋时期，重视建安风骨，推崇的是风清骨峻的风骨，舒缓的齐气显然是不合时宜的。可见，同一种风格，由于时代审美观的转变，所受的褒贬评价也不一。然而可以肯定的一点是，地域民俗风情潜移默化地影响创作主体及艺术风格是不可避免的。

众所周知，《楚辞》中《九歌》是屈原在楚国祭祀歌乐的基础上改编的祭祀歌谣，从所祭神灵来看，主要包括天神（东皇太一、云中君、大司命、少司命）、地祇（湘君、湘夫人、河伯、山鬼）、人鬼（国殇）三个系列，可知《九歌》所记载的是一场规模较大的，融郊祭与社祭混杂一起的祭祀活动。[⑤]王逸《楚辞章句》说："《九歌》者，屈原之所作也。昔楚国南郢之邑，沅、湘之间，其俗信鬼而好祠（祠，一作祀）。其祠，必作歌乐鼓舞以乐诸神。屈原放逐，窜伏其域，怀忧苦毒，愁思沸郁。出见俗人祭祀之礼，歌舞之乐，其词鄙陋，因为

---

① 《左传·襄公二十九年》，《十三经注疏·春秋左传正义》卷第三十九，北京大学出版社1999年版，第1098-1101页。

② 《诗大序》，载《十三经注疏·毛诗正义》卷第一，北京大学出版社1999年版，第7页。

③ ［明］屠隆：《鸿苞集》卷一八《诗文》，载陈伯海主编：《历代唐诗论评选》，河北大学出版社2003年版，第684页。

④ ［魏］曹丕：《典论·论文》，载穆克宏主编：《魏晋南北朝文论全编》，上海远东出版社2012年版，第14页。

⑤ 王廷信：《〈九歌〉中的戏剧扮演》，《文艺研究》2002年第6期。

作《九歌》之曲。”《汉书·地理志下》载：“楚有江汉川泽山林之饶……信巫鬼，重淫祀。”《隋书·地理志下》也说：“大抵荆州率敬鬼，尤重祠祀之事，昔屈原为制《九歌》，盖由此也。”可见，屈原《九歌》的产生，与楚地盛行巫风这种特有的地域文化是分不开的。诚如刘勰所说：“然则屈平所以能兼《风》《骚》之情者，抑亦江山之助乎？”①

任何身处不同地理环境之中的创作主体，都会不可避免地受到当地自然地理环境和民俗风情人文环境的影响，并由此形成一定的审美文化心理积淀，进而影响到其作品的风格特色。江南地域的吴歌西曲、蒙古草原的长调、新疆地区的木卡姆、彝族的阿细跳月等传统音乐，都是特定地理环境影响下形成的艺术表现形式，它们是不同地域独特风俗民情的真实写照，是特殊地理环境对艺术创作的最大恩赐，正是缘于特定自然地理环境和民俗风情的熏染，才形成独特的地域风格。当然，地域风格的形成，在某种程度上，与其相对封闭的地理位置相关，一般说来，在地域阻隔、交通阻塞的条件下，更有利于保持地域风格的纯洁性和独特性。丹纳曾说：“一个民族永远留着他乡土的痕迹，而他定居的时候越愚昧越幼稚，身上的乡土的痕迹越深刻。”②然而，随着社会的发展、交通的便利以及文化交流的频繁，地域风格的纯粹性难免会受到来自外界的冲击和影响，对此梁启超在《中国地理大势论》中指出：“自后世交通益盛，文人墨客，大率足迹走天下，其界亦寖微矣。”③然而，这并不代表地域风格会完全消融在世界大同的统一模式当中。地理环境对艺术创作的积极意义，更在于能够拓宽创作主体的审美视野，使其能从更为广阔的地理环境中获取有益于艺术创新的资源和灵感，为风格创新提供多重选择的路径，融入新的地域风格特色。

三、江山之助与艺术风格

地理环境对艺术创作所具有的重要影响作用，为历代名家大师及批评家所重视。地理环境中的山水、树石、花鸟、鱼虫，不仅只是固定的存在，它与人之间有着亲密无间的情感联系，无数文人墨客把自然景物作为托物言志、抒发情怀的精神寄托。《诗经》《楚辞》中都有关于自然景物的描写，汉赋、六朝骈文等对于自然景物的描写更多。魏晋时期，动荡的社会环境，使政治上失意、受玄学和佛教思想影响的文人，隐居山林，流连于自然山水之间，由此产生了大量的山水诗创作，如谢灵运《登池上楼》、陶渊明《归田园居》等。山水画也于此时问世，

① ［梁］刘勰：《文心雕龙·物色》，载张长青：《文心雕龙新释》，湖南大学出版社2009年版，第553页。

② ［法］丹纳著，傅雷译：《艺术哲学》，人民文学出版社1963年版，第243页。

③ 梁启超：《饮冰室文集全编》卷三《中国地理大势论》，上海广益书局1948年版，第105页。

逐渐由绘画的背景衬托转为独立的山水画，打破了以往以人物画为主的固定格局，成为与人物画并立的画科。一种新的艺术表现形式得以诞生，也说明了地理环境对艺术创作的深刻影响。

对创作实践领域的经验总结和感悟，往往会通过一定理论概括反映出来。魏晋六朝时期，关于自然环境与艺术创作关系的理论探讨逐渐成为一种自觉。陆机的《文赋》认为创作主体的情感与自然景物息息相关："遵四时以叹逝，瞻万物而思纷，悲落叶于劲秋，喜柔条于芳春。"钟嵘《诗品序》也指出："气之动物，物之感人，摇荡性情，形诸舞咏""若乃春风春鸟，秋月秋蝉，夏云暑雨，冬月祁寒，斯四候之感诸诗者也。"说明自然环境中的景物能够激发创作者的情感，使二者之间产生情感共鸣，艺术创作正是"摇荡性情，形诸舞咏""感诸诗者"的体现。刘勰继承并肯定了前人的说法，在《文心雕龙》中专设"物色篇"探讨自然景物与创作之间的关系：

> 春秋代序，阴阳惨舒；物色之动，心亦摇焉。盖阳气萌而玄驹步，阴律凝而丹鸟羞；微虫犹或入感，四时之动物深矣。若夫珪璋挺其慧心，英华秀其清气；物色相召，人谁获安？……岁有其物，物有其容；情以物迁，辞以情发。

这里说明艺术创作是从对外物的审美感受开始的，艺术创作经历"物"—"情"—"辞"的过程，艺术创作开始于"物"对"情"的激发，"辞"是"物"与"情"融合交汇的产物。《明诗》篇说："人禀七情，应物斯感。感物吟志，莫非自然。"《诠赋》篇说："原无登高之旨，盖睹物兴情。情以物兴，故义必明雅；物以情睹，故辞必巧丽。"都说明自然景物是激发创作主体创作激情的重要原因，最后刘勰给出"若乃山林皋壤，实文思之奥府"[①]的结论，一语中的点明自然环境对创作的重要影响。书画理论方面，宗炳《画山水序》说："身所盘桓，日所绸缪""应目会心"，王微《叙画》说："望秋云，神飞扬；临春风，思浩荡"等，说明自然山水具有激发创作灵感的作用。理论家们普遍认为艺术创作是受到地理环境的影响和启迪才进行创作的，明宋濂说："非得夫江山之助，则尘土之思，胶扰蔽固，不能有以发挥其性灵。"[②]清沈德潜同样表示："诗人不遇江山，虽有灵秀之心，俊伟之笔，而孑然独处，寂无见闻，何由激发心胸，一吐

① ［梁］刘勰：《文心雕龙·物色》，载张长青：《文心雕龙新释》，湖南大学出版社2009年版，第553页。

② ［明］宋濂：《文宪集》卷六《刘兵部诗集序》，载吴文治：《明诗话全编》（一），江苏古籍出版社1998年版，第59页。

其堆阜灏瀚之气？”[①]诸如此类的说法，旨在强调自然环境对艺术创作及风格形成的影响。可见，躬亲山水得“江山之助”，是古往今来无数文人墨客、名家大师从事艺术创作的重要源泉。

众所周知，司马迁得“江山之助”而成《史记》之“雄深雅健”。司马迁曾花费十年时间游历大半国土，史无前例，可谓是“读万卷书、行万里路”的先驱。苏辙认为，“其文疏荡，颇有奇气”正是由于“太史公行天下，周览四海名山大川”。[②]说明自然山水为创作主体提供了丰富的创作素材和精神养料，当人置身于美好的自然景色当中，人与自然心物交融，物我为一，进而直接影响到创作主体的审美情趣与创作风格。更为重要的是，创作主体在自然生命运动模式的陶冶下，外物与内心的相互作用，不仅停留于视野的扩大和审美情趣的提高，而是在“躬历山川”中考察古往今来历史文化变迁的轨迹，从而获得一种“念天地之悠悠”的浩茫的历史意识和悲壮的使命感。[③]

不同的自然山水，给予人不同的审美感受，挺拔峻险的山峰给人以威严崇高之感，使人心生惧怕；潺潺流水给人轻柔和缓之感，使人心情舒畅；风雨侵蚀的碑刻给人以历经沧桑之感，使人心情沉重；云烟缭绕的山间给人以梦境之感，使人心驰神往……这些审美感受不断丰富着创作主体的审美情趣，进而外化为其创作的风格特色。唐代诗人李白对于自然山水情有独钟，他一生游兴浓厚，以自然万物为友朋，写下了无数山水情怀的诗篇，如《金陵江上遇蓬池隐者》“心爱名山游，身随名山远”，《赠裴十四》“黄河落天走东海，万里写入胸怀间”等。李白将自然山水作为情感交流的途径，每每登山临水，必感兴赋诗，自然山水也给予他无限的回报，使他思如泉涌，正如《春夜宴从弟桃花园序》说“阳春召我以烟景，大块假我以文章”。李白个性自由、豪放不羁，因此对于自然山水的选择，也总喜欢具有非凡气势、震撼人心、崇高壮美的物象，《将进酒》中“君不见黄河之水天上来，奔流到海不复回”，以抒发其豪迈雄逸的博大胸怀。杜甫也认为诗人应当接受广泛的美的陶冶，尤其是到大自然中游历，《秋日夔府咏怀奉寄郑监李宾客一百韵》写道：“登临多物色，陶冶赖诗篇”，自然界中的山川、花草、溪流、夕阳、朝霞、彩虹、白云、明月以及各种各种神奇物色，不仅开阔了创作主体的审美视野，而且在大自然神奇妙造之美的熏陶下诱发出创作激情，正所谓“诗应有神助，无得及春游”，只有广泛地游历，艺术创作才能进入“放神

---

① ［清］沈德潜：《归愚文钞余集》卷一，《艿庄诗序》，清乾隆刻本。

② ［宋］苏辙著，曾枣庄、马德富校点：《栾城集》卷二十二《上枢密韩太尉书》，上海古籍出版社1987年版，第477页。

③ 宋嗣廉：《论〈史记〉与江山之助》，《吉林大学社会科学学报》1991年第5期。

八极外”的佳境。王羲之《兰亭诗》云：“群籁虽参差，适我无非新”，道出了艺术创作的精神根源。创作主体到大自然中寻求创意，使自然景物在主体的观照中焕发新的生命，在与主体情感的相互交融中，迸发出新的创造力。如，山水画在宋元时期获得高度发展，名家名作层出不穷，这是众多画家师法自然造化的结果。关仝的《秋山晚翠图》、董源的《夏山图》、巨然的《秋山问道图》、李成的《茂林远岫图》、范宽的《溪山行旅图》、郭熙的《早春图》、黄公望《富春山居图》《天池石壁图》、王蒙《青卞隐居图》、赵孟頫《鹊华秋色图》等各具特色、风格迥异。如果不是基于创作者们对自然山水的饱游饫看，不是得“江山之助”的话，不会成为世代流传的经典名品。

创作实践领域重视对自然山水的观照，同样体现于历代绘画理论著述当中。孙过庭“同自然之妙有”，荆浩“度物象而取真”，张璪“外师造化，中得心源”，郭熙“身即山川而取之”，王履的“吾师心，心师目，目师华山”、祝允明“身与事接而境生，境与身接而情生”以及石涛的“搜尽奇峰打草稿”等理论著述，可以见出自然造化对艺术创作的重要性。创作主体遍行各地名山大川，对不同地域、不同季节气候的自然山水予以多角度观照，加之无穷变化的大自然，“晓岚”“晚翠”“寒林”“夏山”“幽谷”等姿态万千、各有情调，不仅为创作者提供了丰富的创作素材，而且常常被视为托物言志、借物抒情的精神寄托。郭熙《林泉高致・山水训》曾这样解释“君子之所以爱夫山水者”的原因：“丘园养素，所常处也；泉石啸傲，所常乐也；渔樵隐逸，所常适也；猿鹤飞鸣，所常亲也；尘嚣缰锁，此人情所常厌也；檐下仙圣，此人情所常愿而不得见也。”可见，游历山水或描绘自然山水是文人墨客用以标榜“清高”的途径，是寻求精神“自遣”“自娱”的方式。大自然不仅激发着创作主体的思绪和灵感，温暖着创作主体的灵魂，同时也使创作主体在自然中不断发现自我、调整自我、创造自我。

总之，自然地理环境是影响艺术风格形成不可或缺的重要因素。然而，地理环境作用于艺术创作，还必须通过“人”这个审美中介才得以完成。地理环境作为人类生存和活动的场所与背景，千百年来，很少发生质变，然而，艺术风格却在不断发展嬗变。究其原因，风格的形成更多的是源自于主体的主观能动作用。虽然不同的地理环境给予创作主体不同的审美情趣，会使艺术作品携带浓厚的地域风格特色，但同时还具有独特的个别差异。尽管随着社会的发展，某一特定地理环境对艺术创作的影响总体趋势逐渐减弱，但并不意味着艺术的地域风格会完全消失。正如普列汉诺夫所说：“我们已经知道，人为的环境是非常有力地改变着自然对社会的人的影响的。自然对社会的人的影响从直接变成了间接。不过自然的影响并不消失。每一个民族的气质当中，都保持着某些为自然环境的影响所引起的特色，这些特色，可以由于适应社会环境而有几分改变，但是绝不因此完全消灭。”[①]尽管不同地理环境中的政治、经济、文化等会不断改变，风俗民情也可能有所增删损益，然而，不同地域的自然景观却长期不变，不断塑造着本地及外来造访者的文化审美心理和艺术情趣，给予艺术创作丰富的资源和精神营养，不断激发着创作主体的激情、欲望与灵感，进而为艺术风格创新打开新的天地。

第二节　时代环境

时代环境是艺术创作的历史舞台，任何艺术风格的形成，都离不开时代环境的滋养。法国学者丹纳《艺术哲学》指出：“要了解一件艺术品，一个艺术家，一群艺术家，必须正确地设想他们所属的时代的精神和风俗的概况”，“有一种‘精神的’气候，就是风俗习惯与时代精神，和自然界的气候起着同样的作用。”自然界的气候变化往往会决定何种植物出现，同样，“精神方面也有它的气候，它的变化决定这种那种艺术的出现。”[②]艺术作为现实生活的反映方式，不同历史时代的政治、经济、思想等外部因素，必然会对艺术的呈现方式及风格面貌有所影响，使艺术作品携带上时代的印记和基因。

作为从事艺术创作的个体，不论为艺术创作带来多少变化，同一时代的艺术总是存在共同的表征和风格的共性。“同样的社会和文化条件，同样的生产方法和手段，同样的外表和心理，都在千变万化的形式构成上留下共同的印记”[③]，而不同时代的艺术之间，也总是体现为风格的迥然有别和各具特色。可见，时代环境对艺术的影响是深刻的，是不以人的意志为转移的。

一、时代治乱与艺术风格

中国古代重视时代环境与艺术创作的关系讨论。早在先秦时期，就非常注重时代治乱对创作及风格的影响作用。在以血缘宗法为纽带的社会体制下，维护社会伦理等级秩序是治国的头等大事，“家与国、血缘伦理与政治等级合而为一、直接同一”[④]，为此而施行的礼乐制度，使“乐”被赋予“礼”（德）的内容。

① ［苏］普列汉诺夫：《普列汉诺夫哲学著作选集》第二卷，三联书店1961年版，第273-274页。

② ［法］丹纳著，傅雷译：《艺术哲学》，人民文学出版社1963年版，第7、34、9页。

③ ［俄］金兹堡著，陈志华译：《风格与时代》，陕西师范大学出版社2004年版，第25页。

④ 樊浩：《中国伦理精神的历史建构》，江苏人民出版社1992年版，第8页。

《左传·文公七年》郤缺曾在对晋襄公劝谏时提出“无礼不乐”之说：“九功之德皆可歌也，谓之九歌。六府三事，谓之九功。水、火、金、木、土、谷，谓之六府。正德、利用、厚生，谓之三事。义而行之，谓之德礼。无礼不乐，所由叛也。”郤缺认为，没有礼和德，便没有什么可以歌唱，也就不会有快乐可言，这是人们叛逆的原因。[①] 音乐必须受制于礼，音乐的职责和作用就在于传播德行。《左传·襄公二十九年》关于“季札观周乐”的记载，当乐工表演完各国的歌舞之后，他都一一予以评价“勤而不怨”“忧而不困”“思而不惧”“乐而不淫”“怨而不言”“勤而不德”等评语，要求乐的情绪表现要有节制，合乎“德”的准则，同样也说明音乐具有影射社会现实与政治风俗的作用。这一评论对孔子产生了直接影响。《论语》曾载“《诗》，可以兴，可以观，可以群、可以怨”，其中“观”，郑玄释义为“观风俗之盛衰”[②]，朱熹《论语集注》释为：“考见得失”[③]，可见，艺术是反映现实的，可以使读者认识风俗的兴衰与政治的得失。《孟子·万章下》指出“颂其诗，读其书，不知其人，可乎？是以论其世也”，从阅读角度，强调了艺术作品、创作主体和时代环境的关系。《礼记·乐记》更为直接地指出音乐与时代政治状况的关系：“凡音者，生人心者也。情动于中，故形于声。声成文，谓之音。是故治世之音，安以乐，其政和。乱世之音，怨以怒，其政乖。亡国之音，哀以思，其民困。声音之道，与政通矣。”汉代《诗大序》对此观点作了进一步的发挥：“情发于声，声成文谓之音。治世之音，安以乐，其政和。乱世之音，怨以怒，其政乖。亡国之音，哀以思，其民困。故正得失，动天地，感鬼神，莫近于诗。先王以是经夫妇，成孝敬，厚人伦，美教化，移风俗。”“至于王道衰，礼义废，政教失，国异政，家殊俗，而变风、变雅作矣。”指出不同时代的政治、道德、风俗等对音乐、诗歌的决定作用，强调艺术具有发挥政治教化的社会作用，这是儒家“尚用”思想的体现。汉代王充继承儒家思想，提出文学艺术“为世用”的观点，“为世用者，百篇无害；不为世用，一章无补”“文人之笔，劝善惩恶也”[④]，强调艺术的社会政治作用。可见，时代治乱对艺术的影响是直接的、重大的。时代环境不同，治乱状况不一，都在艺术创作中得到体现。然而值得注意的一点是，尽管先秦时期已经注意到时代治乱对艺术的重要影响，但尚未指出艺术随时代演变的问题。

魏晋时期，艺术随时代演变的规律逐渐明晰。晋葛洪《抱朴子·钧世》载：

---

① 蔡仲德：《中国音乐美学史》（修订版），人民音乐出版社2003年版，第38页。

② 《论语·阳货》，载《十三经注疏·论语注疏》卷第十七，北京大学出版社1999年版，第237页。

③ ［宋］朱熹撰：《四书章句集注·论语集注》卷九，中华书局1983年版，第178页。

④ 《论衡·佚文篇》，载黄晖撰：《论衡校释》卷二十，中华书局1990年版，第1202、869页。

"古者事事醇素，今则莫不雕饰，时移世改，理自然也"，指出古今文辞的不同，已触及艺术随时代演变的问题。沈约《宋书·谢灵运传论》也对历代文辞的变化予以阐发：

> 自汉至魏，四百余年，辞人才子，文体三变。相如巧为形似之言，班固长于情理之说，子建、仲宣以气质为体，并标能擅美，独映当时，是以一世之士，各相慕习，源其飚流所始，莫不同祖风、骚。徒以赏好异情，故意制相诡。降及元康，潘、陆特秀，律异班、贾，体变曹、王，缛旨星稠，繁文绮合。缀平台之逸响，采南皮之高韵，遗风余烈，事极江右。有晋中兴，玄风独振，为学穷于柱下，博物止乎七篇，驰骋文辞，义殚乎此。"

此处论述了历代文辞的继承关系和玄风对创作的影响，旨在说明创作随时代环境演变而发展的规律，但仍未直接指明这一关系。

直到刘勰《文心雕龙·时序》篇，在继承前人研究成果的基础上，较为全面地论述了文学艺术反映现实生活，随时代发展、社会环境演变而发展的规律：

> 时运交移，质文代变，古今情理，如可言乎！昔在陶唐，德盛化钧，野老吐"何力"之谈，郊童含"不识"之歌。有虞继作，政阜民暇，熏风诗于元后，"烂云"歌于列臣。尽其美者何？乃心乐而声泰也。至大禹敷土，九序咏功。成汤圣敬，"猗欤"作颂。逮姬文之德盛，《周南》勤而不怨；大王之化淳，《邠风》乐而不淫。幽厉昏而《板》《荡》怒，平王微而《黍离》哀。故知歌谣文理，与世推移，风动于上，而波震于下者也。

刘勰以"时运交移，质文代变"总括文风的质朴或华丽是随时代变化而变化的，进而细致分析不同历史时期，时代治乱状况总是体现于艺术创作当中。刘勰认为，在恩德教化普及的唐尧时代，流行的是《击壤歌》《康衢谣》，舜承大业后，政治清明、百姓安闲，传唱的是《南风诗》《卿云歌》，这些歌曲之所以美好，是因为人们内心快乐，所以歌声安泰；禹治理国土，完成九项政事，颂其功绩，商汤圣明恭谨，以《商颂·那》来颂扬；周文王、周太王施德治、普教化，《周南》《邠风》显现出"勤而不怨""乐而不淫"的中和之美；而在政治昏暗的周幽王、周厉王时代，则出现《板》《荡》这样充满愤怒之情的歌曲；随着周平王动迁洛邑，政治日趋衰微，则出现《黍离》这样满含忧伤悲哀之作。可见，艺术作品的风格倾向与时代治乱之间有着密切的联系，不同社会时代环境，引发不同的艺术创作风格，正如刘勰所说“文变染乎世情，兴废系乎时序”[①]。在政治清明、国运昌隆的时代，文学艺术创作中体现为“风”“雅”之作，如《周南》《商颂》等之类的作品；而在政治衰败，社会动荡年代，文学艺术创作则体现为“变风”“变雅”之作，也即乱世之音、亡国之音，如《板》《荡》《黍离》等之类的作品。

尽管时代治乱对创作风格的影响作用是巨大的，但必须明确的是，无论是治世之音、乱世之音还是亡国之音，它们之间并不存在高下优劣之分，它们都是社会现实的反映，具有不同的价值。叶燮《原诗·内篇》指出：

> 且夫风雅之有正有变，其正变系乎时，谓政治、风俗之由得而失，由隆而污。此以时而言诗，时有变而诗因之。时变而失正，诗变而仍不失其正。故有盛无衰，诗之源也。

从中可知，诗的“变”是由于时代的变，是为了适应不同时代政治风俗的变化，为了真实反映不断变化着的时代风貌。从这个意义来说，诗歌的发展是“有盛无衰”的。而且，愈是在社会动乱、政权高压，甚至民族生死存亡的危难之时，艺术创作不但不会消沉，反而会冲破种种禁锢，磅礴而出，成为天下至文。清黄宗羲曾说：“夫文章，天地之元气也。元气之在平时，昆仑旁薄，和声顺气，发自廊庙，而鬯浃于幽遐，无所见奇；逮夫厄运危时，天地闭塞，元气鼓荡而出，拥勇郁遏，坌愤激讦，而后至文生焉。”[②]可见，社会的动荡不安，反而能刺激“元气”活力增强，“鼓荡而出”，而这“元气”，实即是具有民族普遍心理的精神愿望与情感诉求投之于艺术创作的体现，必然引发艺术的兴盛，也即所谓“国家不幸诗家幸”。刘勰在《文心雕龙·时序》中曾提及建安时代文学创作时说：“观其时文，雅好慷慨，良由世积乱离，风衰俗怨，并志深而笔长，故梗概而多气也。”正是缘于“世积乱离，风衰俗怨”的社会状况，才造就了建安文学“雅好慷慨”“梗概多气”的风格特征，这种风格后被唐初诗歌陈子昂等人以“汉魏风骨”提出并高扬，作为诗歌改革所标举的旗帜。可见，建安时期文学艺术的昌盛，并非时代的繁荣昌盛，而是决定于时代的动荡不安，造就了一大批具有文学自觉性的创作主体。

无独有偶，南宋时期，政治昏庸、国力衰微、山河破碎，然而，诗词创作领

---

① ［梁］刘勰：《文心雕龙·时序》。

② ［明］黄宗羲著，沈善洪主编：《黄宗羲全集》第10册《谢皋羽年谱游录注序》，浙江古籍出版社2005年版，第34页。

域却涌现出众多爱国诗词大家，他们的作品充满了豪情壮志与坚贞不屈的精神品格。辛弃疾的《永遇乐·京口北固亭怀古》："千古江山，英雄无觅，孙仲谋处。舞榭歌台，风流总被雨打风吹去。斜阳草树，寻常巷陌，人道寄奴曾住。想当年，金戈铁马，气吞万里如虎"；岳飞的《满江红》："怒发冲冠，凭栏处、潇潇雨歇。抬望眼，仰天长啸，壮怀激烈。三十功名尘与土，八千里路云和月。莫等闲，白了少年头，空悲切。靖康耻，犹未雪；臣子恨，何时灭！驾长车、踏破贺兰山缺。壮志饥餐胡虏肉，笑谈渴饮匈奴血。待从头收拾旧山河，朝天阙"；文天祥的《过零丁洋》："惶恐滩头说惶恐，零丁洋里叹零丁。人生自古谁无死，留取丹心照汗青"；郑思肖："宁可枝头抱香死，何曾倾落北风中"等千古名句，无不具有慷慨激昂、刚健豪迈的艺术风格。这些都是民族矛盾极其尖锐、王朝即将覆灭年代里志士仁人的心声，都是由发自创作者心底的忠愤积怨、凄苦悲怆所凝结而成的精神风貌。绘画创作领域，"南宋四家"李唐、刘松年、马远、夏圭所开创的刀斫斧劈般的画风，具有刚硬强健之美，显然是南宋时代境遇下士子躁动不安的情绪与坚贞不屈的精神外化。

元代，少数民族掌握国家政权，颠覆了汉族社会政治文化结构，民族歧视严重威胁着士人的社会地位，尤其是科举制的取缔，阻断了士人进身仕途的希望，文学、艺术创作由此成为寻求心灵慰藉的最佳方式。"由蒙古族统治造成的在某些文化发展领域中的特殊状况产生出了一种建设性的力量"，[①]在某种程度上，促成了文人画与元杂剧的繁盛发展，士人自身的个性才情与内心郁结的民族情绪在艺术创作中获得释放，艺术创作呈现出雅、俗两级，一隐一显的双向发展趋势。一方面，是以黄公望、王蒙、倪瓒和吴镇等"元四家"为代表的文人画家，他们归隐山林，醉心于自然山水之间，"藉山水而泄其幽忧之愤"[②]，将文人山水画推向了发展的新高度，如黄公望《富春山居图》的气势恢宏、苍莽阔大，吴镇《渔父图》的天空水阔、隐逸淡泊，王蒙《青卞隐居图》的峰峦叠翠、繁复细密，倪瓒《渔庄秋霁图》的萧涩荒寒、疏秀空灵，他们从不同的审美角度观照自然，不仅充分展现了自然山水雄伟、奇特、空旷、辽远之美，而且也将闲适淡泊、守节绝俗的文人心境隐含其中。另一方面，以关汉卿、马致远、郑光祖、白朴、王实甫等为代表的元杂剧作家，他们身处于社会最底层，亲眼看见过蛮横污浊的丑恶现象，深知下层百姓疾苦，感同身受，孤傲悲愤、玩世不恭的心态促使他们将人间百态书写出来，以吐心中不快。如《窦娥冤》《救风尘》《拜月亭》《汉宫秋》

---

① ［德］傅海波、［英］崔瑞德编：《剑桥中国辽西夏金元史（907–1368年）》，史卫民等译，中国社会科学出版社1998年版，第645页。

② ［清］廖燕：《二十七松堂文集》卷四《刘五原诗集序》，上海远东出版社1999年版，第86页。

《倩女离魂》《墙头马上》《西厢记》等大批优秀剧作，是对社会丑恶及残暴统治的揭露、对人间正义与果敢抗争精神的赞颂、对美好婚姻爱情的追求、对幸福生活理想的憧憬。尽管以文人画家和剧作家为代表的士人阶层，在价值观念、行为方式以及处事原则等方面迥然有别，然而他们却有一个共同的价值指向：都是对现实社会的批评和否定的表现形式，只是书画家采用高蹈超迈的形式，剧作家采用激烈抗争的形式。[①]前者是隐性的，而后者是显性的，前者雅，后者俗，二者殊途同归。可以说，元代艺术之所以能够在雅、俗两级并行发展，与其特定的时代治乱状况有着密切的联系。

如前所述，任何一个艺术家，任何一件艺术作品，他们风格的形成，都是特定历史时代的产物，时代治乱不可避免地会对艺术创作及风格形成产生一定的影响。然而，我们不能将时代治乱作为考察分析艺术家及其作品价值与风格的唯一标杆，无论是治世、乱世，还是亡国之时，艺术始终都是现实生活的反映方式，都以其独特而不可重复的风格特色存在，这一点永远不可能改变。正缘于此，我们说时代治乱影响艺术风格是一定的、必然的，但它并不是影响艺术风格特色的唯一的外在因素。

二、经济兴衰与艺术风格

经济兴衰是影响艺术发展及其风格形成的又一重要外部因素。根据马克思主义历史唯物论，艺术是一种社会意识形态，是建立在一定经济基础上的上层建筑。经济基础是社会一定历史发展阶段上的生产关系的总和，上层建筑是建立在经济基础之上的政治、法律、道德、哲学、宗教、艺术等观点或观念，以及和这些观点或观念相适应的政治法律等制度。艺术作为社会意识形态之一，与其他政治、哲学、宗教等意识形态的共同性，体现在“政治、法律、哲学、宗教、文学、艺术等的发展是以经济发展为基础的。但是，它们又都相互影响并对经济基础发生影响”[②]。可见，经济基础对意识形态具有决定性作用。这种决定性作用之于艺术，体现在艺术的发生、发展上，是经济基础最终决定了各个历史阶段的艺术的主要内容和形态。[③]风格是艺术作品在内容与形式的和谐统一中所呈现的稳定而独特的整体风貌与艺术特色，任何一种艺术风格的发生、发展，都会不可避免地受到经济兴衰的影响。

在生产力水平低下、没有剥削、没有阶级的原始时代，原始彩陶纹饰呈现出质朴生动、轻快活泼、稚拙天真、生机盎然的风格面貌。而进入奴隶社会后，屠

① 凌继尧主编：《中国艺术批评史》，上海人民出版社2011年版，第281页。

②《马克思恩格斯选集》（第四卷），人民出版社1972年版，第506页。

③ 王宏建主编：《艺术概论》，文化艺术出版社2000年版，第25页。

杀、掠夺、俘获、奴役、剥削、压迫是社会的基本动向和常规内容，艺术的呈现方式及风格发生了质的改变。原始陶器几何纹样体现的是氏族部落全民性观念、想象和意志，而以“饕餮吃人”为主的纹饰青铜器艺术，则体现的是早期奴隶社会宗法制下统治者的威严、力量和意志，其神秘、恐怖、狞厉[①]的风格特征，俨然就是时代的真实写照。尽管商周时期出现了诸如司母辛方鼎、妇好三联甗、四羊方尊等具有极高历史价值和艺术成就的艺术精品，但这些作为政权统治象征的作品，其背后所隐含的血腥剥削与压迫，与当时落后的生产力水平、经济不发达的社会状况不无关系（图1.1、图1.2）。

图1.1　彩陶盆绘舞蹈纹 新石器时代

图1.2　后母辛方鼎 商代后期

经济发展是艺术繁荣的必备前提，它为风格多样化提供基础的物质保障。众所周知，唐代是中国古代文明最为灿烂的历史时期，诗歌、音乐、舞蹈、书法、绘画、建筑、雕塑、工艺等各门类艺术均获得高度发展。这些成就固然与唐代政治开明、军事坚固、思想开放有不可分割的联系，但更离不开经济的支持。繁荣的经济使人们在物质需求获得满足的前提下，更加追逐精神需求的满足，由此也刺激了艺术的繁荣和风格的多样化。诗歌领域：李白、杜甫、白居易、高适、岑参、王维、韩愈、刘禹锡、李贺、李商隐等风格迥异；书法领域：唐太宗、欧阳询、虞世南、褚遂良、薛稷、张旭、怀素、颜真卿、柳公权等各具特色；绘画领域：吴道子、阎立本、李思训李昭道父子、张萱、周昉、曹霸、韩幹等风采不一；音乐舞蹈领域：宫廷十部乐、坐立部伎乐、软舞、健舞、法曲、俗讲及民间曲子等别具一格。此外，唐代宫城布局严整、气势宏伟，寺院庙宇遍布全国、活动频繁，宗教壁画、石窟造像壮观气魄、规模宏大，工艺制作技艺精湛、琳琅满

① 李泽厚：《美的历程》，天津社会科学院出版社2001年版，第57页。

目……如果没有唐代发达的经济作为基础保障，各门类艺术创作领域不会获得全面、高度的发展，更不会成为其后历代所争相效仿的典范。恩格斯肯定经济对文学艺术的支配作用，指出："不论在法国或是德国，哲学和那个时代的文学的普遍繁荣一样，都是经济高涨的结果。经济发展对这些领域的最终支配作用，在我看来是无疑的"[①]，可见，由经济繁荣引起艺术的繁荣在不同的国度具有一致性，此观点是可以成立的。

无独有偶，明代中后期，长江中下游地区的一些工商业城镇，资本主义萌芽，市民阶层日益壮大，商品经济和手工业的突飞猛进，促使南方经济高度繁荣，物质生产极大丰富，社会财富成倍增长，刺激了社会消费的迅涨，"晏安则易耽怠玩，富盛则渐启骄奢"。[②]加之王阳明心学倡导"心即理""致良知"，强烈痛斥宋代理学倡导的儒家伦理纲常对人性的束缚，李贽、公安三袁、汤显祖、徐渭等人积极响应，要求个性解放，自由抒发情感。在这样的时代氛围之下，市民阶层精神需求急剧膨胀，奢侈享乐的风气日益严重。仅从狎妓流行于社会各个阶层，即可体现出商品经济下人们思想观念的改变。当放情纵欲成为一种时尚潮流时，意味着人们的审美观念已经冲破传统礼教的束缚，朝着自由、激情、个性等方面蜕变。此时精神需求已然成为社会需求的主导趋向，艺术不再是束之高阁、仅供少数人玩味的"高雅"艺术，而是逐渐降及平民，成为满足社会各阶层受众群体精神需求为旨归的"大众"艺术，这对于艺术的发展无疑提供了千载难逢的好机遇。

通俗小说、戏曲在明中后期商品经济的促动下获得长足发展。小说创作主题由前期英雄人物（如《三国演义》《水浒传》等）的塑造，转而让位于普通平民，表现百姓日常生活、平凡事件成为小说的中心。"三言"（《喻世明言》《警世通言》《醒世恒言》）、"二拍"（《初刻拍案惊奇》《二刻拍案惊奇》）、《金瓶梅》等市情小说，围绕"情欲"[③]展开，更多关注的是普通百姓的命运、人情与人性，小说中人物的遭遇、情感纠葛与精神追求，使人们内心所郁结的对腐朽社会的痛斥与对真善美的向往、追求的情愫，在欣赏阅读小说的过程中，在与作者情感共鸣中得以释放，这极大地满足了人们精神的需求。与小说同时辉映于艺坛的戏曲艺术，在元代成熟发展的基础上，入明之后逐渐走向繁荣。创作者与欣赏者队伍日渐扩大，上至宫廷贵族、文人士子，下至乡野村夫，都对戏曲具有浓厚兴趣。演出形式、演出场所自由多样，帝王宫廷、士大夫府第、民间庙台、市镇

① 《马克思恩格斯选集》第四卷，人民出版社1972年版，第485页。

② 《明史·孝宗本纪》，载［清］张廷玉等撰：《明史》卷十五，中华书局1999年版，第134页。

③ 陈炎主编：《中国审美文化史》（唐宋元明清卷），山东画报出版社2007年版，第362页。

要道、私人堂会等，无论春夏秋冬，皆有戏曲上演。为适应各地观众的需要，明传奇演化为弋阳腔、余姚腔、海盐腔和昆山腔四大声腔，实现了更为广泛的普及与传播。尤其是明中后期，戏曲演出内容主题的转变，由前期宣扬封建礼教，转向百姓市井生活、世态人情，李开先的《宝剑记》、王世贞的《鸣凤记》、梁辰鱼的《浣纱记》、徐渭的《四声猿》、汤显祖的"临川四梦"等精品杰作，从不同角度反映社会生活，满足受众的多元精神需求。魏良辅等人为提高南戏艺术水平进行改革，使其成为规模宏大、结构明晰、曲调丰富、音律严谨的更为成熟精美的戏曲艺术形式；以沈璟为主的"吴江派"和以汤显祖为主的"临川派"围绕"格律"与"意趣"孰重孰轻展开论争，推动艺术向更高层次迈进。

吴门画派的崛起，同样是南方经济、文化生活繁荣的直接产物。苏州作为元代文人活动中心，本身具有雅好书画的社会习气。明中后期，发达的商品经济，吸引许多与艺术相关的行业聚集此地，使苏州地区俨然成为收藏、买卖字画的艺术交易重镇，尤其是"明四家"沈周、文徵明、唐寅、仇英汇集于此，彼此相异的艺术风格及其名望、地位，足以推动当地书画艺术市场繁荣兴盛。而且吴门自由宽松的氛围，吸引了很多文人画家聚集在这里，如陈淳、陈师道、陆治、周天球、文氏家族成员等，不仅活跃了书画市场，还促进了经济的发展。另外，在苏州附近的松江地区，同样也是文人画家活动的重要场所，由于位于长江三角洲这一文化地理特殊位置，各地区之间交通、经济、文化往来频繁，以顾正谊为代表的华亭派、以赵左为代表的苏松派，以及以沈士充为代表的云间派，因活动区域都在松江，合称为松江派。他们在莫是龙、董其昌和陈继儒等名流鼓吹的山水画南北宗学说影响下，绘画凸显南宗风貌，以温润含蓄的笔墨情趣见长。松江派与吴门派虽然所处地域相近，但绘画风格却截然不同，"苏州画重理，松江画论笔"[①]，然而二者都是南方经济高度发达下的精神产物。

园林艺术是明中后期艺术的一朵奇葩。南方经济的富庶推动官僚士大夫与巨商富户开始醉心于自家园林居室亭台池榭的精心营造，希冀通过装点山林，在"壶中天地"的微缩景观中，"纳千顷之汪洋，收四时之烂漫"[②]，以体味感悟宇宙之盈虚、四时之变化，优游林下之乐趣。在苏州、扬州、南京、杭州、松江等地，叠石造园蔚然成风。园主们既是官员又是文人，"时事纷纷，隐心皆然"[③]，加之，明中后期思想领域倡导尊重个性张扬，私家园林的设计也尤为注重个性的

① ［明］唐志契：《绘事微言·苏松品格同异》，载潘运告主编：《明代画论》，湖南美术出版社2002年版，第259页。

② 《园冶·园说》，载［明］计成原著，陈植注释：《园冶注释》，中国建筑工业出版社1988年版，第51页。

③ 《园冶·自识》，载［明］计成原著，陈植注释：《园冶注释》，中国建筑工业出版社1988年版，第248页。

独创，无论是亭台楼阁、山石水池的设置，还是诗文书画的装点，无不体现出别出心裁、迥然各异的风格特点。南方私家园林最具代表性的有：苏州拙政园、留园，扬州休园、西圃、荣园、竹西草堂等，无锡寄畅园，上海豫园，太仓弇山园，以及南京的多处园林。据明王世贞《游金陵诸园记》载，南京作为当时的江南工商业中心与文化重镇，知名园林多达三十多处："若最大而雄爽者，有六锦衣之东园；清远者，有四锦衣之西园；此大而奇瑰者，则四锦衣之丽宅东园；华整者，魏公之丽宅西园；次小而靓美者，魏公之南园与三锦衣之北园"[①]，这些园林大小规模不等，风格迥异，但总体上具有清新淡雅、秀丽雅致的风格，代表了我国古典园林两大系统之一。

明代手工艺在商业经济推动下，同样硕果累累。丝织行业，产地遍及苏州、杭州、嘉兴、松江、南京等地，绫、罗、绸、缎、纱、绢、棉、绒，种类齐全，色彩丰富艳丽，尤以南京云锦最为突出。文房清玩，是富豪士大夫收集名人字画之外的另一嗜好，笔墨纸砚在当时不仅是书写工具，更是具有观赏价值的艺术品，而且凡是文房所用之物，包括笔床、笔洗、砚台、磨床、镇纸、笔筒、古琴、紫砂陶器等文房清玩都被收藏享用，旨在营构一个极具文人气息的生态环境。苏州地区的明式家具发展成熟，材料、造型、工艺、结构及审美巧妙结合，充分体现出文人士大夫闲情雅逸、含蓄内省的特点，与江南园林、文物古玩交相辉映。可见，当时市民阶层的消费观更多体现为追求奢华的生活享受和内心的惬意满足，如果没有繁荣的经济作为物质保障和支持，各门类艺术就不会取得繁荣发展。

如前所述，经济的繁荣能够引起艺术的繁荣、风格的多样化。但是，需要特别注意的一点是，艺术的繁荣与经济的高涨在某些时候，并不总是如影随形、亦步亦趋地保持绝对平衡的关系，而是呈现为不平衡的关系。马克思曾说"关于艺术，大家知道，它的一定的繁盛时期绝不是同社会的一般发展成比例的，因而也绝不是同仿佛是社会组织的骨骼的物质基础的一般发展成比例的。"[②]可见，物质生产发展同艺术生产之间存在不平衡关系。为了将这一观点阐述得更为鲜明，马克思以希腊神话和莎士比亚戏剧与现代社会的艺术相比较，认为尽管现代社会的经济发展水平远远高于古希腊时代与莎士比亚时代，但希腊神话与莎士比亚戏剧并未由于当时经济水平低下而黯然失色，相反，其艺术魅力与价值永远光耀于世。同理，中国古代，原始末期的陶器、商周青铜器、秦俑、汉雕、顾恺之绘画、王羲之书法、陶渊明诗、唐诗、宋词、元曲、明清皇宫、南方私家园林等艺

① ［明］王世贞：《游金陵诸园记》，载陈从周，蒋启霆选编，赵厚均校订注释：《园综》（上册），同济大学出版社2011年版，第137页。

② 《马克思〈政治经济学批评〉序言》，人民出版社1971年版，第32、33页。

术，在今天看来，仍具有不朽的艺术魅力。尽管每个历史时期的经济发展水平是不同的，然而，产生于不同时代的艺术作品，并未由于所处时代经济发展水平低下，而导致艺术价值的降低。

任何一种艺术形式，都是特定历史时代的产物，其风格样式的形成，具有不可复制和不可替代的独特性，“艺术中有些标新立异的东西——形式和它们的组合——有时候它们难以预测；正因为一个艺术作品代表着某些有价值的东西，所以它特有的价值是不可能被超越的。”[①]因此，衡量艺术作品风格的高下，不能仅以经济发展水平的高低来进行绝对化的评定。尽管，经济基础对于艺术发展及其风格的形成，具有一定的影响作用，但并不是绝对的、唯一的因素。“在艺术本身的领域内，某些有重大意义的艺术形式只有在艺术发展的不发达阶段上才是可能的。”[②]春秋战国时期，诸侯争霸、战乱频仍、经济凋敝，然而此时却在青铜艺术方面取得高度艺术成就，不仅体现在日用器、乐器和兵器等的多重实用功能，而且被统治者集团视为地位与身份的象征。仅从目前湖北随县出土的战国时期曾侯乙墓编钟来看，规模宏大、制作精良、形制各异，整套编钟共计六十四枚，分上中下三层、三组排列，其音域范围可达五个八度，可以完整地演奏五声、七声音阶，而且中音区能演奏十二个半音，可以推知当时音乐旋律色彩已经相当丰富，是战国时期青铜艺术的杰出代表（图1.3）。可见，经济水平落后，艺术水平却不一定低下。相反，正是那个特定的时代，才造就了如此辉煌、风格独特的艺术作品。

图1.3　曾侯乙墓编钟　湖北随县

① ［俄］金兹堡著，陈志华译：《风格与时代》，陕西师范大学出版社2004年版，第22页。

② 《马克思恩格斯选集》（第二卷），人民出版社1972年版，第113页。

无独有偶，魏晋六朝时期是中国历史上又一个混乱时期，几百年的社会动荡与前所未有的灾荒饥寒，使经济遭到严重破坏，然而，这个时代却是人的自我意识觉醒的时代，也是文学、艺术走向自觉的时代。从这个时代开始，人开始真正思考个体的存在价值与生命意义，开始重视个性的张扬与独特风格的创造。宗白华先生曾说：

> 汉末魏晋六朝是中国政治上最混乱、社会上最苦痛的时代，然而却是精神史上极自由、极解放，最富于智慧、最浓于热情的一个时代。王羲之父子的字，顾恺之和陆探微的画，戴逵和戴颙的雕塑，嵇康的广陵散琴曲，曹植、阮籍、陶潜、谢灵运、鲍照、谢朓的诗，郦道元、杨衒之的写景文，云冈、龙门壮伟的造像，洛阳和南朝的闳丽的寺院，无不是光芒万丈，前无古人。[①]

可见，经济与艺术之间确实存在着不平衡的关系。然而，这也并不意味着经济决定艺术的结论是错误的。任何艺术种类及风格样式的出现，即使是春秋战国时期的青铜艺术、六朝时期的各门类艺术，仍然是以一定的经济发展为前提的，没有经济作为基础的物质保障与支持，任何艺术活动都是不可能的。经济与艺术发展的不平衡现象，只是相对而言，不能因此而完全否定经济对艺术的影响作用。艺术除了受到外部因素的影响，还有其自身的相对独立性，在其风格发展过程中不可避免地会受到“先驱传给他的‘思想资料’作为前提，即艺术的创作理论、方法、风格、流派以及技法、手法等等”[②]的影响。正缘于此，在经济相对落后的历史时期出现艺术繁荣是可能的，从这个意义上来说，只能将经济兴衰视为影响艺术及其风格发展的外部因素之一。

三、主流思想与艺术风格

主流思想，是指在某个历史时代占据主导、主流地位的思想意识形态。在中国古代不同历史时期，各自存在着占据主流地位的思想意识，对当时的艺术创作及风格面貌产生潜移默化的影响作用。先秦诸子百家思想、两汉经学、魏晋玄学、隋唐佛学及宋明理学等，每一次哲学思想的变革都会在文学、艺术创作领域有所反映。

关于思想意识对艺术创作的影响，刘勰《文心雕龙·时序》已有论述：“春秋以后，角战英雄，六经泥蟠，百家飙骇。……孟轲宾馆，荀卿宰邑；故稷下扇

① 宗白华：《美学与意境》，江苏文艺出版社2008年版，第140页。

② 杨琪：《艺术学概论》，高等教育出版社2003年版，第343页。

其清风，兰陵郁其茂俗，邹子以谈天飞誉，驺奭以雕龙驰响，屈平联藻于日月，宋玉交彩于风云。观其艳说，则笼罩雅颂；故知炜烨之奇意，出乎纵横家之诡俗也。”这段论述指出：在战国群雄争霸的年代，百家争鸣，纵横家四处游说对当时的文学创作产生了重要影响，屈平、宋玉的“炜烨之奇意”，正是出于“纵横家之诡俗”。

思想意识对艺术的影响，在造型艺术中也有体现。就目前遗存的汉代画像石、画像砖以及工艺美术品来看，其所表现的内容与形式，是汉代厚葬之风在艺术上的反映，而这一风气的形成，又与两汉经学中以儒家为中心的孝道文化思想有密切联系。两汉时期，思想意识形态领域最为重要的事件是，作为先秦诸子之一的儒家登上了“罢黜百家，独尊儒术”的宝座，儒家的“五经”，即《诗经》《尚书》《礼》《易经》《春秋》被奉为“经典”，这是适应历史潮流和现实需要的一次重大选择。经学被确定为官方意识形态，儒家思想盛行于世。儒家思想以“仁”为本的核心理念，对于丧葬观念的深刻影响体现在一个“孝”字，《说文解字》释义：“孝，善事父母者。”[①]在古代以血缘关系为纽带的宗法社会体制下，“孝”是子女、儿孙晚辈对长辈应尽的天然道德义务与职责，是儒家文化的核心理念。儒家思想以“仁”为本，“孝”又为“仁”之本，《论语・学而》指出：“孝弟也者，其为仁之本与！”“孝”不仅体现在生前，更体现于死后。《礼记・中庸》说：“事死如事生，事亡如事存，孝之至也。”《荀子・礼论》也说：“丧礼者，以生者饰死者也，大象其生以送其死也。”正是在这种观念的引导之下，汉代墓葬所有物品都要“拟世间”样式，使死者在阴间感受到一种温情熟稔的环境与气息。[②]从目前出土的东汉陶俑艺术来看，种类丰富、题材多样：家禽、家畜、楼榭、住宅、击鼓、说唱、歌舞、吹箫、抚琴等，几乎涉及现实生活的方方面面；兴于西汉末，盛行于东汉的画像石、画像砖艺术中，虽然存在有幻想性题材，如神话、仙异、祥瑞等形象，但更多的是对现实生活的反映，如东汉南阳画像石中的题材涉及歌舞百戏、狩猎出行、宴飨拜谒等生活情景，可以说，东汉墓葬艺术所呈现的内容与形式风格，正是儒家孝道思想的物态化体现。

魏晋时期，社会动荡，儒学地位日趋衰落，黄老之术兴起与外来佛教相结合形成的魏晋玄学，成为这一时期的主流哲学思想。玄言诗是此时最能体现哲学思想的诗歌类型。刘勰《文学雕龙・时序》说：“自中朝贵玄，江左称盛，因谈馀气，流成文体。是以世极迍邅，而辞意夷泰。诗必柱下之旨归，赋乃漆园之义疏。”钟嵘《诗品序》也说：“永嘉时，贵黄老，稍尚虚谈，于时篇什，理过其

① 梁东汉主编：《新编说文解字》，山西教育出版社2006年版，第407页。

② 陈炎主编：《中国审美文化史》（先秦秦汉魏晋南北朝卷），山东画报出版社2007年版，第286页。

辞，淡乎寡味。爰及江表，微波尚传。孙绰、许询、桓、庾诸公诗，皆平典似《道德论》。建安风力尽矣。”玄学的流行引起老庄哲学的复兴，玄言诗成为这种占据主流思想意识下的精神产物。玄言诗以阐释老、庄哲理为主，严重脱离社会生活，风格淡乎寡味，缺乏诗味与情感，完全丢弃了建安文学“刚健梗概”之气。

隋唐时期，政局重归一统，统治者在思想上采取宽容开明的政策，儒、释、道思想并行，不仅儒家思想重归正统，而且道、佛两教获得空前发展。唐统治者借道教教主老子“李聃”之名，抬高自己的地位，封老子为太上玄元皇帝，于东都洛阳建玄元皇帝庙，其奢华诚如杜甫《冬日洛城北谒玄元皇帝庙》诗句所言“山河扶绣户，日月近雕梁”，可见其气派之宏大。道教被奉为至上，“追求仙人羽化的道观也发展势头高涨，《唐六典·祠部》记载‘凡天下观总一千六百八十七所’，天台山、茅山、华山、青城山、王屋山等名山幽谷无不香雾弥漫，仙乐嘹亮。”[①]佛教也在承袭魏晋及隋的基础之上、在唐统治者的大力倡导之下，获得前所未有、扶摇直上的大跃进。“京畿长安，寺庙荟萃，城中坊里的60%都设立了寺庙，其中规模大者，‘穷极壮丽，土木之役愈万亿’。日本僧人圆仁在《入唐求法巡礼行记》中说：‘长安城里，一个佛堂大院，可敌外州大寺。’长安城内的佛塔更难以计数，它们造型优美，引人入胜：大雁塔雄伟巍峨，小雁塔俊秀婀娜，善导塔玉玉亭亭”[②]。唐代的石窟几乎遍布全国，敦煌石窟现存的四百九十二个窟龛中，唐代开凿的窟龛就达二百八十多个，大小彩塑造像六七百躯，[③]形态多样，造型真实，世俗化倾向鲜明。洛阳作为唐的陪都，是上层统治者的游乐之地，太宗、高宗大力提倡佛教，在洛阳龙门开凿大量的石窟，在现存的两千多个大小窟龛中，唐代石窟占据百分之七八十，其中规模最大的要数奉先寺摩崖大龛，由武则天“助脂粉钱两万贯”营造，南北宽36米，进深约40米，端坐中央的卢舍那大佛，连台座背光通高17.14米，形态庄严温和、目光宁静慈祥，由二弟子、二菩萨、二天王、二力士侍立左右，当人们瞻仰这组造像时，不免被其宏大的气场所震撼。此外，在新疆、甘肃麦积山、太原天龙山以及陕西、山东、河北等地都有唐代石窟造像。在众多的寺庙中，各种石雕、泥塑以及鎏金造像林立，姿态万千，风格多样。

佛学思想影响不仅体现在静态的寺庙、石窟、佛塔以及造像的建设上，还体现在动态的佛学教义宣传活动中，从韩愈《华山女》“街东街西讲佛经，撞钟吹

① 冯天瑜、何晓明、周积明：《中华文化史》，上海人民出版社1990年版，第564页。

② 冯天瑜、何晓明、周积明：《中华文化史》，上海人民出版社1990年版，第564页。

③ 王子云：《中国雕塑艺术史》（中），人民美术出版社2011年版，第375-376页。

螺闹宫廷。广张罪福资诱胁，听众狎恰排浮萍”的诗句中，可见当时佛教俗讲活动的盛行。[1]由于唐统治者佞佛，致使佛经讲唱活动异常活跃，韩愈的这首诗，就是对这一盛况的形象描绘。当然，俗讲活动如此受欢迎，除了其讲唱形式生动形象，在传播教义的同时，也编写了一些不直接出于佛经，但与其教义相关的故事，如《舜子至孝变文》《目莲救母变文》等，甚至随着内容的逐步拓展，还出现很多与佛教无关的历史故事和民间传说，如《张议潮变文》《王昭君变文》《伍子胥变文》等。[2]由于俗讲故事动人、歌唱悦耳，逐渐成为寺庙活动中最受欢迎的节目，随之也出现一些著名的“俗讲僧”，如文溆（又作漵、叙），《乐府杂录·文叙子》说其“善吟经，其声宛畅，感动里人”，唐赵璘《因话录》载：“有文溆僧者，公为聚众谈说，假托经论所言，无非淫秽鄙亵之事。不逞之徒，转相鼓扇扶树，愚夫冶妇，乐闻其说，听者填咽。寺舍瞻礼崇拜，呼为和尚。教坊效其声调，以为歌曲。”可见，俗讲的宗教色彩越来越淡薄，其内容更多地反映现实社会，由此也成为人们喜闻乐见的艺术表现形式。可以说，唐代俗讲是后世说唱艺术发展不可或缺的重要阶段。而这一艺术表现形式，正是在佛学思想影响下形成的。

宋明理学是适应重建中央集权统治需要，在思想意识领域出现的产物。作为一个特定的思想史概念，狭义上，“特指宋代周敦颐、程颢、程颐、朱熹、陆九渊及明代王守仁等人致力于探讨性、理、道、器等问题的哲学思想”；[3]广义上，“是我国特定时期（公元10世纪到19世纪中叶）的哲学史断代的统称”[4]。宋明理学之理学规范内涵包括以程、朱为代表的道学与陆、王为代表的心学。理学标榜义理，实质就是儒学的伦理道德思想，包括儒家所倡导的人伦纲常及内含于其中的“所以然”和“所当然”的道理。二程确定“天理”为最高范畴，主张“人伦者，天理也”，提出“格物致知”的认识论。朱熹集理学之大成，主张“天理”就是道德规范的“三纲五常”，强调“存天理，灭人欲”，通过学习和实践提高自身修养达到“格物致知”的目的。程朱理学适应了统治者的需要，成为南宋以后长期占据统治地位的官方哲学。在理学思想影响下，当时的艺术创作不仅特别重视对事物真实性的认识与再现，而且力求体现封建伦理道德思想。宋徽宗所

① 俗讲是流行于古代寺院中的一种佛经的通俗讲唱活动，主要为宣传教义而设，南北朝时就有佛教徒把佛经与叙事歌曲相结合，发展出了一种被称为“变文”或“唱文”的说唱形式。为了使更多的普通民众接受教义，佛教徒在佛经讲述中插入一些唱段，使之更为悦耳动听，这种有说有唱的表现方式称为“俗讲”，其所用的讲唱本子称为“变文”。

② 孙继南、周柱铨主编：《中国音乐通史简编》，山东教育出版社1999年版，第104页。

③ 许总：《论宋明理学的形成及其历史必然性》，《齐鲁学刊》2000年第5期。

④ 任继愈：《中国哲学史》第3册，人民出版社1964年版，第158页。

倡导的画院，将“形似”“格法”作为衡量绘画水平与选拔画学人才的标准，此标准对当时院体绘画产生了重要的影响，画面追求真实、符合事理，是艺术创作必须遵循的规范与法则。而且宋徽宗本人无论是作画还是论画，都十分注重形似与对法度的遵从，因此当他看到画院学生描绘孔雀升墩屏障时，深表不满，原来孔雀升墩总是先举左脚，而众画家却以右脚为先。宋徽宗本人的工笔赋色作品《芙蓉锦鸡图》，不仅精描细绘、符合物理，而且其政治象征性溢于言表，以锦鸡的斑斓色彩象征“五德”，宣扬封建伦理道德思想。其绘画品评提出“神、逸、妙、能”体制，将“神”置于“逸”之上，正是出于对法度的重视。

明初统治者要恢复元代中断的思想传统，直接宋朝，大力推行理学治国，奉行儒家伦理纲常成为天命，文学、艺术领域陷入“万马齐喑”的局面。[①]宋明理学的心学派别开拓者陆九渊，提出“心即理也”的思想，王阳明集心学大成，提出“心外无物、心外无事、心外无理”的心学思想，其“致良知”的学说，认为“良知”就是心、就是理，克服私欲，回复“良知”就能成为圣贤。心学一派，可以说是对宋代理学的反动。明中后期，陆王心学一支进一步演变为王学左派（王艮、王畿），再涌动，形成李贽、徐渭、汤显祖、公安三袁所代表的非儒非道的文化思潮，[②]猛烈抨击程朱理学，反对用封建伦理道德来扼杀人的欲望与情感个性。李贽提出“童心说”，倡导创作主体挣脱传统世俗观念的束缚，敢于把真情、真心抒发出来；公安三袁（袁宗道、袁宏道、袁中道）直接秉承王学左派，反对复古、摹古，反对“雷同剿袭，拾他人残唾，死前人语下”[③]，倡导艺术创作应当“独抒性灵，不拘格套”[④]，其观点是对明代前后七子“文必秦汉，诗必盛唐”主张的严厉批判；汤显祖倡导思想解放，提出以“情”为核心的思想，认为“情”是艺术的本质，“世总为情，情生诗歌”[⑤]，他将“情”寄托于“梦”，“因梦成戏”，如《牡丹亭》，正是他理想的寄托。在“童心”“性灵”“情”等一系列学说的引领之下，艺术创作领域掀起一股新思潮，其根本核心就是“有我”，独立不依，独创个性，对明末直到清初的各艺术领域产生了深刻而广泛的影响。绘画从徐渭到朱耷、石涛等清初四僧，再到郑板桥、李方膺、高其佩等扬州八怪；戏曲从汤显祖“临川四梦”到孔尚任《桃花扇》、李渔；小说从《金瓶

① 陈炎主编：《中国审美文化史》（唐宋元明清卷），山东画报出版社2007年版，第331页。

② 彭吉象主编：《中国艺术学》，北京大学出版社2007年版，第149页。

③ ［明］袁中道：《宋元诗序》，载蔡景康编选：《明代文论选》，人民文学出版社1999年版，第336页。

④ ［明］袁宏道：《叙小修诗》，载蔡景康编选：《明代文论选》，人民文学出版社1999年版，第315页。

⑤ ［明］汤显祖：《耳伯麻姑游诗序》，载蔡景康编选：《明代文论选》，人民文学出版社1999年版，第275页。

梅》、“三言”、“二拍”到《红楼梦》等，无不体现“贵我”意识。可以说，李贽等人的学说，包含着浓厚的个性解放思想，严重冲击着儒家传统“温柔敦厚”的美学思想，正是这一富有颠覆性意义的思想革新，才引起艺术创作风格的千姿百态。

由此可见，占据社会主流的思想意识对艺术创作的影响是不可忽视的。它对某个历史时期的艺术发展的方向以及艺术创作的总体风格，发挥着潜移默化的影响，这种影响是广泛而深刻的，它不仅仅体现于某个艺术类别，某一位艺术家或某一件艺术作品，而是弥漫于各个门类艺术领域当中，体现为一种时代风格。

四、统治者干预与艺术风格

统治者作为国家的领导阶层，对于政权统治、经济发展、思想意识、文化艺术创作等方面具有绝对的掌控权。马克思、恩格斯在《德意志意识形态》中指出：“统治阶级的思想在每一时代都是占据统治地位的思想。这就是说，一个阶级是社会上占统治地位的物质力量，同时也是社会上占统治地位的精神力量。”[①]统治者位高权重的身份地位，决定了统治阶层干预艺术创作，必然会影响到文学、艺术的创作及发展，并对风格的取向发挥导向性、引领性作用。

中国古代各个历史时期，统治者爱好文学、艺术，积极倡导并参与艺术活动的事例比比皆是。刘勰《文心雕龙·时序》曾对汉代几位统治者对待文学的不同态度及其所产生的效果进行评价：

> 爰至有汉，运接燔书；高祖尚武，戏儒简学。虽礼律草创，《诗》《书》未遑，然《大风》《鸿鹄》之歌，亦天纵之英作也。施及孝惠，迄于文景，经术颇兴，而辞人勿用。贾谊抑而邹枚沉，亦可知已。逮孝武崇儒，润色鸿业，礼乐争辉，辞藻竞骛：柏梁展朝宴之诗，金堤制恤民之咏，征枚乘以蒲轮，申主父以鼎食，擢公孙之对策，叹倪宽之拟奏，买臣负薪而衣锦，相如涤器而被绣。于是史迁、寿王之徒，严、终、枚皋之属，应对固无方，篇章亦不匮，遗风余采，莫与比盛。

刘勰通过对比汉代几位统治者对待文学的不同态度，来说明文学、艺术的命运、繁荣与统治者的密切联系。正是由于汉武帝崇尊儒术、重视儒生，对文学艺术人才的关怀备至、招揽提拔，给予高官厚禄，才使文学、艺术获得极大发展，形成汉赋的繁荣局面。曹氏父子亦是如此，重视人才、重视文学，刘勰对其大加

① 《马克思恩格斯全集》第一卷，人民出版社1995年版，第52页。

褒赞：

> 魏武以相王之尊，雅爱诗章；文帝以副君之重，妙善辞赋；陈思以公子之豪，下笔琳琅；并体貌英逸，故俊才云蒸。仲宣委质于汉南，孔璋归命于河北，伟长从宦于青土，公干徇质于海隅；德琏综其斐然之思，元瑜展其翩翩之乐。文蔚休伯之俦，于叔德祖之侣，傲雅觞豆之前，雍容衽席之上，洒笔以成酣歌，和墨以藉谈笑。[①]

曹氏父子重视文学，由于他们本身就是文学的爱好者，具有很高的艺术修养，不仅自己能诗善赋，而且大力倡导并组织参与邺下文学集团，使一大批文人汇集在他们的周围，他们身兼政治家与文学家双重身份，必然会引发强烈的文学效应，由此形成“傲雅觞豆之前，雍容衽席之上，洒笔以成酣歌，和墨以藉谈笑”的社会风气。建安文学“雅好慷慨”“梗概多气”的风格特点，固然与其所处的“世积乱离，风衰俗怨”的社会环境相关，但与曹氏父子领导的文学集团所崇尚的艺术创作风格也有着密切的联系。可见，统治者倡导并身体力行、参与其中，将政治统治与文学艺术统治相结合，对于艺术发展的影响是直接而深刻的。

书法艺术在唐代取得很高的艺术成就，成为继魏晋之后的又一里程碑，体现在名家名作层出不穷，艺术风格异彩纷呈。之所以有如此盛况，与唐初太宗李世民对书法的热爱、重视与推崇有密切联系。戎马倥偬的李世民，对书法极其酷爱，尤其对大王书风推崇至极，将其视为学习的楷模。《宣和书谱·唐太宗》载：“雅好王羲之字，心慕手追，出内帑金帛，购人间遗墨，得真行草二千二百馀纸来上。万几之余，不废模仿。”每购得王羲之书迹，便命人鉴赏裁定、整理编目，精工拓摹，赐予群臣与太子临摹，由此形成朝野上下临摹王书的风气。不仅如此，太宗还亲自撰写《王羲之传论》，在历数钟繇、王献之、萧子云各位书法名家之短的基础上，得出“所以详察古今，研精篆、素，尽善尽美，其惟王逸少乎”的论断，“观其点曳之工，裁成之妙，烟霏露结，状若断而还连；凤翥龙蟠，势如斜而反直。玩之不觉为倦，览之莫识其端。心慕手追，此人而已。其余区区之类，何足论哉！”[②]唐太宗对王书推崇至极，将王羲之置于无与伦比的至高地位。太宗对王书的心慕手追与高调赞辞，为其后历代帝王及书家将大王尊为“书圣”，将其书奉为圭臬，奠定了不可动摇的根基。与此同时，唐太宗还采取了一系列有利于书法发展的政策制度，如在翰林院设侍书学士，国子监设书学博

① ［梁］刘勰：《文心雕龙·时序》。

② ［唐］李世民：《王羲之传论》，载潘运告主编：《初唐书论》，湖南美术出版社1997年版，第95页。

士，并将书法列入科举考试等。“以书取士”是由唐代首创的，马宗霍在《书林藻鉴》说：“唐铨择人之法有四，其三曰书，楷法遒美者为中程，是以书取士也……至专立书学，实自唐始。”良好的书风氛围，为书法艺术在唐代的繁荣发展提供了诸多便利条件，一时间名家辈出，欧阳询、虞世南、储遂良等书法大家书风各异、异彩纷呈，即使是一般的通牒文书、民间墓志、契文、账簿等，其书者也都具有较好的书法功底，而这一切与统治者对书法的热爱与推崇、注重良好书风的营造，有着不可分割的关系。

唐代的另一位皇帝唐玄宗李隆基，对于音乐的热爱与重视，同样值得关注。唐代之所以能成为古代音乐艺术发展的高峰期，离不开这位“音乐”天子的热情参与和全力倡导。作为一代君主，唐玄宗曾创下“开元盛世”的辉煌业绩，作为一个音乐天才与乐坛领袖，同样耀眼璀璨、功绩显赫。他酷爱音乐，在器乐演奏、作曲方面尤为突出。唐南卓《羯鼓录》载：“尤爱羯鼓玉笛，常云八音之领袖，诸乐不可为比。”玄宗将羯鼓和玉笛这两种源自西域的乐器视为八音之首，而他正是演奏这两种乐器的高手。宰相宋璟也擅长敲击羯鼓，曾与玄宗交流击鼓演奏，如果能做到“头如青山峰，手如白雨点，此即羯鼓之能事也”。而“上与开府兼擅两鼓，而羯鼓偏好”[1]，可见玄宗演奏羯鼓的技艺之高超。玄宗对玉笛之爱更是如醉如痴，爱不释手，唐杨巨源《吹笛记》载：“坐朝之际，虑忽遗忘，故怀玉笛，时以手指上下寻之，非不安也。”[2]作曲方面，据唐南卓《羯鼓录》载：“上洞晓音律，由之天纵，凡是丝管，必造其妙。若制作诸曲，随意即成，不立章度，取适短长，应指散声，皆中点拍。至于清浊变转，律吕呼召，君臣事物，迭相制使，虽古之夔旷，不能过也。”这些言论绝非夸张，玄宗作有大量的曲目，虽大多遗失，但至今可见的至少还有十多首，如《霓裳羽衣舞》《紫云回》《龙池乐》等，都是不可多得的经典曲目。玄宗还具有乐队指挥才能与敏锐的乐感，《旧唐书·音乐志》载：“玄宗又于听政之暇，教太常乐工子弟三百人为丝竹之戏，音响齐发，有一声误，玄宗必觉而正之。”除了亲自参与音乐实践，他还积极投身于音乐体制改革，太乐署、鼓吹署和教坊原由太常寺管辖，唐玄宗将教坊从中分离，专设“教坊使”管理俗乐，还选拔音乐高尖人才300名，由其亲自培训排练，号称“梨园弟子”，即如今戏曲界所谓的“梨园行”。教坊与梨园都以传习俗乐为主，收集各地民间乐舞汇集于此，进行艺术加工，极大地提高了宫廷乐舞的种类与表演技艺。他还对宫廷燕乐表演形式进行改制，将唐初十

① ［唐］南卓：《羯鼓录》，载《羯鼓录 乐府杂录 碧鸡漫志》，古典文学出版社1957年版，第6页。

② ［唐］杨巨源：《吹笛记》，载［宋］杨亿编，王仲荦注：《西昆酬唱集注》卷上《明皇》，中华书局1980年版，第102页。

部乐按表演类型予以重组，实现了由多部乐向坐、立部伎的转化，“坐部伎”是人数较少的小型表演，由表演技艺高超的艺人在室内厅堂坐奏表演；“立部伎”是人数较多的大型表演，在室外广场、庭院立奏表演。玄宗对表演体制的重组改革，不仅只是外在呈现方式的改观，更重要的是体现了音乐审美价值标准的转化。以《破阵乐》为例，太宗时期《破阵乐》人数众多，重在追求形式的雄阔与势不可挡的英雄气概，偏重于政治功能的彰显；玄宗则以《小破阵乐》，人数限于十二人之内，由表演技艺精湛的坐部伎来表演，重在追求表演的细腻与赏心悦目，更偏重于审美及娱乐功能的视听感官享受。由于玄宗皇帝对音乐的热爱与倡导，开元年间，仅宫廷乐舞机构包括乐人、音声人，太常户子弟等乐工舞伎人数就高达数万人。宫廷之外，各大寺庙、戏场音乐表演更是司空见惯，形成了普国上下普遍爱好音乐的社会风气。可见，正是由于玄宗对音乐的重视与倡导，才使音乐艺术在唐代呈现出异彩纷呈的多样化风格，取得辉煌的艺术成就。当然，后期玄宗也因过度沉迷于音乐与女色，懒于政事，终使国家在安史之乱后走向衰败，然而玄宗对音乐艺术所做的历史贡献不容抹杀。

宋代作为中国绘画艺术发展的高峰阶段，与当朝统治者对绘画艺术的重视和倡导不无关系。宋代建国之初就效仿南唐、西蜀，在宫廷内设置翰林图画院，并建立了荐举、考试、授职、升迁以及赏赐等一系列人才选拔制度，还专设画学，用以培养绘画专业人才。尤其是到了宋徽宗宣和时期，画院规模庞大，体制完善，人才济济。可以毫不夸张地说，绘画艺术走向专业化与繁荣发展的局面，与徽宗皇帝的亲自干预密不可分。虽然宋徽宗赵佶在政治上腐败无能，但在艺术上却具有极高的天分与才能。诗词、书画、音乐无所不能。元人脱脱撰《宋史·徽宗纪》曾感叹说：“宋徽宗诸事皆能，独不能为君耳”[①]，尤其在书画艺术方面，他可谓是中国历代帝王中绘画成就最高的一个。元汤垕《古今画鉴》赞曰：“历代帝王能画者，至徽宗可谓尽意。”徽宗画作风格包括两类：其一为朴拙水墨类型，多表现林下水滨风物，笔力醇厚、气韵闲雅，如《柳鸦芦雁图》《池塘秋晚图》等；其二为工笔赋色类型，以宫廷奇禽异卉为主，笔法工巧细腻、真实生动、色彩绚丽，有的还配以瘦金书题款，如《芙蓉锦鸡图》《瑞鹤图》等。宋徽宗不仅自己参与创作，还积极倡导古代字画的收藏整理、宫廷画院及人才培养等管理工作。徽宗之前的几位帝王曾有遍地寻访先贤笔迹图书的先例，到徽宗这里搜集更勤，邓椿《画继》载徽宗自谓：“朕万几余暇，别无他好，惟好画耳”，“故秘府之藏充牣填溢，百倍先朝”，他将搜罗到的名家名作，上至吴曹不兴，下至黄居寀的作品共计一千五百件，辑成《宣和睿览集》，还组织编撰《宣和画

① ［清］王士祯：《池北偶谈》（卷九），中华书局1982年版，第202页。

谱》《宣和书谱》，系统品第宫廷所藏书画，并由擅长“精鉴”的书画博士米芾负责“审定”，据《宣和画谱叙》说：“乃集中秘所藏者，晋魏以来名画，凡二百三十一人，计六千三百九十六轴，析为十门，虽其世次而品第之。”这些举措使众多的古今名家精品，如顾恺之《女史箴图》、陆探微《无量寿佛像》、张僧繇《天王像》、展子虔《十马图》、吴道子《列圣朝元图》、周昉《纨扇仕女图》、顾闳中《韩熙载夜宴图》、李公麟《二马图》、李思训《群山茂林图》、王维《雪江诗意图》、张璪《寒林图》、荆浩《夏山图》、关仝《秋晚烟岚图》、范宽《雪景寒林图》、黄筌《海棠鹦鹉图》、黄居寀《竹石春禽图》等名作得以收藏保存，这在中国绘画史上是史无前例的盛举，对保护古代文化遗产和宋代绘画艺术的发展起到了不可忽视的推动作用。在画院管理和人才培养上，宋画院有着严格的人才准入制度，通过荐举与考试相结合来选拔人才，到徽宗这里，不仅重视优秀人才的选拔，更注重人才的提拔，通过授职、升迁以及赏赐等手段提升画家地位，使他们的政治地位有所提升，经济待遇有所改善。这些举措为绘画人才提供了良好的发展机遇，也为绘画艺术的良性发展提供了基础保障。两宋时期，画院聚集了一大批杰出人才，如高文进、燕文贵、崔白、郭熙、王希孟、张择端等，在北宋诸朝受到重视，宋室南迁后，画院仍聚集了如李唐、苏汉臣、马兴祖、李迪、刘松年、马远、夏圭、李嵩、梁楷、陈居中等优秀的画家。中国绘画艺术在宋代走向鼎盛，正是缘于统治者的对绘画艺术不遗余力的重视和不惜一切代价的干预。

诚然，统治者对艺术的趣尚、重视以及一系列措施的施行，无疑对艺术的发展起到了积极的促进作用。统治者通过自己所掌握的政权统治，对文化艺术加以干预和掌控的威力是强大的，不仅为艺术营造了良好的生存发展环境，同时也为艺术取得辉煌成就提供了便利条件。

然而，任何事物都有两面性，统治者干预艺术，并不完全都是促进的一面，禁锢、限制同样存在，我们在看到其积极意义的同时，也应充分认识到其负面效应。

明代，统治者执政后的首要大事就是恢复元代中断的正统思想，直接宋朝。理学再次成为被推崇的显学，并被统治者作为高压统治、实施思想钳制的工具。明代设立了八股文考试制度，从形式来看，“它是在综合吸收古代散文与骈文技法的基础上形成的一种骈体化、格式化的散文”，[①]然而在内容上，却以“四书”“五经”来命题，要求士子必须严格按照八股格式答题，代圣人立言，绝不允许自由发挥，更不允许联系实际，它以“载道”为最基本的追求，“道”即“理”，即用以维护封建统治的儒家纲常伦理，朱熹的注释被确定为答题标准、释义准

① 吴承学:《中国古典文学风格学》，北京大学出版社2011年版，第60页。

绳，这种程序化、标准化考试，将人的创造精神和独立思考能力全部消磨殆尽，这也正是理学“存天理、灭人欲”思想的体现。尽管如此，士人还是不得不将其作为晋身之阶，锲而不舍地为之努力、攀爬不止。黄宗羲《南雷文约·明文案序上》说：“三百年士人之精神，专注于场屋之业，割其余以为古文，其不能尽如前代之盛者，无足怪也。”[①]八股文使士子终日潜心于模式化写作套路与惯性思维当中，早已丢却了文学艺术的抒情与审美。八股文这种来自于统治集团的权威文化对艺术的影响是深刻的，也是触目惊心的。不仅在诗文创作方面必须以八股时文之“雅正”作为衡量诗文高下优劣的标准[②]，即使是作为表演艺术的戏曲，同样难以逃脱八股文的浸染，难怪徐渭斥之“以时文为南曲”。[③]明初对于戏曲的限制是非常严格的，《大明律》规定：“凡乐人搬做杂剧戏文，不许妆扮历代帝王后妃，忠臣烈士，先圣先贤神像，违者杖一百。官民之家容令妆扮者与同罪。其神仙道扮及义夫节妇，孝子顺孙，劝人为善者，不在禁限。”[④]对于戏曲发布专门的限制法令，说明统治者已看到戏曲艺术传播的广泛力量，但又不能完全禁止，只能采取抑扬结合的策略，对其内容加以限制和威胁，将戏曲变为理学的附属物，作为宣扬正统伦理道德观念的扬声器。明初统治者对戏曲限制，其实质在于加强对艺术创作的思想控制，引导戏曲确立以“理”为美、以“道德”为美的审美标准，将宣扬儒家忠、孝、节、义伦理道德作为戏曲的主导思想。理学大儒邱浚写作的《五伦全备记》和宜兴秀才邵灿写作《香囊记》就是这样的代表。《五伦全备记》讲述伍伦全、伍伦备兄弟及其家人恪守儒家礼教的故事，“若于伦理不关紧，纵是新奇不足传”一语道破了该作主旨在于宣扬儒家伦理道德观，该作品屡遭批评家的诟病，王世贞《曲藻》载：“《五伦全备记》是文庄元老大儒之作，不免腐烂。”徐复祚《曲论》也说：“五伦全备，纯是措大书袋子语，陈腐臭烂，令人呕秽。”祁彪佳《远山堂曲品》载：“一记中尽述五伦，非酸则腐矣；乃能华实并茂，自是大老之笔”。而《香囊记》几乎就是前者的翻版，同样将忠、孝、义、友、悌“五伦”贯穿于故事情节当中，王骥德评“《香囊记》以儒门手脚为之”[⑤]，徐渭也说：“以时文为南曲……其弊起于《香囊记》。《香囊》乃宜兴老生员邵文明作，习《诗经》，专学杜诗，遂以二书语句匀入曲中，宾白亦是文语，

---

① ［明］黄宗羲著，沈善洪主编：《黄宗羲全集》第10册，浙江古籍出版社2005年版，第19页。

② 龚笃清：《试述明代前期八股文对文学的影响》，《中国文学研究》2005年第1期。

③ ［明］徐渭：《南词叙录》，载《中国古典戏曲论著集成》（三），中国戏剧出版社1959年版，第243页。

④ ［明］雷梦麟撰：《读律琐言》卷二十六《刑律杂犯 搬做杂剧》，（台北）学生书局1986年版，第989页。

⑤ ［明］王骥德：《曲律》，载《中国古典戏曲论著集成》（四），中国戏剧出版社1959年版，第121页。

又好用故事作对子，最为害事。”[1]正是由于统治者强有力的干预，使明初艺术创作呈现出单一化的倾向。这种程序化、伦理化的整体风貌，对于艺术发展是极为不利的，它使艺术走向了偏狭，阻断了艺术风格多元化发展的通道。社会生活是丰富的，人的情感也是丰富的，这种以统治者政治利益为中心目标的创作主旨，必将导致艺术的单质化，代表统治者利益的权威文化决定了艺术创作的主流方向，这种影响是消极而深刻的。

通过以上分析可以发现，统治者对艺术的影响之深刻性与广泛性，无论是积极影响，还是消极影响，都会对艺术发展的方向以及创作风格能否多元化产生不可忽视的影响作用。统治者干预影响的是社会风气，最终影响的是创作主体，创作主体的思想、情感、思维等被激发，还是被禁锢，最终将影响到一个时代的艺术整体风格面貌。

总之，时代环境作为艺术创作的历史时空，其对艺术风格的影响是不可避免的，且影响的方式是复杂多样的。时代治乱、经济兴衰、主流思想、统治者干预等外部因素，从不同角度、不同侧面影响着艺术创作的整体风格和个体差异。无论是百花齐放、争奇斗艳，还是一花独放、萎靡凋零，都源于不断变幻着的时代环境土壤的孕育和栽培。正如丹纳所说：“环境与艺术既然这样从头至尾完全相符，可见伟大的艺术和它的环境同时出现，绝非偶然的巧合，而的确是环境的酝酿、发展、成熟、腐化、瓦解……决定艺术的酝酿、发展、成熟、腐化、瓦解。环境把艺术带来或带走，有如温度下降的程度决定露水的有无，有如阳光强弱的程度决定植物的青翠或憔悴。”[2]可见，任何艺术风格都是特定历史时空的精神凝聚，都是创作主体顺应时代潮流、感应时代脉搏振动而作出的选择。时代环境的特殊性决定艺术风格的独特性，时代环境的丰富性决定艺术风格的丰富性，艺术风格作为一种“因内而符外”的表征，就如同是时代环境的晴雨表，总是反映着时代的阴晴冷暖，总是以各具特色的风格面貌，展示着特定时代的真实内涵。

---

① ［明］徐渭：《南词叙录》，载《中国古典戏曲论著集成》（三），中国戏剧出版社1959年版，第243页。

② ［法］丹纳著，傅雷译：《艺术哲学》，人民文学出版社1963年版，第144页。

第三节 创作主体

创作主体是艺术创作的主导因素，对于艺术风格的形成发挥着决定性作用。每一个创作主体都是一个独立的个体，具有不同的气质、性格、禀赋、才情、个性、心理等特点，其创作的艺术作品也因个体差异而呈现出与众不同的风格特色。然而，中国古代相关主体个性与艺术风格关系的理论探讨，直到魏晋时期才开始出现。

一、从类型化风格到个性化风格

1.“诗言志”类型化风格

汉末魏晋以前，关于艺术的讨论散见于先秦诸子百家的哲学著作之中，主要探讨的是外部因素对艺术的影响作用。对于创作主体个性与艺术风格之间的关系，尚未进入理论视野。

此时的艺术虽被视作表达思想情感的工具，但并非个性化情感。理论探讨的重心主要集中在“普遍的感情类型和有一定规范的政治伦理的‘志’”[①]上。“诗言志”作为儒家诗论的经典纲领被高扬，《荀子·儒效》载：“《诗》言是，其志也”，汉代《毛诗序》载：“诗者，志之所之也，在心为志，发言为诗，情动于中而形于言，言之不足，故嗟叹之，嗟叹之不足，故咏歌之，咏歌之不足，不知手之舞之足之蹈之也”，都是“诗言志”理论的进一步发挥。此处的“志”，指的是与伦理道德规范相符的思想，而“情”则是指由于外物激发而引起的内心波动，出自本性的感情。音乐作为表情的艺术，在先秦时期备受关注，人们透过音乐所发之“声”，可以辨识出主体内心情感的特点。《礼记·乐记》云：

> 乐者，音之所由生也，其本在人心之感于物也。是故其哀心感者，其声噍以杀；其乐心感者，其声啴以缓；其喜心感者，其声发以散；其怒心感者，其声粗以厉；其敬心感者，其声直以廉；其爱心感者，其声和以柔。

以“声”辨“情”的思想，抓住了音乐艺术“抒情性”的本质特点，同时也将音乐视为体察民情和时代治乱的有效途径。这里已经触及主体情感对艺术风格的影响作用。然而，此“情感”并非主体的“个性”情感，而是人们普遍的“类

① 吴承学：《中国古典文学风格学》，北京大学出版社2011年版，第17页。

型化”情感。《礼记·乐记》载：

是故志微、噍杀之音作，而民思忧；啴谐、慢易、繁文、简节之音作，而民康乐；粗厉、猛起、奋末、广贲之音作，而民刚毅；廉直、劲正、庄诚之音作，而民肃敬；宽裕、肉好、顺成、和动之音作，而民慈爱；流辟、邪散、狄成、涤滥之音作，而民淫乱。

很明显，这是根据音乐作品的风格来判断人们普遍存在的情感类型，目的是了解政治、风俗的治乱状况。所谓“治世之音安以乐，其政和；乱世之音怨以怒，其政乖；亡国之音哀以思，其民困；声音之道，与政通矣”[①]，尽管这些阐述都已触及风格问题，但更多的是与时代、政治相关联，是儒家政治伦理道德影响下的社会普遍存在的“情感类型风格论”[②]。

类似的说法在《易传·系辞下》中同样可以见到：“将叛者其辞惭，中心疑者其辞枝，吉人之辞寡，躁人之辞多，诬善之人其辞游，失其守者其辞屈。”此处指出人的心理状态、道德品行不同，其言辞表达的方式、风格亦不同，其着眼点仍是在强调道德品格对言辞的决定作用，而不是主体个性与言辞风格的互动。可见，在儒家思想占据统治地位的先秦时代，创作主体的个性被压制，艺术所表达的情感、所使用的言辞并不是以创作主体的个性为出发点，艺术风格更多地体现出一种普遍的类型化情感。

当然，先秦时代关于主体个性的认识也并非完全没有。《乐记·师乙》载子贡与师乙谈及唱歌时指出“各有宜也”：

宽而静、柔而正者，宜歌《颂》；广大而静疎、达而信者，宜歌《大雅》；恭俭而好礼者，宜歌《小雅》；正直而静、廉而谦者，宜歌《风》；肆直而慈爱者，宜歌《商》；温良而能断者，宜歌《齐》。[③]

这里师乙指出不同性情、个性的人，应当演唱不同类型的歌曲。不同类型的歌曲由于旋律曲调高低起伏、节奏快慢、轻重缓急等不同，所表达的情感风格类型必然也不同，而对于演唱者来说，每个人的性格、气质等个性特征各不相同，

① 《礼记·乐记》，载《十三经注疏·礼记正义》卷第三十七，北京大学出版社1999年版，第1077页。

② 吴承学：《中国古典文学风格学》，北京大学出版社2011年版，第18页。

③ 《礼记·乐记》，载《十三经注疏·礼记正义》卷第三十九，北京大学出版社1999年版，第1147页。

只有当演唱者的个性与歌曲情感风格相一致时，演唱才能获得良好的艺术效果。

《左传·襄公三十一年》也曾提到："人心之不同，如其面焉，吾岂敢谓子面如吾面乎？"王充在《论衡·自纪篇》指出"百夫之子，不同父母，殊类而生，不必相似"，应当"各以所禀，自为佳好"。这些言论已经隐约触及创作主体个性的问题，主张创作要有个人特点，不必陈陈相因，雷同相似。

综上，魏晋以前的艺术理论只是尚未明确提出创作主体千差万别的个性对艺术风格形成的作用，而并非对创作主体与风格的关系完全没有觉察。真正从理论上探讨创作主体个性对艺术风格形成的影响作用，直至魏晋时期才出现。

2．"文气"说

魏晋时期是中国文化史上的特殊历史时期，诚如鲁迅先生所说："曹丕的一个时代可以说是'文学的自觉时代'。"[①]然而，文学的自觉正是缘于人的自觉，随着"士人群体意识的消解和个人主义的自觉"[②]，士人行为作风放浪形骸，追求适意人生、风流自赏，崇尚个性张扬、标新立异，逐步成为时尚。在这样的时代背景之下，关于艺术风格的理论探讨，逐渐由普遍的情感类型风格论转向了主体个性风格论。曹丕《典论·论文》提出"文以气为主"的命题，将艺术家的才气与风格相联系进行论述，第一次明确强调创作个性对艺术风格形成的决定作用，标志着个性风格论的正式开启。

曹丕将先秦以来关于"气"的论说，尤其是将孟子的"养气说"从哲学领域引入了美学和艺术理论领域，并将其置于非常重要的地位。其作《典论·论文》认为艺术风格是主体个性的体现：

> 文以气为主，气之清浊有体，不可力强而致，譬诸音乐，曲度虽均，节奏同检，至于引气不齐，巧拙有素，虽在父兄，不能以移子弟。

曹丕所说的"气"，是指创作主体与生俱来的先天禀性、气质和个性，即所谓"气之清浊有体，不可力强而致"。以"清""浊"之气论艺术，早在西汉《淮南子·氾论》中已有提及："浊之则郁而无转，清之则燋而不讴。"这里的"浊"指沉郁之声，"清"指憔悴之声，谈的是歌曲演唱中音色的"清""浊"。曹丕将"清""浊"用于个体的气质和禀性，显然是一种别开生面的创造。"清"指的是秀逸豪迈的阳刚之气，而"浊"指的是沉郁凝重的阴柔之气，[③]气的"清""浊"

① 鲁迅：《魏晋风度及文章与药及酒之关系》，载《而已集》，人民文学出版社2006年版，第107页。

② 李大敏：《魏晋风度的文化意义解读》，《理论导刊》2005年第10期，第90页。

③ 敏泽：《中国美学思想史》（上卷），湖南教育出版社2004年版，第491页。

来自于天然禀赋，是人的先天生理基础，因人而异，不以客观意志为转移，也不是任何外力可以随意改变的。不同创作主体的气质、禀性行诸于创作，必然造成艺术作品风格的千姿百态。曹丕还以此观念对建安七子的气质、禀性及其作品的优劣、长短做了评价，认为徐干“时有齐气”、应玚“和而不壮”、刘桢“壮而不密”、孔融“体气高妙”，他们创作风格的不同，正是缘于他们各自不同的气质禀性。可以说，曹丕认识到创作主体——“人”的重要性，认识到人的生理、心理等先天因素，即气质、禀性对艺术创作的重要性，无疑体现了一种思想的进步，在风格史上具有开创性意义。

“文以气为主”的命题对其后从创作个体气质、才性出发探讨艺术风格问题产生了深远的影响。晋葛洪《抱朴子·辞义》载：“夫才有清浊，思有修短，虽并属文，参差万品，或浩瀁而不渊潭，或得事情而辞钝，违物理而文工。盖偏长之一致，非兼通之才也。暗于自料，强欲兼之，违才易务，故不免嗤也。”此说的思想与曹丕“文气”说思想一致，有所不同的是，葛洪提出了“偏长”和“兼通”之才的区别，提倡应当看到不同作家各有所长，不同作品各具特色，不要总是套用固定不变的模式范例。

其实，早在曹丕之前，东汉赵壹《非草书》已有过类似的论说。赵壹强调个人气血对艺术创作具有一定的影响作用：“凡人各殊气血，异筋骨。心有疏密，手有巧拙，书之好丑，在心与手，可强为哉？”他把书的好丑与创作主体各自的气血、筋骨和心手联系起来，也即与创作主体的个性、才气相联系，比起曹丕的“文气说”还要更早一些。只是赵壹的论说仅局限于书法艺术领域之内，加之曹丕显赫的身份地位，由此使得“文气说”的影响远远超过赵壹的论说。

3. 体性说

曹丕“文气说”之后，关于个性化风格理论探讨，最典型、最重要的著作莫过于刘勰的《文心雕龙·体性》，它是中国古代第一部较为完整的艺术风格专论。“体”指艺术作品的体貌，即风格；“性”指艺术家的才性、个性。刘勰在继承、吸收前人艺术理论精华的基础上，对艺术创作经验作了深入而系统的概括总结，提出了一系列富有创造性的见解，《体性》篇也由此成为艺术批评史上个性风格论的经典之作。

《体性》开篇就确立了艺术风格的总纲领：“夫情动而言形，理发而文见，盖沿隐以至显，因内而符外者也。”在刘勰看来，艺术作品是主体思想情感的外化，思想情感是内“隐”不可见的，当用语言、形象表现出来就外“显”可见了，风格正是产生于“因内而符外”的过程当中。表面看来，似乎刘勰的说法与先秦“诗言志”的思想，如《诗大序》“情动于中而形于言”的说法别无二致，然而，它们之间却有着本质的不同。《诗大序》中的“情”强调的是普遍的类型化情感，而刘勰最大的贡献，就在于从主体个性角度出发来讨论风格问题，认为艺术创作不仅是思想情感的体现，而且是主体才性的体现。另外《事类》篇“姜桂同地，辛在本性”，《附会》篇“才分不同、思绪各异”等，也都是类似思想的表达。为了将其“体性说”表达得更加清晰，刘勰对主体创作个性与风格之间的关系作了进一步剖析：

> 然才有庸俊，气有刚柔，学有浅显，习有雅郑，并情性所铄，陶染所凝，是以笔区云谲，文苑波诡者矣。故辞理庸俊，莫能翻其才；风趣刚柔，宁或改其气；事义浅深，未闻乖其学；体式雅郑，鲜有反其习；各师成心，其异如面。

刘勰认为主体创作个性包括“才”“气”“学”“习”四个因素。“才”是指才能，“气”指气质，“学”指学习，“习”指习染。这里的“气”，与曹丕《典论·论文》“文以气为主”之“气”相同，不同之处仅是所用名词差异，曹丕提出的是“气有清浊”，刘勰提出“气有刚柔”，二者名异而实同；而“才”“学”“习”是曹丕理论中所未曾论及的。很显然，刘勰对主体个性的分析较曹丕更为全面，这也是刘勰对个性风格论最大的贡献。

对于这四个要素，可将它们进行两两归类，其中“才”“气”可归为一类，属于先天禀赋，所谓“情性所铄”；“学”“习”可归为一类，属于后天陶染，所谓“陶染所凝”。这四个要素对于任何一个创作主体来说，都是适用的。然而，在不同的主体那里，四个因素综合作用的结果却不一定相同。刘勰认为每个人的才能有高下、气质有刚柔、学习有深浅、习染有雅郑，综合为一体就会使得作品呈现出“笔区云谲，文苑波诡”的差异。可见，正是由于“才”“气”“学”“习”组合的不同，造成了主体创作个性的不同，从而决定了作品风格的迥然有别，正所谓“各师成心，其异如面”。

“体性说”较为系统深入地分析了风格形成的原因，既重视先天因素，又重视后天因素。对前人的理论有继承、有发展。先天因素方面，刘勰强调“才”“气”在艺术创作中的主导地位，指出“功以学成。才力居中，肇自血气。气以实志，志以定言，吐纳英华，莫非情性”[①]。继承了曹丕“文气”论的思想，而且还弥补了曹丕只论“气”不论“才”的不足。特别是将“才”置于首位，表明了他对“才”的重视。此外，还专设《才略》专篇论证“才”的重要性。可以说，刘勰从“才”“气”两方面分析先天因素对风格形成的原因，较曹丕“文

① ［梁］刘勰：《文心雕龙·体性》。

气”说更为完善。后天因素方面，刘勰认识到后天“学”“习”对风格形成的影响作用，一再强调“学”“习”的重要性：“八体屡迁，功以学成”“学慎始习”“功在初化”以及“摹体以定习，因性以练才”[①]等，并在其他篇章中也多次提及才与学的互补作用：“文章由学，能在天资，故才自内发，学以外成”“将赡才力，务在博见”[②]“才之能通，必资晓术”等，可见，广采博见的学习，是提高才能的重要途径，所谓“积学以储宝”[③]，只有才与学结合，才能创作出夺人耳目、别具一格的好作品。正如《事类》篇所说：“才为盟主，学为辅佐，主佐合德，文采必霸，才学褊狭，虽美少功。”[④]然而，曹丕“文气说”却只强调先天因素之“气”，忽视后天社会实践和艺术修养对风格的影响作用，这种先天决定论，明显具有片面性、局限性的缺憾。

为了进一步说明“才”“气”“学”“习”四要素的合理性，刘勰还专门举例予以佐证：

> 是以贾生俊发，故文洁而体清；长卿傲诞，故理侈而辞溢；子云沉寂，故志隐而味深；子政简易，故趣昭而事博；孟坚雅懿，故裁密而思靡；平子淹通，故虑周而藻密；仲宣躁竞，故颖出而才果；公干气褊，故言壮而情骇；嗣宗俶傥，故响逸而调远；叔夜俊侠，故兴高而采烈；安仁轻敏，故锋发而韵流；士衡矜重，故情繁而辞隐。触类以推，表里必符。岂非自然之恒资，才气之大略哉！[⑤]

以上所举十二位诗人，由于他们个性不同，造就了风格的各具特色。可以说，刘勰将创作个性视为风格形成的决定性因素，对艺术风格的成因分析是细致、透彻、完备的。他弥补了曹丕先天决定论的缺憾，认识到后天修养对风格形成的重要性，不得不说是一种进步。他能够从创作主体个性出发，综合考虑先天与后天因素的共同作用，实在难能可贵。

刘勰的风格理论富有创见性地指出了创作个性与艺术风格的关系，解答了风格形成的主观原因，分析了艺术风格的类型，尤其是强调艺术家主观个性对风格形成的影响作用，要求艺术家在创作中要形成自身独特的、迥异于他的艺术风格，不论对当时或后世的艺术创作实践与理论研究，都具有不可磨灭的典范作用

① [梁] 刘勰：《文心雕龙·体性》。
② [梁] 刘勰：《文心雕龙·事类》。
③ [梁] 刘勰：《文心雕龙·神思》。
④ [梁] 刘勰：《文心雕龙·事类》。
⑤ [梁] 刘勰：《文心雕龙·体性》。

和启示意义，标志着中国古代艺术风格学，在刘勰这里真正形成，对其后风格论的进一步发展产生了深远的影响。

二、主体个性与艺术风格

创作主体影响风格形成是毋庸置疑的，主要体现在主体个性对风格的影响。个性，也叫人格，是指一个人独特的、稳定的和本质的心理倾向和心理特征的总和，主要包括气质、性格、禀赋、才能、学养、志趣、习惯等多个因素。一般说来，人的个性是与生俱来的，不易改变，每个人的言、行、举、止都因个性不同而区别于他人。然而，在每个人成长过程中，构成主体个性的诸多要素，并非一成不变，往往会随着主体学识的丰富、修养的提高、志趣的倾向以及求新求异的创造精神，而使“人”这一概念的内涵或外延获得拓展。主体个性形成，并非完全决定于先天因素，而是先天禀赋与后天学养不断综合作用的结果。

主体个性影响艺术创作，体现为创作主体常常会自觉不自觉地将从属于他本人的独特个性投注于作品之中，使欣赏者可通过作品的风格特征，直接辨识出作品的归属。主体个性灌注于艺术作品，就如同为作品打上了一枚独特的精神印记，呈现出鲜明的主观性和唯一性。正是在这种意义上，中国古代有“文如其人”“诗如其人”“书如其人”“画如其人”以及“言为心声”“书为心画”等说法，法国布封也曾提出“风格即人”的说法，都是在强调主体个性对艺术风格的影响作用。那么，主体个性究竟是怎样影响风格的形成，具体体现在哪些方面呢？本书主要从以下几方面一一展开分析：

1. 气质与性格

气质与性格是既有联系、又有区别的两个概念，曾引起古今中外不同领域学者的热切关注。尽管在概念的理论概括上似乎有所区别，然而在社会实践活动和对具体现象的解释与运用当中，却往往是混合使用的。

气质是一个人与生俱来的心理特征，是指表现在人的心理活动和行为动力方面稳定的个人特点，气质不能决定人的社会价值和智力水平，气质类型也无好坏之分。中国古人对气质的认识是从社会实践经验中获得的。《黄帝内经》作为古代影响最大的医学著作，曾在《黄帝内经·灵枢·寿夭刚柔》中指出：“人之生也，有刚有柔，有弱有强，有短有长”，宋张载《经学理窟·学大原上》直接指出：“气质犹人言性气。气有刚柔、缓速、清浊之气也，质，才也。气质是一物，若草木之生亦可言气质”，都认为气质是与生俱来的，其刚柔、缓急、清浊等都包含在气质之中。

对于气质的类型划分，在《黄帝内经》中也有所论及。主要有两种划分方法：其一是阴阳分类：认为“人生有形，不离阴阳”[①]，“阴阳者，天地之道也，万物之纲纪，变化之父母，生杀之本始，神明之府也”[②]。按照人所禀受的阴阳二气的多寡，人的气质可分为：太阳型、少阳型、阴阳和平型、太阴型和少阴型五种，并指出这五种类型“其态不同”是由于“其筋骨气血各不等”[③]。其二是阴阳五行分类：即按照阴阳五行、五声音阶（宫、商、角、徵、羽）及经脉的上下左右的不同匹配将气质分为五大类[④]：木形之人、火形之人、土形之人、金形之人和水形之人，每一大类下面又细分为五小类。在每一大类中，由于气质不同，人的肤色、面容、四肢、举止、心理等表现方式都各自不同。以土形之人为例，这类人总体表现特点为：“土形之人，比于上宫，似于上古黄帝。其为人，黄色，圆面，大头，美肩背，大腹，美股胫，小手足，多肉，上下相称，行安地，举足浮，安心，好利人，不喜权势，喜附人也。”[⑤]这种类型的人又可细分为五种，气质特点各不相同：上宫（敦敦然［忠诚厚道］）、太宫（婉婉然［态度和顺］）、加宫（坎坎然［端庄持重］）、少宫（枢枢然［婉转圆滑］）和左宫（兀兀然［勇往直前］）。这些分类在今天看来，可能不是很科学，但足可以看出中国古代学者对气质差异的深刻认识，与古希腊罗马时期希波克拉底（Hippocrates）和罗马医生盖伦将气质类型划分为胆汁质、多血质、黏液质和抑郁质四种类型相比较，毫不逊色。

性格是与气质类似的概念，它们之间是既有联系，又有区别。现代心理学认为，性格是指由人对现实的态度和他的行为方式所表现出来的个性心理特征，主要包括态度特征、意志特征、情绪特征和理智特征四个方面。每个人的性格都有与生俱来的差异性。瑞典心理学家荣格认为人有两种基本心理态度（内倾与外倾）和四种心理功能（思维、感知、直觉、感觉），当它们两两相互交叉搭配时，便构成八种人格类型：外倾思维型、内倾思维型、外倾感知型、内倾感知型、外倾感觉型、内倾感觉型、外倾直觉型和内倾直觉型。[⑥]

中国古代早在两千多年前，孔子就曾对弟子性格有过这样的描述：“闵子侍

① 马烈光、张新渝主编：《黄帝内经·素问·宝命全形论》，四川科学技术出版社2008年版，第243页。

② 马烈光、张新渝主编：《黄帝内经·素问·阴阳应象大论》，四川科学技术出版社2008年版，第50页。

③ 张新渝、马烈光主编：《黄帝内经·灵枢·通天》，四川科学技术出版社2008年版，第462页。

④ 李元华：《中国古代学者论气质与性格的个别差异》，《首都师范大学学报》2003年第5期。

⑤ 张新渝，马烈光主编：《黄帝内经·灵枢·阴阳二十五人》，四川科学技术出版社2008年版，第411页。

⑥ 申荷永：《荣格与分析心理学》，中国人民大学出版社2011年版，第74页。

侧，訚訚如也；子路，行行如也；冉有、子贡，侃侃如也。子乐。‘若由也，不得其死然。’”[①]尽管闵子骞、子路、冉有、子贡都是孔子的弟子，然而他们却有着完全不同的性格特点。孔子《论语·子路》谈及人的性格类型时说：“不得中行而与之，必也狂狷乎？狂者进取，狷者有所不为也”，这里孔子将人的性格类型划分为三类：“狂”“狷”和“中行”，孔子持“中庸”思想，因此，他对“中行”的性格较为支持，“狂”的进取，“狷”的有所不为，都显得较为极端，都是孔子所不提倡的。

此后，荀子进一步把人细分为“通士”“公士”“直士”“悫士”“小人”五种类型，每一种人都有不同的特点：

> 上则能尊君，下则能爱民，物至而应，事起而辨，若是则可谓通士矣。不下比以闇上，不上同以疾下，分争于中，不以私害之，若是则可谓公士矣。身之所长，上虽不知，不以悖君；身之所短，上虽不知，不以取赏；长短不饰，以情自竭，若是则可谓直士矣。庸言必信之，庸行必慎之，畏法流俗，而不敢以其所独甚，若是则可谓悫士矣。言无常信，行无常贞，唯利所在，无所不倾，若是则可谓小人矣。[②]

可以看出，荀子对人的性格及行为特点的区分，更多的是着眼于儒家伦理道德等级观念，对于人的性格认识与考量，显然不够全面。

三国时期，刘劭《人物志》关于“才性”的讨论中对人物的性格类型进行了较为细致而深入的分析，他指出：“盖人物之本，出乎情性。情性之理，甚微而玄，非圣人之察，其孰能究之哉。凡血气者，莫不含元一以为质，禀阴阳以立性，体五行而著形。苟有形质，犹可即而求之。”[③]刘劭认为，人的才性是以“元一”为根柢，以禀受“阴阳”之气相区别，同时容括金、木、水、火、土“五行”不同而构成外在形态的，凭借其外在形态即可探求其内在的本质属性。形态的不同，决定其道德与性格的不同，这是人与生俱来的自然禀性。圣人是德才兼备者，“阴阳清和，则中睿外明；圣人淳耀，能兼二美”[④]，而大多数人的“偏材”，皆因没能完美地清和阴阳二气、兼备五行，才导致其才性有所偏倾。然而，刘劭对于这些不具备“中庸之质”的“偏材”，非但没有予以贬斥，反而给

① 《论语·先进》，载《十三经注疏·论语注疏》卷第十一，北京大学出版社1999年版，第146-147页。

② 何明主编：《荀子新注》（上），西苑出版社2001年版，第14页。

③ ［三国］刘劭著，秦云侠译：《人物志》，武汉出版社2009年版，第23页。

④ ［三国］刘劭著，秦云侠译：《人物志》，武汉出版社2009年版，第24页。

予高度肯定。他用大量的篇幅细致周详地辨析这些偏材的性格特点，并对不同人才的性格类型进行了区分，在《体别》篇涉及的性格类型多达十二种：强毅之人、柔顺之人、雄悍之人、惧慎之人、凌楷之人、辩博之人、弘普之人、狷介之人、休动之人、沉静之人、朴露之人、韬谲之人；另外，在《材理》篇中还列举了九种性格偏颇之人：刚略之人、抗厉之人、坚劲之人、辩给之人、浮沉之人、浅解之人、宽恕之人、温柔之人和好奇之人。每一种不同的性格，各有特点、优势，然其缺点也显而易见：如柔顺之人，具有“缓心宽断”的性格特点，缺失在于“不戒其事之不摄，而以抗为刿，安其舒”；雄悍之人，具有“气奋勇决”的性格，缺失在于“不戒其勇之毁跌，而以顺为恇，竭其势”；沉静之人，具有“道思回复”的性格特点，缺失在于“不戒其静之迟后，而以动为疏，美其懦”[①]。即使是性格偏颇之人，也各有优、缺之处，如刚略之人，“不能理微；故其论大体，则弘博而高远，历纤理，则宕往而疏越”；宽恕之人，“不能速捷；论仁义，则弘详而长雅，趋时务，则迟缓而不及”；温柔之人，“力不休强；味道理，则顺适而和畅，拟疑难，则濡懦而不尽”。[②]刘劭指出，每一种性格都是与生俱来的，不是后天学习、训练可以移转的，而是发自其本心：“偏材之性，不可移转矣。虽教之以学，材成而随之以失；虽训之以恕，推情各从其心。”[③]可以说，刘劭对人物性格类型的辨析是深入而细微的，他从主体个性层面对人才价值的肯定，不仅使“曹操等人开创的重个性才能的理论落实到了更为系统的理论化和实证化的层面[④]，而且极大地启发了其后艺术创作和理论研究对主体个性的重视。

从上述相关气质与性格的解释发现，这两个概念相互之间不无重合与交叉之处，而且这两个概念作为创作主体个性的重要组成元素，在实践运用中常常是互为通用的。任何一种气质或性格，都是与生俱来的心理特征，各不相同，不存在高下优劣之分。在艺术创作实践中，主体气质、性格的不同，对创作及风格形成有着不可忽视的影响作用。

曹丕《典论·论文》提出“文以气为主”的命题，强调个性气质是艺术风格形成的决定因素，他以建安七子为例，说明气质个性对艺术创作的影响：

王粲长于辞赋，徐干时有齐气，然粲之匹也。如粲之《初征》《登楼》《槐赋》《征思》，干之《玄猿》《漏卮》《圆扇》《橘赋》，虽张、蔡不过也，然于他

① ［三国］刘劭著，秦云侠译：《人物志》，武汉出版社2009年版，第44-45页。

② ［三国］刘劭著，秦云侠译：《人物志》，武汉出版社2009年版，第68-69页。

③ ［三国］刘劭著，秦云侠译：《人物志》，武汉出版社2009年版，第45页。

④ 贾奋然：《论〈人物志〉“才性论”对〈文心雕龙〉的影响》，《中华文化研究》2009年夏之卷。

文，未能称是。琳、瑀之章表书记，今之隽也。应玚和而不壮；刘桢壮而不密。孔融体气高妙，有过人者；然不能持论，理不胜辞；至于杂以嘲戏；及其所善，扬、班俦也。

在曹丕看来，各个创作主体才性各有所偏，难以兼善，皆是由于其个性之“气”引起，不必苛责。其后，刘勰《文心雕龙·体性》以贾谊、司马相如、扬雄、刘向、班固、张衡、王粲、刘桢、阮籍、嵇康、潘岳、陆机等十二位作者为例，进一步说明了主体气质性格对作品风格的影响作用。贾谊才思敏捷、意气风发，“故文洁而体清”；司马相如性格傲慢放诞，“理侈而辞溢”；扬雄沉思静虑，所以其文思远奥，意味深长；刘向素朴平易，其文风明朗而事例广博；班固温文尔雅，其文意绵密，情思富丽；刘桢气度偏狭，其文笔夸大而惊世骇俗；阮籍倜傥不羁，文章“响逸而调远”；潘岳轻浮敏捷，其文笔锋利而韵调流畅；陆机矜持庄重，“情繁而辞隐”。可见，人的气质才性与其作品风格是一致的，正所谓“触类以推，表里必符”①。

曹丕与刘勰的思想，在中国古代艺术史上影响很大，其后将主体气质性格与作品风格之间画作等号事例比比皆是。如：

虽学宗一家，而变成多体，莫不随其性欲，便以为姿。质直者则径侹不遒；刚佷者又倔强无润；矜敛者弊于拘束；脱易者失于规矩；温柔者伤于软缓；躁勇者过于剽迫；狐疑者溺于滞涩；迟重者终于蹇钝；轻琐者淬于俗吏。斯皆独行之士，偏玩所乖。（孙过庭《书谱》）

诗之气象，犹字画然，长短肥瘦，清浊雅俗，皆在人性中流出。……储咏曰：“性情褊隘者，其词躁；宽裕者，其词平；端靖者，其词雅；疏旷者，其词逸；雄伟者，其词壮；蕴藉者，其词婉。涵养情性，发于气，形于言，此诗之本源也。”（范德机《木天禁语》）

夫清流不出于淤泥，洪音不发于细窍。襄阳萧远，故其声清和；长吉好异，故其声诡激；青莲神情高旷，故多宏达之词；少陵志识沉雄，故多实际之语。诗本性情写胸次……（《白榆集》卷二《抱侗集序》）

夫人之性情，刚柔殊禀；手之运用，乖合互形。谨守者拘敛襟怀，纵逸者度越典则；速劲者惊急无蕴，迟重者怯郁不飞；简峻者挺倔鲜遒，严密者紧实寡逸；温润者妍媚少节，标险者雕绘太苛；雄伟者固愧容夷，婉畅者又惭端厚；庄质者盖嫌鲁朴，流丽者复过浮华；驶动者似欠精深，纤茂者尚多散缓；

① ［梁］刘勰：《文心雕龙·体性》，载张长青：《文心雕龙新释》，湖南大学出版社2009年版，第316页。

爽健者涉兹剽勇，稳熟者缺彼新奇。此皆因夫性之所偏，而成其资之所近也。（项穆《书法雅言》）

以上几例都将主体的气质、性格、性情视为艺术风格形成的重要因素，正所谓“文如其人”“书如其人”。然而，这种思想到后来甚至被发展到绝对化的程度。清薛雪在《一瓢诗话》中说：

鬯快人诗必潇洒，敦厚人诗必庄重，倜傥人诗必飘逸，疏爽人诗必流丽，寒涩人诗必枯瘠，丰腴人诗必华赡，拂郁人诗必凄怨，磊落人诗必悲壮，豪迈人诗必不羁，清修人诗必峻洁，谨敕人诗必严整，猥鄙人诗必委靡。此天之所赋，气之所禀，非学之所至也。

此说“必”字的使用，夸大了创作主体气质、性格等先天要素对艺术风格的决定性作用，而忽视了形成创作个性的其他因素，是值得商榷的。尽管艺术作品风格的形成，离不开主体先天的气质、性格、禀赋等因素，然而，随着创作主体后天学识、修养、志趣以及创造精神的改变，不可避免地影响到主体的个性，进而影响到创作风格的取向。而且，即使是气质、性格也并非一成不变，巴甫洛夫曾说：“人一面有着先天的品质，另一面也有着为生活情况所养成的本质。这是很显然的。这就是说，如果说到那些先天的品质时，这就是指神经系统类型而言，如果说到性格的话，那就是指那些先天的倾向、意向与那些在生活期间受生活印象的影响所养成的东西二者之间的混合物了。”①

总之，尽管气质、性格对风格的形成具有不可辩驳的影响作用，但我们必须清楚地认识到主体个性是一个包含诸多因素的复杂结构，气质、性格只是其中的部分因素，并非全部。而且，气质、性格乃至个性，与创作个性也是有所不同的，主体的个性仅仅是形成创作个性的基础，而创作个性是在创作过程中形成的独特表征，“是艺术家的天赋、气质、性格、修养、经验、思想乃至怪癖等元素在艺术创作里的凝聚与升华”②。创作个性是艺术家创作成熟的标志，只有形成创作个性的艺术家，其作品才能表现出独特的艺术风格。尽管古代艺术史上众多风格迥异的名家大师，如李白的飘逸、张旭的狂放、石恪的怪奇等，其独特风格的形成，与其气质、性格具有一定的关联性，但也不能简单、绝对地将气质、个性的作用夸大到就是创作个性或艺术风格本身。对于主体创作个性或风格形成来

① ［苏联］巴甫洛夫：《巴甫洛夫选集》，吴生林、贾耕等译，科学出版社1955年版，第398页。

② 张同道：《艺术理论教程》，北京师范大学出版社2010年版，第129页。

说，气质、性格只是提供了一种可能性，还需综合其他因素方可成就。当然，简单地否定气质、性格等先天因素的作用，无疑也是不科学的态度。基于此，在艺术创作实践中，充分发挥气质与性格的积极作用，对于形成创作主体独特的艺术风格具有直接意义。

2. 才能与学养

才能与学养是从事艺术创作必不可少的一对范畴，相互滋养、互为依托，对形成独特风格发挥着至关重要的作用。

才能是从事艺术创作的基础和前提，是先天禀赋与后天学养的一种“合力”。据《说文解字》释义：“才，草木之初也”，即人初生所具备的优异资质，可称之为“才”。德国美学家康德曾说：“天才就是那天赋的才能……既然天赋的才能作为艺术家天生的创造机能，它本身是属于自然的。”[①]这是才能作为先天禀赋的一面。朱熹《论语集注·泰伯》说：“才美，谓智能技艺之美”，主要指的是后天学养。黑格尔也说：“艺术家的才能和天才虽然确实包含有自然的因素，这种才能和天才却要靠思考，靠对创造的方式进行思索，靠实际创作中的练习和熟练的技巧来培养。”[②]这是才能离不开后天学养的一面。可见，创作主体艺术才能的构成，不仅包括先天与众不同的禀赋才资，还包括后天持续不断的学养修炼。

（1）才能

中国古代对于“才能”的认识，最初是以先天禀赋来看待的。魏晋时期，对“才能”的认识较为深刻，以才性论人、品文是当时普遍流行的时尚。在古人看来，人的才性不同，是由于各自所禀之“气”不同。刘劭《人物志》“禀阴阳以立性”的思想，在《体别》和《材理》等篇章中，分别对不同性格的人才进行了细致分析，在《九征》中又将人才分为“兼德”“兼材”“偏材”三类：“三度不同，其德异称。故偏至之材，以材自名；兼材之才，以德为目；兼德之人，更为美号。”[③]其中，“兼德”是指具有“中庸之质”的圣人，属于人主之才，具有“阴阳清和”“中睿外明”的特点，“兼材”指的以德为目、德才兼备的人才，基本具备中庸之质；“偏材”是指具备某种专长的人才。刘劭虽以“德才兼备”作为区别人才的标准和尺度，认为“偏材”是禀受阴阳之气，体“五行”之质而有所偏、长，且不具备完善的美德，然而他们却有各自与众不同的天赋才能。[④]

① ［德］康德：《判断力批判》（上卷），宗白华译，商务印书馆1964年版，第152页。

② ［德］黑格尔：《美学》（第一卷），朱光潜译，商务印书馆1979年版，第35页。

③ ［三国］刘劭：《人物志》，秦云侠译，武汉出版社2009年版，第32页。

④ 贾奋然：《论〈人物志〉“才性论”对〈文心雕龙〉的影响》，《中国文化研究》2009年夏之卷。

《材能》篇指出：

> 夫人材不同，能各有异。
> 夫能出于材，材不同量。材能既殊，任政亦异。
> 凡偏材之人，皆一味之美，故长于办一官，而短于为一国。

从中可见，刘劭对“偏材”的分析，旨在说明对待“偏材”应做到人尽其才，量才而用。

继刘劭之后，刘勰对才能问题作了细致深入的探讨。然而刘勰的侧重点不是为了选拔人才、治理国家，而是为了探讨主体才能对于创作风格的影响。显而易见的是，刘勰对才能的分析研究“极有可能是受到了刘劭《人物志》议论人才的直接影响”[①]。《文心雕龙》专设《才略》篇，从才性、才能方面对历代名家的创作成就进行分析与评论。刘劭重视“偏材”，刘勰强调“才性异区”，其“赞”曰：“才难然乎，性各异禀”，这与刘劭“禀阴阳以立性”的说法相类似。刘勰认为，艺术风格特色的形成是创作主体才能的体现：“贾谊才颖，陵轶飞兔，议惬而赋清，岂虚至哉！……相如好书，师范屈宋，洞入夸艳，致名辞宗……子云属意，辞义最深，观其涯度幽远，搜选诡丽，而竭才以钻思，故能理赡而辞坚矣。”[②]刘勰还指出创作主体对不同艺术体裁的驾驭各有所长，造就了其风格特色的不同，也是缘于主体才能不同：“刘向之奏议，旨切而调缓；赵壹之辞赋，意繁而体疏；孔融气盛于为笔，祢衡思锐于为文，有偏美焉。潘勖凭经以骋才，故绝群于锡命；王朗发愤以托志，亦致美于序铭”；“路粹杨修，颇怀笔记之工，丁仪邯郸，亦含论述之美”；“曹摅清靡于长篇，季鹰辨切于短韵，各其善也”[③]。可见，刘勰对主体才能非常重视，尤其是他将才能作为风格形成的要素之一，不仅看到先天禀赋之“天才”的重要性，而且认识到后天学习训练之“养才”的重要性，这是他比刘劭更胜一筹之处，也是他对风格形成论最大的贡献，对后世理论家探讨才能的重要性颇具启发意义。

（2）学养

其实，早在刘勰之前，古人就有关于提高个人“学养”的言论。先秦时期《孟子·告子下》曾指出：“故天将降大任于是人也，必先苦其心志，劳其筋骨，

---

① 贾奋然：《论〈人物志〉“才性论”对〈文心雕龙〉的影响》，《中国文化研究》2009年夏之卷。

② ［梁］刘勰：《文心雕龙·才略》，载张长青：《文心雕龙新释》，湖南大学出版社2009年版，第565页。

③ ［梁］刘勰：《文心雕龙·才略》，载张长青：《文心雕龙新释》，湖南大学出版社2009年版，第565-566、568、569页。

饿其体肤，空乏其身，行拂乱其所为，所以动心忍性，增益其所不能。”另一儒家经典著作《大学》也强调：“古之欲明明德于天下者，先治其国。欲治其国者，先齐其家。欲齐其家者，先修其身。欲修其身者，先正其心。欲正其心者，先诚其意。欲诚其意者，先致其知。致知在格物。……自天子以至于庶人，壹是皆以修身为本。”[①]可以说，上至君王，下至百姓，社会各个阶层无不重视丰富学识，将提高主体自身修养作为修身养性的最佳途径。

对于艺术创作来说，既需要天赋才资，更离不开后天学养。魏晋六朝作为文学艺术的自觉时代，张扬个性、凸显独特风格是普遍的社会风尚。关于天赋与学养的探讨，已在相关的理论著述中有所体现。南朝宋齐间王僧虔的《论书》是最早论及“天然”和“工夫”的著述：“宋文帝书，自谓不减王子敬。时议者云：‘天然胜羊欣，功夫不及欣。’”这里的“天然”，即天赋，指人生来就具有的聪明、才气以及某方面特有的资质；“功夫”，即人为，指通过后天学习而获得的才能。这对范畴的提出，已经触及艺术创作既有天然之才，又有功夫之才。南朝梁庾肩吾《书品》以“天然”和“工夫”作为品评书法的标准，评价列于上上品的张芝、钟繇、王羲之三人：“张工夫第一，天然次之，衣帛先书，称为“草圣”。钟天然第一，工夫次之，妙尽许昌之碑，穷极邺下之牍。王工夫不及张，天然过之；天然不及钟，工夫过之。”此处品评的三位享誉世间的书家风格迥异，然其杰出的艺术成就，都建立在“天然”禀赋与“功夫”训练的基础上，足以说明出类拔萃的艺术才能是由先天禀赋与后天学习综合而成的。然而这些言论的侧重点主要是针对书法技艺而言的，并未上升到主体才能学养对风格形成的重要性这一层面。

刘勰《文心雕龙·体性》篇之所以被认为是较为完备的风格论，关键就在于他从创作主体角度分析了风格形成的根本原因，认识到“才由天资”“才力居中，肇自血气”之“天才”的客观性，还认识到“因性以练才”“功以学成”之“养才”的主观性。他将风格视为“才”“气”“学”“习”综合作用的结果，指出“才有庸俊，气有刚柔，学有浅显，习有雅郑，并情性所铄，陶染所凝”，已揭示出作为创作主体的“人”的本质力量由不同层面构成，“而作为对象的艺术作品，正是这类‘所铄’‘所凝’的种种主体性的客观化”[②]。另外，《事类》篇提出：“文章由学”“才自内发，学以外成”“学贫者迍邅于事义”“才学褊狭，虽美不功”，“将赡才力，务在博见”等，《神思》篇提出：“积学以储宝，酌理以富才”等主张，都在强调“才”“学”的密切联系，不可片面狭隘，否则即使文辞

① 刘俊田、林松、禹克坤译注：《四书全译》，贵州人民出版社1988年版，第5页。

② 金学智：《书法美学引论——新二十四书品探析》，湖南美术出版社2009年版，第69页。

再漂亮也难以取得成功。为了更好地说明“学”的重要性，他还正反举例说明：“夫以子云之才，而自奏不学，及观书石室，乃成鸿采。”[1]扬雄多才，然而他自恨学识太少，于是进到汉代皇家藏书室博览群书，最终写出鸿篇巨制；“魏武称张子之文为拙，然学问肤浅，所见不博，专拾掇崔杜小文，所作不可悉难，难便不知所出，斯则寡文之病也”[2]。曹操认为张子文章拙劣，是由于学问肤浅、见闻不广，专门拾掇摘取崔杜的短小文章，写作的东西经不起拷问，一问便不知道出处，这正是浅见寡闻的弊端。由此，刘勰得出结论：“夫经典沉深，载籍浩瀚，实群言之奥区，而才思之神皋也。”[3]如果创作主体不重视学习，不从传统经典中汲取养料、丰富自身知识体系，必然会陷入孤陋寡闻、学识浅薄的境地，也就创作不出生动形象、内涵深刻的艺术作品，正所谓“事义浅深，未闻乖其学”[4]。只有充分认识和理解“积学以储宝”的真正内涵，才有助于逐步形成个人风格特色。

可以说，魏晋六朝时期，刘勰、王僧虔、庾肩吾等人关于才能与学养的认识是较为深刻的，对后世具有重要的启示意义。从创作主体先天禀赋、后天学养两方面来探讨风格形成的原因，成为后世艺术家、理论家所思考的重要论题。

明项穆《书法雅言》专论“资学”，分析先天才资与后天学识对书法创作的影响：

> 资分高下，学别浅深。资学兼长，神融笔畅，苟非交善，讵得从心？书有体格，非学弗知。若学优而资劣，作字虽工，盈舒虚惨、回互飞腾之妙用弗得也。书有神气，非资弗明。若资迈而学疏，笔势虽雄，钩揭导送、提抢截曳之权度弗熟也。所以资贵聪颖，学尚浩渊。……然而学可勉也，资不可强也。天资纵哲，标奇炫巧，色飞魂绝于一时；学识谙练，入矩应规，作范垂模于万载。

可见，“资”与“学”对于书法创作各有益处，相辅相成，缺一不可。

叶燮《原诗》对艺术创作提出一个重要的观点，即艺术家的创造力是由“才”“胆”“识”“力”四个要素构成的。其中“才”和“识”就是关于才能与学养问题的探讨。他认为：“无才，则心思不出；无胆，则笔墨畏缩；无识，则不能取舍，无力，则不能自成一家。”四个要素相融相济，不可偏废，其中“识”

① ［梁］刘勰：《文心雕龙·事类》。
② ［梁］刘勰：《文心雕龙·事类》。
③ ［梁］刘勰：《文心雕龙·事类》。
④ ［梁］刘勰：《文心雕龙·体性》。

是最重要、最基础的要素。他说："大约才、识、胆、力，四者交相为济。苟一有所歉，则不可登作者之坛。四者无缓急，而要在先之以识；使无识，则三者俱无所托。……惟有识，则能知所从，知所奋、知所决，而后才与胆力，皆确然有以自信。"①可见，"识"是艺术创造力的首要因素，"才"的体现必须依靠"识"的依托，所谓"识为体而才为用，若不足于才，当先研精推求乎其识"②。人如果"中藏无识，则理事情错陈于前，而浑然茫然，是非可否，妍媸黑白，悉眩惑而不能辨，安望其敷而出之为才乎！"③在叶燮看来，艺术家的"才"体现在能够真实地反映"理""事""情"。他说："以是措而为文辞，而至理存焉，万事准焉，深情托焉，是之谓有才。"④他的这一定义，将艺术家的"才"，纳入了认识论的范围，艺术家若不具备充足的"识"，就不可能发挥其"才"，"才"与"识"由此成为一对"你中有我""我中有你"，相互滋养、互为依托的范畴。

艺术风格是创作高度成熟的表现，创作主体仅有先天的天赋才资远远不够，还必须要通过后天的学习训练，通过丰富自身学养来提高"才能"的表现力，这是形成个性独特风格的必由之路。

（3）丰富学养、提高才能

丰富学养的关键在于人的主体建设，创作主体内涵与外延的拓展是增强艺术才能、独创个性风格的必备要素。主要可从以下两方面入手：

一方面，成熟精湛的技巧修养为形成艺术风格提供技术支持。任何一件独具风格特色的艺术作品都是一个"我"的体现，是创作主体的主观因素的外化。如何将主体的思想、情感、理想以及愿望恰如其分地传达出来，不仅需要对某一门类艺术所使用的物质材料相当熟悉，对艺术语言灵活掌握，更重要的是以成熟精湛的艺术技巧和手法，将主体头脑中所构思的审美意象以物态化的形式传达出来，创造出与众不同风格特色的艺术作品。从这一点来说，艺术作品存在一个纯然技巧的方面，绘画、书法、建筑、雕塑、音乐、舞蹈、戏剧乃至诗歌等门类艺术，都离不开技巧、手法的运用。对技巧的熟练掌握，需要艺术家长期努力，反复实践才能获得，当技巧运用达到"为我所用"的自由地步，才能成为艺术家的第二天性，"成为艺术家自我灵魂表达的一种自然而然的直觉型趋势"⑤。黑格尔曾说："这种熟练技巧不是从灵感来的，它完全要靠思索、勤勉和练习。一个艺术家必须具有这种熟练技巧，才可以驾驭外在的材料，不至因为它们不听命而受

① ［清］叶燮著，霍松林校注：《原诗》（内篇），人民文学出版社1979年版，第29页。
② ［清］叶燮著，霍松林校注：《原诗》（内篇），人民文学出版社1979年版，第24页。
③ ［清］叶燮著，霍松林校注：《原诗》（内篇），人民文学出版社1979年版，第24页。
④ ［清］叶燮著，霍松林校注：《原诗》（内篇），人民文学出版社1979年版，第26页。
⑤ 施旭升：《艺术即意象》，人民出版社2013年版，第139页。

到妨碍。”[①]无数艺术家长年累月地勤奋实践、艰辛探索，为的就是使艺术技巧达到成熟精湛，进而形成独特的个人风格。

东汉赵壹《非草书》虽表达了对草书的轻视之意，但从其对众人追慕草书大家的描述中，可以获知技巧的学习不是一蹴而就的：

> 夫杜、崔、张子，皆有超俗绝世之才，博学余暇，游手于斯，后世慕焉。专用为务，钻坚仰高，忘其疲劳，夕惕不息，仄不暇食。十日一笔，月数丸墨。领袖如皂，唇齿长黑。虽处众座，不遑谈戏，展指画地，以草刿壁，臂穿皮刮，指爪摧折，见角思出血，犹不休辍。

明解缙《春雨杂述》也列举了一系列事实：

> 捏破管，书破纸，方见功夫。张芝临池学书，池水尽墨。钟丞相入抱犊山十年，木石尽黑。赵子昂国公十年不下楼。巙子山平章每日坐衙罢，写一千字才进膳。唐太宗皇帝简板马上字，夜半起把烛学《兰亭记》。大字须藏间架，古人以箒濡水，学书于砌，或书于几，几石皆陷。

诸如此类的美谈佳话，充分说明“凡事不下苦功，不能精粹”[②]，勤学苦练、提高艺术技巧对于艺术创作的重要性。

艺术风格的形成皆“非一朝一夕所能尽美”[③]，在通往艺术风格的道路上，从来就没有捷径可走，只有具备深厚的艺术功底、精湛高超的艺术技巧，才能逐渐实现从必然王国向自由王国飞跃。唐代画家吴道子被尊称为“画圣”，幼年家境贫寒，为维持生计，曾向民间画匠、雕工学艺，后来又向张旭、贺知章二位草书大师学习书法，尽管在书法上未有建树，却从书法笔墨技巧中获得了灵感，用之于绘画当中。张彦远《论顾陆张吴用笔》说：“国朝吴道玄，古今独步，前不见顾陆，后无来者，授笔法于张旭，此又知书画用笔同矣。”由于其刻苦好学，年未弱冠之时，已能“穷丹青之妙”，熟练地掌握各种笔墨技巧并做到灵活运用，其作《送子天王图》，最有特色的就是线描人物的用笔方法，与张旭《古诗四帖》的用笔相类似，线条在笔锋转动中千变万化，给人以“八面如塑”的视觉

---

① ［德］黑格尔：《美学》（第一卷），朱光潜译，商务印书馆1979年版，第35页。

② ［清］松年：《颐园论画》，载潘运告主编：《清代画论》，湖南美术出版社2003年版，第452页。

③ ［唐］徐浩：《论书》，载潘运告主编：《中晚唐五代书论》，湖南美术出版社1997年版，第175页。

效果，颇具立体感。他细心观摩庙宇壁画，从前辈大师那里汲取养料，而且他还注意从不同技艺当中获取灵感，据《图画见闻志》载吴道子曾从善于舞剑的裴旻将军“走马如飞，左旋右转，掷剑入云，高数十丈，若电光下射”的表演中受到启迪，瞬时间“挥毫图壁，飒然风起，为天下之壮观”。[①]可见，吴道子“吴带当风”的风格特色，缘于其艺术技巧上的兼收并蓄、触类旁通。

创作主体勤学苦练技能技巧，为独创个性风格提供必要的技术支持，应做到博采众长，从中获取“笔意”“章法”，进而逐步达到心手相熟。清朱和羹《临池心解》指出：“临摹需专力一家，然后以各家纵览揣摩，自然胸中餍饫，腕下精熟。久之眼光广阔，志趣高深，集众长以为己有，方得出群境地。”清方薰《山静居画论》：“始入手须专宗一家，得之心而应之手，然后旁通曲引，以知其变。泛滥诸家以资我用，实须心手相忘，不知是我还是古人。”清周星莲《临池管见》以东坡学书为例，指出：“坡翁学书，尝将古人字帖悬诸壁间，观其举止动静，心摹手追，得其大意。此中有人，有我，所谓学不纯师也。”可见，艺术技巧的获得是长期勤学苦练的经验积累，对传统技能技巧不能照搬、食古不化，而应灵活掌握、为我所用，还应具有“发展”意识，将“我”对创作的见解与创造融入作品，不断为传统技法注入新鲜血液，使其更能彰显出新的特质，唯此才能形成独特的个人风格。

另一方面，广博丰厚的文化修养为形成艺术风格提供知识储备。创作主体自身修养的提高，不仅需要练就娴熟的艺术技巧，更应该具备广博的文化修养。法国作家乔治·桑曾说：“技巧是一种才能，但它绝不是没有一切方面的广博知识也行的。必须去体验生活，去寻求真理，必须先有过许多锻炼、有过许多爱、受过许多苦，而同时又要不断地执拗地工作。在抽刀向敌之前，必须彻底学好剑术。一个艺术家，如果他仅仅是艺术家，不是软弱无力的庸才，便是趋于极端的狂士。”[②]可见，创作主体从事艺术创作，并非只需要技巧就能完成，而是要调动全部的修养和智能。艺术作品是否独具风格特色，格调品位如何，与创作主体自身的文化修养密切相关。严羽《沧浪诗话·诗辨》曾说：“夫诗有别材，非关书也；诗有别趣，非关理也。然非多读书，多穷理，则不能极其至。”明谢榛也认为创作主体应注重自身学养的加强与丰富，指出：“自古诗人养气，各有主焉。蕴乎内，著乎外，其隐见异同，人莫之辨也。熟读初唐盛唐诸家所作，有雄浑如大海奔涛，秀拔如孤峰峭壁，壮丽如层楼叠阁，古雅如瑶瑟朱弦，老健如朔漠横

---

① ［宋］郭若虚：《图画见闻志》，载潘运告：《图画见闻志·画继》，湖南美术出版社2000年版，第184页。

② 文艺理论译丛编辑委员会编：《文艺理论译丛》第一期，人民文学出版社1957年版，第186页。

雕，清逸如九皋鸣鹤，明净如乱山积雪，高远如长空片云，芳润如露蕙春兰，奇绝如鲸波蜃气：此见诸家所养之不同也。”[①]可见，广泛熟读阅览诸家不同风格的作品，是主体拓宽眼界、扩充学养，进而形成个性风格的必备条件。

丰厚的学养对于技巧性很强的绘画艺术同样重要。明李日华《竹懒墨君题语》强调：“绘事必须多读书，读书多，见古今事变多，不狃狭劣见闻，自然胸气廓彻。山川灵奇，透入性地，时一洒落，何患不臻妙境？”清松年《颐园论画》也说：“多读古人名画，如诗文多读名大家之做，融贯我胸，其文暗有神助。画境正复相似，腹中成稿富庶，临局亦暗有神助，笔墨交关，有不期然而然之妙，所谓暗合孙吴兵法也。”清唐岱《绘事发微》“读书”篇以大段篇幅论述读书对绘画创作的重要性：

> 画学高深广大，变化幽微，天时人事、地理物态，无不备焉。古人天资颖悟，识见宏远，于书无所不读，于理无所不通，斯得画中三昧。故所著之书，字字肯綮，皆成诀要，为后人之阶梯，故学画者宜先读之。如唐王右丞《山水诀》、荆浩《山水赋》，宋李成《山水诀》、郭熙《山水训》、郭思《山水论》、《宣和画谱》、《名画记》、《名画录》、《图绘宗彝》、《画苑》、《画史会要》、《画法大成》，不下数十种。一皆句诂字训，朝览夕诵，浩浩焉，洋洋焉，聪明日生，笔墨日灵矣。然而未穷其至也。欲识天地鬼神之情状，则《易》不可不读；欲识山川开辟之峙流，则《书》不可不读；欲识鸟兽草木之名象，则《诗》不可不读；欲识进退周旋之节文，则《礼》不可不读；欲识列国之风土关隘之险要，则《春秋》不可不读。大而一代有一代之制度，小而一物有一物之精微，则《二十一史》、“诸子百家”不可不读也。胸中具上下千古之思，腕下具纵横万里之势，立身画外，存心画中，泼墨挥毫，皆成天趣。读书之功，焉可少哉！《庄子》云：“知而不学谓之视肉。”未有不学而能得其微妙者，未有不遵古法，而自能超越名贤者。彼懒于读书，而以空疏从事者，吾知其不能画也。

从以上作者为学画者开列的一系列必读书目可以看出，绘画创作不仅要精通本领域之内的专业书籍，还要广泛穷猎《易》《书》《诗》《礼》《春秋》《二十一史》及诸子百家等著作。创作主体不仅要有纯熟高超的技巧，还要本专业领域和其他领域内的知识都有所涉猎。胸襟博大、知识宏阔，才能使“腕下具纵横万里之势”，一件艺术作品，不独是技巧、笔墨、色彩的堆砌，更重要的是内涵、意蕴的精深，唯此才能发挥艺术教化、审美、教育及愉乐等多重功能。

---

① ［明］谢榛著，宛平校点：《四溟诗话》卷三，人民文学出版社2005年版，第69页。

书法也是特别强调笔墨技巧的艺术类别，然而丰富与扩充学识修养同样为历代书家所重视。唐张怀瓘《评书药石论》载：“假如欲学文章，必先览经籍子史。其上才者，深酌古人之意，不拾其言。故陆士衡云‘或袭故而弥新。’美其语新而意古。”宋苏轼《柳氏二外甥求笔迹二首》说：“退笔如山未足珍，读书万卷始通神”，宋黄庭坚《论书》强调：“学书要须胸中有道义，又广之以圣哲之学，书乃可贵。”《跋东坡书远景楼赋后》评苏轼：“余谓东坡书，学问文章之气郁郁芊芊，发于笔墨之间，此所以他人终莫能及尔。”明王绂《论书》说：“胸无数百卷书，不能作笔”，清蒋和《蒋氏游艺秘录》也说：“学者苟能立品以端其本，复济以经史，则字里行间，纵横跌宕，盎然有书卷气。胸无卷轴，即摹古绝肖，亦优孟衣冠，苟出心裁，非寒俭骨立，则怪异恣肆，非体之正也。”杨守敬《学书迩言·绪论》强调学书“要学富，胸罗万有，书卷之气，自然溢于行间。古之大家，莫不备此，断未有胸无点墨而能超轶等伦者也。”何绍基在《题蓬樵癸丑画册》中写道：“从来书画贵士气，经史内蕴外乃滋。若非柱腹有万卷，求脱匠气焉能辟”……诸如此类的言论，不绝于耳。历来书家、评论家都推崇书卷气，即士气，要求脱却匠气、俗气，这就需要创作主体饱读经史子集，将学问蕴积于内，方能书卷气华滋于外，也即所谓的“充实之谓美”[①]了。

以上种种说法，都在强调广博丰厚的文化修养对于艺术创作的重要性。它为艺术创作提供着源源不断的丰厚养料，使创作主体的内涵、外延获得深化和拓展。杜甫曾说：“读书破万卷，下笔如有神。”创作主体拥有广博的文化修养，才能创作出具有丰富内涵、独具风格特色的艺术作品。

古代许多名家大师大都是满腹经纶、学富五车、精通多个门类艺术“百科全书”式的学者。唐代王维，多才多艺，不仅工诗善画，精通音律，而且对书法也颇有造诣。诗学上，他以“诗佛”著称，作诗以清新隽永的自然平淡之风达到宁静致远的境界；绘画上，他被推为中国文人画的开山之祖，苏轼评论他的诗画说：“味摩诘之诗，诗中有画。观摩诘之画，画中有诗。”[②]他的《袁安卧雪图》堪称名作，画中描绘东汉寒士袁安，宁可忍饥受冻，也不去官府申请救济，郡首得知后，为其人格所感动，将他视作楷模向世人宣扬。在这幅画中，特别耐人寻味的是，王维在雪地上添上了芭蕉数株，为人所不解，从地理学角度来说，南方的岭南的芭蕉不可能出现在北方的雪地上，然而这种有悖于物理的现象从画家参修的禅学来看，事物之间的联系却是可以超越物象本身的，因而芭蕉作为参禅话

① 《孟子·尽心下》。

② ［宋］苏轼：《书摩诘蓝田烟雨图》，载石声淮、唐玲玲选注：《苏轼文选》，上海古籍出版社1989年版，第341页。

头，即是为了突出主体，体现袁安高尚的人格。[1]这幅画跨越时空界限的视觉创作，对于唐以来日益成熟的写实再现性风格无疑是一种冲击与变革，然而，如若没有丰富的学养，作品不可能具有如此深厚的内涵，呈现出迥异于他的风格特色。苏轼是宋代伟大的文学家，与其父苏洵、其弟苏辙，并称为“三苏”，在诗、词、赋、散文、书法、绘画等方面均有很高造诣。散文方面，他是“唐宋八大家”核心人物；词作方面，他对词体进行全面改革，将词从音乐的附属品转变为独立的抒情诗体，其词激情澎湃、想象力丰富，语言变化自如，开创了“豪放派”风格；诗作方面，极具灵心慧眼，极其平常的生活内容和自然现象都上升为哲理，蕴意内涵深刻；他的议论文、叙事游记、辞赋等也都能别具特色；书法方面，他擅长写行书、楷书，曾遍学晋、唐、五代诸位名家之长，近人马宗霍《书林藻鉴》简括其字来源说：“本之平原（颜真卿）以树其骨，酌至少师（杨凝式）以发其姿，参之北海（李邕）以竣其势”，后自成一家，形成其深厚朴茂的风格。他还提出一系列见解，在《石苍舒醉墨堂》诗中说：“我书造意本无法，点画信手难推求”，在《评草书》中说“自出新意，不践古人”。他开创了宋代“尚意”的书风，与黄庭坚、米芾和蔡襄并称为“宋四家”。绘画方面，苏轼擅画墨竹，重神似，主张画外有情，提出“诗画本一律，天工与清新”的士人画艺术观念。可以说，苏轼提出的一系列艺术主张与所取得的艺术成就，如果没有丰厚的学养支撑，是不可能实现的。此外，曹雪芹创作的《红楼梦》，包罗万象，涉及建筑、园林、诗词、歌赋、宗教、政治、宫廷、宴会、服饰等方方面面的知识，宛如清代社会生活的百科全书，如果作者没有丰富的学识，不可能完成如此鸿篇巨制。正如黑格尔所说：“艺术方面的博学所需要的不仅是渊博的历史知识，而且是很专门的知识，因为艺术作品的个性是与特殊情境联系着的，要有专门知识才能了解它，阐明它。”[2]

综上所述，艺术家的才能与学养互为依托，相融相济，共同服务于艺术创作。仅有才能，或仅有学养，都无法使艺术创作准确、深刻、生动地反映社会生活，表达主体思想、情感、理想、愿望，艺术家独特风格的形成需要二者在有机结合、和谐统一中完成。

3. 志趣与创造精神

除了气质、性格、才能和学养之外，创作主体的志趣倾向和创造精神对于风格的形成也发挥着不可忽视的重要作用。

---

① 洪再新:《中国美术史》，中国美术学院出版社2000年版，第150-152页。

② ［德］黑格尔著，朱光潜译:《美学》（第一卷），北京：商务印书馆1979年版，第19页。

（1）志趣

“志”指志向、意志。《论语》中多次提到“志”，如“苟志于仁矣，无恶也”，“士志于道，而耻恶衣恶食者，未足与议也”。[①]“志于道，据于德，依于仁，游于艺。”[②]孔子把“志”与他的核心概念“仁”和“道”联系在一起，在孔子看来，“仁”和“道”是做人之志，是孔子所极力倡导的方向和目标。而“三军可夺帅也，匹夫不可夺志也”[③]中的“志”指的是意志，指人应当所具有的独立人格和不可剥夺之意志。孔子的“志”是由“仁爱之心”发出的意志，“具有仁的品性，强调意志对道德的坚守及对情感、欲望和利益的控制”[④]，这里更多的是强调儒家的德性思想。然而《论语・公冶长》则说：“颜渊、季路侍。子曰：‘盍各言尔志？’子路曰：‘愿车马、衣轻裘与朋友共，敝之而无憾。’颜渊曰：‘愿无伐善，无施劳。’子路曰：‘愿闻子之志。’子曰：‘老者安之，朋友信之，少者怀之。”此处之“志”，相当于现代意义上的志向、志趣，抑或理想、抱负、愿望等。宋陈淳《北溪字义・志》从理学角度阐释如下：

> 志者，心之所之。之犹向也，谓心之正面全向那里去……志有趋向、期必之意。心趋向那里去，期料要恁地，决然必欲得之，便是志。[⑤]

这个解释强调“志”的趋向性、目标性。且不论是否含有伦理道德层面的含义，就其“心之所之”而言，可理解为主体内心所向往、期待的目标之意。“志”“趣”连在一起，意指行动和意志的趋向。每个创作主体作为一个独立的个体，都有自己独立的志趣、愿望，有自己所钟情的创作对象和表现方式，选择与创作主体志趣相投的创作对象与方式，才能更好地发挥主观能动作用，将精力、心力、努力投入其中，创作出别具特色的艺术形象。

创作主体依据自己的志趣倾向进行选择，在某种程度上也是精神自由的体现。庄子曾将“游心”作为精神的寄托，尽管人的形体受着外界各种束缚，然而“心”却可以在广袤的寰宇中遨游，“心”是自由的主体，“心”游往何处？“游乎尘垢之外”[⑥]，“游心于无穷”[⑦]，在“没有人间的纷乱、尘世的污垢的地方，是

---

① 《论语・里仁》。

② 《论语・述而》。

③ 《论语・子罕》。

④ 沈永福：《孔子论“志”》，《光明日报》2011年12月30日。

⑤ ［宋］陈淳著，熊国桢、高流水点校：《北溪字义》，中华书局1983年版，第15–16页。

⑥ 《庄子・齐物论》，载［清］王先谦撰，陈凡整理：《庄子集解》，三秦出版社2005年版，第37页。

⑦ 《庄子・则阳》，载［清］王先谦撰，陈凡整理：《庄子集解》，三秦出版社2005年版，第374页。

一片无穷广大任我逍遥的天地，在那里，灵魂再没有苦痛，精神获得了自由”[1]。尽管庄子的思想有宿命论的成分，但是他的“游心”思想对于艺术创作来说，却很有启发性。创作主体在创作过程中，实际上正是保持着一种“游心”的状态，主体按照自己的志趣倾向、理想愿望进行创作，才有可能在某个艺术门类、题材内容及表现形式等方面有所建树，进而形成自己独特的个性风格。

歌德曾说：“独创性的一个最好标志就在于选择题材之后，能把它加以充分的发挥，从而使得大家压根儿想不到会在这个题材里发现那么多东西。”[2]苏轼评价诗、文、书、画领域中的四位巨匠时说：“诗至于杜子美，文至于韩退之，书至于颜鲁公，画至于吴道子，而古今之变，天下之能事毕矣。”[3]如此高的艺术评价，是对他们在各自领域做出杰出成就的赞美，正是由于他们选择了适合的艺术门类，对题材内容的开掘与对表现形式的驾驭，都发挥到了极致，才能以各自独特的风格特色名垂青史，而这一切无不与其志趣相关。

志趣对于艺术创作来说，犹如引领主体为之努力奋斗的航向标。不同的志趣，决定了创作主体面对同样的题材内容，会选择不同的开掘角度和独具个性特色的艺术表现手法，由此使得艺术作品在整体上呈现出迥异的艺术风貌。同样是画人像，在张僧繇、陆探微和顾恺之笔下，风格各异，“象人之美，张得其肉，陆得其骨，顾得其神”[4]。同样是画竹，苏轼画的竹子无节，而石涛画的竹子却抱节，只因二人对竹的态度体现出不同的人格内涵，《大涤子题画诗跋·跋画竹》载：“东坡画竹不作节，此达观之解，其实天下之不可废者无如节。风霜凌厉，苍翠俨然，披对长吟，请为苏公下一转语。”[5]苏轼放达高旷，画竹无节，而石涛作为明王室后裔，不愿屈身归顺清朝，至死不屈，故画竹子抱节。另外，郑板桥和李方膺也画竹，却以动、静两种态势所区别：郑板桥《兰竹石图》（图1.4），笔势纵横、用笔挺劲、笔意恣纵，兰竹出于巨石缝隙中，竹竿挺拔刚劲，竹叶正反偃仰、聚散离合、各具姿态，整幅作品笔力轻重缓急、线条粗细波折，墨色浓淡变化恰到好处，体现出静态的兰竹“千磨万击还坚劲，任尔东西南北风”的气概与“我自岿然不动”的精神风貌，作品清高脱俗的意境不仅隐含着画家倔强的豪气，同时也体现出作者“凡吾画兰画竹画石，用以慰天下之劳人，非

---

① 陈敏荣：《论庄子精神自由的美学内涵》，《学术论坛》2008年第10期。

② 歌德：《歌德文艺语录》，程代熙译，《文艺理论研究》1980年第1期。

③ 苏轼：《书吴道子画后》，载石声淮、唐玲玲选注：《苏轼文选》，上海古籍出版社1989年版，第254页。

④ ［唐］张怀瓘：《画断》，载潘运告主编：《唐五代画论》，湖南美术出版社1997年版，第43页。

⑤ ［清］石涛：《苦瓜和尚画语录》，周远斌点校纂注，山东画报出版社2007年版，第145页。

以供天下之安享人也”[①]的志趣倾向；而李方膺《潇湘风竹图》（图1.5），却以三竿修竹迎风而立，两竿淡墨风竹枝竿粗壮，饱经风霜，坚韧挺拔屹立风中，一竿浓墨风竹秀嫩细劲，风中竹叶一律倒向右边，似有威猛狂风肆虐呼啸，体现出动态的风竹“自笑一身浑是胆，挥毫依旧爱狂风”的气概，俨然就是艺术家本人精神品格、志趣倾向的真实写照。[②]

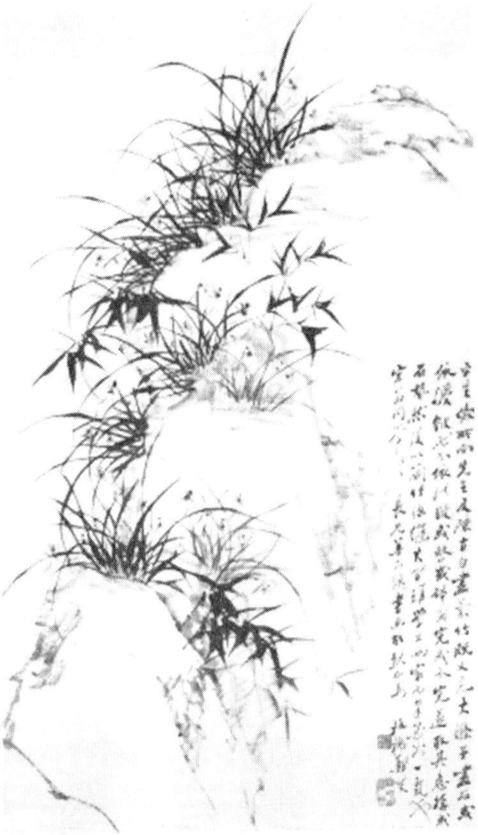

图1.4　清 郑燮《兰竹石图》

图1.5　清 李方膺《潇湘风竹图》

中国书法史上并称为“二王”的王羲之、王献之，虽为父子，其书作风格各具特色。元代袁裒《书学纂要·总论书家》指出：“右军用笔，内擫而收敛，故森严而有法度；大令用笔，外拓而开廓，故散朗而多姿。”“二王”用笔的“内

① ［清］郑燮：《板桥题画》，载潘运告主编：《清人论画》，湖南美术出版社2003年版，第383页。

② 周林生主编：《清代绘画》，河北教育出版社2012年版，第178页。

擫”与“外拓”，是造成风格不同的主要原因。近人沈尹默多年研习二王书法，深有体会，他认为二王书法分别为“古质”与“新妍”风格，源自他们笔法的不同：“后人用内擫外拓来区别二王书迹，很有道理，说大王是内擫，小王则是外拓，试观大王之书，刚健中正，流美而静；小王之书，刚用柔显，华因实增。……内擫是骨（骨气）胜之书，外拓是筋（筋力）胜之书。”[①]虽然“二王”父子都选择书法作为个性风格的突破口，然而他们在用笔技巧上的不同，源自各自审美好尚、志趣倾向的不同，进而致使二王风格的迥异（图1.6、图1.7）。

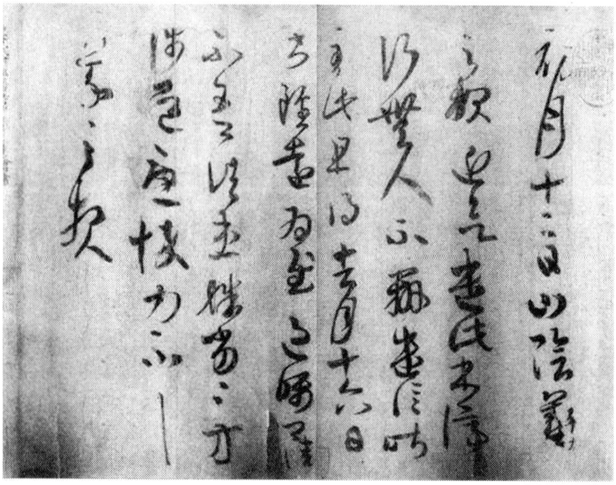

图1.6　晋 王羲之《初月帖》

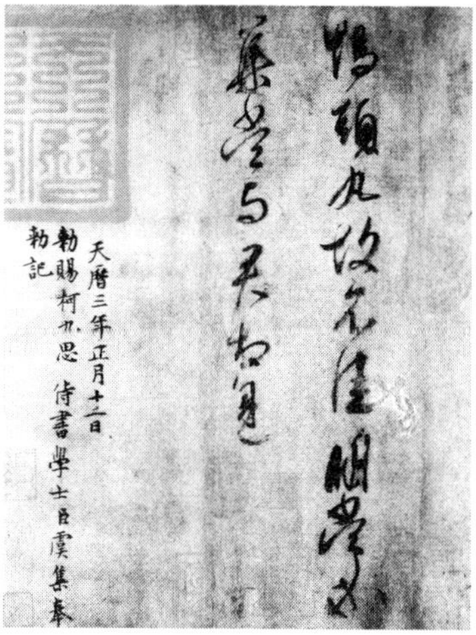

图1.7　晋 王献之《鸭头丸帖》

艺术风格是创作高度成熟的表现，在形成个人风格的过程中，师法前人在所难免，然而，这并不意味着亦步亦趋地模仿前人，完全屈从于前人所创设的规矩法度之中。创作主体根据个人对创作的独特理解和志趣好尚，有所取舍、甄别与选择，往往使得相互之间虽然师出同门、宗法一家，却各有所得。诗歌领域，胡应麟《诗薮》说：“国朝学杜……惟李观察得其风神，王太常得其骨干，汪司马得其气格，吴参知得其体裁。李之高华，王之沈实，汪之整健，吴之雄深，皆杜正脉法门，学者所当服习也。”杜甫作为一代诗圣，为历代诗家追慕，然而，学习者由于主体之志趣不同，致使其风格各异。书法领域，明何良俊《四友斋书论》载：“唐人书：欧阳率更得右军之骨，虞永兴得其肤泽，储河南得其筋，李北海得其肉，颜鲁公得其力，此即所谓皆有圣人一体也。”王羲之书法曾在唐代帝王的倡导之下，成为众人竞相效仿的楷模，然而在不同主体那里，却各得一

① 沈尹默：《二王法书管窥》，载《现代书法论文选》，上海书画出版社1980年版，第189页。

体，关键在于他们志趣的不同，各自选取右军书法中的某一突出之处作为个人风格的突破口。无独有偶，绘画领域中，董源作为江南水墨山水画派的宗主，曾受到众多追随者的效仿，然而虽师出同门，却无一相似。明唐志契《绘事微言》载："如巨然、元章、大痴、倪迂俱学北苑，一北苑耳，各各学之而各不相似，使俗人为之，定要笔笔与原本相同，若之何能名世也?"可见，"风格是表现或者创作所采取的或应当采取的独特而可辨认的方式"[①]，创作主体志趣的不同，不仅会直接影响到对于艺术种类的选择，而且也影响到对题材内容开掘角度和表现技法方式的运用经营，因为这些选择都是艺术家情感、灵魂与内心意象的寄托，是艺术家在对自然、社会生活的深刻认识与感悟基础上作出的选择。风格的本质在于独特性，独特性在于选择性，选择性缘于志趣所在。

（2）创造精神

艺术的生命在于创造，艺术风格的独特魅力就在于为人类艺术史提供独一无二的新创造。对于创作主体来说，终其一生若未形成自己独特的风格，不能不说是一种遗憾。人们在评价一个艺术家是否取得成功，往往也主要是看其作品风格是否具有独创性。独创性是创作主体创造精神的体现，创造精神来自于创作主体求新求变的创新意识。

中国古代艺术创作特别讲究对传统的继承与发展，而主体的创造精神就体现在"生生"求新意识之中。《易传・系辞上》云："富有之谓大业，日新之谓盛德，生生之谓易。""生生"是《易传》的核心思想，张岱年先生将"生生"解释为："世界是富有而日新的，万物生生不息。'生'即创造，'生生'即不断出现新事物。新的不断代替旧的，新旧交替，继续不已，这就是生生，这就是易。"[②]每个主体都是一个生命实体，生命本身可以滋生出新的生命，循环往复，无休无止。"生生"观念之于艺术创作，创作主体将艺术作品作为不断产生新生命的载体，"艺术的创造精神体现在生生相续、新新不停的无限创造过程中"[③]。

每件独具风格特色的艺术作品，既包含前修的基础，也融入了独创的元素。这元素来自于一个个创作主体的生命体验，是创作主体用一双"发现"的眼睛，从大千世界中搜寻挖掘出来的，并以某个独特的审美视角切入，以独具匠心的表现手法将各种元素有机融合，进而创造出的新生命，它所体现出的"陌生感"是"人人胸中所有，人人笔下所无"的新面孔。19世纪法国雕塑家罗丹曾说："所谓大师，就是这样的人：他们用自己的眼睛去看别人见过的东西，在别人司空见

① 范景中编选：《艺术与人文科学・贡布里希文选》，浙江摄影出版社1989年版，第84页。

② 张岱年：《张岱年全集》（第5卷），河北人民出版社1996年版，第228页。

③ 朱良志：《中国艺术的生命创造精神》，《学术月刊》1902年第3期。

惯的东西上能够发现出美来。”“真正的艺术家总是冒着危险去推倒一切既存的偏见，而表现他自己所想到的东西。”[①]可见，敢于按照自己的意愿去创造，敢于向传统与法度发起挑战，正是创造精神的体现。

类似的思想，在中国古代艺术理论中同样有所体现。叶燮《原诗》曾提出艺术家创造力包括“才”“胆”“识”“力”四个要素，其中“胆”与“力”就是与创造精神相关的范畴。“胆”是创作主体自由创造的勇气，“无胆则笔墨畏缩。胆既诎矣，才何由而得伸乎？惟胆能生才，但知才受于天，而抑知必待扩充于胆邪!”，如果艺术家缺乏“胆”，缺乏自由创造的勇气，则“欲言而不能言，或能言不敢言，矜持于铢两尺镬之中，既恐不合于古人，又恐贻讥于今人。如三日新妇，动恐失礼，又如跛者登临，举恐失足”[②]，如此一来，怎能充分彰显出创造才能呢？为此，叶燮还指出张“胆”还须以“识”为支撑的观点：“识明则胆张，任其发宣而无所于怯，横说竖说，左宜而右有，直造化在手，无有一之不肖乎物也。……因无识，故无胆，使笔墨不能自由，是为操觚家之苦趣，不可不察也”[③]，可见，“识”是“胆”的基础前提，无“识”便无“胆”，无“胆”便不能自由创造。在叶燮看来，“力”是指艺术家独创的生命力。他以古之名家为例，说明“力”的重要性：

> 吾尝观古之才人，合诗与文而论之，如左丘明、司马迁、贾谊、李白、杜甫、韩愈、苏轼之徒，天地万物皆递开辟于其笔端，无有不可举，无有不能胜，前不必有所承，后不必有所继，而各有其愉快。如是之才，必有其力以载之。惟力大而才能坚，故至坚而不可摧也。历千百代而不朽者以此。[④]

这里所列举的才人，都是名垂千古的艺术大家，之所以能被后世所敬仰，正是缘于其“力”的支撑。叶燮总结说：“吾故曰：立言者，无力则不能自成一家。夫家者，吾固有之家也。人各自有家，在己力而成之耳；岂有依傍想象他人之家以为我之家乎!”[⑤]可见，艺术家的独创之“力”是创新风格之必需，是衡量艺术成就的重要标准。叶燮的“胆”“力”说十分具有启发性，创作主体想要成就个人风格，离不开“才”“识”，但更需要“胆”“力”。

---

① ［法］罗丹口述，［法］葛赛尔记录，沈宝基译：《罗丹艺术论》，广西师范大学出版社2002年版，第7、10页。

② ［清］叶燮著，霍松林校注：《原诗》（内篇），人民文学出版社1979年版，第25页。

③ ［清］叶燮著，霍松林校注：《原诗》（内篇），人民文学出版社1979年版，第25、26页。

④ ［清］叶燮著，霍松林校注：《原诗》（内篇），人民文学出版社1979年版，第27页。

⑤ ［清］叶燮著，霍松林校注：《原诗》（内篇），人民文学出版社1979年版，第27页。

创造主体的创造精神还体现于“求变”意识当中。一方面时代在发展，社会在进步，艺术作为社会现实的反映，艺术风格必然处于不断变化之中，正所谓“一代有一代之艺术”；另一方面，“不变”与“变”常常是摆在艺术家面前的一对矛盾，尤其是在中国古代，文化领域中有着强烈的复古传统，如何在复古中踏出一条创新之路，如何在不变中求变，是艺术创作领域和理论批评领域中长期争论的热点话题。复古，体现于对传统的回归，也即对古法规范的遵循与坚守，保持恒定“不变”；创新，体现于对未知领域的开拓，意味着对古法规范的突破与摒弃，在“变”中求发展。可以说，渴望突破传统古法、独创个性风格是创作主体一生孜孜以求的奋斗目标。早在魏晋六朝时期，王廙在《与羲之论学画》中就提出“画乃吾自画，书乃吾自书”，强调书画创作要表现自己的风格特色，要有独创的个性意识。明徐渭反对专事模拟、如同鸟学人语的创作：“不出于己之所自得，而徒窃于人之所尝言，曰某篇是某体，某篇则否；某句似某人，某句则否。此虽极工逼肖，而已不免于鸟之为人言矣。”[①]而主张不拘一格，独创自我，提出“能如冷水浇背，陡然一惊，便是兴观群怨之品”[②]，他认为艺术作品要发挥兴观群怨之功能，必须要赋予其“冷水浇背，陡然一惊”的创造精神。清石涛更为直截了当地说：“我之为我，自有我在。古之须眉，不能生在我之面目；古之肺腑，不能安入我之腹肠。我自发我之肺腑，揭我之须眉。”[③]不可否认，传统古法作为前人艺术创作经验的总结，为学习艺术提供了可供学习的典范，是叩开艺术之门的敲门砖，是提高技能技巧的突破口，是获得正统艺术教育的必经之路。然而，艺术创作不可能总是在咀嚼回味中盘旋，停滞不前。创作主体的创造精神就是“求变”意识的体现，时刻敦促自己，突破窠臼，自臻独创。为此“不变”与“变”必然成为一对矛盾，如何在二者之间获得平衡，如何做到“破而后立”，是创作主体能否成就个性风格的关键。身处于具有深厚复古传统的创作主体，如果在艺术创作中不能排除传统观念的挤压，不能摆脱“法障”[④]的束缚，必然不能成就自我个性风格。为此，石涛提出了解决的方案：“古者，识之具也。化者，识其具而弗为也。具古以化，未见夫人也；尝憾其泥古不化者，是识拘之也。识拘于似则不广，故君子借古以开今也。”[⑤]石涛“借古以开今”就是创造精神的体现，就是要使古人为我所用，而不是把自己变为古人的奴隶。要在“不变”与“变”之间寻求平衡点，不仅要消除二者对立、不可调和的陈旧观念，相

① ［明］徐渭：《青藤书屋文集》二十《叶子肃诗序》，中华书局1985年版，第252页。

② ［明］徐渭：《青藤书屋文集》卷十七《答许北口》，中华书局1985年版，第208页。

③ ［清］石涛：《苦瓜和尚画语录》。

④ ［清］石涛：《苦瓜和尚画语录》。

⑤ ［清］石涛：《苦瓜和尚画语录》。

反还应当拉近二者的关系，使“变”与“不变”在对立统一中，共同服务于艺术创作。因此，创作主体继承古法、模仿前辈大师的精品杰作，并非是依葫芦画瓢，而是要“学习他们的艺术技巧和创造精神——这才是艺术作品的灵魂”①。

创造精神是形成个体艺术风格的必备品格。艺术风格的独特性在很大程度上体现在创作主体敢于突破前人、突破自我的创造精神层面。没有超越，就没有发展。如果创作主体只是一味地谨守艺术传统，不敢越雷池半步，必然不会形成个体独特的艺术风格，更不可能使艺术世界中呈现出千姿百态、万紫千红的繁荣景象。创造精神犹如点燃独创个性风格的导火索，在其导引之下的艺术创作才能推陈出新、别开生面，不断创造新的发展峰值。

综上所述，创作主体是影响艺术风格形成的主观因素。作为一个独立而完整的个体，创作主体天赋的气质和性格、迥异的才能、丰富的学养、特别的志趣以及求新的创造精神等，对艺术风格的形成具有不可忽视的影响作用，它们之间相辅相成，有机统一，缺一不可，凝成一股合力共同决定着个性风格的形成。

三、“文如其人”的再思考

关于创作主体与艺术风格之间的关系，在中国古代有一种颇具权威性的说法“文如其人”，即认为艺术作品的风格、格调与主体的人品、人格之间具有一致性，人格决定风格、人品决定艺品，然而这种说法在不同时代创作实践领域并不完全成立，反而引起理论家们对这一命题的诸多质疑，使其成为颇受争议的热点论题。尽管这种绝对化、简单化的人为判断具有一定的局限性，但这种说法，却根深蒂固地影响着人们对于艺术作品风格或格调的价值判断。

（一）“文如其人”的历史回顾

1. 人品决定艺品观念的确立

“文如其人”的说法占据统治地位，与先秦儒家伦理道德思想密切相关。孔子《论语·宪问》曾对“德”与“言”的关系作了探讨：“有德者必有言，有言者不必有德。”孔子强调“德”对“言”的决定作用，创作主体有良好的“德”必然能写出有“言”的好作品，然而，能写出有“言”的好作品，其创作主体却不一定具备良好的“德”。可见，“德”与“言”不是对等关系，前者决定后者成立，反过来，却不成立，“德”不仅能决定“言”，而且还是衡量“有言”者是否“有德”的标准。另外，《孟子·万章下》从阅读角度论及作品与主体之间的联系：“颂其诗，读其书，不知其人，可乎？”《周易·系辞下》对不同人品道德和

① 张同道：《艺术理论教程》，北京师范大学出版社2009年版，第125页。

心理状态的人的言辞作了分析："将叛者其辞惭，中心疑者其辞枝，吉人之辞寡，躁人之辞多，诬善之人其辞游，失其守者其辞屈。"揭示了人的外在言辞与内在德行之间的对应关系，旨在强调"德"的中心地位。

汉代扬雄继承儒家思想，在《法言·问神》中进一步提出："言，心声也；书，心画也。声画形，君子小人见矣。声画者，君子小人之所以动情乎！"将道德对艺术创作的决定作用推向新的高度。扬雄认为，人的内心情感可以通过外在的"言"和"书"表现出来，察言观书可以见出人的品德修养，鲜明地区分君子还是小人，至于君子与小人区分的标准究竟是什么，扬雄语焉不详。王充《论衡·书解》给出了较为具体的解释："德弥盛者文弥缛，德弥彰者文弥明。大人德扩其文炳，小人德积其文斑，官尊而文繁，德高而文积。"在王充看来，"德"与"文"是密切联系的，文的"缛""明""炳""斑"都是由"德"来决定的，而"德"来自于主体内在心胸；王充还在《论衡·超奇》中指出："文墨辞说，士之荣叶、皮壳也。实诚在胸臆，文墨著竹帛，外内表里，自相副称"，重在强调人的内在品德决定外在言辞表达，内外一致、表里如一。可见，"人品"决定"艺品"在先秦、汉代时期已是占据主导地位的观念，"文如其人"所强调的正是艺术作品与伦理道德观念的等同。

2. 人品决定艺品观念的偏离

汉魏六朝时期，"文如其人"说法并未得到进一步延续与强化，人品决定艺品的观念发生偏离。在人物品藻与才性论成为流行时尚的影响下，理论家更重视创作主体特性对艺术作品风格的影响。刘劭《人物志》关于才性的讨论，高度肯定偏材各有所长，量才而用。《世说新语》中《品藻》《赏誉》等篇章中，随处可见对人物的称道赞赏，尤其强调对人物个性、才情和风采的品赏。竹林名士提出"越名教任而任自然"的哲学思想，士人在行为上的放浪形骸、不拘小节，刘伶的"以天地为栋宇，屋室为裈衣"、阮咸"南阮中庭晒衣"、阮籍"礼岂为我辈设邪?"王羲之"坦腹东床"等放诞行为，体现出他们张扬个性、追求适意人生的思想。陆机《文赋》提出的"缘情说"之"情"，指向人的审美性情感，明显不同于先秦儒家"发乎情，止乎礼仪"的伦理道德情感。曹丕提出"文气说"，认为"文以气为主，气之清浊有体，不可力强而致……虽在父兄，不能以移子弟"[①]的思想，旨在强调创作主体对艺术风格的主导作用。刘勰在《文心雕龙·体性》中认为，创作主体的"才""气""学""习"是形成艺术风格的主要因素，"各师成心，其异如面"[②]，几近完美地肯定了创作主体的个性与艺术风格之

① ［魏］曹丕：《典论·论文》。

② ［梁］刘勰：《文心雕龙·体性》。

间的必然联系。

可见，汉魏六朝时期重视的是主体的风姿、风采，而“对于道德品质的要求在当时显然比较宽容”[①]，甚至根本就不顾忌封建礼教的道德标准，更不会认为人品道德的高下能够影响艺术创作。强调才性与创作之间的关系，体现了创作主体个性决定艺术风格形成的重要性，“主要着眼于作品自身艺术的高下，并不把作家的品行作为审美判断的砝码”[②]。儒家思想影响下的人品决定艺品的说法，在此时变得相对淡薄。

3. 人品决定艺品观念的回归

隋唐以来，儒家政教重新占据统治地位，人品决定艺品的说法再次回归到艺术创作与批评领域。基于对南朝骈俪文风的反拨，文坛复古思想在隋及唐初已初露端倪。李谔上书隋文帝，力攻骈体轻薄，流宕忘反，重提儒家礼教：“臣闻古贤哲王之化民也，必变其视听，防其嗜欲，塞其邪放之心，示以淳和之路。五教六行，为训人之本；《诗》《书》《礼》《易》，为道义之门。故能家复孝慈，人知礼让。正俗调风，莫大于此。……以傲诞为清虚，以缘情为勋绩，指儒素为古拙，用词赋为君子。故文笔日繁，其政日乱。良由弃大圣之轨模，构无用以为用也。”[③]隋末王通尊奉儒道，以周公、孔子后继者自居，儒家思想浓厚，强调文章“贯乎道”，在《中说·事君》中详细分析了六朝文士的人品道德与文章风格：

> 子谓文士之行可见。谢灵运小人哉！其文傲，君子则谨；沈休文小人哉！其文冶，君子则典。鲍昭、江淹，古之狷者也，其文急以怨；吴筠、孔珪，古之狂者也，其文怪以怒；谢庄、王融，古之纤人也，其文碎；徐陵、庾信，古之夸人也，其文诞。或问孝绰兄弟。子曰：鄙人也，其文淫。或问湘东王兄弟。子曰：贪人也，其文繁。谢朓，浅人也，其文捷；江总，诡人也，其文虚。皆古之不利人也。

从上述对谢灵运、沈约、鲍照、江淹等六朝文人的评价，可以看出王通所持观点，认为人品不高，必然导致文品不高，人品和文品是一致的，人品是决定文品高下的重要标准。

入唐后，文必“贯道”的思想在“初唐四杰”那里获得响应，他们极力扭转

① 吴承学：《中国古典文学风格学》，北京大学出版社2011年版，第32页。

② 吴承学：《中国古典文学风格学》，北京大学出版社2011年版，第32页。

③［隋］李谔：《上隋高祖革文华书》，载郭绍虞主编：《中国历代文论选》（第2册），上海古籍出版社2001年版，第5页。

之前萎靡浮华的宫廷诗风，赋予诗歌崭新的艺术生命。“文以载道”的思想从王通、“初唐四杰”开始，直至唐代古文运动达到高潮，极力推崇儒家思想的核心地位。韩、柳之前，古文运动改革先驱李华、独孤及、梁肃等人重道统，重文气，提出“士之致远，先器识而后文艺”①，“操道德为根本”“必先道德而后文学”②，“故文本于道，失道则博（传）之以气，气不足则饰之以辞。盖道能兼气，气能兼辞，辞不当则文斯败矣”③等思想，都重在强调加强主体道德修养，以此作为文章的关键。韩愈热衷于古道，即儒家之道，在《答李翊书》中将德与文的关系形象地比喻为树根与树叶、灯油与灯光的关系：“道德之归也有日矣，况其外之文乎？……养其根而竢其实，加其膏而希其光，根之茂者其实遂，膏其沃者其光晔，仁义之人，其言蔼如也。”他还根据孟子“养气说”发挥出文气说，认为由主体道德精神修养而来的文气，与创作中遣词造句的关系就好比水之与浮物的关系：“水大而物之浮者大小毕浮……气盛则言之短长与声之高下者皆宜”④，这些说法对后世创作产生了深远的影响。

4. 人品决定艺品观念的加强

宋以后，艺术批评领域更加重视主体道德修养对文章的决定作用。人品决定艺品的论断，被视为坚不可摧的硬道理在文人那里获得不断强化，而且还将人品作为艺术美创造的重要组成部分。北宋文坛领袖欧阳修提倡韩愈道统思想，指出：“大抵道胜者，文不难而自至也”⑤，认为“道胜”是艺术创作达到极致的关键和基础。他所理解的“道”不仅是儒家道统及伦理道德观念，还与现实事物密切联系；他十分重视道的素养和实践对艺术创作的重要性，认为创作主体的人品修养、道德情愫不仅具有一定的社会功用，而且还在美的创造中体现出来：“余谓颜公书，如忠臣烈士，道德君子，其端严尊重，人初见而畏之，然愈久而愈可爱也。”⑥颜真卿一世忠烈，持节不屈，出于对其人格品德的敬仰钦佩，使人们从

① 《旧唐书·王勃传》引裴行俭语，载［后晋］刘昫等撰：《旧唐书》卷一百九十上，中华书局1999年版，第3405页。

② ［唐］梁肃：《常州刺史独孤及集后序》，［清］董诰等编：《全唐文》卷五一八，中华书局1983年版，第5260、5261页。

③ 梁肃：《补阙李君前集序》，［清］董诰等编：《全唐文》卷五一八，中华书局1983年版，第5261页。

④ ［唐］韩愈撰，马其昶校注：《韩昌黎文集校注》卷三《答李翊书》，上海古籍出版社1998年版，第171页。

⑤ ［宋］欧阳修：《居士集》卷四十七《答吴充秀才书》，载《欧阳修全集》，中国书店1986年版，第322页。

⑥ ［宋］欧阳修：《集古录跋尾》卷七《又唐颜鲁公书残碑》，载《欧阳修全集》，中国书店1986年版，第1177页。

其书法雄强、严整和凝重的风格中看到了颜公的精神品质和道德思想，因而越发感觉“可爱”。正缘于此，欧阳修提出了“书因人传”的观点：“古之人皆能书，独其人之贤者，传遂远……使颜公书虽不佳，后世见者必宝也。杨凝式以直言谏其父，其节见于艰危，李建中清慎温雅，爱其书者兼取其为人也。”[①]可见，对于作品高下优劣的评价，并非完全是出于艺术美的创造，而更多的是因人及物，“宝其人”而“爱其物”。

这种重视人格品德的文化倾向，在我国艺术史上是一种具有深刻影响的见解。宋郭若虚以“气韵”论画：“凡画，必周气韵，方号世珍”，并认为人品高下直接关系到“气韵”的高低：“窃观自古奇迹，多是轩冕才贤，岩穴上士，依仁游艺，探绩钩深，高雅之情，一寄于画。人品既已高矣，气韵不得不高；气韵既已高矣，生动不得不至：所谓神之又神而能精焉。”[②]可见，在郭氏眼中，人品是决定气韵的关键因素，气韵是人品的外在表现，人品是气韵的内在根源。苏轼论书也非常强调人品对书品的影响作用，曾在《书唐氏六家书后》中说道：

> 凡书象其为人。率更貌寒寝，敏语绝人，今观其书，劲险刻厉，正称其貌耳……古人论书者，兼论其平生，苟非其人，虽工不贵也。……柳少师书，本出于颜，而能自出新意，一字百金，非虚语也。其言“心正则笔正”者，非独讽谏，理固然也。世之小人，书字虽工，而其神情终有睢盱侧媚之态。

这里苏轼强调创作主体的人品道德修养对书品的影响是合理的，然而他将书法风貌与人的外貌相联系，却显得有点偏颇。人的外貌是与生俱来的生理特征，与人品道德、书品高下没有直接的必然联系，显然有爱屋及乌之嫌。此外，宋姜夔在《续书谱》论书谈及“风神”时提出八点要求：“风神者，一须人品高，二须师法古，三须纸笔佳，四须险劲，五须高明，六须润泽，七须向背得宜，八须时出新意。”他将“人品高”列于其首，可见其对人品的重视。宋朱长文《续书断》论书同样秉持“以人论书”的思想，认为书之优劣，取决于人之贤与不肖，他将颜鲁公之书列于神品，感叹道：“呜呼！鲁公可谓忠烈之臣也……惜哉！其发与笔翰，则刚毅雄特，体严法备，如忠臣义士正色立朝，临大节而不可夺也。扬子云以‘书为心画’，于鲁公信矣。”由此可见，人品决定艺品，在宋代文人那里是确定无疑的论断。

---

① ［宋］欧阳修：《笔说·世人作肥字说》，载《欧阳修全集》，中国书店1986年版，第1045页。

② ［宋］郭若虚：《论气韵非师》，载潘运告主编：《图画见闻志》，湖南美术出版社2000年版，第31页。

5. 人品决定艺品观念的延续

明清时期，人品决定艺品的论断，依然不绝于耳，为众多批评家所认同。傅山曾在《作字示儿孙》中指出："作字先作人，人奇字自古。纲常叛周礼，笔墨不可补。"[①]在傅山看来，"作人"是"作字"的必备前提，只有具备高尚的道德情操和人格魅力，学习书法才可能达到至高境界。明项穆《书法雅言》说："论书如论相，观书如观人"，"人品既殊，性情各异，笔势所运，邪正自形。……柳公权曰：'心正则笔正'，余今曰：'人正则书正。'"纪昀指出"人品高则诗格高；心术正则诗体正"，[②]李调元说："诗以人品为第一，蔡京书法，荆公文章，直不可寓目，所谓恶其人者，恶及储胥也。"[③]薛雪指出："著作以人品为先，文章次之，不可以'不以人废言'为藉口。"[④]龚自珍说："诗与人为一，人外无诗，诗外无人。"[⑤]松年也在《颐园论画》中指出："书画清高，首重人品。品节既优，不但人人重其笔墨，更钦仰其人。"刘熙载也说："诗品出于人品。"[⑥]……诸如此类的说法，不胜枚举。

人品决定艺品，强调主体人品道德对艺术创作的重要性，在中国古代是被众多批评家所公认且占据着绝对权威地位的论断。一方面，与我国儒家思想意识形态占据中心地位相关；另一方面，也与我国古代艺术史上拥有众多人品艺品皆佳的名家有关，除了多次提及的颜真卿之外，其他诸如屈原、陶潜、杜甫、韩愈、苏轼等，无不是品德高尚、艺品超群的名家大师。可以说，"文如其人""书如其人""画如其人"的论断用在他们身上再合适不过了。从这一点来说，"文如其人"的说法是具有合理性的。

（二）对"文如其人"的质疑

然而，中国古代艺术史上也曾出现过一些人品低下、艺品杰出的反例，引起人们对"文如其人"论断的质疑。最先对"文如其人"说法进行质疑、发难的是

---

① ［清］傅山：《霜红龛集》，载崔尔平选编点校：《明清书法论文选》，上海书店出版社1994年版，第451页。

② ［清］纪昀：《诗教堂诗集序》，载王运熙，顾易生主编：《清代文论》，人民文学出版社1999年版，第543页。

③ ［清］李调元：《雨村诗话》，载郭绍虞编选，富寿荪校点：《清诗话续编》，上海古籍出版社1983年版，第1535页。

④ ［清］薛雪著，杜维沫校注：《一瓢诗话》，人民文学出版社1979年版，第121页。

⑤ ［清］龚自珍：《书汤海秋诗集后》，载［清］龚自珍著，王佩诤校：《龚自珍全集》上册，中华书局1959年版，第241页。

⑥ ［清］刘熙载：《诗概》，《艺概》卷二，上海古籍出版社1978年版，第82页。

元好问，他曾以潘岳为例，发出“心画心声总失真，文章宁复见为人”[①]的感叹。“心声”“心画”强调的是创作主体真情流露，然而，如果创作主体的人品和诗作不相符合，甚至呈现出南辕北辙的巨大差异，这样的作品是否还是“心声”“心画”？“安仁”即潘岳，《晋书·潘岳传》载：“岳性轻躁，趋世利，与石崇等谄事贾谧，每候其出，与崇辄望尘而拜。”潘岳热衷于追名逐利，阿谀奉承、卑俗低下，怎么也无法想象他竟然能作出高情千古的《闲居赋》来，可见扬雄的“心声”“心画”也是靠不住的。真正的艺术创作应当是发自内心的真情流露，故而，元好问进一步指出：“故由心而诚，由诚而言，由言而诗也。三者相为一。情动于中而形于言，言发乎迩而见乎远……夫惟不诚，故言无所主，心口别为二物，物我邈其千里，漠然而往，悠然而来，人之听之，若春风之过马耳。其欲动天地、感神鬼，难矣。”[②]明都穆赞同元好问的说法，在《南濠诗话》中指出：“然世之偏人曲士，其言其字，未必皆偏曲。则言与书，又似不足以观人者。”

与此类似的情况在中国艺术史上并不是孤例。北宋宰相蔡京是有名的大奸臣，曾被称为“六贼之首”，然而他在艺术方面却天赋极高，诗词、散文、书法都有杰出表现。他的《送郝玄明使秦一首》写道：“送君不折都门柳，送君不设阳关酒。惟取西陵松树枝，与尔相看岁寒友。”其书法创作更是博采众家之长，自成一体，其作笔法姿媚、笔势豪健、沉着痛快，体现出宋代“尚意”的艺术情趣，然而谁又能够从其作品中看出他的人品低下、为人所不齿的一面呢？

元代书画家赵孟頫本是宋室苗裔，宋亡后侍奉元朝，皇帝对他“圣眷甚隆”，其“贰臣”之举为人所蔑视，傅山曾将他与颜真卿相对比，颜真卿是为国捐躯的一代忠臣，其人品道德堪称楷模，二人迥异的人品道德，使傅山对他们的书法采取了截然相反的态度，《作字示儿孙》写道：“未习鲁公书，先观鲁公诂。平原气在中，毛颖足吞虏。”正是颜真卿浩然正气的人格魅力深刻感染着傅山，才使他作出崇颜抑赵的选择，尽管傅山也曾学习过赵孟頫书法，“爱其圆转流丽，遂临之，不数过而遂欲乱真”，然而学习颜鲁公的书法却“即如人学正人君子，只觉觚棱难近，降而与匪人游”[③]，带着政治伦理道德评判的标准来欣赏赵孟頫的书法，都觉得是“浅俗”“无骨”之作。对于赵孟頫的否定，在项穆那里获得同声呼应，他在《书法雅言·资学附评》中说到其书法“骨气乃弱，酷似其人”，鲜明地折射出一种爱屋及乌的心理趋向。然而，赵孟頫在艺术上的杰出成就独树一帜，不容抹杀。从伦理道德角度来评价艺术作品，就如同戴着有色眼镜

① ［金］元好问：《遗山先生文集》卷十一《论诗三十首》。

② ［金］元好问：《遗山先生文集》卷三六《杨叔能小亨集引》。

③ ［清］傅山：《霜红龛集》。

观察事物一样，永远看不到其真正的艺术魅力所在。

此外，明末清初的张瑞图、王铎也有类似的遭遇。张瑞图曾因为权奸魏忠贤书碑，王铎曾仕二朝，然而他们人品上的“污点”并未能影响其书作的笔力雄强、气势壮阔。吴德旋《初月楼论书随笔》载：“张果亭、王觉斯人品颓丧，而作字居然有北宋大家之风。岂得以其人而废之?”

可见，创作主体的人品和艺品分别属于两个系统，不应混同为一，二者之间没有直接的必然联系，应当一分为二地看待，只有做到不以其人废其书，才能做到实事求是地进行艺术评价。

中国古代社会重视人品，把人品修养看作为人处事的第一要务。人品即人的品质、道德，是指个人在道德行为中表现出来的较为稳定、一贯的特点和倾向，是一定社会的道德原则和规范在个人思想和行为中的体现。早在先秦时期，就已确立了以儒家思想为中心的道德规范体系，孔子以“仁”为本，主要包括“智”“仁”“勇”三方面，“仁”是核心，“智”是对人的意识，“勇”是对人的实践，具体展开为恭、宽、信、敏、慧、温、良、俭、让等德目，这些德目是规范人们言行的要求和准则，也是加强自我道德修养的必备条件。孔子强调修身养性，也即把“身”作为修的对象，通过修养来培养、陶冶人们的道德之心。修养是一个由自身出发，以个体至善为目标，同时又必须以对社会规范和社会秩序的认同为前提，[①]因此，修身从某种意义上来说，只能是通过对自己的剥夺、克制，无条件服从社会，正所谓“克己复礼以为仁”。在这样的思想观念影响之下，“忠”成为衡量主体人品高下的标准，家国一体、忠孝一体，以修身、齐家、治国、平天下为宗旨的道德修养和道德教育就成为主体建设不可或缺的重要组成部分。这种思想被运用于艺术批评领域，自然就出现了以人品决定艺品的论断。人品高下与否主要与忠孝、气节相联系，如果创作主体人品“低劣”，不忠不孝、没有气节，自然无法创作出高格调的作品。

然而，事与愿违的是，艺术创作实践中，偏偏出现那么多令人意外的例子，如六朝时期的庾信、王羲之、阮咸、阮籍、潘岳，宋代的蔡京，元代的赵孟頫，明末的王铎等，他们的言行可能违背了传统礼教伦理纲常，不拘“细行”、任性放诞，甚至气节沦丧、为人唾弃，然而，他们依然能创作出那么多别具风格特色的艺术作品，其杰出的艺术成就足以为人类艺术史增光添彩。可见，人品的“低劣”并未影响到其艺术上的造诣，以人品来论艺品，不仅不能对创作主体及其作品作出客观中肯的评价，而且极其容易引发对“文如其人”命题是否合理的怀疑与再思考。

---

① 樊浩:《中国伦理精神的历史建构》，江苏人民出版社1992年版，第95-96页。

（三）对“文如其人”是否合理的再思考

“文如其人”命题是否合理，与理解问题的角度有直接的关系。角度不同，可能引发的结果也不同。

1.“文如其人”的不合理性

如果仅以人品来论艺品，视域未免显得过于狭窄，无法证实“文如其人”的合理性。在现实生活中，常常出现人品与艺品错位的现象，究其原因，既有外在的社会历史原因，也有创作主体自身的原因。由于身处特殊的社会历史阶段，有的创作主体要么归隐山林、不问世事，以精神上的自由来追求适意的人生、张扬独特的个性；要么被迫屈从于强权统治、无力反抗，只好背上失却气节的骂名。尽管他们的外在行为可能超越了传统礼法界限，然而他们对于艺术却有情感上的真诚，使其将更多的精力和努力集中到艺术创作上，长期不懈地丰富个人学养，并以某种独特的艺术风格来传达自己的个性、志趣和内心真实情感，以获得审美享受。“真正的艺术在任何时候都满足了一种深层的心理需要”[①]，这种需要在艺术作品的风格中获得了外在显现，“每一种风格，对从自身心理需要出发创造了该风格的人来说，就表现为一种最高层次的愉悦”[②]。创作主体将艺术创作视为精神的寄托，通过独特的艺术风格来宣泄内心的情感。如果按照传统儒家思想的道德评价体系为参照的话，“文如其人”在这里显然是不能够成立的。

还有另外一种情况，有的创作主体，既没有归隐，也不是被迫屈从，而是身处当权要职，贪权受贿、祸国殃民，然而却能创作出完全与其人品道德背道而驰的冰雪至文，从人品和艺品来看，完全判若两人。为什么会出现如此“文非其人”的现象呢？艺术创作理应是创作主体真实情感的表现，然而生活在现实社会中的人，由于某个历史时期社会道德规范的限制、约束和监察，影响到人们的社会生活，同样也波及艺术创作，有的创作主体为了使其作品符合当时的道德规范和价值判断，往往会通过“矫饰”或“伪作”来掩盖其本真面目与内心。刘勰《文心雕龙·情采》载：“有志深轩冕，而泛咏皋壤；心缠几务，而虚述人外：真宰弗存，翩其反矣”。这种“文非其人”的现象，正如美国学者所说：“与其说，文学作品体现一个作家的实际生活，不如说它体现作家的‘梦’；或者说，艺术作品可以算是隐藏着作家真实面目的‘面具’或‘反自我’。”[③]创作主体以“面具”或“反自我”的形象出现，其最终目的是为了掩饰其本真面目，寻求社会认同。荣格的“人格面具”理论认为人的心理是存在人格面具的，人格面具并非就

---

① ［德］沃林格著，王才勇译：《抽象与移情》，金城出版社2010年版，第10页。

② ［德］沃林格著，王才勇译：《抽象与移情》，金城出版社2010年版，第11页。

③ ［美］雷·韦勒克、奥斯汀·沃伦：《文学理论》，刘象愚等译，三联书店1984年版，第72页。

是我们真实本来的自己，而是我们所表现给别人看到的我们自己。荣格用阴影来描述人们内心深处隐藏的心理层面，人格面具与阴影是相互对立的一对范畴，“我们倾向于掩藏我们的阴影，同时也倾向于修饰与装扮我们的人格面具”①。人在社会中的角色就如同演员在一出剧中扮演角色所戴的面具，称之为“从众求同型”，它实际是个体在外界环境影响下，与别人接触时表现出的一种假象，其背后粉饰着一个真实的自我。面具与本真不是同一的，艺术作品所呈现出的表象、面目，与创作主体的真实自我也是存在差距的，这种主客体不能同一的现象，恰恰证实了“文非其人”。

艺术创作中由于人为的模仿矫饰、以假乱真，也无法证实“文如其人”的合理性。创作主体从事艺术活动，往往是从模仿开始的，模仿是从前人总结的创作经验与方法中汲取营养，用以提高个人艺术技能技巧的有效方式，也是最终形成个性风格的必经之路。然而，当创作主体模仿功力达到纯熟的境地，其作品所呈现的外观形式可达到与原作别无二致、以假乱真的地步，导致艺术作品不能表现创作主体真实面目。更为重要的是，这种人为矫饰掩盖了主体人格阴暗、丑陋的一面，同时模糊了欣赏者的视线。明代奸相严嵩陷害忠良，曾作《钤山堂集》，尚书阮大铖阿附奸党，作有《咏怀堂集》，然而他们诗作或仿陶渊明，写得何其清峻、何其高雅，甚至还有“晚节冰霜恒自保”的诗句，如果掩其名而品读，谁能将如此诗风的作品与贪赃枉法、滥施淫威的奸佞之臣相联系？魏禧说得好：

> 文章自魏晋迄于今，不与世运递降。古人能事已备，有格可肖，有法可学，忠孝仁义有其文，智能勇功有其文。日夕揣摩，大奸能为大忠之文，至拙能袭至巧之语。虽孟子知言，亦不能以文章观人。②

这段话较为中肯地说明了作品形式特点与风格的关系，形式是构成风格的外在表现和构成要素，“肖”其格，“学”其法，对作品格调、创作方法的朝夕揣摩、娴熟于心的把握，往往会创作出与其人品不相一致的作品来。在书画领域中，模仿名家大师的作品更是司空见惯，仅仅从高仿赝品外在表现形式中，根本无从了解创作主体的人品、道德、情感、个性，更何况“书如其人”“画如其人”呢？

另外，某个时期时风强烈，掩盖创作个性，也使“文如其人”难以成立。尽管艺术创作是主体个性的体现，然而在某个时期由于某种客观的因素，如时代风

① 申荷永：《荣格与分析心理学》，中国人民大学出版社2011年版，第68页。

② ［清］魏禧：《魏叔子文集·日录》卷二《杂说》卷二，中华书局2003年版，第1122页。

气、既定的艺术传统或形式体制强烈地影响着创作主体，使创作者的个性风格无法获得彰显而淹没在时风的洪流当中。沃尔夫冈·凯塞尔曾质疑“风格就是本人”这个命题，他认为这是一个“天真的信念”，因为“盛行的风格规律、公共的嗜好、代表性的模范、世代、时代等，它们统统对创造作品的作家发生影响，正如选择的类别本身已经对他们发生影响一样。它们抓住了作家，把他带到这里来，对他施加暴力”。[①]这里列举了诸多影响艺术风格形成的外在因素，它们不可避免地存在于艺术家所处的时空境遇当中，对创作主体施加着影响。虽然凯塞尔也承认，那些共同支配的“超个人的力量”也需要人来阐明，然而时代、地域、民族、文体等客观因素对于创作主体的束缚，决定了主体必须在那个特定的框架和规范中行动，也许主体会有所发挥，然而个性风格的独特性再强大都不可能超越所处时空，最终会被整体风格所消融。诚如李东阳《怀麓堂诗话》所说：“人囿于气化之中，而欲超乎时代、土壤之外，不亦难哉？”众所周知，齐梁诗风辞藻浮艳，缺乏刚健笃实的内容和审美情感力量，隋唐一统天下后，尽管将改革前代遗风作为第一要务，然而浮靡的诗风依然弥漫着整个诗坛，即使“唐文皇手定中原，笼盖一世，而诗语殊无丈夫气，习使之也”。杨炯描述当时状况“尝以龙朔（唐高宗年号）初载，文场变体，争构纤维，竞为雕刻。糅之金玉龙凤，乱之朱紫青黄，影带以徇其功，假对以称其美。骨气都尽，刚健不闻”[②]，可见这种风气的严重程度，尽管“初唐四杰”的创作题材逐步由亭台楼阁、风花雪月的狭窄视域，转向江河山川、边塞大漠的辽阔天地，为诗歌注入新的内涵与活力，然而他们的诗歌依然保留着较为浓厚的六朝脂粉气息；陈子昂标举风骨，崇尚“骨气端翔、音情顿挫、光英朗练，有金石声”的“发挥幽郁”之作，然其诗作也仍难以摆脱偶俪卑弱之体。

无独有偶，明清时期的八股文，主要用于科举考试选拔人才，八股的名称来自于其严格而特殊的组织结构形式，通常包括破题、承题、起讲、入题、起股、出题、中股、后股、束股和收结几部分，其中起股、中股、后股和束股又要采用排比、对偶相对成文的两股文字组成，合成八股。八股文不仅形式严格，内容更加苛刻，必须要“代圣贤立言”，写作不能随意发表个人见解，违者不录，其职能就是要用儒家思想理论来统一各级官员的思想，《制义丛话》载方苞语：“盖以诸经之精蕴，汇涌于四子之书，俾学者童而习之，日以义理浸灌其心，庶几学识

① ［瑞士］沃尔夫冈·凯塞尔著，陈铨译：《语言的艺术作品：文艺学引论》，上海译文出版社1984年版，第373页。

② 《杨炯集》卷三《王勃集序》。

可以渐开，而心术群归于正也。”[1]八股文就如同是一种束缚思想、钳制灵魂的过滤器，使无数读书人思想行动统一于孔孟之道，无法自由地抒己胸怀、张扬个性，文章格式内容趋于模式化，不得跨越雷池半步，就从这一点来说，“文如其人”的论断也是不能成立的。

2.“文如其人”的合理性

如果换一个角度，从创作主体将气质个性、情感、学养、志趣、胸襟等投入艺术创作来看，“文如其人”的命题则是可以成立的。

“文如其人”命题能否成立，关键在于对“人”的理解。儒学道德角度下的人，主要指人的品格、道德修养，未免过于狭隘。人是一个复杂的综合体，不仅是一个具备人格、品质、思想、德行等道德层面的人，还是一个具有独特气质、性格、才能、学养、志趣、情感、胸襟等个性层面的人。曹丕《典论·论文》提出“文气说”，认为创作主体先天气质个性对艺术风格形成具有重要作用；刘勰《文心雕龙·体性》“夫情动而言形，理发而文见，盖沿隐以至显，因内而符外者也。然才有庸俊，气有刚柔，学有浅显，习有雅郑，并情性所铄，陶染所凝，是以笔区云谲，文苑波诡者矣”，强调艺术风格是主体情性的体现，并且肯定了创作主体才、气、学、习是风格形成的主要因素。杨维桢也强调艺品与人品的统一性，然而他对人品的理解，却与之前批评家们有所区别，他说“评诗之品无异于人品也，人有面目骨体，有情性神气，诗之丑好高下亦然”[2]，“诗者，人之情性也，人各有情性，则人有各诗也”[3]，“诗本情性，有性此有情，有情此有诗也”[4]，另外，在他为夏文彦所写的《〈图绘宝鉴〉序》中指出：“画品优劣，关于人品之高下。无论侯王贵戚、轩冕山林、道释妇女，苟有天质，超凡入圣，可冠当代而名传后世矣。其不然者，或事模拟，虽入谱格，而自家所得于心传意领者，则蔑矣。”可见，他所认为的人品是包含人的面目骨体、情性神气、天资乃至道德等多方面的因素，这样的提法在他之前是没有的，其说法具有一定的合理性。

叶燮认为创作主体具有博大的胸襟，对艺术创作发挥着主导作用，“胸襟”是从事艺术创作的基础：

① 梁章钜：《制义丛话》卷一，载陈水云、陈晓红校注：《梁章钜科举文献二种校注》，武汉大学出版社2009年版，第21页。

② 杨维桢：《东维子文集》卷七《赵氏诗录序》。

③ 杨维桢：《东维子文集》卷七《李仲虞诗序》。

④ 杨维桢：《东维子文集》卷七《剡韶诗序》。

> 诗之基，其人之胸襟是也。有胸襟，然后能载其性情、智慧、聪明、才辨以出，随遇发生，随生即盛。千古诗人推杜甫。其诗随所遇之人之境之事之物，无处不发其思君王、忧祸乱、悲时日、念友朋、吊古人、怀远道，凡欢愉、幽愁、离合、今昔之感，一一触类而起，因遇得题，因题达情，因情敷句，皆因甫有其胸襟以为基。……由是言之，有是胸襟以为基，而后可以为诗文。不然，虽日诵万言，吟千首，浮响肤辞，不从中出，如剪彩之花，根蒂既无，生意自绝，何异乎凭虚而作室也！①

叶燮认为“胸襟”是作诗的根本，是可以承载主体性情、智慧、聪明、才辨的坚实根基，“胸襟”作为主体个性的综合体，它不单纯指人的道德品质修养，而且还指向主体理性意识与感性意识融为一体的博大胸怀、胸臆或襟抱，它使主体“胸中通达无阻”，艺术创作可以“随遇发生、随生即盛”。他以杜甫为例，认为由于杜甫宽厚的胸襟，其诗歌创作才能随所遇之人、境、事、物而引发各种审美情感，将客体对象与主体胸襟相融汇，创作出富有真情实感、独具个性风格的艺术作品。就艺术创造问题，叶燮还指出“才”“胆”“识”“力”是创作主体必备要素，四者缺一不可：“大约才、胆、识、力四者交相为济，苟一有所歉，则不可登作者之坛。”四个要素对创作发挥的作用各不相同：“无才，则心思不出；无胆，则笔墨畏缩；无识，则不能取舍；无力，则不能自成一家。”四个要素中，叶燮最重视“识”的作用：“四者无缓急，而要在先之以识，使无识，则三者俱无所托。……惟有识则能知所从，知所奋，知所决，而后才与胆力，皆确然有以自信；举世非之，举世誉之，而不为其所摇。安有随人之是非以为是非者哉！”可见，“识”是“才”“胆”“力”的依托和进一步发挥的根本，四者皆具才能增强自信，创作出不随世人脚跟的独特风格。叶燮关于“胸襟”“才”“胆”“识”“力”等主体要素的分析，为人品决定艺品提供了确凿有力的证据，使“文如其人”的命题获得合理性解释，不失为一种独特的视角。

沈德潜、薛雪等人紧随其后，进一步阐释胸襟的重要性。沈德潜《说诗晬语》说：“有第一等襟袍，第一等学识，斯有第一等真诗。”薛雪《一瓢诗话》更为直截了当地指出：“人高则诗亦高，人俗则诗亦俗，一字不可掩饰”，“诗文与书法一理，具得胸襟，人品必高。人品既高，其一声一欬，一浑一洒，必有过人处，享不磨之名”。可见，“胸襟”直接关系到艺术创作的高低成败，对艺术创作发挥着决定性主导作用。从这一点来看，“文如其人”论断更具合理性。

此外，清周星莲《临池管见》认为，书法艺术的风格是创作主体整体“气

① ［清］叶燮著，霍松林校注：《原诗》（内篇），人民文学出版社1979年版，第17页。

象”的体现：

> 余谓笔墨之间本足觇人气象，书法亦然。王右军、虞世南字体馨逸，举止安和，蓬蓬然得春夏之气，即所谓喜气也。徐季海善用渴笔，世状其貌，如怒猊抉石，渴骥奔泉，即所谓怒气也。褚登善、颜常山、柳谏议文章妙古今，忠义贯日月，其书严正之气溢于楮墨。欧阳父子险劲秀拔，鹰隼摩空，英俊之气咄咄逼人。李太白书新鲜秀活，呼吸清淑，摆脱尘凡，飘飘乎有仙气。坡老笔挟风涛，天真烂漫；米痴龙跳天门，虎卧凤阙。二公书横绝一时，是一种豪杰之气。黄山谷清癯雅脱，古澹绝伦，超卓之中，寄托深远，是名贵气象。凡此皆字如其人，自然流露者。

这里更多地将创作主体的气质、个性、用笔的格调与气象（风格）紧密联系，认为个人之“气”是主体气质、个性、用笔等的体现，而非主体伦理道德的体现，从这个角度来看，“字如其人”的说法也是合理的。

综上所述，中国古代“文如其人”的说法，既有合理性的一面，也有不合理性的一面，之所以引起争议，关键在于理解的角度、立足点的不同。如果仅以儒家思想影响下的人品道德来论及“文如其人”，未免有些过于简单武断，无法解释艺术创作领域中出现的人品与艺品不相一致的反例，而且这种说法常常带有封建伦理色彩，具有一定的历史局限性。人作为一个复杂的综合体，不仅是一个道德层面的人，更是一个个性层面的人。人的品质道德只是主体要素中的其中一个，无法涵盖“人”的全部。因此，对于“文如其人”的理解，不能仅仅停留在以人品道德高下来论及艺品高下的狭隘视角，而应持以更为广阔的视角来阐释“文如其人”的合理性。艺术创作是个性的创造，从创作主体个性层面，包括气质、性格、才能、志趣、学养（胸襟）、情感等要素来分析，将更有助于解释“文如其人”这个命题。当然，我们也不能完全排斥人品道德对于创作主体的重要性，它促使主体加强思想道德修养，以追求完善的人格，唯有具备高尚的思想道德，才能具有正确的世界观、人生观，加之不断丰富的学识、技能修养，才能使主体“人品”内涵意义更为丰富。虽然人品是复杂的，有的主体人品道德“低劣”，但对于艺术却有执着的真诚与偏好，造成其艺品之“伪”与人品之“真”的错位，从而引起“文非其人”的结果，可见，唯有“德艺双馨”才能使“文如其人”的论断名至实归。

本章要点

本章对古代艺术风格形成的主要原因从地理环境、时代环境和创作主体三个方面作了分析研究。地理环境是人类生存活动的物理空间，其地质构造、地形地貌、气候条件等客观条件，对人的气质性格、社会生产方式以及审美情趣产生重要的影响作用，所谓“土地各以其类生”；与此同时，人们在长期适应特定地理环境过程中所形成共同的民俗、风情、信仰、观念等人文地理，对于生活在其中的创作主体产生更为直接深刻的影响，所谓“声以俗移”。地理环境对创作的内容、形式及风格特色的影响，是不以人的意志为转移的，地理环境为风格形成提供江山之助。时代环境是人们生活的社会空间，为艺术创作提供了历史舞台，任何艺术风格的形成，都离不开时代环境的滋养。不同历史时代的治乱状况、经济的兴衰、占据主流地位的思想意识形态，以及当权统治者对艺术的干预等外部因素，从多个角度不同程度地影响着艺术创作的整体风貌与风格趋向，使得艺术家及其创作不可避免地携带着时代印记。然而，对艺术风格形成起决定性作用的因素是创作主体，结合古代相关个性风格论与艺术作品，本书从创作主体的气质、性格、才能、学养、志趣以及创造精神等方面，对影响风格形成的主观因素作了细致深入的分析，并对中国古代占据权威话语地位的“文如其人”命题作了再思考，旨在厘清主体因素与风格之间的复杂关系。风格的形成原因不是一蹴而就的，它是地理环境、时代环境和创作主体，三者融会贯通、共同作用的结果。

第二章　古代艺术风格类型论

艺术风格类型论是从类型学意义上对艺术风格问题的研究。中国古代关于艺术风格类型划分颇受理论家关注，刘勰的“八体说”、皎然的“辨体一十九字”、司空图的“二十四诗品”、严羽的“诗之品有九”、徐上瀛的“二十四琴况”、张綖的“婉约豪放说”、姚鼐的“阴柔阳刚说”、黄钺的“二十四画品”等，都是关于风格类型的理论概括与总结，反映了不同门类艺术领域创作风格的多样化和风格类型划分的多重角度。

本书在对古代不同时期艺术风格类型论发展脉络梳理概括的基础上，发现任何风格类型都是基于某个层面、审美角度的划分，划分的依据与角度不同，所得的风格类型也不同。其中有一些风格类型，虽是针对某一门类艺术的划分，但对于其他门类艺术也具有普适作用，是个别性与普遍性的统一，这样的风格类型可称之为“基本风格类型”。由此，本书拟从“形”“意”“文”“法”“气”五个方面对普遍存在于各门类艺术中的基本风格类型进行分析研究，旨在实现对古代艺术风格多重角度的审美观照。

第一节　古代艺术风格类型论的演进

中国古代关于艺术风格类型的理论探讨，早在先秦时期就已萌芽，但直到魏晋时期才真正形成审美意义上的风格类型，之后在各门类艺术中进一步丰富与拓展，至清代姚鼐对纷繁复杂的艺术风格类型以“阴柔”“阳刚”二体作了高度概括，表明古人对艺术风格类型的认知与理解，经历了由模糊走向明晰、由粗浅走向深入，又由具体走向凝练的审美演进过程。

一、古代艺术风格类型论的萌芽：先秦、两汉

先秦两汉时期，尚未出现专门探讨艺术风格类型的言论、体例，也未出现从

审美角度关照艺术作品风格类型的语汇，艺术批评多以“美”“善”“文”“质”“哀”“淫”“和”等语汇作为艺术评价与审美的标准。《论语》载“子在齐闻《韶》，三月不知肉味”[①]，如此审美享受，是由于韶乐不仅符合形式之“美”的要求，而且符合道德之“善”的要求。“子谓《韶》：‘尽美矣，又尽善也。’谓《武》：‘尽美矣，未尽善也。’”[②]在孔子那里，艺术必须符合道德要求，包含道德内容；艺术只有具备“美”的形式、“善”的内容，达到“美”与“善”合一，才能引起真正的美感。孔子进一步提出“文质彬彬”的命题：“子曰：‘质胜文则野，文胜质则史。文质彬彬，然后君子。’”[③]“质”指内在道德品质，“文”指文饰，“文”与“质”统一，才能成为“君子”。孔子确定艺术的审美标准为“乐而不淫，哀而不伤”，这是一种建立在“礼”的规范基础之上，有节制、有限度的审美情感；如果情感的抒发过于强烈，超出了“礼”的界限，则不是审美情感。若用一个字来概括孔子的审美标准，即为“和”[④]。其实，早在孔子之前的史伯、晏婴都曾用过“和”：“夫和实生物，同则不继。以他平他谓之和，故能丰长而物归之。若以同裨同，尽乃弃矣”[⑤]，“先王之济五味，和五声也，以平其心，成其政也。声亦如味，一气，二体，三类，四物，五声，六律，七音，八风，九歌，以相成也。清浊、大小、短长、疾徐、哀乐、刚柔、迟速、高下、出入，周疏、以相济也。君子听之，以平其心。心平，德和。……若以水济水，谁能食之？若琴瑟之专一，谁能听之？同之不可也如是。”[⑥]史伯、晏婴都支持“和”而反对“同”，“和”是矛盾的对立统一，不仅能产生美感，而且还具有社会作用。此外《左传·襄公二十九年》关于季札观乐的记载，对各国音乐的评价中有“勤而不怨”“忧而不困”“思而不惧”“乐而不淫”“直而不倨”“曲而不屈”“乐而不荒”等语汇，都体现了“和”的审美标准。孔子继承了春秋时期“和”的思想，然而他所强调的“和”，重点并不在于音调本身的和谐，而在于情感抒发不能突破“礼”的节制和限度。孔子的思想，后被荀子和《乐记》继承与发展。《礼记·乐记》中与风格相关的言论，同样从实用角度出发，把艺术的社会作用和作品风格特色相联系，提出：“乐者，音之所由生也，其本在人心之感于物也。是故其哀心感者，其声噍以杀；其乐心感者，其声啴以缓；其喜心感者，其声发以散；其怒心感者，其声粗以厉；其敬心感者，其声直以廉；其爱心

① 《论语·述而》。

② 《论语·八佾》。

③ 《论语·雍也》。

④ 叶朗：《中国美学史大纲》，上海人民出版社1985年版，第47页。

⑤ 《国语·郑语》。

⑥ 《左传·昭公二十年》。

感者，其声和以柔。”说明当时对风格的分析探讨是为了认识和掌握人们的内心情绪和思想动向，发挥艺术“成教化、助人伦”的社会作用。

当然，先秦两汉时期，也有与艺术相关的“类型”划分，然而由于艺术与非艺术的界限尚未明晰，其分类同样着眼于实用功能。《周礼·地官·保氏》载“养国子以道，乃教之六艺：一曰五礼，二曰六乐，三曰五射，四曰五驭，五曰六书，六曰九数”。“礼”指吉礼、凶礼、宾礼、军礼和嘉礼等五种礼仪规范，“乐”指《云门》《大咸》《大韶》《大夏》《大濩》《大武》等六种乐舞，“射”指白矢、参连、剡注、襄尺、井仪等五种射技，“驭”指鸣和鸾、逐水曲、过君表、舞交衢、逐禽左等五种驾车技术，“书”指象形、会意、转注、指事、假借、形声等六种汉字构造法，“数”指方田、粟米、差分、少广、商功、均输、方程、赢不足、旁要等古代九种算术法。[①]可见，“六艺”中只有“乐”是艺术，“书”与艺术有所联系，其他诸项都不是艺术，然而却将它们都列于“六艺”之下，说明此时的“艺”与“技”是没有区别的，它们之间具有某种相通性，都是人类社会生活中不可或缺的重要组成部分或基本技能，都具有实用功能，有助于解决各种实际困难，完成各项社会事务。这种艺术与非艺术的“混杂现象”，是以实用功能为目标的划分，而不是纯粹的艺术类型划分，更不是审美意义上的风格类型划分。然而这种“混杂”现象，在某种程度上，却对其后艺术风格类型的划分具有启示意义。

汉代《毛诗序》有关“六义”的划分，提出“故诗有六义焉：一曰风，二曰赋，三曰比，四曰兴，五曰雅，六曰颂”。在此之前，《周礼·春官·大师》已提出“六诗说”“教六诗：曰风、曰赋、曰比、曰兴、曰雅、曰颂”[②]。虽然，从表面看来，“六诗”与“六义”包含内容等同，然而却使用了不同的表达方式，“最直接的理由是《周礼》和《诗序》的语言环境不一，表达方式不同使然”[③]。对此，唐孔颖达曾在《毛诗正义》中解释说：“然则风、雅、颂者，诗篇之异体；赋、比、兴者，诗文之异辞；大小不同，而得并为六义者，赋、比、兴是诗之所用，风、雅、颂是诗之成形，用彼三事，成此三事，是故同称为义，非别有篇卷也。”[④]今人朱自清认为：“风、赋、比、兴、雅、颂似乎都是乐歌的名称，合言‘六诗’，正是以声为用。《诗大序》改为‘六义’，便是以义为用了。”[⑤]可见，

① 参见郭丹主编：《先秦两汉文论全编》，上海远东出版社2012年版，第317页。

② 《周礼·春官·大师》。

③ 韩宏韬：《论孔颖达对〈诗经〉“六义”问题的贡献》，《理论月刊》2012年第6期。

④ 《国风·周南·关雎》，载《十三经注疏·毛诗正义》卷一，北京大学出版社1999年版，第12–13页。

⑤ 朱自清：《诗言志辨》，广西师范大学出版社2004年版，第79页。

风、雅、颂指的是诗歌的体裁种类，而赋、比、兴指的是用于写作风、雅、颂三种诗歌的艺术手法，此处已初具文体风格的意味。与“六艺”不同的是，此“六义”是专门针对诗歌的划分，已完全摆脱了将非艺术的东西混杂其中的状况；与“六艺”相同的是，“六义”中也存在“混杂”现象，即将诗之体与诗之用（辞）并列，这种将种类或风格与表现手法的交织、混杂现象，在某种程度上说明“当时思维上的混乱”①。而且这种“混杂”现象，对后世艺术风格类型划分也产生了深远的影响。

尽管先秦、汉代尚未出现对艺术风格类型专门意义上的理论探讨，艺术批评更多的是从教化或实用等外部功能着眼，然而，某些相关的批评语汇及分类方式，却对其后艺术风格类型理论具有一定的启示作用。因此，此时期应视为艺术风格类型论的萌芽阶段。直到魏晋文学艺术走向自觉后，关于艺术风格类型的理论探讨，才真正关注到艺术作品风格的审美价值和意义。

二、古代艺术风格类型论的形成：魏晋六朝

魏晋六朝时期，古代艺术风格类型论真正形成，曹不的《典论·论文》、陆机的《文赋》、刘勰的《文心雕龙》等著述都有关于艺术风格类型划分的理论探讨。

古代艺术风格多以“体”来标识。“体”有两种含义，其一指艺术作品的体裁和样式，也即文体、书体或画体，可称之为“体式”风格；其二，指艺术作品的整体风貌、风格特色，对风格类型的认识与观照更多地着眼于审美角度，可称为“审美”风格。魏晋六朝时期，与这两种含义相关的风格类型理论探讨均有体现。

1.“体式”风格类型

古代艺术风格类型论最早出现在“文体”学中。曹丕《典论·论文》用四分法对文体风格进行了划分，“奏议宜雅，书论宜理，铭诔尚实，诗赋欲丽”，他按照写作特点的相似性将八种文体分为雅、理、实、丽四种风格类型；晋代陆机《文赋》发展了曹丕的观点，不仅对文体种类进行拓展，由八种增至十种，而且对每一种文体风格作了分别描述：

> 诗缘情而绮靡。赋体物而浏亮。碑披文以相质。诔缠绵而凄怆。铭博约而温润。箴顿挫而清壮。颂优游以彬蔚。论精微而朗畅。奏平彻以闲雅。说炜晔而谲诳。

从曹丕和陆机对文体风格的描述来看，曹丕对每两种文体以一字予以描述，

① 李心峰：《艺术类型学》，文化艺术出版社1998年版，第474页。

辨析了八种文体四类风格类型；而陆机对每一种文体以五字予以描述，辨析了十种文体十类风格类型。很显然，陆机对文体风格的进一步细化，表明古人对风格类型的认知逐步走向深化。从中也可以发现，他们对于“文”所指范围，不同于我们今天所说的文学体裁（诗歌、散文和小说等），而是可以包括一切书写的文字（有韵之文和无韵之笔）。[①]不同文体，由于使用场合、写作要求的不同，必然呈现出不同的风格特点，曹丕、陆机对各种“文体”风格的区分，尽管还未完全摆脱实用目的，然而着眼点却落实于文体的风格特色上，不能不说是一种进步。

体式风格划分在刘勰手中获得进一步延续和拓展，《文心雕龙》二十篇文论中，涉及了三十多种文体，即：诗、乐府、赋、颂、赞、祝、盟、铭、箴、诔、碑、哀、吊、杂文、谐、隐、史传、诸子、论、说、诏、策、檄、移、封禅、章、表、奏、启、议、对、书记，每一种文体还可细分为更多的子类别，每一种文体皆有实用价值，与儒家文化、社会事物、交际往来、仪式庆典等密切相关，刘勰对它们的含义、起源、发展、适用场合、写作特点等进行了详细的阐述与分析，真可谓是“体大而思精”。然而，这些关于“体”的分析研究，均未脱离与外部实用功能相关的思路。

除了文论对“文体”风格进行划分之外，其他门类艺术也有相关“体式”风格的著述。书法方面，许慎的《说文解字序》不仅强调了文字的“象形”特点，指出了文字的功用在于“言文者宣教明化于王者朝廷，君子所以施禄及下，居德则忌也”，而且介绍了文字的六种造字方法和文字演变，列举了秦书八体：大篆、小篆、刻符、虫书、摹印、署书、殳书和隶书，以及王莽摄政后，命司空甄丰校订文字、改订古文形成的六书：古文、奇字、篆书、佐书、缪篆和鸟虫书等，每一种书体都各有其用。汉魏以来，文学艺术逐渐走向自觉，人们对于书体实用功能的重视程度逐渐减弱，关于不同书体风格的专论，如崔瑗的《草书势》、蔡邕的《篆势》、成公绥的《隶书体》、索靖的《草书状》、卫恒的《四体书势》等不断涌现出来，此处的“体”“势”“状”更多地着眼于艺术本体的审美意趣，艺术功能逐渐由实用转向审美，由外部推及自身，倡导个性风格的凸显与张扬，成为此时艺术创作的新风尚。绘画方面，长久以来绘画的教化和实用功能被高扬，王延寿《文考赋画》提出绘画具有“恶以惩世，善以示后”的社会作用，曹植《画赞》也指出绘画“存乎鉴戒”的观点，因而，绘画体裁上，人物绘画是备受关注的绘画体裁，顾恺之《论画人物》《魏晋胜流画赞》等画论也主要是对人物画的分析。然而不可忽视的是，此时在玄学的影响下，士人隐居山林，把对自然山水的观照通过绘画予以呈现，促使山水画体裁逐渐兴盛起来，宗炳《画山

① 李心峰：《艺术类型学》，文化艺术出版社1998年版，第475页。

水序》、王微《叙画》等都是关于山水画的专论。虽然这些专论较为零散，且只论及某一种体裁，尚难具有类型的意义，但至少具有某一类“体式”风格的意义。

可以说，对于“体式”风格的划分与研究，最初主要是出自于实用性目的，但是随着各门类艺术创作实践的成熟与发展，艺术的实用功能慢慢衰退，审美功能渐渐上升，对于风格类型的理论探讨出现越来越多颇具“审美”特质的风格类型论。

需要特别说明的是，历代关于“体式”风格的划分从未停止，理论分析也愈加趋于细致、深化。然而本书重点对“审美”风格类型予以探讨。因此，关于“体式”风格类型将不再作为风格类型论的主要内容。

2.“审美”风格类型

魏晋六朝时期，从审美角度对艺术风格类型进行理论探讨的首推刘勰。他的《文心雕龙》在中国古代艺术风格类型史上具有划时代意义，它前所未有地对艺术风格类型进行了划分，“这是区分风格之始”[①]。《文心雕龙·体性》篇提出了著名的“八体说”，“若总其归途，则数穷八体：一曰典雅，二曰远奥，三曰精约，四曰显附，五曰繁缛，六曰壮丽，七曰新奇，八曰轻靡”，这是刘勰对30多种文体风格分析之外，“所进行的比较纯粹的风格类型的划分”[②]，他不仅承认艺术风格的多样性，而且还从宏观层面将多样化艺术风格归纳总结为八种，且对每一种风格的特点作了具体规定：

> 典雅者，熔式经诰，方轨儒门者也；远奥者，馥采典文，经理玄宗者也；精约者，核字省句，剖析毫厘者也；显附者，辞直义畅，切理厌心者也；繁缛者，博喻酿采，炜烨枝派者也；壮丽者，高论宏裁，卓烁异采者也；新奇者，摈古竞今，危侧趣诡者也；轻靡者，浮文弱植，缥缈附俗者也。故雅与奇反，奥与显殊，繁与约舛，壮与轻乖。文辞根叶，苑囿其中矣。

从中可见，刘勰对八种风格类型的划分角度各不相同。除了“典雅”与“远奥”，侧重于思想内容方面以外，其他风格类型主要是从审美角度和形式表现来划分的。这一点非常重要。自先秦以来，艺术创作就十分重视思想内容，而刘勰能够从审美角度出发，关注到艺术创作的形式表现，使“艺术风格能够获得自我的独立存在形态”[③]，实在难能可贵。而且刘勰还将这八种风格两两相对，注意到风格类型之间的联系与对比。张少康认为：“刘勰之所以把风格分为八体与两

① 郭绍虞：《中国文学批评史》上册，商务印书馆2010年版，第142页。

② 李心峰：《艺术类型学》，文化艺术出版社1998年版，第476页。

③ 李心峰：《艺术类型学》，文化艺术出版社1998年版，第476页。

两相对的四组，这是与他受《易经》思想的影响有直接关系的。风格组成上的八体与四对，即是来自《易经》八卦的启发。”[1]可见，“八体说”并非随意设定，而是深受中国古代辩证思维模式影响下的产物。尽管“八体说”仅仅只是针对当时文学风格类型的分类，但对其他艺术门类风格类型划分，同样具有普适意义和启发作用。

魏晋六朝时期是艺术走向自觉的时期，艺术风格类型论丰富多样，全面系统，标志着风格类型论在魏晋六朝时期真正确立。其后，艺术风格类型论在各门类艺术中愈加细微、深入，都是基于魏晋艺术风格类型论基础之上的进一步发挥与衍展。

三、古代艺术风格类型论的衍展：唐至明

入唐以后，主要从审美角度来探讨艺术风格类型问题，并多以“体”或“品”来标识。由唐至明，艺术风格类型理论不断发展衍变，经历了由“简”至“繁”，又由“繁”至“简”的发展过程。

1. 由“简”至“繁”

唐代是中国艺术发展的高峰时期，各门类艺术不仅在创作实践上高度成熟，在理论研究上同样硕果累累。具体到艺术风格类型论方面，体现出“多”“细”“杂”的特点。“多”，指探讨艺术风格类型的理论越来越多；“细”，指对风格类型的划分越来越细致入微；“杂”，指风格类型的列举具有混杂性特点，常常将语言特点、技巧手法、思想内容及艺术效果等不同视角所划分的风格类型混杂在一起，没有较为统一而明晰的划分标准。

崔融《唐朝新定诗格》把诗分为形似体、质气体、情理体、直置体、雕藻体、映带体、飞动体、婉转体、清切体、菁华体等十种诗体，这十种诗体所用的语汇，有的属于对词句或声调讲究的语言要求，如飞动体“谓词若飞腾而动”，婉转体“谓屈曲其词，婉转成句”，清切体“谓词清而切者”；有的属于技法要求，如映带体“谓以事意相惬，复而用之者”，雕藻体“谓以凡事理而雕藻之，成于妍丽，如丝彩之错综，金铁之砥炼”，菁华体“谓得其精而忘其粗者”；有的则属于创作手法，如直置体“谓直书其事，置之于句者”，情理体“谓抒情以入理者”；还有的属于创作倾向或艺术效果，如形似体“谓貌其形而得其似，可以妙求，难以粗测者”，质气体“谓有质骨而作志气者”，可以说，这十种诗体风格的列举，具有“混杂”性特点，“并不能笼统称之为风格类型”[2]。

皎然《诗式》论及“辨体有一十九字”，以“辨体”直指对风格类型进行辨

---

① 张少康：《文心雕龙新探》，齐鲁书社1987年版，第115页。

② 吴承学：《中国古典文学风格学》，北京大学出版社2011年版，第202页。

析。尽管刘勰《文心雕龙·体性》、崔融《唐朝新定诗格》等都有关于风格类型的辨析体认，然而如此直截了当地点明辨析艺术风格类型，是从皎然《诗式》开始的。“辨体有一十九字”指出：

> 夫诗人之思，初发取境偏高，则一首举体便高；取境偏逸，则一首举体便逸。才性等字亦然，故各功归一字。偏高、偏逸之例，直于诗体、篇目、风貌不妨。一字之下，风律外彰，体德内蕴，如车之有毂，众辐归焉。其一十九字，括文章德体风味尽矣。如《易》之有彖辞焉。①

皎然以“一十九字”来概括诗歌的风格，将“诗人之思—取境—德体风味”贯穿在一起，“取境”的“高”“逸”，决定了作品风格的“高”“逸”，这是皎然《诗式》最有价值的地方，即侧重于从意境角度来划分艺术风格类型，这种视角对于古代艺术风格学具有开创性意义。他把诗歌风格划分为十九体：

> 高，风韵朗畅曰高。逸，体格闲放曰逸。贞，放词正直曰贞。忠，临危不变曰忠。节，持操不改曰节。志，立志不改曰志。气，风情耿耿曰气。情，缘境不尽曰情。思，气多含蓄曰思。德，词温而正曰德。诫，检束防闲曰诫。闲，情性疏野曰闲。达，心迹旷诞曰达。悲，伤甚曰悲。怨，词理凄切曰怨。意，立言曰意。力，体裁劲健曰力。静，非如松风不动、林狖未鸣，乃谓意中之静。远，非如淼淼望水、杳杳看山，乃谓意中之远。②

这一十九字，概括了十九种艺术风格类型，每一“体”都以思想内容和艺术形式的统一为旨归，正所谓“风律外彰、体德内蕴”，即“体是思想、形式二者的结合”③。“十九体”的排列，将“德”置于中心地位，由“德”向前、后延伸，“高”“逸”和“静”“远”位于最外端，其中“高”“逸”代表了两种最高“取境”下的诗体风格，而“静”“远”则为诗体的两种意境。从严格意义来讲，这十九种风格类型并非属于同一系列，而是分属于不同的类别：

思想德行：忠、贞、节、志、德、诫 ————→ 内容类
情感心绪：情、悲、怨、闲、达 ————→ 情感类
表现手法：意、力、气、思 ————→ 形式类

① ［唐］皎然：载［清］何文焕辑：《历代诗话》，中华书局1981年版，第35页。
② ［唐］皎然：载［清］何文焕辑：《历代诗话》，中华书局1981年版，第36页。
③ 王运熙、杨明：《隋唐五代文学批评史》，上海古籍出版社1994年版，第335页。

风格意境：高、逸、静、远 ————→ 效果类

可见，皎然对风格类型的划分并没有统一的标准，或立足于思想内容，或立足于情感心绪，或立足于表现手法，或立足于艺术效果，将它们混杂在一起，显得有些错综凌乱。然而，皎然在“辨体有一十九字”的开端，却早已给出了答案，即“诗人之思初发”，由于“取境”不同，或“取境偏高”，或“取境偏逸”，使得作品体貌风格呈现出“举体便高”或“举体便逸”的不同。构思“取境”的不同，是决定艺术作品体貌风格不同的主要原因 。“一十九字”分别代表了十九个不同的“取境”方向下产生的十九种风格类型。当然，每一件艺术作品的风格并非只有某种单一风格，而往往是多种风格的综合体，这里概括为十九种风格，也只是就艺术作品的主导风格而言的。皎然“辨体有一十九字”对风格类型的概括多样丰富，尤其是从意境角度来划分诗体风格，如对“静”“远”二体的描绘，极具意境感，令人浮想联翩。将意境与风格相关联，是皎然对风格类型论的重要贡献，尤其对其后司空图《二十四诗品》从“象外之象”“韵外之致”来探讨风格类型产生了重要影响。

诗歌辨体在唐代蔚然成风。除了崔融和皎然之外，王昌龄的《诗格》划分诗歌常用体有：藏锋体、曲存体、立节体、褒贬体、赋体、问益体、象外语体、象外比体、理入景体、景入理体、紧体、因小用大体、诗辨歌体、团句体等十四种类型，每一体之后都附有诗句予以说明。如藏锋体“刘休玄诗：‘堂上流尘生，庭中绿草滋。’此不言愁而愁自见也”，曲存体“王仲宣诗：‘朝如谯郡界，旷然销人忧。’此乃直叙其事而美之也”。另外，还将诗歌“趣向”划分为五种类型，“一曰高格。二曰古雅。三曰闲逸。四曰幽深。五曰神仙”，且每一趣向之后也都分别附有诗句予以解释。这种阐释风格的方式，在晚唐逐渐成为一种流行趋势和时尚，普遍存在于风格类型论中。

诗僧齐己《风骚旨格》将诗歌分为“十体”，每一种诗体之后也都以诗句予以解释：

高古 诗曰：“千般贵在无过达，一片心闲不奈高。”
清奇 诗曰：“未曾将一字，容易谒诸侯。”
远近 诗曰：“已知前古事，更结后人看。”
双分 诗曰：“船中江上景，晚泊早行时。”
背非 诗曰：“山河终决胜，楚汉且横行。”
无虚 诗曰：“山寺钟楼月，江城鼓角风。”

是非 诗曰："须知项籍剑，不及鲁阳戈。"
清洁 诗曰："大雪路亦宿，深山水也斋。"
覆妆 诗曰："叠巘供秋望，无云到夕阳。"
阖门 诗曰："卷帘黄叶落，锁印子规啼。"

此外，他还提出诗歌二十式："一曰出入。二曰高逸。三曰出尘。四曰回避。五曰并行。六曰艰难。七曰达时。八曰度量。九曰失时。十曰静兴。十一曰知时。十二曰暗会。十三曰直拟。十四曰返本。十五曰功勋。十六曰抛掷。十七曰背非。十八曰进退。十九曰礼义。二十曰兀坐"；诗歌四十门："一曰皇道。二曰始终。三曰悲喜。四曰隐显。五曰惆怅。六曰道情。七曰得意。八曰背时。九曰正风。十曰返顾。十一曰乱道。十二曰抱直。十三曰世情。十四曰康救。十五曰贞孝。十六曰薄情。十七曰忠正。十八曰相成。十九曰嗟叹。二十曰俟时。二十一曰清苦。二十二曰骚愁。二十三曰睠恋。二十四曰想象。二十五曰志气。二十六曰双拟。二十七曰向时。二十八曰伤心。二十九曰监戒。三十曰神仙。三十一曰破除。三十二曰蹇塞。三十三曰鬼怪。三十四曰纰缪。三十五曰世变。三十六曰风雅。三十七曰嗟叹。三十八曰是非。三十九曰礼义。四十曰清洁。"[①]如同"十体"一样，二十式和四十门也全都附以诗句解释。在齐己的"体""式""门"中，某些语汇的使用明显存在相互交叉、叠用的现象，说明了理论家对"风格"类型列举的随意性和不严谨性，如十体中的"背非"同时也列于二十式中，而"是非""清洁"二体也同时列于四十门中。就所用语汇来看，也是五花八门、应有尽有，很多都不属于风格类型，如此庞杂的列举，早已超出了风格类型的范畴。

这种"混杂式"的列举，不仅限于文学领域之内，在其他门类艺术理论著述中，同样存在类似情况。书法领域，唐代窦臮曾作《述书赋》，对上至周，下至唐"武德至干元之始"的一十三代、论工书家一百九十八人进行了述评，此赋所评书迹都是作者亲眼目验，故其所言能做到"并错综优劣，直道公论"[②]。其兄窦蒙所作《〈述书赋〉语例字格》，对其中重要词字的内涵，作了较为明确的规定，以帮助理解《述书赋》。其中共列一百二十字，注二百四十句，"且褒且贬，还同谥法"[③]，以形象具体、精妙独到的言语，对不同书法"风格"予以描述。

① ［唐］齐己：《风骚旨格》，载张伯伟编著：《全唐五代诗格汇考》，江苏古籍出版社2002年版，第404-408页。

② ［唐］窦臮：《述书赋》，载潘运告主编：《中晚唐五代书论》，湖南美术出版社1997年版，第4页。

③ ［唐］窦蒙：《〈述书赋〉语例字格》，载潘运告主编：《中晚唐五代书论》，湖南美术出版社1997年版，第135页。

所涉及的风格类型主要包括：不伦、枯槁、忘情、天然、质朴、斫磨、体裁、意态、专成、有意、正、行、草、章、神、圣、文、武、能、妙、精、古、逸、高、伟、老、嫩、嫩、薄、强、稳、快、沉、紧、慢、浮、密、浅、丰、茂、实、轻、瘠、疏、拙、重、纤、贞、艳、峻、润、险、怯、畏、妍、媚、讹、细、熟、雄、雌、飞、爽、动、成、礼、法、典、则、偏、干、滑、驶、闲、拔、放、郁、秀、束、秾、峭、散、质、鲁、肥、瘦、壮、宽、丽、宏等类型，并对每一种风格附以八字或四字的简短释义，如不伦“前浓后薄，半败半成”，枯槁“欲北还南，气脉断绝”，质朴“天仙玉女，粉黛何施”，能“千种风流曰能”，逸“纵任无方曰逸”，密“密不容发曰密”，拙“不依致巧曰拙”，雄“别负英威曰雄”，秀“翔集难名曰秀”，丽“体外有余曰丽”等，从《〈述书赋〉语例字格》所列举的名目可以看出，大量的非风格语汇夹杂其中，与崔融“十体”、皎然“辨体有一十九字”、王昌龄“十四体”、齐己“十体”等相比，其庞杂程度有过之而无不及。

唐代从审美角度对艺术风格类型予以理论概括，最为经典的是晚唐的司空图。其作《二十四诗品》，在吸收和借鉴前人理论成果的基础上，前所未有地将艺术风格类型概括为二十四品：

雄浑	冲淡	纤秾	沉着	高古	典雅	洗练	劲健
绮丽	自然	含蓄	豪放	精神	缜密	疏野	清奇
委曲	实境	悲慨	形容	超诣	飘逸	旷达	流动

从所列风格类型来看，司空图《二十四诗品》是一部集大成的风格学专著。在风格类型的划分上，较刘勰“八体”、崔融“十体”、皎然“辨体有一十九字”、王昌龄“十四体”、齐己“十体”等更为细密、丰富。

那么，司空图缘何将风格类型概括为二十四品呢？吴承学先生认为“这个数目可能与某种传统文化心理有关系”[①]，中国古代以“二十四”命名的事物有很多，如用于指导农事的“二十四节气”、自然界的“二十四番花信风”、古代正史总称为“二十四史”、曹魏时旌表的“二十四贤”、晋惠帝时以文才而屈节出入于秘书监贾谧之门的“二十四友”、跟随李渊李世民父子建立唐王朝的“二十四功臣”、江苏扬州的“二十四桥”、古代宣扬孝道思想的“二十四孝”等。由此可知，司空图将风格划分为“二十四”种类型，“亦无例外地是一定思想文化传统

① 吴承学：《中国古典文学风格学》，北京大学出版社2011年版，第204页。

的产物”[①]。笔者也认为，“二十四诗品”是对传统思想的沿袭：首先，二十四节气是人们对自然规律的总结，在长期的生产和生活实践中，自然变化对于农业生产相当重要，二十四节气正是基于自然变化而用于指导农事的规律总结；其次，“二十四”涵盖内容众多，可尽周全之义；最后，“二十四”多用以褒义，深受人们推崇。从司空图《二十四诗品》所列举的风格类型来看，不仅丰富多样，从不同审美视角反映了唐代诗歌高度繁荣的艺术事象，而且这些风格类型多为优秀的风格类型，各具特色。

从对风格类型的表述来看，《二十四诗品》继承了皎然《诗式》、王昌龄《诗格》及齐己《风骚旨格》等以“诗”论风格的表述方式，且有创新性发展。皎然“辨体有一十九字”中，除了对“静”“远”以两三句短语概括其特点之外，其他都是以四字来概括一种风格，如“风韵朗畅曰高”“体格闲放曰逸”。王昌龄和齐己则不同，对风格的表述方式采用五言（或七言）上下诗句予以描述，如：

> 藏锋体 刘休玄诗：“堂上流尘生，庭中绿草滋。”此不言愁而愁自见也。
> （《诗格》）
>
> 高古 诗曰：“千般贵在无过达，一片心闲不奈高。”
> （《风骚旨格》）
>
> 清奇 诗曰：“未曾将一字，容易谒诸侯。”
> （《风骚旨格》）

司空图《二十四诗品》对于每品风格的表述，既非简短的三言两句，也非以具体诗句举例，而是采用整齐的十二句四言诗予以表述，并用一系列具有象征性的意象加以譬喻，将每一种风格描述得绘声绘色，如：

> 雄浑：大用外腓，真体内充。返虚入浑，积健为雄。具备万物，横绝太空。
> 荒荒油云，寥寥长风。超以象外，得其环中。持之匪强，来之无穷。
>
> 自然：俯首即是，不取诸邻。俱道适往，着手成春。如逢花开，如瞻岁新。
> 真与不夺，强得易贫。幽人空山，过雨采苹。薄言情语，悠悠天钧。

可以说，司空图《二十四诗品》对每一品的描述，远比《诗式》精致细腻得多，反映了司空图对风格类型的深度思考与创新发展，他对艺术风格类型论作了进一步深化与美化，将生动具体的形象性描述与画龙点睛式的简单评论相结合，

① 肖驰：《司空图的诗歌宇宙——论〈二十四诗品〉的可理解性》，《中国社会科学》1985年第6期。

把本来只可意会、难以实求的抽象风格，变得感性化、具体化，使人可以从他所描述的生动境界中，获得审美的享受、精神的洗礼和心灵的净化。

唐代艺术风格类型论如此富有“诗意”的描述，表明唐代作为诗歌艺术发展的高峰期，理论研究已被浸染于诗意之中。《二十四诗品》最大的特色就在于用“象外之象”“韵外之致”来体味风格，倡导艺术创造不仅应有内蕴之“味”，而且更应具有“味外之旨”，将艺术创造的有限与无限、实境与虚境统一融合起来。正如黑格尔所说，“比起直接感性存在的显现，以及历史叙述的显现，艺术的显现却有这样一个优点：艺术的显现通过它本身而指引到它本身以外，指引到它所要表现的某种心灵性的东西”[①]。如果说皎然《诗式》开启了从意境角度阐释风格类型的先河的话，那么司空图《二十四诗品》则将这种方式发挥到极致。

对于所列举的“二十四品”是否都属于风格类型范畴，理论家们意见不一。这些风格类型，或侧重于表现技法，或侧重于语言，或侧重于品格，或侧重于性情气质，风格类型列举既然存在混杂性，就说明它们并不完全属于严格意义上的风格类型。然而，不可否认的是，司空图《二十四诗品》在中国艺术史上，尤其是相关风格类型的理论研究中，其影响意义是重大而深远的。

需要特别指出的是，尽管唐代关于风格类型的理论探讨数量众多，划分细微多样，但却没有统一而明确的划分标准，造成了风格类型列举的庞杂与泛化，甚至有名词堆砌之嫌。这种现象，一方面反映出各门类艺术创作实践走向高度成熟，风格趋于多样化；另一方面也反映出理论研究的高度自觉，理论家们力求把自己对艺术世界的敏锐感知以某种独特而全面的视角予以理论总结。同一时代，不同门类艺术创作实践之间不可避免地会产生相互影响，而且很多艺术大家精通多个艺术门类，因而，在理论研究领域，不同门类艺术理论之间相互影响，出现多样而混杂的风格类型论也在所难免，这也许正是唐代作为艺术发展高峰期所特有的现象。

2. 由“繁”至“简”

宋代，艺术风格类型划分一改唐代风格类型论的庞杂特点，逐渐转向简化与精深。严羽《沧浪诗话》将诗歌风格概括为九种两大类，“诗之品有九：曰高，曰古，曰深，曰远，曰长，曰雄浑，曰飘逸，曰悲壮，曰凄婉。……其大概有二：曰优游不迫，曰沉着痛快。”严羽对诗歌风格类型的概括，虽然仅仅列了“九品”，远没有如前人所列名目之多，但却都是严格意义上的风格类型，其中并没有夹杂不属于风格的东西，是较为纯粹的艺术风格类型论。特别是严羽用“大概有二”将“九品”风格简括为“优游不迫”和“沉着痛快”两大风格类型，体

① ［德］黑格尔著，朱光潜译：《美学》（第一卷），商务印书馆1979年版，第12–13页。

现出鲜明的趋“简”倾向，旨在以更具凝练性的词汇来概括多样化的艺术风格。郭绍虞《沧浪诗话校释》引《诗说杂记》卷七语：“古来世人多矣，诗体备矣，严氏所云两大界限，实足包举无遗矣……优游不迫者即陶韦一体，从容闲适，举动自如。……至于沉着痛快则倾囷倒禀，脱口而出，……为此体者，要使驱驾气势，……必使读吾诗者心为之感，情为之动，击节高歌，不能自已。”①可见，“优游不迫”的从容闲适、举动自如，“沉着痛快”的倾囷倒禀、驱驾气势，明显是两种相互对立的风格类型，即“柔婉”与“雄快”二种②，前者属于阴柔之美，后者属于阳刚之美。只是严羽还没有明确以“阴柔”和“阳刚”这样的词汇来概括风格类型而已。

这种将艺术风格简化为两大类的做法，在明代理论家那里再次获得强化。屠隆在《文论》中把文章风格概括为相互对立的两大基本风格类型，一类为“寥廓清旷，风日熙明”，另一类为“飘风震雷，扬沙走石”。屠隆将两大风格类型建立在自然物象态势的基础上：

> 今夫天，有扬沙走石，则有和风惠日；今夫地，有危峰峭壁，则有平原旷野；今夫江海，有浊浪崩云，则有平波展镜；今夫人物，有戈矛叱咤，则有俎豆晏笑：斯物之固然。③

自然万物固然如此，文章作为自然造化的物态化反映方式，必然也表现为两种对立的风格：“譬之大造，寥廓清旷，风日熙明，时固然也。而飘风震雷，扬沙走石，以动威万物，亦岂可少哉！”④“寥廓清旷，风日熙明”属柔婉之美，而“飘风震雷，扬沙走石”属雄伟之美。

无独有偶，明代张綖《诗余图谱·凡例》提出“二体”说，也将风格概括为两大类型“按词体大略有二：一体婉约、一体豪放；婉约者欲其辞情蕴藉，豪放者欲气象恢弘。盖亦存乎其人。如秦少游之作，多是婉约；苏子瞻之作，多是豪放。大抵词体以婉约为正，故东坡称少游今之词手；后山评东坡词虽极天下之工，要非本色。今所录为式者，必是婉约，庶得词体”⑤。张綖在此处提出“词

① 郭绍虞：《沧浪诗话校释》，人民文学出版社1961年版，第8页。

② 赵永纪：《严羽风格论的历史地位》，《南开学报》2001年第1期。

③ ［明］屠隆：《由拳集》卷十四《与王元美先生书》，载羊春秋、何严：《历代治学论文书信选》，岳麓书社1983年版，第334页。

④ ［明］屠隆：《文论》，载蔡景康编选：《明代文论选》，人民文学出版社1999年版，第255页。

⑤ ［明］张綖：《诗余图谱·凡例》，载陈良运主编：《中国历代词学论著选》，百花洲文艺出版社1998年版，第275页。

体”有“婉约”和“豪放”两种风格类型，并以“辞情蕴藉”和“气象恢弘”释义这两种风格的内涵，还列举了这两种风格的代表人物，指出“婉约为正”，“豪放”则是“要非本色”，虽然态度上偏于“婉约”，对“豪放”不甚重视，但他将“豪放”与“婉约”对举，表明豪放风格已然成为与婉约相互对立、并列的风格类型，具有典型性。

从宋代严羽到明代屠隆、张綖，对风格类型的概括，都已出现明显的简化趋向，且“阴柔”与“阳刚”两大基本风格类型初见端倪，只是他们都没有直接以“阴柔”和“阳刚”这样的词汇进行概括总结。然而，他们的风格类型论却为清代姚鼐提出“阴柔”与“阳刚”两大基本风格类型提供了必要的理论铺垫。

四、古代艺术风格类型论的总结：清

中国古代对艺术风格类型论最为简括的是清代的姚鼐，他在《惜抱轩文集》卷六《复鲁絜非书》中提出“阴柔”与“阳刚”两大风格类型说。

“阴柔”“阳刚”之说源于《易传》基本思想，所谓“立天之道，曰阴与阳；立地之道，曰柔与刚”[①]。阴阳刚柔相反相成，生生不息，“刚柔相摩，八卦相荡”，“刚柔相推而生变化”[②]。阴阳刚柔思想，在古代常被用于各种理论著述当中，如《汉书·地理志》说“凡民函五常之性，而其刚柔缓急，音声不同”；应劭《风俗通义》中说“风者，天气有寒暖，地形有险易，水泉有美恶，草木有刚柔也”；刘勰《文心雕龙》之《体性》篇“然才有庸俊，气有刚柔”，《熔裁》篇“刚柔以立本，变通以趋时”，《定势》篇“势有刚柔，不必壮言慷慨”等，都只言片语地提到“刚”“柔”。宋严羽“优游不迫”与“沉着痛快”，明屠隆“寥廓清旷，风日熙明”与“飘风震雷，扬沙走石”，明张綖“婉约”与“豪放”等风格特点与内涵，都与阴柔、阳刚密切相关。然而，真正将《易传》阴柔阳刚思想引入美学、艺术理论，将其视为美的类型或风格类型来看待的理论家却是姚鼐。他在《复鲁絜非书》中写道：

> 鼐闻天地之道，阴阳刚柔而已。文者，天地之精英，而阴阳刚柔之发也。惟圣人之言，统二气之会而弗偏，然而《易》《诗》《书》《论语》所载，亦间有可以刚柔分矣。值其时其人，告语之体，各有宜也。
>
> 自诸子而降，其为文无弗有偏者。其得于阳与刚之美者，则其文如霆，如电，如长风之出谷，如崇山峻崖，如决大川，如奔骐骥。其光也，如杲日，如火，如金镠铁；其于人也，如凭高视远，如君而朝万众，如鼓万勇士而战之。

① 《易传·说卦》，载《十三经注疏·周易正义》卷九，北京大学出版社1999年版，第326页。

② 《易传·系辞上》，载《十三经注疏·周易正义》卷七，北京大学出版社1999年版，第258、261页。

其得于阴与柔之美者，则其文如升初日，如清风，如云，如霞，如烟，如幽林曲涧，如沦，如漾，如珠玉之辉，如鸿鹄之鸣而入廖廓。其于人也，谬乎其如叹，邈乎其如有思，暖乎其如喜，愀乎其如悲。观其文，讽其音，则为文者之性情形状举以殊焉。

且夫阴阳刚柔，其本二端，造物者糅而气有多寡进绌，则品次亿万，以至于不可穷，万物生焉。故曰："一阴一阳之为道。"夫文之多变，亦若是也。糅而偏胜可也；偏胜之极，一有一绝无，与夫刚不足为刚，柔不足为柔者，皆不可以言文。[①]

首先，姚鼐指出了文章的阴柔、阳刚之美是天地之道——"阴柔阳刚"的集中体现。尽管阴柔与阳刚二气是对立的，却不是各自孤立的，它们之间是你中有我、我中有你的关系，阴阳刚柔、相融相济。然而《易》《诗》《书》《论语》等经典著作却开始出现偏于一端的现象。其次，姚鼐指出诸子以降，文章或偏于阴柔，或偏于阳刚，体现得更为鲜明，进而他对阳刚之美与阴柔之美分别进行了形象化地描述，指出这两种美的产生皆与审美主体"性情形状"相关。最后，姚鼐指出世间万物是在阴阳刚柔之气的"多寡进绌"中产生出来的，"一阴一阳之为道"的哲学原理用于文章之变，亦是同样的道理，丰富多样的艺术风格产生，是从阴阳刚柔变化中产生出来的。阴柔或阳刚偏胜可以，但绝不可以偏废，"一有一绝无"，将二者决然对立，不可能创作出好的文章。他的这一思想，在其《海愚诗钞·序》中阐说得更为鲜明："阴阳刚柔，并行而不容偏废。有其一端而绝亡其一，刚者至于偾强而拂戾，柔者至于颓废而闇幽，则必无与于文者矣。"在姚鼐看来，阴阳刚柔的相融相济会产生出多样化的艺术风格，而多样化风格又最终超不出阴柔、阳刚这两种基本风格，这些思想是非常富有见地、颇为精辟的。

姚鼐的阴柔阳刚风格类型论简括而精当，具有深刻的理论渊源，他将风格类型的划分建立于《易传》宇宙本体和阴阳二气基础之上，其中包含着朴素的唯物论和辩证法思想，"体现了我国传统的风格美学的基本特点和精神"[②]，这是姚鼐与他人风格类型论的明显区别。这一富有创见性的风格类型划分方式，不仅是对古代散文审美经验和风格特征的理论概括的突破，同时对于其他门类艺术领域的风格类型划分也具有普适意义，这是他对艺术风格类型学的最大贡献。

当然，明清时期除了二元对立的风格类型论之外，各门类艺术领域关于风格

① ［清］姚鼐著，刘季高标校：《惜抱轩诗文集》卷六《复鲁絜非书》，上海古籍出版社1992年版，第93—94页。

② 敏泽：《中国美学思想史》（下卷），湖南教育出版社2004年版，第652页。

类型划分也出现了诸多模拟《二十四诗品》书写模式和体例的仿作。其中，最先做出理论回应的是明代的徐上瀛，其著《溪山琴况》列举了包括和、静、清、远、古、淡、恬、逸、雅、丽、亮、彩、洁、润、圆、坚、宏、细、溜、健、重、轻、迟、速等二十四种风格类型，很明显是《二十四诗品》风格类型思想在音乐领域中的直接运用。

书画领域，清代的黄钺著《二十四画品》，列举了包括气韵、神妙、高古、苍润、沉雄、冲和、澹逸、朴拙、超脱、奇辟、纵横、淋漓、荒寒、清旷、性灵、圆浑、幽邃、明净、健拔、简洁、精谨、俊爽、空灵、韶秀等二十四种风格类型。黄钺的学生杨景曾作《二十四书品》，也举例了包括神韵、古雅、潇洒、雄肆、名贵、摆脱、遒炼、峭拔、精严、松秀、浑含、澹逸、工细、变化、流利、顿挫、飞舞、超迈、瘦硬、圆厚、奇险、停匀、宽博、妩媚等二十四种风格类型。

诗词领域，效仿之作更为多见。曾纪泽《演司空表圣〈诗品〉二十四首》包括雄浑、冲澹、纤秾、沈著、高古、典雅、洗练、劲健、绮丽、自然、含蓄、豪放、精神、缜密、疏野、清奇、委曲、实境、悲慨、形容、超诣、飘逸、旷达、流动等二十四种风格[①]，其所列风格类型与司空图完全相同，不同的是，司空图以“四言诗”释义风格，而曾氏以“七言诗”释义风格。此外，仿造司空图写作模式与体例的还有顾翰的《补诗品》，“余仿司空表圣作《诗品》二十四则，伯夔见而笑曰：‘此四言诗也’”，包括古淡、蕴藉、雄浑、清丽、哀怨、激烈、奥折、华贵、疏散、超逸、闲适、奇艳、凄婉、飞动、感慨、隽雅、高洁、精练、峭拔、悲壮、明秀、豪迈、真挚、浑脱等二十四种风格[②]，每一风格后面同样以四言诗予以释义。《补诗品》虽为仿作，但也发展出“激烈”“华贵”“飞动”“真挚”诸品，对诗歌风格类型作了积极的探索。清袁枚作《续诗品》说，“余爱司空表圣《诗品》，而惜其只标妙境，未写苦心，为若干首续之”，他所列的风格类型包括崇意、精思、博习、相题、选材、用笔、理气、布格、择韵、尚识、振采、结响、取经、知难、葆真、安雅、空行、固存、辨微、澄滓、斋心、矜严、藏拙、神悟、即景、勇改、著我、戒偏、割忍、求友、拔萃、灭迹等三十二种[③]。从袁枚所列之品与其论语来看，不乏精到之处，然“司空图论诗不落言诠，独取景象，而袁枚所续，大约以作诗之法为主”[④]。此外，还有郭麟效仿司

① 曾纪泽：《演司空表圣〈诗品〉二十四首》，选自《归朴龛诗钞己集下》，载申骏编著：《中国历代诗话词话选粹》（上），光明日报出版社1998年版，第17–23页。

② 顾翰：《补诗品》，选自《拜石山房诗钞》卷六，载申骏编著《中国历代诗话词话选粹》（上），光明日报出版社1999年版，第11–17页。

③［清］袁枚：《续诗品》，载王夫之等撰：《清诗话》中华书局1963年版，第1029–1036页。

④ 申骏编著：《中国历代诗话词话选粹》（上），光明日报出版社1999年版，第30页下方注释。

空图作《词品》十二首：幽秀、高超、雄放、委曲、清脆、神韵、感慨、奇丽、含蓄、逋峭、秾艳、名隽[①]；杨夔生作《续词品》十二则：轻逸、绵邈、独造、凄紧、微婉、闲雅、高寒、澄淡、疏俊、孤瘦、精炼、灵活[②]；等等。

这些后学之作，结合不同门类艺术，参照《二十四诗品》对风格类型作了承继与探索，或“一字型”，或“二字型”，可视为对艺术风格类型论的进一步拓展与延伸。然而，毕竟都是“仿作”，难免存在冗余繁杂、叠床架屋的问题；虽然都承继了司空图“不主一品”的传统，但其影响意义远不及司空图《二十四诗品》。而且，这些风格类型论与姚鼐的“阴柔阳刚说”相比，亦缺乏风格类型划分的独创性。

综上所述，通过对古代艺术风格类型论发展演进脉络的梳理概括，发现中国古代风格类型论在文学与其他门类艺术中呈现出不平衡性特点。诗文理论在中国古代一直是文学艺术批评的大宗，为历代批评家所重视，因而对文学风格类型进行较为频繁、深入而多元的划分与概括，是理所当然的。而其他各门类艺术的理论著述，较为注重艺术具象特点、媒介运用及技术要素发挥等方面的经验总结，在创作与批评的思想、理念、方法等方面的确也存在借鉴、引申文学研究经验的现象，因而，古代艺术风格类型论在总体上呈现出以文学为主、门类艺术为辅的状况，且经历了从无到有、从简到繁，又从繁到简的演进历程。从简到繁，表明艺术创作实践高度成熟，风格样式越来越丰富多样，理论家们对风格类型的认识与把握越来越具体、细化。当然由于认识能力所限，风格类型列举过于细化，甚至将很多“非”风格的名词语汇混杂其中，造成概念界定不明确，划分标准不统一，混杂现象严重；从繁至简，表明对风格类型的认识愈来愈深入，“善于发现相近风格的共同性”[③]，风格类型划分趋于简化、精深，具有较强的包容性和涵盖性。特别是清姚鼐提出的“阴柔阳刚”二体说，建立在《易经》阴阳刚柔思想基础之上，包含着朴素唯物论与辩证法思想，不仅是对古代艺术风格类型论的总结，也体现出古代艺术风格论发展至新的高度。

① ［清］郭麟：《词品》，载申骏编著：《中国历代诗话词话选粹》（上），光明日报出版社1999年版，第23–26页。

② ［清］杨夔生：《续词品》，载申骏编著：《中国历代诗话词话选粹》（上），光明日报出版社1999年版，第27–30页。

③ 吴功正：《文学风格七讲》，上海文艺出版社1983年版，第144页。

第二节　古代艺术基本风格类型

通过对中国古代不同门类艺术风格类型理论的考察梳理，发现风格类型多样是客观存在的事实。任何风格类型都是基于某个层面、某个审美角度的划分，划分的依据与审美角度不同，风格类型的划分结果也不同。虽然中国古代风格类型理论大多是针对具体门类艺术风格类型的划分，但其中却有一些风格类型，在同时期的各门类艺术，甚至在不同时期、不同门类艺术中，可以找到互为相通的风格类型。这样的风格类型是个别性与普遍性的统一，可称之为“基本风格类型”。

关于艺术“基本风格类型”的理论概括，可从古今风格类型论找到一些确证。古代对风格类型划分最为简括、最具普适意义的是刘勰的“八体”说，他将风格类型划分为八种四对：“雅与奇”“奥与显”“繁与约”“壮与轻”，虽然作者未曾说明其划分风格类型的依据，但每一对风格类型划分的侧重角度却是各不相同的。如“雅与奇”，与对传统典则、规范的遵守与否有关；“奥与显”，与对作品主题思想、内涵意蕴所采取的或隐或显的表达方式有关；“繁与约”，与作品意象外观表现形式语言的繁、简有关；而“壮与轻”，则与对作品整体气象有关。可以说，刘勰“八体”说，提供了一个从多重审美角度划分风格类型的典型范例。今人陈望道对风格类型从四个侧面作了划分：（1）由内容和形式的比例，分为简约与繁丰；（2）由气象的刚强和柔和，分为刚健和柔婉；（3）由于话里辞藻的多少，分为平淡和绚烂；（4）由于检点工夫的多少，分为谨严和疏放。[①]对比发现，古今理论家对风格类型划分所用名词语汇有所交叉，但也有所区别。陈望道没有从主体思想或内涵意蕴表达的隐、显角度来划分风格类型，而直接从作品整体气象的刚、柔角度进行了划分。他们的风格类型论虽然主要是针对文学风格类型的划分，但在其他门类艺术中，同样存在与其类似的风格类型。受这些风格类型划分方法的启发，本书拟对各门类艺术领域普遍存在的基本风格类型从宏观层面进行划分，秉持三个“超越”原则，即超越门类、超越时空、超越艺术个别，提出从“形”“意”“文”“法”“气”五个方面来概括与区分艺术作品的基本风格类型；风格类型所用名称，兼顾古今风格类型名称内涵，并予以一定程度的整合与改造。为便于揭示艺术世界的基本矛盾，对其基本艺术风格类型同样以二元对立模式予以展开。

① 陈望道：《修辞学发凡》，复旦大学出版社2008年版，第205页。

一、形：简约与繁丰

简约与繁丰，是从作品之“形”，即从作品意象外观表现形式语言运用之繁简、丰约角度所划分的一对风格类型。

简约风格以简洁、精要的艺术符号和形象来表达丰富的意蕴内涵，力求遣词造句（或符号）的干净利落、言简义丰，力戒过多的人为雕饰、冗词赘句。“文约意广”是简约风格的特征。

繁丰风格运用繁复、丰赡，甚至巧饰细琢的艺术语言和表现技法，使作品意象在外观形式上呈现出繁复细密、丰盈饱满的整体风貌。它是艺术家苦心经营、精雕细琢的积极成果，熔铸了艺术家大量艰辛的劳动、独具匠心的聪明才智和高超精湛的技艺。“繁复丰赡”是繁丰风格的特征。

简约与繁丰这对风格类型，在刘勰《文心雕龙·体性》篇提出的“八体说”中已有论及，“精约者，核字省句，剖析毫厘者也”，“繁缛者，博喻酿采，炜烨枝派者也”，前者强调锻字炼句、剖析精要，后者强调辞采丰赡、铺张灿烂。就辞采运用来说，前者体现为尽可能地少用或不用，力求言辞精练、洗练、以少胜多的艺术效果；后者则体现为多用甚至铺张，还常与工巧、雕琢等相关联，呈现繁复密丽的艺术效果。

1. 崇“简”抑“繁”的审美倾向

中国古代对于简约和繁丰这对风格类型，历来存在崇“简”抑“繁”的审美倾向。其思想渊源可追溯至先秦时期。《老子》曾提出“少则得，多则惑”，孔子《论语·八佾》也有“礼，与其奢也，宁俭”的说法，都认为“简”与“繁”相较，“简”更胜一筹。这些思想主张对各个门类艺术创作与理论著述影响很大，尤其对于文人来说，崇尚“简”“约”，是从事创作不懈追求的至高境界。

刘勰的《文心雕龙》作为一部体大而思精的文论著述，其中有多个篇章，贯穿着“简”“约”的思想。《宗经》篇提出“辞约而旨丰”“体约而不芜”的主张。《铭箴》篇要求铭、箴两种文体“其取事也必核以辨，其摛文也必简而深，此其要也”，其赞曰：“义典则弘，文约为美。”《议对》篇提出“议”体写作的纲要：“文以辨洁为能，不以繁缛为巧；事以明核为美，不以环隐为奇：此纲领之大要也。若不达政体，而舞笔弄文，支离构辞，穿凿会巧，空骋其华，固为事实所摈；设得其理，亦为游辞所埋矣。”明确强调语言文辞应当以明辨简洁为恰当，不应以繁复藻丽而取巧；叙事应以明白核实为美，而不以深幽隐晦为奇，这些都是写作必须把握的基本要领。因而，创作应注意取“约”去“繁”，切忌不懂政体而肆意地舞文弄墨，从而导致文辞藻饰过度，“文浮于理”，事实道理被浮辞所掩盖。如果一味地搬弄文笔、炫耀辞采，最终可能造成“采滥辞诡，则心理愈翳”[①]的后果。此外，《书记》篇所涉范围广泛，对各种文体笔札包括“谱、籍、簿、录”“方、术、占、式”“律、令、法、制”“符、契、券、疏”“关、刺、解、牒”“状、列、辞、谚”等六大类二十四种名目提出“随事立体，贵乎精要；意少一字则义缺，句长一言则辞妨”[②]的写作要求，旨在强调精要而不冗繁。《定势》篇针对文体要求，指出“史、论、序、注，则师范于核要”；《论说》篇要求论体应当“义贵圆通，辞忌枝碎”；《乐府》篇指出“凡乐辞曰诗，咏声曰歌，声来被辞，辞繁难节；故陈思（即曹丕）称左延年（即李延年）闲于增损古辞，多者则宜减之，明贵约也”……诸如此类的表达，不胜枚举，足可以见出刘勰对文“约”的重视和推崇。他还专设《熔裁》篇论及文意锻炼、文辞的剪裁问题，指出“句有可削，足见其疏；字不得减，乃知其密”，文章成篇后，要剪裁浮词，删去同辞重句，使文章达到高度精练的程度。这些主张与其《体性》篇所列“精约”风格类型的思想是一致的。当然，刘勰倡导文“约”是有针对性的，他不满于魏晋六朝文坛过度的浮华藻饰，反复强调“精约”、“实核要约”、“辞约旨丰”等思想，实际上正是“为矫正奢靡讹滥文风而开出的一剂良方，为写作指出的一条正确道路”[③]。

魏晋六朝时期，褒“约”贬“繁”者不只刘勰一人。晋葛洪《抱朴子·诘鲍》说：“质素简约者，贵而显之。”《南史·颜延之传》载，“延之尝问鲍照己与灵运优劣，照曰：‘谢五言如初发芙蓉，自然可爱。君诗若铺锦列绣，亦雕缋满眼。’”钟嵘《诗品》也评颜延之“尚巧似。体裁绮密，然情喻渊深。……汤惠休曰：‘谢诗如芙蓉出水，颜如错彩镂金。’颜终身病之”，当颜延之听到他人评价自己的作品铺锦列绣、工巧雕饰，竟然能“终身病之”。可见，在文人眼中，“雕缋满眼”的艺术作品，并不因其精工细作、错彩镂金而惹人喜爱；相反，倒是简约朴实的作品犹如初发芙蓉，更显得自然可爱，说明繁丰的地位明显低于简约。

崇“简”抑“繁”的审美倾向不仅存在于六朝文人那里，在历代艺术家及理论家那里，也极为普遍地存在着。唐张彦远《历代名画记》论及顾、陆、张、吴用笔时，指出张、吴用笔的精妙之处在于“笔才一二，像已应焉，离披点画，时见缺落，此虽笔不周而意周也”，很显然，此处的“笔不周而意周”，流露出对“简”的偏爱与赞美之意。晚唐司空图《二十四诗品》列有“洗练”一品，描述

① ［梁］刘勰：《文心雕龙·情采》。

② ［梁］刘勰：《文心雕龙·书记》。

③ 袁平夫：《辞约旨丰：〈文心雕龙〉的一个重要的文学观念》，《甘肃社会科学》2006年第4期。

这种风格“如矿出金，如铅出银。超心炼冶，绝爱缁磷”，意指这是一种精心的自我冶炼，如同矿出金、铅出银一般，须经过“超心冶炼”，将杂质芜物驱除以臻于“精纯”。洗练，就是简洁、凝练，是高度的精练，是经过去粗取精之后而获得的至纯至简的艺术境界。

宋欧阳修曾针对北宋中期以前诗风、文风的浮丽雕琢，画风的繁缛精工，提出“笔简而意足”的观点：

> 善言画者，多云鬼神易为工，以谓画以形似为难。鬼神，人不见也，然至其阴威惨淡，变化超腾，而穷奇极怪，使人见辄惊绝，及徐而定视，则千状万态，笔简而意足，是不亦为难哉！①

显然，欧阳修的“笔简而意足”与张彦远“笔不周而意周”的说法相类似，都体现出对“简”的崇尚。然而欧阳修的“笔简”说，不仅是对绘画提出的要求，同时也是对各种艺术形式提出的总体要求。绘画上的“笔简”，不只在形似上做文章，而是为了更好地体现形似之外的“意足”和神韵。因而他论画重“意”不重“形”，论画诗中说“古画画意不画形，梅诗咏物无隐情，忘形得意知者寡，不若见诗如见画”②，这与苏轼“论画以形似，见与儿童邻”在思想本质上是相似的。可以说，宋代“尚意”艺术趣味的形成，与这种不求形似、以“笔简”而达意的思想是密切相关的。对于文学创作，欧阳修依然提倡艺术语言的“精择”与“去繁”“然著撰苟多，他日更自精择，少去其繁，则峻洁矣”③，力求语言的简易精练，高度概括，这也正是宋代文学艺术的风格特色。宋陈骙也说：“事以简为上，言以简为当。言以载事，文以著言，则文贵其简也。文简而理周，斯得其简也。”④绘画理论中，宋代黄休复《益州名画录》旗帜鲜明地将“逸格”置于“神”“妙”“能”三格之上，并定义“逸格”为“拙规矩于方圆，鄙精研于彩绘，笔简形具，得之自然，莫可楷模，出于意表”，正是看到了“逸格”不拘泥法度，不注重繁缛的色彩与雕画，能以简约笔触表达主体的思想情感这一点，而且这一排序，充分体现出宋代文人画对“简”的崇尚。

清刘大櫆更为直截了当地指出：“文贵简。凡文笔老则简，意真则简，辞切则简，理当则简，味淡则简，气蕴则简，品贵则简，神远而含藏不尽则简，故简

① ［宋］欧阳修：《居士外集》卷二、三《题薛公期画》。

② ［宋］欧阳修：《居士集》卷六《盘车图》。

③ ［宋］欧阳修：《书简》卷七《与渑池徐宰》（嘉祐元年）。

④ ［宋］陈骙：《文则·甲四》。

为文章尽境。”[①]清恽寿平《南田画跋》说：“画以简贵为尚。简之入微，则洗尽尘滓，独存孤迥。”[②]等等。可见古人对简约的崇尚，已经将其视为创作的至高境界。

需要特别指出的是，古人在对“简”推崇的同时，常常伴随着对“繁”的贬斥，认为“繁”是人为工巧、刻意雕琢、铺张藻饰的结果。也许正是这种偏见的存在，才导致颜延之在听闻别人评其诗作“铺锦列绣”“雕缋满眼”，不及谢诗“初发芙蓉”“自然可爱”时，竟然终身以此为病。其实，不论“雕缋满眼”的繁复工巧也好，“自然可爱”的简约精要也罢，它们所代表的是两种各具审美价值的风格类型，诚如宗白华所说，“这可以说是代表了中国美学史上两种不同的美感或美的理想”，并列举了这两种风格一系列的审美范例：

> 楚国的图案、楚辞、汉赋、六朝骈文、颜延之诗、明清瓷器，一直存在到今天的刺绣和京剧的舞台服装，这是一种美，“错采镂金，雕缋满眼”的美。汉代的铜器、陶器、王羲之的书法、顾恺之的画、陶潜的诗、宋代的白瓷，这又是一种美，“初发芙蓉，自然可爱”的美。[③]

宗白华先生对这两种艺术风格的概括和肯定态度是富有启发意义的，即对于不同的艺术风格，不应当褒此贬彼，而应平等对待。虽然古人，尤其是文人存在崇尚简约的审美倾向，但并未能完全阻止创作实践领域繁丰风格的创造。简约与繁丰这两种风格类型，各具特色，各美其美。

2. 简约：文约意广、以少胜多

简约是一种“文约意广”“以少胜多”的风格类型，艺术表现形式语言的简约，并不意味着内涵的“节省”“简单”或“无味”，相反，正是通过有限的形式体现了无穷的意蕴，所谓“言有尽而意无穷”。

（1）水墨写意画之简约之美

传统文人水墨写意画，用笔虽简却寓意深远。简约风格之“简”，主要体现为两个方面：

其一，笔墨之“简”。古人常以简约洗练的艺术手法和概括能力，通过寥寥笔墨来营造意境、抒发情感。五代石恪为人放荡不羁，画法粗简放逸，不为规矩所囿，其《二祖调心图》（图2.1）开“减笔”画法和水墨写意人物画之先声，以

① ［清］刘大櫆：《论文偶记》。

② ［清］恽南田：《南田画跋》，载潘运告主编：《清人论画》，湖南美术出版社2004年版，第140页。

③ 宗白华：《美学与意境》，江苏文艺出版社2008年版，第292页。

极为简练的笔法，浓淡湿枯相间有致的墨法，勾画出一“静”一“酣”两个禅定状态的高僧。北宋李公麟受顾恺之影响，又师法吴道子疏体画法，发展出一种“扫去粉黛，淡毫轻墨”的白描画法，如其作《五马图》（图2.2），以高度简洁而素朴的笔法，通过曲直、粗细、刚柔、轻重而富有韵律变化的笔墨线条来概括物象的形状和特征，虽“不施丹青”，却能达到“光彩动人”的艺术效果。南宋梁楷秉性疏野，常嗜酒自乐，有“梁疯子”之称，早年曾师法李公麟“细笔画”，中年后改细笔白描为水墨逸笔，将石恪“减笔”画风加以创造性发展，把人物形象夸张简化到了极致，如其作《太白行吟图》（图2.3），笔风简练豪放，不拘小节，形神兼备；所作《泼墨仙人图》，更是以粗犷简洁的笔墨，以大刀阔斧的寥寥数笔，涂绘出一个不衫不履的仙人醉态。南宋僧人画家法常，作画尤以“简”为特色，据元末夏文彦《图绘宝鉴》说他“喜画龙虎、猿鹤、芦雁、山水、树石、人物，皆随笔点墨而成，意思简当，不费妆饰”[①]。从其《写生蔬果图》卷和《法常写生》来看，前者如沈周跋语“不施彩色，任意泼墨，俨然若生，回视黄筌、舜举之流，风斯下矣”，后者如项元汴语“其状物写生，殆出天巧，不惟肖似形类，并得其意”[②]，说明法常作画不重妆饰，而侧重以简单的笔墨“写意”，其作《松树八哥图》（图2.4）以简洁而俭省的笔墨，将八哥、松树主干、松针、松果等刻画得栩栩如生。

八大山人朱耷本是明皇室后裔，明亡后出家为僧。他将国破家亡所引起的满腔悲愤付诸笔端，常以简约的笔墨托物言志，所画的禽鸟，落墨俭省、构图奇特、笔情恣纵、不规常法，或栖息于岩隙，或独立于怪石，或拱背缩颈，或白眼向人，一副桀骜不驯、玩世不恭的样子。如《杨柳浴禽图》（图2.5），极具简约怪诞之风，画面底端一斜坡上，一石一树均向右欹斜，然在相互依搭即将倾倒的惊险之地，却有一只八哥单足立于枯枝之巅，双目圆睁，屈首理羽，并未理会栖息之地的危险，画面上方垂下几缕疏枝，随风摇曳，整个画面充满萧瑟而动荡之感，不禁令人联想到如履薄冰的人生境遇。这种“言有尽而意无穷”的笔墨技法，正是通过简约的笔触来传达作者内心的郁闷情结。正如贝尔所说：“一个艺术家为了使他的构图有把握，他想到的第一件事就是简化。但是，简化并不仅仅是去掉细节。还要把剩下的再现形式加以改造，使它具有意味。”[③]

其二，构图布局之“简”。水墨画构图由全景式到边角式的转变，使画面上留有大量的空白，这是中国水墨绘画最有意味之处。空白可“以之作天、作水、

---

① 转引自明莲儒：《画禅》，载潘运告主编：《明代画论》，湖南美术出版社2002年版，第314页。

② 王伯敏：《中国绘画通史》，三联书店2001年版，第404页。

③［英］克莱夫·贝尔：《艺术》，中国文联出版公司1984年版，第155页。

图2.1　五代 石恪《二祖调心图》之一

图2.2　北宋 李公麟《五马图》之一

图2.3　南宋 梁楷《太白行吟图》

图2.4　南宋 法常《松树八哥图》

图2.5　清 朱耷《杨柳浴禽图》

作烟断、作云断、作道路、作日光”[①]，空白并非虚空，而是有着丰富的含义，可以唤起欣赏者无限的想象和再创造。苏轼曾言：“欲令诗语妙，无厌空且静。静故了群动，空故纳万境。”（《送参廖师》）虽然讲的是诗，但“诗画本一律”，同样适合于画。诚如清华琳《南宗抉秘》所说：“画中之白，即画中之画，亦即画外之画也。”这是一种有待欣赏者予以完善填补的召唤结构，诚如伊瑟尔

① ［清］华琳：《南宗抉秘》。

所认为的，艺术作品的结构是一种召唤结构，“只有接受者的积极参与才能填补和具体化这个艺术图式中的空白和不确定点，完成这个召唤的结构”①。南宋画家马远、夏圭突破了五代至北宋的全景式构图方式，对画面布局进行大幅度简化，通过对外部世界高度提炼，将纷繁的景物冶炼精粹，浓缩在“以少总多”的构图中，以有限的物象来表现丰富的内容。其创作着意从某个特定角度截取自然景观，以近景特写的方式来突出、夸大景物的一角或半边，以营造以无当有、虚实相生的艺术效果，人称“马一角”“夏半边”。如马远《梅石溪凫图》（图2.6），左上角取景，悬崖石壁上梅花含苞待放，崖下空景处春江水流动，群鸭嬉戏从右向左，使画幅平衡而充满意趣。夏圭的《松溪泛月图》（图2.7），摇曳的松树设以近景，一叶扁舟泛江，附以点景人物以中景，统统设置于画面的下半边，寥寥数笔，而将一半画幅留给远处的天空和江面，给人以计白当黑、回味无穷之美感，正如清笪重光《画荃》所说“虚实相生，无画处皆成妙境”。有评论者将这种精心剪裁的创意构图方式与南宋“半壁江山”联系起来，“中原殷富百不写，良工岂是无心者。恐将长物触君怀，恰宜剩水残山也”②，此说不无道理。

元末四家之一的倪瓒，作画不求形似，“逸笔草草”，写竹“聊以写胸中之逸气耳！”倪瓒将绘画视为抒发内心情感的途径，其画作《渔庄秋霁图》（图2.9）以简练疏放的笔法凸显出景致的荒寒萧疏，构图上大片空白的运用，又给人以烟波浩渺的无限遐思，使人充分领略到江南秋景的魅力。董其昌对倪瓒评价极高：“真所谓逸品，在神妙之上者。此《渔庄秋霁图》，尤其晚年合作者也。”③

图2.6　南宋　马远
《梅石溪凫图》

图2.7　南宋　夏圭
《松溪泛月图》

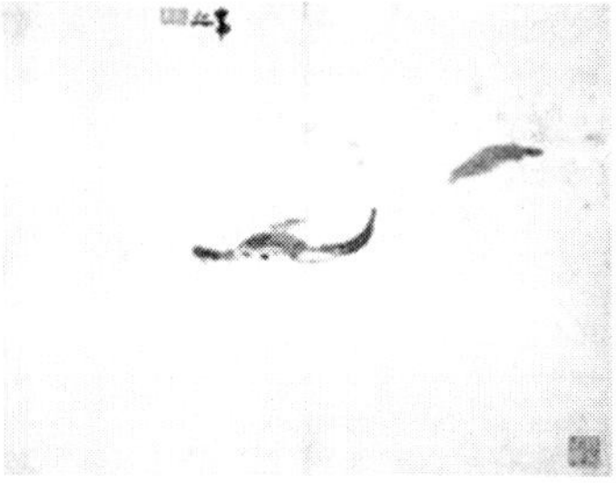

图2.8　清　高其佩
《水牛图》

① 王宏建主编：《艺术概论》，文化艺术出版社2000年版，第436页。

② ［明］郁逢庆：《郁氏书画题跋记》引陆完跋语，载王伯敏：《中国绘画通史》（上册），三联书店2001年版，第387页。

③ 转引自洪再新编著：《中国美术史》，中国美术学院出版社2000年版，第281–282页。

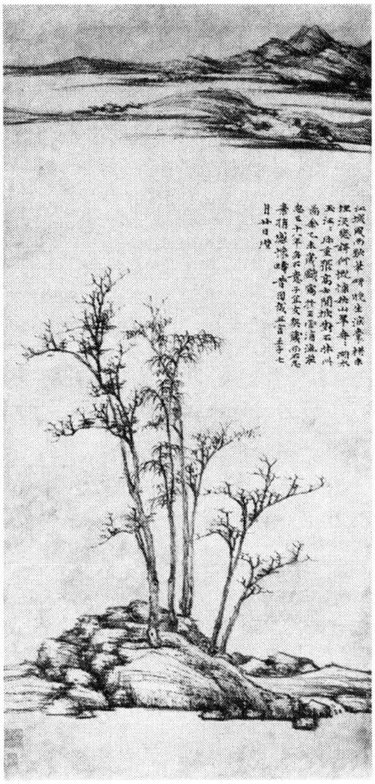

图2.9 元 倪瓒《渔庄秋霁图》

图2.10 清 朱耷《眠鸭图》

八大山人朱耷作画不仅用笔简，构图同样也简。如其作《眠鸭图》（图2.10），画面上大片的空白，使人浮想联翩，空旷孤寂的情调充溢其间，恐怕这正是其悲惨人生境遇的隐喻与写照。清代高其佩，专擅指画，以手指的勾、染、点、画来描绘物象，能以极其简约的笔触表现人物、山水、花鸟、走兽、鞍马等多种题材，无所不有。如其作《水中八事》之一《水牛图》（图2.8），仅露牛头、臀两处，其余部分全都省略，留下大量的空白，笔墨之简已达至无以复加的地步。作品中的空白犹如水塘，牛头微抬，牛鼻和眼睛浮出水面，仿佛牛儿过河发出喘息之声；微隆的牛臀使人感到牛儿在向前游走，整体看来，无论构图还是笔墨都极尽简约之功。E. H. 贡布里希在论及印象派绘画时曾说，“图像并没有在画布上留下稳固的锚地——只是在我们的心中‘唤起’而已”，此时的欣赏者并非置身事外，而是在观画中有“更多的事做”，直接参与到绘画创作中来，体验“曾是艺术家特权的‘制作’活动”①。中国绘画空白的运用正是如此，它唤起欣赏者的情感共鸣，让欣赏者参与到艺术的“制作”当中，使“空白”获得多重角

① ［英］E. H. 贡布里希著，杨成凯、李本正、樊景中译：《艺术与错觉》，广西美术出版社2012年版，第169页。

度的填补和无限可能的诠释。

（2）古琴音乐之简约之美

音乐作为表情性艺术，同样存在着简约风格。音乐的简约主要体现在乐曲旋律曲调的简短与乐句的重复变化上。古琴曲《酒狂》就是这样一首简约之作。此曲相传为魏晋阮籍所作，阮籍为“竹林七贤”之一，因对晋朝司马氏集团的统治不满，隐迹山林而不仕，终日纵酒狂放，吟诗弹琴，以洁身自保，抒其愤懑之情。据朱权《神奇秘谱》解题说：“籍叹道之不行，与时不合，故忘世虑于形骸之外，托兴酗酒，以乐终身之志”“岂真嗜于酒邪，有道存焉。”此解题反映出阮籍个人理想于其时无法实现，又不肯随波逐流于时俗，只能寄情于酒，说明阮籍的醉酒佯狂是有着深刻的社会根源和心理背景的，是其针砭时弊、消极斗争的体现。《酒狂》传谱最早见于《神奇秘谱》（1425），是较为原始而烦琐的文字谱，只记录演奏的技法和音位，不能反映节奏、音值的记谱法。经古琴演奏家姚丙炎以《神奇秘谱》为蓝本，又参照《西麓堂琴统》（1549）整理打谱后，确定该曲属于重音在第二拍的三拍子，这种特殊的处理重在表现醉酒后混沌朦胧的情态，以发泄内心郁积的不平之气。[①]当代音乐史学家许健分析过《酒狂》的曲谱，在《琴史初编》中说：“《酒狂》的音乐基本上是用一个主要曲调，在不同高度上稍加变化的重复，重复的各个段落中间有一些过渡性的连接材料……乐曲采用三拍子，并在弱拍出现沉重的低音或长音，造成头重脚轻、站立不稳的感觉，从而刻画出醉酒后迷离恍惚、步履颠踬的神态。”[②]从所译简谱来看，曲调简练、结构严整，虽曲篇短小，却寓意深刻，是古琴音乐中不可多得的名篇佳作。其主要旋律、音型只有两种：

第一种：

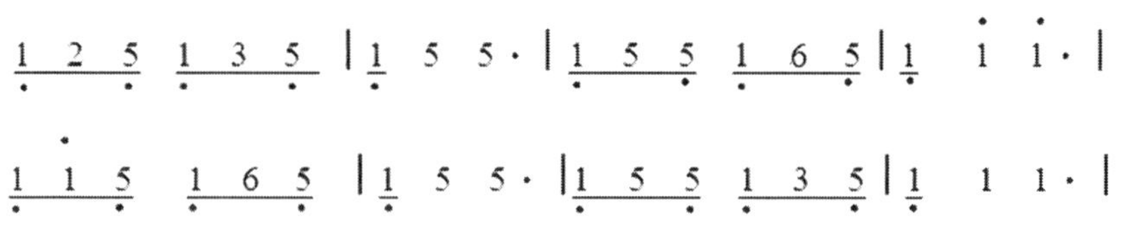

这两句是乐曲的前八小节，上下句节奏相同，音高稍有变化，由于重音在三连音的中间音，且前后两个音为低音、弱音，与中间高音重拍形成强烈的对比，音程跳跃都在八度以上，造成一种跌宕之势，忽上忽下，好似频繁站立又倒下，

① 参见刘承华：《中国音乐的神韵》，福建人民出版社1998年版，第320页。

② 许健编著：《琴史初编》，人民音乐出版社1982年版，第36–37页。

摇摇晃晃、踉踉跄跄，无法站稳的状态。而且这两个乐句是主题句，后面的乐句均是在前一句的基础上变化而来的。即使是伴有大幅度摇晃的句型，如：

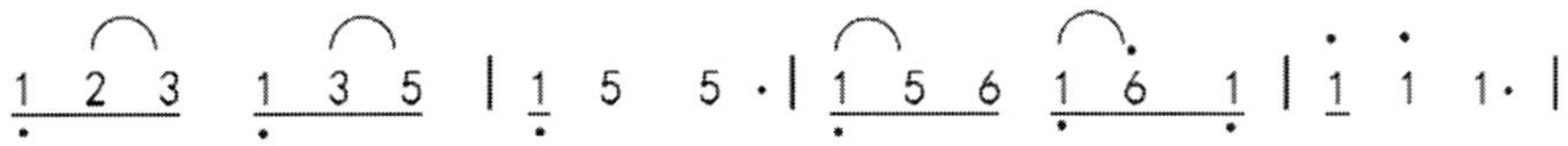

也是在前两句基础上变化而成，只是在演奏技法上由单音变为连音，并通过古琴的走手滑音和逐层上升的音阶，描绘跌倒后又挣扎站立，身体大幅度摇晃的情景，惟妙惟肖。①

第二种：

这一音型在乐曲中出现了六次，都出现在倒下之后。前三次出现在中低音区，好似倒下后微微挣扎；第四、五次则翻高八度，在中高音区，好似酒醉之后想要奋力挣扎站立；最后一次又回到中低音区，似乎几经努力挣扎之后，还是无法站立，只好泄气作罢。这首乐曲短小精悍，从头到尾都在表现挣扎站起、又踉跄倒下这样一个情景。其音乐发展主要以两种乐句的节奏音型而展开，主体框架基本保持不变，只是个别音进行变化，然而这种“常中有变”的乐句不断反复，并没有给人以单调冗繁之感，反而更有助于音乐形象的塑造，生动刻画了一位醉酒佯狂、站立不稳的醉汉形象。

音乐的简约，并不等于简单。乐曲主题音调虽简，却在“重复”中不断丰富。“重复是为了音乐的呈示和展开、加深听者对音乐的印象和记忆，而将已出现的动机、乐句或主题再次出现。”②重复有完全重复和变化重复之分，是音乐创作的重要手法，特别是在中国传统音乐中，重复手法运用得尤为显著。重复是推动音乐发展的重要手段，不仅可以是曲调音型的重复变化，还可通过音色、音高、音区，甚至速度快慢、力度强弱等实现乐曲的变化发展。如古琴曲《阳关三叠》结构简单，只有一个主题，三段加尾声构成，然而，其三段并非枯燥的完全重复，而是重复与变化的相融相济，除了音色和音高变化推动音乐发展之外，新材料的出现与插入也使音乐情绪不断推进，时而紧张、时而激动、时而松弛，使

① 刘承华：《中国音乐的神韵》，福建人民出版社1998年版，第322页。

② 刘承华：《中国音乐的人文阐释》，上海音乐出版社2002年版，第223页。

乐曲始终处于绵延不绝的发展之中。对于不断循环反复的音乐，插部往往具有推动音乐发展的重要作用。如《梅花三弄》，其第一主题在重复中的两个插部，本身就是变化重复而来，以推动音乐情绪进一步发展，使乐曲对梅花的赞美之情一次次得到提升。可见，重复手法不仅有助于强化主题，刻画音乐形象，而且对于音乐乐思发展具有特别重要的意义。除古琴音乐之外，我国其他的传统音乐如二胡、琵琶、筝、箫笛等在创作上也是如此，大多以某个短小的主题音乐、动机或音型作为基础，通过重复手法及“加花”变奏手法，使音乐不断丰富发展。在这个意义上，我们深刻体会到传统音乐之简约并不简单，“以少胜多”是其本质特色。

（3）雕塑、工艺之简约之美

古代雕塑及工艺美术中也有很多极尽简约之美的创作，主要体现在形与色两个方面。

就形的一面来看，汉代雕塑最具代表性，如霍去病墓前石雕群像。作为纪念性雕塑，霍去病墓前石雕群像旨在表现其骁勇善战、不畏顽敌的赫赫战绩与功业。然而这组石雕却并未采用细致的雕琢与繁复的刻画，而是以极其俭省而灵动的艺术手法，使作品在整体上呈现出朴拙浑厚、雄大深沉、简约壮美的风格特色。从现存于陕西茂陵博物馆的《马踏匈奴》《跃马》《野猪》《卧象》《石鱼》《牯牛》《野人搏熊》等作品，可以发现“以少胜多”的简约风格是彰显雄浑博大精神气度的根本原因。首先，“为冢象祁连山”①是这组石雕的创作初衷，通过采用巨大的石材和宽阔的环境来体现霍去病，抑或是汉代不可一世的英雄主义精神；其次，因势象形的造型手法，体现在依据石料的自然形状，不加或稍加雕琢即可成型。如《跃马》石雕，利用天然石块的形状，简要概括地雕刻出关键性部位，就体现出矫健的战马瞬间腾跃的形象。又如《伏虎》《石鱼》《野猪》等石雕，也是充分利用天然石材的形势与断裂面，施以合理而简单的加工，竟然将其神态刻画得惟妙惟肖、神采灵动；最后，这群石雕风格虽然简约，却不乏雄浑遒劲之美。如《野人搏熊》，巧妙利

图2.11　马踏匈奴 霍去病墓前石雕

① 《汉书·霍去病传》，载［汉］班固撰，赵一生点校：《汉书》卷五十五，浙江古籍出版社2002年，第790页。

用凹凸不平的鹅卵巨石，外形轮廓几乎未加任何雕琢，仅以浅浮雕的手法顺势雕刻，就将野人与熊搏斗的紧张凶险场面刻画得入木三分。又如《马踏匈奴》石雕（图2.11），刻画一匹战马正脚踏匈奴的场面，战马的稳健雄劲、器宇轩昂，与匈奴的穷凶极恶、垂死挣扎形成鲜明的对比，这种内在的张力与威严的气势并非通过精工细刻，而是以极其凝练简约的手法，展现出一派威风凛凛、浩气冲天的气势，俨然就是西汉王朝征服世界的宏大气魄与气吞八荒的豪迈气概的真实写照。

另一典型代表，是汉代陶俑工艺制品。汉代陶俑是商周人殉葬制度的变相延续。两汉时期儒家思想占据主导，“孝”的思想深入人心，体现在丧葬礼俗上就是厚葬成风。《礼记·中庸》说：“事死如事生，事亡如事存，孝之至也。”汉陶俑就是厚葬文化影响下的产物。作为随葬品的陶俑，题材多样，样式繁多，如楼榭、家禽、家畜、击鼓、说唱、歌舞、吹箫、抚琴等无所不有，就是为了让死者在阴间享受到人间的环境与礼遇。汉俑虽在规模形制上难以与高大、写实的秦俑相比，也缺乏细节、修饰乃至个性传达和主观抒情，然而却以高度凝练、异常夸张的手法取其“大势”，祛除“繁缛”，以极其俭省、粗犷单纯的简约风格来构建整体形象。就汉代乐舞俑来看，面目表情简洁生动，身体姿态动感十足，尽管在制作上不够精工细作，甚至显得幼稚、粗糙、简单、笨拙，然而其鲜活的生命力“就在这不事细节修饰的夸张姿态和大型动作中，就在这种粗轮廓的整体形象的飞扬流动中，表现出力量、运动以及由之而形成的‘气势’的美”①。虽然它们在造型上缺乏逼真写实的细节刻画与精工细作的雕琢彩绘，却以粗犷、凝练的手法呈现出简约而灵动的风格特点。

就色的一面来看，宋代陶瓷最具代表性。宋代陶瓷是工艺美术中的杰出典范，是中国瓷器史上最为杰出、不可逾越的高峰。宋代陶瓷闻名，不仅在于纹饰，更重要的是其造型和色彩的简约令人钦羡。造型上追求洗练简洁，胎骨厚重、圆方结合，端庄大方；色彩上非青即白，釉质肥厚莹润，着意追求“冰”“玉”效果，一洗唐代绮罗香泽、袒胸露臂、色彩艳丽之态，而着重以简约雅致、冲淡温润、色泽淡雅的风格特色来体现飘逸委婉、余味悠长之意。如定窑“印花云龙纹盘”（图2.12），融日常饮食器皿盘、碗器形于一身，口圆径阔，以硬质模具在盘底压制云龙纹样，并在盘沿镶嵌深色铜圈，显得层次分明、简洁大方，为实用性器物增添了审美性特质。又如定窑《白釉孩儿枕》（图2.13），是以一个趴在卧榻上活泼天真的婴儿为形象，巧妙利用其背部曲线作枕面，是融实用性和艺术性为一体的又一名品杰作。

---

① 李泽厚：《美的历程》，天津社会科学院出版社2001年版，第135页。

图2.12　宋 印花云龙纹盘

图2.13　宋 白釉孩儿枕

再比如哥窑“贯耳瓶”（图2.14），因哥窑胎土含铁较多，故釉色多灰青，其裂纹是由胎和釉膨胀收缩系数的不同而在冷却过程中出现的，最初是烧制中的缺陷，后被专门利用，有意制造釉面裂纹而形成苍翠莹澈、自然温润如玉的艺术效果。此外，北宋景德镇的青白瓷，胎质细密，釉色青白，刻意仿玉，追求“素肌玉骨”的审美趣味，有“青如天，明如镜，薄如纸，声如磬”[①]的美誉；还有安徽宿县出土的青白瓷酒壶、温碗（在当时称为“注子”“注碗”）（图2.15），素朴淡雅，简约大方。

图2.14　宋 贯耳瓶

图2.15　宋 青白瓷注子、注碗

诸如此类的作品不胜枚举。总之，宋瓷集古代陶瓷工艺之大成，其典雅庄重、简约淳朴的风格特征，与宋代追求超凡脱俗、传神尚意的美学意蕴是一致的，其至高的艺术地位也是由其“雅”“简”的风格特色奠定的。

① 长北：《中国艺术史纲》（上），商务印书馆2006年版，第335页。

3. 繁丰：繁复丰赡、工巧细密

繁丰是与简约相对的风格类型。不同于简约风格追求精要洗练、言简义丰的“初发芙蓉、自然可爱”之美，繁丰风格常常呈现出精雕细琢、工巧繁缛的“雕缋满眼、错彩镂金”之美。在古代艺术史中，繁丰常因过多的文采藻饰、繁复细密的表现形式而遭到批评家的贬斥、抑制，导致其地位远不及简约。然而，不可否认的是，繁丰风格有其美的独特性。由于繁复丰赡、工巧细密的风格特性，繁丰往往以其精致细腻的笔触、高超精湛的技艺、别具匠心的设计令人感叹折服，带给人们丰富的审美享受。繁丰风格所展示的是一个丰富、灿烂的艺术世界，广泛存在于各个门类艺术领域，从未消逝过。

（1）文学中的“繁丰”之美

文学领域，最具繁丰风格之美的是赋这种文体。汉赋作为汉代最为流行的文体，也是文学的范型和代表。何谓“赋”？据刘勰《文心雕龙·诠赋》说“‘赋’者，铺也。铺采摛文，体物写志也”，钟嵘《诗品序》说“直书其事，寓言写物，赋也”，朱熹释义为“赋者，敷陈其事而直言之者也”[①]。这几种说法虽不完全相同，但其共同之处都强调“赋”具有铺陈、直言、体物、写事等特征，说明“赋”注重对客观事物、外在世界的体认、描摹、雕画和铺叙，[②]正如刘勰所说“写物图貌，蔚似雕画，抑滞必扬，言旷无隘”[③]，即赋体主要工于事物形貌的描摹，描绘如同雕画一般华美，言辞抑扬顿挫，内容广阔而不狭隘。司马相如作为汉赋最有代表性的作家，作有《子虚赋》《上林赋》等名篇，以游猎为题材，尤其是后者，对帝王苑囿之广大、宫殿之奢华、田猎之壮观作了细致的、模拟性的描绘，极尽铺张之能事，语言追求夸饰、藻饰，“用文学的话语形式再造了一个感性、繁复的外部世界，从而奠定了汉大赋偏于铺排描摹和体物叙事的基本审美模式。”[④]试看《上林赋》中对山林幽谷的描绘：

> 于是乎崇山矗矗，巃嵸崔巍，深林巨木，崭岩参差，九嵕巀嶭。南山峨峨，岩陁甗锜，摧崣崛崎，振溪通谷，蹇产沟渎，谽呀豁閜，阜陵别岛，崴磈嵔瘣，丘虚堀礨，隐辚郁垒，登降施靡，陂池貏豸，允溶淫鬻，散涣夷陆，亭皋千里，靡不被筑。揜以绿蕙，被以江蓠，糅以蘪芜，杂以留夷。布结缕，攒戾莎，揭车衡兰，稾本射干，茈姜蘘荷，葴持若荪，鲜支黄砾，蒋芧青薠，布濩闳泽，

① ［宋］朱熹注：《诗集传·楚辞章句》。

② 陈炎主编：《中国审美文化史》（先秦秦汉魏晋南北朝卷），山东画报出版社2007年版，第270页。

③ ［梁］刘勰：《文心雕龙·诠赋》。

④ 陈炎主编：《中国审美文化史》（先秦秦汉魏晋南北朝卷），山东画报出版社2007年版，第270页。

延曼太原，离靡广衍，应风披靡，吐芳扬烈，郁郁菲菲，众香发越，肸蚃布写，晻薆咇茀。[①]

这里写山林草木，极尽铺张与藻饰，既有对整体面貌的总括，也有对崇山、深林、巨木、崭岩、九嵕山、南山、岩陁、溪水、山谷、沟渎、别岛、丘陵、陂池、绿蕙、蘼芜、槀本、茈姜、蘘荷等细节的具体描绘，极尽繁复细密之工，以博为贵，以全为尚，展现了一幅崇山峻岭、草木旺盛的壮丽图景。

即使是赏乐娱乐之赋，也追求浩繁、磅礴的气场，如“撞千石之钟，立万石之虡。建翠华之旗，树灵鼍之鼓。奏陶唐氏之舞，听葛天氏之歌。千人唱，万人和。山陵为之震动，川谷为之荡波”[②]。何等壮观，何等气魄！如此描绘并不是为了政治说教，也非抒发情感，而是要通过带有夸张、藻饰的体物叙事，从对外在客观世界巨细宏微、细腻模拟的描绘中，实现对全景、万物的完整把握与囊括。正如司马相如所说“赋家之心，苞括宇宙，总览人物”（《西京杂记》卷二），这正是大汉帝国鼎盛时期积极进取、雄霸天下的时代精神的真实写照。由司马相如所构建的这种偏于描摹再现的创作模式，其后在班固《两都赋》和张衡《二京赋》中得到进一步的扩展与发挥，“其体物状貌的创作意识之自觉、描摹再现的范围之广泛，写实拟景的手段之丰富，可谓是尽其极致，叹为观止，在这种大赋里，天文地理、山川人物、京殿苑囿、草木虫鱼、浮雕歌舞、珠宝珍奇、繁礼缛仪。……但凡辞人所见所闻，无不可汇聚笔端”[③]。可见，汉大赋之所以如此“穷尽万物”地铺陈摆列，铺采摛文，正是要彰显汉王朝“容纳万有”“气吞八荒”的大国风范，由此也造就了汉赋所特有的“繁丰”之风格特色。由于赋体以铺排、夸饰为特色，语言表现形式难免存在过分注重辞藻华丽、堆垛奇字的创作倾向，为此也常遭到理论家的批评和指摘。汉赋于汉末逐步走向衰落，然而，赋这种文体并没有完全断绝。

魏晋六朝时期，仍有文人采用赋体进行创作，篇幅虽小，却依旧繁丰缛丽。如西晋陆机曾作《瓜赋》《浮云赋》《鼓吹赋》等多篇细密缛丽的咏物赋，且全用骈体写成。如《鼓吹赋》：“及其悲唱流音，彷徨依违，合欢嚼弄，乍数乍稀。音踯躅于唇吻，舌将舒而复回。鼓砰砰以轻投，箫嘈嘈而微音。咏悲翁之流思，怨高台之难临。顾穹谷以含哀，仰归云而落音。节应气以舒卷，响随风而浮沉。马

① ［汉］司马相如著，朱一清、孙以昭校注：《司马相如集校注》，人民文学出版社1996年版，第23页。

② ［汉］司马相如著，朱一清、孙以昭校注：《司马相如集校注》，人民文学出版社1996年版，第26页。

③ 仪平策、廖群：《汉大赋——中国文学发展的必然环节》，《山东大学学报》1988年第2期。

顿迹而增鸣，士嚬蹙而沾襟。”[①]这段文字以丰赡细密的语言对演奏的情态及效果作了淋漓尽致的描摹，如状目前。尤其是其《文赋》，常被认为是“我国文学理论批评史上第一篇比较完整而系统的论创作的文章”[②]，但在写作风格上同样是繁复细密、“庶品杂类”。《文赋》对创作过程的描绘，可谓达到了极致精微的程度：

> 其始也，皆收视反听，耽思傍讯，精骛八极，心游万仞。其致也，情曈昽而弥鲜，物昭晰而互进。倾群言之沥液，漱六艺之芳润，浮天渊以安流，濯下泉而潜浸。于是沈辞怫悦，若游鱼衔沟而出重渊之深；浮藻联翩，若翰鸟缨缴而坠曾云之峻。收百世之阙文，采千载之遗韵，谢朝华于已披，启夕秀于未振，观古今于须臾，抚四海于一瞬。[③]

陆机以极其细密详尽的铺叙，对艺术创作过程作了全方位、多角度的精描细摹，使创作过程中复杂微妙的心理感受、想象思维及情感变化等真切生动地展现出来，使人们对创作过程的认识与理解更加细化、更加深入。诚如刘勰《文心雕龙·诠赋》所言：“拟诸形容，则言务纤密；象其物宜，则理贵侧附。”由此可见，繁丰缛丽并非一概不足以观，文辞藻饰运用得当的话，不仅能为作品增光添色，而且能给人以赏心悦目的审美享受。

（2）绘画中的繁丰之美

绘画领域的繁丰之美，体现在以繁复细密的笔触进行精描细画，突出画作每一个细枝末节，使其看起来生动逼真，引人入胜。中国绘画史上，以繁丰为风格特色的画作，并不鲜见。据张彦远《历代名画记》说：“上古之画，迹简意淡而雅正，顾、陆之流是也。中古之画，细密精致而臻丽，展、郑之流是也。”展子虔是隋代画家，其作《游春图》（图2.16），可视为山水画走向成熟阶段的一幅杰作，可谓是极尽繁复华丽之美。整幅画面既有宏阔壮观的千里江山的描绘：高耸连绵的青山、开阔无际的江流、漂浮涌动的祥云、泛绿映红的花木；又有精细入微的自然美景的刻画：坡岸盘曲、绿树成荫、桃杏满枝、屋舍掩映、小桥流水、江面泛舟；还有各种不同身份的游人，骑马的、泛舟的、踏歌的、待渡的，等等，姿态万千，“咫尺千里的壮阔山川、明媚和煦的早春风光和宁静欢悦的生活景象，交织成一幅绚丽多姿、气象万千的游春图，令人神往”[④]。

---

① ［西晋］陆机著，金涛声点校：《陆机集》，中华书局1982年版，第31页。

② 王运熙、顾易生主编：《中国文学批评通史》，上海古籍出版社1996年版，第111页。

③ ［西晋］陆机著，金涛声点校：《陆机集》，中华书局1982年版，第1–2页。

④ 参见周林生主编：《魏晋至五代绘画》，河北教育出版社2012年版，第67页。

图2.16　隋 展子虔《游春图》

图2.17　唐 李思训《江帆楼阁图》

唐代李思训直接承继展氏衣钵，将其青绿山水发展为更为精致细密的金碧山水，其作《江帆楼阁图》（图2.17）极尽繁丰细密之妙。该作选取春意最浓的江岸坡脚，以细致精微的笔触描绘物象，不求“全景”而以“局部”构图，使画面呈现出缜密细腻与开阔旷远两种景致的对比。他对画面的精微处理及设色的金碧辉煌，颇受皇室的青睐。其子李昭道画作更显繁缛细密，所作《明皇幸蜀图》（图2.18）表现明皇一行人出游行于蜀道的阵容，隐去帝王流亡的尴尬，而着意于春山行旅的诗意描绘。画面安排得极为饱满，在巴山蜀水的重岩叠岭之间，人物鞍马清晰真切，笔触缜密精巧，色彩典雅富丽，即使是“豆人寸马”也都描绘得须眉可见。画史评价“昭道虽图山水、鸟兽，甚多繁巧，智慧笔力不及思训”[①]，然其“变父之势，妙又过之”[②]。李思训父子所开创的金碧山

① ［唐］朱景玄：《唐朝名画录》，载潘运告主编：《唐五代画论》，湖南美术出版社1997年版，第87页。

② ［唐］张彦远：《历代名画记》，载潘运告主编：《唐五代画论》，湖南美术出版社1997年版，第239页。

水一派，对其后院体绘画产生了重要影响，被董其昌称作“北宗”之祖。

图2.18　唐 李昭道《明皇幸蜀图》

宋代张择端的《清明上河图》(图2.19)，作为一幅市井风俗画作，极尽繁复之功。作品以描绘北宋都城汴梁及汴河两岸清明时节极具风土人情的世俗生活为主，画面中大街小巷、百肆杂陈、官府宅第、船只往来、河道池沼、招牌幡幌目不暇接，仕、农、工、商、医、卜、僧、道、妇女、胥吏、缆夫、篙师等各色人物应有尽有，赶集、买卖、闲逛、饮酒、推舟、骑马、乘轿等情景各异，展现出一派“物阜民丰”的繁荣景象。该画作构图严谨，段落分明，内容繁丰而不错乱；画法上，将界画和人物画完满融合，城郭、桥梁、屋宇、舟车等精谨缜密，人物描绘线条清晰，五百余人形态、衣着、职业各异，全都描绘得真切细腻、栩栩如生，足可见出作者高超精湛的艺术表现力。该画作所负载的历史图像生动逼真，为后世所称颂与效仿，同时也为研究北宋经济、建筑、服饰、风俗等提供了宝贵资料。

元代山水画家王蒙的画作以繁丰为特色，其作《青下隐居图》(图2.20)以全景式构图，繁密而奇特的笔墨技法，将其家乡吴兴下山的千崖万壑、林木幽深，自山麓至山顶的景色描绘得气势壮观。该画作皴法技巧丰富，融汇了董源、巨然、范宽、李成、郭熙等诸家特点，山石之间无明显轮廓线，以披麻皴参之以解索皴营造出细密繁复的流动感；山间树木形态各异、茂密苍郁，以各种浓淡相兼

图2.19　北宋 张择端《清明上河图》(局部)

图2.20　元 王蒙《青卞隐居图》

图2.21　明 沈周《庐山高图》

的苔点交织呈现；溪水、奔泉、飞瀑及云霭布置合理，为稠密而繁复的画面增添了流动圆转的韵致；其墨法先淡后浓、层层点染，变化多端，秀润华滋，构图以高远、平远、阔远相结合，把重峦叠嶂的自然景物处理得层次分明、疏密得当。整幅画作景物虽自下而上堆积而成，却看起来密而不塞，满而不闷。他的另外一些画作，如《葛稚川移居图》《具区林屋图》等也属类似风格，画面几乎没有空白之处，然而作者却能将繁密的景致处理得极为妥帖，很好地解决了闷、塞的矛盾，这也是王蒙绘画作品的独特之处。正缘于此，董其昌题画"天下第一"的赞词，认为"此图神气淋淋，纵横潇洒，实山樵平生第一得意山水。倪元镇退舍宜矣"[①]。

明代沈周继承王蒙风格，作有大幅立轴山水画《庐山高图》(图2.21)，该画是他为其师陈宽祝寿而作的精品，画中高耸的庐山象征高尚的师德。作品以繁密严谨的构图、精微细腻的笔触，将庐山层峦叠翠、云雾缭绕、山泉飞瀑的壮观美景与勃勃生机展现得一览无遗。

清代徐扬画作《盛世滋生图》(图2.22，又名《姑苏繁华图》)，是继宋代《清明上河图》之后的又一宏伟长卷。该画作布局严谨精妙、笔法细腻，全长1225厘米，宽35.8厘米，比《清明上河图》还要长一倍之多；画面自西向东，由乡入城，将连绵数十里之内的湖光山色、田园水乡、村镇城池及社会风情等细致入微地跃然纸上。据粗略计算，整幅画中有各色人物12 000余人，房屋2 140栋，桥梁50余座，客货船只400余只，商号招牌200余块，庞杂而繁复地再现了乾隆盛世时古城苏州的繁华景象，不仅具有很高的艺术价值，而且是研究清代苏州极为宝贵的史料资源。

图2.22　清 徐扬《姑苏繁华图》(局部)

① 洪再新编著:《中国美术史》，中国美术学院出版社2000年版，第278页。

以上这些画作都是艺术家巧心经营、精雕细琢的艺术成果，然而并未由于繁丰、细密工巧而丧失艺术价值，令人生厌，相反，人们不得不为艺术家高超精湛的技艺才能和别具一格的艺术特色所叹服。

（3）雕塑、工艺美术中的繁丰之美

作为造物艺术的雕塑与工艺美术，十分讲究工巧技艺，外观形态常以繁丰取胜，所谓“材有美，工有巧”[①]。早在商周时期，就已出现大量制作精良的青铜制品，不仅品种数量多，分布地区广，更重要的是青铜器表面的装饰花纹，无论是礼器、乐器还是兵器等，其表无不布满繁丰精细的纹饰。如湖南宁乡出土的四羊方尊（图2.23），“周身布满精细的花纹，颈部饰有蕉叶纹、夔纹和兽面纹，肩部另有四龙蟠缠，特别是腹及圈足铸出四个大卷角羊，羊的背及胸部又饰着鳞纹”[②]。这种将各种形象混合于一身、极尽繁复雕饰之工的作品，给人以神秘怪异之感。又如湖北随县出土的战国曾侯乙铜尊盘（图2.24），两套成对，均由尊和盘构成，“尊盘外表满布浮雕状或双层透空的极其复杂的蟠龙纹和蟠螭纹，这些动物纹样细小，数以百计的龙和螭交织在一起，使人眼花缭乱，难以分辨”[③]，其繁丰细密已达到无以复加的程度。

图2.23　商代后期　四羊方尊

① 《考工记》卷上。

② 陈炎主编：《中国审美文化史》（先秦秦汉魏晋南北朝卷），山东画报出版社2007年版，第61页。

③ 李希凡总主编，李心峰主编：《中华艺术通史》（夏商周卷），北京师范大学出版社2006年版，第241页。

2.24　战国早期 曾侯乙铜尊盘

更具典型性的是，很多青铜器纹不仅有龙、凤、夔、虎、牛、羊、鸟等动物的变形图案，还有一种狰狞恐怖的“饕餮纹”。“饕餮”是截取几种动物的首足部分，经过夸张、变形组合而成的一种图案化的形象，它的可怖主要体现为口含人头的恶兽。据《吕氏春秋·先识览》载“周鼎著饕餮，有首无身，食人未咽”，如乳虎食人卣（图2.25），其器形为似虎的猛兽，怒目圆睁，张着血盆大口，巨齿下置一颗人头，周身布满各种纹饰。这种经过变形、幻化的可怖的形象，更多的是为维护统治者利益而想象编造出来的标记，具有神秘的威力和狞厉之美。“它们之所以具有威吓神秘的力量，不在于这些怪异动物形象本身有如何的威力，而在于以这些怪异形象为象征符号，指向了某种似乎超世间的权威神力的观念；它们之所以美，不在于这些形象如何具有装饰风味等，而在于以这些怪异形象的雄健线条，深沉凸出的铸造刻饰，恰到好处地体现了一种无限的、原始的、还不能用概念语言来表达的原始宗教的情感、观念和理想”[①]。可见，青铜器纹饰的繁复并非单纯的形式美追求，其背后还隐藏着一个时代的文化观念和审美理想（图2.26、图2.27）。

① 李泽厚:《美的历程》，天津社会科学院出版社2001年版，第53页。

图2.25 商代后期 乳虎食人卣

图2.26 商代后期 饕餮纹扁足鼎

图2.27 商代后期 饕餮纹袋足斝

唐代，佛教在统治者的倡导之下，获得前所未有的大发展，佛塔、寺庙、石窟遍布全国，不仅数量多，而且特别重视建筑雕饰，有的佛塔甚至周身布满雕饰，工艺水平精湛绝伦。如山东济南柳埠镇的龙虎塔（图2.28），其名得自其塔身雕饰。这座由砖石砌成的佛塔，高10米，“塔基为一宽大的三层石建须弥座式的台座，四面雕饰佛像、伎乐、狮子等；塔顶为砖砌攒顶双层单斗宽出檐；塔身由4块3米见方的大石板镶合而成，雕满飞天、化佛、神龙、飞虎、天王、力士等，以荷瓣形门楣的塔门为中心，左右对称，结构紧密完整，极富有装饰浮雕的表现形式”①。

图2.28 山东济南 龙虎塔

图2.29 河南安阳 修定寺塔

① 王子云著：《中国雕塑艺术史》，人民美术出版社2011年版，第577页。

这种繁丰而工巧的艺术风格在唐代建筑雕塑中并非仅此孤例。1978年发现于河南安阳的修定寺塔（图2.29），其装饰雕刻与龙虎塔相比更为繁丰，其图案纹饰丰富多样，“塔檐以下的四壁，为一排天幕、华绳、流苏间以莲花，其下则构成为竖菱形，作鱼鳞式排列，每一菱形内的纹样有多种变化，如人物、动物、花卉等。人物中有武士、童子、舞人、胡人、力士和不属于佛教的真人、仙女、魔师，动物中有象、狮子、龙、虎、鞍马等”①，在不同图案之间，都衬以卷云。如此丰富细密的图案交叉融合在一起，使整个塔壁看起来繁丰多样、异彩纷呈，俨然就是唐王朝容纳万有、华美富丽的写照。

明清时期，手工业技术的高度发达，雕塑及工艺美术的制作水平被推向无与伦比的艺术高峰，繁丰工巧、精雕细琢是其主要特征。明代壁塑艺术在唐宋基础上进一步传承发展，出现了一些极具繁丰特色的精品。如陕西蓝田水陆庵壁塑（图2.30），其繁丰细密更甚，故事人物、殿堂楼阁、寺庙宝塔等层层叠叠，数以百计的佛、道、居士、仙伯、侍从等人物形象表情丰富，姿态各异，相背分明。又如山西长治梁家庄的观音堂，四壁塑二十四诸天、十二缘觉、十八罗汉及菩萨供养人悬塑四百六十多件，造型大小不等，面相丰满，形态万千。

图2.30　明　陕西蓝田水陆庵壁塑

① 王子云：《中国雕塑艺术史》，人民美术出版社2011年版，第577页。

这种繁丰的风格特色，还体现在遍布全国的各种寺庙、会馆、戏楼等砖、木建筑雕饰，以及各种牌坊、照壁、栏柱等上。如广东陈氏书院大门的砖雕《梁山聚义》（图2.31），据《水浒传》故事而作，其工艺主要采用上等青砖逐一雕琢，而后拼接镶嵌在墙上组合成画，不仅人物造型生动传神，而且背景极具雕饰，楼宇栅栏层层叠叠，结构精巧繁密，还饰以各种植物、动物及八仙等图案，其技艺之高超、规模之宏大，堪称精品。又如建于明正统年间的北京智化寺如来殿，其叠斗式藻井以龙纹为中心的周边雕刻各种精密的卷枝花草，色彩斑斓，将整个殿堂装点得灿烂辉煌。此外，明清两代在牌坊、照壁、栏柱、石壁等建筑物上，也都布满雕饰，如山东单县百狮坊、山西原平朱氏牌坊、福建仙游陈氏石坊、河北曲阳石坊、山东曲阜孔庙石雕柱、北京北海九龙壁、清乾隆陵地宫，北京西郊五塔寺的金刚宝座塔等，都以富有极其繁丰复杂的雕饰而闻名。[①]

图2.31　清 梁山聚义（砖雕）

除了建筑物雕饰注重繁丰之外，明清时期工艺美术制品中同样存有类似风格的精品杰作。明清木雕广泛被应用于门窗、屏风、梁柱及廊檐等处，雕刻内容涉及人物、动物、花鸟等题材，雕刻形式丰富多样，浮雕、圆雕、透雕等无所不有，雕刻工艺精巧繁复，层次分明。如广东潮州博物馆收藏的清代樟木金漆木雕《神龛门饰凯旋图》（图2.32），色泽金碧辉煌、结构繁密巧妙、工艺精雕细琢，由整块木板通体镂空雕刻而成，旨在表现将士胜利归来，受到人们热烈迎接的场

① 王子云：《中国雕塑艺术史》，人民美术出版社2011年版，第835-851页。

面。作品中神态各异的人物、亭台楼阁、花鸟鱼虫、树木、桥梁道路等景物，虽然层叠交错、纵深穿插，但却被巧妙地构思于同一画面，繁而不乱，精雕细镂。

图2.32　清 神龛门饰凯旋图（木雕）

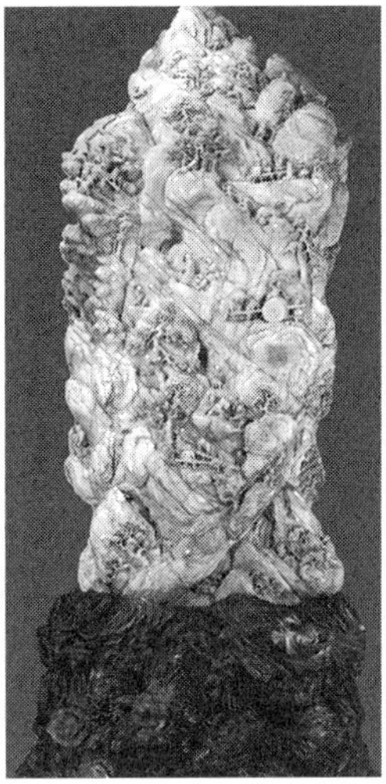

图2.33　清 大禹治水（玉雕）

明清玉雕在集古典之大成的基础上，出现了一些令人惊叹的作品。如收藏于北京故宫博物院的玉雕《大禹治水》（图2.33），雕琢于乾隆四十三年至五十三年（1778—1788），历时10年雕刻完成，依据关于大禹治水的一副古画（原作无姓名）中的人物，在一块高2.24米，宽0.94米的玉石上依势雕琢，以圆雕、透雕相结合的手法将山水、人物安排得井然有致。高大险峻的山崖、陡峭峥嵘的绝壁、汹涌湍急的瀑布、层峦叠翠的苍松、动态各异的治水大军……错综繁杂的各类物象，热情高涨的劳动场面，给人以栩栩如生之感。如此结构复杂的布局、精雕细琢的技艺、繁丰细密的风格，彰显出创作者独具匠心的智慧和精湛绝伦的技艺水平。

可见，繁丰风格体现在外观意象形式语言的繁复细密、丰盈饱满，是一种特别讲究精巧雕饰技艺的风格类型。大量的精品杰作表明，并非因其繁丰而令人生厌，相反，恰恰因其繁丰而使人们惊叹技艺的精湛和别出心裁的艺术创造。

综上所述，简约与繁丰这两种风格是各门类艺术创作领域普遍存在的基本风格类型，二者之间不应存在高下、优劣之分，它们的存在都有特定的历史原因，在当时看来都是合理的，甚至是被认可或崇尚的风格类型。因此，对待这两种风格不应以某个时代的审美标准和艺术视角来随意地加以评判或指摘，而应珍视其不同的风格特质。简约与繁丰，各具特色，各美其美。

二、意：含蓄与明快

含蓄与明快是从作品之“意”，即从艺术主题思想、内涵意蕴的传达，采用或“隐”或“显”方式所划分的一对风格类型。

《说文解字》释义“含”，嗛也；又“嗛”，口有所衔也。“蓄”，积也；又“积”，聚也。从中可知“含蓄”是一种含而不露、情意蕴藉的表达方式和风格类型，即不把所要表达的意图、意境及情感直接或全部呈现出来，而以精练而隐深的语言将其“掩藏”起来，欣赏者需要通过反复揣摩、品味才能逐步理解、领悟其内在意蕴，往往具有象外之象、韵外之致、味外之旨。隐“意”于言外、耐人寻味，是含蓄的风格特征。

明快是与含蓄相对的风格类型。《说文解字》释义“明”，照也；“快”，喜也。可引申为疾速。明快，即以明白通畅的语言单纯透明、直截了当地将所要表达的意图、情感传达出来，令欣赏者无须细致体味即可明白、理解。明快风格最忌讳古奥、艰涩的词语。言明“意”显、直抒胸臆，是明快的风格特征。

1. 含蓄：隐“意”言外、耐人寻味

含蓄在中国古代是备受推崇的风格范畴，它具有深厚的理论渊源。儒家以“仁”为礼的道德思想，讲求人臣之礼，“为人臣之礼，不显谏。三谏而不听，则逃之”[①]，“事父母几谏”[②]，都十分注重态度的柔和与语言措辞上的委曲婉转。汉代《毛诗序》“上以风化下，下以风刺上，主文而谲谏，言之者无罪，闻之者足以戒，故曰风”，要求诗歌以“谲谏”的方式，以婉转曲折的方式规劝统治者，一方面出于人臣之礼，另一方面也可避免因言语过于直接而引来杀身之祸。《易传·系辞上》提出“书不尽言，言不尽意”“圣人立象以尽意”的命题，即概念不能表现或表现得不清楚、不充分的，形象可以表现得清楚而充分。“立象以尽意”的特点是“其名称也小，其取类也大。其旨远，其辞文，其言曲而中，其事肆而隐”，此处有以小喻大、以少总多、由此及彼、由近及远之意。“象”虽具体，然其“意”却深远、幽隐，正是通过语言表达之“曲”，获得义理之“隐”，这就是含蓄。《左传·成公十四年》载：“《春秋》之称，微而显，志而晦，婉而成章，尽而不污，惩恶而劝善，非圣人，谁能修之?”其中“晦”“婉”指表达方式的隐晦、含蓄与婉转。汉代司马迁《屈原贾生列传》“其文约，其辞微，其志洁，其行廉。其称文小而其指极大，举类迩而见义远”[③]，很明显是“立象以尽

① 《礼记·曲礼》。

② 《论语·里仁》。

③ ［汉］司马迁：《史记·屈原贾生列传》。

意”的发挥，“文约”“义远”体现了含蓄的特点。

魏晋时期，对含蓄的分析探讨逐渐深入。刘勰《文心雕龙·体性》篇列“远奥”体：“远奥者，复采曲文，经理玄宗者也。”并专设《隐秀》篇详细阐述含蓄，指出“文之英蕤，有秀有隐。隐也者，文外之重旨者也”，“夫隐之为体，义生文外，秘响傍通，伏采潜发”，道出了含蓄的本质特点就在于“隐”，情在文外，不可明见，意蕴象中，藏而不露；“隐以复意为工”，“隐”之意除了字面意思之外还要有言外之意。正如“赞曰：深文隐蔚，余味曲包”[①]，说明具有深刻意蕴的文章之所以耐人寻味，正是隐藏于曲折委婉的语言之中。刘勰的“重旨”“复意”思想，直接启发了唐代诗论家。

唐代皎然《诗式》提出：“两重意以上，皆文外之旨。……但见情性，不睹文字，盖诣道之极也。”[②]刘禹锡《董氏武陵集纪》指出“片言可以明百意”，“境生于象外”。刘知几《史通·叙事》也说：“斯皆言近而旨远，辞浅而意深，虽发语已殚，而含意未尽。”这些言论都强调语言应含蓄，表层的语言包含着内在的多重含义。晚唐司空图《二十四诗品》集众家之长，专列“含蓄”与“委曲”二品：

> 含蓄：不著一字，尽得风流。语不涉己，若不堪忧。是有真宰，与之沉浮。如渌满酒，花时返秋。悠悠空尘，呼呼海沤。浅深聚散，万取一收。
>
> 委曲：登彼太行，翠绕羊肠。杳霭流玉，悠悠花香。力之于时，声之于羌。似往已回，如幽匪藏。水理漩洑，鹏风翱翔。道不自器，与之圆方。

司空图以诗情画意般的语言，对含蓄的本质、特征、表现方式作了生动形象的描述。含蓄不仅是一种艺术传达方式，还是一种独特的风格类型，更是一种追求“咸酸之外”的审美趣味；含蓄之所以能产生“不著一字，尽得风流”的艺术效果，缘于其语言文字背后隐含着丰厚的内涵意蕴作为主宰。委曲是与含蓄较为接近的风格类型，在指向艺术表现方式上与含蓄类似，“即运用委婉曲折，不即正意又不离正意的语言隐约婉转地托出正意”[③]。而就其作为风格类型来看，二者的相同之处体现在：都指不率直表露其意，而以委婉的方式来表达内在深层意蕴。当然，委曲也有自己的特别之处，指诗文在章法结构、线索脉络上的迂回盘旋，使作品余味悠长。可见，委曲与含蓄这两种风格类型具有内在的相通性。

---

① ［梁］刘勰：《文心雕龙·隐秀》。

② ［唐］皎然：《诗式·重意诗例》。

③ 张国庆：《〈二十四诗品〉诗歌美学》，中央编译出版社2008年版，第247页。

宋以后，含蓄不仅是众多理论家探讨的热点话题，而且被视为艺术创作的指导原则，尤其是成为文人士大夫抒情写意所热衷的审美理想和风格倾向。姜夔《白石道人诗说》指出，“语贵含蓄。东坡云：‘言有尽而意无穷者，天下之至言也’。”欧阳修《六一诗话》引梅尧臣语：“诗家……必能状难写之景，如在目前；含不尽之意，见于言外，然后为至矣。”张表臣《珊瑚钩诗话》说：“篇章以含蓄天成为上，破碎雕锼为下。”胡仔《笤溪渔隐丛话后集》说：“意在言外，而幽怨之情自见，不待明言之也。诗贵夫如此，若使人一览而意尽，亦何足道哉。”魏庆之《诗人玉屑·含蓄》说：“篇章以含蓄天成为上，破碎雕锼为下”，“诗文要含蓄不露，便是好处。”明代陆时雍《诗境总论》说：“善言情者，吞吐深浅，欲露还藏，便觉此衷无限。善道景者，绝去形容，略加点缀，即真相显然，生韵亦流动矣”，“少陵七言律蕴藉最深，有余地，有余情，情中有景，景中有情，一咏三讽，味之不尽。”袁中道学古追求含蓄蕴藉为至境：“天下之文，莫妙于言有尽而意无穷。”[①]清代王夫之《姜斋诗话》说：“情语能以转折为含蓄者，唯杜陵居胜。”吴乔《围炉诗话》说：“诗贵有含蓄不尽之意，尤以不著意见声色、故事、议论者为最上。”袁枚《随园诗话》说：“诗无言外之意，便同嚼蜡。”沈祥龙《论词随笔》说：“含蓄无穷，词之要诀。含蓄者，意不浅露，语不穷尽，句中有余味，篇中有余意，其妙不外寄言而已。”刘大櫆《论文偶记》说：“文贵远，远必含蓄。或句上有句，或句下有句，或句中有句，或句外有句，说出者少，不说出者多，乃可谓之远。”恽寿平《南田画跋》指出：“意贵乎远，不静不远也。境贵乎深，不曲不深也。……古人云‘咫尺之内，便觉万里为遥。’”叶燮《原诗·内篇》说：“诗之至处，妙在含蓄无垠，思致微渺，其寄托在可言不可言之间，其指归在可解不可解之会，言在此而意在彼……所以为至也。”……诸如此类的论说，不胜枚举，表明含蓄是不同时代理论家所关注与推崇的重要的风格类型。

含蓄风格之所以能受到历代文人的青睐，其魅力就在于“隐”，在于其语言文字背后蕴藏着深层的内涵意蕴。崇尚含蓄是中国古代艺术特有的审美传统，含蓄风格是各门类艺术领域普遍存在的基本风格类型。

（1）诗、词中的含蓄之美

诗、词是古典文学中特别讲究含蓄之美的体裁类别，追求以隐深、委曲的语言表达令人回味无穷的深层意蕴。含蓄蕴藉是诗歌的审美标准，无论是诗词创作者还是理论家，都十分注重“言外之意”“韵外之致”“景外之景”“言有尽而意无穷”的隐微曲折之美，对诗歌的吟诵玩味讲究一唱三叹、韵味无穷，方显其妙。如陶渊明《饮酒》：“结庐在人境，而无车马喧。问君何能尔？心远地自偏。

① ［明］袁中道：《淡成集序》。

采菊东篱下，悠然见南山。山气日夕佳，飞鸟相与还。此中有真意，欲辩已忘言。”该诗含蓄地道出了作者厌倦官场生活辞官归隐、乐在其中的心境。李白《玉阶怨》：“玉阶生白露，夜久侵罗袜。却下水晶帘，玲珑望秋月。”这首以“怨”为标题的宫怨诗，虽以表现被幽禁宫女之幽怨为主旨，然而，整首诗却不露一个“怨”字。前两句写独立于露水浓重的玉阶，深夜独立许久，露水已浸湿了罗袜，主人公还在痴情等待；后两句写寒气逼人，只好回屋放下水晶帘，却仍在隔窗望着玲珑的秋月。一个“望”字寄寓着无限深重的情思，玲珑秋月反衬出内心之幽怨，这种“不怨之怨”才更显愁怨之深，更具幽邃深远之美。

诗歌最忌讳用直白浅露的语言来表情达意，而主张以有限的语言，留下令人回味的余地与想象的空间。使人获得言外之意、弦外之音，才是含蓄风格的特质。如杜甫的《月夜》：

今夜鄜州月，闺中只独看。遥怜小儿女，未解忆长安。
香雾云鬟湿，清辉玉臂寒。何时倚虚幌，双照泪痕干。

这首诗记述天宝十五载（756）六月，安史叛军攻入长安，杜甫携家逃难寄居鄜州。七月，肃宗即位，杜甫前去投效，途中为叛军所俘，带到长安，幸因官职卑微，免于囚禁，但身处沦陷的长安，望月思家，心怀感伤而作。杜甫从望月着墨，以寄托对家人的相思之情，他不写长安之月，而写鄜州之月，同一轮明月却不能与家人在一起共赏，只能“独看”。令人不解的是，儿女与妻子在一起，怎能是“独看”呢？原来是儿女尚小，不谙世事，还未能理解母亲望月“忆长安”的心境；诗中还用“湿”“寒”描绘了妻子闺中望月，孤孑一人，雾湿云鬓，月寒双臂的凄冷，不知丈夫吉凶祸福的忧虑，两地望月，泪沾面颊，只能在绝望的相思中憧憬未来，“何时倚虚幌，双照泪痕干”，期待和平安定的生活早日到来。这首诗以朴实的语言、真挚的情感、含蓄的笔调，抒发了作者在动乱年代内心的悲楚及对未来生活的向往。苏联诗人伊萨柯夫斯基曾说：“诗有两种意义，外在的和内在的。内在的意义（隐藏的意义）存在于一切真正的诗的作品中。缺乏内在的意义（隐藏的意义），诗就会显得没有生气，没有创造性，没有力量。”[①]这正说明诗歌的力量体现在其内在意义的传达上。杜牧的《过华清宫》，同样追求含蓄之美：

① ［苏联］伊萨柯夫斯基：《谈诗的技巧》，转引自谢文利、曹长青著：《诗的技巧》，中国青年出版社1984年版，第193页。

长安回望绣成堆，山顶千门次第开。
一骑红尘妃子笑，无人知是荔枝来。

此诗借杨贵妃爱吃荔枝、玄宗命人快马急送的事例，批评宫廷生活的骄奢淫逸。如果仅凭字面来看，不易直接触及主题的深刻寓意，而当了解这段史实之后，则能从“千门次第开”“妃子笑”“无人知”等语词中体味到其中所隐含的深意：为了博得美人一笑，竟不知有多少人为此疲于奔命，做出牺牲，宫廷中究竟有多少类似“无人知”的荒唐丑事，真是无人知晓啊。这首诗具有强烈的讽刺性，流露于文字之外，所谓“深文隐蔚，余味曲包”。可见，含蓄的作品，并不仅在字面表达，而在于以有限言词表达无限的意蕴。

含蓄常用以表现隐深、复杂的情思，尤其擅长表现藏于心灵深处的难言之隐。如刘禹锡的《乌衣巷》：“朱雀桥边野草花，乌衣巷口夕阳斜。旧时王谢堂前燕，飞入寻常百姓家。”以简洁朴实的语言，表现夕阳西下，诗人漫步朱雀桥上，感慨昔日的繁华景象早已不在，唯有恋旧的燕子还依然徘徊此处，历史的沧桑巨变不禁令人感慨。李商隐的《夜雨寄北》：“君问归期未有期，巴山夜雨涨秋池。何当共剪西窗烛，却话巴山夜雨时。”此诗是作者在四川梓州做幕僚时怀念妻子而作，言浅意深，语短情长，其含蓄的力量，一直以来吸引着读者，其“西窗话雨”“西窗剪烛”已成为脍炙人口的成语，不只用来表达夫妻的思念，更拓展到对亲友的思念之情。可见，这种隐“意”言外的含蓄风格，是诗歌的一大特色，其含而不露的表达方式，往往令人回味无穷。

宋词与唐诗相较，更强调婉约含蓄，并以其为词之本色。张炎《词源·赋情》说“簸弄风月，陶写性情，词婉于诗”，道出了词的本质特征。因而在以婉约为核心的正统词学观念中，任何新的“创造”都被视为对正统的违背。宋代魏泰在《东轩笔录》卷十一云：“范文正公守边日，作《渔家傲》乐歌数阕，皆以‘塞下秋来’为首句，颇述边镇之穷苦。欧阳公尝呼为穷塞主之词。”苏轼有意开创新时风，却被其弟子陈师道说为：“子瞻以诗为词，如教坊雷大使之舞，虽极天下之工，要非本色。”[①]可见，婉约含蓄是词的本色。一般来说，词本为合乐而歌、娱宾遣兴而作，其内容多表现离愁别绪、闺情绮怨。早在五代即已形成的《花间集》和李煜词为代表的香软词风，延续至宋后，以婉约含蓄的词风为众多文人所雅好，直到南宋，婉约词一直占据着词坛的主导地位。其代表人物有李煜、柳永、晏殊、秦观、周邦彦、李清照、姜夔、吴文英等，都是写作婉约词的名家高手，其词作均以细腻含蓄见长。如：

① ［宋］陈师道：《后山诗话》，载［清］何文焕辑：《历代诗话》，中华书局1981年版，第309页。

春花秋月何时了，往事知多少。小楼昨夜又东风，故国不堪回首月明中。雕栏玉砌应犹在，只是朱颜改。问君能有几多愁，恰似一江春水向东流。

（李煜《虞美人》）

纤云弄巧，飞星传恨，银汉迢迢暗度。金风玉露一相逢，便胜却人间无数。　柔情似水，佳期如梦，忍顾鹊桥归路。两情若是久长时，又岂在朝朝暮暮。

（秦观《鹊桥仙》）

寒蝉凄切。对长亭晚，骤雨初歇。都门帐饮无绪，留恋处、兰舟催发。执手相看泪眼，竟无语凝噎。念去去、千里烟波，暮霭沉沉楚天阔。　多情自古伤离别，更那堪、冷落清秋节。今宵酒醒何处，杨柳岸、晓风残月。此去经年，应是良辰好景虚设。便纵有、千种风情，更与何人说。

（柳永《雨霖铃》）

不同于诗的创作须限字、限韵、限平仄，词的创作往往是自然流畅地随口而出，重在表达词人内心的微妙细腻、缠绵悱恻的情感，虽然“它经常是通过对一般的、日常的、普通的自然景象的白描来表现”，然而却“使所描绘的对象、事物、情节更为具体、细致、新巧，并涂有更为浓厚更细腻的主观感情色调”。[①]尤其是词在格调上“既要将‘铺叙’‘典重’‘故实’等多种方法统一起来，又不能生搬硬套，坦白直露”[②]，因而更增强了词的含蓄蕴藉。如女词人李清照的词作，既婉约细腻，又含蓄优美：

红藕香残玉簟秋。轻解罗裳，独上兰舟。云中谁寄锦书来？雁字回时，月满西楼。　花自飘零水自流。一种相思，两处闲愁。此情无计可消除，才下眉头，却上心头！

（李清照《一剪梅》）

从中可见，李清照的词作，字句工整谨严，朗朗上口，合乎音律，悦耳动听；不仅将词、曲高度融合，而且将情感抒发得细致入微，尤其是她作为女性，更理解闺阁女性的心理，更能将其哀怨情愁以三言两语表达得淋漓尽致。

当然，宋词的含蓄委婉不仅仅只能表现儿女风情，同样也能表现内心的壮志情怀与绵绵情思。陆游的《卜算子・咏梅》写道：

① 李泽厚:《美的历程》，天津社会科学院出版社2001年版，第254页。

② 陈炎主编:《中国审美文化史》（唐宋元明清卷），山东画报出版社2007年版，第210页。

驿外断桥边，寂寞开无主。已是黄昏独自愁，更著风和雨。 无意苦争春，一任群芳妒。零落成泥碾作尘，只有香如故。

该词上阕借景抒情，借梅花生存环境的荒寒、寂寥来比对作者自己的不幸遭遇，其内心的愁苦未用惯常的比喻手法，而以自然环境来烘托，以景写情，情景双绘，使欣赏者由景入情，不知不觉中与作者产生情感共鸣，正如况周颐所说“词有淡远取神，只描取景物，而神致自在言外，此为高手”①。下阕托物言志，梅花“凌寒独自开”，无意与百花争春，只有迎春的赤诚，却也引得“群芳嫉妒”，暗喻人事，体现作者不与阿谀献媚者争宠、为伍的高洁品格。末句具有扛鼎之力，即使梅花遭遇再大的不幸，甚至被践踏为泥土，依然花香如故，正所谓“末句想见劲节”②。该词以象征、比兴的手法来含蓄地表达作者的处境，以及不愿同流合污的高尚情操和矢志不移的气节，令人回味无穷。此外，元曲作家马致远的《天净沙·秋思》：“枯藤老树昏鸦，小桥流水人家，古道西风瘦马。夕阳西下，断肠人在天涯。”作者通过对十种平淡无奇的客观事物的一一摆列和巧妙连缀，以“枯”“老”“昏”“古”“西”“瘦”营造了一个令人愁思的意境，“断肠人在天涯”更是点睛之笔，将一个漂泊天涯的游子怀才不遇的悲凉心境刻画得入木三分。

可见，诗、词的含蓄之美可以用来表现各种复杂的情感，关键在于隐“意”言外、由显至隐，表达深邃的内涵。含蓄常常能引起读者丰富而不确定的联想，正如桑塔耶纳所说，美的艺术表现可以区别出两项：“第一项是实际呈现出的事物……第二项是所暗示的事物，更深远的思想、感情，或被唤起的形象，被表现的东西。”③

（2）绘画中的含蓄之美

绘画艺术的含蓄之美，主要体现为通过某种特定的物象或俭省的笔墨语言来追求象外之意，这也是文人画创作所追求的一条重要审美原则。王维曾作《袁安卧雪图》，取材于东汉寒士袁安之事：大雪积地丈余，袁安宁可忍饥受冻，也不愿像其他人一样除雪出门到官府申请救济，而是将求生的机会让与他人。郡守路过其门，深为感动，举为孝廉。这幅画作最惹人争议的是在雪地上画芭蕉，芭蕉是岭南植物，不可能出现在北方洛阳的冬季，作者不可能不懂得自然物理。然而

① ［清］况周颐：《蕙风词话续编》卷一。

② ［明］卓人月汇选，徐上俊参评，谷辉之校点：《古今词统》卷四，辽宁教育出版社2000年版，第139页。

③ ［美］乔治·桑塔耶纳：《美感》，中国社会科学出版社1982年版，第132页。

正是这有悖于常理的“混搭”作法，其间却隐含着深刻的寓意，旨在体现袁安高尚的人格。作为“诗佛”的王维，将芭蕉视为参禅的话头，以超越时空地域界限的视觉创造表达其意，不仅是对自唐代以来日益成熟的写实技巧的巨大的冲击，同时也开启了绘画创作的“尚意”之风，追求画外之意从此成为一种新的审美取向。

宋代绘画创作的“尚意”之风，不再仅仅停留于物象本身，而更追求象外之妙。从宋代画院画学来看，特别重视“形似”与“格法”，并将其作为考试标准。宋徽宗时，对画院考试制度进行改革，常以唐、宋诗句作为画题。如考卷曾以“竹锁桥头卖酒家”为题，众人皆在酒家上下功夫，唯有李唐只在桥头竹外挂一酒帘，紧扣诗眼，得其“锁”字意；又如“踏青归来马蹄香”，很多考生仅从字面理解画马踏花，但有一人却画数只蝴蝶飞逐马后，得其“香”字意；还有以“野水无人渡，孤舟尽日横”为题，诸多考生只取远景，画空舟泊岸，水鸟栖息于船舷，而善解题者，则画一舟人卧于舟尾，横置竹笛于身，如此处理，其意不在舟中无人，而在强调“无人”以渡。此外，考题中还有以“嫩绿枝头红一点”“深山藏古寺”“落日楼台一笛风”等诗句为题，旨在启发绘画者的创造性想象，追求潜在的“画意”表现。

推崇“尚意”画风，意味着绘画创作主旨的转变：由专注于物象的逼真再现与细节描绘，转向对画面内涵意蕴的传达，常体现为通过较少的笔墨表达丰富的内涵。这一点又与简约风格有异曲同工之处，都强调以少胜多的艺术效果。稍有不同的是，简约侧重于“形”之“简”，而含蓄更侧重于“意”之“隐”。南宋院体绘画所发展出的新的构思程式，倡导以俭省的笔墨语言与大量空白的运用来表现“画意”，无疑是一种新的院体“格法”，它为绘画创作寻找到一种新的表现方式，尤其为文人画家所钟爱，成为其表情达意的最佳的突破口。南宋画家马远作画常选取自然景观中最动人的一隅入画，时称“马一角”。其作《秋江渔隐图》（图2.34），描绘芦苇丛中停泊着一叶小舟，一根鱼竿自船篷伸出，蓬外挂一斗笠，一位渔夫正和衣抱桨酣然入睡。此画作突出一个“睡”字，从渔夫微撅的口鼻好似打鼾可以看出其渔隐生

图2.34　南宋 马远《秋江渔隐图》

活的惬意。作者在这里重点不是体现渔夫的贫穷和辛劳，而是为了表达对渔夫四处漂泊、以舟为家自由逍遥生活情趣的羡慕。南宋国力衰微，江河日下，文人们把隐逸闲居、垂钓弄舟作为理想中的生活，而此作以酣睡的渔夫为主体形象，正是对追求渔隐生活的含蓄表达，这也是“尚意”画风的主旨所在。

另外，绘画的含蓄之美，还常常通过某些自然物象的象征意义来传达其背后隐含的深意。这在文人画创作中体现得十分明显，梅兰竹菊、树石山水、鸟禽走兽等自然物象，在文人眼中不只是一种物理性自然存在，更多的是其潜在的意蕴内涵。苏轼作画不在形似，而在象外之意，其作《枯木竹石图》（图2.35），将枯木、怪石、碎竹小草等置于同一画面，造型怪异，线条寥落，淡墨干笔，石头纹理皴法如蚌蛤，树木笔触干枯草率，是一幅典型的文人写意之作。邓椿《画继》说其“所作枯木枝干，虬屈无端倪；石皴亦奇怪，如其胸中蟠郁也”。宋代遗民画家郑思肖，以水墨作画，将兰花的象征意义发挥到极致，其画兰无根或根不着土，寓意“土为番人夺去”[①]。现藏于日本大阪的《墨兰图》（图2.36），以俭省的笔触画无根兰花一簇，右侧题诗：“向来俯首问羲皇，汝是何人到此乡？未有画前开鼻孔，满天浮动古馨香。”郑思肖将墨兰这一物象作为其人格理想的象征符号，

图2.35　宋 苏轼《枯木竹石图》

图2.36　宋 郑思肖《墨兰图》

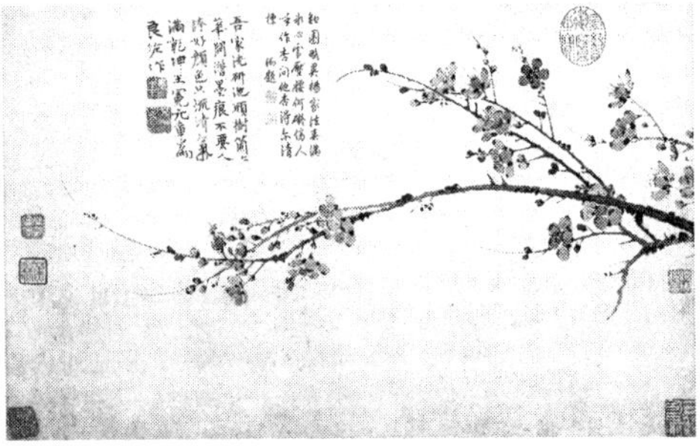

图2.37　元 王冕《墨梅图》

① ［明］都穆：《寓意编》，转引自王伯敏：《中国绘画通史》（上册），三联书店2001年版，第415页。

正是要反映其不愿与当朝者同流合污的坚决态度与作为一个亡国遗民的沉痛心情。

元代王冕善作梅花，其作《墨梅图》（图2.37）画梅花一枝，横斜而出，树干挺劲，枝梢尖状出笔，颇显挺拔，树干上开放的梅花，花瓣、花蒂、花蕊浓淡分明、偃仰有姿，枝头未开花苞十数朵，含苞待放、娇鲜可爱，散发着阵阵清香，整幅画面朝气蓬勃。王冕将墨梅视为书写胸襟与情怀的寄托，以此传达其孤傲的志趣与高洁的人品。元代倪瓒所作《六君子图》（图2.38）更是极富象征意义，其远景连绵的山岭以淡笔披麻，间以浓墨点山头，中景空白为空旷的江面，寓意平淡、清远；近景将松、柏、樟、楠、槐、榆六种不同品种的树木共置于临江坡岸，树干挺拔，枝叶分明，以淡墨勾画，笔法草草不求形似，却意态生动盎然，六种树木皆为树中良材，象征文人特立清高的品格，正如黄公望所说“居然相对六君子，正直特立无偏颇”。此外，明代徐渭的《墨葡萄图》《牡丹蕉石图》，清代八大山人的《树石双禽图》《眠鸭图》、石涛的《蕉菊图》、“扬州八怪”中郑板桥的《悬崖兰竹图》（图2.39）、李方膺的《潇湘风竹图》、边寿民的《芦雁图》等作品，均在自然物象背后，隐藏与寄托着不同历史背景之下创作主体各自的情感意蕴。这种隐“意”于象外的创作方式，往往比直接表露思想情感获得更为集中、强烈而深刻的艺术效果。明代唐志契《绘事微言》曾说：“景愈藏景界愈大，景愈露境界愈小。”可见，含蓄之美，正是体现于这种含而不露的隐藏之中，体现于隐“意”于象外的虚空当中。

图2.38　元 倪瓒《六君子图》

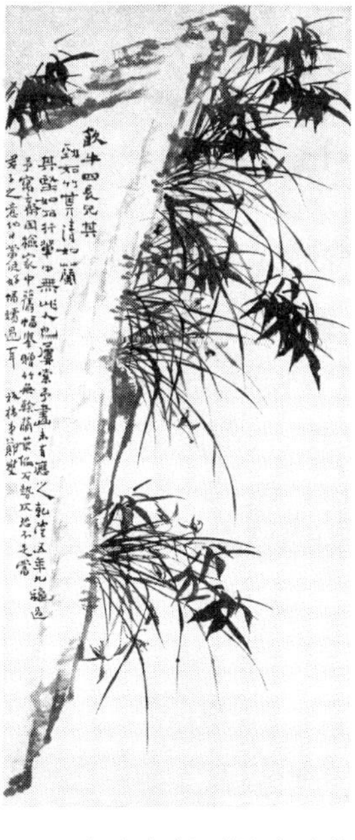

图2.39　清 郑板桥《悬崖兰竹图》

(3) 音乐中的含蓄之美

音乐艺术中，最具含蓄之美的莫过于文人音乐，尤其体现在古琴艺术上。中国古代有“士必操琴，琴必依士”的说法，意在古琴是文人的最佳伴侣。古琴具有典雅质朴、古色古香的外形，深沉悠远、含蓄蕴藉的独特音色，以及收放自如、丰富多样的艺术表现力，自产生之时就受到文人士大夫的钟爱。《礼记·曲礼下》所谓“士无故不撤琴瑟”，《荀子·乐论》载“君子以钟鼓道志，以琴瑟乐心”，指出了钟鼓与琴瑟的不同功能。《庄子·让王》指出“鼓琴足以自娱”，晋代嵇康《琴赋》说“可以导养神气，宣和情志，处穷独而不闷者，莫近于音声也，……众器之中，琴德最优”等，说明古琴是文人士大夫修身养性之首选。“古琴之所以成为文人音乐的代表性乐器，与其本身的音色有关。”[①]其音色恬淡、温和、宁静、不张扬、不喧嚣、音量较小，与筝、瑟等外向型乐器相比，古琴属于经过“抑制”的内向型乐器。

所谓“抑制”，是指人们在制作古琴时，有意识地采取某种方式来控制其振动发声，从而改变其自然的声音状态，使音响产生特定的效果。[②]古琴的含蓄之美正是通过“抑制”手段得以实现的。首先，古琴音质的恬淡，源自于其木质共鸣箱及特殊的制作工艺。不同于筝、瑟共鸣箱面、底板采用薄且光滑的片板，古琴共鸣箱的面、底板采用两块长条厚而粗糙的木块雕刻而成，其腔小、壁厚，使声音音量较小，音色低沉浑厚，加之其表皮髹漆工艺所涂漆胎厚度有2—3毫米，不仅可以保护琴体，而且对其音色、音质具有影响作用，这层坚硬厚实的漆胎犹如为木质琴身穿上了坚固的外衣，限制其因振动而松懈，同时也有助于其音色更为恬淡、温和、宁静，获得不喧嚣、不张扬的“内敛”音响效果。其次，古琴没有琴柱，有效琴弦较长，音高的低走向，容易产生含蓄深沉的效果。不同于其他弹拨乐器的琴弦，古琴弦下没有品、柱，故而其有效弦长通常都在110—116厘米之间，在拨弹时琴弦振动幅度大、时间长、频率低，使其音高呈现出向低音区发展的倾向。古琴音域跨度，最低音从大字C开始，高音至小字d^3，跨越四个八度，外加一个大二度，如此宽泛低沉的音域，决定其琴音总是与深、厚、含蓄、蕴藉相联系。再次，古琴发音具有旋绕的特点。古琴发音有弦振动，通过岳山和龙龈传输到面板，面板振动又引起腹腔空气振动，波及底板振动，反射回来又加强腹腔和面板振动，最后通过底板的龙池和凤沼（即音窗）传出。而且在面板内壁还有略微隆起用于“纳音”的“岛”，其形状常做成圆形或条形盆状，中间凹陷，四周又宽又高，此种形状不仅避免声音直接从龙池、凤沼中流出，而且使琴

① 刘承华：《艺术的生命精神与文化品格》，中国文史出版社2005年，第56页。

② 刘承华：《中国音乐的人文阐释》，上海音乐出版社2002年版，第248页。

音具有封闭、旋绕、内含、深蓄的音响效果，正如苏轼《杂书琴事·家藏雷琴》文中所言："琴声出于两池间，其背微隆如薤叶然，声欲出而隘，徘徊不去，乃有余韵，此最不传之妙。"最后，古琴演奏技法所产生的特殊音形结构，给人以含蓄蕴藉之美。所谓音形结构，"是指演奏乐器时的出音给人的单个形体感觉"[①]，不同于西方乐器出音的静态性和固定性，所发音高不作任何游移，追求点状的精确性。中国传统乐器，无论是拉弦乐，或是弹拨乐，其出音都不是固态静止的，音高总是会在某种程度上发生游移变化，使每个音被拉长为或长或短的曲线。而古琴的出音"在线化程度上走得更远，它以吟、猱、绰、注、撞、逗等技法将弹拨乐器的点状音通过左手的移动而拉成线状音"[②]，这种线状音通过人为的方式，将一个个向外扩散的"音点"转换成向内收敛的"音束"，使出音显得悠远、旋绕、意味深长。此外，古琴演奏上、下、进复、退复等走手音技法的运用，所产生的音线也以长、短、曲、直、上、下、回还、递进等各种人为的"抑制"，使其出音以聚合的音线产生向内收敛的效果，无疑为古琴的含蓄风格提供了各种物理的基础条件。而这些特点与文人冲和淡泊的心境、追求含蓄与弦外之音的意境是相当吻合的。有学者曾指出，"含蓄"是对客观外物或人的情感等在艺术表现上的淡化处理，使浓与淡、显与隐、露与藏、实与虚、繁与简、直与曲、有限与无限、充实与空灵的后者更为突出；"弦外之音"是指"由含蓄音乐所唤起、经静思而至的一种与'道'相系，通向宇宙本体、通向人生自由的意味、境界、神韵"[③]。这与古代文论、诗论、画论等所追求的言外之意、象外之象、韵外之致、味外之味等概念是一致的。

（4）书法中的含蓄之美

除了诗、词、绘画、音乐之外，书法作为一种文字性艺术，同样具有含蓄之美。主要体现在三方面：

首先，书法的含蓄体现在汉字当中。中国的汉字是表意性文字，古人造字以"近取诸身，远取诸物"为原则。具体说来，有指事、象形、形声、会意、转注、假借等六种造字方法，每个汉字均包含特定含义或者多重含义，付诸笔画线条当中。

其次，书法艺术的含蓄体现于笔画线条当中。书法用笔讲究"含"，也即书写的蓄笔，强调中锋用笔，使线条骨涵其中，筋不外露。笔墨之趣，贵在藏锋，

---

① 刘承华：《中国音乐的人文阐释》，上海音乐出版社2002年版，第250页。

② 刘承华：《中国音乐的人文阐释》，上海音乐出版社2002年版，第251页。

③ 郭乃安、费邓洪：《含蓄与弦外之音——中国文人音乐审美特色探》，《中国音乐学》1989年第1期。

否则缺乏含蓄之深韵。正如米芾所言“无垂不缩，无往不收”[①]，这是书法用笔的基本原则，运笔笔势应做到有来必有往，有去必有回，有放必有收，有行必有止；无论写横画、竖画都要在终了时回收，如此才能使起笔、收笔得以前后照应，使笔画含蓄，圆实有力，气韵饱满。唐代徐浩《论书》也说：“用笔之势，特需藏锋，锋若不藏，字则有病。”可见，藏锋是将力度蓄积深藏起来，形成一种内在的筋骨，体现于挥毫书写当中。

图2.40　晋 王羲之《兰亭序》(局部)

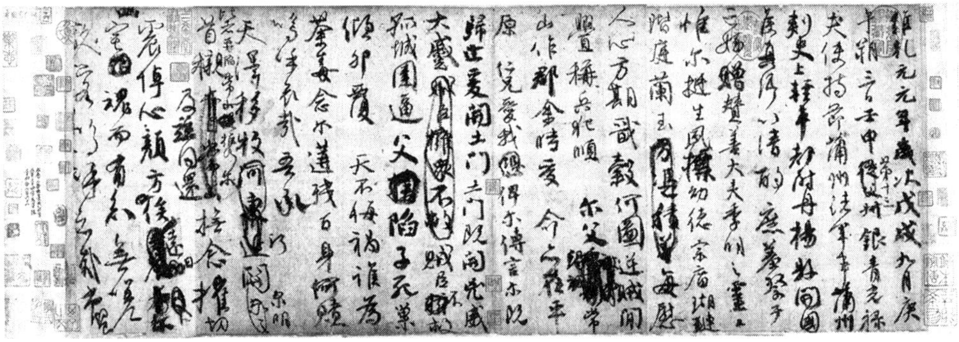

图2.41　唐 颜真卿《祭侄文稿》(局部)

最后，书法艺术的含蓄体现于情意内蕴上。艺术家进行创作，不仅关注笔墨技法的运用、线条流动的外在形貌，更加注重内在情感、意图的表现。越是书法大家，其书作的内涵情感意蕴越深刻。王羲之的《兰亭序》(图2.40)、颜真卿的

① ［宋］姜夔：《续书谱》，载潘运告主编：《宋代书论》，湖南美术出版社1999年版，第235页。

《祭侄文稿》（图2.41）、傅山的连绵大草等，无不是在抽象的线条中隐含着各自深刻的内涵意蕴。正是在这种意义上，我们说，书法是一种具有含蓄之美的艺术。

此外，中国的戏曲、园林等艺术，也不同程度地蕴涵着含蓄之美。如戏曲中的“静场”、戏剧语言的潜台词，以及李渔所谓“小收煞”讲的“宜作郑五歇后，令人揣摩下文，不知此事如何结果”[①]等；园林布局上的“曲径通幽”“以小见大”等造园法则等，都是含蓄风格的体现。

可见，追求含蓄之美是古代文人艺术的共同审美趋向，含蓄风格最大的魅力是“隐”意在言（诗、词、象、弦）外。正如黑格尔所言，“但是比起直接感性存在的显现以及历史叙述的显现，艺术的显现却有这样一个优点：艺术的显现通过它本身而指引到它本身以外，指引到它所要表现的某种心灵性的东西。”[②]

2. 明快：言明“意”显、直抒胸臆

与含蓄风格类型相反的是明快，强调语言传达文意畅快、语势流利，直言其事、直截了当地表达思想和情感，力求做到言明“意”显，直抒胸臆；忌讳拐弯抹角、闪烁其词，或令人费解的艰涩文辞。汉代王充主张淳美朴素的文风，主张作品语言应明白如话，不应当追求曲折深奥使人难懂费解，而应“直露其文，集以俗言”，要“言以明志”[③]，以表情达意为原则。刘勰《文心雕龙·体性》篇“八体说”中列“显附”体：“显附者，辞直义畅，切理厌心者也。”可见，明快风格追求的是情理畅达、痛快淋漓之感，欣赏者与创作者之间没有间隔，能够实现直接透明的心灵沟通；而且明快风格在艺术语言的选择上，往往会选择那些能为广大受众普遍接受的、通俗易懂的语言。正如李渔所说“贵浅不贵深”。

（1）诗、词中的明快之美

尽管诗、词特别讲究言辞的含蓄蕴藉，然而并不代表诗词只能是含蓄、委婉的风格。相反，明快、率直的诗词同样别具特色。

明快风格的诗词强调直截了当、一泻无余的表述方式，把事情的真相、内心的情感原委丝毫不加掩饰、隐晦地和盘托出，使人易于理解和把握，引起情感共鸣。因此，明快的诗词往往比较注重事件的真实性，常以“赋”来陈述事实。不同于“比”“兴”的托物言志、借景抒情，使诗作呈现出委婉含蓄的风格特征，“赋”更强调“直陈其事”。《毛诗正义》说：“赋之言铺，直铺陈今之政教善恶，……则诗文直陈其事，不譬喻者，皆赋辞也。”刘勰《诠赋》释义“‘赋’

---

① ［清］李渔：《闲情偶寄·词曲·格局》。

② ［德］黑格尔：《美学》（第一卷），朱光潜译，商务印书馆1979年版，第12-13页。

③ ［汉］王充：《论衡·自纪篇》。

者，铺也……体物写志也”[①]，钟嵘《诗品序》说“直书其事，寓言写物，赋也”；朱熹释义为“赋者，敷陈其事而直言之者也”[②]，可见，“赋”具有直陈其事的特点，用于叙事时体现为直接取材于现实生活，真实客观地再现生活，“即事名篇，无复依傍”。诗人杜甫有很多诗作就具有这样的风格特点，如：

少陵野老吞声哭，春日潜行曲江曲。江头宫殿锁千门，细柳新蒲为谁绿。……黄昏胡骑尘满城，欲往城南望南北。

（《哀江头》）

孟冬十郡良家子，血作陈陶泽中水。野旷天清无战声，四万义军同日死。群胡归来血洗箭，仍唱胡歌饮都市。都人回面向北啼，日夜更望官军至。

（《悲陈陶》）

车辚辚，马萧萧，行人弓箭各在腰。耶娘妻子走相送，尘埃不见咸阳桥。牵衣顿足拦道哭，哭声直上干云霄。道旁过者问行人，行人但云点行频。……君不见，青海头，古来白骨无人收。新鬼烦冤旧鬼哭，天阴雨湿声啾啾。

（《兵车行》）

暮投石壕村，有吏夜捉人。老翁逾墙走，老妇出门看。吏呼一何怒！妇啼一何苦！听妇前致词：三男邺城戍。一男附书至，二男新战死。存者且偷生，死者长已矣！室中更无人，惟有乳下孙。有孙母未去，出入无完裙。老妪力虽衰，请从吏夜归。急应河阳役，犹得备晨炊。夜久语声绝，如闻泣幽咽。天明登前途，独与老翁别。

（《石壕吏》）

寂寞天宝后，园庐但蒿藜。我里百余家，世乱各东西。存者无消息，死者为尘泥。贱子因阵败，归来寻旧蹊。久行见空巷，日瘦气惨凄。但对狐与狸，竖毛怒我啼。四邻何所有？一二老寡妻。宿鸟恋本枝，安辞且穷栖。方春独荷锄，日暮还灌畦。县吏知我至，召令习鼓鞞。虽从本州役，内顾无所携。近行止一身，远去终转迷。家乡既荡尽，远近理亦齐。永痛长病母，五年委沟溪。生我不得力，终身两酸嘶。人生无家别，何以为蒸黎？

（《无家别》）

这些诗歌语言明快、质朴，不隐晦曲折，不含糊其辞，真切地描绘了安史之乱所引起的动荡社会现实，战乱频仍、徭役沉重，致使百姓颠沛流离、无家可归，身处其中的杜甫深知民众之疾苦不幸，难免心生“穷年忧黎元，叹息肠内

① ［梁］刘勰：《文心雕龙·诠赋》。

② ［宋］朱熹注：《诗集传》卷一，载《诗集传·楚辞章句》，岳麓书社1989年版，第3页。

热”的济世情怀，其诗作渗透着强烈的民本思想。诚如丹纳所说：“因为风俗习惯与时代精神对于群众和对于艺术家是相同的；艺术家不是孤立的人。”[①]杜甫诗作所反映的不只是个人的悲苦，更多的是面向社会，真实地反映时事苍生。杜诗之所以具有“诗史”的意义，恐怕正是缘于“它真实、深刻而又生动无比地表现了那个时代人们的情绪和精神”[②]。清代施闰章《蠖斋诗话》在评价杜甫的“三吏”“三别”时说：“就中《潼关吏》《新安》《石壕》《新婚》《垂老》《无家》等篇，妙在痛快。”[③]

白居易继杜甫之后，将诗歌率直、明快的风格发展到新的高度，而且还直接将艺术的讽喻美刺功能与政治改良联系在一起。他认为，艺术创作应当反映社会现实，发挥“补察时政”“泄导人情”[④]的作用，要敢于直面人生，揭露社会弊病，如此才能引起统治者的重视，“开讽刺之道，察其得失之政，通其上下之情”[⑤]。基于此观念，为了更好地暴露时弊，白居易《新乐府并序》提出了创作的一些法则：“篇无定句，句无定字，系于意不系于文……其辞质而径，欲见之者易谕也；其言直而切，欲闻之者深戒也；其事核而实，使采之者传信也；其体顺而肆，可以播于乐章歌曲也。”[⑥]可见，白居易重视诗歌创作的真实性，强调“核而实”，以事实为根据，在语言表达上要做到“质而径”“直而切”“顺而肆”，以直截了当、意激言切、通俗易懂的语言来表达，以便使“闻之者深戒”，发挥针砭时弊的作用。在这样的指导思想之下，白居易的诗歌呈现出浅切、明快的风格特征。如：

新丰老翁八十八，头鬓眉须皆似雪。玄孙扶向店前行，左臂凭肩右臂折。……无何天宝大征兵，户有三丁点一丁。……此臂折来六十年，一肢虽废一身全。至今风雨阴寒夜，直到天明痛不眠。痛不眠，终不悔，且喜老身今独在。不然当时泸水头，身死魂孤骨不收。……边功未立生人怨，请问新丰折臂翁。

（《新丰折臂翁》）

上阳人，红颜暗老白发新。绿衣监使守宫门，一闭上阳多少春。玄宗末岁初选入，入时十六今六十。同时采择百余人，零落年深残此身。……上阳人，

① ［法］丹纳著，傅雷译：《艺术哲学》，人民文学出版社1963年版，第6页。

② 敏泽：《中国美学思想史》（上卷），湖南教育出版社2004年版，第697页。

③ ［清］施润章：《蠖斋诗话》，载王夫之等撰：《清诗话》（全二册），中华书局1963年版，第406页。

④ ［唐］白居易：《与元九书》。

⑤ ［唐］白居易：《策林・采诗》。

⑥ ［唐］白居易：《新乐府并序》。

苦最多。少亦苦，老亦苦，少苦老苦两如何。君不见昔时吕向美人赋，又不见今日上阳白发歌。（《上阳白发人》）

这两首诗以浅近、通俗的语言描绘了不同的人物形象，或同情百姓疾苦，控诉统治者的穷兵黩武；或讽喻宫廷腐败，影射帝王的荒淫，其率直、明快的风格特点，完全可与杜甫的“三吏”“三别”相媲美。而且，与杜诗相比，其语词更为直白，语气更显强烈，甚至常因急于规劝，而将创作者的主观议论和意图直接交给读者，使作品毫无回味余地，从而犯了过于浅、露的毛病。众所周知，儒家美学强调“诗教”，但“总是力求在‘情’与‘理’、‘物’与‘我’、‘文’与‘质’等一系列矛盾之中，达到某种中庸调和的状态”[①]，而白居易为了发挥诗歌“补察时政”“泄导人情”的作用，却使诗歌“为君、为臣、为民、为物、为事而作，不为文而作也”[②]，使文与质对立起来，直至失衡，这种状况当然与中唐日益尖锐的社会矛盾有关，将艺术创作当作了政治活动的手段和工具。然而，不可否认的是，杜甫和白居易的诗作，都以率直、明快的语言，关注现实，关注民生，具有深刻的社会意义和思想意义。

明快的诗词，除了注重事件的真实性之外，往往还具有强烈的情感性。如，杜甫的《闻官军收河南河北》：“剑外忽传收蓟北，初闻涕泪满衣裳。却看妻子愁何在，漫卷诗书喜欲狂。白日放歌须纵酒，青春作伴好还乡。即从巴峡穿巫峡，便下襄阳向洛阳。”这首诗语言明快、情感奔放，痛快淋漓地表达了作者听闻战争胜利消息之后的喜悦心情，字里行间渗透出一个“喜”字。仇兆鳌曾引王嗣奭的话说道：“此诗句有喜跃意，一气流注，而曲折尽情，绝无妆点，愈朴愈真，他人决不能道。”[③]清人浦起龙也称赞此诗为杜甫“生平第一首快诗也”[④]。又如，白居易的讽喻诗，尽管其浅近、率直更多是为了发挥政治功能，然其质朴、明快的语言中也渗透着强烈的情感色彩，如《卖炭翁》：

卖炭翁，伐薪烧炭南山中。满面尘灰烟火色，两鬓苍苍十指黑。卖炭得钱何所营？身上衣裳口中食。可怜身上衣正单，心忧炭贱愿天寒。夜来城外一尺雪，晓驾炭车辗冰辙。牛困人饥日已高，市南门外泥中歇。翩翩两骑来是谁？黄衣使者白衫儿。手把文书口称敕，回车叱牛牵向北。一车炭，千余斤，宫使

① 陈炎主编:《中国审美文化史》(唐宋元明清卷)，山东画报出版社2007年版，第120页。

② [唐] 白居易:《新乐府并序》，载《白居易笺校》卷三《讽喻三》，上海古籍出版社1988年版，第136页。

③ [明] 仇兆鳌注:《杜少陵集详注》卷十一，文学古籍刊行社1955年版，第90-91页。

④ [清] 浦起龙:《读杜心解》，中华书局1961年版，第628页。

驱将惜不得。半匹红绡一丈绫，系向牛头充炭直。

该诗通过对劳苦大众艰辛生活现状的诉说，表达了作者对百姓悲惨命运的同情，以及对封建统治者残酷暴行的强烈抨击与愤慨之情。可见，率直、明快的语言风格，往往可以将情感表达得更为充分、痛快，发人深省。

王国维《人间词话》曾说“境界有二：有诗人之境界，有常人之境界。诗人之境界，惟诗人能感之而能写之，故读其诗者，亦高举远慕，有遗世之意。而亦有得有不得，且得之者亦各有深浅焉。若夫悲欢离合，羁旅行役之感，常人皆能感之，而惟诗人能写之。故其入于人者至深，而行于世也尤广”。[①]杜甫的“诗史”、白居易的讽喻诗，就属于这种“常人之境界”，他们创作的题材取自于客观社会现实，面向社会广大普通民众，所采取的艺术表现方式，也是普通民众易于理解、通俗易懂、率直明快的风格样式，因而更容易与民众获得情感上的共鸣。这种特点发展至元代，其率真直白的特点走得更远，甚至发展至俚俗、口语化的境地。然而不可否认的是，明快风格始终与普通民众紧密联系，是一种不同于文人含蓄蕴藉的别样风格。

（2）散曲中的明快之美

元代，占据主导地位的文学艺术范型是散曲。“散曲是生长于北方文化土壤之中，适应于金、元胡乐及‘北人’的审美趣味的。”[②]王世贞《曲藻序》说：“大抵北主劲切雄丽，南主清峭柔远，虽本才情，务谐俚俗。”可见，元曲之明快畅达之“本色”是与其生存的土壤相关的。明末清初戏剧理论家李渔《闲情偶寄》对比曲与诗、词在文采上的区别，指出：“曲文之词采，与诗文之辞采非但不同，且要判然相反。何也？诗文之辞采贵典雅而贱粗俗，宜蕴藉而忌分明；词曲不然，话则本之街谈巷议，事则取其直说明言。”[③]李渔明确揭橥曲之“辞采”的通俗性，主要是采撷“街谈巷议”“直说明言”，充分说明曲之本色在于“贵显浅”。这一特点主要与其审美对象有关，元曲主要面向普通百姓，包括识字、不识字的，为了便于人们听懂、理解、接受，散曲所采用的艺术语言力求做到明快自然、不事雕琢，少用典故，接近口语。明代凌蒙初极力推崇元曲“本色”，在其《谭曲杂札》中指出：“曲始于胡元，大略贵当行不贵藻丽。其当行者曰‘本色’。盖自有此一番材料，其修饰词章，填塞学问，了无干涉也。”[④]然而，需要

① ［清］王国维撰：《人间词话》，上海古籍出版社2008年版，第64页。

② 张晶：《论散曲的“当行本色”》，《吉林大学社会科学学报》1996年第1期。

③ ［清］李渔：《闲情偶寄》。

④ ［明］凌蒙初：《谭曲杂札》，载《中国古典戏曲论著集成》（四），中国戏剧出版社1959年版，第253页。

特别强调的是，散曲语言的明快自然、“贵浅显”并不代表所言之事空洞无物，而恰恰是“意深词浅”。如张养浩的《山坡羊·潼关怀古》：

峰峦如聚，波涛如怒，山河表里潼关路。望西都，意踌躇。伤心秦汉经行处，宫阙万间都做了土。兴，百姓苦；亡，百姓苦！

这首曲讲述了元文宗天历年间，关中大旱，张养浩被征召陕西行台中丞，赴任途中经过潼关，引发追古怀思，感慨而作。潼关地处叠峰重峦包围之中，地势险要，潼关之外黄河之水汹涌澎湃，奔腾咆哮，在此兵家必争的险要之地，不禁引发作者的怀古之情；遥望西都，踌躇满怀，感慨横生，秦、汉、魏、晋、隋、唐都曾建都长安，昔日壮丽奢华的万间宫阙如今早已化为泥土，荡然无存，改朝换代使百姓民不聊生，苦不堪言，不禁发出沉痛的感慨：“兴，百姓苦；亡，百姓苦！”一针见血地点破历史沧桑之变所引发的百姓之苦，颇能引发读者的情感共鸣。这首散曲小令语言明快自然，情感强烈、痛快直接，意蕴深刻。

散曲不同于诗词含蓄蕴藉的抒情方式，更强调明快直接、一泻无余、痛快淋漓地抒发情感，以强烈的气势感染人、打动人，与人们获得情感共鸣和心灵沟通。刘永济先生在论及元曲特征时指出：“至若沉著痛快，哀感顽艳，固词曲所同尚，而曲尤得力于痛快顽艳者独多。其有风流蕴藉，含蓄不尽者，要已不能出词家之牢笼，遂亦不能称曲家之独造。”①可见，“曲家之独造”指的就是“曲尤得利于痛快顽艳者”，也即所谓的“豪辣”，“豪辣者，气高而情烈，其言也，喷薄铦锐，鞭辟入里之谓也”②。这一特征在关汉卿《一枝花·不伏老》中得到淋漓尽致的体现：

【尾】我是个蒸不烂、煮不熟、捶不匾、炒不爆、响珰珰一粒铜豌豆，恁子弟每谁教你钻入他锄不断、斫不下、解不开、顿不脱、慢腾腾千层锦套头。我玩的是梁园月，饮的是东京酒，赏的是洛阳花，攀的是章台柳。我也会围棋、会蹴踘、会打围、会插科、会歌舞、会吹弹、会咽作、会吟诗、会双陆。你便是落了我牙、歪了我嘴、瘸了我腿、折了我手，天赐与我这几般儿歹症候，尚兀自不肯休。则除是阎王亲自唤，神鬼自来勾，三魂归地府，七魄丧冥幽，天那，那其间才不向烟花路儿上走！

① 刘永济辑录：《元人散曲选·序论》，上海古籍出版社1981年版，第9页。
② 刘永济辑录：《元人散曲选·序论》，上海古籍出版社1981年版，第6页。

作者把他满腔的悲愤一股脑儿倾泻、喷薄出来，用“蒸不烂、煮不熟、捶不匾、炒不爆、响珰珰一粒铜豌豆”等语汇，将其与世不谐的顽强个性刻画得活灵活现。由此可以看出：散曲语言畅快直接、抒情力度强烈，使人受到感染与震撼，并非是通过含蓄隐晦、曲折委婉的“言外之意”获得耐人寻味的艺术效果，恰恰相反，它更倾向于语言的畅快直接、淋漓痛快。

通过对散曲的分析，我们发现明快风格的艺术作品，不仅与语言表现形式有关，还与所要表达的内容直接关联，内容上与普通百姓现实生活、国家兴亡相关联的社会事件，往往更容易激发起大多数人的情感共鸣。

（3）音乐中的明快之美

音乐是抒情性艺术，最具感人的力量。尤其是流行于各地的民间歌曲，多采用朴实自然、明快晓畅的语言来反映现实状况、抒发情感，同时也被上层统治者视为体察民情的最佳途径。早在周代，国家就已设立专门的“采风”制度，搜集各地的民歌，并保存于《诗经》的“风”中。其后各个朝代，也均设有乐府机构，专门负责搜集整理民间音乐。孔子以“文质彬彬”“尽善尽美”为审美理想，将“乐而不淫，哀而不伤”①视为最高的审美标准，提出“乐则《韶》舞，放郑声，远佞人”②的主张。孔子极力反对郑声，认为“郑声淫”。蔡仲德先生对“郑声淫”的原因进行了分析，指出郑声内容多为情歌，形式采用新音阶（也即七声音阶），讲究艺术技巧，多有繁声促节，多有哀思之音，音调高亢激越，表演男女错杂。③这样的音乐与《韶》舞雅颂之乐迥然不同，显然与“礼”、与“中庸”之道是不相符合的。因此《论语·阳货》指出：“恶紫之夺朱也，恶郑声之乱雅乐也，恶利口之覆邦家者。”④由此，我们发现郑声之所以遭到孔子极力反对，在于它所具有的巨大影响力，不仅能压倒雅乐，被视为是“礼崩乐坏”的直接体现，而且它自身也具有独特魅力，即其内容与形式都是普通百姓所喜闻乐见、具有社会普遍情感的艺术，这样的民间音乐不可能采用艰涩、远奥、隐晦曲折的语言，必定是以朴实自然、明快晓畅、通俗易懂、朗朗上口的艺术语言来传唱。正如黑格尔在《美学》中所说：“只表现作歌者本人个性的歌毕竟比不上具有普遍意义的歌，因为后者的听众较广，打动的人较多，引起同情共鸣者也较容易，会由众口流传下去。”⑤

由于民间音乐具有坚实的群众基础，在中国古代不同历史时期不绝于耳。

① 《论语·八佾》。

② 《论语·卫灵公》。

③ 蔡仲德：《中国音乐美学史》，人民音乐出版社2003年版，第95页。

④ 《论语·阳货》，载《十三经注疏·论语注疏》卷十七，北京大学出版社1999年版，第240页。

⑤ ［德］黑格尔著，朱光潜译：《美学》第三卷（下册），商务印书馆1995年版，第224页。

《汉乐府》中有一首抒情民歌《上邪》:“上邪!我欲与君相知,长命无绝衰。山无陵,江水为竭,冬雷震震,夏雨雪,天地合,乃敢与君绝!”这是一首表达爱情的誓词,属于汉乐府民歌中的《鼓吹曲辞》,它不同于文人诗词喜欢描写少女初恋的娇羞情态,而是以少女自述的口吻,表现一位心直口快的北方姑娘向倾心相爱的男子表达爱情,誓词热烈、率真明快,将少女内心的情感诉说得淋漓尽致、令人感动。此作首三句直接从正面指天发誓,表明少女经过精心选择,确定此男子值得相爱,愿与其永生永世连接在一起,爱情永生永世不会衰退;后一句,从反面设誓,列举了五种意想不到的非常之事,字字千钧,不同凡响,最后吐出“乃敢与君绝”五字,将情感推向高潮。清代张玉穀《古诗赏析》卷五评此作:“首三,正说,意言已尽。后五,反面竭力申说,如此然后敢绝,是终不可绝也。叠用五事,两就地维说,两就天时说,直说到天地混合,一气赶落,不见堆垛,局奇笔横。”[①]可见,正是这首作品在语词表达上直接明快,才更显情真意切。

曲子作为隋唐时期新兴的民间歌曲,源自于北魏、北周以来涌入中原的西域音乐与汉族传统音乐中遗留的曲调,是一种可供自由填词的长短句歌曲,不仅百姓喜欢,许多文人也都乐于填写咏唱。《敦煌歌辞总编》收有唐、五代曲子词1300多首,多为民间歌曲,其中《望江南》表现一个被抛弃女人的怨恨,歌词颇具口语化:“天上月,遥望似一团银。夜久更阑风渐紧,为奴吹散月边云,照见负心人。”[②]这首曲子虽然简单短小,但却将主人公的思想与情感以通俗而明快的语言表达得直截了当,非常符合下层百姓的欣赏心理,因而在百姓中广为传唱。

唐代还有一种流行于佛教寺院,用于宣传宗教的说唱形式——俗讲。俗讲将深奥的佛教哲理通俗化,以讲故事的形式进行宣传,以便于百姓接受,其所用说唱本子叫“变文”。后来人们利用变文形式,创作出许多民间故事、传说及历史故事的世俗性变文,由于变文中吸收了群众喜爱的民间曲调,故而深受百姓喜欢。

入宋后,市民音乐勃兴,各种民间技艺表演于瓦肆勾栏、茶坊、酒肆、歌楼及街头巷尾。尤其是说唱音乐,不同于唐代集中在寺院进行表演,宋代的说唱,广泛活跃于城镇、乡村、官宦府第及宫廷,受到不同社会阶层的普遍喜爱。说唱音乐有鼓子词、诸宫调、陶真、货郎儿等多种类型,后来又出现了诸宫调,把说唱音乐推向一个新的高度。这是一种有说有唱、以唱为主,用以表演情节复杂的长篇故事的大型说唱艺术形式,由于使用了多套曲牌的不同宫调,色彩对比非常鲜明,艺术表现力极为丰富。目前所能见到的作品有《刘知远诸宫调》《西厢记诸宫调》《天宝遗事诸宫调》三种,虽然无法目睹当时表演的盛况,但就所遗

① [清]张玉穀:《古诗赏析》卷五,上海古籍出版社2000年版,第109页。

② 转引自孙继南、周柱铨主编:《中国音乐通史简编》,山东教育出版社1999年版,第89页。

存的本子来看，完全没有含蓄晦涩的语言。如《西厢记诸宫调·凭栏人缠令》：

忆多才，自别来约过一载；何日里却得同谐？萦损愁怀。怕黄昏愁倚朱栏，到良宵独立空阶。趁落英遍苍苔，东风摇荡，一帘飞絮，满地香埃。

欲问俺心头闷答孩，太平车儿难载！都是俺今年浮灾。烦恼杀人也猜，闷厌厌的心绪如麻，瘦岩岩的病体如柴。鬓云乱慵整琼钗。劳劳攘攘，身心一片，没处安排。

从中可见，歌词朴实浅显，曲调婉转起伏、明快自然，易于理解，对其后民间音乐产生了重要的影响作用。

明清时期民间歌曲获得大发展。卓柯月说："我明诗让唐，词让宋，曲让元，庶几《吴歌》《挂枝儿》《打枣杆》《银纽丝》之类，为我明一绝耳。"[①]可见当时民歌之繁盛。民歌内容丰富多样，不仅有反映劳动人民纯朴爱情的民歌，如《绣荷包》《要哥等妹到几时》等；也有反映百姓疾苦的，如江苏民歌《十二月长工苦》《江南百姓苦愁愁》，陕西民歌《长工苦》、四川民歌《苦麻叶儿苦茵茵》等；还有揭露阶级矛盾、反抗剥削统治的民歌如安徽民歌《凤阳花鼓》等，以及歌颂农民起义的如江苏民歌《愁你一去不回头》、广西民歌《四四方方一盘棋》、山东民歌《洪秀全起义》等。这些歌曲短小精悍，歌词简单朴实，有独唱、对唱、和唱等多种演唱形式，地方色彩浓郁，风格明快，朗朗上口，都是在民间广为流传、喜闻乐见的大众歌曲。此外，明清时期各地说唱音乐，如梨花大鼓、京韵大鼓、西河大鼓、弹词等，也以各自独特的表演方式与明快晓畅的艺术风格深受广大人民群众的喜爱。

（4）民间美术中的明快之美

民间美术，是又一种流传于广大人民群众中的艺术类别，其风格同样具有明快之美，主要体现在色彩方面。约翰内斯·伊顿曾在《色彩艺术》中指出："色彩是从原始时代就存在的概念，是原始的无色彩光线及其相对物无色彩黑暗的产儿。"[②]色彩是原始先民用以表达意愿的媒介、判断事物的根据，运用色彩来传达精神上的理想、愿望及追求，是从原始时期一直延续至今的文化现象。不同的民族、地域对于色彩的选择，由于其生存环境、民俗风情的不同，往往会形成不同的色彩观念和表现形式，如我国各地的剪纸、木版年画、皮影、风筝、木偶、刺

① ［明］陈宏绪：《寒夜录》，转引自孙继南、周柱铨主编：《中国音乐通史简编》，山东教育出版社1999年版，第173页。

② ［瑞士］约翰内斯·伊顿：《色彩艺术》，上海人民美术出版社1985年版，第3页。

绣、面具等民间美术，其明快缤纷的设色无不蕴涵着深厚的文化底蕴。然而，有一点却是相通的，即“民间色彩最初的选择无疑主要在于人的本能色彩冲动，在于人对美好生活的向往和‘快乐原则’”[①]。因此，民间美术，在色彩的选择与运用上，很少理性的控制，更多的是出于本能的意愿，以某种率直、爽朗、鲜亮、明快的色彩，来传达普通民众特有的“快乐”与愿望。

民间美术色彩明快、浓艳，色彩搭配强调对比，具有象征性、表现性、装饰性特征。“红红绿绿，图个吉利”是流传于百姓中的口头禅，一方面反映出民间美术注重色彩对比的装饰性特征，另一方面体现了民间美术色彩的象征性与表现性功能。“红红绿绿”，对比鲜明，给人以强烈的视觉冲击力，其所反映的是一种积极而热烈的视觉心理，直接表明人类生存本质的色彩需要；“图个吉利”，体现了传统民间文化的审美观念，色彩是人们表现内心意愿的途径与精神意志的象征。因而，民间美术在色彩选择上，总是追求单纯的色彩基调、强烈的色彩对比，通过增强画面的装饰性来传达精神需求，而不注重物象的写实性。民间美术中还流传着一些用色口诀，如“红要红得鲜，绿要绿得娇，白要白得净”“紫是骨头绿是筋，配上红黄色更新”“红搭绿，一块玉”“青紫不并列，黄白不随肩”“红间黄，秋叶堕；红间绿，花簇簇；青间紫，不如死；粉笼黄，胜增光”，等等，从中可以见出民间美术的色彩具有简洁、鲜明、艳丽、浓烈的特点。无论是蛋壳、泥玩、年画、风筝，还是皮影、灯笼、刺绣、脸谱等，其用色无不强调明快单纯、夸张艳丽，除了突出体现喜庆、热闹、红火的气氛之外，更多的是与求生、趋利、避害等人生追求的功利性目的相联系（图2.42、图2.43）。

图2.42　清乾隆 大阿福

图2.43　清中叶 麒麟送子

① 李广元著：《东方色彩研究》，黑龙江美术出版社1994年版，第108页。

民间美术通过色彩所体现的明快风格，并不是写实的色彩，而是写意的色彩，是心相与意愿的直接体现，其所包含的象征性、装饰性与表现性特征，都融注于其色彩当中。通过强烈而明快的色彩，表达普通民众率直、朴实的真实情感，是民间美术的创作宗旨。

综上所述，含蓄与明快这两种艺术风格类型，各具特色。尽管古代有崇尚含蓄之美的文化传统，特别是文人阶层，表达思想情感尤“贵含蓄”；然而，明快作为一种率直、质朴的风格类型，同样具有扣人心弦的感人魅力，尤其是面对广大普通民众的艺术创作，明快更能引起强烈的情感共鸣。含蓄与明快，二者之间只有风格特征倾向的不同，而不应有高低贵贱之分。如果说含蓄蕴藉、宁静致远是文人精神的寄托的话，那么率直、明快则更多的是普通民众真情实感的表达。二者各具其美，彼此不可相为。

三、文：素朴与华丽

素朴与华丽是从作品之“文”，即作品中辞藻与色彩的运用，或素朴、平淡，或浓艳、华丽所划分的一对风格类型。

素朴是能够显示本真质地，不用或少用辞藻、雕饰和色彩，力求自然、朴实、平淡的艺术风格；华丽则恰恰与之相反，是多用辞藻、雕饰和色彩，力求华彩、绚烂、绮丽的艺术风格。如果将素朴风格比作出水芙蓉，那么华丽风格就是雍容牡丹。尽管在古代美学及文学艺术理论中，未见以“素朴”和“华丽”来概括风格类型，但却有与之意思相近的概念表述，前者如自然、平淡、冲淡等，后者如绚烂、纤秾、绮丽等。而且，在各个门类的艺术当中，存在大量隶属于这两种风格类型的作品。素朴与华丽，既是两种不同审美趣味的美的类型，也是两种迥然有别的风格类型。

1. 素朴：自然平淡、质朴无华

素朴是一种未加雕琢藻饰、淳素质朴、自然平淡的本真状态。素朴虽与简约有类似之处，都摒弃过多的雕饰，但简约更多强调外观形式、布局上的简练，重在体现以少胜多的艺术效果；而素朴则侧重于语言色彩的自然、朴实和平淡，强调“不工之工”、自然而然，是超越刻意雕琢、华美绚丽而达到的返璞归真。

“素朴”一词，最早出自《老子》“见素抱朴，少私寡欲”①，他反对人为、反自然的雕饰造作，倡导“道法自然”②、无为无欲。庄子进一步提出“同乎无

---

①《老子·十九章》。

②《老子·二十五章》。

欲，是谓素朴。素朴而民性得矣”[①]，“故素也者，谓其无所与杂也”[②]，庄子认为“素朴”是人与生俱来的本性，不掺任何杂质，是人最为宝贵的品质，保持素朴无欲，天下才能太平，社会才能安定，人与人之间才会无所争斗、和谐共生。无争、无欲、无目的是《庄子》的基本思想，在庄子看来，“朴素”是天下最大的美，“朴素而天下莫能与之争美”[③]，任何经过人为加工的美都无法与之相媲美，“天地有大美而不言，四时有明法而不议，万物有成理而不说。圣人者，原天地之美而达万物之理。是故至人无为，大圣不作，观于天地之谓也”[④]。又说“夫天地者，古之所大也，而黄帝、尧、舜之所共美也”[⑤]。他认为黄帝、尧舜之所以共美，就在于“天地”、自然是无为的，“至人”或“圣人”之所以“无为”或“不作”，是因为他们“观于天地之谓也”——认识到自然界的自然无为状态，这是“道德之至”，“夫虚静恬淡，寂寞无为者，天地之平而道德之至”[⑥]，“澹然无极而众美从之，此天地之道，圣人之德也”[⑦]。可见，所谓“朴素”“虚静”“恬淡”“寂寞”“无为”“淡然无极”等，虽用词各异，但都在反复强调要保持天地之“大美”，也即自然、素朴的状态，摒弃外在的人为雕饰。

与老庄类似的思想，在《易传》中也有相关论述。《易传》认为卦象的产生取法于天地自然，其中“涣”卦，上是“巽”为“风”，下是“坎”为“水”，《涣・象传》释义“风行水上，涣’”[⑧]。即是指一种不加矫饰雕琢、自然而然的状态。宋代苏洵《仲兄字文甫说》阐发“‘风行水上，涣’。此亦天下之至文也。然而此二物（指风与水）者，岂有求乎文哉？无意乎相求，不期而相遇，而文生焉”[⑨]，这天下“至文”之“文”，是自然形成的、顺其自然的结果。可见，《老子》《庄子》及《易传》关于“素朴”和“自然”的思想是具有相通性的，体现在都推崇一种不雕饰、不造作的浑然天成之美，正是从这个意义上，我们认为素朴与自然、平淡的内涵是一致的。这个思想对古代艺术创作及理论影响很大。

（1）文学中的素朴之美

文学创作领域，追求自然、平淡的素朴之美，一直以来都是文人追求的艺术

① 《庄子・马蹄》。
② 《庄子・刻意》。
③ 《庄子・天道》。
④ 《庄子・知北游》。
⑤ 《庄子・天道》。
⑥ 《庄子・天道》。
⑦ 《庄子・刻意》。
⑧ 《易传・涣》。
⑨ 《嘉祐集》卷十四《仲兄字文甫说》，《四部丛刊》影印本。

境界。然而，自魏晋六朝以来，文学创作特别讲求形式美，曹丕提出“诗赋欲丽”，“丽”开始作为一种标准化风格被崇尚，西晋陆机“诗缘情而绮靡”，诗歌创作由吟咏性情逐渐滑向单纯重视形式辞采，“南朝宫廷中，流行着轻靡浮艳的宫体诗作，把追求感性美、形式美推向了更高层次”[①]。追求句式对称、对偶押韵、辞藻铺陈渲染成为一种趋向，这股浓郁的轻靡浮艳之软美诗风一直弥漫到隋唐之际，被视为诗文革新极力矫治的对象。陈子昂疾呼“汉魏风骨，晋宋莫传”[②]，李白声讨“雕虫丧天真”[③]，摒弃绮丽浮艳成为时代的共同呼声。此种境况之下，李白所崇尚的“清水出芙蓉、天然去雕饰”的自然、素朴之美，也就成为文学创作新的艺术追求。晚唐司空图认识到风格类型的多样性，《二十四诗品》专列“冲淡”一品，对这种与素朴相类似的风格类型作了形象生动的描述：

> 素处以默，妙机其微。饮之太和，独鹤与飞。犹之惠风，荏苒在衣。阅音修篁，美曰载归。遇之匪深，即之愈希。脱有形似，握手已违。

前两句“素处以默，妙机其微”，对诗人创作“冲淡”诗风的审美心态提出总体要求，创作者做到“素处以默”，便能领悟到冲淡之精微之处。郭绍虞《诗品集解》释义：“素，澹也。处，居也。默，犹言冲漠无朕也。平居澹素，以默为守，涵养既深，天机自合，故云妙机其微。微也者，幽微也，亦微妙也，言莫之求而自致也。”[④]孙联奎《诗品臆说》认为此二句“心清闻妙香”[⑤]，心清缘于静，静则心清，显然有一个由“外”而“内”，由“身”而“心”、而“气”、而“神”的序列。[⑥]可见，此二句强调的是创作主体应该具有自然淡泊、清心寡欲的审美心境，其人生态度及人格修养是超然物外、摆脱了外物利欲干扰的特殊情态，惟此才能洞察、感悟出世态的奥秘与微妙之处，把握冲淡诗风的精微。“饮之太和，独鹤与飞”是对诗人情怀气概的要求。“太和”出自《易・乾卦》“保和大和”，“和”有多种释义，联系下文，此处应该指平和、和柔之意[⑦]，郭绍虞《诗品集解》“鹤本澹逸之品，而又独飞，则与之俱者，其气象亦可以仿佛矣。形

① 刘承华：《艺术的生命精神与文化品格》，中国文史出版社2005年版，第51页。

② ［唐］陈子昂：《与东方左史虬修竹篇序》。

③ ［唐］李白：《古风》其三十五。

④ ［唐］司空图著，郭绍虞集解：《诗品集解》，载《诗品集解・续诗品注》，人民文学出版社2001年版，第6页。

⑤ 孙联奎：《诗品臆说》，转引自《诗品集解・续诗品注》，人民文学出版社2001年版，第6页。

⑥ 畅广元：《诗创作心理学——司空图〈诗品〉臆解》，陕西师范大学出版社1988年版，第14页。

⑦ 张国庆：《〈二十四诗品〉诗歌美学》，中央编译出版社2008年版，第32页。

容冲淡，恰到好处”[①]，显然仍在强调诗人淡逸的情操和气概。“犹之蕙风……美曰载归”对冲淡的诗风情境作了形象生动的描绘。最后四句“遇之匪深，即之愈希。脱有形似，握手已违”，郭绍虞认为是指“恍兮惚兮，微哉微哉”[②]的冲淡之神难以把握，它的出现，似乎是偶然的，然而却对诗人主体的思想及人格修养有很高的要求，冲淡诗风要自然形成，倘若心怀名利，只以“形似”而造作，只能落得“握手已违”、转瞬即逝的后果。可见，冲淡的诗风是不易获得的。

入宋以后，文人创作推崇素朴、平淡，成为一代风格宗尚。如苏舜钦说“不肯低心事镌凿，直欲淡泊趋杳冥”[③]，梅尧臣说“作诗无古今，惟造平淡难”[④]，表明宋人将平淡视为艺术创作所追求的最高境界，也是最难企及的境界。苏轼更是极力倡导素朴、平淡，评韦应物、柳宗元“发纤秾于简古，寄至味于淡泊”[⑤]。在苏轼看来，朴素美是绚烂美的高级形态，它“并不是初学阶段无技巧基础的直言陈示，而是技艺娴熟极致之后的风格蜕变，是作者内在修养在艺术实践中的‘升华’表现”[⑥]。他说：“大凡为文，当使气象峥嵘，五色绚烂，渐老渐熟，乃造平淡。”[⑦]可见，平淡之美是艺术创作上“渐老渐熟”才能达到的境界，是基于“绚烂至极”基础上的“乃造平淡”，这一观点“从表面说是讲艺术学习中从技巧到风格境界的转化过程；从根本上说，他强调的是艺术的境界、风格以‘平淡’为上乘的观点，这种‘平淡’的前提是对艺术技巧的严格训练，而并不是连基本规范都没有的随意而就。从艺术创作上说，‘平淡’是对‘峥嵘气象’的‘绚烂至极’的‘反拔’，是‘回归’到‘纯朴自然’方向的第二个起始点”[⑧]，也即哲学上所谓否定之否定阶段。这种观点，为宋人所普遍认同。宋代吴可《藏海诗话》评杜诗：“方少则华丽，年加长渐入平淡也。”又说“凡文章先华丽而后平淡，如四时之序。方春则华丽，夏则茂实，秋冬则收敛，若外枯中膏者是也，盖华丽茂实已在其中矣”。宋代葛立方《韵语阳秋》也曾提出类似观点

① ［唐］司空图著，郭绍虞集解：《诗品集解》，载《诗品集解·续诗品注》，人民文学出版社2001年版，第6页。

② ［唐］司空图著，郭绍虞集解：《诗品集解》，载《诗品集解·续诗品注》，人民文学出版社2001年版，第7页。

③ ［宋］苏辙：《苏学士文集》卷二《赠释秘演》，《四部丛刊》影印本。

④ ［宋］梅尧臣：《宛陵先生文集》卷四十六《读邵不疑学士诗卷杜挺之忽来因出示之且伏高致辄书一时之语以奉呈》，载《宛陵集卷四十三至四十八》影印本。

⑤ ［宋］苏轼：《书黄子思诗集后》，载石声淮、唐玲玲选注：《苏轼文选》，上海古籍出版社1989年版，第345页。

⑥ 刘道广：《中国古代艺术思想史》，上海人民出版社1998年版，第147页。

⑦ ［宋］周紫芝：《竹坡诗话》，载［清］何文焕辑：《历代诗话》，中华书局1981年版，第348页。

⑧ 刘道广：《中国古代艺术思想史》，上海人民出版社1998年版，第148页。

"大抵欲造平淡，当自组丽中来，落其华芬，然后可造平淡之境"，可见，平淡是艺术创造的高级阶段，是脱却绚烂之后的返璞归真。宋人推崇平淡，在很大程度上，表现在对陶渊明诗作的推崇，而推崇陶诗又缘于其素朴无华、自然平淡的语言风格。苏轼《评韩柳诗》赞美陶诗"所贵乎枯淡者，谓其外枯而中膏，似淡而实美，渊明、子厚之流是也"，又说"吾于诗人，无所甚好，独好渊明之诗，渊明作诗不多，然其诗质而实绮，癯而实腴，自曹、刘、鲍、谢、李、杜诸人，皆莫及也"[①]。朱熹也说："渊明诗平淡出于自然。后人学他平淡，便相去远矣。"[②]葛立方也持以同样的观点："陶潜谢朓诗皆平淡有思致，非后来诗人怵心刿目雕琢者所为也"[③]。可见，陶诗之所以受人仰慕，关键在于其素朴、平淡的语言，丝毫没有矫饰、造作之言语，诸如"采菊东篱下，悠然见南山"（《饮酒》）、"狗吠深巷中，鸡鸣桑树颠"（《归园田居》其一）、"种豆南山下，草盛豆苗稀"（《归园田居》其三）等诗句，如同无意间口头流出，自然亲切，情景如状目前，这些素朴平淡的语言看似简单、容易，实则正是创作者高超造诣所在，它是脱却了华丽雕饰之后的天然本色，正所谓"精能之至，反造疏淡"[④]。

诗词领域，除了陶渊明之外，以素朴、平淡诗风著称的诗家不乏其人。如王维的《山居秋暝》"空山新雨后，天气晚来秋。明月松间照，清泉石上流。竹喧归浣女，莲动下渔舟。随意春芳歇，王孙自可留"，《鹿柴》"空山不见人，但闻人语响。返景入深林，复照青苔上"；孟浩然的《春晓》"春眠不觉晓，处处闻啼鸟。夜来风雨声，花落知多少"，《过故人庄》"故人具鸡黍，邀我至田家。绿树村边合，青山郭外斜。开轩面场圃，把酒话桑麻。待到重阳日，还来就菊花"；马致远的《天净沙·秋思》"枯藤老树昏鸦，小桥流水人家，古道西风瘦马。夕阳西下，断肠人在天涯"等，这些诗句语言自然、素朴，不重雕饰，都是平常、平淡、平易之语，它们是诗人用心经营的结果，是真实情感的自然流露，正如司空图《二十四诗品》中"自然"所言"俯首即是，不取诸邻"。虽然素朴之美看似简单、平淡、质朴，却是难为之作，是艺术家们孜孜以求的最高境界。法国艺术家罗丹也曾说道："艺术上最大的困难和最高的境地，却是要自然地、朴素地

① ［宋］苏辙：《栾城后集》卷二十一《子瞻和陶渊明诗集引》，载苏辙《栾城集》（三册），商务印书馆1936年版，第210页。

② 《朱子语类》卷一百四十《论文下·诗》，载［宋］黎靖德编：《朱子语类》（第八册），王星贤点校，中华书局1986年版，第3324页。

③ ［宋］《韵语阳秋》卷一，载［清］何文焕辑《历代诗话》，中华书局1981年版，483页。

④ ［宋］苏轼：《书唐氏六家书后》，载潘运告主编：《宋代书论》，湖南美术出版社1999年版，第32页。

描绘和写作。”①

（2）戏曲中的素朴之美

素朴之美以不用或少用藻饰、色彩，力求自然、平淡为根本，这种特点在戏曲创作领域中同样有所体现，与所谓的“本色”有所关联。戏曲中的“本色”，是指本然之色，即符合事物本来面目、符合剧中不同阶层人物的身份、性格及语言特点，该素则素，该艳则艳。臧懋循（字晋叔）在《元曲选序》中说“必须人习其方言，事肖其本色，境无旁溢，语无外假”②，此话道出了戏曲“本色”的特点，即不加藻饰，不涉外假，甚至还要采用“方言”，再现客观现实生活的本真面目，抒发主体的真情实感。“本色”戏曲语言虽然偏于素朴、平淡，但却是最能打动人心、最易引起情感共鸣的语言。关汉卿作为元杂剧早期的代表性作家，是戏曲史上本色派的杰出人物，其作《窦娥冤》《救风尘》《望江亭》等，以素朴、本色而充满激情的语言，揭露黑暗的社会现实，表达其胸中的爱恨情仇。“戏曲语言的朴素、本色，决定于作家对现实认识的清楚、是非观念的分明和生活知识的丰富。”③对于长期生活于社会最底层的关汉卿来说，他对官府的黑暗统治、百姓的苦难生活，早已司空见惯、了如指掌，并且感同身受；现实生活为其创作提供了丰富的素材和语言材料，通过再现现实本真面目即可打动观众，根本无须从书本中模拟搬弄，更无须以华丽繁缛的辞藻予以雕饰。这也是他的作品能以“本色”取胜的原因所在。在《窦娥冤》中，窦娥无端遭受诬陷，怎奈昏庸官府不问青红皂白就将她问斩，她悲痛之极，毫不犹豫地选择了与现实对抗，向颠倒黑白的天地厉声发问：

> 【滚绣球】有日月朝暮悬，有鬼神掌著生死权。天地也只合把清浊分辨，可怎生糊突了盗跖颜渊。为善的受贫穷更命短，造恶的享富贵又寿延。天地也做得个怕硬欺软，却元来也这般顺水推船。地也，你不分好歹何为地？天也，你错勘贤愚枉做天！哎，只落得两泪涟涟。④

这段唱词素朴、本色而充满激情，字里行间充溢着对不平社会政治的控诉、对个人命运的抗争，以及对时代的感叹，虽然未加雕琢，也未施以色彩美化，但却以强烈的冲击力敲打着人们的心弦，其原因就在于这些素朴、本色之语丝毫没

① ［法］罗丹口述，［法］葛赛尔记录，沈宝基译：《罗丹艺术论》，广西师范大学出版社2002年版，第69页。

② ［明］臧晋叔编：《元曲选》（第一册），中华书局1989年版，序二。

③ 王季思：《元人杂剧的本色派和文采派》，《学术研究》1964年第3期。

④ 郑绍基、王菊艳选注、译评：《元曲选评》，岳麓书社2006年版，第28-29页。

有矫揉造作之嫌，而是自然而然的真情流露，是最有说服力的语言。正如亚里士多德所说：“一个作家，必须使他的艺术给人以自然的印象，而不是矫揉造作。自然是有说服力的，而矫揉造作则适得其反。”[①]这也正是素朴之美的魅力所在。可以说，戏曲艺术之所以能够成为大众性艺术，为普通百姓所喜闻乐见，恐怕与戏曲艺术采用素朴、平实的本色语言进行创作不无关系。

（3）绘画中的素朴之美

绘画艺术作为再现性艺术，客观自然世界的五彩斑斓决定了绘画艺术离不开色彩的运用，这从大量东西方的绘画作品可以得到印证。然而，中国绘画除了色彩丰富的设色绘画之外，还存在一种以单纯墨色为主的绘画体系——水墨画，在中国古代审美艺术评论中占有举足轻重的重要地位。它不仅与设色绘画相抗衡，而且在某些特定历史阶段，甚至以压倒性的优势占据画坛主导地位。水墨色彩运用的哲学基础是道家的自然素朴思想。老子“见素抱朴”[②]思想，反对人为造作的“五色”，由于“五色令人目盲”[③]，“五色乱目，使目不明”[④]，尽管老子否定“五色”是站在“为腹不为目”这样一种狭隘的实用功利性立场，并非站在美的立场，然而他的这一主张却对中国绘画产生了深远的影响。道家反对“五色”，但却崇尚黑色，黑色是能够体现道家玄学精神的颜色，即“道”的颜色，体现于书画就是墨色。“中国画家通过墨色的浓淡深浅的变化来表现丰富的光与色的韵律，以平淡、朴素的方式表现一种高雅脱俗的情调韵味。”[⑤]

众所周知，中国绘画在秦汉、魏晋乃至隋唐一直是以赋色为传统的，无论是汉墓帛画，还是人物画及山水画，都施以五彩，以便生动形象地表现物象。然而，自唐宋以来，以单纯墨色来表现物象的水墨画逐渐成为备受文人崇尚的艺术类别，而且成为绘画批评的重要议题。对待水墨与赋彩这两种不同风格的绘画，出现了两种截然不同的态度。五代荆浩《笔法记》在评价王维与李思训绘画风格时说“王右丞笔墨宛丽，气韵高清，巧写象成，亦动真思”，“李将军理深思远，笔迹甚精，虽巧而华，大亏墨彩”，很显然，此评价表现出鲜明的重水墨清淡、轻赋彩华丽的倾向。而且荆浩在评价其他画家时也表现出对水墨的钟爱，如评张璪“树石气韵俱盛，笔墨积微，真思卓然，不贵五彩，旷古绝今”，评吴道子

---

① ［希腊］亚里士多德：《修辞学》第二节，载伍蠡甫等编：《西方文论选》上卷，上海译文出版社1979年版，第90页。

② 《老子·十九章》。

③ 《老子·十二章》。

④ 《庄子·天地》。

⑤ 刘承华：《艺术的生命精神与文化品格》，中国文史出版社2005年版，第49页。

“笔胜于象，骨气自高，树不言图，亦恨无墨”，[①]可见，对水墨的重视已经成为品评画家及其作品风格与品位格调的衡量标准。

水墨画是以墨为彩进行创作的绘画类别，根据水与墨调配的浓淡深浅不同，墨分五彩（焦、浓、重、淡、清），然而无论浓淡如何变化都是基于墨色，也即素色的进一步要求，无论山水画、花鸟画，还是人物画，都是以墨为主而展开的多样化创造。水墨画入宋后发展至兴盛阶段，与当时推崇平淡美不无关系。诗文创作领域对素朴平淡的推崇，波及影响至绘画领域。文学家欧阳修重视“萧条淡泊”之意境，在《鉴画》中指出“萧条淡泊，此难画之意。画者得之，览者未必识也。故飞走迟速，意浅之物易见，而闲和严静，趣远之心难形。若乃高下向背，远近重复，此画工之艺尔，非精鉴者之事也”[②]。这里的“萧条淡泊”与苏轼的“萧散简远，妙在笔画之外”[③]具有相通之处，体现在都追求素朴、淡泊之美。这种看似平淡自然的风格，实则是最难体现的，与画工作画只注重有限的物象相比，它更强调“象外之妙”。宋代黄休复《益州名画录》将这种“拙规矩于方圆，鄙精研于彩绘，笔简形具，得之自然，莫可楷模，出于意表”的艺术特色，称之为“逸品”，并将其列于“神”“妙”“能”三品之上。“逸品”地位的提升，不仅是宋代崇尚素朴、淡逸的审美趋向的体现，同时也给予水墨画进一步发展以有力的推动。宋元时期，水墨画在文人画家的多角度创作实践中，不断被创新演绎，米芾父子的“米氏云山”（图2.44），文同的“墨竹”（图2.45）、倪瓒的“逸笔”（图2.46）等，都体现出素朴平淡、朴实无华的风格特征。

图2.44　宋 米友仁《潇湘奇观图》（局部）

① ［五代］荆浩：《笔法记》，载潘运告主编：《唐五代画论》，湖南美术出版社1997年版，第257页。

② ［宋］欧阳修：《试笔·鉴画》。

③ ［宋］苏轼：《书黄子思诗集后》。

图2.45　宋 文同《墨竹图》

图2.46　元 倪瓒《幽涧寒松图》

明代以后，水墨画备受推崇。画坛发生的南、北宗之争，即是关于水墨画与设色画两种风格趋向的论争。在董其昌、陈继儒、莫士龙等人的极力鼓吹和标榜之下，最终以“南宗”胜于“北宗”而告终。究其原因，在于以李思训父子为首的“北宗”，其青绿院体山水画注重对物象的形似再现，虽工巧精细，色彩绚烂，却只能因“板细”而沦为“画工”，缺乏以王维为代表的“南宗”文人画所具有的虚和萧散、格调高逸。尽管董其昌等人“崇南抑北”旨在攻击“浙派”院体绘画，但此论一出，遂将文人水墨画推至画坛的主导地位。这种弃彩重墨、去浓就淡的绘画主张，在某种程度上，正是对水墨画素朴、萧散、平淡之美的彰显。

（4）音乐中的素朴之美

音乐领域中，最能够体现素朴平淡之美的莫过于古琴音乐。古琴作为文人音乐的代表性乐器，其音色以清幽、平淡为上，不以繁声热闹为趋。“中国乐器，无论是筝瑟、箫笛，还是钟磬、胡琴，其音色均柔和、恬淡而又音韵绵长，为中国音乐的清、淡风格提供了物质基础。而古琴，则又是这一方面的最为突出者。”[1]“清”“淡”是古琴音乐最鲜明的风格特质，素朴之美正体现于此。明代徐上瀛所作《溪山琴况》是古琴理论的集大成之作，曾专门论及“清”“淡”二况：

> 清：故清者，大雅之原本，而为声音之主宰。……究夫曲调之清，则最忌连连弹去，亟亟求完，但欲热闹娱耳，不知意趣何在，斯则流于浊矣。……试一听之，则澄然秋潭，皎然寒月，湱然山涛，幽然谷应，始知弦上有此一种清

① 刘承华：《古琴艺术论》，江苏文艺出版社2002年版，第264页。

况，真令人心骨俱冷，体气欲仙矣。

淡：琴之为音，孤高岑寂，不杂丝竹伴内。清泉白石，皓月疏风，翛翛自得，使听之者游思缥缈，娱乐之心不知何去，斯之谓淡。……夫琴之元音本自淡也，制之为操，其文情冲乎淡也。

从中可见，“清”被视为大雅之本，在于古琴音乐不以娱乐热闹为追求，而以清幽淡泊为旨归；“淡”是舍弃了华丽、热闹之后的孤高岑寂，是恬淡宁静的审美享受中的心灵净化。追求“清”“淡”是文人雅士的至高境界和心灵诉求，也是素朴之美的必备特质。在《溪山琴况》中还贯穿有对“希声”境界的追求，“所谓希者，至静之极，通乎杳渺，出有入无”，“调古声淡，渐入渊源……此希声之引申也”，“疏疏淡淡，其音得中正和平者，是为正音”等，可见，“希声”之至静、出有入无、调古、疏淡的特征就是“淡”，这是高人韵士“舍艳而相遇于淡”的结果。“淡”不是轻而易举就可以得到的，它是摒弃了“邪”“俗”“媚”等外在浮华的返璞归真，“祛邪而存正，黜俗而归雅，舍媚而还淳，不着意于淡，而淡之妙自臻”[1]。这是古琴音乐的审美趣味，也是文人音乐的审美趣味。古琴音乐的“清”“淡”体现的正是一种脱却了雕饰、造作的素朴之美。

2. 华丽：雕藻繁密、华彩绚烂

华丽是与素朴相对的风格类型。不同于素朴风格少用或不用文采、藻饰，于自然、平淡中彰显“不设不施”的素朴之美，华丽风格则强调多用文采、藻饰，于华彩、绚烂中呈现“五彩缤纷”的华丽之美。

华丽是对作品施以文采藻饰的结果。关于“文”的讨论与辩争由来已久。先秦孔子主张文质并重，提出“质胜文则野，文胜文则史。文质彬彬，然后君子”[2]。此处的“文”与“质”虽是论人，但其主张内容与形式的统一，无疑是正确的命题。《左传·襄公二十五年》载“言之无文，行而不远”，道出了文采的重要性。墨子站在小生产者立场上，以“求兴天下之利”为目的，提出“非乐”主张，但就文采美饰，墨子也绝非完全否定。据刘向《说苑·反质》载，墨子与学生禽滑厘就灾荒之年一颗宝珠和一钟粟之间二选其一，有一段对话，“禽滑厘曰：‘吾取粟耳，可以救穷。’墨子曰：‘诚然，则恶在事夫奢也。长无用，好末淫，非圣人之所急也。故食必常饱，然后求美；衣必常暖，然后求丽；居必常安，然后求乐。为可长，行可久，先质而后文，此圣人之务。’”可见，墨子“先质而后文”的主张，是建立在物质需要满足的基础之上，并非取消或否定

① ［明］徐上瀛：《溪山琴况》。

② 《论语·雍也》。

“文”。道家老子反对五色、五音、五味，甚至散播“信言不美，美言不信”①，然而，从老子《道德经》五千言看来，“五千精妙，则非弃美矣”②。《庄子·胠箧》提出“灭文章，散五彩”，《庄子·天道》说“辩虽雕万物，不自说也”，《韩非子·外储说左上》也说“艳乎辩说文丽之声”，表明不仅写景状物需要文饰，说理辩论同样离不开文采。尽管先秦诸子对待“文采”所持立场与观点不尽相同，然而绝非否定文采对艺术创作的重要性，他们所反对的只是过分强调文采而不顾及内容实质的情况。这些思想对后世各门类艺术创作及理论批评影响很大。

（1）文学中的华丽之美

华丽是一种特别重视文采藻饰、追求华彩绚烂的风格类型，在文学创作领域体现得最为鲜明。赋作为汉代最为流行的文体，以铺排、夸饰和藻饰为特色，旨在通过文辞华丽的语词，来渲染事物的形貌，以充分彰显西汉特有的“大美”情怀和气魄。如司马相如的《子虚赋》和《上林赋》，班固的《两都赋》及张衡的《二京赋》等都以繁复、夸饰、华丽之辞，再现出一个个感性而富丽的时代。鲁迅说司马相如的大赋“益以玮奇之意，饰以绮丽之辞”，“不师故辙，自摅妙才，广博闳丽，卓绝汉代”③。汉赋的极尽铺排、藻饰，使其体现出华丽之美，然而正是由于其“以事形为本”，导致“言富而辞无常矣”，甚至存在“假象过大，则与类相远；逸词过壮，则与事相违；辩言过理，则与义相失；丽靡过美，则与情相悖”④的缺陷，这是西晋挚虞对汉赋过分注重辞藻夸饰的指摘。西汉扬雄也曾就“赋”这种文体，在《法言·吾子》中提出“诗人之赋丽以则，辞人之赋丽以淫”的观点，他反对形式主义倾向，认为辞赋是“童子雕虫篆刻”“壮夫不为”，诗赋之“丽”要受到“则”的限制，必须遵循一定的政治伦理规范，否则就是过分，“丽以则”是美的，而“丽以淫”却是被反对的。

魏晋六朝时期，文学创作尤其注重对形式美的追求。曹丕《典论·论文》提出“诗赋欲丽”的主张，突破了扬雄“丽以则”思想的限制，这一主张侧重于对形式美的追求，“给文艺大大地松了绑，使之可以向审美的自由境界大步前进了”⑤。尽管曹丕所说的“丽”，指的是建安文学“清峻、通脱、华丽、壮大”⑥

---

① 《老子·八十一章》。

② ［梁］刘勰：《文心雕龙·情采》。

③ 《汉文学史纲要》，载《鲁迅全集》（八），人民文学出版社1957年版，第305、306页。

④ ［西晋］挚虞：《文章流别志论》，载穆克宏主编：《魏晋南北朝文论全编》，上海远东出版社2012年版，第79页。

⑤ 陈炎主编：《中国审美文化史》（先秦秦汉魏晋南北朝卷），山东画报出版社2007年版，第366页。

⑥ 鲁迅：《而已集·魏晋风度及文章与药及酒之关系》，人民文学出版社2006年版，第107页。

的风格特色，但无论如何，“华丽好看，却是曹丕提倡的功劳”[①]。西晋陆机《文赋》进一步提出“诗缘情而绮靡”，更加注重形式之美，他主张创作应“其会意也尚巧，其遣言也贵妍”，即意趣表达要巧，结构语言要美，要以“藻思绮合，清丽芊眠”为审美标准。从“尚巧”“贵妍”“绮合”和“清丽”几个词可看出，陆机更注重文辞藻饰之形式美。刘勰《文心雕龙》也特别注重形式美，其《声律》《章句》《丽辞》《比兴》《夸饰》《练字》等篇章，都是关于艺术创作形式方面的讨论。然而，刘勰所倡导的并非仅仅在文辞藻饰上做文章，而是强调“情”与“采”的融合。《情采》篇指出：“夫铅黛所以饰容，而盼倩生于淑姿；文采所以饰言，而辩丽本于情性。故情者文之经，辞者理之纬；经正而后纬成，理定而后辞畅，此立文之本源也。”可见，刘勰并非否定文采雕饰，而是要求以内容为主导，形式要决定于内容。他主张“为情而造文”而非“为文而造情”，在刘勰看来，文采对于创作是非常重要的，但是过度的文采藻饰又往往会令人生厌，故赞曰：“言以文远，诚哉斯验。心术既形，英华乃赡。吴锦好渝，舜英徒艳。繁采寡情，味之必厌。”[②]由于魏晋六朝对“丽”的重视与推崇，使人们对具有华丽语言风格的作品持欣赏态度，如刘勰赞《离骚》“文辞丽雅，为词赋之宗”[③]；钟嵘《诗品》评曹植“词采华茂”，评陆机“举体华美”，评潘岳“烂若舒锦”等；萧统在编《文选》时，以“综辑辞采”“错比文华”“事出于沉思，义归于翰藻”为录取标准。六朝骈文也在对“丽”的崇尚中达到很高的水平，以四六句式为主，讲究对仗、对偶，讲究运用平仄、韵律和谐，修辞注重藻饰和用典，过分追逐形式美而使内容的表达在某种程度上受到束缚和限制。然而，任何事物的发展都具有两面性，利弊同时存在，正是缘于对“丽”的过分推崇，最终导致六朝文学陷于绮靡软美浮艳而不能自拔，甚至弥漫至初、盛唐百年之久，陈子昂痛心“齐、梁间诗，彩丽竞繁，而兴寄都绝”[④]，李白感叹“自从建安来，绮丽不足珍”[⑤]，经极力矫治革新，六朝过分注重语言雕琢粉饰的不良风气才终被扭转。然而，不可否认的是，就文辞藻饰丰富艺术创作这一点来说，却是毋庸置疑的。历代仍有许多文人钟情于华丽风格的创作，如唐代李贺、李商隐、温庭筠，宋代姜白石、吴文英，以及元曲的“文采派”等，无不是由于辞藻华美、文采绚丽而闻名于世。华丽风格如此受人青睐，恐怕与其难以掩饰的独特审美特质有关，总是给人以赏心悦目的精神享受。

① 鲁迅：《而已集·魏晋风度及文章与药及酒之关系》，人民文学出版社2006年版，第109页。

② ［梁］刘勰：《文心雕龙·情采》。

③ ［梁］刘勰：《文心雕龙·辨骚》。

④ ［唐］陈子昂：《与东方左史虬修竹篇序》。

⑤ ［唐］李白：《古风》其一。

华丽之美，旨在通过丰富的色彩描绘，营造一个华彩绚丽的艺术境界。人们对色彩的感知是十分敏锐的，黑格尔曾说："颜色感应该是艺术家所特有的一种品质，是他们特有的掌握色调和就色调构思的一种能力，所以也是再现的想象力和创造力的一个基本因素。"[①]这些话尽管是针对画家所说，然而对于文学创作，尤其对于以华丽风格著称的作家来说，同样中肯适用。华丽之作常常是诗人借助物象丰富多样的颜色感来再现其想象力和创造力的结果。司空图《二十四诗品》列有"绮丽"和"纤秾"二品，极尽色彩之美：

> 纤秾：采采流水，蓬蓬远春。窈窕幽谷，时见美人。碧桃满树，风日水滨。
> 柳阴路曲，流莺比邻。乘之愈往，识之愈真。如将不尽，与古为新。
> 绮丽：神存富贵，始轻黄金。浓尽必枯，淡者屡深。雾余水畔，红杏在林。
> 月明华屋，画桥碧阴。金樽酒满，伴客弹琴。取之自足，良殚美襟。

就"纤秾"而言，"纤"指细微、精细；"秾"本指花木繁盛，后泛指美盛，也即浓丽美艳。[②]"采采流水，蓬蓬远春"是对美盛繁茂春色的总括，从其所描绘的物象：流水、远春、幽谷、美人、桃、树、风、日、水滨、柳、路、莺等来看，境界虽然相对纤细小巧，但却物象繁盛，色彩浓艳，营造了一个浓艳美盛、华彩绚丽的艺术世界。就"绮丽"而言，"绮"指有文彩的丝织品，"丽"指美丽、明丽、富丽、华丽等，据此可知，"绮丽"指的是"一种有如'绮缯'般的华丽、华美"[③]。不同于"纤秾"之浓艳美盛，绮丽所营造的是一个浓淡相宜、色彩明丽的境界，前四句对该风格的性质作了界定，虽追求精神的富贵，但却并非要错彩镂金，"浓尽必枯"是对过分追求浓艳的警示，切忌一味追求绮丽浓艳的极端化作法，而应有浓有淡。"雾余水畔……伴客弹琴"以形象化的喻示，展现出一幅有浓有淡、五光十色的多彩画面。虽然此二品在表现色彩的程度上有所差别，但都旨在以丰富的色彩营造一个华丽的艺术境界。可见，丰富的物象、多样的色彩，是使作品呈现出华丽之美的必备特质。

中唐李贺的诗词，素以奇诡瑰丽著称，如其《雁门太守行》：

> 黑云压城城欲摧，甲光向日金鳞开。角声满天秋色里，塞上燕脂凝夜紫。半卷红旗临易水，霜重鼓寒声不起。报君黄金台上意，提携玉龙为君死。

---

① ［德］黑格尔著，朱光潜译：《美学》第三卷（上），商务印书馆1981年版，第282页。

② 张国庆：《〈二十四诗品〉诗歌美学》，中央编译出版社2008年版，第100页。

③ 张国庆：《〈二十四诗品〉诗歌美学》，中央编译出版社2008年版，第103页。

该诗用浓艳的色彩，对悲壮惨烈的战斗场面作了描绘，几乎句句都有鲜明的色彩，黑色、秋色、金色、胭脂色、紫色、红色、玉白色等交织融汇在一起，呈现出一幅五彩斑斓的画面。李贺诗作绝少采用白描手法，而总是以奇特的想象，为各种事物涂上浓艳的色彩，以增强物象的层次感，甚至为了使对比更鲜明，还将不同性质的物象同时并举，以强烈的色彩反差形成对照，如“黑云压城城欲摧”暗示战事的紧张状态，“甲光向日金鳞开”借向日铠甲金光闪闪来喻示守城将士英姿勃发。虽然此诗是一首边塞诗，却在李贺手中，以强烈的色彩对比，呈现出华彩绚丽的风格特色。

晚唐“花间派”词人温庭筠，其诗作以辞藻华丽、色彩秾丽为特色，如《菩萨蛮》其一：

小山重叠金明灭，鬓云欲度香腮雪，懒起画蛾眉，弄妆梳洗迟。 照花前后镜，花面交相映。新帖绣罗襦，双双金鹧鸪。

此诗描写一位闺中女子起床梳洗时的娇慵情态，头上插戴的金钗银簪如同小山重叠般明灭闪烁，黑云似的鬓发在如雪的香腮飘过，懒起后画画蛾眉，梳洗打扮，再前后照照新插的花朵，花儿与面庞交相辉映，妩媚动人，再穿上绫罗裙襦，上面绣着一双金色的鹧鸪，暗示出主人公孤寂的心境。此诗中女子容貌美丽、服饰华贵、体态娇柔，俨然就是一幅华丽富贵的唐代仕女图。再看其另一首《菩萨蛮》：

翠翘金缕双鸂鶒，水纹细起春池碧。池上海棠梨，雨晴红满枝。绣衫遮笑靥，烟草粘飞蝶。青琐对芳菲，玉关音信稀。

此诗更是错彩镂金，华丽无比，不仅采用大量“翠”“金”“碧”“红”“青”等色彩性词汇，而且铺排了一系列景物：“鸂鶒”（即紫鸳鸯）“水纹”“春池”“海棠梨”“烟草”“飞蝶”“芳菲”“玉关”等，以及人物的“绣衫”“笑靥”等，这些物象本身就有唤起色彩感想象的作用，当被集中运用时，更增强了作品五彩缤纷、华彩绚丽之美。可见，华丽风格不仅能使人赏心悦目，在某种程度上，更擅长于传情授意。俄罗斯画家列宾曾说“色彩”即思想，艺术家可以借“色”言“志”，通过具体可感的色彩传达内在的思想情感。鲁道夫·阿恩海姆曾在对比形状与色彩时说：“运用色彩得到的表情却又不能通过形状而得到。…… 然而说到表情作用，色彩却又胜过形状一筹，那落日的余晖以及地中海的碧蓝色彩所传达的表情，恐怕是任何确定的形状也望尘莫及的。”[1]此时的色彩，不单单只是颜色本身，而是成为传情达意的媒介物。

（2）戏曲中的华丽之美

华丽风格不只体现在诗词创作上，在戏曲中同样有所体现，即所谓“文采”一派。不同于“本色派”少用辞藻，力求自然“本色”，“文采派”则注重辞藻、雕饰与设色，臧懋循称之为“名家”，即“名家者，出入乐府，文采烂然”[2]。戏曲领域“文采派”的杰出代表，首推元曲大家王实甫，其《西厢记》语言华美，情感细腻，一直颇受褒赞。明代朱权《太和正音谱·古今群英乐府格势》评其风格“王实甫之词如花间美人，铺叙委婉，深得骚人之趣。极有佳句，若玉环之出浴华清，绿珠之采莲洛浦”。明代何良俊《曲论》也说“盖《西厢》全带脂粉，……其本色语少”，又说“才情富丽，真辞家之雄”，意指其不“本色”。王骥德《曲律》则认为“《西厢》组艳……其体固然”，王骥德从作品题材内容出发，认为故事的主人公张生与莺莺，本身就是有文学修养的青年，不同于关汉卿剧中人物是底层百姓，因而《西厢记》文辞的“组艳”华丽，是由剧中人物身份所决定的，可见，王骥德的理解更深刻些。该剧在人物描写的语言风格上注重文采，尤其重视寓情于景、情景交融。如描写莺莺看见月晕而联想到自己处境的一段唱词：

【小桃红】人间看波，玉容深锁绣帏中，怕有人搬弄。想嫦娥，西没东生有谁共？怨天公，裴航不作游仙梦。这云阿，似我罗帏数重，只恐怕嫦娥心动，因此上围住广寒宫。

这段唱词写得极富文采，巧妙地将莺莺被老夫人拘禁深闺的孤寂与广寒宫的嫦娥相比，又引裴航遇云英的典故，埋怨天公不作美，实则埋怨老夫人赖婚不守信；又将云层比作束缚自由的“罗帏数重”，表面看似同情嫦娥，实则感慨自己的处境，她意欲冲破这座被云层围住的广寒宫，实则暗指要冲破束缚人性的封建礼教，体现了莺莺对自由爱情的憧憬与渴望。如此富有文采的唱词，在剧中比比皆是，又如：

【粉蝶儿】风静帘闲，透纱窗麝兰香散，启朱扉摇响双环。绛台高，金荷

---

① ［美］鲁道夫·阿恩海姆著，滕守尧、朱疆源译：《艺术与视知觉》，四川人民出版社1998年版，第452页。

② ［明］臧晋叔编：《元曲选》（第一册），中华书局1989年版，序二。

小，银缸犹灿。比及将暖帐轻弹，先揭起这梅红罗软帘偷看。

【混江龙】向诗书经传，蠹鱼似不出费钻研。将棘围守暖，把铁砚磨穿。投至得云路鹏程九万里，先受了雪窗萤火二十年，才高难入俗人机，时乖不遂男儿愿。空雕虫篆刻，缀断简残编。

第一段唱词描写红娘眼中所见的闺房，从人体感官所能感知的静、香、响、高、小、色（金、银、梅红）、灿、暖等一系列感觉，对闺房景致作了细致入微的刻画，营造了一个色彩丰富且华丽幽静的小姐闺房景致。第二段唱词是男主人公张生的个人独白，语言精练而富有文采，将张生苦读二十年、胸怀远大志向却未能实现的内心苦楚刻画得淋漓尽致。张生的命运，其实就是作者的命运，同样也是许多家境贫寒的知识分子的命运，他们对社会现实不满，内心充盈着对权势和礼教的愤慨，却只能将其投注于文字当中。尤其是张生在结尾处高唱的“愿普天下有情的都成了眷属”，更是语出惊人地点破了该剧的主题思想，这是对封建礼教的揭露与批评，同时也抒发了对自由、幸福爱情的向往与追求。由此可见，极富文采藻饰的“文采派”所体现出的华丽风格，对于艺术作品传情达意所发挥的作用，同样感动人心，甚至在某种程度上还能为作品增光添彩，提升作品的艺术品位。

（3）绘画中的华丽之美

绘画领域，华丽风格主要体现于赋彩设色画中。将丰富的色彩运用于绘画创作，营造奇幻的想象世界或再现客观现实世界，一直是古代绘画领域中占据重要地位的基本绘画体系和风格样式。然而，唐宋之际，水墨画的兴起对设色绘画造成了不小的冲击，文人阶层对水墨的重视，致使其地位逐渐提升，而使赋彩设色画，尤其是院体画成为被批评、被指摘的对象。明清时期“南、北宗”的论争，“崇南抑北”的审美价值和评判标准，更是强化了水墨在画坛的主导地位。可以说，宋、元、明、清时期涌现出的大批杰出文人画家及作品，基本是以素朴简淡为风格特征的，个中原因恐怕与长期以来对设色绘画的批评与贬低有关。尽管如此，水墨画也只能作为与设色画并立的绘画样式，不可能完全取代设色画的存在；水墨画代表的只是文人阶层的审美观念和艺术趣味，不可能代表整个社会的审美取向。

事实也正是如此。赋彩设色绘画虽在历朝历代饱受贬斥，屡遭诟病，然而作为绘画的基本体系却从未消失于画坛，反而在不同时代被不断地丰富和演绎。不可否认的是，很多以水墨为主的画家，对设色绘画也并非完全排斥，而是兼具水墨与设色两种风格。可见，赋彩设色画的独特的艺术风格魅力是水墨画无法取代的，五彩斑斓的设色绘画，总是给人以美好的视觉冲击和精神享受。

人物画方面，据考古发现，早在战国时期就已出现高度成熟的绘画作品，如长沙陈家大山楚墓出土的《人物御凤帛画》、长沙子弹库楚墓出土的《人物御龙帛画》，都是神话与现实、想象与写实相结合，极富华丽浓艳色彩的绘画作品。魏晋六朝时期，以人物绘画为主，旨在发挥宗教宣传和政治教化的目的，前者见于北朝石窟壁画，如新疆克孜尔石窟、敦煌莫高窟内以佛教为题材和内容的壁画，反映了北朝佛教的盛行和人们希冀从宗教信仰中寻求脱离苦难、获得救赎的心情；后者如北魏木质漆绘《屏风漆画列女古贤图》、顾恺之的《列女图》《女史箴图》等，都是关于封建社会女子应遵从伦理道德和节操的题材，旨在宣扬“成教化，助人伦”的教化思想，发挥训诫教育的社会功用。除此以外，还有将绘画与文学佳作相结合的故事性绘画，如顾恺之的《洛神赋图》，取材于曹植的《洛神赋》文意，以浪漫的构思、缠绵的情节，描绘曹植与洛神的爱情故事；有反映社会现实生活的风俗画，如萧绎的《职贡图》，描绘12位外国使者的肖像，他们形貌、服饰、气质各异，是记录中土之外异国风土、人物、衣着、风俗的珍贵图画。这时期的绘画，无论是石窟宗教壁画，还是各种人物画，无不笔法细腻、色彩斑斓，为其后绘画发展奠定了坚实的基础。由隋入唐后，在社会安定、经济繁荣及皇室的支持下，绘画艺术开始步入繁荣昌盛、灿烂辉煌的时代，在人物、山水及花鸟各个绘画领域，涌现出不少名家杰作。其中人物画最为隆盛，创作宗旨在继续强调发挥政教功能的同时，特别注重对现实生活的反映，尤其是对皇家宫廷与贵族生活的再现，使人物画呈现出华彩富丽的风格特征。如享有“驰誉丹青”之誉的阎立本，其《历代帝王图》描绘西汉昭文帝到隋炀帝等13位帝王形象，人物个个形神兼备、真实生动；其《步辇图》记录唐太宗下嫁文成公主与吐蕃松赞干布联姻的事件，其笔法遒劲、简括，设色浓重妍丽而不繁复，虽仅以红、黑、白和淡赭着色，已感觉富贵气十足。唐代张萱、周昉作画，都以仕女人物为题材，风格各具特色：张萱以“朱晕耳根”为特色，其《虢国夫人游春图》用笔细劲流丽，人物造型丰满，马匹健壮骏美，色彩富丽浓重，将皇家国戚的尊贵与高傲气度彰显得惟妙惟肖；周昉以创制出体态端庄的“水月观音”而闻名，其作《挥扇仕女图》（图2.47），人物衣着华丽奢艳，体态丰腴，动作优雅，气度雍容，体现宫廷贵妇闲适恬静而富丽的生活情态。张、周二人笔下所绘制的这些被称为“绮罗人物”的宫廷样式极具华丽之美，俨然就是盛唐气象的显现。

图2.47　唐 周昉《挥扇仕女图》(局部)

中晚唐时期，人物画之色彩运用，由盛唐的华彩富丽逐渐转向典雅明丽，而且更注重对物象细部的描绘，以及人物表情与心理的细腻刻画，如周文矩的《重屏会棋图》、顾闳中的《韩熙载夜宴图》等，将工笔重彩人物技巧发展至新的高度，无论作品色彩还是造型方面，可谓是精美之至、华彩绚丽。

山水画方面，六朝时期的山水的形态、布局、体貌还处于幼稚阶段，“水不容泛，人大于山”，山水树石等景致还带有装饰意味。入隋后，山水画步入快速发展阶段。展子虔的《游春图》以江南桃杏争艳且略带寒意的早春风光为对象，采用青绿重色描绘贵族游春的情景，不仅准确掌握了山、树、人、屋等物象的比例，而且能采用勾、点、染等技法将物象真实生动地描绘出来，此画色彩丰富，山峦以青绿重色晕染，山脚施以泥金，“在青绿金碧的总色调中，点缀大红的桥栏、殿阁、鞍饰、桃杏、仕女新妆和白色的服饰、祥云，使色彩绚丽多姿”[①]，正如张彦远《历代名画记》所说“中古之画，细密精致而臻丽，展、郑之流是也”。唐代李思训父子直接继承了展子虔的绘画风格，将其“青绿山水”演化发展为“金碧山水”。李思训的《江帆楼阁图》同样描绘江南初春的风光，有所不同的是，该作品在构图上改横幅为立轴，改全景式构图为某一春意最浓的江岸坡脚，这种“局部”式构图，更能凸显景物的精致细密；色彩上，改展氏“小青绿”为“大青绿”，山石以赭石为底，再点石绿、石青，与朱廊碧殿、青松翠柏相映成趣，丰富的物象配以不同的色彩，使画作看起来绚烂缤纷。由李思训开创的这种以青绿为质、金碧为纹的山水风光，将设色山水发展到一个至高的境界，不仅标志着山水画走出滥觞，发展为独立画科，同时也成为后世竞相仿效的典范模式。正缘于此，张彦远评其“成于二李”，王世贞《艺苑卮言》说“山水画，大小李一变也”，董其昌将其推为“北宗”之祖。其子李昭道曾作《明皇幸蜀图》，笔法更为缜密精巧，设色富丽华彩。李氏父子“金碧山水”华彩绚丽的风格特征，无不显

① 周林生主编:《魏晋至五代绘画》，河北教育出版社2012年版，第67页。

示出盛唐富贵、隆盛的时代气息。

花鸟画方面，初唐已在屏风装饰或人物画中有所体现，但装饰意味浓厚。花鸟画真正独立是以五代西蜀黄筌为标志的，他承袭唐人传统，发展出以花鸟为题材的工笔重彩画法，因其画作富丽工巧，华彩绚烂，特别适合宫廷贵族审美趣味，素有“黄家富贵”之美誉。存世真迹有《写生珍禽图》，被西蜀、北宋画院奉为楷模。南唐徐熙虽以野逸素朴的“落墨花”[①]为代表风格，但也不乏华丽精工之作。其作《玉堂富贵图》（图2.48）属“铺殿花”风格，所谓“铺殿”，即布满全幅，不留空隙，构图繁而满，用于宫殿装饰的画作时，往往有寓意吉祥富贵的含义，色彩斑斓、华丽绚烂是其风格特征，特别适合皇家宫廷追求富贵华美的审美趣味。可以说，唐代作为艺术发展的高峰期，赋彩设色绘画取得了空前的艺术成就，是后世绘画创作所崇尚的理想范式。

图2.48
南唐　徐熙《玉堂富贵图》

然而，任何事物的发展都具有“盛极必反”的规律，当设色绘画在唐一代取得辉煌硕果，在华丽绚烂、金碧辉煌的圣殿高唱凯歌的同时，其走向衰落的趋势也在悄然涌动。唐宋之际兴起的水墨画，猛烈地冲击着画坛，并逐渐以压倒性的优势占据画坛主导地位。宋以后，尽管华丽风格在宫廷尚存有一席之地，但无论规模、画种还是色彩，远不能与唐一代相匹。花鸟方面，宋代宫廷流行工笔重彩画法，西蜀黄筌、黄居寀父子带入画院的“勾勒法”，以用笔工细、色彩绚丽受到皇室青睐，黄氏“富贵”花鸟成为宫廷院体的典

① 关于“落墨法”，据郭若虚《图画见闻志》载，“徐铉云：‘落墨为格，杂彩副之，迹与色不相隐映也。’又熙自撰《翠微堂记》云：‘落笔之际，未尝以傅色晕淡细碎为功。’”载潘运告主编：《图画见闻志·画继》，湖南美术出版社2000年版，第152页。另外，宋代沈括《梦溪笔谈》也说：“徐熙以墨笔画之，殊草草，略施丹粉而已，神气迥生，别有生动之意。筌恶其轧己，言其画粗恶不入格，罢之。”载潘运告主编：《宋人画论》，湖南美术出版社2003年版，第236页。可见，此法应是一种以墨为主、再稍加色彩的画法，相似于其后的水墨写意画法。

范模式。徽宗时期，画院崇尚写实，宫廷花鸟更显工整细腻，物象真实生动而不乏富贵气息。如徽宗所作《芙蓉锦鸡图》，笔法细腻，构思严密，赋色秾丽，颇具皇家富贵色彩。山水方面，宋代赵伯骕、赵伯驹和王孟希等继承了盛唐李思训“青绿山水”画法，并在其基础上作了不同程度的发挥创造，如赵伯骕的《万松金阙图》，画春山万松中露出数重金阙，山坡边碧波荡漾，松树巅青鸟飞跃，白鹤或闲步或翱翔，景色优美怡人，此作以青松、青鸟、白鹤等为物象，含有祈祝天下太平、王室久安的寓意。王希孟的《千里江山图》长卷（图2.49），描绘祖国壮丽锦绣的河山，远近峰峦高低起伏，河流蜿蜒流淌不息，渔舟游船荡弋其间，既有南方山水的清丽秀润，也不乏北方山水的雄阔高大，山间烟波浩渺、气象万千，用色上以青绿为主却又富于变化，浑厚轻盈兼而有之，层次分明、耀眼夺目，从整幅画作看来，将千里江山描绘得壮丽恢宏、尽收眼底。

图2.49　北宋 王希孟《千里江山图》（局部）

元代尽管也有画家从事设色绘画，如钱选，作有小青绿风格的山水和细密工致的花鸟，但设色却趋于淡雅的文人意味，华丽绚烂之光彩有所弱化。

明代绘画承袭宋代画院体制。花鸟方面，有边景昭承继黄氏富贵体式，以勾勒精细和设色秾丽而著称，作有《春禽花木图》。后吕纪承袭边景昭工笔重彩画风，并附以吉祥富贵之寓意，如《榴葵绶鸡图》，所绘石榴、秋葵、绶带鸟和公鸡，均是饱含吉祥富贵寓意之物，将其有机融合于画作，既展示了不同物象的天趣与生命，也使画作呈现出喜庆、祥和的气氛。尤其是画面中不同花卉五彩缤纷、争奇斗艳，鸟叫鸡鸣此起彼伏，热闹非凡，更彰显出宫廷院体的华丽富贵之气。人物方面，唐寅所作工笔仕女图，虽宗法唐、宋院体传统，却也开创了个性化的风格，如《孟蜀宫妓图》，既有唐代仕女的华丽秀美，又不乏宋院体精工细致，人物面目“三白法”的运用，细眉小眼、体态纤瘦、身姿翩翩等都是结合时代审美趣味的独特创造。山水方面，仇英山水画多与人物活动相结合，其画风除了取法赵伯骕兄弟的“小青绿”画法之外，还师法了南宋李唐、刘松年细腻工致的设色画法，前者如《归汾图》，后者如《剑客图》，二者在构图、色彩、物象等方面各具特色，其作品既不乏雄阔壮丽之势，也不少细腻精巧之致，尽管色彩运用上尚不属浓艳绚丽，但却依然不乏浓淡相宜之华丽之美。纵观宋至明具有华丽风格的设色绘画，虽在色彩运用上有趋“淡”的倾向，但在笔法及用色上却有尚“精”的特色，可见，不同时代的审美趣味决定了其“华丽”之美的不同特色。

入清以后，西洋画法对传统绘画产生重要影响，融合中西画法进行创作，使华丽风格又呈现出新的时代特色。如焦秉贞将西法融于工笔重彩画作《仕女图》册，描绘贵族妇女的生活情景，其工细的用笔、流畅的线条、晕染精微而绚丽的色彩，将宫廷仕女端庄的仪态、艳丽的服饰、精美的器具及闲雅舒适的环境，刻画得淋漓尽致，极富雍容华丽之美。由此可见，设色绘画因色彩丰富而使作品呈现出绚丽多姿的艺术气息，尤其在体现皇家贵族审美趣味时，颇能彰显出雍容、华丽的风格特征。

（4）音乐中的华丽之美

音乐中的华丽之美，多体现在乐曲的华彩性段落，主要通过乐器音色与演奏技术的相互配合来营造华丽之美。音色上，出音明亮、穿透力强的乐器往往容易引起“先声夺人”的艺术效果；演奏技法上，华彩性段落往往是乐曲中情绪最为高涨、激昂的高潮段落，节奏紧凑密集，旋律上下起伏跌宕，力度强烈震撼，对演奏技法的要求、繁难程度明显超过其他段落。因此，灵活、繁复、多变的演奏技法，更容易出彩，给人以华丽绚烂之感。

古筝，虽与古琴产生于同一时代，都属弹拨乐器，但却与古琴为“士”所爱不同，古筝主要流行于民间，带有民间艺术华彩绚烂的风格特征。不同于古琴恬淡、温和、宁静的音色，给人以素朴淡雅、含蓄蕴藉之美；古筝的音色洪亮、明朗、刚健，其直接外露的出音，能以极强的穿透力和共鸣音，获得强烈的抒情效果，使听众为之动容。东晋裴启《语林》曾载：“晋孝武祖宴西堂，诏桓子野弹筝，桓乃抚筝而歌《怨诗》，悲厉之响，一堂流涕。”[①]初唐李峤在《筝》诗中这样描述：“新曲帐中发，清音指下来。……莫听西秦奏，筝筝有余哀。”可见，古筝感染力之强。今传古筝曲《渔舟唱晚》[②]，曲名出自唐代诗人王勃《滕王阁序》诗句“渔舟唱晚，响穷彭蠡之滨”，形象描述江南水乡夕阳西下晚景中，渔舟纷纷归航、江面歌声四起的动人画面。曲如诗境，此曲经娄树华改编后，采用丰富的演奏技法，以行云流水般的琴音呈现出一幅充满诗情画意的美景。特别是该曲的第二部分，表现渔舟由远而近的变化景象，这是该曲的高潮，也是全曲的华彩段落，曲调承接第一段，由一个短小音型或上或下级进，速度由慢而快，力

① ［晋］裴启撰，周楞伽辑注：《裴启语林》，文化艺术出版社1988年版，第119页。

② 涂希宁、刘津德编著：《中国传统音乐名作赏析》，蓝天出版社2000年版，第69-73页。

度由弱而强，旋律的波转流动，配合着花指技法，使人仿佛看到波光粼粼的江面上闪烁着片片帆影，渔舟越来越近，渔夫们摇橹破浪，竞相争归，欢笑声、渔歌声、摇橹声、水花翻卷声等交织在一起，伴随着力度的增强、速度的加快，场面愈发显得热烈、喧闹与欢腾，呈现出华丽、绚烂的风格特点，而这一切是通过古筝富有感染力的音色和极具变化的演奏技法共同营造的。

琵琶虽在音色上不及古筝明亮、穿透力强，但却在演奏上更具繁复、华丽之色彩。唐代是我国琵琶演奏艺术发展的高峰，琵琶由伴奏、领奏乐器逐步发展为独奏乐器，演奏技术也随之走向成熟完善。琵琶演奏名家有很多，如白明达、裴神符、康昆仑、段善本、李管儿等，演奏家们常因高超的演奏技术而引人入胜。唐代段安节《乐府杂录》载有段善本与康昆仑比赛演奏琵琶，后康昆仑向段善本拜师的故事。“贞元中有康昆仑，第一手。始遇长安大旱，诏移两市祈雨。及至天门街，市人广较胜负，及斗声乐，即街东有康昆仑琵琶最上，必谓街西无以敌也。遂请昆仑登彩楼，弹一曲新翻羽调《录要》(即《绿腰》是也，本自乐工进曲，上令录出要者，因以为名。自后来误言《绿腰》也)。其街西亦建一楼，东市大诮之。及昆仑度曲，西市楼上出一女郎抱乐器，先云：‘我亦弹此曲，兼移在枫香调中。’及下拨，声如雷，其妙入神。昆仑即惊骇，乃拜请为师。女郎遂更衣出见，乃僧也。”此僧即是庄严寺僧段善本，可见其演奏技术之高超。唐代关于琵琶演奏的精彩篇章也很多，尤其是白居易的《琵琶行》，不仅对琵琶演奏的技法、音色与表现力作了形象传神的描绘：“轻拢慢捻抹复挑，初为《霓裳》后《六幺》。大弦嘈嘈如急雨，小弦切切如私语。嘈嘈切切错杂弹，大珠小珠落玉盘。”还对其高潮演奏技巧所发出的动人琴声作了惟妙惟肖的形象描述：“间关莺语花底滑，幽咽泉流水下难。冰泉冷涩弦凝绝，凝绝不通声暂歇。别有幽愁暗恨生，此时无声胜有声。银瓶乍破水浆迸，铁骑突出刀枪鸣。曲终收拨当心画，四弦一声如裂帛。”特别是以一句“江州司马青衫湿”道破了琵琶演奏所产生的强烈情感共鸣效应。可见，琵琶高超的演奏技巧，使乐曲呈现出多彩、流畅、华丽的风格特色与动人的情感力量，这也许正是琵琶演奏被视为盛唐艺术繁荣气象的标志之一的原因所在。

综上所述，素朴和华丽作为相互对立的风格类型，在不同门类艺术中有不同的表现方式。尽管不同历史时代、各个社会阶层对其评价褒贬不一，尤其在文人阶层，无论对于诗文创作、书画创作，还是古琴音乐等，都追求素朴平淡、超然物外的精神境界，而摒弃过多人为的藻饰和雕琢，认为素朴是高于华丽的风格类型。然而必须明确的是，文人贬斥华丽、绚烂，更多的是指摘其过分注重文采藻饰，忽视思想内容、情感内涵的表达而致使文与质、形式与内容之间严重失衡的状况。华丽的风格虽注重文采藻饰，甚至存在辞藻堆砌、色彩渲染等现象，但却能借助丰富的物象、多样的色彩，尤其是以高超的演奏技巧，更好地传情达意，给人以赏心悦目之感，甚至能引发人们美好的想象，使人仿佛置身于绚烂多姿的百花园中。总之，素朴与华丽是各门类艺术创作中普遍存在的基本风格类型，二者各美其美，彼此不可相为。

四、法：谨严与疏放

谨严与疏放是从作品之“法”，即作品对创作法则与规范的遵从或背离角度而划分的一对风格类型。

任何一个门类艺术的创作都有一系列的法则和规律。从题材的选择、体裁的运用，到技法的掌握、思想情感的表达等，都有一定的规律可循。“在每种客观制约着人们的创作的艺术规律面前，主体都面临着传统与创新、必然与自由、规范与突破的矛盾和选择。”[①]有的艺术家倾向于严格遵守艺术创作的某项法则、法度进行创作，并在此基础上不断补充、完善，融入主体独到的见解，创造出既不失法度又独具特色的作品；而有的艺术家却不愿被既定的传统或法度束缚、禁锢，而是以某种新奇、奔放，甚至怪奇的艺术表现方式来突破常规，创造出迥异于传统的新风格。谨严与疏放这对风格类型，最显著的区别就在于主体对待传统或法度的态度上。一般说来，谨严以规范严整、中规中矩为特点，疏放以自由奔放、不拘常法为特点。

1. 谨严：规范严整、中规中矩

谨严风格，强调对传统或法度的遵从和坚守。刘勰《文心雕龙·体性》篇提出的“八体说”中，“典雅”与“新奇”相对，“典雅者，熔式经诰，方轨儒门者也”，“典雅”即要求以儒家经典为学习楷模，做到文质雅正。可引申为对传统的遵从，循规蹈矩。刘勰重视传统规范，贬斥创新奇异，具有鲜明的现实针对性，旨在打击当时过度重视形式主义的萎靡文风。其后，晚唐司空图《二十四诗品》中列有“典雅”一品：

> 玉壶买春，赏雨茆屋。坐中佳士，左右修竹。白云初晴，幽鸟相随。
> 眠琴绿阴，上有飞瀑。落花无言，人淡如菊。书之岁华，其曰可读。

很明显，尽管《二十四诗品》与《体性》篇中都用到“典雅”一词，但其含义却不尽相同。张少康说：“司空图这里所说的‘典雅’，和儒家传统所说的‘典

① 李心峰：《艺术类型学》，文化艺术出版社1998年版，第255页。

雅'是很不同的。比如刘勰在《文心雕龙·体性》篇中说的'典雅'，则是儒家所推崇的'典雅'，故云：'熔式经诰，方轨儒门。'是积极进取，寻求仕进，按儒家伦理道德规范严格要求自己，以齐家、治国、平天下为目标的人格风范。其和《诗品》中的道家隐居高士的典雅相去就甚远了。"[1]很显然，这里的"典"，"既不是制度法则典籍之类，也不是对儒家经典的方轨摹写，同样不是对儒学某个具体观念的体现或展开，它是由对'典'（制度法则、典籍文化、文化精神等）的充分学习、熏染、积累而来的一种较为纯正的文化深度与高度，它内聚为主体（'佳士'、诗人）深厚的文化底蕴和很高的文化品位，并由此而成为典雅艺术风格的最为重要的内在依据"[2]。这里的"雅"，是一种"以'典'为重要文化依据和基础的高尚不俗的审美趣味。这种审美趣味，受到了重视'典'的儒家文化和疏远'典'的道家文化的共同沾溉，它同样是典雅艺术风格重要的内在依据"[3]。可见，《诗品》"典雅"所强调的"典"，即传统文化影响下典雅之士所形成的典雅风格。

与其类似的有，清代杨景曾模仿《二十四诗品》体例作《二十四书品》，列"古雅"一品：

> 曰卫曰钟，亦羲亦献。棱圭俱无，精神斯健。汉魏遗留，晋唐素绢。色綦斑烂，香浮罗蔓。琴是已焦，蕙初摘畹。三代而还，实为我愿。

此处的"古雅"含有以古为雅之义，强调的正是对传统与法度的遵从，这历来是书法创作的重要法则。由此可知，无论是"典雅"，还是"古雅"，都重在强调传统（文化）或法则对艺术创作的影响，意味着对传统法度的认同与遵从。这一点，与"谨严"风格在内涵上也具有某种一致性和相通性。

在有着浓厚"尚古"文化传统的中国古代，遵从传统与法度，历来被认为是从事艺术创作的"金科玉律"。然而必须明确的是，追求谨严并不意味着艺术创作只能束缚于固有的规矩、模式框架当中。况且，遵从于传统或法度，未必就不会创作出杰出的作品。

（1）宫廷建筑的谨严之美

众所周知，唐代是中国古代最富创造精神的时代，同时也是艺术创作最崇尚"法度"的时代。都城长安气势浩大，形制整齐，集古代皇城之大成，是当时邻国效仿的典范。长安城以方整对称为规划原则，沿南北轴线，将宫城和皇城置于

---

① 张少康：《〈二十四诗品〉绎意（上）》，《江苏大学学报》（社科版）2002年第2期。

② 张国庆：《〈二十四诗品〉诗歌美学》，中央编译出版社2008年版，第118页。

③ 张国庆：《〈二十四诗品〉诗歌美学》，中央编译出版社2008年版，第118页。

全城主要地位，城内有东西向大街11条，南北向大街14条；以纵横交错的棋盘形道路，将其全城划分为108个排列整齐的里坊，作为民居与商业区域，东、西两市左右对称，分别位于皇城东南和西南。整体看来，全城分区明确，布局严整，基本结构呈现为正方形（图2.50）。宫城、皇城和外廓城由里向外、由北向南依次展开，严格遵循着法度秩序，“皇城象征着地平线上以北极星为圆心的天象，从东、西、南三面卫护皇城与宫城的廓城则象征着大周天”[①]。位于皇城之内的宫城布局，以太极宫为核心展开，“太极宫是皇帝听政和居住的宫室，位于全城中轴线的北端，其中心部分的布局，依据轴线与左右对称的规划原则，并附会了《周礼》的三朝制度，沿着轴线建门殿十数座，而以宫城正门承天门为大朝，太极、两仪二殿为日朝和常朝，两侧又以大吉、百福等若干殿和门组成左右对称的布局”[②]。城内还设有各种僧寺、道观、波斯庙、戏场、教坊、园林等场所，布局规划上同样井然有序。太宗执政后修建大明宫，经历太宗、高宗、武后诸朝的建设，形成了包括含元殿、麟德殿和太液池为主的建筑群，规模宏大，气势撼人。“如果说含元殿以气势开张的姿态显示着国家的威严，麟德殿以博大雄浑的气势显示着帝王的高贵，太液池则以富丽堂皇的景象显示了皇家的奢华。”[③]不同于两大殿的庄严、秩序，体现尊卑有序的儒家思想，太液池则以因地制宜、因势利导的方式将自然景物与人工建筑相结合，融“道法自然”的道家精神于其中。可以说，长安城所具有的典范意义，使其成为当时周边国家及后世争相效仿和膜拜的楷模。今虽无法目睹唐代都城建制，但其谨严宏大的艺术风格对后世皇城建筑产生了深远影响。从目前所见明、清两代留下的北京城及故宫、北海等建筑和设计来看，尽管气势和规模远不及唐，但依然可见谨严的风格特征（图2.51）。

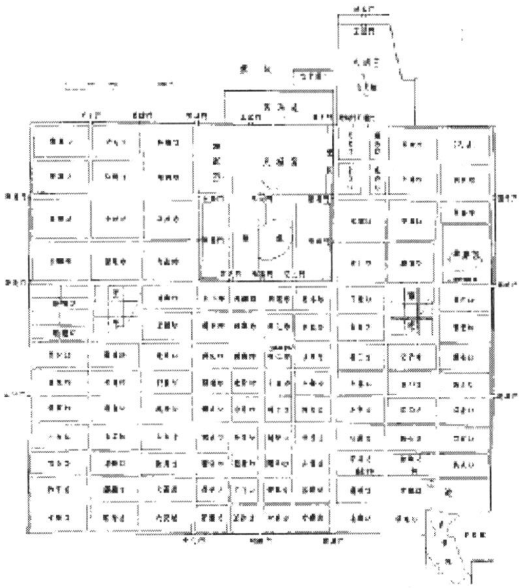

图2.50　唐长安城平面复原图

① 冯天瑜、何晓明、周积明：《中华文化史》，上海人民出版社1990年版，第589页。

② 刘敦桢主编：《中国古代建筑史》，中国建筑工业出版社1984年版，第118页。

③ 陈炎主编：《中国审美文化史》（唐宋元明清卷），山东画报出版社2007年版，第9页。

图2.51　故宫太和殿

（2）文学中的谨严之美

格律诗是一种具有谨严规范的诗体，在字数、韵脚、声调、对仗等方面均有讲究，要求诗有定句、句有定字、字讲平仄、严格押韵，且律诗中的两联一定要对仗，特别强调形式美、音乐美和精练美。然而，这种诗体却在杜甫那里被发展到炉火纯青的地步，不仅数量多，而且质量高。其所作五言律诗如《春望》《月夜》《春夜喜雨》等，胡应麟认为杜甫五律“唯工部诸作，气象嵬峨，规模宏远，当其神来境诣，错综幻化，不可端倪。千古以还，一人而已”[①]，钱木庵《律诗五言长韵论》认为“诗家之少陵，犹书家之右军也。……故五言长韵、七言四韵律诗，断以少陵为宗”[②]。其七言律诗如《闻官军收河南河北》《望岳》《蜀相》等，皆是难得的作品，钱木庵给予的评价更高，指出：“七言律诗始于初唐咸亨、上元间，至开、宝而作者日出。少陵崛起，集汉、魏、六朝之大成，而融为今体，实千古律诗之极则。同时诸家所作，既不甚多，或对偶不能整齐，或平仄不相黏缀；上下百余年，止少陵一人独步而已。”[③]杜甫的排律更是无人能敌，胡应麟高度赞扬杜甫的排律诗：“惟杜陵大篇钜什，雄伟神奇。如《谒蜀庙》《赠哥舒》等作，阖辟驰骤，如飞龙行云，鳞鬣爪甲，自中矩度；又如淮阴用兵百万，掌握变化无方。”[④]盛唐诗人排律诗数量不但少，而且篇幅多为六韵、

① ［明］胡应麟：《诗薮》内编卷四。

② ［清］钱木庵：《唐音审体·律诗五言长韵论》。

③ ［清］钱木庵：《唐音审体·律诗七言四韵论》。

④ ［明］胡应麟：《诗薮》内编卷四。

八韵，最长的不过十韵。然而，杜甫却将排律发展为三十、四十、五十，甚至百韵的长律大篇，《秋日夔府咏怀奉寄郑监李宾客一百韵》竟长达1000字。难怪胡应麟称其排律“从容声律间，尤为难事，古今绝诣也”[①]。可见，“法”在杜甫那里，并非是束缚创作的枷锁。他的格律诗依“法”出“新”，使其达到创作的最高境界。

此外，古代词体创作在长期实践过程中所形成的词牌，如《念奴娇》《菩萨蛮》《如梦令》《长相思》《点绛唇》《卜算子》《西江月》等，不同词牌格式不同，无论写景、状物，还是抒情，词作家均可根据所要表现的题材内容自由选择适合的词牌，并遵照不同词牌所规定的字数、节奏、韵律格式进行创作。如欧阳修《蝶恋花·庭院深深深几许》、苏轼《念奴娇·赤壁怀古》、陆游《卜算子·咏梅》、辛弃疾《西江月·夜行黄沙道中》等作品，都是固定模式框架下的自由创造。虽然各种词牌创设了谨严的格法，但并未能成为阻碍创作者自由发挥的牵绊，反而使作品更加规整、朗朗上口，易于传唱。可见，依“法”出“新”、臻于至境，才是创作应有的情怀。

（3）书法中的谨严之美

中国书法作为文字性艺术，包含篆、隶、楷、行、草五种基本体式，各具风格特色。虽然每一种书体在书写过程中都必须遵照一定的规则、法度，但最具谨严之美的书体是隶书和楷书。它们无论在笔画、字形，还是结构、章法等方面，较之于其他书体，更讲究对书体基本规范与法度的严格遵守，在整体风貌上更显规整有序，更具谨严之美。

隶书，也叫隶字、汉隶，是在篆书基础上，为适应书写便捷的需要而产生的字体。隶书源于秦朝，至西汉武帝之前，隶书仍遗留有诸多篆书的字形构造，后来，逐渐脱去篆体而独立成体。隶书的出现，是书体的一次大解放，“当书法美在总体最后扬弃了模拟象形的范型，它就赢得了不受任何物象构架束缚的独立自由的品格”[②]。隶书是篆体简化的产物，是一种抽象形式的美，也即克莱夫·贝尔所说的“有意味的形式”，他认为，“简化对整个艺术来说都是不可缺少的。没有简化，艺术不可能存在，因为艺术家创造的是有意味的形式”，“简化并不仅仅是去掉细节。还要把剩下的再现形式加以改造，使它具有趣味”[③]。克莱夫·贝尔的简化理论颇具启发性。隶书正是简化之后，注重形式美而创造的书体。隶书是汉字中具有庄重、谨严之风格特色的字体，特别讲究字体的规范性，其字形略微宽扁，横画长而直画短，讲究“蚕头燕尾”“一波三折”的书写规范。用笔

① ［明］胡应麟：《诗薮》内编卷四。

② 金学智、沈海牧：《书法美学引论——“新二十四书品”探析》，湖南美术出版社2009年版，第41-42页。

③ ［英］克莱夫·贝尔：《艺术》，中国文联出版公司1984年版，第149-155页。

上，刘熙载《书概》说“篆取力弇气长，隶取势险节短”，篆书取笔力内敛而气韵悠长，而隶书取笔势险峻节律缩短，故而在字形上有明显不同。然而，隶书自篆书而来，尽管“隶形与篆相反，隶意却要与篆相用。以峭激蕴纡馀，以倔强寓款婉，斯征品量”[①]。正缘于此，隶书就在篆书的圆笔中产生方折用笔，出现了“撇”“捺”“折”笔画的变化形态；结体上，隶书字形大多呈扁方形，取左右开张之势。具体而言，隶书强调横画与捺笔的波磔，讲究“蚕头燕尾”，但一个字中只能出现一个波磔，“燕不双飞”是一个书写原则。一个字中若出现撇、捺、横都较重要，则要本着“点画避就”的原则，或重横、重捺的波磔，或重撇的掠势。

图2.52 《张迁碑》

图2.53 《曹全碑》

图2.54 《乙瑛碑》

隶书之美以端庄取胜，故而结体要注意重心平稳，字体各部分之间要错落变化有致，在静态稳固中隐含动态之势。章法上，隶书不同于楷书的字距小、行距大，隶书则是字距大、行距小，注重强化其左右开张之气势。当然，如果遇到上下结构或横画较多的字，隶书也并非刻意将其压扁，而是自然处理，这样可以使整幅作品看起来整齐而有变化，不至于整齐划一，状如算子。今从遗存的《张迁碑》（图2.52）、《曹全碑》（图2.53）、《乙瑛碑》（图2.54），以及《孔庙碑》《礼器碑》《熹平石经》《白石神君碑》等众多隶书碑文可以看出，尽管它们在书写上存在具体而微的风格差异，然而总体看来，却都具有庄重、谨严的风格特点。

① ［清］刘熙载：《书概》。

楷书，也叫真书、正书。清代周星莲《临池管见》说："楷书者，字体端正，用笔合法之谓也。"楷书有楷模之意。早在南朝宋羊欣《采古来能书人名》说"上谷王次仲，后汉人，作八分楷法"；南朝齐梁间王僧虔《论书》评韦诞"字仲将，京兆人，善楷书"；唐代张怀瓘《书断》说"八分"，"上谷王次仲所作也。王愔云：'次仲始以古书方广，少波势。建初中，以隶草作楷法，字方八分，言有楷模'……本谓之楷书，楷者法也，式也，模也"，这里所说的都是"八分楷法"，都强调其楷模之意。而如今所说的楷书，是由汉隶经魏碑、到唐楷才定型的。唐人重法，楷书的笔画与结体在唐代高度成熟，成为后世书学者遵从的楷模，与唐初统治者对书法的重视密切相关。其时国学设书学博士，将"以书取人"作为人才选拔的基本条件，特别是李世民推崇王羲之书法，使朝野上下形成了普遍爱好书法的风气。唐代涌现出众多书法名家，在承学前辈楷则的基础上，都能做到"于法度之外出已新意"，如初唐书家欧阳询、虞世南、褚遂良、薛稷，其楷书风格各具特色。尤其是中唐的颜真卿、晚唐的柳公权，以"颜筋柳骨"而著称，从他们的书作如《雁塔圣教序》（图2.55）、《多宝塔感应碑》（图2.56）、《神策军碑》（图2.57）等，可以看到唐楷法度的森严、结构的严谨。

入宋以后，书家们不再重视法度，而朝着"意""态"方向发展，所谓"唐尚法，宋尚意，元明尚态"[①]。尽管宋代蔡襄、苏轼也擅楷书，元代赵孟頫曾在

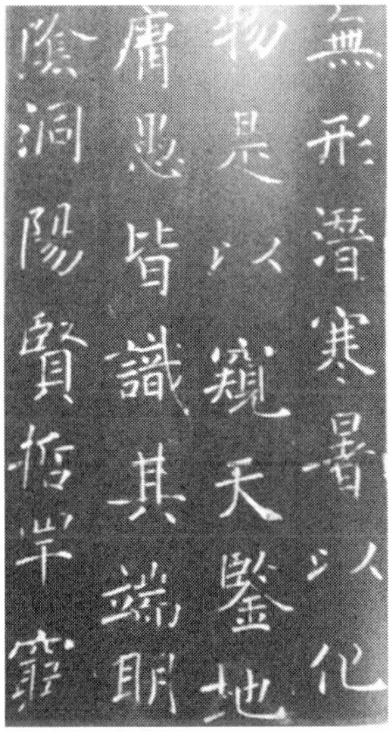

图2.55
唐 褚遂良《雁塔圣教序》

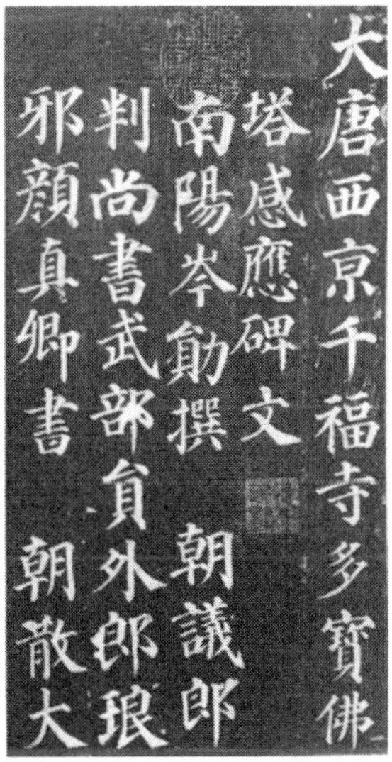

图2.56
唐 颜真卿《多宝塔感应碑》

图2.57
唐 柳公权《神策军碑》

① ［清］梁巘：《评书帖》，载潘运告主编：《清前期书论》，湖南美术出版社2003年版，第176页。

楷书方面有所建树，再掀楷书波澜，然而，再也没有出现如同唐代大批的楷书大家，尽管如此，从蔡襄的《洛阳桥碑》（图2.58）、苏轼的《罗池庙碑》（图2.59），以及赵孟頫的《道德经》（图2.60）等书作中，仍能看到楷书端正谨严的风格特色。

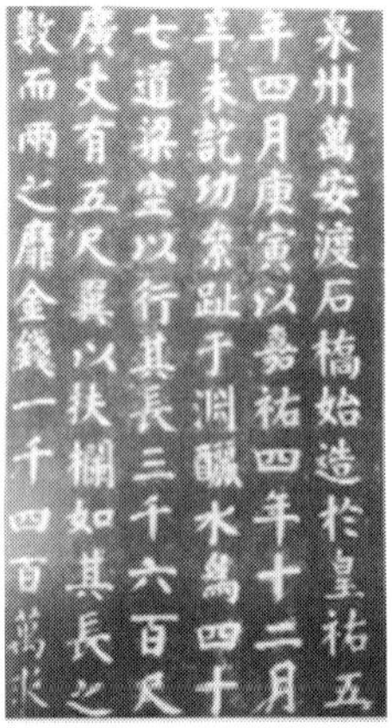

图2.58
宋 蔡襄《洛阳桥碑》

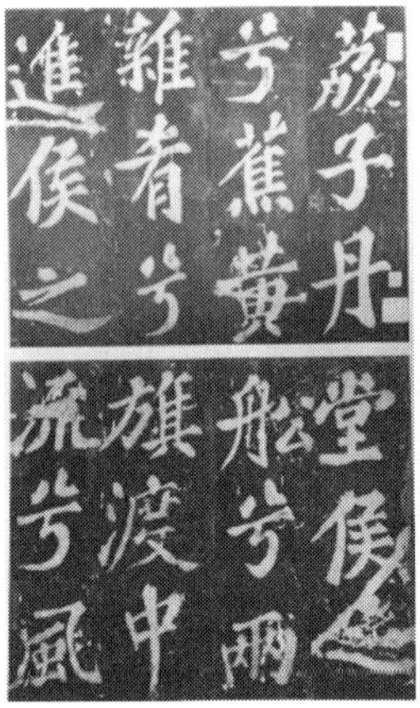

图2.59
宋 苏轼《罗池庙碑》

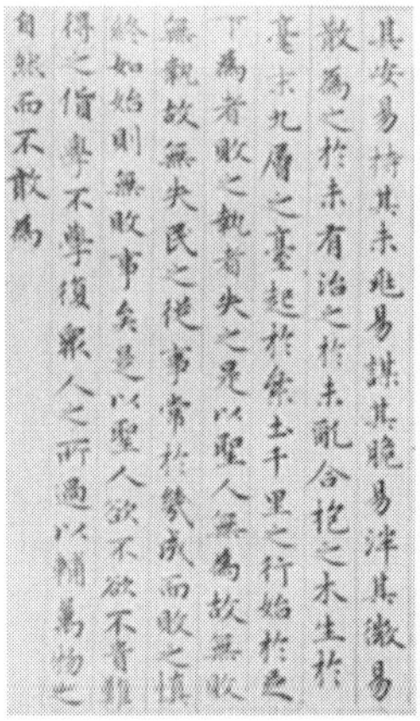

图2.60
元 赵孟頫《道德经》

楷书的谨严体现在用笔、笔画、结构和章法等方面。用笔上，讲究提顿、藏露、方圆及快慢的方法；笔画上，强调分明利落、横平竖直、工整规范，不潦草、不粘连；结构上，强调部首与笔画的均衡分布，重心平稳、比例恰当、字形端正、大小均匀；章法上，注重字体行间距的均衡规整，即使形态略有参差变化，但总体上仍不失工整、秩序。这些规则法度，是楷书的基本要求，也是历代书家习书的第一步，掌握书法的基本规范，练就扎实的基本功，才能实现各种书体的自然流畅，进而逐步形成个性风格。由此可见，书法的谨严之美，主要缘于对法度的严格遵从。

（4）绘画中的谨严之美

中国传统绘画中的工笔画，是极具谨严风格的绘画类别。它以工整、细致见长，通过精谨细腻的笔法来描绘物象。工笔画以“尽其精微”为创作理念，无论表现人物、花鸟，还是山水，都力求“形似”，关注细节描绘，以获得逼真、写实的艺术效果。

人物画方面，颇具谨严风格的是以张萱和周昉为代表的唐代人物工笔画，多表现宫廷仕女形象，人物体态丰腴，笔法细腻，色彩艳丽，如张萱《捣练图》（图2.61）、周昉《簪花仕女图》（图2.62）等，都是具有鲜明时代特点的精品杰作。五代南唐人物画家周文矩，笔法仿后主李煜“金错刀”书法笔意，运笔时带颤抖，略加顿挫，形成细劲曲折且不失圆润流畅的“战笔描”来刻画人物表情动态，表现人物内心世界。其所作《重屏会棋图》（图2.63）描绘南唐中主李璟与兄弟会棋情景，不仅人物情态刻画细腻准确，富有个性，而且在环境背景的陈设布置上也妥帖和谐，画面中每一物象的刻画都做到巧密精细，人物与环境、情与景有机融合，俨然就是现实生活的生动再现。

图2.61 唐 张萱《捣练图》(局部)

图2.62 唐 周昉《簪花仕女图》(局部)

图2.63　五代 周文矩《重屏会棋图》

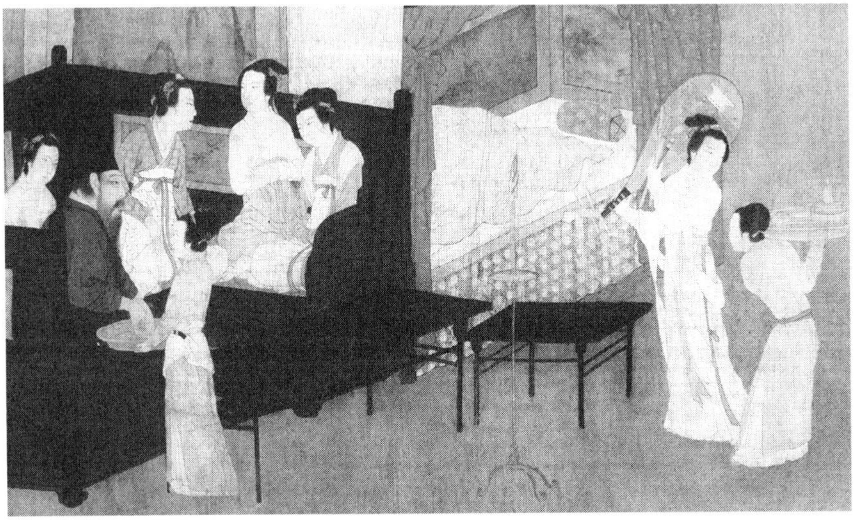

图2.64　五代 顾闳中《韩熙载夜宴图》（局部）

无独有偶。南唐顾闳中的《韩熙载夜宴图》（图2.64），是中国古代情节性绘画的杰作。作品以“夜宴”为主题，分五个段落：听乐—击鼓—歇息—清吹—送客，真实生动地描绘了韩熙载及其周围人沉浸于物质与精神享乐活动的情景，然其玩世不恭的表象下，内心却深藏着沉闷寡欢、烦躁忧郁的情绪。整幅作品描绘各类人物共计40余人（次），每个人物的表情、动态、心理都刻画得极为细腻生动、缜密细巧，纵然是屏、榻、几、案等陈设也都工整精细，人、物设色则都典雅精丽。作者通过巧妙的构思和画面处理，将韩熙载危险的政治处境和郁结的心情刻画得入木三分，且如此生动细腻地揭露夜宴荒淫享乐的细节，影射出了王朝覆灭的政治缘由，难怪元汤垕说："虽非文房清玩，亦可为淫乐之戒耳。"[①]可见，作品艺术美的背后还发挥着警戒后世的作用。

明清时期，人物画依然延续谨严细腻的风格，且更具装饰性。明代唐寅素有"江南第一风流才子"的美誉，在人物画方面颇具造诣。其作《孟蜀宫妓图》不仅继承了唐、宋院体画细腻工整、不失法度的画风，还将个人创造融会其中，人物服饰刻画极为精工细致，即使是微露的鞋尖也造型不一；仕女体态则不同于唐代的丰腴和富贵，而呈以细眉小眼、削肩狭背、弱不胜衣、纤纤素手的病态之美，并在人物额头、鼻梁和下颏施以白粉，即"三白法"，使其显得丰润秀丽，以显现当时社会的审美趣味。清代焦秉贞在继承传统工笔彩画的基础上，吸收西法，形成工整妍丽、精细逼真的风格。胡敬《国朝院画录》说其："能以仇十洲笔意，参用泰西画法。"其所作《仕女图册》，按四季节令描绘贵族妇女在不同环境下怡游的生活情景，如荡秋千、采荷莲、下围棋、奏乐等，其中林木、人物、山水等仍用中法，线条工细流畅，设色鲜丽突出物象质感，而在背景建筑、远近及大小比例方面则采用西法，增强纵深感、明暗感和立体感，中、西画法的结合使作品形象更为逼真、写实。

图2.65　五代 黄筌《写生珍禽图》

① ［元］汤垕：《古今画鉴》，载潘运告主编：《元代书画论》，湖南美术出版社2002年版，第357页。

图 2.66
宋 黄居宷《山鹧棘雀图》

图 2.67
宋 赵佶《芙蓉锦鸡图》

图 2.68
明 边景昭《春禽花木图》

花鸟画方面，五代西蜀画家黄筌，擅长工笔花鸟，作品多描绘皇家宫苑的珍禽异卉。如《写生珍禽图》（图 2.65），所画花鸟形象生动逼真，无论是形体结构、羽毛鳞甲，还是皮肤毛色、动作神态，都准确无误，可谓是形神兼备、栩栩如生，极具写生之妙。他将工笔重彩发展到新的高度，成为一代楷模。宋初，黄氏父子以工细绚丽的“富贵气”受到皇室的青睐，其画风被奉为宋代院体花鸟的范本。如黄居宷的《山鹧棘雀图》（图 2.66），色彩清丽，笔法工细，六只山雀姿态各异，活灵活现。

北宋中期，赵昌、崔白等人注重对自然状态下花鸟情态的描写，借助写生来丰富花鸟画的表现题材，如赵昌的《写生蛱蝶图》、崔白的《禽兔图》等，突破黄氏体制，造型生动准确，墨色富于变化，流露出浓郁的生活气息。宋徽宗时，宣和画院崇尚写实，更强调物象的“形似”与“格法”，使宫廷花鸟画更趋于工整精细。徽宗本人的作品如《芙蓉锦鸡图》（图 2.67），不仅充满富贵气息，而且尤以细腻、谨严见长。明代画院画家边景昭承袭黄氏父子的“富贵”体格，以勾勒精细、设色艳丽而著称。如其作《春禽花木图》（图 2.68），注重画境营造，花鸟衬以树石山水，“能于花之娇美，鸟之飞鸣，叶之正反，色之蕴藉等处合宜中度”[①]。入清后，西洋画法的传入对中国传统绘画产生了重要的影响。意大利传

① 洪再新：《中国绘画史》，中国美术学院出版社 2000 年版，第 308 页。

教士郎世宁擅长绘画，为满足统治者的审美需要，以西法为主，融入中国画法，形成一种备受清廷赏识的中西合璧的新画风，曾与唐岱合作《松鹤图》《豳风图》等作品，融中、西画法于一体，既有中法的工整细腻，又有西法的明暗透视，增强了作品的写实性。

此外，古代绘画艺术中还有一种以建筑物为对象的画种，称为“界画”，最初主要用于建筑设计图，在体制格局上具有工整细致的特点，后经画家们改造，将其与山水结合起来，融入绘画的表现手法与技巧，遂从建筑图稿逐步发展为一种极具艺术美感的绘画类型。“界画的主要特点是借助界笔直尺画线，使所画线条粗细均匀，横平竖直。”[1]界笔克服了用柔软的毛笔作画不易画出平直均匀线条的缺点，它用一个半圆形的笔套，将毛笔置于套中，仅露出笔尖，作画时将笔套靠着直尺移动，即可画出均匀笔直、细腻工整的线条。由于界画自工艺转化而来，常受到贬低，但这个画种却在清代袁江、袁耀笔下，被发展成一种独具特色的艺术风格。如袁江的《梨园飞雪图》《海屋沾筹图》（图2.69）、袁耀的《盘车图》《山雨欲来图》等，将亭台楼阁等建筑物与自然山水有机结合，笔法上既有细腻工整的直线，又有蜿蜒盘绕的曲线；既有建筑物的豪华富丽、细腻谨严，又不乏山水的苍茫雄阔、空旷辽远，他们的画作已然消除了机械、生硬的画稿痕迹，赋予画作更多艺术美的气息，将谨严与其他风格融于一体，相映成趣。

图2.69
清 袁江 《海屋沾筹图》

通过对以上不同门类艺术中的谨严风格类型的分析发现，遵从传统和法度，并没有成为束缚艺术发展的牵绊，反而使艺术创作呈现出规范严整、中规中矩的风格特点，这是谨严风格的基本特质。遵从传统和法度，不等于没有创造，这种“戴着镣铐的舞蹈”，同样能够舞出精彩，创作出伟大的作品。真正的艺术创造从来就不是盲目僵化、故步自封，而是遵从法则和规范的升华与创造。

① 周林生主编：《清代绘画》，河北教育出版社2012年版，第125页。

2. 疏放：自由奔放，不拘常法

疏放是与谨严相对的风格类型，以自由奔放、不拘常法为风格特征。刘勰《文心雕龙·体性》篇曾列“新奇”，“新奇者，摈古竞今，危侧趣诡者也”，从中可知，“新奇”侧重于对传统、法度的突破，甚至是叛逆，而追求奇异、怪诞。这与“疏放”风格在本质上是一致的。晚唐司空图《二十四诗品》所列“疏野”一品，曾这样描述：

> 惟性所宅，真取弗羁。控物自富，与率为期。筑室松下，脱帽看诗。但知旦暮，不辨何时。倘然适意，岂必有为。若其天放，如是得之。

此处描述了一个气质疏野、做事随性、率真不羁、不拘礼法、纯任自然的人物形象。首二句“惟性所宅，真取弗羁”，是说具有疏野气质的诗人，其创作任性情所至，皆是出自于真情实感，非可羁限。孙联奎《诗品臆说》释为“有真性故有真情，有真情故有真诗”[①]；三、四句“控物自富，与率为期”也是在强调创作皆自真率，不受拘束；五至八句，对疏野气质人的性情和举止作了进一步刻画，即率真自然、无拘无束、任性而为、无所顾忌，含有不拘日常规矩、礼节之意；最后四句说明疏野的人与世无争，其创作非刻意专为，而是自然适意的结果。“天放”一词，见于《庄子·马蹄》“一而不党，命曰天放”，成玄英《庄子疏》：“党，偏也。命，名也。天，自然也。……若有心治物，则乖彼天然，直置放任，则物皆自足，故名曰天放也。”[②]可见，“天放”即任其自然、纯任主体率真之本性、真情。杨廷芝《二十四诗品浅解》释义“疏野”二字为“脱略谓之疏，真率谓之野。”在他看来，“疏”为“脱略”（放任，不拘束），“野”为“真率”（率其真性），可见“疏野”指的是一种精神上极为自由的人，他们不受传统礼法的羁限，任其性情，率真而为，这样的人在艺术创作上必然不会循规蹈矩、亦步亦趋地屈从于传统和法度，而是率其情性，“适意”而为。这是形成疏放风格的必备品质。

“疏放”与“疏野”在内涵上，基本是一致的。但前者更突出“放”，只有精神的“放”，才可能实现创作上的“放”。疏放中凝聚着更多的对传统与法度的叛逆与创造精神。创作主体率其真情、真性，是艺术创作中出现诸多迥乎寻常艺术形象的直接动因。自由奔放、不拘常法是疏放风格的具体表现；疏野、狂放、怪奇等，是与疏放具有相通性含义的名词概念。

（1）文学中的疏放之美

疏放强调突破传统与法度的藩篱，宣泄自由奔放的情感，追求理想与自由的

---

① 孙联奎：《诗品臆说》，载《诗品集解·续诗品注》，人民文学出版社，2001年版，第28页。

② 转引自张国庆：《〈二十四诗品〉诗歌美学》，中央编译出版社，2008年版，第222-223页。

精神境界。唐代诗人李白崇尚个性、向往自由，其诗歌创作具有强烈的个性和主观色彩，寄寓着对理想和自由的无限追求。他深受老庄思想影响，倡导天真自然，反对六朝绮丽藻饰的萎靡诗风，指摘“雕虫丧天真”[①]的弊端。其诗任情率真，字字句句皆出自肺腑；他追求无拘无束的自由美，不愿受制于法度和规范的束缚，因而很少写格律诗，而喜用古诗和乐府歌行等古体自由诗进行写作，他的名作《蜀道难》《江上吟》《庐山谣》《将进酒》《梦游天姥吟留别》等，都是采用自由体古诗写成的。如《梦游天姥吟留别》：

> 海客谈瀛洲，烟涛微茫信难求。越人语天姥，云霞明灭或可睹。天姥连天向天横，势拔五岳掩赤城。天台一万八千丈，对此欲倒东南倾。我欲因之梦吴越，一夜飞度镜湖月……霓为衣兮风为马，云之君兮纷纷而来下。虎鼓瑟兮鸾回车，仙之人兮列如麻。忽魂悸以魄动，恍惊起而长嗟。惟觉时之枕席，失向来之烟霞。世间行乐亦如此，古来万事东流水。别君去兮何时还？且放白鹿青崖间，须行即骑访名山。安能摧眉折腰事权贵，使我不得开心颜！

由于自由诗很少拘束诗人自由的思想和狂放不羁的情感，“最适宜表达李白那种热烈澎湃、自由奔放、大起大落、惊风狂涛式的思想情感，最易于展开他那天马行空、白云苍狗的自由想象”[②]。李白崇尚自由和理想，在其游仙诗和梦游诗中，营造出一个个比现实世界更为美好自由的虚幻世界，希冀遨游其中，忘却、挣脱现实社会的诸多精神枷锁。而且，为了唤起想象与灵感，李白常常借助酒来排除世俗的干扰，缓解内心的压抑，李白有很多名篇佳作都是在酒后创作的，正所谓“李白斗酒诗百篇”。因为在梦与醉的状态下，人的精神是自由的，思想是开放的，想象是丰富奇特的，情感是放纵不拘的，只有在此时，才会冲破世俗与礼法束缚，无所顾忌，才会产生出“欲上青天揽明月”“霓为衣兮风为马，云之君兮纷纷而来下。虎鼓瑟兮鸾回车，仙之人兮列如麻”的奇特想象，才能创作出“举杯邀明月，对影成三人”的佳句。

宋代文豪苏轼，被誉为“豪放派”的杰出代表。他不愿遵从当时婉约词委婉柔美的风格，不满于婉约词独占词坛、一枝独秀的现状，力主突破婉约词的模式与藩篱而开创新风，尽管其词被指摘为“虽极天下之工，要非本色”[③]，但却以迥异于前的风格特色，为宋词开创了新词派。如被称为“千古绝唱”的名作《念奴娇·赤壁怀古》，苍凉雄浑、气势磅礴，不仅展现出一幅江山如画、雄伟壮阔的景色，而且引发人们对历史、对人生的沉思与慨叹，其豪放的风格特色，使作品

① ［唐］李白：《古风》其三十五。

② 葛景春：《自由精神与理想主义——李白思想新探》，《文学遗产》1988年第5期。

③ ［宋］陈师道：《后山诗话》，载［清］何文焕辑：《历代诗话》，中华书局1981年版，第309页。

彰显出撼魂荡魄的感人力量。他所开创的“豪放派”，旨在大胆自由地抒发情感，他将词作仅表现男欢女爱、花前月下、拨弄风情的“小爱”情怀上升至关心国家命运、民族兴旺的“大爱”情怀，这是创作主体精神自由的体现。只有精神的“放”，才能使主体的情感、想象在自由世界中驰骋，这也正是疏放风格的特质所在。

（2）书法中的疏放之美

书法艺术中最能体现疏放之美的典型书体是草书。草书不拘常法，常为主体任情率真而成，受到历代书家的青睐，并被不断地丰富和演绎。汉末魏晋时期是人的自我觉醒时期，书法艺术被视为张扬个性的媒介。草书创作自吴皇象以章草书《急就章》后，涌现出众多草书名家，诸如崔瑗、杜度、张芝、卫瓘、索靖等人，今虽不见形迹，但从相关理论著述中可知他们为草书这种书体的形成奠定了良好的基础。之后，草书经由“二王”发挥创造，个性风格愈加凸显，如王羲之的《上虞帖》《寒切帖》《十七帖》（图2.70）等，因势变化，一气呵成，宋代朱熹评其“《十七帖》玩其笔意，从容衍裕，而气象超然。不与法缚，不求法脱，真所谓一一从自己胸襟流出者”[①]；王献之的《鸭头丸帖》《十二月帖》（图2.71）等，以外拓、流畅、圆润而奔放的笔势，开创了新妍“尚奇”书风。张怀瓘《书估》评其“流便简易，志在惊奇，峻险高深，起自此子”，明代项穆《书法雅言》说“书至子敬，尚奇之门开矣”，王献之“尚奇”书风对后世影响深远。

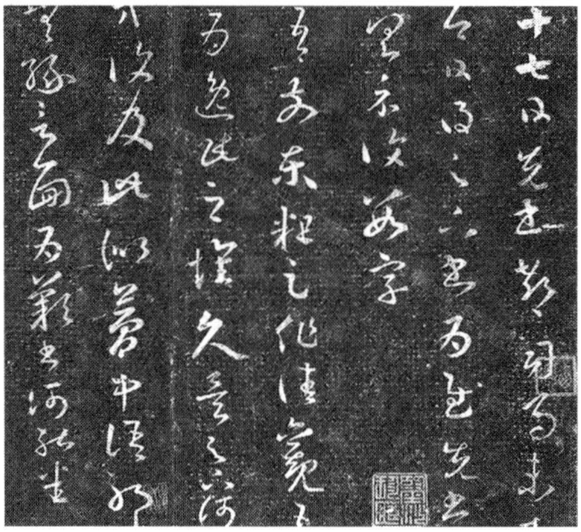

图2.70　晋 王羲之《十七帖》

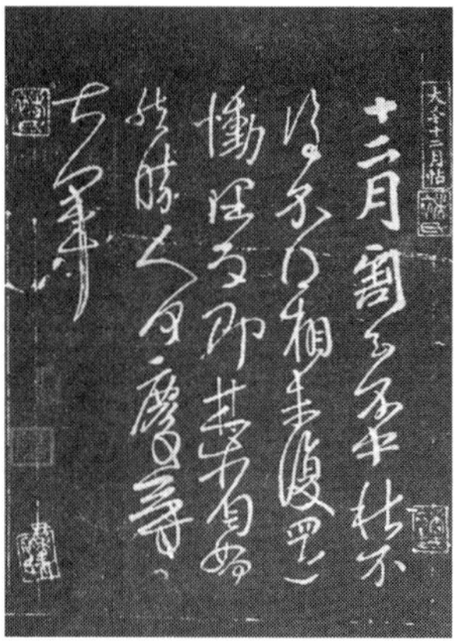

图2.71　晋 王献之《十二月帖》

唐代张旭将王献之新妍“尚奇”的书风推向了极端，发展为最富于抒情性的语言——狂草。观其《古诗四帖》（图2.72），痛快恣肆，气不可遏，线条的连贯曲折、变化多端，以及用墨的枯、湿、浓、淡一任自然，具有悬崖坠石、

① 转引自徐利明：《中国书法风格史》，河南美术出版社2009年版，第124页。

急风旋雨之势。唐代蔡希综《法书论》评："卓然孤立，声被寰中，意象之奇，不能一一全其古制……雄逸气象，是为天纵。"张旭嗜酒，常在酒酣之后随其天性自由挥洒，任由笔墨无拘无束、纵横驰骋，"又乘兴之后，方肆其笔，或施于壁，或札于屏，则群象自形，有若飞动，议者以为张公亦小王之再出也"①。韩愈《送高闲上人序》说"故旭之书，变动犹鬼神，不可端倪，以此终其身而名后世"，正所谓"张旭三杯草圣传"。无独有偶，唐代另一位狂草大师怀素同样嗜酒成癖，其草书之超妙入神得益于此，陆羽《僧怀素传》说："怀素疏放，不拘细行……于是饮酒以养性，草书以畅志。时酒酣兴发，遇寺壁、里墙、衣裳、器皿，靡不书之。贫无纸可书，尝于故里种芭蕉万余株，以供挥洒。"可见，怀素酒后作狂草是为了借酒起兴，寻求精神自由状态下的率真自然。其《自叙帖》载"许御史瑶云：'志在新奇无定则，古瘦漓澌半无墨，醉来信手两三行，醒后却书书不得。'戴御史叔伦云：'心手相师势转奇，诡形怪状翻合宜。人人欲问此中妙，怀素自言初不知'"，道出了怀素醉酒状态下不受规矩法度牵绊、疏放自由的挥洒，这也许正是其所追求的艺术目标与精神境界（图2.73）。

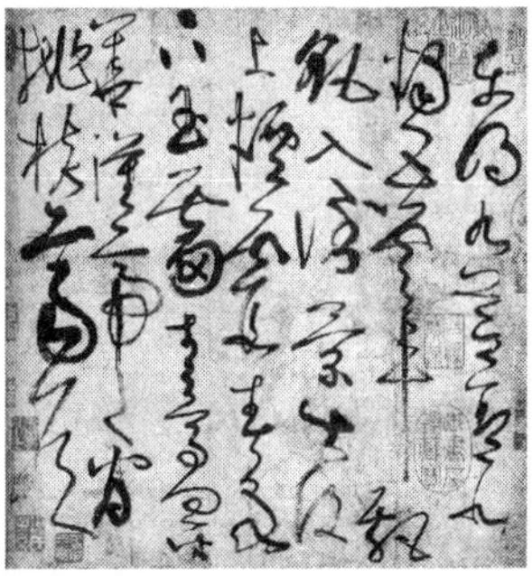

图2.72　唐 张旭《古诗四帖》

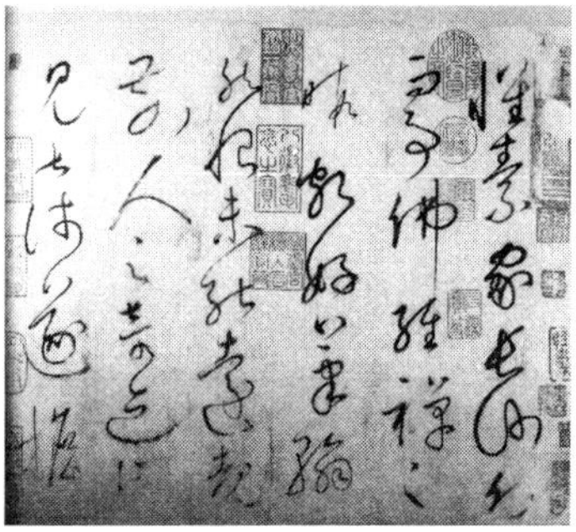

图2.73　唐 释怀素《自叙帖》

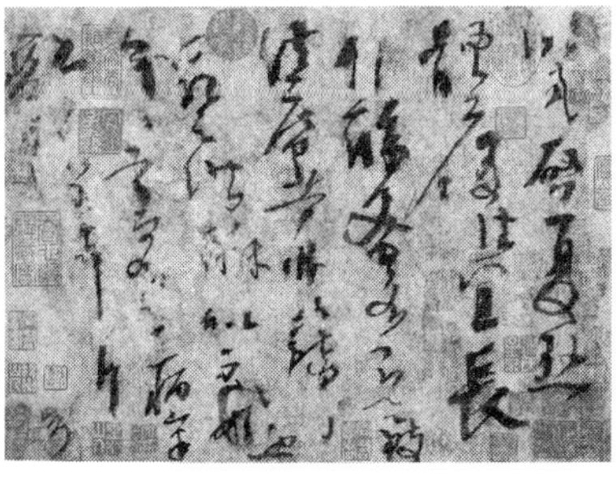

图2.74　五代 杨凝式《夏热帖》

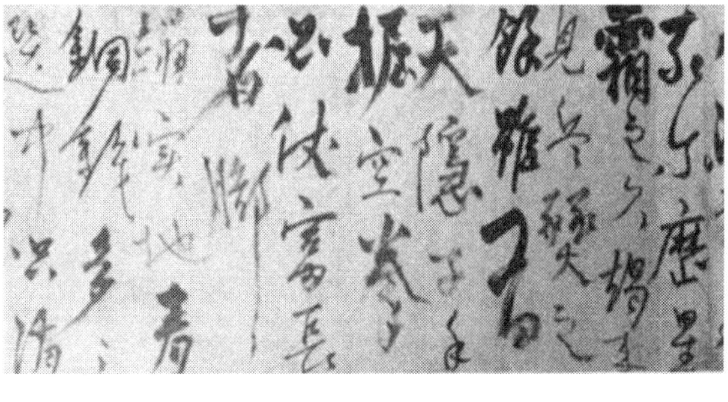

图2.75　元 杨维桢《真镜庵募缘疏卷》

① ［唐］蔡希综：《法书论》，载潘运告主编：《中晚唐五代书论》，湖南美术出版社1997年版，第167页。

继“颠张醉素”之后，五代杨凝式、元代杨维桢的草书也是疏放风格的典型代表。杨凝式曾历任梁、唐、晋、汉、周，因苦于王朝频繁更迭与仕途险恶而日遂佯狂，通过书法来抒其胸中苦闷之志。其落魄不检、放浪形骸、不衫不履的癫狂状态，与其书法在某种程度上有异质同构之处，他压抑的精神在笔墨的自由挥洒中获得释放，抑郁情绪在笔墨任情飞舞中得到发泄。其作《神仙起居法》《夏热帖》（图2.74）等，“结体纵逸迸飞，笔势离披烂熳，线条电激星流，且多散笔、破笔、渴笔，落纸如一派云烟，这既有似于裴楷的仪容散乱之形，又有似于刘伶的风度放诞之态”[①]。可见，杨凝式草书之“疯狂”意象，俨然就是打破常规、任情率意之作。元代杨维桢不甘于固守成法，独异标新，其作《真镜庵募缘疏卷》（图2.75），朴拙天真，疏放自然，章法散落无序、歪斜攒簇，用笔或笔肚横扫，或笔尖提行，大胆恣肆，自由奔放。

明中、后期，心学思想影响下的艺术创作领域，洋溢着一股浓烈的浪漫主义思潮，艺术创作强调“本心”“童心”“性灵”，反对传统和教条主义的束缚，行草书成为人们宣泄个人情感、抒发性灵的最佳形式。祝允明草书《前后赤壁赋》（图2.76），以粗放泼辣、不计工拙的面目，迅疾的笔势与涩拙的线条，使作品呈现出洒脱放荡、波涛汹涌的气势。

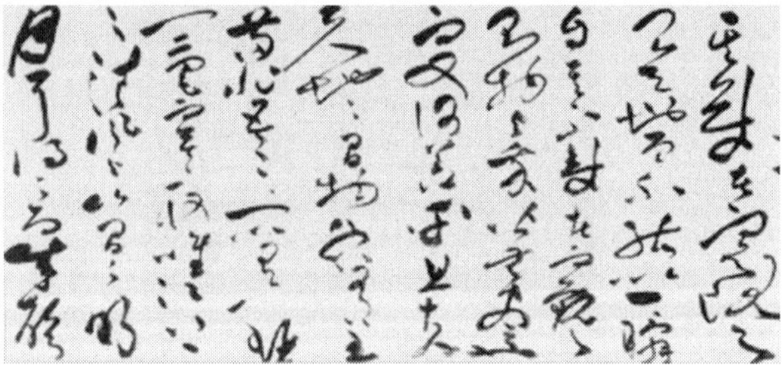

图2.76　明 祝允明《前后赤壁赋》（局部）

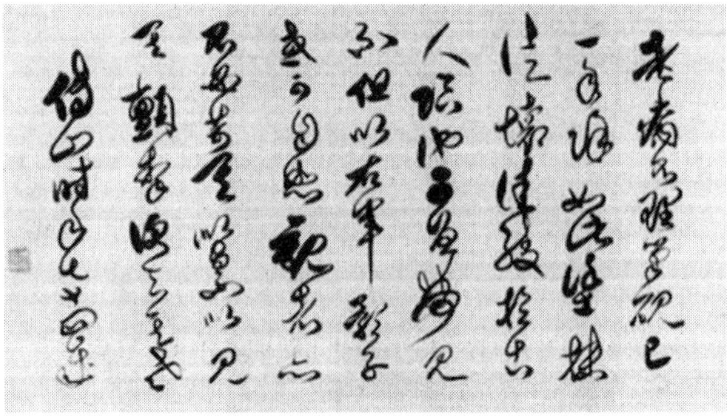

图2.78　清 傅山《淳化阁帖》（局部）

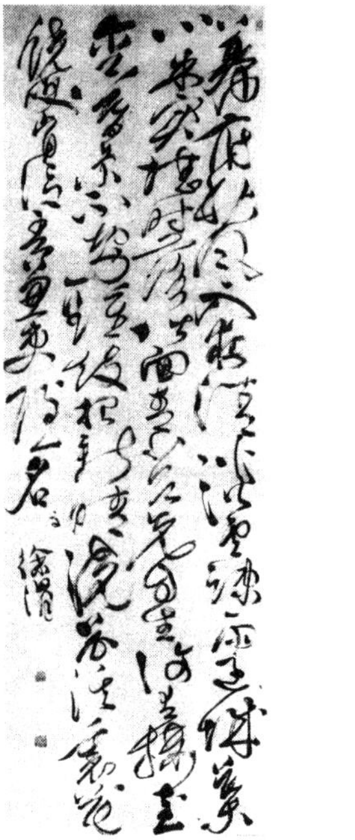

图2.77　明 徐渭《草书杜甫诗轴》

① 金学智、沈海牧:《书法美学引论——“新二十四书品”探析》，湖南美术出版社2009年版，第221页。

徐青藤的草书，犹如其酣畅淋漓的大写意绘画，笔墨飞舞、点画狼藉、柔中带刚，涨墨、渴墨互衬，笔法涩硬，如《草书杜甫诗轴》（图2.77），蓬头乱服，洋洋洒洒，将其超然物外、狂放不羁的个性体现得淋漓尽致，俨然一副颓然“天放”之美。明遗民书家傅山，精于大幅行草，笔势连绵缠绕，体态俯仰欹侧，其书作多为率性而为，信手行去，一派天机，他曾提出“宁拙毋巧，宁丑毋媚，宁支离毋轻滑，宁率直毋安排”①的书学观，其狂放的草书，以更为剧烈的变形、反复的盘绕及恣肆的用笔，尽情地宣泄和释放着内心压抑的情感（图2.78）。这也许正是草书的优势所在：较其他书体更能够直接畅达地抒发情感、张扬个性，能够更为贴切地诠释疏放的风格特点。

（3）绘画中的疏放之美

绘画艺术中的疏放风格，体现为不拘于传统法度束缚，任情率性、自由奔放地表达个性、思想和情感。古代绘画领域，最早提及“不拘常法”的是晚唐的朱景玄，他在《唐朝名画录》中的“神”“妙”“能”三品之后，别设“逸品”，专门用来安置那些“不拘常法”，无法以“神”“妙”“能”进行品评的画家。朱景玄对列入“逸品”的王墨、李灵省和张志和三位画家特别申明：“此三人非画之本法，故目之为逸品，盖前古未之有也，故书之。”②

自六朝以来，从顾恺之“以形写神”，到谢赫“六法”，一直都被晋唐人视为绘画的本法、常法。唐代绘画尤其是人物画，已发展到形神兼备的顶峰，以法度谨严为特色，体现出庄重典雅之感。然而，中唐以后，绘画领域开始出现突破传统形神系统的苗头。水墨山水画兴起，其绘画内容指向方外（隐逸文化），③其画法不拘常法，以表达主体情性为目的。从列入“逸品”的三位画家来看，他们个性疏野放逸，常游走于江湖山水间，画山水不拘常法，或泼墨，或点抹，不求符合法度、形象完美，但求任其性情、率真而为，与晚唐司空图《诗品》中“疏野”相类似，所谓“惟性所宅，真取弗羁”。这种个性“疏野”的创作主体，作画的重心已由摹写外物转向表现内心，必然不会遵从于常法，其所创造的艺术形象往往会出乎人们的意料，以无拘无束的笔墨书写心灵、表达情感。这种“异端”特色，是“疏放”风格的具体表现。

绘画领域“不拘常法”，自由奔放地抒发个性、情感的画家与画作比比皆是。五代西蜀画家石恪，个性独特，所画人物多诡形殊状，或夸张变形，或丑怪

① ［清］傅山：《霜红龛书论》，载崔尔平选编：《明清书法论文选》，上海书店出版社1994年版，第452页。

② ［唐］朱景玄：《唐朝名画录》，载潘运告主编：《唐五代画论》，湖南美术出版社1997年版，第96页。

③ 张郁乎：《中国画的“逸品”问题》，《文艺研究》2011年第3期。

奇崛，如其作《二祖调心图》，粗简放逸，不拘常法，刘道醇《宋朝名画评》评其“笔法颇劲，长于诡怪”，郭若虚《图画见闻志》评其“笔画纵逸，不专规矩”，开创了减笔法之先河与水墨写意人物画之先声。南宋画家梁楷，生性放达不羁，无视功名利禄，纵酒高歌，不拘礼法，人称“梁疯子”。他继承五代石恪粗犷减笔画风，并创造性地加以发展，所作《六祖斫竹图》《太白行吟图》，以简练疏放的减笔画法，将六祖的灵动和太白的潇洒刻画得自然贴切；他还极富创造性地以泼墨画法创作《泼墨仙人图》（图 2.79），造型新颖独特，笔墨恣肆而酣畅，以雄阔的笔势与浓淡相宜的水墨一气呵成，描绘出一位衣衫褴褛的醉态仙人，这些“怪相”都是前所未有的。南宋僧人画家法常，被元代夏文彦《图绘宝鉴》评为“粗恶无古法，诚非雅玩”[①]，说明其作画并不遵守传统法度，为文人所贬斥，所作《松树八哥图》粗纵放逸，以随意涂写的寥寥数笔就将松树和八哥造型描绘得俨然若生；“粗恶无古法”也从反面说明法常作画不拘常法的创新特色，他在“随笔点墨”中得其自然，以疏放的风格特色开自家面目。明代画家徐青藤画风更为狂放、洒脱，其大刀阔斧、纵横睥睨的写意画法开一代新风，他以水墨大写意做花卉，画面具有墨汁淋漓的酣畅感，所画《四季花卉图》《墨葡萄图》《墨花图》《牡丹蕉石图》（图 2.80）等，不是墨破水，便是水破墨，体现出“无法中有法”“乱而不乱”的艺术效果。他将自己不幸的遭遇和郁闷的内心寄寓于创作，题《牡丹蕉石图》“焦墨英州石，蕉丛凤尾材。笔尖殷甚甚，深夏牡丹开。天池中漱犊之辈。画已，浮白者五，醉矣！狂歌《竹枝》一阙，赘书其左。牡丹雪里开亲见，芭蕉雪里王维擅。霜兔毫尖一小儿，凭渠拢拨春风面”；题《墨葡萄图》“半生落魄已成翁，独立书斋啸晚风。笔底明珠无处卖，闲抛闲掷野藤中”，前者将不合季节的植物合绘于一图，旨在表达其心中的清逸之气；后者则流露出其不得志的内心感慨与无奈之情。他作画简率自如，全无严谨的笔墨规矩，他曾提出“不求形似求生韵”的艺术主张，旨在以不拘常法的艺术创造，将主观精神与自然世界相融汇，于酣畅淋漓的水墨中传达真情实感。

清初石涛也是一位极具个性的画家。他本为明室后裔，入清后为保全性命，出家为僧，将自己的悲惨遭遇和内心郁勃之气投注于书画创作之中。其创作在笔墨运用上，不拘常法，千变万化，所画无不恣肆纵横，淋漓洒脱。如《蕉菊图》（图 2.81），笔法苍劲，墨气淋漓，从中可见对徐渭写意花鸟的笔墨画法的继承。有所不同的是，徐渭倾向于肆无忌惮的情感宣泄而很少节制，其风格是淋漓疏放，甚至是狂放的；而石涛用笔尽管泼辣，但同时也用精细而富于神韵的笔法写竹枝、菊花和花草，以突出不同植物的自然属性，“能于疏放中见沉厚，宕逸中

① 参见［明］莲儒：《画禅》，载潘运告主编：《明代画论》，湖南美术出版社 2002 年版，第 314 页。

图2.79　南宋 梁楷
《泼墨仙人图》

图2.80　明 徐渭
《牡丹蕉石图》

图2.81　清 石涛
《蕉菊图》

见精微”[①]。所作《泼墨山水图》更是以别具匠心的笔墨，阐发出他对自然山水的独特见解，还在卷末自题道：“万点恶墨，恼杀米颠；几丝柔痕，笑到北苑。远而不合，不知山水之萦回；近而多繁，只见村居之鄙俚。从窠臼中死绝心眼，自是仙子临风，肤骨逼现灵气。”[②]此图无论笔墨、构图，还是景致，都显示出他强烈的对传统与法度的叛逆与背离，“恼杀米颠”“笑到北苑”更是鲜明地道出他了石涛不为古法所囿、敢于脱却窠臼的革新精神。这种疏放不拘的风格特色，也许正是其艺术观“我之为我，自有我在”“我自发我之肺腑，揭我之须眉”[③]的体现和印证。这一系列的“怪相”，在某种程度上，“背离了自然的可能性，而不是背离了内在的可能性。然而，正是内在的可能性构成了这些创造的真正魅力”[④]。

综上所述，“谨严”与“疏放”是古代各门类艺术创作领域普遍存在的两种基本风格类型。前者强调对传统与法度的严格遵从，从各门类艺术创作领域中所涌现出的无数名家杰作证明，对传统与法度的遵从与坚守并非是阻碍艺术创新的牵绊，它使艺术创作保持谨细、严整、中规中矩的风格特色，创作主体在规范与法度的约束下创作，就如同立起足尖的“芭蕾舞”，同样能够创作出令人耳目一新的精品杰作；后者强调对传统与法度的大胆突破，是创作主体在精神解放前提

① 周林生主编：《清代绘画》，河北教育出版社2012年版，第63页。

② 转引自周林生主编：《清代绘画》，河北教育出版社2012年版，第63页。

③ ［清］石涛：《苦瓜和尚画语录》。

④ ［美］乔治·桑塔耶纳：《美感》，中国社会科学出版社1982年版，第175页。

下的自由创造，它以“不拘常法”的异端特色，为各门类艺术创作输入更多鲜活的血液，为艺术世界催生出的多样化风格。谨严与疏放二者之间并非决然对立，互不相关。相反，疏放需要谨严为其提供创新所必需的技术规范、学养储备，谨严也潜在地贯穿着疏放的自由精神和开放视角，二者之间并不矛盾，只是对传统法度的态度有所侧重而已。艺术风格的多元化，既需要以谨严风格坚守传统与规范，也需要以疏放风格突破传统与规范，唯此艺术才能不断传承与发展，艺术世界才会丰富多彩。

五、气：阴柔与阳刚

阴柔与阳刚是从作品之“气”，即从作品整体气象偏向或柔婉，或刚健而划分的一对风格类型。

这对风格类型是从我国古代哲学、美学中引申而来的一对重要范畴，是对作品整体气象的凝练概括，用于区分艺术创作中的相互对立的两种风格类型，可视为我国古代阴阳、刚柔概念在艺术创作领域中的具体运用。这对范畴与西方美学中的“优美”和“崇高”有某些相似之处，但却又分属于不同的文化系统，其内涵和外延都有着鲜明的区别。以下从其思想生成基础、艺术理论衍展及实践运用逐一考察，力求对这对艺术基本风格类型有较为全面而清晰的认识与理解。

1. 思想生成基础

阴、阳在古代是用以解释宇宙间诸种自然现象相互对立而又彼此消长的一对范畴。《老子》指出“道生一，一生二，二生三，三生万物。万物负阴而抱阳，冲气以为和”[①]，说明世间一切事物都由阴、阳二气构成，且存在于阴、阳两种矛盾变化中；《易传·系辞上》载“易有太极，是生两仪。两仪生四象，四象生八卦”，其中，“两仪”指的就是阴阳，即所谓“一阴一阳之谓道”。阴阳在古代被视为万物生成的两种基本元素，虽然不十分科学，却包含着朴素的唯物辩证法思想。

《易传》把阴阳作为把握万物的尺度，认为阴阳是一切生成变化的总根源，阴阳变化是宇宙存在的根本规律，由此也赋予了“阴阳”无所不备的品格，由阴阳可衍化出一系列相互对立的概念，如天地、乾坤、男女、尊卑、父子、夫妇、昼夜、黑白、明暗、冷热、刚柔、曲直、动静、上下、粗细、虚实……一切自然现象、社会事物都可以纳入阴阳体系之中，艺术也同样如此。

《易传》认为世间万物皆由阴阳交感而生，于是将阴阳与乾坤相配，以个人生命来源为根据，来类推万物之源。“大哉乾元，万物资始，乃统天。”[②]“至哉

① 《老子·四十二章》。

② 《易传·乾》。

坤元，万物资生，乃顺承天。”[①]天地是乾坤阴阳的代表，一施一受，一为“资始”，一为“资生”。“乾道成男，坤道成女。乾知大始，坤作成物。”[②]“乾，阳物也；坤，阴物也。阴阳合德，而刚柔有体，以体天地之撰。”[③]世间万物生成就如同人的生命一样，“男女构精，万物化生”[④]。

虽然《易传》未曾直接提及阴柔、阳刚这两个范畴，却在《易传·文言》阐述天道、地道时，讲到了乾之美在于阳与刚，坤之美在于阴与柔。《乾文言》中说“乾始能以美利利天下，不言所利。大矣哉！大哉乾乎！刚健中正，纯粹精也。”[⑤]乾（阳）有以美利“利天下”的德行，而且“不言所利”，多么至高至大，这正是一种刚健、中正的纯粹的美。在《坤文言》中指出“坤，至柔而动也刚，至静而德方。后得主而有常，含万物而化光。坤道其顺乎，承天而时行”[⑥]，又说“阴虽有美，含之以从王事”[⑦]，可见，坤（阴）有至柔至静的本质特点，阴之美在于资生万物，且是通过“顺承天”“从王事”而实现的。另外，《易传·系辞下》也提到“夫乾，天下之至健也”，“夫坤，天下之至顺也”，说明乾（阳）与刚、健，坤（阴）与柔、顺是紧密联系的。世间一切变化皆由于“刚柔相摩，八卦相荡”[⑧]“刚柔相推，变在其中矣”[⑨]。

尽管《易传》对于阴阳的分析，更多地将“美”与“善”，也即德行联系在一起，不免带有一定的时代局限性，然而《易传》能从对自然现象或社会生活的分析，从阴阳这一对立统一的基本元素出发，来分析宇宙万物生成、变化的规律，进而推衍出美的两大基本类型：阴柔之美与阳刚之美，不得不说是极其高超绝妙的。

2. 阴阳刚柔思想的理论运用

阴阳刚柔思想作为我国古代重要的哲学、美学思想，在不同历史时期的各门类艺术理论体系中均有体现。

最早表明音乐与阴阳思想关系的是《国语·周语上》中虢文公的一段话“宣王即位，不籍千亩。虢文公谏曰：‘不可。夫民之大事在农，……先时五日，瞽告有协风至，王即斋宫，百官御事，各即其斋三日。……是日也，瞽帅音官以风

① 《易传·坤》。

② 《易传·系辞上》。

③ 《易传·系辞下》。

④ 《易传·系辞下》。

⑤ 《易传·乾》。

⑥ 《易传·坤》。

⑦ 《易传·坤》。

⑧ 《易传·系辞上》。

⑨ 《易传·系辞下》。

土’”[①]。虢文公认为乐太师和乐官能“以音律省土风”，即通过吹律管测知风气是否和畅，协风是否到来，肯定了音律与自然的风、气可以相通，音乐与四时之风及决定四时之风的阴阳之气之间的联系[②]，说明阴阳学说最开始就带有挣脱原始宗教的意味及向大自然寻求变化的根据。[③]另外，《古乐》篇有关于朱襄氏时以“五弦瑟”驱阳气、以来阴气，阴康氏时以舞蹈“宣导”阴气的记载[④]，虽属迷信，缺乏科学依据，但至少说明音乐、舞蹈与阴阳之气，与农事生产活动之间存在某种联系。《吕氏春秋·大乐》篇也说：“音乐之所由来者远矣，生于度量，本于太一。太一出两仪，两仪出阴阳。阴阳变化，一上一下，合而成章。……四时代兴，或暑或寒，或短或长，或柔或刚。万物所出，造于太一，化于阴阳。……形体有处，莫不有声，声出于和，和出于适，先王定乐由此而生。……凡乐，天地之和，阴阳之调也。”明确指出“太一”（即道）生阴阳，阴阳生万物，万物有形有声，先王据此而作乐，故而音乐之声产生于对自然之声的模拟。汉代《白虎通义·礼乐》以阴阳刚柔来论五声，指出“声、音者，何谓也？声者，鸣也，闻其声即知其所生；音者，饮也，言其刚柔清浊和而相饮也。……五声者何谓也？宫、商、角、徵、羽。……角者，跃也，阳气动跃；徵者，止也，阳气止；商者，张也，阴气开张，阳气始降也；羽者，纡也，阴气在上，阳气在下；宫者，容也，含也，含容四时者也。八音者何谓也？《乐记》曰：‘土曰埙，竹曰管，皮曰鼓，匏曰笙，丝曰弦，石曰磬，金曰钟，木曰柷敔’，此谓八音也，法易八卦也，万物之数也。八音，万物之声也”。此处以五声配五行，并将八音，即金、石、土、革、丝、木、匏、竹等八类乐器配与八卦、八风，并将其与自然变化、王道统治等相联系，尽管具有神秘的“天人感应”色彩，然而其能够认识到音乐具有刚柔清浊的特点，使之达到“和而相饮”也是值得肯定的。

书画领域，同样贯穿有阴阳刚柔思想。书法方面，蔡邕《九势》说“夫书肇于自然，自然既立，阴阳生矣，阴阳既生，形势出矣。藏头护尾，力在其中，下笔用力，肌肤之丽。故曰：势来不可止，势去不可遏，惟笔软则奇怪生焉”。中国的书法是象形性空间艺术，其肇始于自然，按照先秦两汉哲学，自然由阴阳二气相生，书势的变化正是自然界阴阳对立统一的变化的形象体现。书法之美是通

① 《国语·周语上》。

② 蔡仲德：《中国音乐美学史》（修订版），人民音乐出版社2003年版，第34页。

③ 敏泽：《中国美学思想史》（上卷），湖南教育出版社2004年版，第92页。

④ 《吕氏春秋·仲夏纪·古乐》：“昔古朱襄氏之治天下也，多风而阳气蓄积，万物散解，果实不成。故士达作为五弦瑟，以来阴气，以定群生。”又：“昔陶唐氏之始，阴多滞伏而湛积，水道壅塞，不行其原；民气郁阏而滞著，筋骨瑟缩不达，故作为舞以宣导之。”载陈奇猷校释：《吕氏春秋校释》卷五，学林出版社1984年版，第284页。

过柔软毛笔，加之笔力的轻重缓急、刚柔变化展现的。张怀瓘《六体书论》论及隶书时指出“夫物负阴而抱阳，书亦外柔而内刚，缓则乍纤，急则若灭，修短相异，岩谷相倾，险不至崩，跌不至失，此其大略也”，将书法譬之于自然之“负阴而抱阳”，力求做到外柔内刚。虞世南《笔髓论·契妙》说“字虽有质，迹本无为，禀阴阳而动静，体万物以成形，达性通变，其常不主。故知书道玄妙，必资神遇，不可以力求也”，指出写字作书应遵循自然规律，体察万物，通过书法来表达性情与变化规律，不可僵化套用程式。明代项穆《书法雅言》论“形质”说：“若而书也，修短合度，轻重协衡，阴阳得宜，刚柔互济，犹世之论相者，不肥不瘦，不长不短，为端美也。”论“规矩”说：“圆为规以象天，方为矩以象地，方圆互用，犹阴阳互藏。”可见，书法尤其注重遵循自然规律，讲究阴阳、刚柔、轻重、长短、肥瘦、方圆等一系列的对立统一规律的运用。刘熙载《书概》也指出：“书要兼备阴阳二气，大凡沉著屈郁，阴也；奇拔豪达，阳也”，“书，阴阳刚柔不可偏陂。”

绘画创作，讲究尊重物象的阴阳相背、刚健柔韧之理，选择适合的章法、设色与笔墨技法予以体现，尤其讲究用笔的刚柔。清代沈宗骞《芥舟学画编》曾对用笔刚柔所产生的艺术效果作过形象性描绘：

> 劈空而来，天惊石破，六丁不能运，巨灵不能撼，訇然现象，足骇鬼神。挟风雨雷霆之势，具神工鬼斧之奇，语其坚则千夫不易，论其锐则七札可穿……此能笔之刚德者也。
>
> 柔如绕指，软若兜罗，欲断还连，似轻而重。氤氲生气，含烟霏雾结之神；摇曳天风，具翔凤盘龙之势。既百出以尽致，复万变以随机；恍惚无常，似惊蛇之入春草；翩翻有态，俨舞燕之掠平池……此能尽笔之柔德者也。

用笔刚柔不同，不仅会产生完全不同的艺术风貌，而且往往还是识别宗派画风的途径。清代郑绩《梦幻居画学简明》论及山水笔法有“勾勒”和“皴擦”两种，由于用笔刚柔不同，呈现出南北两派不同的风格类型，“勾勒用笔，腕力提起（从正锋笔嘴跳力），笔笔见骨，其性主刚，故笔多折断，归北派。皴擦用笔，腕力沉坠（用惹侧笔身拖力），笔笔有筋，其性主柔，故笔多长韧，归南派。论骨其力大，论筋其气长”①。可见，用笔刚柔也是影响绘画风格的重要因素。

① ［清］郑绩：《梦幻居画学简明》，载潘运告主编：《清代画论》，湖南美术出版社2003年版，第371页。

在文学中，阴阳刚柔思想体现得更为充分。扬雄将阴阳二气与文章的内容与形式相联系，在《太玄·文》中指出“阴敛其质，阳散其文，文质斑斑，万物粲然”，只有做到阴阳相合、文质统一，才能写出美的文章。刘勰《文心雕龙·体性》篇指出“气有刚柔”，《熔裁》篇指出“刚柔以立本，变通以趋时”，《定势》篇指出“刚柔虽殊，必随时而适用”，强调艺术风格的形成与创作主体个性气质有密切的联系；《定势》篇则说“势有刚柔，不必壮言慷慨”，指出作品风格有刚有柔，不必都慷慨高歌，强调风格的差异性。清代姚鼐直接将《易传》阴阳思想运用于文学创作，指出“一阴一阳之为道。夫文之多变，亦若是也”，强调“文之多变”源自阴阳刚柔“多寡进绌”之中，并对阴柔与阳刚两种不同类型风格之美作了形象性描述：

> 其得于阳与刚之美者，则其文如霆，如电，如长风之出谷，如崇山峻崖，如决大川，如奔骐骥。其光也，如杲日，如火，如金镠铁；其于人也，如凭高视远，如君而朝万众，如鼓万勇士而战之。
>
> 其得于阴与柔之美者，则其文如升初日，如清风，如云，如霞，如烟，如幽林曲涧，如沦，如漾，如珠玉之辉，如鸿鹄之鸣而入廖廓。其于人也，漻乎其如叹，邈乎其如有思，暖乎其如喜，愀乎其如悲。[①]

姚鼐的这一描述，使抽象的阴阳刚柔思想获得了具体化规定，变为可听、可视、可感、可思的形象再现，不仅在文学领域有所体现，对于其他门类艺术同样具有启示意义。阴柔与阳刚不仅是美的两大基本类型，同样也是艺术风格的两大基本类型，它使多样性风格类型相互之间寻找到相通性与共同性。尽管刘勰“八体说”、司空图“二十四诗品”等列举了众多风格类型，但都只着眼于风格的多样性，而未曾从一般性意义上思考风格的相通性。姚鼐以极其简化的方式，直接点破了美与风格除了多样性，相互之间还具有相通性的一面，将纷繁复杂的风格类型简括为阴柔和阳刚两大类型。而且，他还指出了阴柔与阳刚二者之间相互对立统一的关系，可以偏胜，但绝不可偏废，“糅而偏胜可也；偏胜之极，一有一绝无，与夫刚不足为刚，柔不足为柔者。皆不可以言文”[②]。这些思想，都是极具民族文化内涵的理论，与西方美学对待崇高与优美的关系有明显不同。

西方对优美与崇高的发现较早，然而却将它们视为相互对立的范畴。古希腊毕达哥拉斯学派从数是万物的基本元素角度出发，认为美在和谐。中世纪的神学

① ［清］姚鼐：《惜抱轩诗文集》卷六《复鲁絜非书》。

② ［清］姚鼐：《惜抱轩诗文集》卷六《复鲁絜非书》。

家托马斯·阿奎那指出美的三个因素为完整、和谐和鲜明。古罗马时期朗吉弩斯《论崇高》提出崇高的五种因素，即“掌握伟大思想的能力”“强烈深厚的热情”“修辞格的妥当运用”“高尚的文词”及“庄严而生动的布局”。英国经验主义美学家博克，将崇高和美看作是对立的，美的对象是具有诱惑力的，引起情绪方面的爱，始终保持愉快的情感，其对象的感性性质主要在于“小”，如柔滑、较弱、明亮等质量，并专节讨论“秀美”，是常见于姿态和动态的美，须体现出轻盈、安详、圆润、微妙之感；而崇高的特点在于“可恐怖性”，崇高感主要来自于体积的巨大，还有晦暗、力量、无限、壮丽、突然等。后来，康德进一步分析崇高与美的对立，指出美只涉及对象的形式，引起的心理反应是单纯的快感，欣赏者的心灵处于平静状态；将崇高分为数量的、力量的两种，前者特点在于对象体积的无限大，后者特点在于既引起恐惧又引起崇敬的那种巨大力量或气魄，他认为崇高感在于对象的“无形式”，所引起的心理反应是由痛感转化成的快感，欣赏者的心灵处于动荡状态。

西方美学家对优美和崇高的本质与特性分析，是精微而到位的，在某种程度上，与中国古代的阴柔、阳刚有类似之处。阴柔与优美的共同性体现在：这是一种和谐、柔婉、轻盈、圆润之美，给人以愉快、平静、美好、心旷神怡的审美感受；阳刚与崇高的共同性体现在：这是一种巨大、力量、无限、壮丽之美，给人以恐怖、崇敬、震撼、惊心动魄的情绪反应。与阴柔、优美相比，阳刚、崇高更显出一种力量感，一种势不可挡、无所畏惧的刚性情怀。然而，由于中西文化背景的不同，导致中西方对待二者关系的态度也不同，西方将优美和崇高视为相互对立、不可调和的关系，而中国古代却将阴柔与阳刚视为既对立又统一的关系。这些差异，使得中西方艺术创作呈现出迥然有别的艺术意象与风格特色。

3. 阴柔、阳刚风格之创作体现

阴柔之美与阳刚之美作为美的两大基本类型，体现于艺术创作领域，则呈现为两种艺术风格类型。这一点已被古代理论家有所关注，见于相关风格类型论中。刘勰《文心雕龙·体性》篇提出“八体说”，其中“壮丽”与“轻靡”相对置，“壮丽者，高论宏裁，卓烁异采者也”，“轻靡者，浮文弱植，缥缈附俗者也”，前者与阳刚相通，后者与阴柔类似；司空图《二十四诗品》所列“冲淡”“纤秾”“绮丽”“清奇”等属于阴柔之美，“雄浑”“豪放”“劲健”等属于阳刚之美；严羽将“诗之品”概括为“优游不迫”和“沉著痛快”；张綖将“词体”分为“婉约”“豪放”两大类。这些理论虽然未曾直接以“阴柔”和“阳刚”予以概括，但却都隶属于阴柔与阳刚两大基本风格类型体系。这两种基本风格类型普遍存在于各门类艺术创作领域，具体体现为以下几个方面：

首先，阴柔、阳刚之风格差异体现在南北地域的差异上。

地理学意义上的南北地域差异，对于文学、艺术创作风格的影响是显而易见的。早在先秦时期，就有关于南北“风”差异的记载。《诗经》中的“风”主要指北方十五国包括今陕西、山西、河南、山东、湖北北部和四川东部等地的民歌，[①]而很少涉及南方楚风。《楚辞》则专指楚地的地方音乐。《左传·成公九年》载，楚人钟仪为郑国擒获，献于晋，晋侯令其鼓琴，“晋侯观于军府，见钟仪……使与之琴，操南音”，此处的南音指楚声。《左传·襄公十八年》也载“晋人闻有楚师，师旷曰：‘不害，吾骤歌北风，又歌南风。南风不竞，多死声。楚必无功’”。通过听辨北风与南风乐曲，就可以对未来战况作出判断，可见，南、北风在风格上是有区别的。《吕氏春秋·音初》载：“涂山氏之女乃令其妾待禹于涂山之阳，女乃作歌。歌曰‘候人兮猗’，实始作为南音”，“有娀氏有二佚女，为之九成之台，……二女作歌一终，曰‘燕燕往飞’，实始作为北音。”说明早期人们已经关注到南、北方艺术的差异性。

魏晋六朝时期，由于政治文化中心的缘故，出现了南北朝之分，体现在文学方面也有差异。六朝以前北方文学胜于南方，而当晋室南迁后，文学艺术上则以南方为中心。然而，“六朝人尚没有从理论上明确系统地总结南北文风的差异”[②]。隋唐大一统的建立，结束了南北对峙的局面，回顾总结前代文学艺术成就，考辨其得失利弊，成为新时代文学艺术发展方向的参考借鉴。唐代李延寿《北史·文苑传序》指出：“暨永明、天监之际，太和、天保之间，洛阳、江左，文雅尤盛，彼此好尚，互有异同。江左宫商发越，贵于清绮；河朔词义贞刚，重乎气质。气质则理胜其词，清绮则文过其意。理深者便于时用，文华者宜于咏歌。此其南北词人得失之大较也。”[③]此处区别了南朝齐梁（永明、天监之际）、北朝魏齐（太和、天保之间）时期南北词人艺术风格的差异，江左“贵于清绮”，河朔“词义贞刚”，鲜明地指出了南北地域不同，造成了风格上的差异。

从南朝清商曲辞和北朝民歌，也可以深刻体会出这种差异性。东晋南朝时的清商曲辞吴歌、西曲，虽属南、北方音乐融合而成，但主要成分为南方音乐。吴歌中的《子夜歌》《上声歌》等，风格抒情细腻，多以表现男女爱情为主，《唐书·乐志》说“子夜歌者，晋曲也。晋有女人名子夜，造此声，声过哀苦”。如《子夜四时歌》之一唱道：“渊冰厚三尺，素雪覆千里。我心如松柏，君情复何似？”西曲如《乌夜啼》《莫愁乐》《呵那滩》等，多表现别离之情，如《呵那

① 孙继南、周柱铨主编：《中国音乐通史简编》，山东教育出版社，第24页。

② 吴承学：《中国古典文学风格学》，北京大学出版社2011年版，第172页。

③［唐］李延寿撰：《北史》卷八十三《文苑》，中华书局1999年版，第1844页。

滩》之一唱道“闻欢下扬州，相送江津湾。愿得篙橹折，交郎到头还”。吴歌、西曲因流行于南方经济发达地区，多表现男女恋情，故而音乐风格缠绵悱恻，清商曲辞也被称为“艳曲”；而北方由于地理、气候等自然条件恶劣，加之长期战乱，人们生活艰辛，造就了北方人性格坚毅、气质豪放，故而北朝民歌质朴刚健、豪放爽朗，如《木兰辞》“万里赴戎机，关山度若飞。朔气传金柝，寒光照铁衣”，《敕勒歌》“天苍苍，野茫茫，风吹草低见牛羊”，横吹曲《折杨柳》之一唱道“上马不捉鞭，反折杨柳枝。蹀坐吹长笛，愁杀行客儿”等，很显然是北方游牧民族狩猎征战、崇尚武勇的反映。由此可见，正是南北之地域差异，造成了南柔北刚的风格分野。

关于南北地域差异所引起的南北风格讨论，在诗、词、曲、书等领域也普遍存在。诗学方面，清代孔尚任《古铁斋诗序》说“北人诗隽而永，其失在夸；南人诗婉而风，其失在靡”[①]，清代谢堃《春草堂诗话》卷五也说：“北方刚劲，多雄豪跌宕之词；南方柔弱，悉艳丽钟情之作。”可见，南北方诗歌各有长短，各具特色。词学于宋代兴盛，尤以婉约为正宗，侧重于表现男女风情，音律婉转和谐，语言圆润清丽，柳永、晏殊、欧阳修、秦观、周邦彦、李清照、姜夔等都是写作婉约词的高手。苏轼不满于婉约词一枝独秀，力创豪放一派，却被认为“虽极天下之工，要非本色”[②]。同是“豪放派”的辛弃疾，本源自于北方，投靠南宋之后，其思想情感，仍难以脱离北方刚劲豪迈之气。张炎《词源》说：“辛稼轩……作豪气词，非雅词也。……元遗山极称稼轩词。”在金源文化中，以元遗山为重，他对苏、辛“豪放”词倍加推崇，由宋入元的遗民词人赵文曾在《吴山房乐府序》中说：“近世辛幼安，跌荡磊落，犹有中原豪杰之气。而江南言词者，宗美成；中州言词者，宗元遗山；词之优劣未暇论，而风气之异，遂为南北、强弱之占可感已。”[③]可见，宋金时期，南北词风的差异，明显体现在南宋以“婉约”为宗，金源以“豪放”为宗的风格特色。入元后，曲是主要的文学范型，曲发于民间，是区别于诗词之雅的俗艺术，具有较强的地域色彩。吴承学先生说：“南北曲是继南北朝乐府后最能体现南北文风差异的艺术形式。”[④]南北曲分别以南戏和北杂剧为代表。南戏由宋元南方小戏发展而来，明清传奇曲调继之，曲调低回婉转，轻柔曼妙；北杂剧兴盛于元，曲调高亢遒劲、质朴爽朗。南北曲的差异，为众多理论家所关注。徐渭《南词叙录》曾说“听北曲使人神气鹰

① ［清］孔尚任著，汪蔚林编：《孔尚任诗文集》卷六，中华书局1962年版，第475页。

② ［宋］陈师道：《后山诗话》。

③ 载李修生主编：《全元文》（十）卷三三二，江苏古籍出版社1998年版，第71页。

④ 吴承学：《中国古典文学风格学》，北京大学出版社2011年版，第175页。

扬，毛发洒淅，足以作人勇往之志，信胡人之善于鼓怒也”，“南曲则纡徐绵眇，流丽婉转，使人飘飘然丧其所守而不自觉，信南方之柔媚也”。王世贞《曲藻》也指出“凡曲：北字多而调促，促处见筋；南字少而调缓，缓处见眼。北则辞情多而声情少，南则辞情少而声情多。北力在弦，南力在板。北宜和歌，南宜独奏。北气易粗，南气易弱”。王骥德《曲律·杂论第三十九》也说：“南北二调，天若限之。北之沉雄，南之柔婉，可画地而知也。”可见，地域的差异，是造成南北曲阴柔、阳刚的主要原因。

书画领域，清代沈宗骞曾在《芥舟学画编·宗派》中指出：“天地之气，各以方殊，而人亦因之。南方山水蕴藉而萦纡，人生其间得气之正者，为温润和雅，其偏者则轻佻浮薄。北方山水奇杰而雄厚，人生其间得气之正者，为刚健爽直，其偏者则粗厉强横。此自然之理也。于是率其性而发为笔墨，遂亦有南北之殊焉。”清代阮元对南北书派发展源流及各自特点作过细致的考察和分析，认为隶书在汉末魏晋之间演变为正书、行草，进而形成以南北朝为主要区别的南北两派。据其《南北书派论》载：“正书、行草之分南北两派者，则东晋、宋、齐、梁、陈为南派，赵、燕、魏、齐、周、隋为北派也。”且有各自的传承派系：“南派由钟繇、卫瓘及王羲之、献之、僧虔等，以致智永、虞世南；北派由钟繇、卫瓘、索靖及崔悦、卢谌、高遵、沈馥、姚元标、赵文深、丁道护等，以致欧阳询、褚遂良。”两派书法风格各异，各有长短，“南派乃江左风流，疏放妍妙，长于启牍，减笔至不可识”，而“北派则是中原古法，拘谨拙陋，长于碑榜”。[①]刘熙载《书概》也对南北派书风的差异作过集中概括“北书以骨胜，南书以韵胜”，“南书温雅，北书雄健。南如袁宏之牛渚讽咏，北如斛律金之《敕勒歌》”。可见，南北派书法，的确存在北刚、南柔的差异，而这正是缘于其地域的差异。

其次，阴柔、阳刚之风格差异体现在题材内容的选择上。

纵观中国古代艺术史上偏于阴柔风格或偏于阳刚风格的艺术作品，我们发现，阴柔风格的作品偏于女性气质，主要选择女性形象或与女性相关的男女情爱为题材，通过对女性娇柔妩媚、楚楚动人且饱含柔情的描绘，体现以个人情感为主的“小爱”情怀，此为阴柔之美的首选；阳刚风格则恰恰相反，偏于男性气质，多选择与社会重大历史事件相关，能够表现男儿豪情壮志，甚至为拯救民族危亡而甘愿赴汤蹈火、不惜牺牲个人利益的题材，体现以社会情感为主的“大爱”情怀，此为阳刚之美的首选。

阴柔之美，自古以来就是众多文人所热衷书写的风格类型，广泛地存在于诗、词、曲、赋等创作领域。《诗经》作为最早的一部诗歌总集，其间包含大量

① ［清］阮元：《南北书派论》。

女性题材的作品，如《关雎》“关关雎鸠，在河之洲，窈窕淑女，君子好逑”，《蒹葭》“蒹葭苍苍，白露为霜。所谓伊人，在水一方。溯洄从之，道阻且长。溯游从之，宛在水中央”。其中对窈窕淑女、蒹葭伊人“乐而不淫，哀而不伤”的描绘，着实令人心动。曹植《洛神赋》以极富想象力的语言“翩若惊鸿，婉若游龙……髣髴兮若轻云之蔽月，飘飖兮若流峰之回雪。远而望之，皎若太阳升朝霞。迫而察之，灼若芙蕖出渌波。秾纤得衷，修短合度。肩若削成，腰如约素。延颈秀项，皓质呈露，芳泽无加，铅华弗御”，描绘自己对美丽洛神的心驰神往与爱慕思恋，可谓是传神巧妙、想象丰富、浪漫凄婉。晚唐李商隐的《无题》“相见时难别亦难，东风无力百花残。春蚕到死丝方尽，蜡炬成灰泪始干。晓镜但愁云鬓改，夜吟应觉月光寒。蓬山此去无多路，青鸟殷勤为探看”，这首深致缠绵、哀婉动人的爱情诗，首句用两个“难”字，道出了重聚、离别的痛苦，“残”“尽”“干”“愁”“寒”等字眼，更显悲凉之心境，整首诗字字句句渗透着对爱人的追思，熔铸着痛苦、失望而又执着、绵邈的无限深情。入宋后，词代之以诗成为文学的主要表现形式，与唐诗相比，宋词更显柔婉情深。宋代张炎《词源》说：“簸弄风月，陶写性情，词婉于诗。盖声出于莺吭燕舌间，稍近乎情可也。”[①]因而，“词为艳科”成为共识，翻开一部《全宋词》，就好比走进一个“女性化”的世界，宋词艳科的格局和绮丽的风貌扑面而来。[②]南唐后主李煜的《虞美人》“春花秋月何时了，往事知多少。小楼昨夜又东风，故国不堪回首月明中。雕栏玉砌应犹在，只是朱颜改。问君能有几多愁，恰似一江春水向东流”，秦观的《鹊桥仙》“柔情似水，佳期如梦，忍顾鹊桥归路。两情若是久长时，又岂在朝朝暮暮”，柳永的《雨霖铃》“多情自古伤离别，更那堪、冷落清秋节”，欧阳修的《踏莎行》“寸寸柔肠，盈盈粉泪，楼高莫近危栏倚”，周邦彦的《拜星月慢·夜色催更》“画图中，旧识春风面。谁知道，自到瑶台畔。眷恋雨润云温，苦惊风吹散。念荒寒，寄宿无人馆。重门闭，败壁秋虫叹。怎奈向，一缕相思，隔溪山不断”，李清照的《一剪梅》“红藕香残玉簟秋，轻解罗裳，独上兰舟。云中谁寄锦书来？雁字回时，月满西楼。花自飘零水自流，一种相思，两处闲愁。此情无计可消除，才下眉头，却上心头”，等等，从这一系列充满感伤、忧郁情调的婉约词中，我们发现悲、愁、哀、怨、恨、思、泪、梦、忧等令人伤叹的字眼充盈其间，也许这些词汇就是成就宋词阴柔之美的重要因素。除此以外，戏曲《西厢记》《牡丹亭》、小说《红楼梦》等作品中，也有大量对女性形象的描绘及内心情感的刻画，都极具阴柔之美。

---

① ［宋］张炎：《词源》，载张璋等编纂：《历代词话》（上），大象出版社2002年版，第195页。

② 刘尊明：《宋词的阴柔体性及其审美特征》，《社会科学研究》2003年第2期。

其他各个门类艺术领域，具有阴柔之美的艺术作品比比皆是。如音乐中的吴歌《子夜歌》、西曲《莫愁乐》，舞蹈中的软舞《绿腰》，绘画中顾恺之的《洛神赋图》、张萱的《捣练图》（图2.82）、周昉的《簪花仕女图》、阮部的《阆苑女仙图》（图2.83）、陈枚的《月漫清游图册》（图2.84）、焦秉贞的《仕女图册》（图2.85）等，敦煌壁画中的乐伎飞天，雕塑中的宋代仕女像，等等，无不是与女性形象相关的题材。可见，女性天然娇柔、婉丽的特点，赋予了阴柔之美性别上的优势；而且与女性相关的男女情感话题，又是文学艺术创作不可或缺的重要主题，因而在各门类艺术领域中，阴柔之美以独特的艺术魅力形成一道柔婉、美丽的风景线。

图2.82唐 张萱 《捣练图》（局部）

图2.83　五代 阮部《阆苑女仙图》（局部）

图2.84　清 陈枚《月漫清游图册》（之一）

图2.85　清 焦秉贞《仕女图册》（之一）

不同于阴柔之美的“小爱”情怀，阳刚之美则更侧重于体现“大爱”情怀，宋代“豪放派”词人苏轼的《念奴娇·赤壁怀古》写道：

大江东去，浪淘尽，千古风流人物。故垒西边，人道是：三国周郎赤壁。乱石穿空，惊涛拍岸，卷起千堆雪。江山如画，一时多少豪杰。　遥想公瑾当年，小乔初嫁了，雄姿英发。羽扇纶巾，谈笑间，樯橹灰飞烟灭。故国神游，多情应笑我，早生华发。人生如梦，一尊还酹江月。

这首词从对江山美景的描绘，到对古战场的凭吊和风流人物雄才大略、丰功伟业的联想，引发作者怀才不遇、功业未成的忧愤之情，将写景、咏史与抒情融为一体，具有气势磅礴、格调雄浑、境界宏阔、撼魂荡魄的强大力量。胡仔《苕溪渔隐丛话》曾评价“东坡‘大江东去’赤壁词，语意高妙，真古今绝唱”。

身处乱世的爱国词人辛弃疾，亲眼看见疆土沦陷，亲身经历民族衰亡的变局，爱国之心、匡复之志深埋于心，然而，身怀沙场之略与经纶之才的他，却苦于无法被当权者重用，只能放歌于词坛，抒发其慷慨激昂、悲壮沉痛的爱国情怀。其作《破阵子》写道：

醉里挑灯看剑，梦回吹角连营。八百里分麾下炙，五十弦翻塞外声，沙场秋点兵。　马作的卢飞快，弓如霹雳弦惊。了却君王天下事，赢得生前身后名。可怜白发生！

该词为作者失意闲居时所作。借酒浇愁拨亮灯火，看到昔日随同他征战沙场的宝剑，不经意间仿佛回到战场，骏马飞奔，风驰电掣，万剑齐发，响如霹雳，战败敌寇，完成了收复中原、国家统一的伟业，此时一个高大威猛的英雄形象屹然挺立，这是何等的胸襟、何等的气魄！然而一句“可怜白发生”，却将高昂的情感瞬间降落到冰点，原来这一切只是梦境而已。这样刚健悲壮的艺术作品，正如司空图《二十四诗品》对“雄浑”的描述“大用外腓，真体内充。反虚入浑，积健为雄。具备万物，横绝太空。荒荒油云，寥寥长风。超以象外，得其环中，持之匪强，来之无穷”。与其类似的还有岳飞的《满江红》中“怒发冲冠，凭阑处、潇潇雨歇。抬望眼、仰天长啸，壮怀激烈。三十功名尘与土，八千里路云和月。莫等闲、白了少年头，空悲切”，文天祥的《过零丁洋》中“人生自古谁无死，留取丹心照汗青”等气壮山河的诗句，都属于阳刚之美的佳作。

音乐艺术中，也不乏如此充满阳刚之气的杰作。如古琴曲《广陵散》，以聂政刺韩王为题材。据明代朱权编印的《神奇秘谱》所保存的隋唐记谱来看，该曲共有45个乐段，包括开指、小序、大序、正声、乱声、后序六部分，谱中还标有“刺韩”“冲冠”“发怒”“投剑”等分段小标题[1]，旋律激昂、慷慨，表演气贯长虹，声势宏大夺人，是现存琴曲中唯一具有戈矛杀伐战斗气氛的乐曲，揭示了勇士舍生取义的崇高气节。

琵琶曲《十面埋伏》，其前身名为《楚汉》[2]，取材于公元前202年楚汉垓下决战的情景。明代汤应曾善弹此曲，王猷定《四照堂文集》中有关于汤应曾演奏的传记《汤琵琶记》，这样描述：“而尤得意于《楚汉》一曲，当其两军决斗时，声动天地，瓦屋若飞坠。徐而察之，有金声、鼓声、剑弩声，人马辟易声，久之有怨而难明者为楚歌声，凄而壮者为项王悲歌慷慨之声，别姬声，陷大泽有追骑声，至乌江有项王自刎声，余骑蹂践争项王声。使闻者始而奋，既而恐，终而涕泪之无从也。其感人如此。”凭借这些描述，可以想象威武勇敢的将士们在疆场上厮杀拼斗、英勇献身的壮举！

从这些作品可以看出，刚阳之美的风格类型，大多是与男性形象相关的题材，男儿刚健勇猛的天性赋予刚阳之美性别上的优势，尤其是表现男性胸怀天下、驰骋疆场、舍身取义、势不可挡的崇高境界，常常是文学、艺术创作的重要题材，阳刚之美以不同的艺术形态在各门类艺术领域展现出一幅幅雄强、壮丽的图景。

最后，阴柔、阳刚之风格差异体现在艺术语言的处理上。

艺术风格偏于阴柔，还是偏于阳刚，还与艺术表现语言的运用与处理有关。

---

① 刘再生：《中国古代音乐史简述》，人民音乐出版社1989年版，第141页。

② 杨荫浏：《中国古代音乐史稿》（下册），人民音乐出版社1981年版，第1000页。

音乐作为表演性艺术，包含节拍、节奏、旋律、调式、力度、速度、配器、和声等要素，这些要素的不同组织、搭配，会形成不同的音乐语言，直接影响到乐曲的风格类型。一般来说，阴柔风格的乐曲，常体现为旋律舒缓优美、节奏疏松、五声音阶、速度力度适中、情绪自然平稳等特点；而阳刚风格的乐曲，则体现为旋律起伏跌宕、节奏紧密、七声音阶、速度力度对比鲜明、情绪激昂亢奋等特点。在乐器种类的使用上，古琴、胡琴、笙、箫等丝竹类乐器，由于音色柔和、暗淡或发音连续缠绵，而偏于阴柔；唢呐、管子等吹管类及鼓、板、锣、镲等打击类乐器，则由于音色的洪亮高亢、发音响度强烈刚硬，而偏于阳刚。以传统江南丝竹乐《中花六板》与河北吹歌《放驴》为例，前者由器乐曲牌《老六板》放慢加花，主奏乐器为丝竹，音色柔美雅致，旋律清新流畅、细腻婉转，节奏平稳舒缓，听之犹如漫步于苏州园林，在蜿蜒曲径中欣赏美景，迷人妩媚中散发着江南人的钟灵之气与端庄、秀雅的风格特征；后者属吹管乐合奏，主奏乐器为唢呐，音色洪亮、穿透力强，旋律起伏跌宕，节奏律动强烈，热情泼辣而诙谐，特别是打击乐的运用，紧锣密鼓将乐器推向高潮，表现出北方人炽热的情感与豪爽、奔放的风格特征。无论刚、柔，皆充满浓郁的民间色彩与乡土气息。

戏曲音乐同样如此。从音阶来看，北曲音阶为“1 2 3 4 5 6 7”所构成的七声音阶，旋律多四度大跳音程；而南曲音阶为“1 2 3 5 6”构成的五声音阶，旋律多为级进或三度以下的小跳音程；所用板眼，“北曲为活板，句间加用衬字，比较自由，板数可多可少，增减移动，并无一定；南曲为死板，不能任意多用衬字，除散板曲牌，仅于每句之末下一底板外，所有其余曲牌，板数和下板地位都有一定，不能随意增减移动”[①]。此外，南北曲在伴奏乐器、字的唱法、音腔、力度速度等方面均不相同，由此形成北曲雄劲刚健与南曲柔美缠绵两种迥然有别的风格特色，王骥德《曲律》中“杂论第三十九”说“北之沉雄，南之柔婉……北人工篇章，南人工句字。工篇章，故以气骨胜；工句字，故以色泽胜”。魏良辅也说：“北曲以遒劲为主，南曲以宛转为主，各有不同。”[②]

舞蹈作为借助形体动作语言来抒发内心情感的艺术类别，通过动作的刚柔力度，即可见出阴柔与阳刚之风格不同。唐代宫廷小型乐舞中，有软舞与健舞之分。软舞动作舒徐、温婉、安详，音乐优美，抒情细腻，代表作有《凉州》《绿腰》《苏合香》《春莺啭》《乌夜啼》等，这种舞蹈除了在宫廷演出外，也常见于官府和富豪家庭宴会上，是供统治阶层休闲享乐的舞蹈。五代画家顾闳中的《韩熙载夜宴图》中可见《绿腰》表演的场面（图2.86）。诗人李群玉《长沙九日登

① 杨荫浏：《中国古代音乐史稿》（下册），人民音乐出版社1981年版，第867页。

② ［明］魏良辅：《曲律》，载《中国古典戏曲论著集成》（五），中国戏剧出版社1959年版，第6页。

东楼观舞》也有类似的描绘："南国有佳人，轻盈绿腰舞。华筵九秋暮，飞袂拂云雨。……坠珥时流盼，修裾欲溯空。唯愁抓不住，飞去逐惊鸿。"另外，在敦煌莫高窟中有关于盛唐164窟南壁下伎乐独舞、320窟北壁《观无量寿经变》中的伎乐独舞，中唐201窟壁画中的女子独舞等，都是关于软舞的图像，充满阴柔之美。

图2.86　顾闳中《韩熙载夜宴图》（局部）中的"绿腰"

图2.87　胡旋舞俑

健舞动作爽朗快捷、力度大，刚健而奔放，代表作有《剑器》《胡腾》《胡旋》《柘枝》等，都属于胡舞范畴。《胡旋舞》因节拍奔腾欢快，多旋转蹬踏而得名（图2.87），白居易在《胡旋女》中描绘道："胡旋女，胡旋女。心应弦，手应鼓。弦鼓一声双袖举，回雪飘飖转蓬舞。左旋右转不知疲，千匝万周无已时……"据说因杨玉环、安禄山皆是跳胡旋舞的高手，因此受到唐玄宗的赏识。杜甫曾观公孙大娘舞剑器，作诗写道："昔有佳人公孙氏，一舞剑器动四方。观者如山色沮丧，天地为之久低昂。㸌如羿射九日落，矫如群帝骖龙翔。来如雷霆收震怒，罢如江海凝清光。"这种舞蹈的技巧之高、力度之大，属于典型的阳刚风格。另外，传自西域的胡腾舞，舞者多为男性，唐代李端有诗《胡腾舞》描述："扬眉动目踏花毡，红汗交流珠帽偏。醉却东倾又西倒，双靴柔弱满灯前。环行急蹴皆应节，反手叉腰如却月。丝桐忽奏一曲终，呜呜画角城头发。"可见，这种阳刚、奔放的舞蹈，完全不同于中原舞蹈的婉转柔曼。

造型艺术最讲究艺术语言的形式变化，线条、笔墨、色彩、布局、力度及技法的运用与处理直接影响到作品的风格。绘画艺术领域，就工笔画和写意画相比较而言，工笔画侧重于造型的写实细腻、线条的流畅舒展、设色的多彩绚烂，又多以女性人物为题材，故而偏于阴柔风格。如东晋顾恺之的《女史箴图》《洛神赋图》（图2.88），线条连绵不断，悠缓自然、节奏均和，突出了女性的婀娜身姿。唐代张萱描绘妇女形象，以朱色晕染耳根为特色，其作《虢国夫人游春图》（图2.89），以细劲流利的用笔、富丽浓重的色彩，描绘出虢国夫人丰满艳媚、雍容华贵的气质；周昉的仕女画也以细腻的笔触、精致的构图，创造了形神兼备、别具一格的“周家样”，其作《簪花仕女图》（图2.90）堪称工笔人物画的精品。明代唐寅工笔画宗法唐宋，擅长以细腻流畅的铁线描作人物衣纹，以淡雅明快的冷暖色彩形成和谐对比，其作《孟蜀宫妓图》（图2.91）中，人物浓密的发髻、细眉小眼、俊美面庞，以及狭背削肩、纤纤素手等每一个细节都描绘得精工细致，特别是“三白法”的运用，使仕女人物的丰润秀丽得到充分凸显。

图2.88　东晋 顾恺之《洛神赋图》（局部）

图2.89　唐 张萱《虢国夫人游春图》（局部）

图2.90　唐 周昉《簪花仕女图》（局部）

图2.91　明 唐寅《孟蜀宫妓图》

而水墨画以写意为主，不追求物象的写实与细腻描绘，也不强调线条的平稳流畅和设色的秀润雅致，重在强调笔墨的皴擦运用，突出物象的雄伟和气势，故而偏于阳刚风格。如五代时北方山水画家荆浩的《匡庐图》（图2.92），不再运用线条的勾勒，而是富有开创性地采用有笔有墨的皴法，突出物象的质感，并以全景式山水构图，突出体现北方山水的伟岸壮阔。宋代北方山水画家范宽的《溪山行旅图》（图2.93），以正面取势，犹如一道天然屏障巍峨耸立，山涧飞瀑直落千丈，树木茂盛，楼阁若隐若现，展现出了北方山水的雄伟气势。明代吴伟作画常以粗劲纵横之笔，挥洒淋漓之墨来描绘物象，风格粗简放逸、雄健刚劲，其作《灞桥风雪图》（图2.94）描绘严冬、寒山、枯树、风雪等景致，以迅捷的笔锋、粗犷方硬的线条，转折分明、凌乱短促的皴法，横涂竖抹、淋漓纵意的墨色等手法，营造出一派萧瑟凄凉、孤寂荒寒的意境。当然，水墨画中也并非没有阴柔风格。米氏父子以墨点技法，用柔和细腻的笔触，将江南云山的秀美、悠远、空灵体现得淋漓尽致。可见绘画中的阴柔阳刚，除了与所描绘的对象有关，更与艺术表现语言的选择和处理密切相关。作品风格偏于阴柔，或是阳刚，是多种因素综合作用的结果。

图2.92 五代 荆浩《匡庐图》

图2.93 宋 范宽《溪山行旅图》

图2.94 明 吴伟《灞桥风雪图》

书法艺术领域，风格的阴柔与阳刚取决于用笔的刚柔力度与笔画的曲直。一般说来，笔力刚健、笔画平直、结体方正的书作，偏于阳刚之美；而笔力柔软、笔画弯曲、字体圆润的书作，偏于阴柔之美。

偏于阳刚之美的书家，以唐代的欧阳询、颜真卿与柳公权最有代表性。唐初欧阳询，其书结体取法于北碑，张怀瓘《书断》评其“真行之书……森森焉若武库矛戟”，宋代朱长文《续书断》评其正书“纤浓得中，刚劲不挠，有正人执法、面折廷诤之风”，“行书黝纠蟠屈，如龙蛇振动，戈戟森列”，如其《九成宫碑》（图2.95），具有奇险刚劲之风格特色，然而欧书这种剑拔弩张的阳刚之气，又由于“若猛将深入，时或不利”①，其“外露筋骨”的过于刚硬，与虞书相比，“君子藏器，以虞为优”②，可见，欧书的阳刚之气有些过于威猛。中唐颜真卿书作雄浑大气，是被后世公认的阳刚之作。其楷书点画之间，阳刚之气咄咄逼人，中锋直笔上下提按、力道凝聚，结体以正面取势、字字饱满，现存的《颜家庙碑》《中兴颂》《东方画赞碑》（图2.96）等作品，气势雄浑、壮伟而凝重，堪称雄浑、阳刚的典范之作。宋代欧阳修《集古录跋尾》评其：“斯人忠义，出于天性，故其字画刚劲独立，不袭前迹，挺然奇伟，有似其为人。”朱长文《续书断》评其：“发于笔翰，则刚毅雄特，体严法备，如忠臣义士正色立朝，临大节而不可夺也。”宋代赵与时《宾退录》评其：“颜真卿如项羽挂甲，樊哙排突，硬弩欲张，铁柱将立，昂然有不可犯之色。”

图2.95
唐 欧阳询《九成宫碑》（局部）

图2.96
唐 颜真卿《东方画赞碑》（局部）

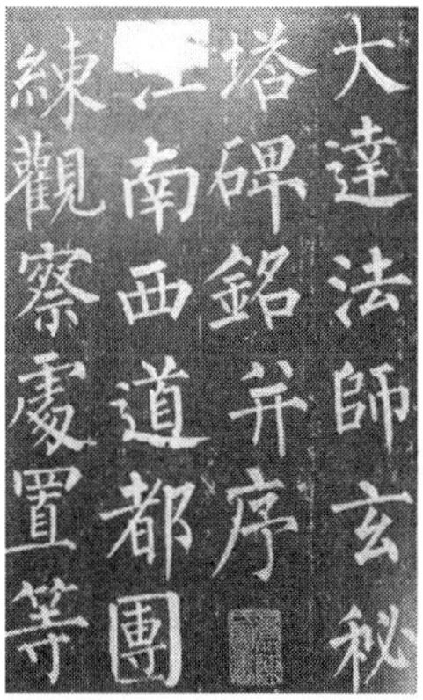

图2.97
唐 柳公权《玄秘塔碑》（局部）

不同于颜书的雄浑大气，晚唐柳公权书法有遒劲刚健之骨，是另外一种特色的阳刚之美。尤其是其《玄秘塔碑》（图2.97）最为典型，整体看来，字字骨质气清、峻健挺拔，笔笔铜铸铁打、坚韧扎实，正如司空图“劲健”风格所描绘的“饮真茹强，蓄素守中。喻彼行健，是谓存雄”③，又如刘勰所说“风清骨峻，篇

① ［唐］张怀瓘：《书断》。
② ［唐］张怀瓘：《书断》。
③ ［唐］司空图：《二十四诗品》。

体光滑”[①]。历来对柳书的评价都离不开“劲”“健”二字：宋代赵与时《宾退录》评“柳公权如深山道士，修养已成，神气清健，无一点尘俗”；宋代朱长文《续书断》将其列入妙品，评其“虽惊鸿避弋，饥鹰下鞲，不足以喻其鸷急云”，明代赵崡《石墨镌华》评“唐《玄秘塔碑》……书虽极劲健，而不免脱巾露肘之病”。

当然，偏于阴柔之美的书作，同样不乏其人。晋书尚韵，从王羲之书作《初月帖》《兰亭序》及《姨母帖》（图2.98）等，可以见出其笔势转折中多用圆转之笔，既有温润秀逸、圆丰妍美、流转生动之特色，也不乏浑厚遒劲之美。后人沿袭王书，对其书作风格作了不同程度的发挥，梁巘《评书帖》说“晋人后，智永圆劲秀拔，蕴藉浑穆，其去右军，如颜之于孔；虞永兴骨力遒劲，而温润圆浑，有曾、闵气象”，“智永、虞世南、赵孟頫皆尚圆润含蓄，是为一派。”智永是王羲之七世孙，意欲流传右军之法，然其谨守家法、圆转流熟，使其不可能出己新意，如《真草千字文》（图2.99），诚如李嗣真《书后品》评价“智永精熟过人，惜无奇态矣”。虞世南书作，妍美端庄，曾受教于智永，但却能出己新意于法度之外，如其《孔子庙堂碑》（图2.100），笔致圆融遒逸，结体俊朗秀挺。更为可贵的是，虞世南的书作于柔美中内含遒劲，“秀媚里孕有刚健，圆融中包含骨力”[②]，张怀瓘《书断》曾将欧、虞并提，指出“虞则内含刚柔，欧则外露筋骨，君子藏器，以虞为优”，朱长文《续书断》评其“气秀色润，意如笔调；然而合含刚特谨守法度，柔而莫渎如其为人”，可谓对其柔中带刚的至评。

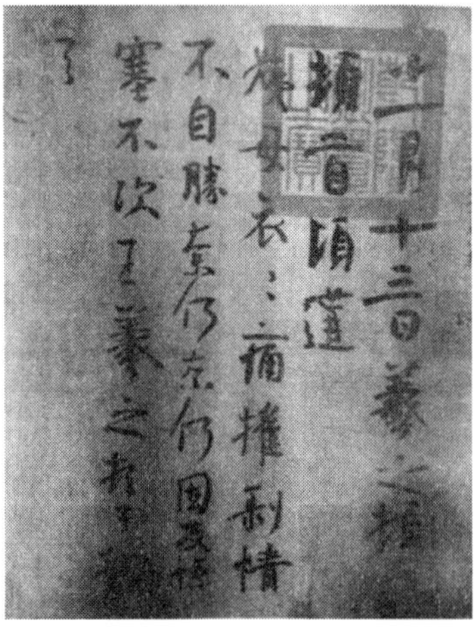

图2.98 晋 王羲之《姨母帖》（局部）

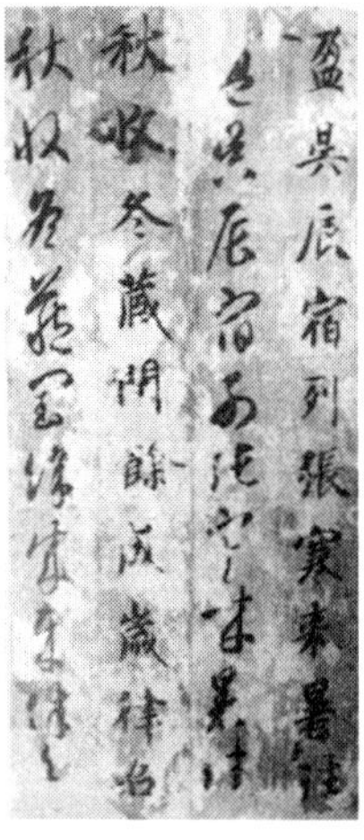

图2.99 隋 释智永《真草千字文》（局部）

① ［梁］刘勰：《文心雕龙·风骨》。

② 金学智、沈海牧：《书法美学引论——“新二十四书品”探析》，湖南美术出版社2009年版，第297页。

图2.100　唐 虞世南《孔子庙堂碑》(之一)

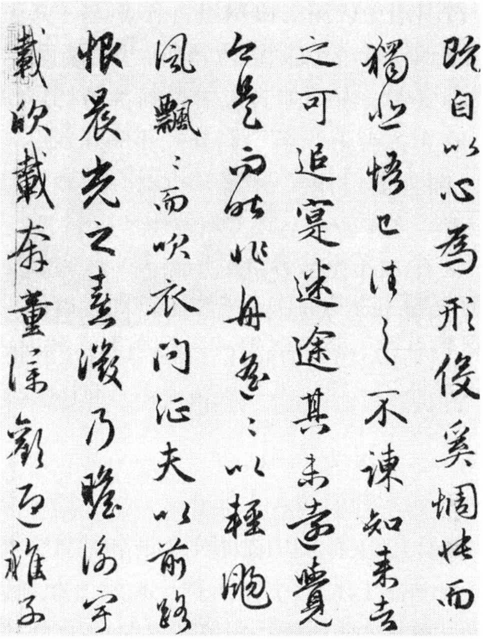

图2.101　元 赵孟頫《归去来辞卷》(局部)

元代赵孟頫楷书，在书法史上是与欧、颜、柳并称的四大家，世称“赵体”。其书风却颇具秀妍温润的阴柔之美，如其作《归去来辞卷》(图2.101)。然而令人遗憾的是，对于赵书的评价，历来争议颇多，否定多于肯定。明清书论家对其书作的否定性评价，一方面源于其书作的圆转柔美，更重要的是，将其书作与其人品道德相联系，把人品与书品直接画等号。赵孟頫作为宋王室后裔，改朝之后入仕元朝，其“贰臣”的身份，成为书论家“贬其人”，进而“贬其书”的理由。明代项穆《书法雅言・心相》说：“赵孟頫之书，温润闲雅，似接右军正脉之传，妍媚纤柔，殊乏大节不夺之气。所以天水之裔，甘心仇敌之禄也。故欲正其书者，先正其笔，欲正其笔者，先正其心。”明遗民傅山《作字示儿孙》说：“偶得赵子昂、董香光墨迹，爱其圆转流丽，遂临之，不数过而遂欲乱真。此无他，即如人学正人君子，只觉觚凌难近；降而与匪人游，神情不觉其日亲日密，而无尔我者然也。行大薄其为人，痛恶其书浅俗……写此诗仍用赵态，令儿孙辈知之勿复犯。此是作人一著。然又须知赵却是用心于王右军者，只缘学问不正，遂流软美一途。心手不可欺也如此。危哉！危哉！尔辈慎之。”[①]清代冯班《钝吟书要》也说：“赵文敏为人少骨力，故字无雄浑之气。”……由此可见，古

① [清] 傅山:《霜红龛集》，载崔尔平选编点校:《明清书法论文选》，上海书店出版社1994年版，第452页。

人对书法阴柔阳刚的评价，虽然离不开对其书法艺术语言，如笔画、结体、笔力等的观照，但更为重要的是将书作整体风格面貌与人品道德相关联，“以人论书”的观点始终贯穿在对作品风格的评价之中。

此外，其他艺术门类，如雕塑艺术，作品风格趋于阴柔还是阳刚，一方面与其表现的题材对象、主旨内涵有关，另一方面还与所采用的材料的类别质地、线条的长短曲直、刀工的精细圆润、手法的粗细深浅、造型的粗犷优美、体积的高低大小等艺术语言有直接的关系。秦始皇兵马俑的高大雄武、阵势浩荡，霍去病墓前雕像的简拙质朴、粗犷刚硬，唐昭陵六骏的昂扬怒目、骏健威武，这些雕塑作品尽管风格不尽相同，但却都充满阳刚之气；晋祠的宋代仕女像的情态各异、娇羞可爱，四川大足北山第125号龛“数珠手观音”的婀娜妩媚、仪态端庄，宝顶石窟第18号摩崖石刻中农家妇女手掀鸡笼、放养鸡雏的朴实俊美、亲切自然，尽管风格各具特色，但都充满阴柔之美。

阴柔与阳刚是古代哲学、美学论著中的重要范畴，其理论根源于古代朴素的唯物辩证法思想，其被广泛地运用于各门类艺术领域当中，尤其是被作为艺术创作和理论阐释的话语之后，自然而然地成为一对对立统一的美学类型或风格类型。艺术创作是对客观自然与社会现实生活的反映，阴柔和阳刚最为简括地将艺术风格类型区分为两大类别，其在创作上的表现，不仅体现在南北地域的差异上，还体现在题材内容的选择，以及艺术表现语言的运用和处理上。这对范畴，虽与西方美学中的“崇高”和“优美”有类似之处，但二者分属于不同的文化系统，因而无论在内涵还是外延上都有鲜明的区别。阴柔与阳刚是具有中国民族特色的风格话语，是对艺术风格类型最为集中、经典的概括，值得珍视。

通过对以上五对基本风格类型的概括与总结，我们发现，每一对风格类型，都广泛而普遍地存在于各个门类艺术之中，它们之间的相互对立，并不意味着彼此之间相互排斥，更不存在孰高孰低的等级差异。每一种风格的美，都相对于另一种风格而存在，尽管在不同的历史时期，人们对待不同风格类型的态度有所不同，然而，从整个古代艺术史来看，每一种风格都有其不可替代、彼此不能相为的独特性，正所谓“各美其美，美美与共”。与此同时，我们也发现，每一对风格类型与其他对风格类型也不是决然对立的，各种风格有时在一件艺术作品中是同时存在的，如简约与含蓄、繁丰与华丽、简约与素朴等风格之间，总是相互依存、互为依托。本书从“形”“意”“文”“法”“气”五个方面对艺术风格类型予以划分，正是为了从多重角度对古代艺术风格类型予以较为全面系统的审美观照。风格类型研究是从类型学意义的角度，来探讨不同门类、不同时空、不同艺术个别之间的共同性和相通性，这种综合对比与合并归类是十分必要的，是构建艺术风格类型学所必须关注的重要论题。

本章要点

本章从类型学意义对古代艺术风格类型作了研究。通过对中国古代文学与各个门类艺术领域所积累的风格类型论史料文献的考察分析，发现历代相关风格类型的理论探讨颇为丰富。从先秦时期“类型”意识的初步萌芽，到魏晋六朝时期真正确立审美意义上的风格类型，再由唐至明相关风格类型划分经历“简—繁—简”的衍展，直到清代“阴柔阳刚说”的高度简括，绵延不断的发展脉络反映了古代风格类型论不断成熟演进的轨迹。

与此同时也发现，风格类型的划分结果，与划分依据和审美视角密切关联，其中有一些风格类型，在不同门类艺术中具有相通性，是个别性与普遍性的统一，可称之为“基本风格类型”。本书从“形”“意”“文”“法”“气”五个审美角度对各门类艺术中普遍存在的基本风格类型作了分类和概括。(1) 简约与繁丰：是从作品之“形”，即外观表现形式语言的繁简、丰约角度所划分的风格类型；(2) 含蓄与明快：是从作品之“意”，即思想意图传达的隐或显、直接或间接方式所划分的风格类型；(3) 素朴与华丽：是从作品之“文”，即辞藻与色彩的运用的素或艳、淡或秾所划分的风格类型；(4) 谨严与疏放：是从作品之“法”，即对创作法则与规范的遵从或背离角度所划分的风格类型；(5) 阴柔与阳刚：是从作品之“气”，即从整体气象或柔婉、刚健所划分的一对风格类型。这五对基本风格类型之间相互对立，互为依托，各美其美，基本实现了对古代艺术风格较为全面系统的审美观照。

第三章　古代艺术风格特征论

艺术风格特征是作品因内而外的表征。理解风格特征可从两方面切入：特殊性风格特征和一般性风格特征。前者指对某位艺术家、某件艺术作品、某个特定历史时期、某个地域空间、某个艺术流派等风格特征，具有个别性和特殊性；后者指超越门类艺术、超越时空界限、超越艺术个别，在各门类艺术中都普遍存在的共性风格特征，具有一般性和普遍性。二者是个别性与一般性的关系。基于中国古代门类艺术多样、风格迥异的史实，任何研究都不可能对所有门类艺术领域多重视角的特殊风格特征都一一把握。然而，对艺术世界中普遍存在的共性风格特征进行概括和总结却是可能的，而且是可行的。这是本书不同于其他相关古代艺术风格特征研究的地方。

对于风格特征问题，古人早已有所关注，并采取了迥异于西方艺术批评的独特方式对作家作品的风格特色进行品评，这是一种建立于审美感悟基础之上，且具有鲜明民族特色的批评方式，广泛而普遍地被运用于各门类艺术批评之中，反映了古代理论家对风格特征认识与理解的独特视角和审美情趣。相关艺术风格品评的理论文献，对构建当代艺术风格学具有重要基础作用，值得珍视和研究。

第一节　古代艺术风格的一般特征

古代艺术风格的一般特征是各门类艺术都普通具有的共性风格特征，其包含于特殊性风格中，是对任何层面特殊性风格的抽象与概括。一般说来，古代艺术风格的一般特征主要体现在以下几方面：

一、独特性

独特性是风格的本质特征。没有独特性，就没有风格。风格的独特性重在强调艺术风格“彼此不能相为”“不可替代”“不可重复”的特点。

每个创作主体都是一个独立的个体，有着与众不同的精神个性、人生阅历和表现手法。当创作主体将个性因素投注到艺术创作时，必然赋予艺术作品独特的精神品格和艺术样式，从而使作品呈现出独特的艺术风格。宋严羽《沧浪诗话·诗评》说："李杜二公，正不当优劣。太白有一二妙处，子美不能道；子美有一二妙处，太白不能作。子美不能为太白之飘逸，太白不能为子美之沉郁。太白《梦游天姥吟》《远别离》等，子美不能道；子美《北征》《兵车行》《垂老别》等，太白不能作。"可见，李、杜作品呈现出"飘逸"与"沉郁"的风格特点，彼此不可替代。南宋末年文天祥在《跋周汝明〈自鸣集〉》中曾说：

> 天下之鸣多矣！锵锵凤鸣，雍雍雁鸣，喈喈鸡鸣，嘒嘒蝉鸣，呦呦鹿鸣，萧萧马鸣，无不善鸣者，而彼此不能相为，各一其性也。其于诗亦然。鲍谢自鲍谢，李杜自李杜，欧苏自欧苏，陈黄自陈黄，鲍谢之不能为李杜，犹欧苏之不能为陈黄也。吾乡周君性初善为诗，署其集曰"自鸣"。予读之，能知其激扬变动，音节之可爱而已。予亦好吟者，然予能为予之言，使予仿佛性初一语，不可得也。予以予鸣，性初以性初鸣，此之谓自鸣。①

这段话强调了艺术风格是创作主体各自发出的独特音调，相互之间无法取代，不可重复，"彼此不能相为，各一其性也"，直截了当地道出了主体个性差异是风格的独特性的根本原因。

这种观点，在西方学者那里也有类似的表述。法国启蒙主义思想家、文学家布封，曾在1753年8月25日法兰西学院为他当选为院士举行的典礼上发表《论文章风格的演说》中提出"风格即人"的观点：

> 只有写得好的作品才是能够传世的：作品里面所包含的知识之多，事实之奇，乃至发现之新颖，都不能成为不朽的确实保证。……因为，知识、事实与发现都很容易脱离作品而转入别人手里，它们经更巧妙的手笔一写，甚至于会比原作还要出色些哩。这些东西都是身外物，风格却就是本人。因此，风格既不能脱离作品，又不能转借，也不能变换；如果它是高超的，典雅的，壮丽的，则作者在任何时代都将被赞美。②

布封着重强调风格"不能转借，也不能变换"，为艺术家"本人"所独有，

① ［宋］文天祥：《文天祥全集》卷一〇，中国书店1985年版，第245页。

② ［法］布封：《论风格》，载《译文》1957年第9期。

凡是可以转借变换、游移剥离的“身外物”，都无法构成“风格”。兰恩·库柏也说：“个人风格是当我们从作家身上剥去所有那些不属于他本人的东西，所有那些为他和别人所共有的东西之后所获得的剩余或内核。”[1]可见，“风格即人”重在强调创作主体对风格形成的重要作用，即艺术风格的个性问题。马克思赞同“风格即人”的说法，强烈痛斥普鲁士反动当局“只允许一种色彩，就是官方色彩”的专横做法，“你们并不要求玫瑰花和紫罗兰散发出同样的芳香，但你们为什么却要求世界上最丰富的东西——精神只能有一种存在形式呢?”[2]进而提出“我只有构成我的精神个体性的形式。‘风格就是人’”[3]的论断。俄国文艺批评家别林斯基对此也有一段精彩的描述：

> 一个诗人的一切作品，无论在内容和形式上怎样分歧，还是有着共同的面貌，标志着仅仅为这些作品所共有的共同特色，因为它们都发自一个个性，发自一个统一而不可分割的“我”。因此，要着手研究一个诗人，首先就要在他的许多种不同形式的作品中抓住他的个人性格的秘密，这就是只有他才有的那种精神特点。[4]

这里旗帜鲜明地指出了作品风格面貌发自于“个性”，这个“个性”是“统一而不可分割的我”，暗含了“我”是一个包含诸多因素的特性复合体，艺术风格的独特性，正体现为“只有他才有的那种精神特点”。

中国古代最早探讨风格个性问题的是曹丕，他在《典论·论文》提出“文以气为主，气之清浊有体，不可力强而致……虽在父兄，不能以移子弟。”突出强调了创作主体先天禀赋、气质性格等因素对风格的决定作用，难免偏颇，但却道出了风格“不可转借”“不可遗传”的真谛，表明风格就是主体个性的体现。刘勰《文心雕龙·体性》篇指出：“才有庸俊，气有刚柔，学有浅显，习有雅郑，并情性所铄，陶染所凝，是以笔区云谲，文苑波诡者矣。故辞理庸俊，莫能翻其才；风趣刚柔，宁或改其气；事义浅深，未闻乖其学；体式雅郑，鲜有反其习；各师成心，其异如面。”刘勰把创作主体个性视为风格形成的直接原因，由于每个创作主体先天“才”“气”和后天“学”“习”的各不相同，因而会形成“笔区云谲，文苑波诡”的不同风格特色，“各师成心，其异如面”直接点明了创

① [法] 布封：《论风格》，载《译文》1957年第9期。

② 陆梅林辑注：《马克思恩格斯论文学与艺术》(上)，人民文学出版社1982年，第196页。

③ 陆梅林辑注：《马克思恩格斯论文学与艺术》(上)，人民文学出版社1982年，第196页。

④ [俄] 别林斯基著，梁真译：《别林斯基论文学》，新文艺出版社1958年版，第137页。

作主体的精神个性对独特性风格的形成具有决定性作用。

每一个创作主体作为一个独立而完整的“人”，有着独属于自身的气质性格、禀赋才能、学养阅历、审美情趣、价值判断以及艺术表现手段，从来不可能与其他“人”存在等同性和重复性。即使是亲子骨肉，手足同胞之间，风格的差异性仍然存在。如曹操、曹植、曹丕父子的文章，王羲之、王献之父子的书法，李思训、李昭道父子的山水画，黄筌、黄居寀父子的花鸟画，苏洵、苏轼、苏辙父子的散文等，风格各不相同。独特性是艺术家存在的标志，对于创作主体来说，终其一生若未形成独特的风格，不能不说是一种遗憾，追求独特性艺术风格，是艺术家终生奋斗、孜孜以求的最高目标。

创作主体追求风格的独特性，应当具有敢于超越前人、突破传统和创新求变的意识。清代画家石涛认为“夫画者，从于心也”，提倡创作主体独创自我个性风格：

> 今人不明乎此，动则曰某家皴点，可以立脚，非似某家山水，不能传久；某家清澹，可以立品，非似某家工巧，只是娱人。是我为某家役，非某家为我所用也。纵逼似某家，亦食某家残羹耳，于我何有哉？……我之为我，自有我在。古之须眉，不能生在我之面目；古之肺腑，不能安入我之腹肠；我自发我之肺腑，揭我之须眉。纵有时触著某家，是某家就我也，非我故为某家也，天然授之也，我于古何师而不化之有？（石涛《苦瓜和尚画语录》）

石涛反对一味模仿而不知变通的做法，艺术风格不是模仿可以成就的。尽管师法前人是从事艺术创作的必经阶段，然而，师法前人不能仅“师其迹”，亦步亦趋地遵从与效仿，而贵在“师其意”，为开创个人风格提供资源储备。风格不是模仿可以获得的，而是在对传统法度的不断突破与超越中成就的，齐白石先生也曾说“学我者生，似我者死”。艺术风格是创作者自身精神个性、审美情趣和人格魅力凝聚而成的独特印记，是创造性的升华，愈是优秀、卓越的艺术家，其个性风格呈现得越明显、越强烈。风格往往因其独特而具有可识别性，成为人们区别、辨识艺术家及作品的特有标记。阿根廷作家博尔赫斯曾说：“我以为，一个作者最重要的东西是他的音调，一本书最重要的东西是作者的声音，这个声音通过书本到达我们的耳中。”[1]当我们欣赏诗歌时，可根据诗作字里行间的描写、笔调，准确地予以识别。李白的豪放飘逸、杜甫的沉郁顿挫、白居易的浅近率直、韩愈的雄奇险怪……各自别具一格，衡量标准就在于他们艺术风格的独

① 博尔赫斯:《书》，载老品编:《外国文化名人论读书苦乐》，中央编译出版社1995年版，第47页。

特性。

独特性特征不仅适用于个人风格，同样也适用于时代、民族、地域、流派以及阶层等集体风格。任何一个时代、民族、地域、流派以及阶层都具有与众不同的自身特质，诸如一个时代的社会背景、思想潮流、精神趋向，一个民族或地域的自然环境、文化传统、风俗习惯，一个流派的创作主张、思想观念、风格倾向，一个阶层的社会地位、审美情趣、理想愿望等都各具特色，彼此相异，必然会对身处其中的创作主体施以影响，使他们的艺术作品在总体上呈现出“彼此不能相为”的时代特色、民族特色、地域特色、流派特色以及阶层特色。集体风格是通过众多个人风格所具有的共同性特征来体现的，共同性寓于个别性之中。尽管在每个时代、每个民族、每个地域、每个流派乃至每个阶层内部，由于创作主体的彼此相异，艺术风格存在着差异性。然而，就不同时代、不同民族、不同地域、不同流派以及不同阶层的总体风格而言，相互之间的外部差异要远远大于其内部的差异。古代艺术史上，魏晋风格、唐代风格与明清风格，江南风格与塞北风格，汉族风格、蒙古族风格与满族风格，吴门画派风格与岭南画派风格，古琴虞山派风格与广陵派风格，宫廷贵族阶层风格与文人阶层风格等之间彼此相异，不可替代。正缘于此，我们说集体风格同样具有独特性特征。

总之，独特性是艺术风格的本质特征。任何一种风格存在的意义，都是以独特性作为存在的基本条件的。尽管艺术风格难以脱离一定外部因素的影响，诸如民族的兴衰、时代的进步与落后、地域的封闭与开放，阶层的高低、流派的倾向，甚至技术的进步等，都在某种程度上影响艺术创作，使其呈现出新的风格面目。然而任何一件作品的存在，并不因各种外部因素的优越而获得至尊的地位，也不因外部因素的落后而降至卑微的境地。艺术风格没有高低与优劣、进步与落后之说，风格永远以其独特性而存在于艺术史中。任何一位成就卓著的艺术家，任何一件富有个性的艺术作品，都以其不可替代的独特风格，为人类艺术史提供着独一无二的新创造，风格独特性是衡量和体现艺术家及其艺术作品价值的重要依据。

二、多样性

多样性是艺术风格的鲜明特征，源自于艺术风格的独特性。促使风格多样性的因素有很多，主要体现在以下几方面：

1. 社会生活与自然世界的丰富性决定风格多样性

社会生活与自然世界包罗万象、千变万化，为创作主体提供了取之不尽的源泉，艺术作为现实生活的反映方式，必然体现为多样化艺术风格。明代屠隆曾说：

> 今夫天有扬沙走石，则有和风惠日；今夫地有危峰峭壁，则有平原旷野；今夫江海有浊浪崩云，则有平波展镜；今夫人物有戈矛叱咤，则有俎豆晏笑：斯物之固然也。藉使天一于扬沙走石，地一于危峰峭壁，江海一于浊浪崩云，人物一于戈矛叱咤，好奇不太过乎，将习见者厌矣。文章大观，奇正离合、瑰丽尔雅、险壮温夷，何所不有！[①]

屠隆以天地万物的对立与多样化形态，推及艺术创作风格的多样性，无疑是颇具识见的。社会世界与自然生活纷繁复杂，以具体各异的形态而存在，身处于其中的创作主体，由于理解和感受社会生活和自然世界的角度不同，必然使他们在艺术种类、体裁、题材以及表现手法等方面做出与众不同的选择，从而使其艺术作品呈现出多样化的风格面貌。

一般说来，政治清明、社会安定、经济富裕的时代，必然是艺术繁荣、风格多样化的时代。唐代作为我国艺术发展的高峰期，不仅创造了前所未有、具有时代标记的诗歌艺术，而且其他各门类艺术也均获得高度发展，总体上呈现出雄浑豪迈、气势恢宏、昂扬进取、乐观向上的时代风貌。就诗歌艺术而言，《全唐诗》收录唐五代诗作共计48000多首，诗作人数多达2200多人，自成一家的诗人数以百计。诗歌风格类型理论从崔融“十体说”，到皎然“辨体一十九字”，再到司空图“二十四品”，足可以看出唐代诗歌风格的多样化。明胡应麟《诗薮》说：“甚矣，诗之盛于唐也！其体，则三四五言，六七杂言，乐府、歌行，近体、绝句，靡弗备矣。其格，则高卑、远近、浓淡，浅深，巨细，精粗，巧拙，强弱，靡弗具矣。其调则飘逸、浑雄、沈深、博大、绮丽、幽闲、新奇、猥琐，靡弗诣矣。其人，则帝王、将相、朝士、布艺、童子、妇人、缁流、羽客，靡弗预矣。”[②]可见，唐诗作为一个时代的标志性艺术，就在于“诗盈数万，格调各殊”。[③]明谢榛《四溟诗话》曾以一系列形象化譬喻来描述唐诗的风格：“熟读初唐、盛唐诸家所作，有雄浑如大海奔涛，秀拔如孤峰峭壁，壮丽如层楼叠阁，古雅如瑶瑟朱弦，老健如朔漠横雕，清逸如九皋鸣鹤，明净如乱山积雪，高远如长空片云，芳润如露蕙春兰，奇绝如鲸波蜃气。”可见唐诗风格的多样性。

除诗歌之外，唐代其他各门类艺术领域同样群星璀璨、各领风骚。书法艺术

---

① ［明］屠隆：《由拳集》卷十四《与王元美先生》。

② 胡应麟：《诗薮》外编卷三。

③《御制全唐诗序》，载《全唐诗》，中华书局1960年版，第5页。

领域，跌宕起伏、雷霆万钧的张旭，雄浑大度、端庄厚重的颜真卿，瘦硬劲健、奇峭挺拔的柳公权，高僧参禅、出神入化的怀素等；绘画艺术领域，丹青神化、天下取则的阎立本，衣带飞舞、满壁风动的吴道子，雍容华贵、浓丽丰满的张萱与周昉，细密精致、金碧辉煌的李思训父子等；表演艺术领域，更是盛况空前，宫廷音乐有包括清商乐、燕乐、西凉乐、高昌乐、龟兹乐、疏勒乐、康国乐、安国乐、天竺乐、高丽乐等极具地域色彩的宫廷十部乐体系，舞蹈表演有坐部伎、立部伎之分，前者技艺精湛、典雅柔媚，后者规模宏大、气势雄伟；软舞的舒缓轻柔，婉转多姿，健舞的阳刚铿锵、辗转腾挪；雕塑艺术领域，早已脱尽六朝的“瘦骨清相”的肃穆之形，转为“雍容典雅”世俗之态，敦煌莫高窟雕像、洛阳龙门石窟造像，气势宏大，造型生动，尽显盛唐气象；工艺美术领域，唐三彩色泽艳丽、形态万千，金银器工艺精湛、繁复精美……如此种种，无不彰显出繁荣国度下艺术风格的五彩斑斓、争奇斗艳。

然而，当社会处于政治昏暗、经济凋敝、时局动荡，甚至异族入侵、民不聊生的时段，艺术则呈现出另外一番风格风貌：或勇于抗争、抨击黑暗的悲愤壮烈的艺术风格，如岳飞《满江红》“怒发冲冠，凭栏处、潇潇雨歇。抬望眼，仰天长啸，壮怀激烈。三十功名尘与土，八千里路云和月。莫等闲、白了少年头，空悲切”的诗句，文天祥《过零丁洋》“人生自古谁无死，留取丹心照汗青”；或愤世嫉俗、壮志难酬的哀伤凄凉风格，如陆游《示儿》“死去元知万事空，但悲不见九州同”，辛弃疾《浪淘沙》“世酒杯中，万事皆空。古来三五个英雄，雨打风吹何处是，汉殿秦宫”的名句；或寄情山水、超然世外的自然平淡的风格，如陶渊明《饮酒》“采菊东篱下，悠然见南山”的诗句，或见诸衔冤含恨的人物画，如李唐《采薇图》；或是残山剩水的山水画，如夏圭《溪山清远图》《松溪泛月图》；或是折枝碎叶的花鸟画，如梁楷《秋柳双鸦图》……尽管社会时代环境动荡黑暗，但并未阻止艺术的繁荣，在某种程度上，反而刺激艺术创作另辟蹊径，开创出新的艺术样态、风格。可见，社会生活的丰富多样，是风格多样化的直接原因。

自然世界应有尽有，姿态万千，与人类有着不可分割的亲密联系。当自然山水、草木、花鸟、鱼虫等被作为独立的艺术审美对象时，其本身所包含的审美意味在人与自然的沟通、默契与交流的过程中凸显，人与自然的内在和谐使自然变为可以“会心”的“自来亲人”。《世说新语・言语》说：“简文入华林园，顾谓左右曰：‘会心处不必在远，翳然林水，便自有濠、濮间想也，觉鸟兽禽鱼，自来亲人。’”[①]此时，天与人、物与我处于一种天然契合、异质同构、物我两忘的

①［南朝・宋］刘义庆著，黄征、柳军晔注：《世说新语》，浙江古籍出版社1998年版，第45页。

关系，“自然界的一山一水，一草一木，仿佛就是对人的心灵的某种暗示和象征，都与人的内在情感体验相召唤，相契合”。[①]人在自然山水面前，“望秋云，神飞扬；临春风，思浩荡。虽有金石之乐，珪璋之琛，岂能仿佛之哉?”[②]在气象万千、形态各异的自然美景感召之下，创作激情和欲望就此萌发。基于创作主体对自然美景的多角度观照与表现方式的多重手段，艺术作品必然会呈现出多样化风格。谢灵运的《登永嘉绿嶂山》《登池上楼》，李白的《望天门山》《望庐山瀑布》，王维的《鸟鸣涧》《山居秋暝》，孟浩然的《春晓》等山水诗；范宽的《溪山行旅图》、郭熙的《早春图》、米友仁的《潇湘奇观图》、黄公望的《富春山居图》、王蒙的《青卞隐居图》、沈周的《庐山高图》等山水画；郑思肖的《墨兰图》、倪瓒的《竹枝图卷》、边景昭的《春禽花木图》、林良的《山茶白羽图》、徐渭的《墨葡萄图》、石涛的《墨荷图》、郑板桥的《兰竹石图》、李方膺的《潇湘风竹图》等花鸟画，都是取材于自然、风格各异的精品杰作。可见，自然生活是艺术创作的源泉，为创作主体提供了丰富的创作素材和灵感，是艺术风格多样化的沃土。

2. 主体创作个性的多元性决定风格多样性

每个创作主体都有独特的创作个性，就如同世界上不存在两片完全相同的树叶一样。创作主体在气质性格、才能学养、生活阅历、创作思想、表现手法等方面的不同，必然导致艺术风格的多样性。

同属建安风骨，应玚“和而不壮”，刘桢“壮而不密”，孔融“体气高妙”……尽管他们同处于“雅好慷慨”“梗概多气”的时代环境下，风格有着共性特征，然而七子之文却各成一体。同样都作五言绝句，“众唐人是一样，少陵是一样，韩退之是一样，王荆公是一样，本朝诸公是一样”。[③]同样是豪放派词人，苏轼和辛弃疾风格各异：“苏、辛并称，然两人绝不相似。魄力之大，苏不如辛；气体之高，辛不逮苏远矣。”[④]同一时代的书家，风格各不相同：据《海岳名言》载：“海岳以书学博士召对，上问本朝以书名世者凡数人，海岳各以其人对曰：‘蔡京不得笔，蔡卞得笔而乏逸韵，蔡襄勒字，沈辽排字，黄庭坚描字，苏轼画字’。上复问：‘卿书如何?’对曰：‘臣书刷字。’”[⑤]

具体到音乐诗这一体裁，在白居易、李贺和韩愈那里，由于创作主张的不

① 陈炎等著:《中国审美文化史》(先秦秦汉魏晋南北朝卷)，山东画报出版社2007年版，第382页。

②［南朝］王微:《叙画》，载俞建华注释:《中国画论选读》，江苏美术出版社2007年版，第90页。

③［宋］严羽著，郭绍虞校释:《沧浪诗话校释》，人民文学出版社1961年版，第131页。

④［清］陈廷焯:《白雨斋词话》卷一。

⑤［宋］米芾:《海岳名言》。

同，造成了风格的彼此相异。白居易倡导诗歌应发挥“补察时政”“泄导人情”的作用，《新乐府诗序》中提出“质而径”“直而切”“核而实”以及“体而肆”的观点，要求在真实性的前提下，语言力求质朴直接、意激言切、自然流畅。他的《琵琶行》质素味醇，侧重于对情景细节的描绘，从演奏前环境景色描绘，到演奏中艺术表现描绘，再到曲终内心感受描绘，无不细腻生动，他将写景、叙事与抒情相结合，通过描写琵琶女不幸的生活遭遇，影射自己的同病相怜，以音乐形象视觉化的表现方式体现“同是天涯沦落人”的情感共鸣。李贺则主张以大胆诡异的想象力，营造波谲云诡、新奇瑰丽的艺术境界，他的《李凭箜篌引》瑰丽奇伟，侧重于演奏者的高超技艺描绘，以石破天惊、夸张奇特的想象和比喻，运用化无形为有形的通感手法，声形结合，营造出充满神奇想象、奇谲瑰丽的音乐世界：“昆山玉碎凤凰叫，芙蓉泣露香兰笑。……吴质不眠倚桂树，露脚斜飞湿寒兔”，将音乐家高超精湛的表演技艺和优美动人的琴声刻画得淋漓尽致。韩愈强调艺术创作应做到“文章言语与事相侔，惮赫若雷霆，浩汗若河汉”，[①]其诗风雄奇、险怪，他的《听颖师弹琴》气势强健，侧重于描绘欣赏音乐的自我感受，乐曲高低起伏、抑扬顿挫的变化令作者深为感动，先是起坐不安，继而泪雨滂沱、再到冰炭塞肠，音乐的变化引起人身心的变化，可见其音乐感人力量之深。清人方扶南《李长吉诗集批注》卷一方世举语：“白香山‘江上琵琶’，韩退之‘颖师琴’，李长吉‘李凭箜篌’，皆摹写声音之至文，韩足以惊天，李足以泣鬼，白足以移人”。[②]

可见，创作主体的个性、侧重角度、艺术主张及表现方式等的不同，决定其的风格各具特色，正如姜夔所说“一家之语，自有一家之风味，如乐之二十四调，各有韵声，乃是归宿处。”[③]

另外，同一创作主体既有占据主导的风格特色，同时还具有其他的多样性风格。主导风格是创作主体在一定时空范围内通过一系列作品呈现出来的相对一致的创作基调。然而，随着外界时空的转变，创作主体的生活阅历、思想感情、审美情趣、学养识见等逐渐丰富，其创作风格也会随之改变，从而引起风格的多样性。刘勰《定势》篇指出：“情致异区，文变殊术”，《辨骚》篇他以屈原为例，指出“《骚经》《九章》，朗丽以哀志；《九歌》《九辩》，绮靡以伤情；《远游》《天问》，瑰诡而慧巧；《招魂》《大招》，耀眼而深华”，说明同一创作主体风格的多样性。这种现象尤其在创作高度成熟、具有卓绝艺术功力的艺术家身上体现得

① ［唐］韩愈撰，马其昶校注：《韩昌黎文集校注》卷二《上襄阳于相公书》。

② 乐云主编：《唐宋诗鉴赏全典》，崇文书局2011年版，第486页。

③ ［宋］姜夔：《白石道人诗说》。

尤为明显。众所周知，“诗圣”杜甫的诗作以沉郁顿挫为主，但还具有其他风格的作品，陈正敏《遁斋闲览》引王安石评杜诗说道：“至于甫则悲欢穷泰，发敛抑扬，疾徐纵横，无施不可。故其诗有平淡简易者，有绵丽精确者，有严重威武若三军之帅者，有奋迅驰骤若泛驾之马者，有淡泊闲静若山谷隐士者，有风流蕴藉若贵介公子者。盖其诗绪密而思深，观者苟不能臻其阃奥，未易识其妙处。”[①]可见，其诗歌风格的确是“浑涵汪茫，千汇万状”[②]。王维一生诗作风格多样，既有《山居秋暝》“明月松间照，清泉石上流”的自然素朴，也有《田园乐》之六“桃红复含宿雨，柳绿更带朝烟”的色彩缤纷，还不乏《和贾至舍人早朝大明宫之作》“九天阊阖开宫殿，万国衣冠拜冕旒”的华彩秾丽。辛弃疾词作虽以豪迈沉雄为主，如《破阵子》“马作的卢飞快，弓如霹雳弦惊”、《南乡子》“何处望神州？满眼风光北固楼。千古兴亡多少事”等热情洋溢、豪迈悲壮风格的爱国之词，但也有《清平乐》“茅檐低小，溪上青青草。醉里吴音相媚好，白发谁家翁媪”、《西江月》“明月别枝惊鹊，清风半夜鸣蝉”等自然清新、活泼明丽风格的田园词篇，同样还有《粉蝶儿·和晋臣赋落花》“昨日春如十三女儿学绣，一枝枝不教花瘦”等轻盈婉丽之词；李清照词以凄婉柔美为主，如《一剪梅》“红藕香残玉簟秋。轻解罗裳，独上兰舟”，但也有《如梦令》“常记溪亭日暮，沉醉不知归路”的自然平淡之词，还有《夏日绝句》“生当作人杰，死亦为鬼雄”怒目金刚之词。

风格的多样性，还与不同题材、体裁的选择及表现方式有关。具有创新精神的艺术家，往往更注重不断突破自我，开创新的风格面目，正如布封所说：“随着不同的对象，写法就应该大不相同；就是写表面上似乎最简单的对象，文笔固然要保持着简单性，但另一方面却也还不能千篇一律。一个大作家绝不能只有一颗印章，在不同的作品上都盖着同一的印章，这就是暴露出天才的缺乏”[③]。一个具有多样性风格的艺术家必定是一个谦虚好学、奋发图强的人，必定是一个“具有丰富的、全面而深刻的感觉的人”[④]，同时还是一个胸怀志向、具有高度社会责任感的人。元杂剧大家关汉卿，一生涉猎多种风格的戏曲创作，既有激烈雄壮的正剧如《单刀会》，又有凄苦怨愤的悲剧如《窦娥冤》，还有嬉笑怒骂的喜剧如《救风尘》，每一件作品的风格都各具特色，具有深刻的思想内涵和审美价值。可见，越是成就卓著的艺术大家，从来不满足于用同样的手段、同样的审美

① ［宋］陈正敏：《遁斋闲览》，载程毅中主编：《宋人诗话外编》，国际文化出版公司1996年版，第332页。

② ［宋］欧阳修、宋祁撰：《新唐书》卷二百一，列传第一百二十六，中华书局1999年版，第4395页。

③ ［法］布封：《布封文抄·写作的艺术》，人民文学出版社1958年版，第14页。

④《马克思恩格斯全集》（第42卷），人民出版社1979年版，第126页。

趣味去表现创作对象，他们总是在不断发现、深掘新的创作对象，并以丰富多样的艺术手段来丰富自己的创作个性，进而创作出与众不同的新风格。

3. 审美需求的多样性决定风格多样性

艺术创作是以满足社会审美需求为目标的，审美需求的多样性，必然引起风格的多样性。由于接受者所处的时代、地域、民族、阶层不同，加之年龄、兴趣、爱好等不同，必然会因审美需求的差异而引起创作风格的多样性。就艺术种类而言，音乐、书法、绘画、戏曲、舞蹈等，各有所好；而具体到某一门类艺术，如绘画艺术，工笔画、水墨画、版画、壁画，山水画、人物画、花鸟画，北方山水、南方山水等，各有所好；就艺术家个人风格而言，李白的飘逸、杜甫的沉郁、白居易的浅近、韩愈的雄奇、王羲之的古质、王献之的新妍、张旭的狂放、颜真卿的雄浑、柳公权的瘦劲、范宽的雄阔、黄筌的富贵、徐熙的野逸、郑板桥的放诞等，各有所好；就艺术风格类型来说，激情澎湃、豪迈激昂、素朴平淡、含蓄朦胧、明快晓畅、古朴质拙、辉煌绚丽、谨严规整、怪诞奇特等，各有所好。人们审美需求的千差万别，正如刘勰《文心雕龙·知音》所说："慷慨者逆声而击节，酝籍者见密而高蹈，浮慧者观绮而跃心，爱奇者闻诡而惊听。"审美趣味的差异性，引起人们对艺术风格选择的多样性。如果创作实践领域中风格单一，是无法满足多样化审美需求的。

当然，对于接受者来说，可能由于个人喜好的偏嗜，影响到对其他风格的接受，但就社会群体而言，审美趣味的多样性却是永远存在的，任何一种风格的出现和存在，总能为其找到被大众喜爱的合理性与必然性。尤其是在艺术走向市场化、商品化的社会条件下，受众多样化审美需求刺激并促进风格的多样化体现得愈发明显。明清时期，小说、戏曲等艺术之所以走向大众化，关键在于满足了大众多样化审美趣味和精神需求。扬州八怪多样化的艺术风格，固然与其独特的创作个性有关，但与当地商品经济背景下受众精神需求的多样化不无关系。可见，审美需求的多样性，是造成风格多样性的重要因素之一。

三、稳定性

稳定性是艺术风格"量"的积聚，是一切艺术风格得以存在的基础条件。风格的稳定性，是指某种风格特色在某一时期或一系列的艺术作品中反复出现所形成的较为稳定的特征。艺术风格一旦形成，就会在一定时期内保持相对的稳定性。没有稳定性，就没有艺术风格。艺术风格的稳定性主要体现为个人风格的稳定性和集体风格的稳定性两方面。

1. 个体风格的稳定性

个体风格的稳定性，是指创作主体在某一时期所形成的较为稳定、持续而独特的主导风格。如果某位创作者的每一件作品都具有不同的风格，只能说明他还尚未找到专属于自己的艺术风格，还处于风格的探索期。艺术家风格稳定性所持续的时间，可能是几年，也可能是几十年，甚至终身坚守一种风格特色。

稳定性是风格独特性得以体现的前提条件，通过一系列的作品展现出来。丹纳曾说："人人知道一个艺术家的许多不同的作品都是亲属，好像一父所生的几个女儿，彼此有显著的相像之处。你们也知道每个艺术家都有他的风格，见之于他所有的作品。……这是千真万确的事，只要拿一个相当优秀的艺术家的一件没有签名的作品给内行去看，他差不多一定能说出作家来；如果他经验相当丰富，感觉相当灵敏，还能说出作品属于那位作家的哪一个时期，属于作家的哪一个发展阶段。"①可见，作品风格的稳定性，增加了作家及作品独特性风格被辨识的可能性。一个艺术家特有的艺术风格，能够给欣赏者留下强烈而深刻的印象，正是由于一系列作品连续地、一贯地体现着大体一致的艺术风貌、情韵和格调。李白飘逸、杜甫沉郁、苏轼豪放、姜夔婉约等风格特征，无不是通过一系列的艺术作品所体现出来的风格特征，而非个别作品的风格，更不可能是朝令夕改的产物。昙花一现的新面目，还不能称其为艺术风格。

个人风格的稳定性主要体现在：（1）题材选择的一贯性：艺术家总是选择某种较为固定的题材作为艺术风格的突破口。如陶渊明的田园诗，谢灵运的山水诗，岑参、高适等的边塞诗，温庭筠的宫怨诗，李思训父子的青绿山水，李成、关仝的北方山水，董源、巨然的南方山水，周昉的仕女画，韩幹画的马，韩滉的画牛，黄筌的工笔花鸟，徐熙的水墨花鸟，闵贞的婴戏图，郑板桥的兰竹图，罗聘鬼趣图，边寿民芦雁图……都是艺术家专注于某一创作对象，通过长期不懈的观察、体验与临摹，对其构成要素、结构特点、变化规律等有所掌握，技能技巧达到高度纯熟，进而逐渐形成了稳定而独特的艺术风格。（2）表现手段的相似性：艺术家总是选择相同或相似的艺术表现技法来形成个人的风格，如顾恺之的密体"铁线描"、吴道子的"莼菜条"线描、张萱的"朱色晕染耳根"、李郭派"蟹爪枝"、米氏"落茄点"、李公麟"白描法"、梁楷"减笔法"、马远"一角式"、夏圭"半边式"、倪瓒"一河两岸式"等，都是创作主体在长期创作实践中探索并独创的艺术表现手法，被创造性地反复运用，并体现于一系列作品中，进而成为艺术家风格的独特标记。（3）创作主张的引导性：创作主张是艺术家的审美理想与创作目标，对于艺术创作发挥着引导性作用，艺术家通常会将创作主张

① ［法］丹纳著，傅雷译：《艺术哲学》，人民文学出版社1963年版，第4页。

践行贯穿于艺术创作当中，从而使其作品呈现出稳定统一的风格面貌。如李白的《古风》《将进酒》等是其倡导汉魏风骨、崇尚“清真”、反对雕琢的体现，杜甫“三吏”“三别”是其主张任情而发、“率而成兴”的体现，白居易的《卖炭翁》《新丰折臂翁》是其主张平易近俗的体现，韩愈的《调张籍》《听颖师弹琴》是其雄奇险怪、“语不惊人死不休”创作主张的体现。这些创作主张如同旗帜导引着艺术家的创作实践，使其一系列艺术作品都具有某种特定的、稳定的风格特征。

2. 集体风格的稳定性

集体风格的稳定性，体现为某个民族、地域、时代、流派及阶层等在某一特定历史阶段所具有的较为稳定的主导风格特征。

就民族风格而言，贡布里希曾以埃及风格为例说明风格的稳定性，“埃及风格是由一套很严格的法则构成的，每个艺术家都必须从很小的时候就开始学习。坐着的雕像必须把双手放在膝盖上……但是，他一旦掌握了全部的规则，也就结束了学徒生涯。谁也不要求什么与众不同的东西，谁也不要他‘创新’。相反，要是他制作的雕像最接近人们所倍加赞赏的往日名作，他大概就被看作至高无上的艺术家了。于是，在二千多年里，埃及艺术几乎没有什么变化。金字塔时代认为美好的东西，千年之后，照样认为是超群出众。”[①] 埃及艺术风格的稳定性保持时间之久是罕见的，主要缘于这个民族将“不变”视为衡量艺术水平的最高标准，对艺术制作严格坚守传统程序规则、绝不越矩，因而长久地保持着本民族的风格特色，并使其成为民族的象征。可见，民族风格的独特性是在稳定性中彰显的，如果埃及在三千年里不断变换风格，丢弃传统，不可能使人感受到其民族风格的伟大与卓越。

中国古代艺术史上虽然没有保持三千年不变的艺术风格，但在艺术总体上也具有相对的稳定性。书法、绘画、音乐、舞蹈、园林、建筑等各类艺术，都有不同于异族的鲜明特性。我国民族风格的保持，与古代农耕社会经济技术发展缓慢有关，也与古代哲学思想、审美趣味等有关，更重要的是得益于中国古代“尚古”的文化传统与传承方式，从未为了标新立异而背弃传统，脱离传统的轨道，而总是在“复古”中“开新”，使艺术风格在整体上保持着某种相对稳定的一贯性、连续性，即使在某些特殊历史时期，在与异族文化交流过程中，或多或少地吸取不同元素，如魏晋六朝时期雕塑艺术，曾受印度造像，甚至希腊造像的影响，但却未陷入一味地盲从，而是不断进行着民族化的改造，使其依然保持中华民族自身的特质。具体到中华民族内部，多民族共存的现状不容忽视，每个民族有其较为稳定的生存环境、民俗风情、审美趣味等，这些造就了民族风格的差异

① ［英］贡布里希著，范景中译：《艺术发展史》，天津人民美术出版社1998年版，第34页。

性。汉族、蒙古族、满族、藏族等各具特色，彼此不能相为，尽管随着时代的发展，交通的便利，民族艺术之间相互吸收借鉴在所难免，然而并未随着时代的发展而丧失自身的民族特质。可见，民族风格的稳定性，是民族长久存在的基本保证。

地域风格同样如此，“土地各以其类生”，不同地域艺术风格的差异源自各自特殊的地理环境、语言特色与表现手段等，诸如我国南北地域风格的差异，从古至今依然存在，并未随着时代的发展而泯灭。具体而言、西北地区、东北地区、岭南地区、江南地区等不同区域，在历史进程中，一直保持地域风格的稳定性。如果取消了稳定性，地域风格就失去了存在的意义。

就时代风格而言，它是同一时代（或时期）各门类艺术共性风格特征的集中体现，往往代表了占据时代（或时期）主导地位的审美理想和风格倾向。古代艺术史上，商周、秦汉、魏晋、唐、宋、元、明、清各个历史发展阶段分别创造了独具时代特色的艺术风格，而具体到某个朝代的不同发展时期，如唐代，初唐、盛唐、中唐、晚唐的艺术风格也存在明显的不同。无论是时代风格或时期风格，都在一定时期保持着相对稳定的风格特征。

就流派风格而言，它是由一定历史时期，在思想主张、审美倾向、创作方法和艺术风格相近或相似的艺术家及艺术作品所组成的共同体，它是艺术发展到高级阶段的产物，每个艺术流派都因独特而稳定的艺术风格而存在，如建安风格、江西诗派、吴门画派、古琴浙派、扬州八怪等，流派风格存在或长或短，短则同一时期几十年，长则跨越时代几百年。尽管其发展过程中，难免增删补益，然而，只要主导思想或风格本质尚存，流派风格就会保持相对稳定。

就阶层风格而言，稳定性依然必不可少，不同阶层的社会地位、审美趣味决定了艺术作品的风格取向，如皇家宫廷建筑、文人私家园林与百姓民居，宫廷音乐、文人音乐与民间音乐，它们之间总是保持某种稳定而鲜明的风格差异。

总之，稳定性是艺术风格独特性存在的基本保证，只有保持艺术风格的相对稳定，才能使艺术风格的独特魅力得以彰显。

四、变异性

变异性是事物发展变化的必然规律，世界万物始终处于不断的发展变化当中，运动变化是绝对的，静止稳定是相对的。艺术风格也不例外。任何艺术风格都不是僵化如一、固定不变的，总是处于不断的发展变化当中。而且，艺术风格的变化不是瞬息万变，而是在稳定中渐变，在延续中发展。

1. 风格变异的必然性

艺术风格的变异性是绝对的、必然的，无论对于个体风格还是集体风格都是如此。就个体风格来说，随着创作主体生存环境、人生阅历、思想意识、审美情趣等的改变，必然引起风格的改变，尤其是对于具有创新精神的艺术家，终其一生不可能只坚守一种固定的风格模式，而总是探索新的艺术风格，不断地突破自我、超越自我，体现在不同创作时期艺术风格的各具特色，如王维早年立志于功名，其诗以边塞和游侠题材为主，如《少年行》《从军行》《使至塞上》等诗作，风格雄浑，充满豪情逸气；而晚年则归于田园隐居，其诗以田园生活与自然山水为主，如《山居秋暝》《终南山》等，风格清幽秀美、恬静闲逸。

就时代风格而言，历史时代不断演进，艺术风格也随之不断发展嬗变。古代艺术史上，商周风格、秦汉风格、魏晋风格、唐代风格、宋代风格、元代风格、明代风格、清代风格等，每一阶段的风格都是历史发展链条上的一个环节点，是"暂时"的，正如贡布利希所说"几乎所有的风格都可以令人信服地被描写成'过渡性的'"[1]。一切艺术风格都是历史发展的必然产物，在当时都被认为是好的、美的，"是完满地实现了特定时代和特定地点的要求和思想的东西"，[2]有其存在的合理性。艺术创作随时代发展而嬗变是必然的，这一事实存在，可从历代著述中找到确证。先秦时期，孟子"知人论世"之说，从阅读角度探讨文学与"世"的关系；《礼记·乐记》"凡音者，生人心者也……声音之道，与政通矣"；汉《毛诗序》"情发于声，声成文谓之音。治世之音安以乐，其政和；乱世之音怨以怒，其政乖；亡国之音哀以思，其民困。……至于王道衰，礼仪废，政教失，国异政，家殊俗，而变风、变雅作矣"，说明音乐诗歌与时代政治道德风俗有不可分割的联系；王充继承儒家思想，提出"为世用"的主张，进一步说明文学与时代的密切联系。晋葛洪《抱朴子·钧世》："古者事事醇素，今则莫不雕饰，时移世改，理自然也"明显触及文学创作随时代发展的规律。沈约《宋书·谢灵运传论》指出："自汉至魏，四百余年，辞人才子，文体三变。"[3]梁萧子显《南齐书·文学传论》说："若无新变，不能代雄。"刘勰《文心雕龙·时序》提出"时运交移，质文代变"，都在强调文学艺术随同历史发展演变的规律。唐以后，相关艺术风格随历史发展变异的阐说更为普遍。张彦远《历代名画记》指出"上古之画，迹简意淡而雅正，顾、陆之流是也；中古之画，细密精致而臻丽，展、郑之流是也；近代之画，焕烂而求备；今人之画，错乱而无旨，众工之迹是也"，说明艺术风格随时代发展而嬗变。明王世贞《艺苑卮言》曾对山水画的风格演变这样概括："山水至大小李一变也，荆、关、董、巨又一变也，李成、范

① 范景中编选：《艺术与人文科学·贡布利希文选》，浙江摄影出版社1989年版，第93页。

② ［俄］金兹堡著，陈志华译：《风格与时代》，陕西师范大学出版社2004年版，第26页。

③《宋书·谢灵运传论》，载［梁］沈约撰：《宋书》卷六十七，中华书局1999年版，第1176页。

宽又一变也，刘、李、马、夏又一变也，大痴、黄鹤又一变也。”[①]即使是同一时代的诗歌，风格也在不断嬗变，“初唐体质浓厚，格调整齐，时有近拙近板处。盛唐气象浑成，神韵轩举，时有太实太繁处。中唐淘洗清空，写送流亮，七言律至是，殆于无可指摘，而体格渐卑，气运日薄，衰态毕露矣。”[②]可见，艺术风格随同时代变化是毋庸置疑的事实。就艺术自身发展的历史继承性来说，每个时代的艺术都是基于传统基础上的自我完善或对立发展，有继承、有革新，始终处于发展嬗变当中。

就某个民族或地域的风格而言，尽管不同民族、不同地域有其独特而稳定的风格，然而，由于历史发展与外界条件的转变，艺术创作的内容或表现形式不可避免地会随之作出与时俱进的局部调整，尤其是在与其他民族的相互交流影响下，融入新的元素丰富发展民族或地域风格是不可避免的，这种变异是稳定中的变化。

就流派风格或阶层风格而言，不同时代社会体制不同，主流思想意识形态对身处某个流派或阶层的创作主体所施加的影响也不同，虽然同一流派或某个阶层在总体风格上呈现出相对稳定的一致性或相似性，然而，随着时间的流逝，社会生活以及审美潮流的改变，流派风格或阶层风格也会作出相应的革新与改变。可见，艺术风格的变异是绝对的，社会生活的丰富变化是风格变异的直接原因。

2. 风格变异的渐变性

艺术风格的渐变性，体现为风格的变化并不是随同某一特定历史阶段的开始、结束或外界条件的改变，做到立竿见影、瞬息万变，旧的风格即刻消失，新的风格取而代之。而是在稳定中渐进变化，甚至可以说，“风格之间的精确的界线是模糊的”，[③]很难确定一个具体的时刻，新旧风格之间总是“你中有我”“我中有你”。风格的存续就如同人的生命成长变化一样，要经历壮年、中年、老年，老年衰退了，但并不是完全失去精力、丧失功能，还没有死亡，还要延续较长的一段时期。而对于新的风格来说，它的出现也不是偶然的，需要经历漫长的萌芽生长过程，它“根植于旧艺术的母腹之中”[④]，并与旧艺术有着难以割舍的亲缘关系，新风格成长与旧风格的衰退在某个历史时期同时起落，如图所示：

① ［明］王世贞：《艺苑卮言·论画》。

② ［明］胡应麟：《诗薮》（内编卷五）。

③ ［俄］金兹堡：《风格与时代》陈志华译，陕西师范大学出版社2004年版，第26页。

④ 杨琪：《艺术学概论》，高等教育出版社2003年版，第314页。

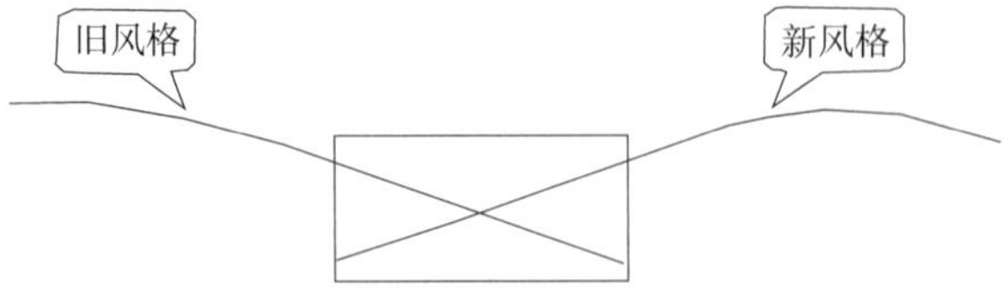

图中逐渐下降和上升的两条曲线分别代表旧风格与新风格，方框所标示的部分，为新旧风格相互交叉发展时期，在旧风格衰落过程中，新风格已经悄然孕育，新风格上升的同时，旧风格还在延续，说明了艺术风格发展具有渐变性的特点。

六朝与唐代之间诗风的转变，可以很好地说明艺术风格的渐变性。唐代诗歌脱胎于六朝，然而，其诗风的转变却经历了漫长的酝酿过程。隋唐统一结束了南北长期对峙的分裂局面，然而政治上的革新并未在文学艺术创作领域引起回应，齐梁遗风之骈俪余波并未随着改朝换代而终结，齐梁遗风笼罩于隋及初唐，隋朝李谔《上革文华书》力攻骈体之失，“降及后代，风教渐落。魏之三祖，更尚文词，忽君人之大道，好雕虫之小艺。下之从上，有同影响，竞骋文华，遂成风俗。江左齐、梁，其弊弥盛，贵贱贤愚，唯务吟咏。”[1]初唐，梁陈浮靡诗风尚未殆尽，“好以绮错婉媚为本”[2]的“上官体”又由于倡导者上官仪地位显赫而风靡诗坛，致使梁文帝时“君臣上下，惟以艳情为娱”[3]的状况在唐初依然延续，甚至变本加厉地发展。杨炯描述当时状况：“尝以龙朔（唐高宗年号）初载，文场变体，争构纤维，竞为雕刻。糅之金玉龙凤，乱之朱紫青黄，影带以徇其功，假对以称其美。骨气都尽，刚健不闻。”[4]加之，唐初探求格律之风盛极一时，唐初统治者附庸风雅，以诗赋取士，讲求辞藻声律之美，在这样的时代氛围之下，即使是大力疾呼诗风改革的王、杨、卢、骆初唐四杰，也难逃这种诗风的浸染和影响，他们作有大量的骈四俪六，充溢着浓厚的六朝脂粉气息。正缘于此，陈子昂大声疾呼：

> 文章道弊五百年矣。汉、魏风骨，晋、宋莫传，然而文献有可征者。仆尝暇时观齐、梁间诗，采丽竞繁，而兴寄都绝，每以永叹。思古人常恐逶迤颓靡，风雅不作，以耿耿也。[5]

---

①《隋书·李谔传》，载［唐］魏徵撰：《隋书》卷六十六，中华书局1999年版，第1038页。

②《旧唐书·上官仪传》，载［后晋］刘昫等撰：《旧唐书》卷八十，中华书局1999年版，第1854页。

③［清］沈德潜编：《古诗源》卷一二。

④《杨炯集》卷三《王勃集序》。

⑤［唐］陈子昂：《与东方左史虬修竹篇序》。

这篇讨伐齐梁绮靡诗风的战斗檄文，是作者怀着耿耿之心力矫齐梁诗风的战斗号角，他倡导“风骨”与“兴寄”，为唐诗指明发展的方向与目标，虽具有复古倾向，然而，这一“借古以开今”的革新思想却对扭转诗风起到至关重要的作用。继陈子昂之论调，李白自觉扛起复古以开新的大旗，自谓“梁陈以来，艳薄斯极，沈休文又尚以声律，将复古道，非我而谁与！”[①]他贬斥“绮丽”，而倡导“清真”：“自建安以来，绮丽不足珍。圣代复元古，垂衣贵清真。”[②]至此，齐梁颓靡诗风才真正扫尽，代之以盛唐昂扬奋发的诗风。

无独有偶，书法领域同样如此。东晋后，南行北楷代表着不同的书法文化，然而，北朝始终视南朝为文化正宗，南北融合后，南风更是以压倒性优势占据书坛宗主地位，二王书风风靡南北。入唐后，李世民推崇王羲之书法，在国子监设书学博士，科举设“书科”，致使朝野上下惟大王书风马首是瞻，初唐四家：欧阳询、虞世南、褚遂良、薛稷宗师二王，各得其所，自成一家。虽然他们的书迹初具唐代大家的刚健力度，但始终未能脱尽二王柔媚遗风，直到颜真卿的出现，真正具有唐代大气磅礴、雄浑刚健的书风才真正形成。马宗霍《书林藻鉴》说：“唐初既脱胎晋为息，终属寄人篱下，未能自立，逮颜鲁公出，纳古法于新意之中，生新法于古意之外，陶铸万象，隐括众长……卓然成为唐代之书。”

可见，艺术风格之变与历史之变并不同步，前代风格为后代风格的出现提供基础条件，而后代风格又孕育生成于前代风格之中，新旧风格之间的因果连带关系，说明了艺术风格的渐变性。

3. 风格变异的延续性

风格变化的延续性，体现为艺术风格的承前启后。每一种艺术风格都不可能凭空出世，总是基于之前风格特色的基础之上，或丰富完善，或反拨革新。没有延续性，就没有风格的新创造。刘勰《文心雕龙·通变》篇曾以不同朝代诗歌发展状况——“楚之骚文，矩式周人；汉之赋颂，影写楚世；魏之篇制，顾慕汉风；晋之辞章，瞻望魏采”，来说明艺术风格变异是陈陈相因、延续发展的结果。

艺术风格的变异，是一个风格由延续性走向独立性的过程。“延续性规律节约艺术家创造发明能力和机智，巩固他的经验和技巧，而独立性规律构成一种动力，给创造性以健康的、青春的液汁，给它以强有力的现代性，没有这现代性，艺术就不成其为艺术。”[③]古代文学史上，从诗经、楚辞到先秦散文、汉赋，从唐

①《本事诗·高逸》，载［唐］孟棨等撰：《本事诗　续本事诗　本事词》，上海古籍出版社1991年版，第17页。

②［唐］李白：《古风》其一。

③［俄］金兹堡著，陈志华译：《风格与时代》，陕西师范大学出版社2004年版，第30页。

诗、宋词到元曲及明清小说，每一个文学种类的变迁，都引起了风格的变异。然而，每一次风格的变异又都是对先前艺术成就的完善或反拨，诚如豪泽尔所说："艺术过程的每个阶段，艺术作品和艺术风格发展的每个步骤都在自己的内核中包含着下一阶段和下一步骤，尽管它们是在具体过程中结束时才变得清晰可见，这正如艺术形式结构的每一种基础都是在与其他基础的相互关系中才显现自己的意义一样。"①诗圣杜甫，备受后人推崇，苏轼在《书吴道子画后》中对其高标："诗至于杜子美……而古今之变，天下之能事毕矣。"我们知道，杜甫在诗歌创作上的出色成就和独特诗风，不仅缘于动乱年代他对现实生活的深切感受和深入体验，更与其广泛地、批判性地继承学习前辈遗产相关，他广采《风》《骚》，汉、魏、晋、宋诸体之长，甚至对带有六朝脂粉之气的初唐诗人也不摒弃。著名的《戏为六绝句》体现了他对待遗产的真知灼见，既"恐与齐、梁作后尘"，又对庾信至唐初四杰予以客观中肯的评价，正是出于他"不薄今人爱古人""转益多师是汝师"的积极态度和创作实践，最终才使杜甫在延续继承传统中，逐渐走向独立，凝练出自己的独特风格。其后，元、白和韩、孟继承杜甫艺术思想，将诗歌发展为两大流派：元白派强调艺术讽喻美刺功能，其诗现实性强，语言通俗易懂；韩孟派继承了杜甫"语不惊人死不休"的精神，其诗雄奇险怪。可见，风格的变异发展是在继承延续中进行的，没有延续，风格无从变异，更谈不上独立。

"没有延续性，每个文化的演进都将是永远长不大的，也许永远达不到成熟的顶点。要达到这顶点，必须巩固前一个文化的艺术经验。"与此同时"如果没有独立性，文化将坠入一种永恒的衰老状态，没有尽头的、绝望的萎缩状态，因为永远咀嚼同一块食物是不可能的。"可见，任何一位具有独特风格的艺术家，不仅是文化艺术的承传者，更是赋予艺术全新生命的革新者，他们身上"有一种坚忍不拔的嗜好并自觉到他们独立的'自我'的合法性的民族血液"②，总是推动艺术从延续中走向独立，催生艺术生命一次次获得新生。

五、归属性

艺术史上任何一位艺术家及其所有作品的风格特色，都不是孤立无源的，除了从属于艺术家自己以外，总是生成于某个特定历史时空，源自于某个特定民族或地域，隶属于某个特定的阶层，乃至某个特定的流派。尽管艺术家有独属于自己的个性风格，然而无论如何，艺术家的创作都不可能超越或脱离其所属的时代、民族、地域、阶层以及流派，这些外围因素总是不可避免地影响着艺术家的

①［匈牙利］阿诺德·豪泽尔著，居延安译编：《艺术社会学》，学林出版社1987年版，第119页。

②［俄］金兹堡著，陈志华译：《风格与时代》，陕西师范大学出版社2004年版，第30页。

创作，使其作品在内在精神内容或外在物质表现形式方面，呈现出某个时代、民族、地域、阶层以及流派所特有的艺术风貌，从这一点来说，艺术风格具有归属性的特征。正如丹纳所说“认定一件艺术品不是孤立的，在于找出艺术品所从属的，并且能解释艺术品的总体。”①具体说来，风格的归属性主要体现在以下几方面：

（1）时代属性：艺术风格不是孤立的，它归属于某个特定历史时代。特定时代为普通群众和艺术家提供着相同的政治背景、经济条件、哲学思想以及审美趣味等条件，使得这一时代的艺术创作具有与其相适应的艺术种类和风格面目。丹纳曾说：“气候的变化决定这种那种植物的出现；精神方面也有它的气候，它的变化决定这种那种艺术的出现。”②中国文学史上，从诗经、楚辞、先秦散文到汉赋，再到唐诗、宋词、元曲以及明清小说，不同文学种类产生于不同的历史时代，不同的时代为特定的文学种类的生成提供适合生长的气候和土壤，使得这些文学艺术成为时代经典艺术种类而名垂青史。众所周知，建安风骨常被后世视为学习的楷模范式，刘勰《文心雕龙·时序》篇分析建安风格及成因时讲道：“观其时文，雅好慷慨，良由世积乱离，风衰俗怨，并志深而笔长，故梗概而多气也。”他认为特殊的时代状况，造就了建安文学“雅好慷慨”的风格特色。鲁迅也曾于《魏晋风度及文章与药及酒之关系》一文中对建安七子的创作特色予以评论：“大概都不外是‘慷慨’、‘华丽’罢。华丽即曹丕所主张，慷慨就因当天下大乱之际，亲戚朋友死于乱者特多，于是为文就不免带着悲凉，激昂和‘慷慨’了。”③可见，建安风骨的出现是特定历史时代的产物。诚如丹纳所言：“要了解一件艺术品，一个艺术家，一群艺术家，必须正确地设想他们所属的时代精神和风俗概况。这是艺术品最后的解释，也是决定一切的基本原因。”④

回首中国古代艺术史，无数艺术大家及其作品风格，无不与其所属特定时代密切相关。诗圣杜甫的诗歌以“沉郁”著称，然而，如果“子美不遭天宝之乱，何以发忠愤之气，成百代之宗”？⑤他的“三吏”“三别”，出于他“穷年忧黎元，叹息肠内热”的时代责任感使然而作，他是那个特定时代精神生活的“代言人”，他的风格是那个时代精神内容与表现形式的完美统一。诸如此类的例子不胜枚举，白居易诗歌的浅近，苏、辛诗词的豪放、徐渭泼墨的畅快淋漓、朱耷绘画的白眼向人、郑板桥墨竹的倔强挺劲……无不是特定历史时代的精神产物。别林斯基曾说：“在构成真正诗人的许多必要条件中，当代性应居其一。诗人比任

① ［法］丹纳著，傅雷译：《艺术哲学》，人民文学出版社1963年版，第4页。

② ［法］丹纳著，傅雷译：《艺术哲学》，人民文学出版社1963年版，第9页。

③ 鲁迅著：《而已集·魏晋风度及文章与药及酒之关系》，人民文学出版社2006年版，第108页。

④ ［法］丹纳著，傅雷译：《艺术哲学》，人民文学出版社1963年版，第7页。

⑤ ［明］谢榛著，宛平校点：《四溟诗话》卷二，人民文学出版社2005年版，第60页。

何人都更应该是自己时代的产儿。”[①]而且，“越是优秀的诗人，越是属于他所生长于其中的社会，他的才能的发展、倾向、甚至特性，也就越和社会的历史发展紧密地联结着。”[②]这一论断虽指向“优秀的诗人”，但我们认为，它适用于任何时代所有的作家，反映时代，是艺术创作的使命。创作者的“精神个性”不可避免地与时代“紧密地联结着”，只是优秀的作家，其自觉性更加强烈，会更加自觉地把自己看作是时代精神的代言者，其作品也能更集中、更深刻地反映时代精神。在时代与艺术家之间，这是一种天然的默契。任何一位艺术家的创作，都从不同角度和侧面反映着所属的时代。时代生活是艺术创作的源泉，正所谓“文章合为时而著，歌诗合为事而作”[③]。当然，艺术家顺应时代潮流进行创作并非放弃个人的独创个性，而是要从多重角度采用丰富而独特的表现形式诠释自己是“精神理想生活的代表者”。唯此，才能以其卓越的艺术成就展现时代精神风貌。

（2）民族属性：创作主体及作品风格不是孤立的，他们从属于某个特定的民族。民族是人们在长期历史发展过程中形成的有着共同语言、共同地域、共同经济生活以及共同文化基础上具有共同而稳定的心理结构的共同体。创作主体作为特定民族的一分子，长期浸润于特定民族时空环境之中，特殊的社会环境、经济条件、文化传统、风俗习惯、审美情趣等，不可避免地会影响到艺术创作，使其作品风格呈现出鲜明的民族特性。伏尔泰曾说：“从写作的风格来认出一个意大利人、一个法国人、一个英国人或一个西班牙人，就像从他面孔的轮廓、他的发音和他的行为举止来认出他的国籍一样容易。”[④]可见，风格的民族属性就如同被打上烙印一般，深刻地体现在作品当中。同样是园林艺术，中国的传统园林与法国园林、阿拉伯园林风格不同；同样是陵墓，中国的十三陵与埃及的金字塔建筑风格不同，同样是戏剧，中国的传统戏曲与西方戏剧、日本戏剧不同；同样是绘画，中国的工笔、水墨与西方的素描、油画不同；同样是音乐，中国的古琴音乐与西方的交响乐不同……而具体到整个中华民族内部，由于民族生活方式、语言习惯、民俗风情以及表现手段的不同，不同民族各门类艺术作品的呈现方式同样具有截然有别的风格特点，如汉族与新疆维吾尔族、蒙古族、藏族、傣族、壮族等少数民族，在音乐、舞蹈、建筑、文学、戏曲等门类艺术方面各具特色，彼此不能相为。

艺术作品风格在民族属性上的差异，不仅体现在题材内容上，还体现在表现

---

① ［俄］别林斯基著，梁真译：《别林斯基论文学》，新文艺出版社1958年版，第21页。

② ［俄］别林斯基著，梁真译：《别林斯基论文学》，新文艺出版社1958年版，第22页。

③ ［唐］白居易：《与元九书》。

④ ［法］伏尔泰：《论史诗》，载伍蠡甫等编：《西方文论选》上卷，上海译文出版社1979年版，第323页。

形式上。内容上，所选取的生活题材、所塑造的人物形象以及所描绘的风俗图景，应当是本民族广大群众所熟悉共知的，如以“三国”“水浒”“西厢”“红楼梦”“梁祝”等为题材内容，以刘、关、张，梁山好汉，崔莺莺和张生，贾宝玉和林黛玉，梁山伯与祝英台等人物形象，结合当时社会风俗而展开的艺术创作，由于内容的民族性、群众性，因而较容易引起情感的共鸣，发挥艺术的社会功用。形式上，所采用的艺术语言及表现手段，也应当是群众所喜闻乐见的，如中国水墨画以水墨作画，墨的浓淡干枯以及空白的运用；建筑以木质为主，对称、均衡、和谐的结构法则，雕塑中的玉雕、石雕、砖雕、木雕等，古琴音乐的打谱技术、演奏方法，戏曲的声腔、板式、行当、程式化表演等，这些都是中国古人在长期艺术实践中形成的极具民族特性的艺术语言，具有较为广泛的群众基础，容易引起民族的认同，发挥艺术的审美作用。

然而，我们判定一件艺术作品是否具有民族性，并不仅仅在于内容与形式方面，更关键的在于内容与形式背后所蕴藏的民族精神。民族精神是艺术风格民族性的核心与灵魂，它是作品保持自身民族本色的内在基础。尽管随着时间的流逝，不同民族之间艺术发生相互交流、吸收和借鉴在所难免，作品的内容与形式及创作方法、风格特色上可能会逐渐趋同，然而，民族艺术中所凝聚的民族精神，最为本质的风格基调不能被磨灭。我们知道，任何一个民族的艺术都不是静止永恒的，其发展始终在继承、坚守与吸收、借鉴中交织融汇、相伴相随，在适应周遭环境的变化中不断经历着丰富、淘汰、增删、补益，以便使本民族艺术能持续永久地传承下去。作为民族成员之一的创作主体，应保持本民族艺术的独特性，不能为了创新求变而沦丧民族特性，否则将意味着民族独立精神品质的消亡。丹纳曾说：“一个民族永远留着他乡土的痕迹，而他定居的时候越愚昧越幼稚，身上的乡土的痕迹越深刻。”[①]可见，民族精神孕育于最原始、最幼稚、最蒙昧的起始阶段，是一个民族在确立之初就已根深蒂固存在的本质特性，无论时代如何发展，民族艺术的内容与形式如何变迁、发展，蕴涵于其中的民族精神都应作为一个民族存在的本质潜藏其中，不被轻易流失或沦丧。正是从这个意义上，我们认为任何艺术创作必然具有民族归属性。

（3）地域属性：艺术风格不是孤立的，它从属于某个特定的地域。地域风格的差异主要缘于地理环境的差异。特殊的地质结构、地形地貌、气候条件等影响着生活于其中人们的气质性格、生产生活方式以及审美情趣，并由此波及艺术类别、表现方式以及风格特点。正如李东阳《怀麓堂诗话》所说：“人囿于气化之中，而欲超乎时代、土壤之外，不亦难哉？”中国古代对于风格地域属性的关

---

① [法] 丹纳著，傅雷译：《艺术哲学》，人民文学出版社1963年版，第243页。

注，早在《左传·襄公二十九年》就有吴公子札观周乐的记载，《周南》《召南》《邶》《鄘》《卫》《郑》等指的是地方民歌；《诗经》中的“国风”指北方十五国的地方音乐，都旨在通过观“乐”了解政治、风俗状况。地理环境对人的影响是潜移默化的，不随人的主观意志为转移的，孔尚任曾说：“盖山川风土者，诗人性情之根柢也。得其云霞则灵，得其泉脉则秀，得其冈陵则厚，得其林莽烟火则健。凡人不为诗则已，若为之，必有一得焉。”[①]地理环境对人的长期浸润与感染，往往会赋予艺术创作以相通的审美特质。明唐志契《绘事微言·画以地异》指出：“写画多有因地而分者，不独师法也。如李思训、黄荃便多山峡气象者，生于成都也。宋二水、范中立有秣陵气象者，家于建康也。米海岳曾作宦京口，便多镇江山色。黄公望隐于虞山，落笔便是常熟山色，信高人笔底往往为山川所囿乎？”由此可知，自然地理是影响艺术风格地域属性的根源所在。

除了自然地理影响之外，特定地域的人文地理，也即民俗风情，对艺术创作的影响同样深刻。屈原《楚辞》中的“九歌”包含：东皇太一、云中君、大司命、少司命、湘君、湘夫人、河伯、山鬼、国殇等九段歌谣，其创作来源于楚地的祭祀歌乐，从所祭神灵来看，俨然就是祭祀活动的再现。曹丕《典论·论文》说徐干“时有齐气”，即因徐干是齐地人，齐地民俗风情的滋养使其创作有“齐气”的风格特征。明屠隆《鸿苞集》提出“声以俗移”的观点，“周风美盛，则《关雎》《大雅》；郑、卫风淫，则《桑中》《溱洧》；秦风雄劲，则《车邻》《驷驖》；陈、曹风奢，则《宛丘》《蜉游》；燕、赵尚气，则荆、高悲歌；楚人多怨，则屈骚凄愤。斯声以俗移者也。”[②]可见，特定地域的民风习俗对艺术创作的影响同样不可避免。艺术作为客观现实生活的反映，特定地域的自然地理造就了特殊的民俗风情，形成了具有地域特色的文化传统和艺术表达方式。

中国古代常以南方风格、北方风格来概括南北地域差异所引起的总体风格差异，无论是音乐、舞蹈、戏曲等表演艺术，还是建筑、园林、绘画等造型艺术，都存在鲜明的地域差异。随着时代发展、交通便利，不同地域之间的文化交流逐渐频繁，然而不可否认的是，特定地域的地理风貌和民俗风情，总是为身处其中的创作主体提供着创新的灵感和表象资源，使艺术创作呈现出独具地域属性的风格特征。

（4）流派属性：艺术家及艺术作品风格不是孤立的，有时还从属于某个特定的流派。流派是指在一定历史时期，由于思想主张、审美倾向、创作方法和艺术

---

① [清] 孔尚任：《孔尚任诗文集》卷六《古铁斋诗序》，汪蔚林编，中华书局1962年版，第475页。

② [明] 屠隆：《鸿苞集》卷一八，载陈伯海主编：《历代唐诗论评选》，河北大学出版社2003年版，第684页。

风格的相似或相近而形成的艺术家或艺术作品的共同体。艺术流派是艺术创作高度发展的产物。中国古代各门类艺术领域中形成的流派众多，如文学领域的建安派、江西诗派、四灵派、公安派、竟陵派、唐宋派、秦汉派、桐城派等，绘画领域的浙派、吴门画派、松江派、徽派、扬州八怪、金陵八家、岭南派、海上画派等，古琴领域的浙派、虞山派、广陵派、梅庵派、诸城派、岭南派、九嶷派、浦城派等，每个流派风格就好比一杆旗帜，引起当时及后世众多追随者的认同与遵从，并在陈陈相因中不断传承发展，使欣赏者可通过作品风格特点、艺术主张等直接辨识出所属流派。

古代艺术流派的形成方式有多种：①受皇家宫廷赞助兴起的流派。如明代的浙派，以钱塘（浙江杭州）戴进为首，因适应当时宫廷对南宋院体风格的提倡而成为画坛主流，浙派以刘松年、李唐、马远、夏圭为师法对象，绘画以劲拔精简为特点，戴进之后，“画状元”吴伟崛起，浙派进入繁盛阶段，一时间追随者甚众，争相效仿，后继者有戴泉、夏芷、夏葵、陈玑、张复阳等，然而，由于流派成员陈陈相因，缺乏“转益多师”的学养补给，最终以蓝瑛为殿军而被吴门画派所取代。②因某一地区汇集了众多风格相似的艺术家自然形成的流派。如扬州八怪，清康乾年间，经济富庶的扬州地区，聚集了一群因仕途坎坷、穷困潦倒，只能靠出卖字画为生的文人画家，他们不愿遵从明末董其昌等人倡导的“正宗古法”，而崇尚徐渭、朱耷、石涛等人冲破古法、另辟蹊径的“旁门左道”，尽管他们没有形成固定的组织和名称，也没有共同的艺术纲领和宣言，然而他们反对泥古不化，倡导张扬独特、倔强、极端的个性却是一致的，由于他们画作的形象突破了传统艺术的美丑界限，体现出不同寻常之“怪相”，被人们称为“扬州八怪”。据文献记载，该流派成员包括金农、王士慎、高凤翰、郑板桥、黄慎、李芳膺、罗聘、华喦、边寿民、李勉、陈撰、闵贞、杨法等人，数量远大于“八怪”，正是由于他们创作风格相似，才被归属于同一流派。③因对某个流派创始者的思想主张或艺术风格的认同，并以其祖籍命名的艺术流派。如江西诗派，首领为黄庭坚，祖籍江西，宋代著名作家、诗人、书法家，其所提出的文学主张，曾获得当时及后世众多追随者的积极响应，虽在生前未能形成正式的诗派名称，但到南宋吕本中那里，对这个流派的情况予以分析罗列，写成《江西诗派宗派图》，并有编刊《江西诗派诗集》出现，这个流派才有了正式的名称——江西诗派。宋杨万里《江西宗派诗序》谈及该派名称由来说：“江西宗派诗者，诗江西也，人非皆江西也。人非皆江西，而诗曰江西者何？系之也。系之者何？以味不以形也。”[①]可见，众多诗人之所以被归入江西派，正是由于认同黄氏创作主张，在艺术作品之

① ［宋］杨万里撰，辛更儒笺校：《杨万里集笺校》（第6册）卷七九，中华书局2007年版，第3230页。

“味”，也即风格特色上具有一致性，尽管黄氏提出的“点铁成金”“夺胎换骨”曾遭疑义，但是这个不自觉形成的流派却从北宋后期到元初，延续了长达二百余年的时间。④基于某些特定历史条件而不自觉形成的艺术流派。如文学史上的“建安文学”，由于汉末魏初动荡的现实生活，人们渴望安定与统一，以曹氏父子与建安七子为代表的文学家，写出了一大批富有慷慨激昂、爽朗刚健、气势雄浑风格的艺术作品，被后人称作“建安风骨”，对后世诗歌创作影响很大。总之，流派形成原因是多方面的，作为一定历史阶段艺术成熟发展的必然产物，流派的兴衰、存在的时间长短不一，艺术家及其作品归属于某一流派，缘于对某一思想主张的认同以及一系列的作品风格具有与流派整体风格的相似性，从这个意义上讲，艺术风格具有流派属性。

（5）阶层属性：艺术家或艺术作品风格不是孤立的，在阶级社会里，还从属于某个特定阶层。由于创作主体或欣赏主体所处社会阶层和身份地位的不同，他们看待现实社会生活的立场角度、主导思想、情感愿望、审美情趣等，必然影响到艺术创作的风格取向，由此使得艺术作品不可避免地携带着某个阶层的特有的印记，呈现出鲜明的阶层风格。青铜器饕餮纹样的狞厉恐怖，秦始皇兵马俑的宏伟磅礴、《照夜白图》的肥硕健壮、《昭陵六骏》的蓬勃昂扬、《霓裳羽衣舞》的豪华奢丽、李思训父子山水的金碧辉煌、《虢国夫人游春图》的华贵富丽、《芙蓉锦鸡图》的绚烂谨细、皇家园林的宏大气派……代表的是统治阶层的权威意志和风格特点；古琴音乐的含蓄静远、水墨绘画的素朴平淡、私家园林的秀美雅致、昆曲的委婉细腻……代表的是文人阶层的审美趣味和风格特点；民间鼓吹的高亢嘹亮、木版年画的浓艳鲜丽、地方民宅的简朴实用、梆子腔的荡气回肠……代表的是平民阶层的朴素愿望和风格特点。艺术作品风格作为一种由内而外的精神表征，代表着不同社会阶层的立场、主张、思想、愿望及理想，人们可根据其外在整体风貌、风格特点，一目了然地辨识其归属。

艺术风格的归属性特征是任何一位艺术家、任何一件艺术作品都具有的普遍的、一般的特征，对风格归属性的辨识，不仅可以判定作品的真伪，而且能够对不同时代、民族、地域、流派以及阶层等各自的风格特征与内含的风格意蕴形成更为清晰、深入的认识。

综上所述，独特性、多样性、稳定性、变异性和归属性是各门类艺术普遍存在的最一般的风格特征。独特性是艺术风格的本质特征，没有独特性就没有风格的存在，独特性重点强调其“彼此不能相为”“不可替代”“不可重复”的特点。多样性源自于风格独特性，门类艺术风格的众多，集体风格的多样，个性风格的差异，决定了艺术世界整体上呈现出风格的多样性。稳定性是一切艺术风格得以存在的基础条件，无论对于个体风格还是集体风格，一旦形成，就会在某一时期或一系列的作品中反复出现，保持相对的稳定性。然而，风格与世界万物一样，始终都处于不断发展变化之中，当然其变异性特征是在稳定中渐变，延续中发展，这是艺术发展的客观规律。对于任何一位艺术家，任何一件艺术作品，都不是孤立无源的，它除了归属于个体自身之外，还归属于某个集体。总之，艺术风格的一般特征是基于特殊性风格的抽象与概括，是各门类艺术所具有的相通性、普遍性和共同性的基本特征，是艺术风格学必须关注的重要论题。

第二节　古代艺术风格的品评特征

中国古代不同历史时期各门类艺术创作领域曾涌现出众多名家杰作，他们迥异独特的艺术风格，引起了当时及后世理论批评家们的热切关注，纷纷著书立说对他们的风格特色予以品评和阐释，由此形成了不同于西方艺术批评的、别具民族特色的风格品评方式。这是一种建立在审美直觉感悟基础上的风格品评，但其中也不乏理性的思考、分析与判断。风格品评反映了古代批评家对风格特征认识与理解的独特视角和审美情趣，其特征主要体现在以下两方面：

一、风格品评的意象化

意象化是中国古代艺术风格品评的重要特征，它是批评主体通过喻象方式，对所品赏的艺术家及其作品的风格特质、创作技巧、审美意味以及艺术成就等进行形象化评说的批评方法。张伯伟先生曾在《中国古代文学批评方法研究》一书中，首次提出“意象批评”的概念，认为意象批评是一种重要的批评方法，“是指以具体的意象，表达抽象的理念，以解释作者的风格所在。其思维方式上的特点是直观，其外在表现上的特点则是意象”[①]。

意象化艺术风格品评，萌发生长于中国特有的文化土壤中，体现了中华民族独特的文化心理结构和审美趣味。在古代各门类艺术风格品评当中，意象化特征体现得十分明显，它借助于某种具体、可感的意象来品评创作主体及其艺术作品的风格面貌，为历代批评家持续传承，从未间断，由此也积累了相当丰厚的理论文献资源。对艺术风格的意象化批评进行分析研究，有助于认识和理解古代艺术风格批评话语，更能感受到古代艺术风格的独特魅力。

① 张伯伟：《中国古代文学批评方法研究》，中华书局2002年版，第194页。

（一）意象化风格品评的理论根源

古代艺术风格品评的意象化特征，不是偶然形成的，它有着深厚的历史文化积淀与理论根源。

1.《易》象与意象

中国古代最早论及意象的理论著述是《易传》,《系辞下》指出“易者，象也，象也者，像也”[①]，说明易“象”是对天地万物形象的模拟与写照。易“象”包含着多方面的深层含义，当言语无法表达或表述不清楚的时候，可以用“象”来表示，弥补“言不尽意”的不足：“子曰：书不尽言，言不尽意。然则圣人之意，其不可见乎？子曰：圣人立象以尽意，设卦以尽情伪，系辞焉以尽其言，变而通之以尽利，鼓之舞之以尽神。”[②]可见，“象”比“言”对于表达主体之意更有优越性，尤其是对于曲折、隐晦、只可意会不可言传的事物，“象”更尽意。“象”来自于圣人对自然现象和生活现象的仰观俯察，有静态的，还有动态的，都是“观物取象”的结果，“古者包牺氏之王天下也，仰则观象于天，俯则观法与地，观鸟兽之文，与地之宜，近取诸身，远取诸物，于是始作八卦，以通神明之德，以类万物之情”[③]，“天地变化，圣人效之，天垂象，见吉凶，圣人象之”[④]，可见“象”是自然万物的体现，是人们认识外部世界的重要途径。

更重要的是,《易》象“观物取象”在古代常被视为艺术创作的法则。许慎《说文解字序》说“古者包牺氏之王天下也……近取诸身，远取诸物……黄帝之史仓颉，见鸟兽蹄远之迹，知分理之可相别异也，初造书契”[⑤]，说明汉字与《易》象来源一样，都是观物取象的结果，都是对自然万物的模拟，都采用了“意象”思维方式。五代荆浩《笔法记》:“画者，画也。度物象而取其真”。清叶燮《原诗・内篇》说：“文章者，所以表天地万物之情状也”，都说明天地万物，都可以“象”来表达。《易》象不仅构成了后世意象论的理论源头之一，而且是艺术风格品评意象化的理论根源。

2. 人物品评与意象

先秦时期，人物品评的意象化方式，就已初步萌芽。《论语》作为我国最早的一部载有大量人物品评言论的著作，以礼乐德治为核心，以伦理道德为衡量标准，但在人物品评的语言特色上，存在大量以具体物象进行意象化批评的文学性

①《易传・系辞下》。

②《易传・系辞上》。

③《易传・系辞下》。

④《易传・系辞上》。

⑤［汉］许慎:《说文解字序》。

表达。如：子贡问及孔子如何评价自己，“子贡问曰：‘赐也何如?’子曰：‘女，器也。’曰：‘何器也?’曰‘瑚琏也’”[①]，比作器，使用之器具，又进一步说到“瑚琏”，这是古代黍稷之器，用以盛放粮食的器物，说明子贡获得老师的高度肯定；批评宰予昼寝：“朽木不可雕也，粪土之墙不可杇也，于予与何诛”[②]；子贡以玉比德，赞美孔子内藏美德：“子贡曰：‘有美玉于斯，韫椟而藏诸?求善贾而沽诸?’”[③]评子路的学识，“由也升堂，未入室也”[④]，《正义》解“言子路之学识深浅，譬如自外入内，得其门者。入室为深，颜渊是也。升堂次之，子路是也”；赞美孔子道德高尚、学识渊博，犹如宫墙之高，不能窥见其内在之美：“夫子之墙数仞，不得其门而入，不见宗庙之美、百官之富。得其门者或寡矣”[⑤]。孔子以山水比“比德”：“子曰：‘知者乐水，仁者乐山。知者动，仁者静。知者乐，仁者寿’”[⑥]，这里将自然山水的某些特点与审美主体的道德品质相联系，正是由于二者在某些方面具有本质的相通性，用自然山水来象征人的道德，能够更为容易、更为形象直观地被认识和理解。由此可见，先秦时期采用具体自然物象进行意象化人物品评，更多的是与政治伦理道德相联系的品评。汉代以儒家思想为中心的人物品评，主要为选拔人才之需而实行“察举”“征辟”制度，沿袭先秦体制，推重伦理教化，选拔人才更多的是为了矫治人的情性，培养制礼作乐的顺从者。董仲舒曾说：“王者上谨于承天意，以顺命也；下务明教化民，以成性也；正法度之宜，别上下之序，以防欲也。修此三者，而大本举矣。”[⑦]

然而，汉魏以来，时风转变，曹魏政权突破儒家伦理道德标准，提倡“唯才是举”，人物品评也逐渐由政治伦理道德评价转向了审美性评价，进而又引申至对其作品本体的审美性评价。刘劭《人物志》主张识别人才要考察人的本质，而人的本质则主要通过外在的生理“形质”体现出来，“九征”说的提出，倡导从人的神、精、筋、骨、气、色、仪、容、言九个方面来观察人的内在个性、德行、智能和情感，《九征》指出“故诚仁，必有温柔之色；诚勇，必有矜奋之色；诚智，必有明达之色。夫色见于貌，所谓征神。”[⑧]于是，讲究人物的容貌之

①《论语・公冶长》。

②《论语・公冶长》。

③《论语・子罕》。

④《论语・先进》。

⑤《论语・子张》。

⑥《论语・雍也》。

⑦《汉书・董仲舒传》。

⑧［三国］刘劭著:《人物志》，秦云侠译，武汉出版社2009年版，第28页。

美，“瞻形得神”成为风尚。《后汉书》载：“马融……为人美辞貌，有俊才。”① “郭太……身长八尺，容貌魁伟。”②《世说新语·容止》载：“潘岳妙有姿容，好神情。少时挟弹出洛阳道，妇人遇者，莫不连手共萦之。左太冲绝丑，亦复效岳游遨，于是群妪齐共乱唾之，委顿而返。”可见，当时人们对人物美的追求之极端与强烈。更重要的是，对于人物美的赞美已经不止于面容的夸赞，而是对人的整体气质、举止、风神、品格等的崇拜，甚至“拿自然界的美来形容人物品格的美”，③已然成为魏晋人物品评的重要特色。《世说新语》中以“物”衬“人”的形象比喻比比皆是：

> 庾子嵩目和峤：“森森如千丈松，虽磊砢有节目，施之大厦，有栋梁之用。”（《赏誉》）
>
> 王戎云：“太尉神姿高彻，如瑶林琼树，自然是风尘外物。”（《赏誉》）
>
> 王大将军称太尉“处众人中，似珠玉在瓦石间”。（《容止》）
>
> 时人目王右军：“飘若游云，矫若惊龙”。（《容止》）

魏晋士人自我意识觉醒，个性张扬，将人格自我超越与对自然美的吟味融汇在一起，虽然尚未达到与山水物我两忘的境地，但将自然山水作为显示、烘托士人自我人格的一种背景、一种喻体已成鲜明的事实。魏晋人物品藻将人物之美，予以各种形象化比喻，或山川，或流水，或朝霞，或游云，或植物，或动物……都以自然之美来衬托人物之美，“这种以物衬我、以景喻人的人物品鉴方式，突出的是‘人’的形象神采个性才情之美，属古代社会美发展的一种较高级、较成熟的形态。④这种人物品鉴方式不仅促进了自然美的上升和凸显，同时也对艺术批评产生了重要的影响。中国艺术批评从此形成了以自然意象来品评艺术家及其作品风格的批评方式。这种方式引导欣赏者借助对自然意象再造想象，来完成对作品风格的品味，对于不同的欣赏者，可能会因主体想象能力不同而有所差异，但却能在众多欣赏者那里获得相对一致的对艺术家及作品风格特色的共识。而这种共识，正是借助于人与自然的亲密关系，建立在自然意象所给予的审美原型基础之上。

可以说，人物品评对古代艺术批评和美学产生的重要影响，很好地解决了

①《后汉书·马融传》。

②《后汉书·郭太传》。

③ 宗白华：《美学与意境》，江苏文艺出版社2008年版，第147页。

④ 陈炎主编：《中国审美文化史》（先秦秦汉魏晋南北朝卷），山东画报出版社2007年版，第363页。

“言不尽意”以及难以对人物容貌、气质、风度下定义的界说，以自然山水等物象来喻示人物的美，已然成为一种流行风尚。这种“意象化”品评不是采用抽象的概念、判断和逻辑推理对批评对象施以冷静严肃的评论，而是以具体客观的自然景物来喻人，对人充满了激情的赞叹。这种起初用于品评人物的方法，后逐渐引申到对其作品本体的品评。而且，这种“意象化”品评方式，很好地区分了文学艺术评论与自然科学逻辑判断之间的差异，比理性的评判更强调感性、直观和想象，因而更符合艺术审美的规律，为历代批评家所接受。

（二）意象化风格品评的理论发展

1. 意象化风格品评的确立

以自然意象对艺术作品本体的批评，在魏晋六朝时期正式确立。由于当时的文学艺术创作越来越注重艺术性和审美性，使这种以自然意象为核心的批评模式为理论家普遍接受，集中体现在对作品本体，也即作品风格、特色、创作手法等方面的品评都采用自然意象的喻象方式进行品评。而且，令人难以置信的是，这种批评方式一经确立，就以一发不可阻挡之势，弥漫于各个艺术门类，且以一种固定的模式在各个时代竞相效仿、不断继承，成为一种迥异于西方艺术批评的独具民族特色的批评方式。

魏晋时期，意象化批评最早体现于诗、文的风格品评。曹植《前录自序》说：“君子之作也，俨乎若高山，勃乎若浮云，质素也如秋蓬，摛藻也如春葩。”《世说新语·文学》引孙绰之语评价潘岳与陆机的风格说道：“潘文烂若披锦，无处不善；陆文若排沙简金，往往见宝。”唐李延寿《南史·颜延之传》载鲍照语：“谢五言如初发芙蓉，自然可爱。君诗如铺锦列绣，亦雕缋满眼。”[①]钟嵘《诗品》多处以意象进行艺术批评：评曹植“陈思之于文章也，譬人伦之有周、孔，鳞羽之有龙凤，音乐之有琴笙，女工之有黼黻”；评陆机与潘岳：“陆才如海，潘才如江”；评谢灵运：“譬犹青松之拔灌木，白玉之映尘沙，未足贬其高洁也。”

除诗文运用意象化品评之外，更多采用意象化方式进行风格品评的是书法艺术，最具代表性的是南朝齐梁间袁昂的《古今书评》和梁武帝萧衍的《古今书人优劣评》：

《古今书评》：王右军书如谢家子弟，纵复不端正者，爽爽有一种风气。王子敬书如河洛少年，虽皆充悦，而举体沓拖，殊不可耐。羊欣书如大家婢为夫

① ［唐］李延寿撰：《南史·颜延之传》，中华书局1999年版，第586页。

人，虽处其位，而举止羞涩，终不似真。……索靖书如飘风忽举，鸷鸟乍飞。梁鹄书如太祖忘寝，观之丧目。皇象书如歌声绕梁，琴人舍徽。卫恒书如插花美女，舞笑镜台。孟光禄书如崩山绝崖，人见可畏。

《古今书人优劣评》：钟繇书如云鹄游天，群鸿戏海，行间茂密，实亦难过。王羲之书字势雄逸，如龙跳天门，虎卧凤阙，故历代宝之，永以为训。……王献之书绝众超群，无人可拟，如河朔少年皆悉充悦，举体沓拖而不可耐。索靖书如飘风忽举，鸷鸟乍飞。……袁崧书如深山道士，见人便欲退缩。张融书如辩士对扬，独语不困，行必会理。薄绍之书如龙游在霄，缱绻可爱。

从中可见，这种"以物譬喻"的批评方式，以"如"为连接词，多选择自然界或生活中人们所熟悉的各种物象，或静或动，通过人们的想象，在头脑中营构与作品风貌相似的"图景"来完成对风格的品评。而且，这种风格品评最大的特点是，始终不脱离感性经验，不是通过概念的分析、判断和演绎，而是更注重以具体的意象来沟通艺术家及作品风格与欣赏者之间心灵的桥梁。魏晋时期确立的意象化批评方式是后世风格品评的先导。

2. 意象化风格品评的承传

唐至明清，意象化批评逐渐成为一种惯常的风格品评模式，被历代批评家持续承传拓展，从未间断。大体可体现为三个阶段：

（1）意象化品评的加强与深化

唐代，随着文学、艺术的高度发展，意象化品评遍及诗歌、散文及书法等领域，较前有明显的加强与深化。

诗歌批评领域，受诗歌创作的影响，唐代诗歌风格品评不仅在语言上具有"鲜明的诗化倾向"[①]，且更强调以一系列的意象来营造意境，将意象化批评推向新的高度。皎然《诗式》"辨体一十九字"，从"意境"角度概括诗体风格类型，"取境偏高，则一首举体便高，取境偏逸，则一首举体便逸"，对"静""远"二体风格描述，初具意境描绘之倾向："静：非如松风不动，林狖未鸣，乃谓意中之静"，"远：非如淼淼望水，杳杳看山，乃谓意中之远"。王昌龄《诗格》、齐己《风骚旨格》等著作，对于风格类型的描述和品评，则采用诗歌化与意境化相结合的方式。如：

褒贬体：曹子建诗："大国多良材，譬海出明珠"此褒体也。刘越石诗：

① 吴承学：《中国古典文学风格学》，北京大学出版社2011年版，第247页。

"何意百炼钢，化为绕指柔"此贬体也；赋体：谢惠连诗："皎皎天月明，奕奕河宿烂"此呈其秋怀之物，是赋体也。（王昌龄《诗格》）

高古：诗曰："千般贵在无过达，一片心闲不奈高"；清奇：诗曰："未曾将一字，容易谒诸侯。"（齐己《风骚旨格》）

很显然，这些风格品评已不只停留于"犹""若""如"某个具体自然意象，而是进一步提升至意境的高度。如果说皎然开启了意境品评方式的话，王昌龄、齐己等人则将其作了进一步深化。

其后，司空图《二十四诗品》将这种模式推向了极致。许印芳诗法萃编本诗品跋说《二十四诗品》"比物取象，目击道存"[①]，孙联奎《诗品臆说自序》也说《二十四诗品》具有"意主摹神取象"[②]的特点。可以说，《二十四诗品》采用二十四首优美的诗歌，描绘二十四种风格，营造了二十四种意境，它们是意象化风格品评的深化与升华。如：

纤秾：采采流水，蓬蓬远春。窈窕深谷，时见美人。碧桃满树，风日水滨。
　　　柳阴路曲，流莺比邻。乘之愈往，识之愈真。如将不尽，与古为新。
典雅：玉壶买春，赏雨茅屋。坐中佳士，左右修竹。白云初晴，幽鸟相逐。
　　　眠琴绿阴，上有飞瀑。落花无言，人淡如菊。书之岁华，其曰可读。

不同于前人的是，《二十四诗品》采用了一系列的意象从多重角度把每一种风格描述得绘声绘色，展现在人们面前的不再是单纯、单个的喻体形象，而是一个个完整而丰富的艺术境界，"这境界由若干个富有动感的、弥漫着无限生机的意象构成，和谐自然，丝毫不给人眼花缭乱之感"[③]，它使抽象的风格概念、特征，具体化为具体可感的形象，尤其是其所呈现出的诗情画意般的意境，不仅有助于人们认识、领悟和把握不同风格类型，而且使欣赏者在感受风格特色的同时，浸润于某种特定意境的审美享受当中。这也许正是唐代诗歌高度繁荣影响下结出的理论成果。

① 郭绍虞著：《中国文学批评史》上册，商务印书馆2010年版，第319页。

② 孙联奎：《诗品臆说自序》，载[唐]司空图著，郭绍虞集解：《诗品集解》附录，人民文学出版社1963年版，第72页。

③ 刘天利：《略论〈二十四诗品〉的意象批评模式》，浙江大学学报（人文社会科学版）2002年第3期。

散文批评领域，对作家及作品的风格品评，虽不及诗歌品评一样，推向意境化的高度，但在采用“以物譬喻”的意象化品评上明显有所加强和拓展。《旧唐书·杨炯传》引张说语，采用意象化品评方式对当世十位散文名家的风格特征及优缺点作了评价：

说曰：“李峤、崔融、薛稷、宋之问之文，如良金美玉，无施不可。富嘉谟之文，如孤峰绝岸，壁立万仞，浓云郁兴，震雷俱发，诚可畏也，若施于廊庙，则骇矣。阎朝隐之文，如丽服靓妆，燕歌赵舞，观者忘疲，若类之风、雅，则罪人矣。”又问后进词人之优劣，说曰“韩休之文，如太羹旨酒，雅有典则，而薄于滋味。许景先之文，如丰肌腻理，虽秾华可爱，而微少风骨。张九龄之文，如轻缣素练，实济时用，而微窘边幅。王翰之文，如琼怀玉斝，虽烂然可珍，而多有玷缺。”

其后，皇甫湜《谕业》也采用意象化品评方式对十一位散文名家的风格作了评论：

燕公之文，如楩木柟枝，缔构大厦，上栋下宇，孕育气象，可以燮阴阳，阅寒暑，坐天子而朝群后。许公之文，如应钟鼙鼓，笙簧錞磬，崇牙树羽，考以宫县，可以奉神明，享宗庙。……李襄阳之文，如燕市夜鸿，华亭晓鹤，嘹唳亦足惊听；然而才力偕鲜，悠然高远。故友沈谏议之文，则如隼击鹰扬，灭没空碧，崇兰繁荣，曜英扬蕤，虽迅举秀擢，而能沛艾绝景。①

从中可见，散文批评领域的意象化品评，是对魏晋六朝时期以“如”为连接词句式的直接承袭，但也有所发展，不再只对作品进行褒奖性评价，还对作品的不足有所关注。这种品评方式，“虽近游戏之作，且多模糊影响之谈，要亦不失为鉴赏的批评之一种”②。

书法批评领域，对书家书作的风格品评，将意象化品评方式进一步发挥拓展至无以复加的程度。李嗣真《书后品》，采用大量意象化譬喻来品评书家书作风格，特别是他首次提出“逸品”概念并将其置于“三品九等”之上，并对列于逸品的书家书体风格作了精彩的评价。如评李斯小篆：“犹乎千钧强弩，万石洪钟”，评伯英章草：“似春虹饮涧，落霞浮浦，又似沃霞沾濡，繁霜摇落”，评钟

---

① [唐] 皇甫湜:《皇甫持正文集》卷一。

② 郭绍虞:《中国文学批评史》(上册)，商务印书馆2010年版，第297页。

繇正隶："如郊庙既陈，俎豆斯在；又比寒涧阒豁，秋山嵯峨"，评右军正体："如阴阳四时，寒暑调畅，岩廊宏敞，簪裾肃穆"，评右军草、行杂体："如清风出袖，明月入怀，瑾瑜烂而五色，黼绣摛其七采"，评子敬草书："如丹穴凤舞，清泉飞跃"，而其正书、行书，则"如田野学士，越参朝列，非不稽古宪章，乃时有失体处。"最后总结说"然数公皆有神助，若喻之制作，其犹《雅》《颂》之流乎！"可见，对列于逸品的书家多为褒赞性评价，夸羡之词溢于言表。然而，品评列于其他品级的书家则远不及此。如评虞世南（上下品）真草惟命，"如罗绮娇春，鹓鸿戏沼"，评刘珉（中中品）"比颠波赴壑，狂涧争流"，评刘穆之、褚渊、梁武帝、梁元帝、陈文帝、沈君理、张正见等人，则"多类效颦，犹枯林之春秀一枝，比众石之孤生片琰"等。很显然，李嗣真采用意象化评价，更倾向于对艺术水平较高、成就卓著的书家，很少用于低品级的书家，即使采用，也是只言片语，带有嘲讽倾向。

张怀瓘《书断》对自古以来的170余位书家作了品评，不仅极富创造性地将他们分列于"神""妙""能"三品，而且采用大量"以物譬喻"的方式对其书作风格作了意象化品评。如评张芝："创为今草……若清涧长源，流而无限，萦回崖谷，任于造化，至于蛟龙骇兽奔腾拿攫之势"；评王献之："至于行草，兴合如孤峰四绝，迥出天外，其峻峭不可量也。尔其雄武神纵，灵姿秀出，臧武仲之智，卞庄子之勇，或大鹏抟风，长鲸喷浪，悬崖坠石，惊电遗光"；评欧阳询："飞白冠绝，峻于古人，有龙蛇战斗之象，云雾轻浓之势，风旋电激，掀举若神"；评谢朓："独步草书，甚有声，草殊流美，薄暮川上，余霞照人，春晚林中，飞花满目。"……诸如此类的评价，不胜枚举。特别值得一提的是，张怀瓘对书家书作的品评，不仅只是采用意象化譬喻方式对其风格进行品评，他更注重对书家全面、综合的考量与评价，他采用人物传记的书写方式，对书家的生平、趣好、师承、地位、擅长书体、风格特点、得失短长等作了全面细致的观照与品评。与前代及同代理论家品评相比，无论在品评范围的广度还是深度，都有明显拓展。

（2）意象化品评的进一步扩大与理性渗入

宋代，弃武崇文，朝野上下"尚文"风气浓厚，宋人评文论诗较唐更盛，批评意识也更为浓重。"唐人重在'作'，宋人重在'评'"。[①]

为论诗之便，宋人开创了诗话一体。意象化风格品评见诸各类诗话、诗评、诗说著作和篇什当中，如欧阳修《六一诗话》、黄庭坚《黄山谷诗话》、蔡绦《蔡百衲诗评》、张戒《岁寒堂诗话》、葛立方《韵语阳秋》、严羽《沧浪诗话》、姜夔

① 郭绍虞：《中国文学批评史》（上册），商务印书馆2010年版，第407页。

《白石道人诗说》、杨万里《诚斋诗话》、敖陶孙《敖器之诗话》、罗大经《鹤林玉露》等，都有关于意象化风格品评的相关评说。这些理论著述中，既有对个别诗人诗作的单独评论，如许颛《彦周诗话》："东坡诗，不可指摘轻议，词源如长河大江，飘沙卷沫，枯槎束薪，兰舟绣鹢，皆随流矣。珍泉幽涧，澄泽灵沼，可爱可喜，无一点尘滓，只是体不似江湖，读者幸以此意求之。"严羽《沧浪诗话·诗评》："李、杜数公如金鳷擘海，香象渡河，下视郊、岛辈，直虫吟草间耳"[①]等；也有对众多诗人诗作风格的集中化品评，如蔡绦《蔡百衲诗评》对柳宗元、王维、杜甫、黄庭坚、苏轼、韦应物、刘禹锡、白居易、李白、韩愈、薛能、王安石、欧阳修、杜牧等唐宋十四家诗风进行了集中化品评：

> 柳子厚诗雄深简淡，迥拔流俗，至味自高，直揖陶谢；然似入武库，但觉森严。王摩诘诗浑厚一段，覆盖古今；但如久隐山林之人，徒成旷淡。杜少陵诗自与造化同流，孰可拟议，至若君子高处廊庙，动成法言，恨终欠风韵。黄太史诗妙脱蹊迳，言侔鬼神，唯胸中无一点尘，故能吐出世间语；所恨务高，一似参曹洞下禅，尚堕在玄妙窟里。东坡公诗天才宏放，宜与日月争光，凡古人所不到处，发明殆尽，万斛泉源，未为过也；然颇恨方朔极谏，时杂滑稽，故罕逢蕴藉。……欧阳公诗温丽深隐，自是学者所宗，然似三馆画手，未免多与古人传神，杜牧之诗风调高华，片语不俗，有类新及第少年，略无少退藏处，固难求一唱而三叹也。[②]

蔡绦继承了唐代张说和皇甫湜的批评方法，对诗家诗作风格特点采用意象化方式予以品评，语言通俗平易不乏艺术性，比拟形象生动不乏想象力，对诗人诗作的评价客观中肯、优劣并举，充分显示出宋代艺术风格品评发展趋向的转变，开始由直观审美感悟基础上笼统式、模糊性批评，逐步向具体性、明晰性批评过渡，理性批评意识也明显增强。然而，始终未变的一点是，意象化批评如同一条红线贯穿其中。更有甚者，南宋敖陶孙《臞翁诗评》竟然一口气集中列举了28位魏晋、唐、宋诗人，对他们的艺术风格一一品评：

> 魏武帝如幽燕老将，气韵沉雄；曹子建如三河少年，风流自赏；鲍明远如饥鹰独出，奇矫无前；谢康乐如东海扬帆，风日流丽；陶彭泽如绛云在霄，舒卷自如；王右丞如秋水芙蓉，倚风自笑；……韩子苍如梨园按乐，排比得伦；

① ［宋］严羽：《沧浪诗话·诗评》，载［清］何文焕辑：《历代诗话》，中华书局1981年版，第598页。

② ［宋］胡仔纂集，廖德明校点：《笞溪渔隐丛话后集》卷第三十三。

吕居仁如散圣安禅，自能奇逸；其他作者未易殚陈，惟唐杜工部如周公制作，后世莫能拟议。①

该品评以极为凝练而精致的语言对众多名家创作风格进行概括，句式规整、想象奇特、内涵丰富，与宋代“尚文”风气颇为吻合。采用集中方式进行意象化风格品评，不仅有助于对多样化风格有集中的认识和理解，而且能更为清晰地感受到不同风格之间的差异与特色。

书法批评领域，也有书论家沿袭唐代书评模式对众多书家书作风格进行品评，但理性意识明显增强，其间渗透着“以人论书”的思想。如朱长文“用怀瓘品例，缀所闻见，断自唐兴以来，以至于本朝熙宁之间，作《续书断》”。其品评虽然同样以传记书写模式，采用大量“以物譬喻”的意象化品评方式对纳入“神”“妙”“能”三品体系中的书家书作进行品评，但有所不同的是，朱氏秉持了“以人论书”的思想，将书家书品与人品相联系，并以具体作品辅以佐证，使品评既有感性的审美想象，又不乏理性的分析思考。如评颜真卿：“为奸雄所挤，以使叛虏，秉节就死……可谓忠烈之臣也……其发于笔翰，则刚毅雄特，体严法备，如忠臣义士正色立朝，临大节而不可夺也。扬子云以‘书为心画’，于鲁公信矣，……故观《中兴颂》则闳伟发扬，状其功德之盛；观《家庙碑》则庄重笃实，见夫承家之谨；观《仙坛记》则秀颖超举，像其志之妙；观《元次山铭》则淳涵深厚，见其业履之纯。”可见，朱氏评书更强调将书法风格与主体人品道德、经历处境相联系，明显是“书如其人”思想的体现。无独有偶，苏轼《论书》也有类似的表述，如评欧阳率更“书妍紧拔群，尤工于小楷……知书者，凡书象其为人。率更貌寒寝，敏悟绝人，今观其书劲险刻厉，正称其貌耳。”尽管宋人“以人论书”的思想似有回归先秦儒家伦理道德评判标准之嫌，但二者却有本质区别。宋人品评书家是在品鉴书家审美性风格的基础上，通过作品之外在形态，联系其生平、处境以及行为道德思想作出的理性评价，不同于先秦时期人物品评单纯以政治伦理道德为标准的品评视角。

当然，此时仍存在很多直接对书作风格特点进行意象化品评的体例。如黄庭坚《山谷论书》：“常山公书如霍去病用兵，所谓顾方略如何耳，不至学孙、吴。至其得意处，乃如戴花美女，临镜笑春，后人亦未易超越耳。”南宋朱熹《晦庵论书》：“米老书如天马脱衔，追风逐电，虽不可范以驰驱之节，要自不妨痛快。”朱长文《续书断》评欧阳询：“行书黝纠蟠屈，如龙蛇振动，戈戟森列，自成一家”，评苏舜钦：“尤工行押、草书，皆入妙品，残章片简，传宝天下，如花

①［宋］魏庆之编：《诗人玉屑》卷之二。

繁上林，月晃淮水，光彩浮动云。”……可见，宋代书法品评仍然未脱魏晋以来的意象化品评模式，只是在品评中更注重将风格品评与书家其人及其具体作品相联系，不再是笼统式的模糊概括，而是具有较为鲜明的理性意识渗入。

（3）意象化风格品评的激增与全面普及

明清时期，在复古思潮的影响下，无论是创作领域，还是批评领域，汲取前代优秀成果是一种流行时尚。尤其在艺术批评领域，模仿沿袭前人品评模式的风气更为浓重，意象化风格品评也由此呈现出愈演愈烈之势，广泛弥漫于诗、文、戏曲、小说、词、书、画等多个批评领域当中。姑且不说各门类艺术批评理论中零星散落的风格评论，仅就相关风格的集中化品评来看，其品评范围之广、人数之多，为历代所不及。

诗文批评领域，明王世贞《艺苑卮言》采用意象化批评方式对当代118位诗人和65位散文家的艺术风格作了集中化品评：

> 《诗》：高季迪如射雕胡儿，伉健急利，往往命中；又如燕姬靓妆，巧笑便辟。刘伯温如刘宋好武诸王，事力既称，服艺华整，见王谢衣冠子弟，不免低眉。……谢茂秦如太官旧庖，为小邑设宴，虽事馔非奇，而饾饤不苟。魏顺甫如黄梅坐人谈上乘，纵未透汗，不失门宗。
>
> 《文》：宋景濂如酒池肉林，直是丰饶，而寡芍药之和。王子充、胡仲申二公，如官厨内酝，差有风法，而不堪清绝。刘伯温如丛台少年入说社，便辟流利，小见口才。……梁公实如贫士好古器，非不得一二醒眼者，政苦难继耳。宗子相如骏马多蹶，又如妙音声人，止解唱《渭城》一曲，日日在耳。李子鳞如商彝周鼎，海外瑰宝，身非三代人与波斯胡，可重不可议。

王世贞继承前人品评方式，以形象具体的比拟对所评对象的优点、缺失作了客观中肯的评价，体现出他犀利而独到的审美眼光和批评视角。同时，所评人数之多，将意象化风格品评推向新的高潮，成为批评家们竞相效仿的榜样。

清代，牟愿相效仿前人，在《小澥草堂杂论诗》中专列“诗小评”，对自汉至唐的72位诗人的风格特点作了意象化品评，如：“《十九首》如星罗秋旻，芒寒久耀。苏李诗如清庙朱弦，古音嘹唳。古乐府如冷水浇背、陡然一惊。魏武帝诗如‘鸿门’‘钜鹿’，霸气淋漓。魏文帝诗如‘邯郸’美女，踮屣鸣琴。曹子建诗如年少美遨，磊块中潜。……白乐天元微之诗如梨园法曲，其声动心。贾阆仙诗如腊病僧，袈裟碎破。李义山诗如汉帷鬼女，真赝微茫。温飞卿诗如绣文罢刺，双倚市门。皮袭美陆鲁望诗如疥背骆驼，全无妩媚。”可见，这种意象化风格品评已然成为批家所乐于“玩弄”的固定的品评模式。

书法批评领域，效仿前人品评模式对近世或当世书法名家进行意象化风格品评的著作，同样数量可观。不仅有针对个别书家风格的意象化品评，如明方孝孺《逊志斋集》评赵子昂：“书如程不识将兵，号令严明，不使毫末出法度外，故动无遗失”，评鲜于伯机：“如渔阳健儿，姿体充伟，而少韵度”，评康里公：“如鸾雏出巢，神采可爱，而颉颃未熟，虽得其重名，而赵公高矣”；明祝允明《评胜国人书》采取简约而俭省的喻象式语言，对虞集、鲜于枢、邓文原、饶介、张雨、倪瓒、杨维桢、陈璧、宋克、解缙等人的创作风格作了品评，如“虞集如卤簿礼官，赞道应节，结束弄姿，稍远大雅”，“倪瓒如金钱野菊，略存别韵”，“杨维桢如华译彝语，自堕朱离”，“谢缙如盾郎执戟，列侍明光”等。清代陈玠《书法偶集》评萧子云书：“如上苑春花，远近瞻望，无处不发”，评黄山谷书：“如剑戟构密是其所长，潇散是其所短”，评褚河南书：“如瑶台仙子，不胜绮靡，乃其人以大节著”等等。

还有的书论对众多书家、书作风格作了集中品评。如清桂馥《国朝隶品》对当朝书法名家30余人的创作风格作了意象化品评：

> 傅青主如蚕丛栈道，级幽梯峻，康衢人裹足不住。王觉斯如壮夫挽强，徒以力矜，不必中的。金孝章如玉水方折，自然中矩。王烟客如古松露根，野竹抽箨。郑谷口如淳于髡、东方曼倩滑稽谐谑，口无庄语。……周幔亭如靖节读书，不求甚解。朱青雷如顾绣屏风，与画梁辉映。

包世臣《艺舟双楫·历下笔谭》对自唐至明，自成一家的书家20人，作了意象化风格品评：

> 永兴如白鹤翔云，人仰丹顶；河南如孔雀皈佛，花散金屏；王知敬如振鹭，集而有容；柳诚悬如关雎，挚而有别；薛少保如雏鹄，具千里之志；钟绍京如新莺，矜百啭之声；率更如虎，饿而愈健；……山谷如梁武写经，心仪利益；海岳如张汤执法，比用重轻；子昂如挟瑟燕姬，矜宠善狎；伯几如负暄野老，嘈杂不辞；京兆如戎人斫布，不知麻性；宗伯如龙女参禅，欲证男果。

康有为以出土的南北朝碑书造像为品评对象，不仅专设《碑品》将其分列入神、妙、高、精、逸、能六个品级（类），而且专设《碑评》，效仿古人的品评模式，采用喻象式语言对部分碑文造像作了意象化风格品评：

《爨龙颜》若轩辕古圣，端冕垂裳。《石门铭》若瑶岛散仙，骖鸾跨鹤。《晖福寺》宽博若贤达之德。《爨宝子碑》端朴若古佛之容。《吊比干文》若阳朔之山，以瘦峭甲天下。……《慈香》如公孙舞剑，浏亮浑脱。《杨翚》如苏蕙织锦，绵密回环。《朱君山》如白云出岫，舒卷窈窕。《龙藏寺》如金花遍地，细碎玲珑。《舍利塔》如妙年得第，翩翩开朗。《苏慈碑》如手板听鼓，戢戢随班。①

特别值得一提的是，以往意象化品评方式主要运用于诗、文、书等文字性艺术领域，然而入明后，这种方式却被不断地复制、效仿，甚至被广泛普及运用到绘画、戏曲及小说批评当中。

绘画批评方面，明李开先仿照前人，著《中麓画品》对明代画家风格特点作了意象化品评：

戴文进之画如玉斗，精理佳妙，复为巨器。吴小仙如楚人之战钜鹿，猛气横发，加乎一时。……倪云林如几上石蒲，其物虽微，以玉盘盛之可也。吕纪如五色琉璃，或者则以为和氏之璧，不知何以取之过也。……沈石田如山林之僧，苦淡之外，别无所有。林良如樵背荆薪，涧底枯木，匠氏不顾。边景昭如粪土之墙，圬以粉墨，麻查剥落，略无光莹坚实之处。……王世昌如释子衲衣，颇有绮数寸，然实拙工耳。王谨、王谔如五代之官，帽则乌纱，身则屠贩。

绘画作为具象性艺术，本身通过画面形象即可使人领略到整体风貌、风格气象，然而，意象化风格品评拓展至绘画领域，一方面是明代复古之风蔓延所致，另一方面，也说明意象化风格品评已然成为众多批评家所钟爱的风格品评模式。

戏曲、小说艺术，经过长期酝酿发展，在明清时期走向成熟繁荣，创作实践领域，名家名作层出不穷；理论研究领域，著述成果业绩斐然。由于成长于共同的文化土壤中，不同门类艺术之间难免相互借鉴、学习，尤其是在明清浓厚的复古风潮影响之下，意象化风格品评同样不可避免地延伸至戏曲、小说艺术批评领域当中。

明朱权的《太和正音谱·古今群英乐府格势》集中品评了元代187人、明初

① ［清］康有为：《广艺舟双楫》，载潘运告主编：《晚清书论》，湖南美术出版社2003年版，第380-382页。

16人，共计203人的艺术风格，其人数之多，创下了意象化风格品评之最。其意象化风格品评主要包括详细与简略两个部分：第一部分较为详细，品评对象多为艺术成就较高的作家，先对其风格予以总括，而后采取意象化品评方式对其用词、风格技巧以及成就高下作了品评：

马东离之词，如朝阳鸣凤。其词典雅清丽，可与灵光景福而相颉颃。有振鬣长鸣，万马皆瘖之意。又若神凤飞鸣于九霄，岂可与凡鸟共语哉？宜列群英之上。张小山之词，如瑶天笙鹤。其词清而且丽，华而不艳，有不吃烟火食气，真可谓不羁之材；若被太华之仙风，招蓬莱之海月，诚词林之宗匠也。当以九方皋之眼相之。……王实甫之词，如花间美人。铺叙委婉，深得骚人之趣。极有佳句，若玉环之出浴华清，绿珠之采莲洛浦。……关汉卿之词，如琼筵醉客。观其词语，乃可上可下之才，盖所以取者，初为杂剧之始，故卓以前列。郑德辉之词，如九天珠玉。其词出语不凡，若咳唾乎九天，临风而生珠玉，诚杰作也。白无咎之词，如太华孤峰。孑然独立，峭然挺出，若孤峰之插晴昊，使人莫不仰视也。宜乎高荐。

第二部分，较为简略，仅对曲作家的整体风格，以四字喻象进行简要概括，而不就其具体用词、技巧风格以及成就高下逐一展开。如：

贯酸斋之词，如天马脱羁。邓玉宾之词，如幽谷芳兰。滕玉霄之词，如碧汉闲云。鲜于去矜之词，如奎璧腾辉。商政叔之词，如朝霞散彩。……李好古之词，如孤松挂月。陈存甫之词，如湘江雪竹。鲍吉甫之词，如山蛟泣珠。戴善甫之词，如荷花映水。张时起之词，如雁阵惊寒。赵天锡之词，如秋水芙蕖。尚仲贤之词，如山花献笑。王伯成之词，如红鸳戏波。

朱权以宽阔的视野对200多位曲作家的风格特色逐一进行品评，各以形象化譬喻，辨察毫厘、精微细致实属不易。如此丰富多彩的意象化批评，不仅显示了戏曲的高度发展，同时也体现出戏曲理论的兴盛。朱权对众多曲作家的风格品评首次开创了戏曲领域的意象化风格品评，在中国古代戏曲史上占有极其重要的地位，标志着意象化风格批评在多向度拓展上又迈进了一步。

小说评点方面，意象化品评同样存在。不同于其他门类的是，小说评点的意象化品评始终与情节节奏、写作技巧紧密相随。金圣叹作为小说批评的巨匠，意象化品评在他手中获得成熟的运用[①]。在《水浒传》评点中，金圣叹采用大量的意象化语言来体现情节的变化，如“上文神橱来捉一段，可谓风雨如磐，虫鬼骇逼矣。忽然一转，却做花明草媚，团香削玉之文”“上文如怒龙入云，鳞爪忽隐忽现，又如怪鬼夺路，形状忽近忽远，一转却别作天清地朗，柳霏花拂之文，令读者惊喜摇惑不定。”[②]另外，还有大量意象化批评术语的运用，如“草蛇灰线”“绵针泥刺”“横断云山”“鸾胶续弦”等，以直观意象代替抽象概念，对阐释作品情节及内涵具有很好的引导作用。另外，在毛宗岗评点《三国演义》时，也以大量的自然意象为譬喻，概括作品的创作技巧、情节叙事等方面的风格特点，他曾在“读《三国志》法”中指出：《三国》一书，“有同树异枝、同枝异叶、同叶异花、同花异果之妙”“有星移斗转、雨覆风翻之妙”“有横云断岭、横桥锁溪之妙”“有将雪见霰、将雨闻雷之妙”“有浪后波纹、雨后霢霂之妙”“有寒冰破热、凉风扫尘之妙”“有笙箫夹鼓、琴瑟间钟之妙”[③]等等。意象化批评运用于小说评点，使艺术批评由对作家及作品风格的整体把握转向了对作品细部的分析，增强了所评对象的形象性、可感性和审美性，这是意象化批评的创造性发挥，同时显示了风格品评逐渐走向精微化和具体化，对于欣赏者从多角度审视、品鉴艺术作品具有积极的作用。

综上所述，意象化是艺术风格品评最为显著的特征之一。从魏晋六朝基本确立，到唐宋进一步加强、深化、拓展及理性渗入，直到明清数量激增与广泛普及，意象化品评被历代批评家不断传承，在各个艺术批评领域竞相效仿，已然成为一种固定的品评模式。可见，意象化品评的出现并不是偶然现象，它是我国古代历史环境下形成的一种迥异于西方的艺术批评方式，是极富有民族特色的风格品评话语体系，是中国古典艺术学的典型特色。

（三）意象化风格品评的特点

1. 喻象性

喻象性是意象化风格品评的显著特征，决定着意象化风格品评的存在方式和展开维度。它是“主体在客观世界中摄取对应物，并赋予其一定的比喻或象征的意义，由此而形成的一种意象。”[④]意象化风格品评的独特性体现在“以彼物比此

① 倪梁敏：《金圣叹〈水浒传〉评点中的意象批评》，《安徽文学》2007年版第11期。

② ［明］施耐庵著，陈曦钟、侯忠义、鲁玉川辑校：《水浒传会评本》，北京大学出版社1981年版，第771、778页。

③ ［明］毛宗岗：《天下第一才子书——〈三国演义〉中的权术与谋略》，海南出版社1993年版，第13、15、16、17、17、17、18页。

④ 施旭升：《艺术即意象》，人民出版社2013年版，第69页。

物”的方式，把抽象的精神特征和微妙的情感体验化作直观可感的具体形象，不同于西方批评家侧重理性分析与逻辑判断，将感性经验上升至抽象理念。意象化风格品评，主要采用明喻和隐喻两种方式。

明喻，即采用“若”“犹”“如”等喻词将两个不同的事物连接起来进行艺术表达的修辞方法。这是古代最早采用的风格品评方式，也是历代占据主导地位的品评方式。如汉魏时曹植《前录自序》载：“君子之作也，俨乎若高山，勃乎若浮云，质素也如秋蓬，摛藻也如春葩”，钟嵘《诗品》评谢灵运：“譬犹青松之拔灌木，白玉之映尘沙”，袁昂《古今书评》评萧子云书“如上林春花，远近瞻望，无处不发”等；《旧唐书·杨炯传》引张说语，评李峤、崔融、薛稷、宋之问之文，“如良金美玉，无施不可”等，唐李嗣真《书后品》评李斯小篆“犹乎千钧强弩，万石洪钟”，宋朱长文《续书断》评欧阳询“行书黝纠蟠屈，如龙蛇振动，戈戟森列”，明王世贞《艺苑卮言》评“高季迪如射雕胡儿，伉健急利，往往命中”，明朱权《太和正音谱·古今群英乐府格势》评“贯酸斋之词，如天马脱羁。邓玉宝之词，如幽谷芳兰”等，明李开先《中麓画品》评“戴文进之画如玉斗，精理佳妙，复为巨器。”清康有为《碑评》：“《爨龙颜》若轩辕古圣，端冕垂裳”等，清金圣叹小说评点《水浒传》“上文如怒龙入云，鳞爪忽没忽现，又如怪鬼夺路，形状忽近忽远，一转却别作天清地朗，柳霏花拂之文，令读者惊喜摇惑不定”等等，诸如此类的品评都以喻词为连接，采用丰富多彩的喻象比拟对各领域名家杰作的风格特色作了形象生动的品评，表明历代批评家对这种品评方式的普遍认同与广泛接受，由此使得这种品评方式扎下了稳固根基，成为中国古代具有典型意义的品评模式。

隐喻，即不用“犹”“若”“如”等喻词而将不同事物连接起来的修辞方法。虽没有鲜明的喻词作为中介连接，但同样能在彼类具象的暗示下实现对风格特色的感知与品评。诗歌领域，常采用以“诗”解“体”的方式对风格类型予以释义描绘，唐僧齐己《风骚旨格》列“十体”类型，如高古：“诗曰：千般贵在无过达，一片心闲不奈高”等，晚唐司空图《诗品》释义二十四种风格类型，如豪放：“观化匪禁，吞以四言吐大荒。由道返气，处得以狂。天风浪浪，海山苍苍。真力弥满，万象在旁。前招三辰，后引凤凰。晓策六鳌，濯足扶桑”等，虽未标明喻词，但却通过诗化语言与一系列的意象（组合）营造出一个个极富情趣的意象世界。书法领域，如张怀瓘《书断》评欧阳询的飞白“有龙蛇战斗之象，云雾轻浓之势，风旋电激，掀举若神”，宋黄庭坚《山谷论书》：“张长史折钗股，颜太师屋漏法，王右军锥画沙，印印泥，怀素飞鸟出林，惊蛇入草，索靖银钩虿尾”等，虽然没有喻词引导，同样将不同书家的风格特色品评得生动活泼、神采飞扬。戏曲领域，明朱权《太和正音谱·古今群英乐府格势》明喻、隐喻参杂运用，如评马东离之词“如朝阳鸣凤。其词典雅清丽，可与灵光景福而相颉颃。有振鬣长鸣，万马皆瘖之意。又若神凤飞鸣于九霄，岂可与凡鸟共语哉?”等，充分展现了杰出曲作家风格特色的不同凡响；小说评点方面，毛宗岗评点《三国》不同情节段落的风格特点，“有同树异枝、同枝异叶、同叶异花、同花异果之妙”“有将雪见霰、将雨闻雷之妙”等，有效地解决了小说故事情节复杂，难以用笼统、模糊的喻象对整体风格特色予以品评的缺憾。

上述两种具体的品评方式，以喻词为引导的明喻品评较为普遍，广泛运用于不同门类艺术领域；隐喻品评相对较少，虽表达方式不够直截了当，但同样“以彼物比此物”暗示出作品风格的独特之处，在品评效果上毫不逊色，甚至在某种程度上，比明喻更为深入、耐人寻味。二者的不同之处在于，前者在形式上是“相类”关系，而后者在形式上是“相合”关系。[①]相同之处在于，它们都以直观生动的喻象比拟对作家作品风格予以品评，以感性的直觉体验替代了抽象枯燥的概念解析，消解了批评的严肃性和抽象性，增强了风格品评的审美性和具象性，进而使严肃、犀利的艺术批评转化为形象、可感的审美品鉴。

2. 虚拟性

虚拟性是风格品评中意象的存在特点。古代风格品评中的“意象”，无论是自然山水、动植物，或是人物，无论是静态，或是动态，都是一种虚拟存在，具有非现实性的特点。章学诚《文史通义·易教下》提出意象的两种说法：“有天地自然之象，有人心营构之象。……是则人心营构之象，亦出天地自然之象也”，[②]此处“天地自然之象”指的是客观世界的自然物象，而“人心营构之象”，是经由人的头脑想象而生成的新产物，也即批评主体主观营构的虚幻意象。古代风格品评中的喻象，如“上林春花”“危峰阻日”“云鹄游天”“芙蓉出水”“春虹饮涧，落霞浮浦”“武库矛戟，雄剑欲飞”“或大鹏抟风，长鲸喷浪”“幽燕老将，气韵沉雄”“朝阳鸣凤”“瑶天笙鹤”“鹏搏九霄”“九天珠玉”“彩凤刷羽”……千姿百态，异彩纷呈，有些意象是自然界或社会生活中客观存在的物象情景，有些是通过想象虚构的、甚至是违背常理主观臆造的。但无论何种意象，它们有一个共同特征，即都与人的生命、生存及生活相关联，是经过批评主体的主观营构，借助于想象才得以呈现的非现实的虚拟存在。

众所周知，想象是一种特殊的思维形式，能够突破人的狭窄经验范围，不受

① 陈望道:《修辞学发凡》，复旦大学出版社2008年版，第62页。

②《文史通义·易教下》，载［清］章学诚著，叶瑛校注:《文史通义校注》，中华书局1985年版，第18-19页。

时间、空间的束缚自由展开。陆机《文赋》曾描述想象的过程与状态："其始也，皆收视反听，耽思傍讯，精骛八极，心游万仞。其致也，情曈昽而弥鲜，物昭四库全书上如此晰而互进，倾群言之沥液，漱六艺之芳润，浮天渊以安流，濯下泉而潜浸。于是沈辞怫悦，若游鱼衔钩而出重渊之深；浮藻联翩，若翰鸟缨缴而坠曾云之峻，收百世之阙文，采千载之遗韵，谢朝华于已披，启夕秀于未振，观古今于须臾，抚四海于一瞬。"[①]刘勰《文心雕龙》"神思"篇曾引用《庄子·让王篇》："古人云：'形在江海之上，心存魏阙之下'，神思之谓也。"黄侃《文心雕龙札记》指出："此言思心之用，不限于身观，或感物而造端，或凭心而构象，无有幽深远近，皆思理之所行也。"[②]说明想象具有超越现实时空限制的性能，是一种不受限制任由主体"凭心"构象的自由状态。对于艺术创作来说，想象是塑造艺术形象的创造本领，而对于艺术批评来说，同样不可或缺。尤其是古代风格品评中的意象，正是借助了想象超越时空、超越自我、超越实体的自由特性，才使风格品评彰显出鲜活灵动的独特魅力，不仅诉诸人的视、听感官（有时还有触觉、嗅觉等感官），将"身之所历""目之所见"与人们生命、生存、生活相关联的各种情景都纳入了风格品评的视野，更重要的是凭借想象，将"心之所及"的虚幻境界也囊括进来。当批评家面对作品"因内而符外"的风格特征时，往往会直接感兴，在头脑中瞬间营构出可以显现风格特色的虚拟"意象"，并力求通过极富想象而夸张的言辞比况，将其对作品的审美感悟与评价传达出来。这一点可从历代风格品评丰富的意象比拟中找到确证。

批评家们竭尽想象之能，力求工丽奇巧之辞对名家风格予以品评，甚至出现主观臆断、夸大其词、比况过度等问题，也因此屡遭抨击与诟病。如唐孙过庭《书谱》说："至于诸家势评，多涉浮华，莫不外状其形，内迷其理，今之所撰，亦无取焉"，宋米芾《海岳名言》指出："历观前贤论书，征引迂远，比况奇巧，如'龙跳天门，虎卧凤阙'，是何等语？或遣词求工，去法逾远，无益学者。"可见，批评家对风格品评中追求浮华辞藻，特别是比况过度的现象是有深刻反思的，认为这样的批评无益于学者，不能发挥批评指导实践的作用。特别是清叶燮《原诗》指出："夫自汤惠休以'初日芙蓉'拟谢诗，后世评诗者，祖其语意，动以某人之诗如某某；或人、或神仙、或事、或动植物，造为工丽之辞，而以某某人之诗一一分而如之。泛而不附，缛而不切，未尝会于心，格于物，徒取以为谈资，与某某之诗何与？明人递习成风，其流愈盛。自以为兼总诸家，而以要言评次之，不亦可哂乎？我故曰：'历来之评诗者，杂而五章，纷而不一，诗道之不

---

① [西晋] 陆机著，金涛声点校：《陆机集》，中华书局1982年版，第1-2页。

② 黄侃：《文心雕龙札记》，转引自张长青：《文心雕龙新释》，湖南大学出版社2009年版，第303页。

能常振于古今者，其以是故欤！’”[1]叶燮从根源上指出意象化品评的弊端，特别是针对后世品评中“泛而不附，缛而不切”的失当、过度品评，提出了近似讥讽的尖锐批评，但其“反对的只是没有会心体悟而动辄以他物比附的空疏的批评态度”[2]，而非全盘否定意象化风格品评方式。

历代风格品评中的意象，是批评家基于作品风格的主观营构，是充满想象可以实现神“游”的境界。尽管其本质是想象虚构的产物，但这种品评方式却沟通了人与天地万物的内在关联，实现了人与世界的交融，可谓是“游于艺”的体现，批评家无须经过逻辑判断与理性思考，更无须对其结构进行肢解或剖析，仅仅在“凭心”构象的审美体验活动中即可实现精神的自由与对作品风格特色的整体把握。

3. 审美性

审美性是意象化风格品评的基本属性。纵观古代诗、文、书、画、曲、小说等批评领域的相关风格品评，可以发现各种形态的意象充满了审美性。溯源风格品评的理论根源，其与魏晋人物品藻密切关联。尽管先秦时期就已出现采用喻象比拟方式品评人物的言论，如《论语》中孔子肯定子贡德行，以“瑚琏”比拟；孔子批评宰予昼寝，以“朽木”“粪土”比拟；子贡赞美孔子内藏美德，以“有美玉”比拟等，但这些喻象无论褒贬，都是以政治伦理道德为衡量标准。汉魏以来，动荡的时局环境呼唤人的自我觉醒，人物品藻逐步摆脱了礼乐德治的主导地位，开始转向对人的个性才情、容貌、风度的审美性评价，如《后汉书》载：“马融……为人美辞貌，有俊才”，“郭太……身长八尺，容貌魁伟”，《世说新语》多个篇章充满对人的审美性评价，“容止”篇载：“潘岳妙有姿容，好神情。少时挟弹出洛阳道，妇人遇者，莫不连手共萦之。”“赏誉”篇载：庾子嵩目和峤：‘森森如千丈松，虽磊砢有节目，施之大厦，有栋梁之用’”等，这种品评观念与方式逐渐延伸至对作家作品风格的品评。《世说新语》“文学”篇引孙绰之语：“潘文烂若披锦，无处不善；陆文若排沙简金，往往见宝。”袁昂《古今书评》评“皇象书如歌声绕梁，琴人舍徽。卫恒书如插花美女，舞笑镜台”等，都体现出鲜明的审美性特点，旨在通过褒赞语汇对各自领域杰出作家作品风格特色进行美化渲染。

唐以后各个门类艺术领域，伴随着艺术的高度发展与艺术风格的多样化，采用充满审美性的喻象比拟品评风格更为普遍。如唐张怀瓘《书断》评草书大家张芝，“若清涧长源，流而无限，萦回崖谷，任于造化，至于蛟龙骇兽奔腾拿攫之

① ［清］叶燮著，霍松林校注：《原诗》（外编），人民文学出版社1979年版，第55页。

② 吴承学：《中国古典文学风格学》，北京大学出版社2011年版，第266页。

势”；宋朱长文《续书断》评颜真卿，“刚毅雄特，体严法备，如忠臣义士正色立朝，临大节而不可夺也”；南宋敖陶孙《臞翁诗评》评曹子建，“如三河少年，风流自赏”，评陶彭泽如绛云在霄，舒卷自如”；明朱权《太和正音谱·古今群英乐府格势》评张小山之词，“如瑶天笙鹤。其词清而且丽，华而不艳，有不吃烟火食气，真可谓不羁之材”，又评王实甫之词，“如花间美人。铺叙委婉，深得骚人之趣。极有佳句，若玉环之出浴华清，绿珠之采莲洛浦”；清代陈玠《书法偶集》评萧子云书“如上苑春花，远近瞻望，无处不发”，评褚河南书“如瑶台仙子，不胜绮靡”等。包世臣《艺舟双楫·历下笔谭》评“永兴如白鹤翔云，人仰丹顶；河南如孔雀皈佛，花散金屏”等，上述品评语汇虽然简练短小，却极尽溢美之词，对诸家风格予以审美性褒赞。

我们知道，风格是艺术家创作高度成熟形成独创性的标志，是“艺术所能企及的最高境界”，当批评家面对诸多令人感动的名家杰作时，往往会情不自禁地为其风格特色所吸引，自然会感“物”起兴，竭尽所能对其风格特色予以褒赞、夸饰。可见，风格品评是一种不折不扣的审美活动，审美是人的一种必不可少的精神享受。美学家朱光潜先生《论美》所说：“美感的世界纯粹是意象世界”。宗白华也曾提出美在“意象”的观点，认为“一切美的光是来自心灵的源泉：没有心灵的映射，是无所谓美的”[①]。因而，风格品评中异彩纷呈的意象，实则是在传达批评家们对美的崇尚，力求通过生动活泼、充满赞誉的喻象比拟，彰显迥然有别的风格特色，同时抒发批评主体的美感。风格品评中所营构的意象，融注了批评家的心灵与情感，在某种程度上又是批评家追求生命自由、释放审美情感的体现。

艺术作为人的高级精神活动，是摆脱了物质实用功利的超越，熔铸了艺术家对外在世界的独特看法和审美方式，尤其是发展至成熟阶段形成独特的风格，更能彰显创作者精神的自由。批评家以其为品评对象，在品鉴风格过程中，对其风格特色予以意象比拟，实则是一种超功利的审美再创造活动。风格品评所形成的意象，通过批评家的审美体验活动被再创造出来，此时作品的美与批评家的美感同声呼应，批评主体与营造出的意象世界融为一体，在这样的审美体验中，“人的心灵超越了个体生命的有限存在和有限意义，得到一种自由和解放，从而回到人的精神家园”[②]。从这个意义上讲，意象化风格品评是人的精神获得自由的体现，是人性的需求。基于审美体验的风格品评，追求的不是理性的解析与抽象的逻辑判断，也并非要引导人们认识和把握客观世界的本质和规律，追求逻辑之

① 宗白华:《中国艺术意境之诞生》，载《艺境》，商务印书馆2011年版，第183页。

② 叶朗:《美学原理》，北京大学出版社2009年版，第15页。

“真”，而是通过意象营造“一个完整的、充满意蕴、充满情趣的感性世界”，追求人与世界的情景交融、物我两忘的美感境界。

4. 主体性

主体性是指意象化风格品评中批评家的主体作用。唐代著名诗人、思想家柳宗元曾提出“美不自美，因人而彰”[①]的观点，认为外在的自然景物若要成为审美对象，必须有人的审美活动参与进来。风格品评作为一种审美活动，自然离不开批评家的参与、体验。“要有人的意识‘发现’它，‘唤醒’它，‘照亮’它”[②]，才能使不同艺术领域各具特色的作家作品风格特色充分体现出来。王国维《人间词话》曾说：“一切境界，无不为诗人设。世无诗人，即无此种境界”，这个“境界”即指审美意象，是经由主体的审美活动所形成的新“境界”[③]，对于艺术批评来说也是如此，离开批评主体在审美活动中的主导作用，作为外在客体的艺术作品美与不美、风格特色或境界如何，将无从彰显。

意象化风格品评是在批评主体的审美体验中完成的。当某位作家或作品的创作风格被作为品评对象时，是一个包含丰富内容意义和形式语言的完整的统一体，是“不再包含陌生性的、对象性的和需要解释的东西”[④]，也即批评主体对风格的感知与品评是整体性的，无须进行肢解或细化。而且批评主体在风格品评中创设的各种“意象”，与人类的原初经验、对天地万物的感知密切关联，在人类与自然世界无数次的征服、适应与交往中，早已将一切可见的、不可见的物象及变化，甚至虚构想象的、不可解释的万象，都化作原始意象积淀并印刻在人们的头脑当中，进而成为艺术意象的“原型”。因此，当批评主体面对作品风格时，往往会“一触即觉，不假思量计较”[⑤]直接感兴，瞬间以一个特定的“意象”对作品风格特色予以把握。诚如朱光潜所说，“在观赏的一刹那中，观赏者的意识只被一个完整而单纯的意象占住”[⑥]，这样的审美体验，完全是在批评主体的直觉感悟下完成的，是超逻辑、超理性的。

意象化风格品评还熔铸着批评主体的情感体验。“体验就是主体（人）带有强烈情感色彩的、活生生的、对于生命之价值与意义的感性把握。”[⑦]批评主体在

① “夫美不自美，因人而彰。兰亭也，不遭遇右军，则清湍修竹，芜没于空山矣”，参见柳宗元《邕州柳中丞作马退山茅亭记》。

② 叶朗：《美学原理》，北京大学出版社2009年版，第43页。

③ 王国维：《王国维文集》第一卷，中国文史出版社1997年版，第173页。

④ 伽达默尔：《真理与方法》上卷，上海译文出版社1999年版，第83页。

⑤ 王夫之：《相宗络索 三量》，《船山全书》第十三册。

⑥ 朱光潜：《文艺心理学》，《朱光潜美学文集》第一卷，上海文艺出版社1982年，第17页。

⑦ 童庆炳：《现代心理美学》，中国社会科学出版社1993年版，第53页。

品鉴风格的审美活动中，在使用极富启悟、想象的语言营构意象的同时，往往还会将自身的情感体验融注其中，这是一种“现身情态”，即“此情此景的切身感受状态”[①]。因而经由“人心”营构的意象，是充满情感的“心灵”之“象”。如唐代杰出书家欧阳询和颜真卿，他们的书风均因充满“阳刚”之气而饱受赞誉，但在批评家眼里，意象化品评方式渗透着批评家的主体意识和情感体验。张怀瓘评欧阳询“真行之书……森森焉若武库矛戟”[②]，宋朱长文评其“正书纤浓得中，刚劲不挠，有正人执法、面折廷诤之风”，“行书黝纠蟠屈，如龙蛇振动，戈戟森列”[③]，可见，欧书具有奇险刚劲的风格特色，还有一些剑拔弩张的气势，也因此被指摘“若猛将深入，时或不利”[④]，还常将其与虞世南相比，“君子藏器，以虞为优”[⑤]。而评颜真卿书风，朱长文评其：“刚毅雄特，体严法备，如忠臣义士正色立朝，临大节而不可夺也。”[⑥]宋赵与时评：“颜真卿如项羽挂甲，樊哙排突，硬弩欲张，铁柱特立，昂然有不可犯之色”[⑦]等，尽管颜书同样具有刚毅、雄特风格特色，甚至也存在“硬弩欲张”“昂然不可犯”之风貌，但却因其一生忠烈、持节不屈的经历而备受批评家褒赞，诚如欧阳修：“余谓颜公书，如忠臣烈士，道德君子，其端严尊重，人初见而畏之，然愈久而愈可爱也。”[⑧]可见，批评家已将自己的情感体验融入风格品评当中了。此时的意象充满了感染力，批评主体已将自身的情感体验与人们的情感、心绪、思维、想象等联结调动起来，围绕“意象”一起心潮涌动，跌宕起伏，从而使作品风格更具感人的力量。

另外，意象化风格品评的主体性还与审美取向相关。不同的批评主体由于个性不同，对于相同的品评对象，不同的批评主体往往因审美取向不同而出现差异。如对王羲之、王献之父子书风的品评，袁昂《古今书评》：“王右军书如谢家子弟，纵复不端正者，爽爽有一种风气”“王子敬书如河洛少年，虽皆充悦，而举体沓拖，殊不可耐”，对父子二人的书风都持以褒义评价；但唐太宗李世民却对他们褒贬不一，评献之“字势疏瘦，如隆冬之枯树”“笔踪拘束，若严家之饿

① ［德］马丁·海德格尔著，陈嘉映，王庆节译：《存在与时间》，三联书店1987年版，第164页。

② ［唐］张怀瓘：《书断》，载潘运告主编：《张怀瓘书论》，湖南美术出版社1997年版，第177页。

③ ［宋］朱长文：《续书断》，载潘运告主编：《宋代书论》，湖南美术出版社1999年版，第72、72页。

④ ［唐］张怀瓘：《书断》，载潘运告主编：《张怀瓘书论》，湖南美术出版社1997年版，第178页。

⑤ ［唐］张怀瓘：《书断》，载潘运告主编：《张怀瓘书论》，湖南美术出版社1997年版，第178页。

⑥ ［宋］朱长文：《续书断》，载潘运告主编：《宋代书论》，湖南美术出版社1999年版，第54页。

⑦ ［宋］赵与时著：《宾退录》（二册），中华书局1985年版，第20页。

⑧ ［宋］欧阳修：《集古录跋尾》卷七《又唐颜鲁公书残碑》，载《欧阳修全集》，中国书店1986年版，第1177页。

隶”，评王羲之“烟霏露结”“凤翥龙蟠”，[①]对小王的贬低与对大王的推崇，不仅基于他们书体本身的形态样貌的差异，更是批评主体审美取向的体现。而李嗣真《书后品》评右军草体：“如清风出袖，明月入怀”，评子敬草书：“如丹穴凤舞，清泉飞跃”，很显然对二王书法都抱以“各美其美”的审美眼光。可见，风格品评是批评主体心灵与情感的结晶，是人心赋予的形式。意象化风格品评的意义，不仅凸显了名家大师独特风格的艺术魅力，而且还通过批评家心灵深处营造出的“意象世界”，引导人们沉浸于艺术意象所蕴含的言外意趣和神韵感悟当中。

综上所述，意象化风格品评在中国古代艺术批评中长期占据统治地位，有其自身的优越性，同时也存在不足之处，它长于直觉感悟和意象营造，而在理性分析与逻辑判断方面不够强烈。然而我们不能苛求它是完满无瑕的，它的优点长处正是西方艺术批评所不具备的，这种极具民族特色的艺术批评方式，代表了中国古人对待艺术风格的独特视角和审美情趣，值得当下艺术批评借鉴与发扬。

二、风格品评的品第化

品第化是中国古代艺术风格品评的又一重要特征，即按照一定的品评标准，对艺术家及其作品风格进行品第，以便区分风格的等级高低。一般说来，艺术风格是以独特性而存在的，没有高低优劣之分，风格的本质在于独特性和不可替代性。然而，中国古人却建立了一套独具民族特色的风格品评系统，将具有不同风格特色的作家作品按照一定的评定标准纳入不同的品级。从某种意义上来说，这种品评方式，在众多各具特色的艺术家及其作品中，寻找到了相互之间所具有的共性化、类型化的特点，将他们以不同等级予以标示，打破了以往风格品评只看到其个性特点，而忽略其共性特征的缺陷，使风格品评不只停留于审美直觉感悟阶段，还进一步深入到理性分析层面。

（一）品第化风格品评理论渊源

品第化作为一种批评方式，最早出现于魏晋六朝时期。绘画、诗歌、书法等批评领域开始出现以“品”区别等第的批评理论。谢赫的《古画品录》、钟嵘的《诗品》及庾肩吾的《书品》等，对艺术家源流派别、成就高下以及风格特点等作了较为全面的品评，旨在按照一定的审美标准，将成就与风格不同的艺术家及作品纳入等级体系之中，以显优劣、定高下。品第化风格品评特征由此而生。可以说，对作家作品进行分级品第，如此普遍地出现在魏晋南北朝时期，绝不是偶然现象，它与汉魏以来盛行的人物品评有着不可分割的密切联系。

① ［唐］李世民：《王羲之传论》，载潘运告主编：《初唐书论》，湖南美术出版社1997年版，第95页。

汉魏时期，人物品评突破了先秦以儒家伦理道德思想为主流的人物品评标准，曹丕接受陈群建议，推行九品中正制，“延康元年，吏部尚书陈群，以天朝选用不尽人才，乃立‘九品官人之法’，州郡皆置中正，以定其选，择州郡之贤有识鉴者为之，区别人物，第其高下。”①这一制度使人才选拔无论是察举征辟，或是官员晋升，都需经过各级中正官的资格审查与认定，评出等级高下，作为官员遴选依据。“九品”等级设置，主要分为上中下三大等级，每一等级又分上、中、下三个层次，具体体现为上上、上中、上下、中上、中中、中下、下上、下中、下下等九品。九品中正制进一步“强化了新权利中心在各级官员心中的权威性”，②既是对东汉以来重观察、不重考试选举制度的沿袭，同时也是对其的进一步改造，“它使名士的清议与政府合作，变私人的‘月旦评’为官府的中正品第”。这种品评方式“带有某种抑制大族和名士清议朋党交游的作用”③。而且，此时人物品评有一个显著特点，即不再仅以“德”作为评价标准，而是“德”“才”并举作为人物品评的标准。人物品评的重心开始逐渐由政治性伦理道德品评，转向对人物个性才情、容貌、风度的审美性品评。

《世说新语》是一部充满审美性评价的代表著作，采用简短精辟且极富意象化的语言对人物特点进行评价，为了突出个体人物才情、智慧、容貌、风度等方面的特点，还常常采用相互对比的方法，对人才优劣、人格高下进行品评。如：

> 裴令公目夏侯太初：“肃肃如入廊庙中，不修敬而人自敬。”一曰：“如入宗庙，琅琅但见礼乐器。见钟士季，如观武库，但睹矛戟；见傅兰硕，江廧靡所不有。见山巨源，如登山临下，幽然深远。”（《赏誉》）
>
> 时人道阮思旷：“骨气不及右军，简秀不如真长，韶润不如仲祖，思致不如渊源，而兼有诸人之美。”（《品藻》）

从中可见，人物品评采用意象化语汇阐发不同人才的个性、特点，并将其融入对比分析中，不仅有助于认识理解不同人才的优长、缺憾，而且在区分其特点、差异的基础上，实现了对人格美的高低、优劣评价。对比方法是一种非常重要的研究方法和批评方法，美国学者盖伊 E. 斯旺森曾说：“没有比较的思维是不可思议的，如果不进行对比，一切科学思想和所有科学研究，也都是不可思议

① ［唐］杜佑撰：《通典》卷一四《选举二》。

② 王晓毅：《曹魏九品中正制的历史真相》，《文史哲》2007年第6期。

③ 熊国华：《人物品评与〈世说新语〉的叙事结构》，《西南师范大学学报》2004年第4期。

的。”[①]尽管品评还算不上科学研究，但比较的方法的确为区分高下、优劣提供了基础前提。加之批评者对九品官人体制的借鉴，促使古代艺术批评从此确立了对比与分品相结合的方式，也即“分级品第”，这种方式一经确立，便扎下了深厚的根基，成为古代艺术批评，尤其是风格品评所惯用的一种固定模式。

（二）品第化风格品评的初步确立

魏晋六朝人物品评影响下的艺术批评，十分注重对艺术家及其作品风格的鉴赏与品评，这为品第化批评方式提供了广阔的用武之地。采用“分级品第”相辅相成的映衬，有利于阐发品评者的主观意图，也更能凸显位于不同级别艺术作品的总体风格特色。

1. 品第化的萌芽：谢赫《古画品录》

最早采用分级品第方式进行艺术品评的理论著作是谢赫的《古画品录》，该作对绘画方法作了系统性概括总结，提出了绘画“六法”，并建立了以第一法“气韵生动”为主，其他五法（包括骨法用笔、应物象形、随类赋彩、经营位置和传移模写）为辅的品评体系，其品评内容不仅包括画家的技能水平，利弊短长，还对其风格特点作了品评，主要分为六品：

> 第一品：陆探微：穷理尽性，事绝言象，包前孕后，古今独立。
> 第二品：顾骏之：神韵气力，不逮前贤；精微谨细，有过往哲。
> 第三品：顾恺之：格体精微，笔无妄下；但迹不迨意，声过其实。
> 第四品：顾宝光：全法陆家，事事宗禀。方之袁蒨，可谓小巫。
> 第五品：刘项：用意绵密，画体纤细，而笔迹困弱，形制单省。
> 第六品：丁光：虽善名蝉雀，而笔迹轻羸，非不精谨，乏于生气。
> （各品仅列一例予以说明）

谢赫以“六法”为品评标准，对画家画作进行分级品第，语言简练，有褒有贬，在绘画史上尚属首次，在中国古代艺术风格品评史上也是开山之作。它为同时代艺术风格品评以及后世风格品评树立了典范，尤其是将“气韵”作为最高审美要求，无疑为艺术风格品评提供了新的视角。

---

① ［美］尼尔·J·斯梅尔塞著，王宏周、张平平译：《社会科学的比较方法》，社会科学文献出版社1992年版，第2页。

2. “上中下”三品制的确立：钟嵘《诗品》

谢赫之后，采用分级品第方式对作家作品进行风格品评的是钟嵘的《诗品》和庾肩吾的《书品》，更为鲜明地体现了品第化特征。

钟嵘《诗品》是我国艺术批评史上第一部以“品”评诗的诗学专著，确立了风格品评“三品制”的最初模式。该作分上中下三卷，对两汉至齐梁间的五言诗诗人（一百二十二人）和无名氏《古诗》分为上、中、下三品。《诗品》在古代艺术批评史上的重要地位，堪比刘勰的《文心雕龙》。章学诚说：“《诗品》之于论诗，视《文心雕龙》之于论文，皆专门名家，勒为成书之初祖也。《文心》体大而虑周，《诗品》思深而意远；盖《文心》笼罩群言，而《诗品》深从六艺溯流别也。”[①]可见，钟嵘《诗品》具有不同于《文心雕龙》的独特之处。

首先，确立了客观中肯的品评标准。钟嵘之前，很少有专门针对诗歌本体的艺术批评，即使有也是泛泛而谈，且更多地从诗歌外部，探讨诗歌与社会的关系，如《毛诗序》中《国风》《小雅》《大雅》《周颂》《鲁颂》《商颂》等，主要着眼于诗歌的政治作用，带有鲜明的功利性。然汉魏以来，曹丕《典论·论文》主要针对建安七子的风格进行分析，侧重于突出个别性。挚虞《文章流别集》侧重著作文体流别，而无批评标准。当时“王公缙绅之士”论诗，也存在“随其嗜欲，商榷不同。……喧议竞起，准的无依”的现象。基于此，钟嵘提出“干之以风力，润之以丹彩”的品评标准，认为诗歌应当是文质兼容，文情并茂，赋比兴手法的运用应“宏斯三义，酌而用之”[②]，还应注重作品情感的感染性，唯有如此，才能“使咏之者无极，闻之者动心”，达到“诗之至也”[③]的境界。这个品评标准是从诗歌作品自身构成要素及艺术效果出发而制定的，是诗歌体裁风格所应具有的基本衡量尺度。

其次，分析了分级品第的初衷缘因：钟嵘以“品”论诗，并不是他一时兴起，为夺人耳目而别出心裁，而是有其特殊的原因。在钟嵘之前，文学理论都未采用分级品第的方式：“陆机《文赋》，通而无贬；李充《翰林》，疏而不切；王微《鸿宝》，密而无裁；颜延论文，精而难晓；挚虞《文志》，详而博赡，颇曰知言。观斯数家，皆就谈文体，而不显优劣。至于谢客诗集，逢诗辄取；张骘《文士》，逢文即书。诸英志录，并义在文，曾无品第。”[④]基于此前艺术批评“曾无

---

① 章学诚：《文史通义·内篇五·诗话》。

② 钟嵘：《诗品序》。

③ 钟嵘：《诗品序》。

④［梁］钟嵘：《诗品序》，载穆克宏主编：《魏晋南北朝文论全编》，上海远东出版社2012年版，第216页。

品第”的现状，以品第方式对艺术家创作风格及成就高低进行分品，是很有现实意义与创新价值的。而且《诗品序》就缘何以“品”论诗，直接明言：“九品论人，《七略》裁士”。“九品论人”出自班固《汉书·古今人表》，该《表》对人物品评的记载最为翔实，它把自上古以来的历史人物分为上中下三个等级，每个等级又分上中下三品，即所谓“九品”；“《七略》裁士”出自刘歆《七略》，刘歆与其父刘向作为西汉著名的文献专家，曾领导过典籍整理工作，他们以“辨章学术，考镜源流”为治学理念，对先秦至汉的学术流派和重要典籍著作进行著录，最终形成一部包括《辑略》《六艺略》《诸子略》《诗赋略》《兵书略》《术数略》《方技略》在内的综合性图书《七略》，分溯各派学术流别[①]。而且，魏晋时期政治上设立九品中正制，品第人物高下是流行的社会风尚，钟嵘写作《诗品》时，九品中正制仍然是选拔官员的重要依据。正是基于这样现实状况和学术风气，决定了“梁朝的人具有清晰、突出的品第意识和溯源意识”[②]，钟嵘以“品”论诗、分级品第也就成为顺理成章的事情。

最后，树立了旗帜鲜明的批评目标：“辨彰清浊”与“掎摭利病”。“辨彰清浊”指的是汉末以来清议之清流与浊流之分类，即“致流别”，也就是对诗歌的作者在创作体裁、风格特点等方面的传承关系予以考察与分辨。魏晋时期，“致流别”在学术研究领域是普遍存在的一股风气，挚虞《文志》、刘歆《七略》以及刘勰《文心雕龙》都曾采用这种方法来辨别文体的流变、辨析创作方法。钟嵘身处其时，同样也会受到这种时风的浸染，在品评中体现“流别”关系，如评曹植“其源出于《国风》”，王粲“其源出于李陵”，阮籍“其源出于《小雅》”，陆机“其源出于陈思”等，尽管简略，但对于了解诗家所属流派诗风，还是具有一定意义的。“掎摭利弊”是指对诗歌作者创作优点缺点的指摘。这是该书的主要内容，也是特别值得夸赞之处。钟嵘以丰厚的学识、犀利的目光和敏锐的洞察力，采用极为简短的语言来概括诗人源流出处、创作风格以及优点缺憾，以此作为分品的依据。

> 上品：《魏陈思王植》：其源出于《国风》。骨气奇高，词采华茂，情兼雅怨，体被文质，粲溢今古，卓而不群。
>
> 中品：《晋中散嵇康》：颇似魏文。过为峻切，讦直露才，伤渊雅之致。然托谕清远，良有鉴裁，亦未失高流矣。
>
> 下品：《宋孝武帝》：孝武诗，雕文织彩，过为精密。

① 李天道、刘晓萍：《钟嵘〈诗品〉以“品”评诗渊源考》，《河南社会科学》2011年第2期。

② 邬国平：《梁武帝与钟嵘〈诗品〉》，《文艺研究》2006年第10期。

从上述几条评语可见，钟嵘《诗品》的分级品第，是建立在对诗家流别考察、风格特点以及优缺短长等的综合考虑基础之上，并非无缘无故的空穴来风。其品评主要采用了知人论世与比较分析的批评手段，[①]“知人论世”是由孟子提出的修身之法，将其用于艺术批评，可以更为直观地对作者的身世、人品以及所处时代环境有所了解，对于分析把握作者创作特点以及风格倾向具有实质性意义。比较分析是诗品分品的主要依据和手段，没有比较分析，就无法了解诗家各自的特点，就不能对其得失有全面宏观的考察，更无法区分高下，评定等级。

总之，钟嵘《诗品》是一部富有开创性意义的艺术批评理论著作，它将风格品评与分级品第联系在一起，将分品建立在风格品评的基础之上，将感性化领悟纳入到理性化批评当中，无疑是颇有建树的一种新创造。尽管，其品评在今天看来，难免个人主观臆断，甚至牵强附会，然而，他对汉魏六朝五言诗发展予以全面而系统的总结，实属不易。钟嵘《诗品》开创了古代艺术风格品评“三品制”之风气之先，在艺术批评领域产生了广泛而深远的影响。

3. 三品制的细化：庾肩吾《书品》“三品九等”

南朝梁代庾肩吾的《书品》，是我国第一部以“品”评书的书学专著。受魏晋时期“九品中正制”品级格式以及人物品评时风的影响，《书品》率先在书法领域开启了“品第化”品评的理论先河。《书品》将汉至齐梁能真草书者一百二十余人，划分为上、中、下三品，并进一步细化，将每品又分上、中、下三等，即所谓“小例而九”“大而等三”。以“九品”论书，很显然就是“九品中正制”的挪用与模仿，但正是这一“抄袭”式的照搬与尝试，确立了一种新的书法品评体系和框架模式，不仅在魏晋六朝时期的艺术批评中占据重要地位，而且对其后书法艺术品评产生了不可估量的影响。

庾肩吾《书品》是在吸收借鉴前人书评成果的基础上，结合自己长期书法实践心得以及对不同书家风格审美感受，取长补短而构建的一个新的书评体系。《书品》云“余自少迄长，留心兹艺，敏手谢于临池，锐意同于削板。而蕺山之扇，竟未增钱；凌云之台，无因诫子。求诸故迹，或有浅深，辄删善草隶者一百二十八人，伯英以称圣居首，法高以追骏处末。推能相越，小例而九，引类相附，大等而三，复为略论，总名《书品》。”作者在长期临摹、纵览不同书家书作风格的过程中发现众家书作之间，不仅存在风格的不同，而且还存在水平的高低优劣差异，遂而产生了重新构建书法品评体系的自觉意识，这是魏晋六朝书法艺术及其理论研究走向自觉的体现。《书品》采用“三品九等”体制，很明显是

① 曾维才：《谈古代文论中的品评批评》，《文艺理论研究》1990年第2期。

《诗品》"三品制"的进一步细化，同时也是对先前风格品评，仅以直觉式审美感悟为基础，采用"意象化"方式进行感性品评而缺乏理性分析的缺憾的克服与弥补。

"天然"与"工夫"是《书品》评书的品评标准。书法作为技巧性很强的艺术类别，任何书家艺术风格的形成，绝非一朝一夕可以成就，既离不开创作主体先天的禀赋才能，即"天然"，也离不开后天长年累月的勤学苦练，即"工夫"。在庾肩吾看来，张芝、钟繇和王羲之作为世人公认的书法大家，之所以能取得令人仰慕的艺术成就，具有独特风格特点，源自其"天然"与"工夫"的不同："张工夫第一，天然次之，衣帛先书，称为草圣。钟天然第一，工夫次之；妙尽许昌之碑，穷极邺下之牍。王工夫不及张，天然过之；天然不及钟，工夫过之。"可见，"天然"与"工夫"缺一不可，否则书艺难以臻于巅峰。正是基于对书法艺术实践的深刻认识，庾肩吾将"天然"与"工夫"作为书法艺术风格品评的标准。

《书品》重在分品，对书家风格的品评显得过于简单，基本采用了列品与评论相结合的方式，即先列举位于同一品次的众多书家之名，后对其源流、才能、风格等进行简要评述。如：

> 魏武帝曹操，孟德。孙皓，吴主元宗。卫觊，伯儒。左伯，子邑。卫恒，巨山。杜预，元凯。王廙，世将。张彭祖。任靖。韦昶，文休。王修，敬仁。张永，景初。范怀约。吴休尚。施方泰。右十五人，中之中。
>
> 论曰：魏主笔墨雄赡，吴主体裁绵密。伯儒兼叙隶草，子邑分镳梁、邯。巨山三世，元觊累叶。王廙为右军之师，彭祖取羲之之道。任靖矫名，文休题柱。敬仁清举，致畏迫之词。张、范递峙，尽东南之美。施、吴邺下后生，同年拔萃。此十五人，允为中之中。

《书品》的品评是极为俭省的，只采用只言片语对不同书家进行品评，并未对每一位书家的创作展开全面细致的分析，所用品评语句远不及袁昂、萧衍等人采用"意象化"品评形式那么精彩、充满褒赞性。然而，《书品》对后世的影响，更为突出地体现在以"书品"命名和"三品九等"品评体制上。

综上所述，魏晋六朝时期，绘画、诗歌以及书法领域出现的艺术批评著作包含有一定数量的风格品评文献，它们以分级品第的方式，将作家、作品风格纳入到不同的品级体系当中。虽然，三部品评著作对作家作品的风格品评显得相对简单、粗略，然而，却都以品第化的批评方式，对作家作品的流别宗派、创作技巧以及风格特点等进行了综合性考量，从而为具有个性风格的作家作品，寻找到共通性的一面。尽管三部批评性著作在分品体制上不尽相同，然而却在品评标准上，不约而同地都指向了艺术的表现技法，也即“绘画六法”“干之以风力，润之以丹彩”“天然与功夫”。我们知道，艺术风格是创作高度成熟的体现，风格的形成离不开技巧方法的运用，技能水平的高下决定着作品风格的特色与品质的高低。三部品评著作虽是针对各自门类艺术风格的品评，却为后世艺术风格品评的进一步发展树立了基本的品评体系和理论框架。

（三）品第化风格品评的承传与发展

唐至明清，品第化风格品评在魏晋六朝确立的品评模式基础上不断承传发展。不同的历史阶段，占据主流的品评体制不尽相同。主要可分为以下几个阶段：

1. 唐五代：以“神”“妙”“能”三品制为主的品评框架

唐五代时期，品第化风格品评随同各门类艺术的成熟发展迈向新的阶段。主要体现为以下三种情况：

第一，旧“三品制”的延续与发展：上中下三品（九等）之上增设“逸品”

继承梁庾肩吾《书品》“三品九等”品评体制，唐初李嗣真《书后品》在其基础之上有所发展，不仅将自秦至唐的重要书家（八十一人）分为十等，各为品评，还增设“逸品”。“逸品”的提出与等次的设置，是《书后品》对中国古代风格品评的最大贡献。作者虽然未曾对“逸品”详加解释，也未对缘何将其置于最高品位给予理由，然而，仅就提出“逸品”一词，就对艺术风格品评和审美趣味的转向产生了不小的影响。

从其“逸品”所列书家来看，除李斯之外，张芝、钟繇、王羲之三人在庾肩吾《书品》中都被列于“上之上”，王献之被列于“上之中”，可见，李嗣真所谓的“逸品”与上品之“上”“中”二等是相当的，并非有所特指，仅仅只是名词的“替换”而已，也就是说，“逸品”在《书后品》中的意义，仅在于名词的引入，实则并未对艺术风格品评进展发挥实质性作用。

《书后品》是对庾肩吾《书品》的继承发展，不仅体现在对“三品九等”品评体制的承袭，更重要的是对其品评方式及内容的拓展与深化。庾氏《书品》重在分品，对书家书作的源流派别与风格特点的品评，极为简短。李氏《书后品》则不同，不仅对分列不同品级的书家的个人情况，包括所属流别、擅长书体、优劣得失、艺术成就、故事佳话等予以评述，更重要的体现在对书家艺术创作风格的对比品评上，真正实现了基于艺术风格基础上的品第化。特别需要指出的是，李嗣真秉承了前人“意象化”风格品评的类比思维和喻象化手法，将风格品评品第化与意象化相结合进行品评。如：

> 逸品：李斯小篆之精，古今妙绝，秦望诸山与皇帝玉玺，犹如千钧强弩，万石洪钟。……右军正体，如阴阳四时，寒暑调畅，岩廊宏敞，簪裾肃穆。……子敬草书逸气过父，如丹穴凤舞，清泉龙跃，倏忽变化，莫知所自，或蹴海移山，翻涛簸岳。故谢安石谓“公当胜右军”，诚有害名教，亦非徒语耳。而正书、行书如田野学士，越参朝列，非不稽古宪章，乃时有失体处。旧说称其转研去鉴，疏矣。然数公皆有神助，若喻之制作，其犹《雅》《颂》之流乎！
>
> 上下品：郗、李超迈，过于羊欣。崔欧阳草书，难于竞爽，如旱蛟得水，毚兔走穴，笔势恨少。至于镌勒及飞白诸势，如武库矛戟，雄剑欲飞。虞世南萧散洒落，真草惟命，如罗绮娇春，鹓鸿戏沼，故当子云之上。褚氏临写右军，亦为高足，丰艳雕刻，盛为当今所尚，但恨乏自然，功勤精悉耳。

《书后品》将具有不同风格众多书家进行集中式对比品评，通过意象化风格品评方式，不仅凸显了各自的风格特点，而且使位于同一品级、风格各异的书家之间具有了“类型”化意义的相通性。另外，《书后品》还在每一品类，即逸品、上品、中品、下品后进行总体“评”“赞”，真正实现了艺术风格的品、评一体化，使审美感性体悟与理性分析判断结合融为一体。

第二，新三品制的确立：“神”“妙”“能”对上、中、下的取代

唐代最具影响的风格品评著作，当属张怀瓘的《书断》。该书对自古以来重要的书法家的不同书体的风格特点、艺术成就、得失利弊等进行了全面而深入的品评。该作在中国古代艺术风格品评史上的重要意义体现在：确立了“神”“妙”“能”三品制的主导地位，取代了之前惯用的“上中下”三品制的中心地位。这一取代，不仅只是“名称”的转换与改造，而且将品评的重心由侧重区分高低优劣，转向了对作品风格的审美性品评。

以“神”“妙”“能”来品评书法优劣等级，为张怀瓘首创，《四库提要·唐朝名画录》载：“张怀瓘作《书断》，始立神妙能三品之目”。这一创新性思维，是集古代艺术批评之大成而确立的品评体制。

“神”，《说文》释义“天神，引出万物者也”。《易传·系辞上》曰：“阴阳不测之谓神”，《系辞注》云“神也者，变化之极，妙万物而为言，不可以形诘者也，故曰‘阴阳不测’”。可见，“神”是以变化之极，不可测量为特征。

“妙”，由老子首先提出，《老子・一章》云“道，可道；非常道。名，可名；非常名。无名，天地始；有名，万物母。常无，欲观其妙；常有，欲观其徼。此两者同出而异名。同谓之玄，玄之又玄，众妙之门。”老子将“妙”与“无”联系在一起，“妙”体现的是“道”的无规定性、无限性的一面。此外《易传》《庄子》等也都提到妙，“神也者，妙万物而为言者也”[①]，“自吾闻子之言……九年而大妙”[②]。两汉时期，“妙”开始被用于审美性评价，如“妙丽善舞”[③]，“阳嘉元年，复造候风地动仪……果地震陇西，于是皆服其妙”[④]，魏晋六朝时期，“妙”的使用则更为频繁广泛，其含义主要指通向无限，不可言说之意。《佛学大辞典》解释“神妙”一词，“神者以不测而名，妙者以不可思议而名”[⑤]。可见，“神”“妙”在古代哲学、美学与佛学上的使用具有某种相通性，“神”“妙”两者都指向无，“‘神’指的是非客体非主体的存在，而‘妙’引入了主体的观照。”[⑥]

“能”，与“神”“妙”相比，缺少了深厚的哲学含义。《说文解字》释义“能，熊属。足似鹿。从肉，目声。能兽坚中，故称贤能；而强壮，称能杰也。凡能之属皆从能。”[⑦]可见，“能”主要指对某项技能的掌握，合乎规矩。

其实，早在魏晋六朝时期，“神”“妙”“能”就已被引入到艺术品评之中，只是当时的艺术品评更侧重于从等级的高低次序来区分优劣，而将对作品的审美性评价包含于其中。《古画品录》《诗品》《书品》著作中已有“神”“妙”“能”语汇的出现。只是神妙能三品尚未作为独立品级被纳入风格品评体制框架当中。

张怀瓘确立了“神”“妙”“能”三品制，却未对各品加以明确界定。从其分级品第来看，(1) 列入“神品”的书家，或者是某种书体的创始者，如周史籀之于大篆、籀文，李斯之于小篆，蔡邕之于飞白，张芝之于草书，皆因他们对书体创制有功，而将其列为神品；或者虽非始祖，却是某种书体“造其极”者，如刘德升虽为行书之祖，然“昔钟元常善行押书是也。尔后王羲之、献之并造其极焉”，故钟与二王被列入神品。(2) 列入妙品的书家，是在技能技巧的表现上稍逊一筹，风格特色上虽然精妙，却未达到出神入化境地者。(3) 列入能品的书家，则体现为擅长某种书体，精于技巧，合乎法度，具备一定的艺术功底，但艺

① 《易传・说卦》。

② 《庄子・寓言篇》。

③ 《汉书・李夫人传》。

④ 《后汉书・张衡传》。

⑤ 丁福保编：《佛学大辞典》，文物出版社1984年版，第912页。

⑥ 胡春涛、廖方容：《张怀瓘“神、妙、能”品评体系溯源》，《美术观察》2006年第11期。

⑦ 梁东汉主编：《新编说文解字》，山西教育出版社2006年版，第496页。

术风格的独特性与艺术成就上无法与神、妙相媲美。可见，张怀瓘“神”“妙”“能”三品制，与魏晋六朝的艺术品评标准，尤其是庾氏的“天然”与“工夫”评价标准是一脉相承的，都特别强调表现技法的运用。书法艺术作为技能性很强的艺术类别，书家艺术风格的形成与成就的高低，离不开天然的禀赋才能与后天的工夫训练，列入“神”“妙”二品的书家，大多具有极高的艺术天赋，勤学苦练技巧的经历，而列入“能”品的则在这两方面有所欠缺。如：

神品：评张芝：字伯英，敦煌人，父焕为太常卿，迁居弘农华阴。……创为今草，天纵颖异，率意超旷，无惜是非。若清涧长源，流而无限，萦回崖古，任于造化，至于蛟龙骇兽奔腾拿攫之势，心手随变，窈冥而不知其所如，是谓达节也已。精熟神妙，冠绝古今，则百世不易之法式，不可以智识不可以勤求，若达士游乎沉默之乡，鸾凤翔乎太荒之野，韦仲将谓之“草圣”，岂徒言哉！

妙品：评欧阳询：长沙汨罗人。官至银青光禄大夫、率更令。……八体尽能，笔力劲险，篆体尤精。高丽爱其书，遣使请焉。神尧叹曰：不意询之书远夷狄，彼观其迹，故谓其形魁梧耶。飞白冠绝，峻于古人，有龙蛇战斗之象，云雾轻浓之势，风旋电激，掀举若神。真行之书，虽于大令亦别成一体，森森焉若武库矛戟，风神严于智永，润色寡于虞世南。

能品：评萧思话：兰陵人。父源。思话官至征西将军、左仆射。工书，学于羊欣，得其体法。行草连冈尽望，势不断绝，虽无壁立之秀，亦可谓有功矣。王僧虔云：“萧全法羊欣，风流媚态，殆欲不减，笔力恨弱。”

从上述诸品可以发现，“神”“妙”“能”三品制，对书家书作的品评是较为全面细致的，采用人物传记的书写方式，对书家的生平源流、擅长书体、艺术成就、风格特点、前人品评等作了全方位、多角度的观照与考量，既有对其风格优长的褒赞，又不乏对其短缺的指摘，既采用极富的想象力和形象化的语言对书家进行意象化品评，又采用“神”“妙”“能”三品，将不同风格特色和技能水平的书家，纳入到审美性的分级品第体系当中。

总之，张怀瓘将“神”“妙”“能”美学范畴引入艺术风格品评，是具有开创性意义的。他所确立的品评体制，是古代艺术风格品评体制的一次蜕变，由“上中下”三品制，升级为“神妙能”三品制，真正实现了艺术风格品评的审美性评价。而且，这种品评体制更多的是以批评主体审美直觉感悟为基础的，这与古代艺术风格品评意象化特征相契合。在某种程度上，“神”“妙”“能”三品制品评模式，既是品评框架，也是风格类型，它发现了众多不同风格的书家在整体风格上的相通性、共同性，具有类型学的意义。

第三，前两种品评体制的综合与衍变

继张怀瓘之后，采用分级品第方式对作家作品进行品评的理论著述有朱景玄的《唐朝名画录》、张彦远的《历代名画记》及荆浩的《笔法记》等，其分品方式综合运用了此前品评方式，或在此基础上更换新名词予以分品。

晚唐朱景玄《唐朝名画录》作为中国第一部绘画断代史，共收录唐以来二百多年间画家一百二十六人，但其品评只针对亲见作品（九十七人），其分品体制是张怀瓘"神妙能"与庾肩吾的"三品九等"品评体制的综合，并增设"逸品"。

> 以张怀瓘《画品》断神、妙、能三品，定其等格上、中、下，又分为三。其格外有不拘常法，又有逸品，以表其优劣也。

朱景玄明确表示其品评体制，建立于张怀瓘《画断》基础之上。众所周知，张怀瓘曾作《书断》以"神""妙""能"品评历代书法。其《画断》品评历代绘画，书虽不存，但其品评模式想必亦不脱离"神""妙""能"三品体制。朱景玄《唐朝名画录》在"神""妙""能"三品之外设"逸品"，并将其附于三品之后，由此形成了"神""妙""能""逸"四品体制。

不同于李嗣真未对"逸品"作任何解释，仅仅提供一个词语而已。朱景玄列"逸品"给出了一个特殊的理由："其格外有不拘常法"，也即将"逸"看作是对常规法度的突破。在朱景玄看来，"神""妙""能"三品是以传统常法的固化理念为评判标准的划分，虽等级品次不同，却都未脱离对"法"的遵从。然而，从绘画创作实践来看，朱景玄关注到有一些绘画在创作体制及风格规范上并不遵守传统法度，根本无法将其列入"神""妙""能"三品体制，只好另列一类，也即所谓的"逸品"。

朱景玄将王墨、李灵省、张志和三人列入"逸品"，并补充说明："此三人非画之本法，故目之为逸品，盖前古未之有也，故书之""非画之本法"也即序言中所说"不拘常法"，"盖前古之未有"说明这种方法以前并未出现，是晚近才出现的。由此，可知王墨、李灵省、张志和之所以被列入"逸品"，就在于他们突破常规的"异端特色"。

> 王墨者不知何许人，亦不知其名，善泼墨画山水、时人故谓之王墨。多游江湖间，常画山水，松石、杂树，性多疏野，好酒，凡欲画图幛，先饮。醺酣

之后，即以墨泼，或笑或吟，脚蹙手抹。或挥或扫，或淡或浓，随其形状，为山为石，为云为水。应手随意，倏若造化。图出云霞，染成风雨，宛若神巧，俯观不见其墨污之迹，皆谓奇异也。

李灵省，落托不拘捡，长爱画山水。每图一障，非其所欲，不即强为也。但以酒生思，傲然自得，不知王公之尊贵。若画山水、竹树，皆一点一抹，便得其象，物势皆出自然。或为峰岭云际，或为岛屿江边，得非常之体，符造化之功，不拘于品格，自得其趣尔。

张志和，或号烟波子，常渔钓于洞庭湖。初颜鲁公典吴兴，知其高节，以渔歌五首赠之。张乃为卷轴，随句赋象，人物、舟船、鸟兽、烟波、风月，皆依其文，曲尽其妙，为世之雅律，深得其态。

从以上描述可以看出，此三人皆方外之人，性情疏野放逸，多游走于江湖山水之间，喜用水墨描绘自然山水、树石，以抒胸中逸趣。他们过着闲云野鹤般的自由生活，不乞食于世俗社会，因此，其绘画如其为人一样，采用“墨泼”“点抹”的方法进行创作，很明显不拘于常法的局囿；其绘画并不希冀以技术的完备、高超与精湛来博得人们的赞誉，他们作画不为娱人，只为娱己，不求对象的精妙与出神入化，更在于抒发内在的心绪与诗意般的意境传达。这样的画作，并非是遵守传统法度所能体现的。

早在六朝时期，谢赫《古画品录》就已提出绘画“六法”，并将列于首位的“气韵生动”作为绘画的总纲领，其他五法都是营造“气韵生动”艺术效果不可缺少的绘画技术方法与基本要素。可以说，“六法”圈定了绘画基本方法，是绘画艺术的最高法则，正所谓“六法精论，万古不移”[①]。这一法则是顾恺之“以形写神”论的进一步展开。“气韵生动”与“以形写神”，在晋、唐时期，被画家们普遍认可，并将其视为艺术追求的最高目标。张怀瓘“神”“妙”“能”三品制的确立与此也密切相关。而且，唐代作为古代艺术发展的高峰时期，其艺术成就体现在丰富的艺术创造，而其艺术创造又体现为一系列形式法则的确立，也即“恢宏法度”，这是唐代艺术的总体特点。[②]从绘画创作来看，无论是阎立本《历代帝王图》《步辇图》，张萱《虢国夫人游春图》《捣练图》、周昉《簪花仕女图》《挥扇仕女图》等人物画，还是展子虔的《游春图》，李思训、李昭道父子的《江帆楼阁图》《明皇幸蜀图》等山水画，无不注重对传统绘画法度的遵循。然而，中唐以后，绘画创作实践领域中出现了突破传统法度规范的苗头，尤其是山水画

① [宋] 郭若虚：《图画见闻志·气韵非师》。

② 彭吉象：《中国艺术学》，北京大学出版社2007年版，第98页。

领域，出现了水墨山水画，且“内容指向方外（隐逸文化），其画法是主体表达性的”。[①]朱景玄正是注意到了这种“不拘常法”的风格特色，才将这类作品专门以“逸品”置于“神”“妙”“能”三品制之外。也许朱景玄对于“逸品”的认识还比较粗浅与模糊，王墨、李灵省及张志和三人在绘画风格上还缺乏相对一致的共通性，仅以徜徉于山水，抒发主体情性，不拘常法，就将他们列于同一品级，显得有些笼统与牵强。然而不可抹杀的是，艺术创作实践的发展动态与变化趋势在朱景玄这里获得回应，并体现于品评理论著述当中，也算是一种进步。

当然，绘画实践中的变化，在晚唐张彦远那里，同样有所回应。但与朱景玄的观点有所不同。张彦远同样关注到了创作领域出现的新动向，并对之前的品评体制作了改造。《历代名画记·论画体工用拓写》将绘画分为自然、神、妙、精、谨细五个品级。

> 夫失于自然而后神，失于神而后妙，失于妙而后精，精之为病也，而成谨细。自然者为上品之上，神者为上品之中，妙者为上品之下，精者为中品之上，谨而细者为中品之中。余今立此五等，以包六法，以贯众妙，其间诠量可有数百等，孰能周尽。

张彦远独标“自然”，并将“自然”置于五品之首，可见，“自然”在其心目中是至高无上、已然超越“神”“妙”二品之上的品类。其所列五品，尽管基本延续了“神”“妙”“能”三品制体系，却作了局部改造。在保持“神”“妙”二品的同时，以“精”与“谨细”取代了“能”，在某种程度上，可视为“能”的分化。与此同时，我们也发现，张彦远所列举的五品，遵循的基本原则，仍未超脱“六法”的统辖，“余今立此五等，以包六法”，这五品很显然是在遵从法度的基础上而形成的风格品级与类型。其间并不包括朱景玄所说的“不拘常法”的风格类型，甚至张彦远对“不拘常法”的画法是持以否定态度的：“今人之画，错乱而无旨”，“如山水家有泼墨，亦不谓之画，不堪仿效”，从中可见，张彦远已经敏锐地感觉到今人画风的转变，“错乱”“无旨”，泼墨画法“不堪仿效”，这些词句的运用，反映出他对新近画风的严厉批判与不能容忍。由此也可以推断出张彦远所标举的“自然”与朱景玄所标举的“逸品”二者之间，并不同一。朱景玄列“逸品”，是基于对突破法度所形成的新画风的反映与欣赏。而张彦远的“自然”则是在遵守法度的前提之下，所形成的一种高于“神”“妙”的风格境界。虽然，张彦远没有对“自然”进行解释，但他在论及六法时说道：

① 张郁乎：《中国画的“逸品”问题》，《文艺研究》，2011年第3期。

古之画，或能移其形似，而尚其骨气。以形似之，外求其画，此难可与俗人道也。今之画，纵得形似，而气韵不生。以气韵求其画，则形似在其间矣。上古之画，迹简意澹而雅正，顾、陆之流是也。中古之画，细密精致而臻丽，展、郑之流是也。近代之画，焕烂而求备，今人之画，错乱而无旨，众工之迹是也。

可见，他对“古之画”持以肯定态度，尤其是上古之画，其“迹简意澹而雅正”风格特点，为张彦远所崇尚。“细密精致而臻丽”的中古画风与“焕烂而求备”的近代画风，无法与之相比，而“错乱而无旨”的今人之画则遭其厌恶。张彦远所标举的“自然”，应当就是“迹简意澹而雅正”的上古画风。

尽管，张彦远所列五品论述简单，但其贡献也是鲜明的，他借“自然”一词，标示出风格品评当中存在超越神品之上的品级；他对“不拘常法”的批判，反映出对画风扭转的敏锐感知。这些理论为其后宋代“逸品”地位以及新的品评模式确立提供了可以借鉴的参考，“尤其是对怪异画风的批判，为后来‘逸品’说走向高雅扫清了道路”。[①]

此外，五代荆浩《笔法记》提出“神”“妙”“奇”“巧”四品，很明显，是“神”“妙”“能”三品制的衍变，他对四品简要解释为：

神者，亡有所为，任运成象。妙者，思经天地，万类性情，文理合仪，品物流笔。奇者，荡迹不测，与真景或乖异，致其理偏，得此者亦为有笔无思。巧者，雕缀小媚，假合大经，强写文章，增邈气象。此谓实不足而华有余。

此处的“神”“妙”二品沿袭前式；“奇”与朱景玄的“逸”有类似之处，但也有所不同，“奇”的格调不高，徒有笔墨而无情思；“巧”与“能”品相类似，但更多强调形式语言雕琢，文质失衡。荆浩仅对所列四品作了简要释义，并未对画家画作艺术风格进行分析和评述，所列四品也仅停留于名词的变换，总体上并未脱离张怀瓘“神”“妙”“能”三品体制的品评框架，远不及朱景玄、张怀瓘等人的品评理论影响大。

---

① 张郁乎:《中国画的“逸品”问题》，《文艺研究》，2011年第3期。

2. 宋元："逸""神""妙""能"四品制的确立

宋代，对风格品评体制产生较大影响的是北宋黄休复《益州名画录》。他将自唐乾元初至北宋乾德年间，在益州所见留有画迹的蜀地画家五十八人，各系小传予以品评，并提出了"逸""神""妙""能"的品评体制，这是他对古代艺术批评的最大贡献。虽然黄氏的品评体制，表面看来只是将朱景玄的"神""妙""能""逸"四品制的排列顺序颠倒过来，然而意义却完全不同。正如宋邓椿《画继》卷九《杂说·论远》中所说：

> 自昔鉴赏家分品有三，曰神、曰妙、曰能。独唐朱景真撰《唐贤画录》，三品之外更增逸品。其后黄休复作《益州名画录》，乃以逸为先，而神、妙、能次之。景真虽云逸格不拘常法，用表贤愚，然逸之高，岂得附于三品之末，未若休复首推之为当也。至徽宗皇帝，专尚法度，乃以神、逸、妙、能为次。

朱景玄将"逸品"列于"神""妙""能"三品之后，只是为了安顿当时"不拘常法"的画法而另设一品，对"逸"的重视程度远不及占据主导地位的"神""妙""能"；而黄休复将"逸"置于"神""妙""能"之上，不仅只是顺序的调换，更重要的是对"逸"的重视，旨在凸显并提升"逸"在艺术批评中的地位，这在中国古代艺术品评史上前无仅有。

黄休复如此重视逸品，有其特殊的原因。一方面，以隐逸文化为主体的山水画，自五代至北宋期间获得前所未有的发展，涌现出一大批杰出的山水画家，他们以自然山水为创作对象，通过对山水、树石的描绘来抒己情怀；另一方面，文人书画"尚意"观念在宋代获得强化与流行，宋代文人士流有着突破唐代书画森严法度束缚的强烈欲望，以各种"非画之本法"的"逸"之画法，形成了体现主体回归的"尚意"风气。可以说，黄休复将逸品置于众品之上，既体现了他对"尚意"创作倾向的敏锐感知和积极回应，也体现了其对"逸"的重视和倡导。为了使人们清楚地理解其排序的根由，他还在《益州名画录》中首次对"逸""神""妙""能"四品（格）的概念作了集中阐释：

> 逸：画之逸格，最难其俦。拙规矩于方圆，鄙精研于彩绘，笔简形具，得之自然，莫可楷模，出于意表，故目之曰逸格尔。
>
> 神：大凡画艺，应物象形，其天机迥高，思与神合。创意立体，妙合化权，非谓开厨已走，拔壁而飞，故目之曰神格尔。

妙：画之于人，各有本性，笔精墨妙，不知所然。若投刃于解牛，类运斤斫鼻，自心付手，曲尽玄微，故目之曰妙格尔。

能：画有性周动植，学侔天功，乃至结岳融川，潜鳞翔羽，形象生动者。故目之曰能格尔。

黄休复对四品（格）的阐释是细致具体的，他从主体个性、技法掌握、艺术效果以及风格特点等方面，分别作了较为周详的描绘：能格，以自然物象“性周动植”“乃至结岳融川，潜鳞翔羽”为创作对象，通过画家的刻苦学习“学侔天功”，达到“形象生动”的艺术效果即可；妙格，则要求创作主体发挥独特个性“各有本性”，技法掌握达至“笔精墨妙”高度，且能灵活运用，“若投刃于解牛，类运斤于斫鼻”，其自由、精湛、高超的技巧能在“自心付手”创作过程中，“曲尽”对象之“玄微”；神格，则更进一层，要求主体“天机迥高，思与神合”，强调天赋灵机卓越高超，思致与神相融合，此处的“神”有对象之“神”，也有创作主体进入自由境界神化之“神”，正所谓“创意立体，妙合化权”，其作品之出神入化，可以达到“开厨已走，拔壁而飞”的艺术效果；逸格，“最难其俦”，由于其“拙规矩于方圆，鄙精研于彩绘”，即要摆脱传统绘画之法的束缚，不求精确的形似与绚丽的彩绘，只求“笔简形具，得之自然”，这是创作的最高境界，它不强调形象合于法度、精工雕琢，而强调风格上的平淡、自然。

当然，我们也发现，黄休复对“神格”是有限定的，将其放在“应物象形”的范围之内，虽然也特别强调主体的创造性，然而依然未能脱离法度的束缚，即使所创造的艺术形象再出神入化，依然要以客观物象相似逼真为尺度予以衡量。而“逸格”则不必受此限制，不在物象的逼真刻画上做文章，尽管笔简，形具即可，贵在体现“自然”之本性，主体之“意表”。

也许正是出于对法度“守”还是“破”所持的态度不同，其后宋徽宗在品第次序上进行了调整，他提出“神”“逸”“妙”“能”的品评模式[①]。在宋代理学占据思想主流地位的时代环境下，宋徽宗作为一代君主，提倡作画要严格遵守法度，与其政治统治要求遵守儒家伦理道德秩序是一致的，也是可以理解的。宋徽宗本人无论作画还是论画，都十分重视法度，倡导院体绘画中尚“形似”、重“格法”，因此他将“神”列于“逸”之前，也是出于重视法度的思考；而且将“逸”列于“神”之后、“妙”之前，也可以看出其对“逸”的认可态度。

其实，“逸品”之“逸”并不仅仅是画法的问题，更重要的还是审美情趣的

① 据［宋］邓椿：《画继·杂说·论远》载“至徽宗皇帝专尚法度，乃以神、逸、妙、能为次。”参见潘运告主编：《图画见闻志 画继》，湖南美术出版社2000年版，第407页。

转移。逸品不重法度、不尚形似，正是因为它不是指向物象本身，而是追求“物外”（象外），追求主体的回归，且是“回归具有高情远趣的方外之心的主体”[①]。这一点，可从黄休复“逸格”中所列的画家找到答案。《益州名画录》中，可以登上逸格宝座的，仅有孙位一人：

> 孙位者，东越人也……号“会稽山人”。性情疏野，襟抱超然，虽好饮酒，未曾沉酩。禅僧道士常与往还，豪贵相请，礼有少慢，纵赠千金，难留一笔……鹰犬之类皆三五笔而成，……非天纵其能，情高格逸，其孰能与于此邪？

从中可知，孙位性情疏野，襟抱超然、嗜好饮酒，常与禅僧道士来往，不畏权贵，是情高逸格的方外之人，其画之逸格，正是人之情高逸格的体现。黄休复将“逸格”置于众品之上，不仅是对唐宋以来士大夫追求平淡自然之美的审美意趣的强化，同时也是对宋元文人写意画发展的有力推动。

对“逸品”的倡导，在某种程度上，体现了艺术审美情趣由重“再现”（再现客观物象）向重“表现”（表现主观情性与意趣）的变化趋势。虽然这种注重主体回归的“逸品”崇“简”，有着突破传统法度束缚、超越物象本身，追求“象外”的特质，但与朱景玄所说“不拘常法”的泼墨画法还是有些差别的。《唐朝名画录》介绍王墨“好酒，凡欲画图障，先饮，醺酣之后，即以墨泼”，《益州名画录》介绍孙位说“虽好饮酒，未尝沉酩”，从好酒这一细节来看，前者的不拘常法体现为有意地追求狂肆、怪奇，而后者虽也出法度之外，却体现为无意间得之自然。苏辙曾论及孙位时说道“孙氏纵横放肆，出于法度之外，循法者不逮其精，有从心不逾矩之妙。”[②]米芾也曾提到“孙知微……多奇异，不类人间所传，信异人也！然是逸格，造次而成，平淡而生动”[③]，可见，唐宋批评家，对于逸品的理解和要求是存在差异的。“逸品”的至尊身份，使其不仅是一种品级名称，同时还是宋元文人画家所敬仰的理想风格追求。

尽管黄休复“逸”“神”“妙”“能”四品品评体制，在宋元时期的影响很大，但并不代表所有理论家都赞同以这样的方式进行品评。除了宋徽宗提出“神”“逸”“妙”“能”的品评体制之外，在书画领域，仍有很多批评家依然采用“神”“妙”“能”三品体制进行书画品评。

---

① 张郁乎:《中国画的“逸品”问题》,《文艺研究》,2011年第3期。

② ［宋］苏辙:《栾城后集》卷第二十一《汝州龙兴寺修吴画殿记》。

③ ［宋］米芾:《画史》。

书法领域，朱长文《续书断》仿造张怀瓘《书断》的评书体例，将唐宋书家按“神”“妙”“能”三品予以评述，且在品评方法上，同样采用了人物传记的书写方式，并将“以人论书”的思想渗透其中，认为书之优劣，取决于人之贤与不肖，《续书断序》说：“夫书者，英杰之余事，文章之急务也。虽其为道，贤不肖皆可学，然贤者能之常多，不肖者能之常少也。”在他看来，书品完全是人品的表现，故而在品评书家书作风格特色时，将人品的贤与不肖，结合意象化品评方式，一同纳入了神妙能三品评书的体制当中。当然，他的这种观点，也并非就是完全以人品为唯一品评标准，还要结合其书作的艺术特色而定，故而他将评定“神”“妙”“能”三品的依据定为：“杰出特立，可谓之神；运用精美，可谓之妙；离俗不谬，为可谓之能”，在品评的具体操作中，他能“据所传睹，精为著定。苟好恶之异，商榷之差，以俟来哲。”可见，其品评还是较为客观中肯的。

绘画领域，刘道醇对作品风格品评也未沿用黄氏体制，而是更青睐于唐张怀瓘所确立的“神”“妙”“能”三品制。其作《宋朝名画评》依然沿用人物传记的方式，对画家生平、源流、作品、成就以及风格等进行综合性评价，然而，他摒弃了先前对某位画家所有画作进行笼统式品评的方式，而倡导从绘画题材出发，从不同画科对画家画作进行更为细致的品评，并针对不同题材画科，提出了相应的品评标准：

> 大抵观释氏者尚庄严慈觉，观罗汉者尚四像归依，观道流者尚孤高清古，观人物者尚精神体态，观畜兽者尚驯扰扩厉，观花竹者尚艳丽闲冶，观禽鸟者尚毛羽翔举，观山水者尚平远旷荡，观鬼神者尚筋力变异，观屋木者尚壮丽深远。

从中可见，刘道醇依据不同画科的绘画特点所提出的风格品评标准，是具体而细致的，具有较强的针对性和可操作性。而且在对不同画科的画家进行“神”“妙”“能”三级品第时，亦能做到述、评结合，既彰显不同画家不同画科的风格特点，也能对其优劣长短进行客观中肯的评价。他的《宋朝名画评》将绘画按照人物、山水林木、蕃马走兽、花卉翎毛、鬼神、屋木等六门，分别依照“神”“妙”“能”三品（其中人物门又分上、中、下）进行品第；其《五代名画补遗》同样采取分科形式，对人物、山水、走兽、花竹翎毛、屋木、塑作、雕木等七门，以“神”“妙”“能”三品予以品评，体现了其品评的细致与精微。他所采用的品评体制延续并巩固了“神”“妙”“能”三品体制在古代艺术风格品评中的中心地位。

元代，文人画引领画坛，“逸品”在创作实践中获得很好的发挥运用。但是在理论批评方面，却未得到重申和强调，反而是张怀瓘的“神”“妙”“能”三品体制被再次强化。元末夏文彦《图绘宝鉴》论及六法三品时，将六法与三品密切结合，对“神”“妙”“能”三品，进行了再定义：

神品：“气韵生动”出于天成，人莫窥其巧者，谓之神品；
妙品：笔墨超绝，傅染得宜，意趣有余者，谓之妙品；
能品：得其形似而不失规矩者，谓之能品。

谢赫的绘画“六法”，自问世以来就一直被视为绘画创作的基本原则和衡量优劣的基本尺度。批评家以“神”“妙”“能”三品制进行品第，也一直遵循着绘画六法，朱景玄提出“逸品”正是出于实践中存在“不拘常法”的绘画风格，才将其另列逸品，然而，宋元时期“逸品”突破常规法度的绘画风格，不但获得空前发展，而且发展到极致，甚至出现只为抒己意趣，而完全不讲求绘画方法、随意涂抹的地步。这对于传统绘画方法的继承与延续是极为不利的。宋代刘道醇、元代夏文彦，也许正是意识到创作实践领域中的这种极端现象，不利于传统绘画艺术的传承与发展，才在其理论批评中重点强调“神”“妙”“能”三品制，以此来引起人们对艺术创作法度的重新认识与反思。实践证明，他们的做法是有效的，对继承古法、重回正统具有重要作用。明清时期，“神”“妙”“能”三品制不仅得到继承，而且被沿用到其他门类艺术批评领域，获得了新的拓展。

3. 明清：“神”“妙”“能”品评体制的坚守与开拓

明清时期，国家政权强压之下，思想意识领域弥漫着一股强烈的复古思潮，对当时文化艺术的波及与影响，使各门类艺术沉浸于对古代艺术创作及理论批评的复古与仿效中。采用古人所创设的体制或模式，已然成为明清时期特有的现象。晋、唐、宋时期所创立的“上中下”三品体制与“神”“妙”“能”“逸”等品目，在明清时期不断地被承传与重申，而且其运用范围逐渐由诗歌、书法、绘画领域向其他门类艺术领域拓展，其中不乏根据门类艺术自身特点，又衍生出一些新的品类，由此使品第化风格品评呈现出多元并存、良莠不齐的特点。

第一，传统品评体制的坚守

书画批评领域，明代王穉登《吴郡丹青志》对元至明中叶的吴郡画家二十人，分别列传进行品评，将他们归入神品志、妙品志、能品志、逸品志、遗耆志、栖旅志和闺秀志等七个品目。很明显，这七个品目并不属于同一个系列，前四志为传统品类“神”“妙”“能”“逸”的延续与继承，而后三志则是按照作者不同身份所做的归类。在品评方法上，前四志基本延续传统品评方法，有述有评，而后三志，则明显属于归类性质，不仅对各人情况介绍过于简单，总结性点评也未涉及风格特点。如遗耆志：（三人：黄子久，赵善长，陈惟允。）

> 黄公望，字子久，常熟人，洪武中尚在。
>
> 赵原，字善长，郡人，画师王右丞，洪武中召对不称，赐死。
>
> 陈惟允，郡人，为潘左丞客。有《寿左丞仙山楼阁图》，此其画之精绝者也。
>
> 赞曰：松漠乱华，中原左衽。二三君子，遇时不淑。赵、陈两生，或婴鳞丧元，或伪朝俘虏，蚕丝鸟翠，反为身殃者耶？黄之年跻大耋，乐睹太平，何其幸与！

从王穉登所列七个品目来看，他对书家的品评较为简单、粗糙，而且由于他本人不是画家，没有从事艺术实践的经历，在对书家风格品评方面难免不够准确。尤其是他将“神”“妙”“能”“逸”与“遗耆”、“栖旅”与“闺秀”等不属于同一个系列的品目同时列举，有失妥当。甚至可以说，他所做的仅仅是一些归类性的工作，拼凑痕迹明显。

清代包世臣《艺舟双楫·国朝书品》不仅对传统“神”“妙”“能”“逸”四大品类作了重申，还另外提出“佳品”，形成五品体制，并以四言诗上下句的形式对其内涵作了解释：

> 平和简净，遒丽天成，曰神品；
> 酝酿无迹，横直相安，曰妙品；
> 诸迹穷源，思力交至，曰能品；
> 楚调自歌，不谬风雅，曰逸品；
> 墨守迹象，雅有门庭，曰佳品。

包氏对诸品的解释，概况精要、语言简省，更多地着眼于作品整体风格的体察和直观的感悟。然而，他对于各品却有自己的理解，指出“能者二等，仰结先民，俯援来学，积力既深，或臻神妙。逸取天趣，味从卷轴，若能以古为师，便不外于妙道。佳品诸君虽心悟无闻，而其则不失，攻苦之效，未可泯灭，至于狂怪软媚，并系俗书，纵负时名，难入真鉴。”[①]可见，包氏特别重视对传统法度的

---

① [清] 包世臣：《艺舟双楫》，载潘运告主编：《清前期书论》，湖南美术出版社2003年版，第386页。

坚守，他认为能品是以深厚的功底为基础的，在技法上具有承前启后的作用，积力越深，境界越高，神妙境界也由此而生；逸品虽以追求自然情趣为宗旨，但如果能以古为师，“便不外妙道”；佳品虽是他个人提出，还没什么名声，但“其则不失，攻苦之效”，也是不能忽视的；至于狂怪软媚的作品，则被他视为俗书，即使享有盛名，也被他排除在外。可见，他对于“神”“妙”“能”“逸”“佳”的列举与次序排列，仍然未脱离法度的坚守。虽然增设“佳品”，但却无多少新意，未能引人注意。在对诸品的进一步细分上，包氏未遵循以往“上中下”的划分模式，而是“妙品以降，各分上下，共为九等”[①]，对于列举各品中的众多书家，也仅仅是列举人名及擅长的书体而已，并未对其源流、技法、作品及风格特色予以详细阐述。很显然，包氏的品评也存在过于简单、肤浅的缺陷。

另外，康有为著《碑品》，也以分级品第的方式对南北朝碑作了品评。在保持传统神、妙、能、逸四个品类的基础上，增设“高”“精”二品，并重新排序分品如下：

> 神品：《爨龙颜碑》《灵庙碑阴》《石门铭》。
> 妙品上：《郑文公四十二种》《晖福寺》《梁石阙》。
> 妙品下：《枳阳府君碑》《梁绵州造像》……《孝昌六十人造像》。
> 高品上：《谷朗碑》……《嵩高灵庙碑》。
> 高品下：《鞠彦云墓志》《高句丽故城刻石》……《晋丰县造像》。
> 精品上：《张猛龙清德颂》《李超墓志》……《解伯达造像》。
> 精品下：《刁遵志》《惠辅造像记》……《赵阿欢三十五人造像》。
> 逸品上：《朱君山墓志》《敬显俊刹前铭》，《李仲璇修孔子庙碑》。
> 逸品下：《武平五年灵塔铭》……《安定王元燮造像》。
> 能品上：《长乐王造像》《太妃侯造像》……《始平公造像》。
> 能品下：《魏灵藏造像》《张德寿造像》……《定国寺碑》。

从所列品类可以看出，康有为的《碑品》，对各品级（类）仅仅是对其名称的列举，品评框架是对前代风格品评模式的模拟，虽然增设高、精二品，但并未予以阐释，与此同时，还专设《碑评》对部分碑进行了意象化风格品评，但也是极为俭省的只言片语，并未详细深入地分析。

由此可见，明清时期的书画艺术风格品评，基本延续了唐宋时期所建立的品评模式。虽然在品级数量上有所增加，但并没有多大建树。而且就其对书家、画

① ［清］包世臣：《艺舟双楫》，载潘运告主编：《清前期书论》，湖南美术出版社2003年版，第386页。

家的品评来看，无论是从品评的广度、深度，还是对风格特点的品评，都无法与唐宋时期的风格品评相提并论。这也许与明清时期浓重的复古风气有关，更多地沉醉于对传统的回归和法度的坚守，从而阻碍并限制了创新思维的开拓，使明清时期的艺术风格品评始终徘徊于传统模式的束缚之中，即使有些许增补，也显得微不足道，被淹没在强大的复古洪流当中。

第二，传统品评模式在戏曲批评领域的开拓

特别值得一提的是，虽然明清书画批评领域的风格品评，未见多少新意，但在戏曲批评领域，却取得令人欣喜的成果。戏曲在元杂剧成熟发展的基础上，明清时期步入辉煌发展时期，大量的名家名作层出不穷地涌现出来，戏曲批评理论也随之丰富起来。

相关戏曲风格品评，除了朱权《太和正音谱·古今英贤乐府格势》对200余位曲作家的个性风格作了“意象化”品评之外，影响最大且以“分级品第”方式进行戏曲批评的论著，恐怕就是吕天成的《曲品》和祁彪佳的《远山堂曲品》和《远山堂剧品》。这两位戏曲理论批评家沿袭前人所创建的品评体制，在戏曲领域中首次采用“分级品第”方式品评戏曲风格，并结合戏曲自身特点，在品评体制上作了一定程度的改造和创新。

（1）吕天成的戏曲风格品评

吕天成《曲品》分上下两卷，上卷专评作家，下卷专论作品。品评对象包括曲作家90人、散曲作家25人，作品共计192部。据《曲品自序》载：“仿钟嵘《诗品》，庾肩吾《书品》、谢赫《画品》例，各著论评”[①]，可知其品评体制明显是对古代诗、书、画品评体制的效仿。具体说来，《曲品》主要采取两种品评体制：对明代嘉靖以前的作家、作品，分为“神”“妙”“能”“具”四品；对隆庆、万历以来的作家、作品，按照上上、上中、上下、中上、中中、中下、下上、下中、下下九品。

对于旧传奇作者，吕天成以“神”“妙”“能”“具”分品，虽未对品级名称予以解释，但既然是效仿前制，想必标准依据有所接近。

> 神品：
>
> 高则诚：“能作为圣，莫知乃神。特创调名，功同仓颉之造字；细编曲拍，才如后夔之典音。志在笔先，片言宛然代舌；情从境转，一段真堪断肠。化工之肖物无心，大冶之铸金有式。关风教特其粗耳，讽友人夫岂信然？勿亚于北剧之西厢，且压乎南声之拜月。”

① ［明］吕天成：《曲品》，载《中国古典戏曲论著集成》（六），中国戏剧出版社1959年版，第207页。

妙品：

邵给谏："选声尽工，宜骚人之倾耳；采事尤正，亦嘉客所赏心。存之可师，学焉则套。"

王雨舟："颇知炼局之法，半寂半喧；更通琢句之方，或庄或逸。"

能品：

沈炼川："元老解颐而进卮，词豪攘指而搁笔。"

姚静山："笔能写义烈之刚肠，词亦达事情之悲愤。"

具品：

李开先："熟眷北曲，悲传塞下之吹；间着南词，生扭吴中之拍。"

邱琼山："乍辞讲幄，亟谱家词。造捏不新，知老辈之多钝；庄谐并写，庶末俗之可风。"[①]

从列入各品的作家来看，高则诚之所以被列入神品，缘于他对南曲的创制有功，犹如仓颉造字一般，发挥着奠基性作用，南曲之曲、拍、调等规格设置多出自高则诚之手，故将其列入神品。这一点与张怀瓘"神品"所列书家相类似，张怀瓘以"创始者"或"创其极"为列入"神品"的依据，很显然，高则诚入神品属于前者。对于非创始者，则以"创其极"为评价的最高标准，主要侧重于对技法的掌握运用程度、风格特色以及艺术成就等综合因素而决定，"神""妙""能"三品，依次递减。妙品，在声调、曲词、布局、故事等方面都有过人之处，但较之神品，略逊一筹。能品，只是在用词或情感方面有所优长，不及妙品各方面融合得当。具品，是吕天成根据戏曲自身特点另外增设的新品类，较之能品更逊一筹，甚至在词、曲、事等方面存在拼凑、造捏现象，斧凿之迹严重，根本无法论及风格问题。很显然，吕天成对于品评体制的创见不大，基本是对古代品评体制模式的直接套用。

对于新传奇作者，吕天成采用九品体制，更显细致、精微。被他列于"上之上"的沈璟和汤显祖，一个重音律，一个重辞采，各有千秋。"吴江派"与"临川派"的争论，各执一词，吕天成却意欲将其折中，"倘能守词隐先生之矩矱，而运以清远道人之才情，岂非合之双美者乎？"[②]音律与辞采是戏曲中两大基本要素，缺一不可，偏胜或偏废都无助于戏曲的完美呈现。若要分出先后，吕天成认为曲律相对辞采来说更为重要，因此，提出"首沈而次汤"[③]的观点，并以其为品评标准，对其他作家予以分品，也即以音律与辞采为衡量依据进行分级品第。

① ［明］吕天成：《曲品》，载《中国古典戏曲论著集成》（六），中国戏剧出版社1959年版，第210–211页。

② ［明］吕天成：《曲品》，载《中国古典戏曲论著集成》（六），中国戏剧出版社1959年版，第213页。

③ ［明］吕天成：《曲品》，载《中国古典戏曲论著集成》（六），中国戏剧出版社1959年版，第213页。

需要特别说明的是，吕天成的品评除了对沈、汤二人较为细致之外，对其余作者的品评，虽能基本把握不同主体创作风格特点，但却显得有些笼统、简单。如：

> 上之中：“伯龙……丽调喧传于白苎，新歌纷咏于青楼”；“大荒……耽奇蕴为国珍，按律蔚为词匠”。
>
> 中之上：“戴则绰有雅致，宫韵独谙”；“车则蔚有才情，结撰亦富”。
>
> 中之中：“涅川长于炼境”“钓叟妙于选题”“屏山才华颇畅”“时泉组织佟工”。
>
> 下之上：“剑池校曲巧多，久沈酣于音藏”“永怀谈词侣盛，方鼓吹于骚坛”。[①]

吕天成上卷对于作家风格的品评尚显不够细致深入，但他能对百余位不同风格的新旧传奇作家予以较为全面的观照，实在难能可贵。

《曲品》卷下，吕天成依据戏曲“十要”原则[②]，对192部剧作作了分级品第。他把旧传奇分为“神”“妙”“能”“具”四品，而把新传奇分为九品。其分品除了对作品源流派别予以考辨之外，还对作品的词、曲、故事、结构、情感等作了综合性考虑，其间不乏关于词、曲、调、情等风格特色的品评。如评《琵琶记》：“有运斤成风之妙”，评《拜月》：“天然本色之句”，评《荆钗》：“以真切之调，写真切之情”，评《白兔》：“词极古质，味亦恬然”，评《千金》：“写得豪畅”，评《玉玦》：“典雅工丽”，评《冬青》：“悲愤激烈”[③]等。这些品评以俭省的语句，集中而凝练地对不同作品突出的风格特色作了概括品评，并以此作为“分级品第”的基本依据。

总体看来，吕天成《曲品》相关风格品评，尽管存在过于简单、零碎的问题，但其真正价值意义在于，他对新、旧传奇众多作家、剧作作了较为全面系统的考察分析，并将他们纳入到分级品第的理论框架当中，虽然不一定妥当，却开创了戏曲品评的先例。

---

① ［明］吕天成：《曲品》，载《中国古典戏曲论著集成》（六），中国戏剧出版社1959年版，第214、216、217、218页。

② 据吕天成《曲品》载十要原则：“凡南剧，第一要事佳，第二要关目好，第三要搬出来好，第四要按宫调、协音律，第五要使人易晓，第六要词采，第七要善敷衍——淡处做得浓，闲处做的热闹，第八要各角色派得匀妥，第九要脱套，第十要合世情、关风化”参见《中国古典戏曲论著集成》（六），中国戏剧出版社1959年版，第223页。

③ ［明］吕天成：《曲品》，载《中国古典戏曲论著集成》（六），中国戏剧出版社1959年版，第224-233页。

（2）祁彪佳的戏曲风格品评

祁彪佳戏曲品评踵接吕氏，旨在弥补吕品之不足，为戏曲品评的进一步拓展和丰富而作："予素有顾误之僻，见吕郁蓝《曲品》而会心焉，其品所及者，未满二百种，予所见新旧诸本，该倍是而且过之。欲嗷评于其末，惧续貂也，乃更为之。"[①]就品评数量来看，祁氏《远山堂曲品》残稿，已达466种，《远山堂剧品》专论杂剧（包括少数元杂剧与大量明杂剧），数量多达242种，较吕天成《曲品》品评数量要多得多。

就品评方法来看，祁氏的品评不同于吕天成《曲品》人、作相分的作法，即上卷论作家，下卷论剧作，而是采用人、作合一，即将作家与剧作合在一起品评。人、作分论的形式，有助于对作家和剧作进行全面、深入的了解，但实际品评当中，吕氏的品评又因过于简单，而未能做到全面、客观、深入，不利于对作家剧作进行整体观照。更为重要的是，吕氏将作家风格与作品风格直接画等号的做法，即对作家的品第，直接影响到作品的品级，未能考虑到个人风格多样性的问题。对此王骥德曾毫不讳言地指出："勤之《曲品》所载，搜罗颇博，而门户太多……概饰四六美辞，如乡会举主批评举子卷牍，人人珠玉，略无甄别"[②]。而祁彪佳对这一问题却有更为深刻的认识和理解，《曲品凡例》中指出"文人善变，要不能设一格以待之。有自浓而归淡，自俗而趋雅，自奔逸而就规矩。"[③]可见，作家的创作风格并不是从一而终的，随着周遭环境的改变与主体自身的思想观念、艺术技法、审美倾向等的变化，必然影响到艺术创作风格的变化，不可一概而论。正是认识到吕品的诸多不足，祁氏才欲对戏曲风格品评进一步完善与体制建构。

就品评的品类和体制来看，祁彪佳对于古代风格品评的品类与体制并非全盘吸收，而是有所取舍、有继承、还有发展。

首先，舍"神"重"妙"，尚属首次

祁彪佳舍弃"神"品，是对古代艺术风格品评体制的极大挑战，其间渗透着他对戏曲艺术特殊性的理性思考。宋黄休复《益州名画录》最早释义"神格"："天机迥高，思与神合。创意立体，妙合化权，非谓开厨已走，拔壁而飞。"[④]可知"神"的变幻莫测得益于"天机"，创作在思与神合、得心应手中进入出神入化的境界。《易传·系辞上》曾曰："阴阳不测之谓神"[⑤]，《系辞注》云"神也

① ［明］祁彪佳：《远山堂曲品》，载《中国古典戏曲论著集成》（六），中国戏剧出版社1959年版，第5页。

② ［明］王骥德：《曲律》，载《中国古典戏曲论着集成》（四），中国戏剧出版社1959年版，第172-173页。

③ ［明］祁彪佳：《远山堂曲品》，载《中国古典戏曲论着集成》（六），中国戏剧出版社1959年版，第7页。

④ ［宋］黄休复：《益州名画录》，载潘运告主编《宋人画评》，湖南美术出版社2003年版，第120页。

⑤《易传·系辞上》，载《十三经注疏·周易正义》卷第七，北京大学出版社1999年版，第272页。

者，变化之极，妙万物而为言，不可以形诘者也，故曰‘阴阳不测’”[①]，说明“神”具有变化莫测，难以捉摸、出神入化的特点。而相对于依靠人的语言、形体进行实体性表演的戏曲艺术来说，一招一式的舞台表现，尽管离不开“天机”禀赋，但更多的是从后天勤学苦练的“功夫”中来，用“神”来概括其风格特征，显然有失妥当。而且“神”被引入品评体系，尤其被用于晋唐以来书画艺术品评，与魏晋时期人物品藻的影响不无关系。吕天成《曲品》承袭前制，将高则诚列入神品，缘于其对戏曲创制有功，这种列品方法，显然是对前人品评体制的套用和效仿，有牵强附会之嫌；而祁彪佳舍弃“神”品，恐怕更多的是考虑到戏曲艺术的特殊性，注重舞台实体性表演与展示，将“神”用于戏曲品评，显然是不妥当、不合理的。

对于“妙”的重视，是祁彪佳结合戏曲艺术自身特点的理性选择。南齐谢赫《古画品录》曾以“妙”字品评张墨、荀勖：“风范气候，极妙参神……若拘以体物，则未见精粹；若取之象外，方厌膏腴，可谓微妙也”[②]，可知“妙”的境界，并非止于对有限物象的逼真刻画，而在于取之象外；东晋画家顾恺之也说“四体妍媸本无关于妙处”，说明“妙”并不在物象之形似，而贵在通过有限的物象体现无穷的意境，若“妙”至“极”，则可接近于“神”。宋黄休复释义“妙”：“画之于人，各有本性，笔精墨妙，不知所然。若投刃于解牛，类运斤于斫鼻，自心付手，曲尽玄微”[③]，可知，“妙”表现为主体对笔墨技巧的运用自如、得心应手、游刃有余。这种“可表现”“可操作”的实践性，对于注重舞台实践表演的戏曲艺术来说，也是符合的。祁氏《曲品》残稿中“妙”品虽亡佚不见，但从《剧品》相关剧作品评，可以见出其对“妙”的把握，如评周藩诚斋《继母大贤》：“其词融炼无痕，得镜花水月之趣”，其《团圆梦》：“自然情与景会，意与法合……肤浅者不能，镂刻者亦不能”，评徐渭《渔阳三弄》：“……吾不知其何以入妙，第觉纸上渊渊有金石声”，评沈自徵《簪花髻》：人谓于寂寥中能豪爽，不知于歌笑中见哭泣耳。曲白指东扯西，点点是英雄之泪，曲至此，妙入神矣！[④]等，都抓住了“妙”追求“象外”之境的内涵，皆在通过有限蕴涵无限，给人以妙趣无穷，妙不可言、回味不尽之感，其“妙入神矣”的说法，与谢赫“极妙参神”内涵也是一致的，都强调作品微妙之变化妙不可言，可近“神”品的特点。

①《易传·系辞上》，载《十三经注疏·周易正义》卷第七，北京大学出版社1999年版，第272页。

② 谢赫：《古画品录》，载潘运告编著：《汉魏六朝书画论》，湖南美术出版社1997年版，第303页。

③［宋］黄休复：《益州名画录》，载潘运告主编《宋人画评》，湖南美术出版社2003年版，第120页。

④《论语·述而》，载《十三经注疏·论语注疏》卷第七，北京大学出版社1999年版，第91页。

可见，祁彪佳舍“神”重“妙”的品级设置，并非简单套用古代风格品级内涵，而是以戏曲创作与表演实践为基础。

其次，增设“雅”“艳”，乃为新创

“雅”用于戏曲品评，是祁彪佳的一大创见。他基于古代“雅”之丰富内涵，具体落实于戏曲品评当中。据《诗大序》载：“雅者，正也，言王政之所由废兴也。政有大小，故有小雅焉，有大雅焉。”[①]《大雅》多以歌功颂德为主，不表现个人情感；《小雅》则多与《国风》相类似，如《采薇》《杕杜》《何草不黄》等篇什，多是关于战争和劳役的作品，旨在抒发普通士兵对战争的厌倦和思乡情感；后钟嵘《诗品》评阮籍“其源出于《小雅》。无雕虫之功。而《咏怀》之作，可以陶性灵，发幽思。”可知阮籍作品不以人为雕琢取胜，而以质朴无华的语言抒发对下层百姓的忧虑与感伤情怀，这是“雅”的特征之一。祁彪佳的“雅”品正是抓住了这一特征。“曲品凡例”品评沈璟创作：“沈词隐他作入‘雅’，《四异》独以‘逸’称。”[②]从《曲品》“雅品”残稿相关沈璟作品的只言片语，如评《分钱》：“极力返于当行本色耳”，评《双鱼》：“写书生沦落之状”，评《义侠》：“此记于武松侠烈之概、潘金莲淫奔之状，宛转写出”，评《珠串》：“描写妇人反唇之状，非先生妙笔不能”，评《结发》：“中间状白叟之负义、莺娘之守盟、萧生之异遇，一转一折，神情俱现”[③]等，从这些品评话语，可知沈璟崇尚本色当行，十分擅长对市井小人物的真实生活情状的细致描摹与真实再现，并以宛转的手法写出，极尽本色情态，神情俱现，祁彪佳将其列入“雅”品，旨在传达以“本色”为美的“雅”品观；另从《剧品》列入“雅”品的品评，如评杨诚斋《十长生》“然构词之工，几能化雕镂为淡远矣”，评《蓝采和》：“境界平常。词于淡中着色，有不衫不屐之趣。”评王骥德《倩女离魂》“精于曲律，其于宫韵平仄，不错一黍。若是而复能作本色之词，遂使郑德辉《离魂》北剧，不能专美于前矣”[④]等，同样证实祁彪佳以“本色”为“雅”的审美观念，而且其对本色的理解不仅要求内容真实，再现生活情状，而且力求曲词能体现自然本色，以质朴、平淡、不尚雕琢的语言取胜，“不衫不屐”点明了祁彪佳“以俗为雅”的审美观念与品评思想。

祁彪佳“雅”品，还有另外一层含义，即强调对意境的追求和情调的婉转。

---

①［梁］刘勰：《文心雕龙·体性》，载张长青：《文心雕龙新释》，湖南大学出版社2009年版，第314页。

②［唐］司空图：《二十四诗品》，载［清］何文焕辑：《历代诗话》，中华书局1981年版，第39页。

③ 张国庆：《〈二十四诗品〉诗歌美学》，北京：中央编译出版社2008年版，第118页。

④［明］祁彪佳：《远山堂剧品》，载《中国古典戏曲论著集成》（六），中国戏剧出版社1959年版，第139-144页。

古代“雅”具有正统、规范及高尚不俗的审美趣味之意。《诗经·小雅·鼓钟》郑笺云：“雅，正也。”《论语·述而》载：“子所雅言：《诗》、《书》、执礼，皆雅言也。”①曹丕《典论·论文》“奏议宜雅”等，刘勰将“雅”作为风格类型提出“典雅者，熔式经诰，方轨儒门者也”②，强调以儒家经典为楷模，做到文质雅正。司空图《诗品》也提出“典雅”：“玉壶买春，赏雨茆屋。坐中佳士，左右修竹……书之岁华，其曰可读”③，但此处的“典雅”是一种“以‘典’为重要文化依据和基础的高尚不俗的审美趣味。”④可见“雅”既强调“正”，也强调高尚不俗的审美趣味。这是雅的特征之二。祁彪佳所理解的“雅”，认识到戏曲作为平民“俗”文化的特点，虽强调“本色”之语，甚至俚语生动再现世俗情态，但在情感传达上却认为不必以过激或极端方式来体现悲欢离合。从祁彪佳《剧品》来看，评周藩诚斋《乔断鬼》“本寻常境界，而能宛然逼真，敷以恰好之词”，评汪道昆《高唐梦》“壮雅不群……以不尽为妙”，评汪道昆：《洛水悲》“只此朗朗数语，摆脱多少浓盐赤酱之病”，评叶宪祖《骂座记》“以纯雅之词发之，其婉刺处更甚与快骂者”⑤等，可见祁彪佳倡导以隐深婉转、含蓄蕴藉的表达方式，营造美好的意境和雅致的情调，这种追求“不俗”审美趣味的品评观念，与古代“雅”的含义是吻合的。

祁彪佳将“雅品”视为雅俗统一体，内容、曲词之俗，体现着生活之本色，意境、情调之雅，体现着戏曲作为艺术之本色。“雅品”是生活与艺术之“本色”合一。

“艳”被纳入戏曲品评是祁彪佳的又一创见。“艳”的内涵在古代早有规定。据《说文解字》释义“艳”：“好而长也”⑥，南唐徐锴《说文解字系传》注曰：“容色丰满也”⑦，《左传·桓公元年》载“美而艳”，孔颖达注疏云：“美者，言其形貌美；艳者，言其颜色好，故曰‘美而艳’。”⑧《小雅·十月之交》载：“艳妻煽方处”，毛诗正义云：“艳妻，褒姒。美色曰艳。”⑨汉代扬雄《方言》“艳，

① 《诗大序》，载《十三经注疏·毛诗正义》卷第一，北京大学出版社，1999年版，第17页。

② ［梁］钟嵘著，曹旭集注：《诗品集注》，上海古籍出版社1994年版，第123页。

③ ［明］祁彪佳：《远山堂曲品》，载《中国古典戏曲论著集成》（六），中国戏剧出版社1959年版，第7页。

④ ［明］祁彪佳：《远山堂曲品》，载《中国古典戏曲论著集成》（六），中国戏剧出版社1959年版，第126-128页。

⑤ ［明］祁彪佳：《远山堂剧品》，载《中国古典戏曲论著集成》（六），中国戏剧出版社1959年版，第150、152、162页。

⑥ ［汉］许慎撰，［清］段玉裁注：《说文解字注》，中州古籍出版社2006年版，第208页。

⑦ ［南唐］徐锴撰：《说文解字系传》，中华书局1987年版，第94页。

⑧ 《左传·桓公元年》，载《十三经注疏·春秋左传正义》卷第五，北京大学出版社1999年版，第133页。

⑨ 《小雅·十月之交》，载《十三经注疏·毛诗正义》卷第十二，北京大学出版社1999年版，第725页。

美也。”[①]可见，“艳”多指容貌或色彩的美丽。“艳”用于文学品评始见于南朝“宫体诗”，多写女性之美或男女情爱，形式上追求辞藻靡丽，声律严整，具有“轻靡”“妖艳”的风格特点。宫体诗自南朝梁文帝，到陈后主、隋炀帝、唐太宗等几个时期，一直弥漫于文坛，[②]说明“艳”是文学创作久已存在的风格类型。音乐中最具“艳”品特点的是楚歌[③]，从《楚辞》中《九歌》关于男欢女爱的描写可以感知楚地民间歌舞“艳”的特点。明王骥德《曲律》载“吴歈、楚艳，以及今之戏文，皆南音也。……南音多艳曲。”[④]基于上述认识，祁彪佳将“艳”列于戏曲品评体制，并非是求奇新创，而是缘于创作实践中确实存在“艳”这种风格类型。如《曲品》评沈璟《红渠》“字字有敲金戛玉之韵，句句有移宫换羽之工……雕镂极矣。”评吕天成《蓝桥》“字字皆翠琬金镂，丹文绿牒”，评郑若庸《玉玦》“以工丽见长……此记每折一调，每调一韵，五色管经百炼而成，如此工丽”[⑤]；《剧品》评陈汝元《红莲记》“藻艳俊雅，神色俱旺”，评周藩诚斋《踏雪寻梅》“以殊艳之词，写出淡香疏影，而艳不伤雅，以是见文章之妙”[⑥]等作品，多表现男女爱情，尤在女性之美与情节描绘上极尽藻饰艳丽之辞，力求通过移宫换羽、错彩镂金、精工富丽的描绘，营造色彩斑斓的美艳世界。这一手法运用得当，能为戏曲增光添彩，引导欣赏者从中获得高度的审美享受和精神洗礼。如果过度雕饰或运用不当，则会适得其反。如评汤显祖《紫钗》：“先生手笔超异……然传情处太觉刻露，终是文字脱落不尽耳，故题之以‘艳’字。”[⑦]评谢廷谅《纨扇》：“一意填词，虽绮丽可观，而于阖辟离合之法，全是瞶瞶”，评戴应鳌《钿盒》：“纵笔于绮丽之场，用唐律供其挥洒。……但字雕句镂，微少天然之趣。”[⑧]可见，不顾忌题材内容、布局章法等的实际需要，一味地在辞藻堆砌、声律变幻以及色彩雕琢上下功夫，不仅导致作品“文”“质”失衡，不能恰到好处地传情达意，反而会破坏戏曲的整体美感。这也恐怕是祁氏将“艳”置于“妙”“雅”

① ［汉］扬雄记，郭璞注：《方言》，中华书局1985年版，第13页。

② 据北宋欧阳炯《花间集序》曾描写道：“则有绮筵公子，绣幌佳人，递叶叶之花笺，文抽丽锦；举纤纤之玉指，拍按香檀，不无清绝之词，用助娇娆之态。自南朝之宫体，扇北里之倡风。何止言之不文，所谓秀而不实，有唐以降，率土之滨，家家之香径春风，宁寻越艳。”载张璋等编纂：《历代词话》（上），大象出版社2002年版，第3页。

③ 据《御览·古乐志》曰“楚歌曰艳”，左思《吴都赋》云“荆艳楚舞”，谢灵运《彭城宫中直感岁暮》诗中“楚艳起行戚”等。

④ ［明］王骥德：《曲律》，载《中国古典戏曲论著集成》（四），中国戏剧出版社1959年版，第56页。

⑤ ［明］祁彪佳：《远山堂曲品》，载《中国古典戏曲论著集成》（六）中国戏剧出版社1959年版，第18-21页。

⑥ ［明］祁彪佳：《远山堂剧品》，载《中国古典戏曲论著集成》（六），中国戏剧出版社1959年版，第177页。

⑦ ［明］祁彪佳：《远山堂曲品》，载《中国古典戏曲论著集成》（六），中国戏剧出版社1959年版，第17页。

⑧ ［明］祁彪佳：《远山堂曲品》，载《中国古典戏曲论著集成》（六），中国戏剧出版社1959年版，第22页。

“逸”之后的缘故。

不可否认的是，祁彪佳增设“雅”“艳”，均是基于戏曲创作实践的理性选择，是对古代艺术风格品评体制的创造性发展。

最后，“逸”“能”“具”沿用，赋予新意

“逸”“能”“具”，是对古代风格品评体制中的“逸”“能”与吕天成“具”的承袭沿用，但祁彪佳赋予其新的理论内涵。

“逸” 被祁彪佳引入戏曲品评体制，从两方面把握其内涵与风格特点。第一层含义是“奇”“异”：祁彪佳在“曲品凡例”评沈璟“《四异》独以“逸”称，今虽未见，但从品评来看：“巫、贾二姓，各假男女以相赚，贾儿竟得巫女。吴中曾有此事，惟谈本虚初聘于巫，后娶于贾，系是增出，以多其关目耳。词之稳协，不减他作；至于脱化，乃更过之。净、丑白用苏人乡语，谐笑杂出，口角逼肖。”[①]可知《四异记》无论题材内容，还是表现形式，都具有不同寻常的“奇”“异”特点，尤其是净、丑两个行当说白用“苏人乡语”“谐笑杂出”，这与之前官方为戏曲设定的“正统”规范相比，明显是“不拘常法”的表现，这与晚唐朱景玄《唐朝名画录》将“逸”置于“神妙能”之后，单列一品特指那些“格外不拘常法”“非画之本法”的创作在内涵上是一致的。又如评沈璟《博笑》“词隐先生游戏词坛，杂取《耳谈》中可喜、可怪之事”，评陈与郊《樱桃梦》：“炎冷、合离，入浪翻波叠，不可摸捉，乃肖梦境”，苏元俊《梦境》“惟此记极幻、极奇、尽大地山河、古今人物，尽罗为梦中之境”[②]等，都是突破传统法度的“奇”“异”作品。可见“奇”“异”确实是祁彪佳评定“逸”的一个标准。当然，这与明中后期思想领域所蔓延的自由主义解放思潮所引发的“尚奇”观念也是吻合的。特别是汤显祖“因情成梦，因梦成戏”唯情主义，可谓是戏曲以“奇”求“情”的导火索，曲作家们极尽想象、幻想之能，采用各种离奇、怪异的内容或表现方式，不惜突破常规翻新戏曲，在某种程度上，也是为了更好地传“情”达“意”。

由此引出“逸”的第二层含义：“得之自然”“出人意表”：宋黄休复《益州名画录》曾释义“逸”：“拙规矩于方圆，鄙精研于彩绘，笔简形具，得之自然，莫可楷模，出于意表，故目之曰逸格尔”[③]，旨在体现“逸”在不为传统画法规矩所限，不求物象逼真与彩绘，贵在体现“自然”之本性，创作主体之“意表”。祁彪佳抓住这一内涵，结合戏曲艺术反映世俗生活的特点，认为创作者在

① ［明］祁彪佳：《远山堂曲品》，载《中国古典戏曲论著集成》（六），中国戏剧出版社1959年版，第9页。

② ［明］祁彪佳：《远山堂曲品》，载《中国古典戏曲论著集成》（六），中国戏剧出版社1959年版，第9–12页。

③ ［宋］黄休复：《益州名画录》，载潘运告主编：《宋人画评》，湖南美术出版社2003年版，第120页。

情节、曲词、音律、结构等方面精致、精准，不留余地的生动描绘，甚至以精雕细琢的辞藻追求余音绕梁、刻入骨髓、乃至“语不惊人死不休”的艺术境界，都是“出人意表”的体现。如《曲品》评陈与郊《鹦鹉洲》：“此记逸藻翩翻，香色满楮，衬以红牙、檀板，则绕梁之音，正恐化彩云飞去耳”，评范文若《花筵赚》“真是‘语不惊人死不休’”，评单本《露绶》“眼前事、口头语，刻写入髓，央不留一寸余地，容别人生活。此老全是心苗里透出聪颖，真得曲中三昧者”[①]等，《剧品》评吕天成《缠夜帐》“写至刻露之极”，评祁豸佳《眉头眼角》“词情宕逸，出人意表”[②]等，从中可见曲作家任意恣肆、狂放不羁的个性和勇于向传统挑战、突破法度的革新意识，否则不会塑造出活灵活现的艺术形象。在祁彪佳看来，戏曲表演中“或哭或笑”“牢骚怒骂”“淋漓感慨”等极致刻画，都是对生活、对人物个性的自然表现。如《剧品》评冯惟敏《僧尼共犯》“字句皆独创者，故刻画之极，渐近自然”，评来集之镕《红纱》“痛骂糊涂主司，或哭或笑，豪气拂拂纸上”，评朱京藩《玉珍娘》“写其一段淋漓感慨之致”，评董玄《文长问天》：“牢骚怒骂，……借文长舒写耳”[③]等，明显是对“逸”品“得之自然”内涵的新诠释。总体看来，祁彪佳的“逸”品继承了古代“逸”之“不拘常法”“得之自然”“出于意表”等基本含义，但其间渗透着强烈的思想解放意识，他充分考虑到戏曲反映现实生活与表达主体情感的特性，巧妙地将“逸”与戏曲舞台表演相结合，赋予了“逸”新的时代意义。

“能”被引入戏曲品评，基本延续了古代书画品评的含义。唐张怀瓘《书断》最早提出“神妙能”体制，从列于“能”品的书家得知，大多擅长某种书体，虽不乏特色，但也存在明显缺陷。宋黄休复释义“能格”：“画有性周动植，学侔天功，乃至结岳融川，潜鳞翔羽，形象生动者，故目之曰能格尔。”[④]可知“能格”作者天赋平常，主要靠后天勤学苦练，只要达到形象生动即可。这类创作可能缺乏鲜明的个性风格，甚至还未脱尽模仿痕迹，但也有一定的可取之处。祁彪佳品评戏曲，理解大略相当。如《曲品》评《琼台》“其意境俱无足取，但颇有古曲典型”，评汪廷讷《威凤》“构词虽未超轶，亦自有大雅体裁”，评杨文炯《玉杵》“文彩翩翩，是词坛流美之笔。惜尚少伐肤见髓语，而用韵亦

① ［明］祁彪佳：《远山堂曲品》，载《中国古典戏曲论著集成》（六），中国戏剧出版社1959年版，第11–13页。

② ［明］祁彪佳：《远山堂剧品》，载《中国古典戏曲论著集成》（六），中国戏剧出版社1959年版，第169、173页。

③ ［明］祁彪佳：《远山堂剧品》，载《中国古典戏曲论著集成》（六），中国戏剧出版社1959年版，第169、172、175、175页。

④ ［宋］黄休复：《益州名画录》，载潘运告主编：《宋人画评》，湖南美术出版社2003年版，第120页。

杂”[①]等，《剧品》评《功臣宴》“曲有讹处，衬字亦太多。然而出口松利，下韵轻稳，亦是词坛不易得者”，评《泣鱼固宠》：事俘有逸致，传之尚未委婉，词亦多堆积之病”[②]等，虽尚存不足，但在曲词、陈事、构局、文彩以及意调等方面也有值得欣赏之处。当然，能品中也不乏令人满意之作，如评王元寿《击筑》“激烈中转为悠扬之韵，觉满纸萧瑟，令人泣下”，评王元寿《异梦》“此曲排场转宕，词中往往排沙见金，自是词坛作手”，评史盘《唾红》“叔考匠心创词，能就寻常意境，层层掀翻，如一波未平，一波复起。词以淡为真，境以幻为实，唾红其一也”[③]等，虽然这些作品，某一方面令人称道，然而，就戏曲作为综合艺术来说，某一方面的特长，并不能代表整体艺术水平与风格特色。“能品”在祁彪佳戏曲品评中所占篇幅最多，也代表了大多数曲作家创作水平，真正艺术成就较高，独具风格特色的作家作品，并非人人都可以获得。

“具”，列于祁氏品评体制的末位。虽由吕天成引入戏曲品评，但并未对其内涵予以阐释。唐张彦远《历代名画记》曾对“具”有所提及：“是故运墨而五色具，谓之得意。意在五色，则物象乖矣。夫画物特忌形貌采章历历具足，甚谨甚细，而外露巧密。”[④]“具”在此处是俱备、俱全之意。这类作品往往将物象的形貌、细节点滴不落地列举铺陈开来，然而却因过于谨细、只求形全，而丧失了神情和意趣。这是艺术创作所忌讳的，说明作者的水平还处于低级阶段，尚不具备将思想内容与表现形式有机融合的能力。对于这些尚不成熟，甚至可以说不懂作法、粗制滥造的作品，都被祁彪佳列入了“具品”。如《曲品》评《青楼》“全无作法，止是顺文敷衍”，评黄粹吾《胡笳》“白俱学究语，曲亦如食生物不化，是何等手笔”，评夏邦《宝带》“他人一语可了者，此数十语不了。取境既俗，出吻亦庸”，评程良锡《负剑》“作者不明音律，半用北调，效颦《西厢》，遂为衬字所误；虽运词骈丽，亦不足观也已”[⑤]等，《剧品》评樵风《宦游济美》“满纸是塞白之语，索然无一毫趣味”，评《相送出天台》：“集唐律成曲，如食生物不

① [明] 祁彪佳：《远山堂曲品》，载《中国古典戏曲论著集成》（六），中国戏剧出版社1959年版，第24、34、56页。

② [明] 祁彪佳：《远山堂剧品》，载《中国古典戏曲论著集成》（六），中国戏剧出版社1959年版，第182、185页。

③ [明] 祁彪佳：《远山堂曲品》，载《中国古典戏曲论著集成》（六），中国戏剧出版社1959年版，第37、41、44页。

④ [唐] 张彦远：《历代名画记》，载潘运告主编：《唐五代画论》，湖南美术出版社1997年版，第178页。

⑤ [明] 祁彪佳：《远山堂曲品》，载《中国古典戏曲论著集成》（六），中国戏剧出版社1959年版，第87、90、95、98页。

化”，评《同心记》“此剧粗具情节，曲、白无一可取”[①]等，可见，“具”品之作，多以指摘缺陷为主，作品在曲词、作法、布局以及音律、故事、用古等方面，都存在严重的挪用、拼凑、抄袭，乃至生搬硬套的问题，完全没有作者独立见解，尚处于“食生物不化”的阶段。一般来说，粗糙之作往往为批评家所轻蔑，不被纳入批评范围，然而，这一品类却在祁彪佳手中发挥到极致，将具品作为末尾品级，旨在通过对创作中诸多问题、缺陷的严厉批评，使其品评发挥指导创作实践、引以为戒的作用。

祁彪佳的品评体制是全面而周详的，品评态度是严肃认真的，他没有简单套用前人的品类体制，而是在承袭前代品评体制与方法的基础上，结合戏曲艺术实践，以宏阔的视野、理性的思维、敏锐的洞察力，对众多作家作品予以褒贬不一的品评，实在难能可贵，其所创建的“妙”“雅”“逸”“艳”“能”“具”六品体制，不仅是对古代“分级品第”批评方式的一脉相承，而且极富创见性地将古代艺术风格品评推向了新的高度。

综上所述，“品第化”是中国古代相关风格品评的又一显著特征，这种品评方式被历代理论家、批评家不断承传，在各个艺术批评领域不断被效仿、演绎，最终形成了多元化品评体制，体现了古人对风格品评的多向度理解与观照。古人采用分级品第方式品评作家作品风格，是被历代批评家所普遍认可的批评方式，也是一种不同于西方艺术批评、独具民族特色的风格品评的话语体系，是中国古典艺术风格学的又一典型特色。

（四）品第化风格品评的特点

1. 主观性

主观性是“品第化”风格品评的主体特征，体现为批评家主观见解对品评活动的影响作用。

其一，品级设置的主观性：通过对历代相关风格品评体制的考察，发现品级的设置在很大程度上取决于批评家的主观看法。批评家在选择与设定品级的时候，往往会从自身所处门类艺术出发，提出相应的批评理念或方法，并以此基础而设定品级。如汉魏六朝时期具有代表性的三部批评著作，尽管都采用了“分级品第”方式，但各自在品级设置上不尽相同：谢赫《古画品录》基于绘画创作实践提出“六法”，并以“气韵生动”为最高目标，设置六个品级（即第一品、第二品、第三品、第四品、第五品、第六品）对不同画家的技法、成就、利弊以及

---

① ［明］祁彪佳：《远山堂剧品》，载《中国古典戏曲论著集成》（六），中国戏剧出版社1959年版，第194、196、199页。

风格特点等进行品评；钟嵘《诗品》针对当时诗歌批评存在的缺陷与“曾无品第”的现状，分设“上”“中”“下”三个品级对百余位诗家的源流派别、风格特色及优缺短长作了品评，分品虽然粗略，但旨在实现“辨彰清浊”与“掎摭利病”的目标。庾肩吾在长期的书法临摹实践中，纵览过众多书家的风格特色，发现相互之间的确存在差异，因而在《书品》中分设“三品九等”，对百余位书家创作风格及成就高下予以细致的品评与区分。入唐后，张怀瓘《书断》提出的“神”“妙”“能”品级，其名称取代了之前以数序或位序设定品级的传统方式，而这一创新思维正是批评家集古代艺术批评之大成的智慧成果。再如明代祁彪佳品评戏曲，在设定品级的时候，保留哪个、舍弃哪个、增加哪个？最终确定“妙”“雅”“逸”“艳”“能”“具”六品，无不基于批评家对戏曲艺术的理性思考和审美品鉴。当然，出于批评家主观设定的品级，有时候不一定妥当，如明王穉登《吴郡丹青志》提出“七志”，前四志以传统“神”“妙”“能”“逸”四品排列，而后三志又将代表作者身份的品级，如遗耆志、栖旅志和闺秀志与其并列，品评标准前后不一，明显带有主观随意性。

其二，品级划分的主观性：针对创作领域琳琅满目的艺术风格，究竟哪位艺术家的风格特色更为独特，创作水平更高，艺术成就更大，应该如何划分品级，依据何在？往往取决于批评家的个人见解与主观判断。谢赫《古画品录》分六个品级对知名画家予以品评，他将陆探微、曹不兴、卫协、张墨、荀勖五人列于第一品，却将顾恺之列于第三品，评其“格体精微，笔无妄下；但迹不迨意，声过其实。”[①]这种分品结果引起了其后姚最的不满，《续画品》指出：“长康之美，擅高往策，矫然独步，终始无双。有若神明，非庸识之所能效；如负日月，岂末学之所能窥？荀、卫、曹、张，方之篾矣；分庭抗礼，未见其人。谢云声过于实，良可於邑。列于下品，尤所未安。”在姚最看来，顾恺之的艺术成就是无与伦比的，谢赫将其置于下品，如此贬低顾恺之，实在令人悲凉。姚最进一步分析其个中缘由，认为是批评主体“情所抑扬”所致，点明了“分级品第”受批评家主观因素影响。姚最认识到每个画家都有独特的创作个性，“性尚分流、事难兼善”[②]，况且“丹青妙极，未易言尽”，[③]不能以个人的偏见而使得良璞佳作就此埋没，永成沦丧。可见，批评家的个人见解与主观判断，对作家艺术品位与价值的认定，发挥着重要的影响作用。又如庾肩吾《书品》将张芝、钟繇、王羲之三人列于“上之上”，将王献之列于“上之中”，入唐以后，李嗣真《书后品》在

① [南齐] 谢赫:《古画品录》，载潘运告主编:《汉魏六朝书画论》，湖南美术出版社1997年版，第307页。

② [南朝] 姚最:《续画品》，载潘运告主编:《汉魏六朝书画论》，湖南美术出版社1997年版，第323页。

③ [南朝] 姚最:《续画品》，载潘运告主编:《汉魏六朝书画论》湖南美术出版社1997年版，第322、322页。

“三品九等”之上增设“逸品”，并将上述四人划归其中，虽未解释理由，但从所列书家可知李氏的“逸品”相当于庾氏上品之“上”“中”两个等级，仅是替换了一个名称而已。品评是批评家自觉的主观能动行为，作为一个独立完整的个体，批评家也有自己的气质性格、爱好兴趣、艺术主张、学养内涵等，当比较品评不同的作家作品，往往会凭借丰厚的审美经验、趣味好尚、品鉴视角及情感倾向等因素，对作家作品的整体风格特色、笔墨技法、优劣长短乃至成就高下作出综合评价，所属品级也就在一念之间被划定了，所谓“仁者见仁，智者见智”。

此外，主观性还体现在品级的阐释方面。如对“神”品的阐释，黄休复《益州名画录》释义为“天机迥高，思与神合。创意立体，妙合化权，非谓开厨已走，拔壁而飞。”元夏文彦《图绘宝鉴》释义为“‘气韵生动’出于天成，人莫窥其巧者”，清包世臣《国朝书品》释义为“平和简净，遒丽天成”，他们采用“天机”“天成”这样的字眼，抓住了“神”品的本质特点，但对这一类型的风格阐释或描绘却迥然不同。又如对“逸”的理解，李嗣真的“逸”相当于“上之上”和“上之中”，而朱景玄却赋予其“不拘常法”的另类内涵，到黄休复却释义为“拙规矩于方圆，鄙精研于彩绘，笔简形具，得之自然，莫可楷模，出于意表”①，祁彪佳品评戏曲所理解的“逸”，综合了朱、黄之义，一方面视为“奇”“异”的代名词，另一方面突出“得之自然”“出人意表”的内涵；清包世臣试图重新释义“逸”品：“楚调自歌，不谬风雅”，可见在批评家那里，即使对于名称相同的品级，也可能由于时代差异、门类艺术特殊性以及品评立足点不同，而导致对特定品级阐释的不同理解。

2. 等级性

“等级性”是“品第化”风格品评的显著特征。关于“等级”，先秦儒家就有“君君，臣臣，父父，子子”的等级意识，相关人物的品评，无论是性格、道德或言行等，都束缚于“礼”的等级次序当中。然而，汉魏以来，曹氏父子对人才的重视，对主体个性的推崇，使得人物品评视角转向才情、容貌、风度等的审美性评价，特别是“九品中正制”的推行，使人物品评以及与人密切关联的艺术品评，全都自然而然地浸润于“九品”的等级次序当中。可以说，汉魏六朝所确立的“等级”关系，对当时乃至后世的艺术批评产生了深远的影响。批评家们在对作家作品进行品评考辨的时候，都习惯性地采用“分级品第”方式展开，其中相关作家作品“风格”特色的品评，也被纳入了“等级”体系当中。

一般来说，风格以独特性为本质特征，与他者相比起来，具有“彼此不能相为”“不可替代”的唯一性。因而风格相互之间，是不存在孰高孰低、孰优孰劣

① [宋] 黄休复：《益州名画录》，载潘运告主编：《宋人画评》，湖南美术出版社2003年版，第120页。

的区分的。但是在形成风格的过程中，由于创作者自身的先天禀赋、才略的不同，加之后天勤奋、努力的程度不同，对创作技法的掌握、语言的运用以及创变能力的不同，进而导致其创作水平，乃至艺术成就的确存在高下之分。这一点可从历代品评理论中得到印证。可以说，古代艺术品评体制中所设的品级，其前后顺序排列，往往代表了某一类（群）艺术家或作品整体创作水平的高低、优劣，至于其间包含的风格品评，也因品级位置而有所差异。如谢赫《古画品录》分“六品”品评画家：

第一品　评卫协：“古画之略，至协始精。六法之中，迨为兼善……颇得壮气，凌跨群雄，旷代绝笔”；

第二品　评陆绥：“体韵遒举，风采飘然。一点一拂，动笔皆奇。”

第三品评毛惠远：“力遒韵雅，超迈绝伦，其挥霍必也极妙，至于定质块然，未尽其善。”

第四品　评王微、史道硕：“并师荀、卫，各体善能，然王得其细，史得其真”；

第五品　评刘顼：“用意绵密，画体纤细，而笔迹困弱，形制单省”；

第六品　评宗炳：“炳明于六法，迨无适善，而含毫命素，必有损益”。

由此可见，品级越是靠前，评价越高，包括对风格特色、笔墨技巧等的品评大多充满褒赞；品级稍靠后一点，评价得失并存，既在某些方面具有突出的风格特点，但也存在些许不足之处；而对越靠后的品级，其评价多趋于批评指摘，甚至无法论及风格问题。

又如钟嵘《诗品》对两汉至齐梁年间的五言诗诗人的品评，分“上中下”三品：

上品：评《魏陈思曹植》：“骨气奇高，词采华茂，情兼雅怨，体被文质，粲溢今古，卓尔不群。嗟乎！陈思之于文章也，譬人伦之有周、孔，鳞羽之有龙凤,音乐之有琴笙，女工之有黼黻”；

中品：评《晋司空张华》：“其体华艳，兴托不奇，巧用文字，务为妍冶。虽名高曩代,而疏亮之士，犹恨其儿女情多，风云气少。”并引用谢灵运之语：“张公虽复千篇，犹一体耳”；

下品：评齐高帝、齐征北将军张永、齐太尉王文宪：“齐高帝诗,词藻意深,无所云少。张景云虽谢文体，颇有古意。至如王师文宪，既经国图远，或忽是雕虫。”……

从各品所用品评语汇可见“上中下”三级位序，直接决定品级高下与品评语汇的多寡。相关风格品评也差异明显，上品从整体的“骨气”，到部分的“词”“情”“体”一应俱全，都附以周全之意，并以“意象化”方式对风格特色大加褒奖，“粲溢今古，卓尔不群”更是对其艺术成就的至高评价；而中品则有褒有贬，肯定与指摘相提并论；至于下品，则罗列多人，品评语汇少而简略，甚至带有讥讽意味。

需要特别指出的是，尽管唐张怀瓘《书断》以充满审美性的“神”“妙”“能”对众多书家设传品评，但依然不脱“等级”排序的品评原则。据《书断》载“右包罗古今，不越三品，工拙伦次，殆至数百。且妙之企神，非徒步骤，能之仰妙，又甚规随”，可知“神”“妙”“能”的确存在差异，各品相关书家的风格品评也因品级而不同，在品评语汇上，多寡不一的现象更是比比皆是（此处不再赘述）。对于其后出现的“逸”品，关于排序安置问题引起历代批评家的纷争，其缘由同样是关于其“等级”高低次序的探讨。明清以后，复古思潮下涌现出的品评体制更是琳琅满目、此起彼伏，但没有哪个不是以“等级”为基础进行排序，其中相关作家作品风格特色的品评，也全都受制于所处品级的前后次序。

通览历代相关风格品评的品评体制可以发现，品级位置的排序对风格特色的品评起到直接的影响作用。品级越高，品评对象的数量越少，主要是某个艺术领域举世瞩目的杰出大师；品级居中，品评对象的数量稍多，但也必然是在创作某些方面具有突出风格特色，或在其他方面还有些许瑕疵的普通艺术家；而品级越低，品评对象的数量相对较多，往往是创作水平还不够成熟，技艺尚未达到娴熟创化的境界，还处于苦苦追寻风格过程中的能艺者。可见，古代的“分级品第”的品评方式，在某种意义上，是以追求风格为旨归的品评方式。正是由于“等级”性，才真正彰显出“风格”是“艺术所能企及的最高境界”。

3. 传衍性

传衍性是“品第化”批评方式承传演变的特性。古人采取“分级品第”方式将创作领域众多风格迥异的作家作品纳入不同的品评体制，并非个案，从魏晋六朝到唐五代、再到宋元、明清，“品第化”方式在不同门类艺术领域不断承传、衍生发展，已然固化成为古代艺术批评的主要方法之一。

众所周知，中华民族具有浓厚的“尚古”传统，无论是艺术创作实践领域，还是理论批评领域，从未停止过对传统的承袭。然而继承传统，并非简单套用先贤创设的各种语言、技巧及模式，执着于先贤提出的各种理念、主张、方法，而是能在继承传统的基础上，结合艺术的发展嬗变，不断为其注入新的因素，进而形成一种既稳定，又具有民族特色的理论特征或体系。古代风格品评理论即是如此，不同历史时代涌现出来的各种相关风格的品评体制之间，不仅在历时性上一脉贯通，而且在不同门类艺术领域也存在相互借鉴、衍化发展的趋向。

汉魏六朝时期，画、诗、书三个批评领域相继出现谢赫“六品”、钟嵘“上中下”三品、庾肩吾“三品九等”品评体制，标志着古代风格品评体制在汉魏六朝时期初步确立，对其后相关风格品评体制产生了深远影响。

唐五代时期，风格品评体制主要在书、画批评领域不断衍变，涌现出几种代表性的品评体制：其一，初唐李嗣真《书后品》在“三品九等”基础上增设“逸”品，虽然没有实质性意义，却使“逸”成为引人关注的一个概念或品级。其二，张怀瓘在《书断》中提出“神、妙、能”三品体制，在批评领域引起强烈震动，不仅因其批评人数众多，更因品评的视角转向了对作家作品的审美性品评，“神”“妙”“能”从此一跃成为后世品评体制的基础品级。其三，晚唐朱景玄《唐朝名画录》直接挪用张怀瓘书确立的“神妙能”三品，并将“逸”作为正式品级列于其后，在朱景玄看来，前三品是遵循传统“常法”的品级，依据技法水平的高低或风格特色的差异，还可细分为上中下三等；而“逸”特指那些“不拘常法”之格的品级。“神、妙、能、逸”将四个品级聚在一起，时间跨度贯穿整个唐代，但却在巩固“神妙能”核心地位的同时，确立了“逸”的独立地位。另外，唐张彦远、五代荆浩等批评家也从绘画艺术的视角，提出了相关风格品评体制的见解，如“自然、神、妙、精、谨细”五品、“神妙奇巧”四品等，从所设品级可以看出，基本是对“神妙能”三品体制的演绎和发展。

宋元以来，相关风格品评的探讨和争议颇多，虽未提出新的品级，但也不乏新见。如宋黄休复熟谙张怀瓘“神妙能”体制，但却不满朱景玄将“逸”置于三品之后的做法，在《益州名画录》将品级的次序调整为“逸、神、妙、能”，旨在提升“逸”的地位。另有宋徽宗因崇尚法度，将“逸”置于“神”“妙”之间，形成“神、逸、妙、能”的品级次序。此外，宋朱长文《续书断》、刘道醇《宋朝名画评》以及元代夏文彦《图绘宝鉴》等，也都采用“分级品第”方式对诸多书、画名家风格特色、技法水平及艺术成就作了综合评价，但他们仍然坚持以“神妙能”三品体制进行品评。

明清时期，相关风格的“分级品第”在复古思潮影响下，一方面在书画批评领域继续承传久已成型的品评框架，并试图提出新的品级：如明王穉登《吴郡丹青志》提出神品志、妙品志、能品志、逸品志、遗耆志、栖旅志和闺秀志等“七志”；清包世臣《国朝书品》提出“五品”：神品、妙品、能品、逸品、佳品（妙品以降、各分上下，共9个等次）；康有为《碑品》提出“六品”：神、妙、高、精、逸、能（妙品以降，各分上下，共11个等次），上述品评体制中的品级数量较之唐宋时期“神”“妙“能”“逸”四个品级有所扩充，但对于书家、画家的品评，尤其是风格品评，更多地侧重于对名家名作进行分类，相关风格的品评，明显逊色于唐宋批评家；另一方面，随着戏曲艺术的高度成熟，“分级品第”方式在戏曲批评领域获得新的发展空间，吕天成《曲品》首次采用“分级品第”方式品评戏曲名家名作，但限于直接套用古代“神妙能具”“三品九等”品评体制，建树不大；祁彪佳踵接吕氏对数百位戏曲名家名作予以品评，在品评体制上充分考虑到戏曲艺术的特殊性，有取舍、有增删，设“妙、雅、逸、艳、能、具”六品体制，进一步推进“分级品第”方式趋于多元化。

可见，相关风格品评的“品第化”之所以能够成为一种极具民族特色的品评方式或特征，既离不开历代批评家矢志不渝地的坚守，也更有赖于批评家结合门类艺术实践不断增删补益、深化拓展，进而使这一批评方式成为历代承传，具有普遍意义的批评方式。

4. 多元统一性

中国古代积累的相关风格品评体制可谓是丰富多元，但相互之间并非决然孤立，其中隐匿着最基本的品级——“神”“妙”“能”“逸”，它们出现在文艺高度繁荣的唐代，上承汉魏六朝、下启宋元明清，贯穿于历代品评体制当中，是被众多批评家普遍采用的基本品级，也是极具民族特色的风格品类。

“神”“妙”“能”“逸”是中国古代哲学、美学中的重要范畴，后被用于人物品评，更进一步延伸至艺术作品品评。魏晋六朝时期，文学、艺术伴随着人的自觉意识而走向独立，对人物的品评的相关概念、语汇也逐步转向对作家作品本体风格的品评。尽管魏晋六朝时期的品评体制未出现“神”“妙”“能”“逸”这几个品级，但这些名词语汇却早已被运用于作家作品的品评。如谢赫《古画品录》评第一品张墨、荀勖：“风范气候，极妙参神……若取之象外，方厌膏腴，可谓微妙也”，评第二品袁蒨：“比方陆氏，最为高逸。象人之妙，亚美前贤”，评第三品毛惠远：“出入穷奇，纵横逸笔”①，评袁蒨“最为放逸”等，可见“神”“妙”“逸”的运用。庾肩吾《书品》以“上中下”（三品九等）划分品级，但其细致的等级划分中却融入了“神”“妙”“能”的品评语汇。如评列于“上之上”的张芝、钟繇和王羲之三人的书法：“疑神化之所为，非世人之所学”，此“神化”实际就是“神品”。评列于上之中的子敬“子敬泥帚，早验天骨，兼以掣

① ［南齐］谢赫：《古画品录》，载潘运告编著：《汉魏六朝书画论》，湖南美术出版社1997年版，第303、305、307页。

笔，复识人工，一字不遗，两叶传妙”，评列于中之上的德升“德升之妙，钟、胡各采其美”等，这些“妙”字运用，后被张怀瓘提炼为“妙品”。而通过“工夫”也即勤学苦练往往可以达到“能品”，“导则列圣推能”。[1]可见，《书品》评书，确实为张怀瓘“神”“妙”“能”三品评书的滥觞。加之唐初李嗣真《书后品》在“三品九等”之上专设逸品，虽未说明缘由，至少表明这是一个值得关注的风格范畴。

“神”“妙”“能”三品体制的提出，是唐张怀瓘对中国古代艺术批评的最大贡献，他将品评语汇提升为品级（类），正是看到了“神”“妙”“能”所具有的审美特性，分别代表了某一类风格的共同趋向。而晚唐朱景玄直接将“神”“妙”“能”引入绘画批评，并以“逸”来概括绘画实践出现的“不拘常法”的特殊风格事象，将“逸”作为正式品级引入品评体制，由此确立了“神”“妙”“能”“逸”四大品级（类）的基础地位。宋以后，无论相关风格品评体制如何增删补益、衍生拓展，对于它们之间的前后排序，内涵的解析各抒所见，但都是围绕这几个基本品级（类）的进一步发挥。可见，尽管古代不同门类艺术批评领域相关风格品评的品级与体制丰富多元，但却具有内在的统一性。

总之，相关风格的“品第化”方式在古代艺术批评中长期占据统治地位，历经不同时代衍生发展，形成了多元而统一的品评特点。尽管这种品评方式，离不开批评家主观的直觉感悟，依然立足于审美性角度，但在对作家生平、源流派别、创作手法、风格特色、得失利弊等众多因素进行综合考量和权衡的过程中，也融入了较为鲜明的理性意识。从这个角度来看，“分级品第”的结果，是批评家基于审美感性、经过理性思考、分析和判断所作出的评价结果。

综上所述，中国古代相关风格品评的特征，主要体现为“意象化”和“品第化”，其各自又具有自身的品评特点，使它们历经不同时代而能被批评家不断地巩固强化，乃至丰富拓展，进而成为一脉相承、稳定基本的品评特征。它们都针对“风格”特色展开不同层面的品评，犹如艺术批评的两翼，一面偏重于审美感性化，一面偏重于审美理性化，共同构成了中国古代相关风格品评的民族特色，代表了中国古人看待艺术风格、品评艺术风格的独特视角和审美方式。如今构建的艺术学基础理论体系，离不开对本民族传统艺术批评理论的关注，“振叶以寻根，观澜而索源”，围绕古代艺术理论中所积累的相关风格品评理论的特征展开研究，理应成为探索与建设中国特色的艺术学学科体系所关涉的重要论题之一。

---

① ［梁］庾肩吾：《书品》，载潘运告主编：《汉魏六朝书画论》，湖南美术出版社1997年版，第238、241、243、244页。

本章要点

本章主要对古代艺术风格的一般特征和品评特征作了研究。一般特征是对古代各门类艺术所具有的共性特征的抽象与概括，体现为五大特征：（1）独特性，是艺术风格的本质特征，强调风格“彼此不能相为”“不可替代”“不可重复”的特点，没有独特性，就没有风格，独特性是衡量和评定艺术家及其艺术作品价值的重要依据。（2）多样性，源自风格独特性，其形成取决于社会与自然生活的丰富性、创作主体个性的多元性以及审美需求的多样性。（3）稳定性，是某种风格特色在一段时期或一系列的艺术作品中反复出现而形成的特征，是风格得以存在的基础条件，风格保持相对稳定才能使其独特性得以彰显。（4）变异性是风格发展的必然特征，任何风格都只是艺术史发展链条上的环节点，是过渡性的，风格变异并不随特定历史阶段的开始或结束瞬息转变，而是在稳定中渐变，延续中发展。（5）归属性，是指风格的属性标识，除了从属于艺术家个体之外，还归属于某个特定的时代、民族、地域，乃至阶层或流派，风格的归属性特征是判定作品真伪与衡量艺术价值高低的标准。

古人重视艺术风格，常采用意象化和品第化的批评方式对作家作品风格予以品评，意象化是批评者通过“以物譬喻”的方式对艺术家及作品风格特质、创作技巧、审美趣味及艺术成就进行形象化批评的方式，具有喻象性、虚拟性、审美性和主体性的特点。品第化是批评者按照一定品评标准，通过“分级品第”方式对作家作品风格区分等级、高低优劣的批评方式，具有主观性、等级性、传衍性与多元统一性的特点。这两种被历代理论家不断承传发展的风格品评方式，也是不同于西方艺术批评独具民族特色的风格品评特征，犹如风格品评两翼，一面偏重于审美感性，一面偏重于审美理性，代表了中国古人认识与品评艺术风格的独特视角和审美方式。

第四章　古代艺术风格发展论

人类历史不断向前发展，产生于其间的各门类艺术及其风格面貌也随之不断发展变化。中国古代艺术从出现艺术萌芽的原始时期，到夏商周、秦汉，再到魏晋南北朝、隋唐、宋元、明清乃至近现代社会，艺术从未停止过发展的脚步，艺术的风格也一直处于不断的发展嬗变之中。尽管就某个历史阶段而言，艺术风格相对稳定，然而相较于整个历史发展长河来说，艺术风格又总是呈现出发展变化的特性。中国古代艺术是如何发展的，其风格发展演变所遵循的规律是什么？风格发展演变的路径又是什么？进入近现代社会以后，古代艺术风格的影响是否依然存在，是如何影响后世艺术创作的？这一系列的问题，应当是研究古代艺术风格发展所必须思考的重要问题。为此，本章拟分三部分，从宏观层面对古代艺术风格发展的规律、路径以及对后世创作的影响进行分析研究。

第一节　古代艺术风格发展的规律

恩格斯曾说："当我们深思熟虑地考察自然界或人类历史或我们自己的精神活动的时候，首先呈现在我们眼前的，是一幅由种种联系和相互作用无穷无尽地交织起来的画面，其中没有任何东西是不动的和不变的，而是一切都在运动、变化、产生和消失。"[①]对于艺术风格来说，也总是处于不断的发展演变之中。艺术风格随时代发展而不断嬗变，诚如刘勰《文心雕龙·时序》所说"时运交移，质文代变"，唐孙过庭《书谱》也说"夫质以代兴，妍因俗易"，清石涛《大涤子题画诗跋》载"笔墨当随时代，犹诗文风气所转"等，都旨在说明艺术随时代发展演变的必然性。然而，事实有时并非如此。有的时候，时代发生了重大变革、政权更迭，但旧的文风却依然持续存在，如六朝齐梁诗风经隋入唐，持续了百年之久才发生改变；而有时历史时代总体上较为稳定，但文风却在不断嬗变，如唐诗

①《马克思恩格斯选集》第三卷，人民出版社1972年版，第60页。

有初唐体、盛唐体、中唐体和晚唐体之分。可见，艺术风格的发展嬗变与时序、世情并不一定同步，出现这种不同步现象时，恰恰是艺术自身发展的内部规律在起作用。这一规律是促使艺术长久传承、发展延续的保证，是中国古代艺术风格发展演变的基本规律——“通变”。

一、“通变”的哲学基础

“通变”一词，用于文风嬗变的阐释，最早见于刘勰的《文心雕龙·通变》。但“通变”一词，并非刘勰发明，其哲学基础存在于古代辩证法思想中的“变化”“通变”及“反复”等范畴。中国古代哲学强调世间万物始终处于变化不息的状态中。《老子》提出“周行不殆”[①]“万物将自化”[②]，《庄子》提出“时有始终，世有变化”[③]，《周易》更强调事物的运动变化：

> 通变之谓事。
>
> 参伍以变，错综其数。通其变，遂成天下之文。
>
> 是故阖户谓之坤，辟户谓之乾，一阖一辟谓之变，往来不穷谓之通。
>
> 《周易》穷则变，变则通，通则久。[④]

《周易》“通变”思想认为，只有不断地运动变化，事物才能长久地发展下去。“变”的含义为一开一合，“通”的含义为往来不穷，二者共同之处在于都强调事物的运动不息。“穷则变，变则通，通则久”的思想具有深刻哲理性，“穷”而思“变”，“变”而后“通”，“通”后则“久”。“穷—变—通—久”是事物矛盾运动的规律，也是运动变化的过程。“穷”是事物矛盾的根源，也是变化的起因，“变”“通”是解决矛盾的出路、方法与策略，“久”是最终的效果。事物从草创萌芽到生长繁盛，再到逐渐衰亡，有始有终，有终有始。旧的事物发展至极盛，也是其衰亡的开始。老子提出“反者道之动”[⑤]，说明事物发展向对立面转化，又说“物壮则老”[⑥]，强调盛衰转化的依存关系。《周易·泰》提出“无平不陂，无往不复”[⑦]，认为反复是宇宙间事物变化的通则，又《周易·序卦》说：

---

①《老子·二十五章》。

②《老子·三十七章》。

③《庄子·则阳》。

④《易传·系辞下》。

⑤《老子·四十章》。

⑥《老子·五十五章》。

⑦《周易·泰》。

“泰者，通也。物不可以终通，故受之以《否》；物不可以终否，故受之以《同人》。”说明物极必反之理，兴盛是衰亡的征兆，衰亡也意味着新生。这些朴素的辩证法思想蕴含着深刻的哲理，是阐释古代艺术风格发展嬗变的哲学基础。

二、“通变”的理论阐释

成功吸取古代辩证法思想合理内核的理论是刘勰的《文心雕龙·通变》，该篇将《易传》“通变”思想引用到文学发展理论，正是考虑到它们之间内涵的相通性。《通变》虽然仅仅针对魏晋六朝以前文风演变规律作了阐释和总结，但对浸染于同一社会环境中的其他各门类艺术来说，同样具有普适性。而且“通变”这个概念，不仅有效地阐释了六朝之前风格嬗变的规律，对于阐释整个中国古代艺术风格发展嬗变的规律，也是极为适合的。为了对“通变”规律有更为深入的认识和理解，以下从三方面对其内涵特性进行解析。

1. 变动性

任何事物都处于不断的运动发展变化当中，永恒不变的艺术是不存在的，持续永久的艺术风格也是不存在的。变动性是“通变”思想的基本特性，这在刘勰《文心雕龙·通变》篇体现得十分明显，从其对“九代”文体风格演变的叙述，可以说明艺术风格始终处于变动之中：

> 是以九代咏歌，志合文则。黄歌《断竹》，质之至也。唐歌《在昔》，则广于黄世；虞歌《卿云》，则文于唐时。夏歌《雕墙》，缛于虞代；商周篇什，丽于夏年。至于序志述时，其揆一也。暨楚之骚文，矩式周人；汉之赋颂，影写楚世；魏之策制，顾慕汉风；晋之辞章，瞻望魏采。

从刘勰对九代之歌发展嬗变的叙述中可以看出，不同时代的诗歌，风格各具特色、不尽相同，然而它们并非彼此割裂、独立无依，而是前后代之间存在相生相续、承前启后的密切联系。由此推知，中国古代各门类艺术风格的嬗变也是如此。每一种艺术风格的形成，都与前代的艺术有着不可割舍的亲缘关系，都是建立并依托于之前的艺术风格基础之上，无论是风格的承续完善也好，抑或是风格的背离逆转也罢，都是对之前的风格的进一步发展。艺术风格总是处于不断的运动变化当中。

2.盛极而衰

任何艺术从萌芽到生长，再到兴盛，直至衰亡，是一个不以人的意志为转移的客观发展过程，就如同植物或者人的生命发展一样。丹纳曾在《艺术哲学》中把艺术的发展比作植物的发展，植物种子破土而出，犹如艺术萌芽，随后逐渐生长开花，艺术走向繁荣，“但这个繁花满树的景象只是暂时的，因为促成这个盛况的树液就在生产过程中枯竭”[①]。最后，植物花朵开始凋谢，艺术衰亡了。可见，植物繁花似锦的盛况，正是走向衰亡的开端。西方美术史之父瓦萨里在《著名画家、建筑家、雕塑家传》中，将艺术的发展过程与人的发展过程相提并论，要经历“童年—青年—壮年—老年”几个时期，其中壮年是人生最为辉煌的极盛期，但也是走向衰老的起点。同理，当一种风格发展到极致“穷”境的时候，就是这种风格走向衰亡的开始，也即到了艺术风格必须变革的时候了。

刘勰的“通变”观，同样基于这样的思想原理。当他对九代文风评论之后，对“宋初”“风末气衰”的现状深感担忧：

> 搉而论之，则黄唐淳而质，虞夏质而辨，商周丽而雅，楚汉侈而艳，魏晋浅而绮，宋初讹而新。从质及讹，弥近弥澹。何则？竞今疏古，风末气衰也。[②]

宋初文体虽“新”但“讹”，风格“从质及讹，弥近弥淡”的发展趋势是刘勰所担忧的，他认为文风发展至此，已走到“穷途末路”的境地，已经到了必须为之寻求出路、非“变”不可的地步。为了矫正这种文风之弊，使文学创作回归到“良性”发展轨道，刘勰认为只有采取以“变”治“讹”的策略，才能解决这一矛盾。艺术创作实践中，当某种艺术风格发展到极致，意味着其艺术创作达到高度成熟，艺术的技巧、法则都已高度完善，甚至成为众人相袭追慕的对象，并以强大影响力笼罩着艺坛，由此必然会造成艺术风格的单质化，抑制并阻碍其他风格的多样化发展。这种极端的状况，往往也为艺术的变革提供了契机。每一种新风格问世，总是在极力避免旧风格之弊端，以矫正和否定旧风格作为变革的出发点和归宿。袁宏道在《雪涛阁集序》中说：

> 夫法因于敝而成于过者也。矫六朝骈丽饤饾之习者，以流丽胜。饤饾者固流丽之因也，然其过在轻纤。盛唐诸人，以阔大矫之。已阔矣，又因阔而生莽。是故续盛唐者，以情实矫之。已实矣，又因实而生俚。是故续中唐者，以奇僻矫之。然奇则其境必狭，而僻则务为不根以相胜。故诗之道，至晚唐而益小。有宋欧、苏辈出，大变晚习，于物无所不收，于法无所不有，于情无所不

① ［法］丹纳著，傅雷译：《艺术哲学》，人民文学出版社1963年版，第236页。

② ［梁］刘勰：《文心雕龙·通变》。

畅，于境无所不取，滔滔莽莽，有若江河。今之人徒见宋之不唐法，而不知宋因唐而有法者也。如淡非浓，而浓实因于淡。然其敝至以文为诗，流而为理学，流而为歌诀，流而为偈诵，诗之弊又有不可胜言者矣。[①]

袁宏道回顾六朝至宋的诗歌风格演变，旨在说明新风格对旧风格的替代是以矫正旧风格的弊端为前提的。尽管任何风格的形成都有复杂的综合原因，袁宏道的宏观概括也难免存在疏漏或不足，然而，他所提出的“法因于弊而成于过”的观点却是相当深刻的。新风格产生于对旧风格之“弊”的矫正与否定之中，“新艺术的种子毫无例外地根植于旧艺术的母腹之中”[②]。如果没有六朝骈丽软美萎靡的诗风，就没有陈子昂标举风骨，更不会有盛唐诗歌的雄浑壮阔的诗风。书法创作同样如此，清人梁巘《评书帖》指出不同时代的书风特点：“晋尚韵，唐尚法，宋尚意，元明尚态。”如果没有唐代对书法法度的崇尚与严格遵从，就不会有宋代力求突破法度，转而注重主体审美情意的尚意书风；如果没有宋代过于强调尚意，就不会有元代书法复古主义，使二王帖学传统重新复归。可见，新旧风格之间的嬗变总是以规避旧风格为前提的。

然而，需要特别引起注意的是，任何一个因素的强化，在某种程度上是以另一种因素的弱化为代价的。也就是说，一种风格从某个角度来看，似乎是“盛”，但从另一个角度来看，却是“衰”。苏轼曾极力夸赞诗、文、书、画领域的几位巨匠：“诗至于杜子美，文至于韩退之，书至于颜鲁公，画至于吴道子，而古今之变，天下之能事毕矣。”[③]然而，这几位巨匠在取得高度艺术成就的同时，其风格也抛弃了前代的风格之美。宋曾季狸在《艇斋诗话》总结道：“东坡黄子思诗序论诗至李杜，字画至颜柳，无遗巧矣。然钟王萧散简远之意，至颜柳而尽；诗人高风远韵，至李杜而亦衰。此说最妙。大抵一盛则一衰，后世以为盛，则古意必已衰，物物皆然，不独诗字画然也。”[④]可见，风格的“盛”与“衰”是相伴相随、同时存在的。当新风格取代旧风格、矫正旧风格弊端的同时，也是对旧风格类型的抛弃，旧风格的美也随之衰亡。表面看起来，似乎新风格比旧风格更为进步，而且“每一个艺术家的的确确都觉得自己已经超越了上一代人，而且在他看来，他所取得的进展是前所未有的”[⑤]，但是，如果从艺术整

① [明] 袁宏道著，钱伯城笺校：《袁宏道集笺校》(全三册) 卷一八，上海古籍出版社1981年版，第710页。

② 杨琪：《艺术学概论》，高等教育出版社2003年版，第314页。

③ [宋] 苏轼：《书吴道子画后》。

④ [宋] 曾季狸撰：《艇斋诗话》。

⑤ [英] 贡布里希著，范景中译：《艺术发展史》，天津人民美术出版社1998年版，第2页。

体来审视艺术的各个方面，任何一种风格都不可能积聚所有风格的“优秀”之处，总是“在一方面有什么所得或进步，都必然要在另一个方面有所失”①。可见，后出现的艺术风格，并不见得比先前出现的艺术风格更进步。艺术不同于科学，可以用“进步”标示其历程，艺术发展嬗变只能用“变化”来说明。“某一方面高度完善的艺术从另一个角度看就是高度缺陷的艺术。”②当文艺复兴时期艺术家发现焦点透视，强调写实风格，并为之欢呼雀跃的同时，已经不自觉地失去了表达理想与激情的特质。当文人写意画强调以淋漓笔墨自由挥洒、抒己情意的同时，也丢弃了宫廷院体绘画精描细画、形象逼真的写实技巧。因此，“在艺术中我们不能讲真正的‘进步’，因为在某一个方面有任何收获都可能要由另一个方面的损失去抵消。这一点在当时、现在、过去同样正确”。③正是在这种意义上，我们认为“盛极而衰”是艺术风格“通变”规律的又一内涵特质。

3. 穷—变—通—久

既然风格之“变”基于“穷”的基础之上，那么如何变，才能创造出新的风格呢？刘勰依据《易传》“穷—变—通—久”的思想，提出了他的“通变”观：

> 夫设文之体有常，变文之数无方。何以明其然耶？凡诗赋书记，名理相因，此有常之体也；文辞气力，通变则久，此无方之数也。名理有常，体必资于故实；通变无方，数必酌于新声。④

刘勰的“变”包括“有常之体”与“无方之数”两部分。“有常之体”中的“体”，指的是文体，即体裁，每种文体有其各自的写作要求和风格特点。《文心雕龙》很大一部分篇章，如《明诗》《乐府》《诠赋》《颂赞》《祝盟》《铭箴》《诔碑》《奏启》《议对》《书记》等，都是关于各种文体的论述。“体”是体裁类别及其风格的统一体，每种文体因体裁不同而具有不同的风格特点。《定势》中对不同文体风格作了总结：“章表奏议，则准的乎典雅；赋颂歌诗，则羽仪乎清丽；符檄书移，则楷式于明断；史论序注，则师范于核要；箴铭碑诔，则体制于弘深；连珠七辞，则从事于巧艳：此循体而成势，随变而立功者也。”⑤由此可知，“有常之体”，指的是诗、赋、书、记等文体的名称和写作原理是固定不变的，可

① ［英］贡布里希著，范景中译：《艺术发展史》，天津人民美术出版社1998年版，第2页。

② 杨琪：《艺术学概论》，高等教育出版社2003年版，第322页。

③ ［英］贡布里希著，范景中译：《艺术发展史》，天津人民美术出版社1998年版，第342页。

④ ［梁］刘勰：《文心雕龙・通变》。

⑤ ［梁］刘勰：《文心雕龙・定势》。

以直接予以保留继承。“无方之数”指的是“文辞”“气力”的运用，是可以变化无穷的。“文辞”不仅是文章的语言形式或表现技巧，又是“文者情之经，辞者理之纬”[1]，还是表达情理的途径和方式。“气力”更多的来自于创作主体的生命与个性，《体性》“气有刚柔”，即每个创作者都有独属于自己的个性气质，所谓“气以实志，志以定言，吐纳英华，莫非情性”[2]，个性气质决定情志，情志决定语言，文思辞采的吐露出自于主体性情的表现。由此可知，“文辞”“气力”之变化更多地决定于创作主体的独特个性与主观努力。刘勰的“变”，是“不变”与“变”的统一体，“不变”是“变”的基础，“变”是“不变”的发展。“名理有常，体必资于故实”是“不变”的一面，刘勰认为文体之名、理的不变与稳定，是文体保持自身的基础，是“变”所必须依据的固有法度与规范；“通变无方，数必酌于新声”是“变”的一面，刘勰认为风格变化无穷还必须寻求新的创造，而不是简单地回到过去。可见，刘勰的“通变”观，既要求对传统法度的继承，又要求充分发挥主体个性进行大胆创新。只有坚持继承与创新相结合，也即掌握“通变”之术，才能“骋无穷之路，饮不竭之源”[3]。可以说，刘勰的“通变”观是极富创见的，对于解决当时文风颓废的“穷”境，无疑是有效的治病良方。

更进一步，刘勰认为要使“变”取得成功，当务之急是找到病根。他将宋初文风衰落的原因归结为“竞今疏古”：“今才颖之士，刻意学文，多略汉篇，师范宋集，虽古今备阅，然近附而远疏矣。”[4]正是由于当下才华出众的人，一味模仿刘宋时的作品，而对汉代名篇有所忽略，虽然他们兼学古今，但总还是不免存在亲近、重视近代，而疏远、忽视古代的现象。这是造成“风末气衰”的直接原因。紧接着，刘勰以生动形象的事例比拟，来说明“通变”之理：

> 夫青生于蓝，绛生于蒨，虽踰本色，不能复化。桓君山云：“予见新进丽文，美而无采；及见刘、扬言辞，常辄有得。”此其验也。故练青濯绛，必归蓝蒨；矫讹翻浅，还宗经诰。斯斟酌乎质文之间，而檃括乎雅俗之际，可与言通变矣。[5]

在刘勰看来，青色和赤色分别从蓝草和蒨草中提炼而出，虽都超过了本色，但却不能再变化了，蓝草和蒨草才是根本。桓谭曾说，阅读近来作家的文章，文

① ［梁］刘勰：《文心雕龙·情采》。
② ［梁］刘勰：《文心雕龙·体性》。
③ ［梁］刘勰：《文心雕龙·通变》。
④ ［梁］刘勰：《文心雕龙·通变》。
⑤ ［梁］刘勰：《文心雕龙·通变》。

辞华美，却无可取之处，然而阅读刘向、扬雄的文章，却收获很多。由此证明，要想提炼青、绛，还必须要用蓝、茜，要想矫正讹滥、浅薄之文，也必须依据古典经诰。表面看来，刘勰倡导“还宗经诰”，似乎是在复古，但刘勰的“复古”并非原原本本地回归经诰，而是要在“质”与“文”、“雅”与“俗”之间，寻找一个平衡点。当下文体之所以“讹”“浅”，关键在于“文”“质”失衡、“雅”“俗”失衡。为此，刘勰强调：只有做到“斯斟酌乎质文之间，而檃括乎雅俗之际”，才真正算得上“通变”。可见，“通”指的是通向古代，他将古典“经诰”视为可以生出青色与绛色的蓝草和茜草，视为“能骋无穷之路”的“不竭之源”。虽然他以“经诰”为根本，似乎有浓厚的捍卫儒家经诰之嫌，而且在他的其他篇章，如《体性》篇，所提出的“典雅”风格类型，有着与此类似的观念和意思表示，所以刘勰常被认为是儒家思想的捍卫者，但这并不影响他的“通变”思想的合理性。对于“经诰”的理解，我们可以理解得更为宽泛一些，将其视为古代经典文化的代名词。这样一来，刘勰的观点则更显合理。刘勰“通变”观，旨在“通”向古典“经诰”，以其古“质”、古“雅”来“变”今文之“讹”“浅”“文”“俗”。可见，其“通”重在对传统的“继承”，“变”重在对时弊的“革新”与主体创造性的发挥，“通”“变”合一，通过“复古以革新”，才真正是刘勰“通变”观的核心所在。

“久”是刘勰“通变”观的最终目的，即要将文学艺术持久绵延地发展繁荣下去。他认为“通变”不仅是治愈文风“讹”“浅”“文”“俗”的良方，力挽文风走出“穷”境的良策，更是促使文学长久发展的保证。刘勰对其“通变”思想相当自信，指出“变则其久，通则不乏”，只有做到“通”与“变”互相结合，继承与革新同时并举，文学艺术才能长久而不匮乏。如果只有“通”没有“变”，终将陷入复古、泥古的陈陈相因之中，使文学艺术趋于僵化保守、停滞不前，甚至死亡，而不能“久”。如果只有“变”而没有“通”，一味地求新，文学艺术也必然会流于“讹”“浅”“文”“俗”，也不能“久”。

尽管刘勰的“通变”观有着尊经复古的色彩，但丝毫不能掩盖其思想的合理性和正确性。他的“通变”观不仅具有针砭时弊的积极意义，而且为文学艺术发展找到了一条长久传承延续的自由之路和普遍规律。

三、“通变”规律的本质

“通变”作为中国古代艺术风格发展的基本规律，其本质是“通”与“变”的辩证统一。回首中国古代艺术风格发展嬗变，没有哪个朝代不提倡“通”，通向古代，以“古”为典范；也没有哪个朝代不强调“变”，通过创变来开拓新的风格境界。“通”，在某种程度上，即是“复古”、回归古代，但却不是简单、纯粹地摹古、泥古，或是古代风格样式的原样重现，而是以古代艺术为效仿榜样和崇尚对象，通过对古法的继承学习，寻求有利于创新的因子来实现风格的新变。“变”不是凭空妄想，更不是脱离传统的主观臆造，而是基于传统，结合所处时空环境，充分发挥主体个性，通过各种表现方式、技巧手段进行风格创新。可见，“通变”就是继承与创新的统一。

“通变”是旧与新的辩证统一。当某种既有的风格相袭已久，便自然成为滥调，亟待变革，而以新的艺术风格取而代之。那么，如何出“新”便成为风格进一步发展的关键问题。刘勰认为宋初风格之“讹”，由竞于求新而疏于承古所导致，因而倡导通过“复古”来寻求创新之途径。最早将刘勰“通变”理解为“复古”的清人纪昀曾指出：

> 齐梁间风气绮靡，转相神圣，文士所作，如出一手，故彦和以通变立论。然求新于俗尚之中，则小智师心，转成纤仄，明之竟陵、公安，是其明征，挽其返而求之古。盖当代之新声，既无非滥调，则古人之旧式，转属新声，复古而名以通变，盖以此尔。[①]

虽然纪昀将刘勰的“通变”狭窄地理解为复古，只抓住了“通变”的一方面，但也道出了刘勰以“复古”来补偏救弊的用心，揭示了“复古以创新”的“通变”思想。新旧艺术风格之间，当新声成为滥调时，相对更为久远的旧式反而是“转属新声”。中国文学艺术史上的复古运动，“尽管其学古途径、方式、成就不同，但几乎都是对流行文风的反抗，目的在于以古典风格取代时俗之风。从这个角度看，复古的目的恰恰是创新”[②]。无论是刘勰倡导“还宗经诰”，还是陈子昂标举“汉魏风骨”，都是为了从复古中寻求矫正时风之弊的良方，以开创一代新风。

其后，唐宋古文运动、明代前后七子的复古运动，无不是希冀以“复古”来矫正时文之弊，进而开创新风。然而，需要特别注意的是，并非通过“复古”就可以开新，关键在于如何“复古”，如何开新。中唐以韩愈为首的古文运动，曾针对当时创作领域中的骈俪之风，旗帜鲜明地倡导“古道”，韩愈在《题欧阳生哀辞后》中说：“愈之为古文，岂独取其句读不类于今者邪？思古人而不得见，

---

① [梁] 刘勰著，詹锳义证:《文心雕龙义证》，上海古籍出版社1989年版，第1077页。

② 吴承学:《中国古典文学风格学》，北京大学出版社2011年版，第75页。

学古道则欲兼通其辞；通其辞者，本志乎古道者也。”[①]韩愈志在以“古道”，即儒家之道，来矫正时文之弊。然而，与此同时，他也反复强调“当其取于心而注于手也，惟陈言之务去”[②]，“能者非他，能自树立，不因循者是也”[③]以及“惟古于词必己出”[④]等。可见，韩愈学古并非泥古而不化，而是旨在通过复兴儒家经籍来实现文风的革新。与韩愈同为古文运动领导者的柳宗元，明确提出“文以明道”，要求文学发挥积极的社会作用，所谓“文之用，辞令褒贬，导扬讽喻而已”[⑤]，他反对不顾及内容，仅在形式上追求文采的做法，提倡文质统一，以此来革新文风。尽管中唐声势浩大的古文运动对文体改革影响不小，但骈体并未被完全廓清，强大的骈丽之风仍旧占据文坛主导地位。晚唐及五代，文学艺术创作崇尚形式华艳之风波及至宋初，“宋兴且百年，而文章体裁犹仍五季余习。锼刻骈偶，淟涊弗振”[⑥]，且宋初产生“西昆体”，专事模拟晚唐以来的秾艳藻丽之风，这种以雕章琢句为主的形式主义倾向导致文风浅俗低下，为此，以欧阳修、王安石、苏轼、曾巩、苏洵、苏辙等人为主的古文革新运动应时而起，不仅成功地扭转了萎靡骈丽的文风，而且通过“复古”开创了一代新风。

无独有偶，明初也曾出现一种与六朝宫体、唐初上官体、宋初西昆体相类似的文体“台阁体”，其风格雍容典雅，以歌功颂德、粉饰太平为特点。这种外观上四平八稳、冠冕堂皇的文体，读起来却令人昏昏欲睡、萎靡不振，统治文坛长达半个世纪之久，引起当时众多革新家的极度反感。于是一场以矫正时弊、开创新风为旗帜，声势浩大的复古主义运动由此兴起。明弘治年间，以李梦阳、何景明为首的前七子，提出“文必秦汉，诗必盛唐”的主张。这一主张在今天来看，似乎毫无新意，具有浓厚的保守色彩，在当时却具有振聋发聩的效果，某种程度上不仅扭转了“台阁体”萎靡不振的诗风，而且冲决了权威文化的统治地位和对人的精神禁锢。之后，嘉靖年间，以李攀龙、王世贞为首的后七子将这一运动推向高潮，影响遍及海内，“暨前后七子出，趋尘蹑景，万喙一声”（《明诗纪

---

①［唐］韩愈撰，马其昶校注：《韩昌黎文集校注》卷五《题哀辞后》，上海古籍出版社1998年版，第304–305页。

②［唐］韩愈撰，马其昶校注：《韩昌黎文集校注》卷三《答李翊书》，上海古籍出版社1998年版，第170页。

③［唐］韩愈撰，马其昶校注：《韩昌黎文集校注》卷三《答刘正夫书》，上海古籍出版社1998年版，第207页。

④［唐］韩愈撰，马其昶校注：《韩昌黎文集校注》卷七《南阳樊绍述墓志铭》，上海古籍出版社1998年版，第542页。

⑤［唐］柳宗元：《柳河东集》卷第二十一《杨评事文集后序》，中华书局1960年版，第371页。

⑥［宋］欧阳修：《四朝国史本传》，载《欧阳修全集》附录卷四，中国书店1986年版，第1366页。

事》)。可以说，明代前后七子倡导的复古运动，对于廓清“台阁体”的不良影响、矫正诗风之弊确实发挥了积极作用，但却并未对一代新风的开创发挥根本性促进作用。究其原因，关键在于明人对“复古”的态度和理解，有着不同于其他时代的视角。“复古”在中国古代本是一个口号、一面旗帜，刘勰、陈子昂、韩愈、欧阳修等人都曾倡导过，都是想借复古来矫正、革新当时的文风，创造更适合于时代的新风格。然而，在前、后七子所处的时代，“复古”却有着不同的意义。在刚刚恢复汉族统治的社会体制下，“复古”意味着对传统的坚守，而“新变”则被视为对传统的背叛。因而，一切向古人看齐，成为前、后七子文学改革的真谛与精髓。[①]他们将古人奉若神明，将秦汉之文、盛唐之诗视为至善至美、无法企及的最高境界，如此观念下的复古必然导致“泥古”，“牵率模拟剽贼于声句字之间，如婴儿之学语，如童子之洛诵，字则字，句则句，篇则篇，毫不能吐其心之所有”。[②]明人对复古的过度强调，对古人的遵从效仿、亦步亦趋、不敢越雷池半步，错误地将对字、句、形、貌的“逼真”模拟视为艺术创造和作品成功的标志，深陷于“泥古”巢窠而不能自拔。总体说来，以古为上、以模仿为美的复古运动，虽然矫正了“台阁体”的弊端，扭转了萎靡的诗风，但却未能开创一代新风，不得不说复古运动是失败的。这样的结果实际上已经违背了七子们最初“复古”的初衷。原因关键在于：未能将复古与创新结合起来，只有“通”，狭隘的“通”，泥古不化的“通”，而没有“变”，未能实现“通”与“变”的辩证统一。

然而，正是这样一个反例，告诫提醒人们，只知亦步亦趋地模拟，泥古而不化，只能是丧失自我，失去创新风格的动力，不仅不会推动艺术的发展，相反，还会将本该前行的步伐倒退回到过去。这样的复古注定不会取得成功。同时，这个例子也并不能说明“通变”规律是错误的，相反，更证明了“通变”内涵本质的正确性。

“通变”是继承与创新的辩证统一。刘勰《文心雕龙·通变》篇“赞曰：文律运周，日新其业。变则可久，通则不乏。趋时必果，乘机无怯。望今制奇，参古定法。”文学艺术要想长久发展，必须要有“通”有“变”，“变则可久”“通则不乏”，只有“通”“变”二者互相补充，才能“日新其业”，推动艺术长久发展，持续不断地创造出新的艺术成就。继承与创新对于艺术的发展来说，相辅相成、缺一不可，“二者不能偏废，但也不能等量齐观”[③]。艺术风格的发展固然需

① 陈炎：《中国审美文化史》(唐宋元明清卷)，山东画报出版社2007年版，第385页。

② [清]钱谦益撰：《列朝诗集小传》丙集《李副使梦阳》。

③ 郭绍虞、王文生：《文心雕龙再议》，《光明日报》1979年10月31日。

要对传统的继承，但并不是对过去风格的一味崇拜，字字句句地模拟再现，更不是五体投地地皈依归顺。艺术需要变革、需要创新，没有创新就没有艺术。艺术的发展应当体现为“趋时必果，乘机无怯”，创作主体应在继承传统的基础上，结合所处时代，大胆创新，在赋予艺术时代的气息的同时，不断为艺术注入创新的元素，或题材内容，或语言、技法等表现形式，使艺术呈现出新的风格面目。

“望今制奇”“参定古法”可谓是“通变”规律的实施策略。艺术作为现实生活的反映方式，必须以“今”为出发点，充分考虑到艺术创作的现实背景，考虑艺术之“真”“善”“美”的现实价值和意义，而不能一味地盲从于“复古”，深陷于泥古不化的泥潭。“复古”的真正目的，绝非仅仅是流连于既往与过去，而是为了从中寻找到推动艺术的新变的元素。正如列斐伏尔所说：“消失了的时代的社会结构对于我们已经没有实际意义了，但它的艺术仍然有一种无法替代的价值。”①宗白华先生谈及艺术的发展问题时指出：“历史上向前一步的发展，往往是伴着向后一步的探本穷源。”②可见，艺术的创新发展与对传统的继承回归是并立而行的，艺术的“通变”是继承与创新的辩证统一。

任何一个民族、一个时代，一个创作主体，都必须明白这样一个道理：艺术风格的独特性创造离不开“通变”，艺术的长久持续发展，必然遵循“通变”规律。只有以“通”为根，才能保持一个民族艺术的历史继承性、一贯性；只有以“变”为本，才能促进一个民族艺术的创新性、独特性。“通变”不仅是中国古代艺术风格发展的基本规律，同样是人类艺术发展的基本规律。

第二节　古代艺术风格发展的路径

艺术的发展总是在继承传统的基础上不断前行，艺术风格的嬗变也无一例外地在继承借鉴前人创作成果的基础上不断开新。身处于任何一个特定时空的创作主体都力求突破传统，创造出迥异于前的新风格。新风格的创造，不是凭空主观妄想出来的，而是建立在对既有法度的学习继承与对传统风格模式的了解掌握的基础之上，同时结合主体所处自然与社会的时空环境，加之创作主体以别出心裁的题材内容或表现方式所体现出来的独特风貌。可见，创作主体的主观能动性是艺术风格的发展嬗变的关键原因。

① 杨琪：《艺术学概论》，高等教育出版社2003年版，第333页。

② 宗白华：《美学与意境》，江苏文艺出版社2008年版，第159页。

千百年来，中国古代各门类艺术风格遵循着“通变”规律，有继承、有创新，在保持风格的历史继承性的同时，创造着一个个新的发展峰值，关键在于不同时代的创作主体始终秉持了“三师”的发展路径，即“师古”“师造化”“师心”，这三条路径是个体风格不断创新发展的路径，同时也是时代风格不断发展嬗变的重要路径。“三师”之间紧密联系，彼此不能互相替代，共同合力作用推动着艺术风格持续不断地发展嬗变。

一、师古：尚“古”的文化传统

师古，即师法古代。中国古代具有浓厚的“尚古”文化传统，从先秦到魏晋，从隋唐到宋元明清，没有哪个朝代不强调师古。尽管师古的目的、对象、条件不同，然而，创作主体无不希冀从传统思想、文化、艺术等资源宝库中，寻找有利于当时进步的战斗武器或创新元素。这在中外艺术史上“几乎是一种公例”。西方的文艺复兴、古典主义、新古典主义、浪漫主义、新浪漫主义等，尽管名词不同，哪个不强调对传统的回归。如此看来，这并非中国古代独有的特点。

师古与其特定的历史文化条件相关，强调对传统的继承，但却不等于重蹈覆辙，全盘复古。师古对处于不断发展变化中的艺术风格来说，是一种更高阶段的重复，是为进一步突破和超越既有法度与风格模式，提供丰厚的资源储备。对于创作个体来说，师古是“积学以储宝”的过程，是主体建设不可或缺的重要渠道。任何时代强调“积学”都是十分重要而且必要的，正如刘勰《文心雕龙·通变》篇所言“青出于蓝，绛生于蒨”。古往今来，无数杰出的艺术大家，无不奠基在“师古”的基础之上，无不追求“包前孕后，古今独立”，无不希冀以扎实的艺术功底、独特的表现技巧创造凌跨群雄，旷代绝笔。因此，师古常被视为艺术风格革新与发展的重要途径。

1.“师迹”到“师意”

对于如何师古，首先应当处理好“师迹”与“师意”的关系，这是众多艺术家和理论家一直以来探讨的重要话题。“师迹”，侧重于对前人作品外在“形”“迹”的模拟与仿效；而“师意”侧重于对前人作品内在“神”“意”的感悟与领会。古人倡导从事艺术创作要从“师迹”开始，但同时又主张师古应做到师其“意”而不师其“迹”。这两个说法看似矛盾，但二者之间有着密切的联系。师迹主“形”，师意主“神”，“形”“神”是艺术作品必备要素，二者之间是相辅相成、辩证统一的关系。“师迹”与“师意”是师古的两个必经阶段。师古以“师迹”为起始，以“师意”为旨归。

师古须从对古典作品“形”“迹”的模拟入手。对于任何一个艺术门类，无论是文学艺术、造型艺术，还是表演艺术，想要了解该门类艺术的基础知识，掌握艺术表现所需的技能和创作方法，都必须从“师迹”入手，“师迹”是创作主体个人风格形成的敲门砖。古代各历史时期不同艺术门类中，无数杰出艺术大师或从事艺术创作的主体，无不是从“师迹”开始。“师迹”即对前人作品的模仿。一般来说，模仿者往往会选择自己所喜欢的某个门类中某种体裁或题材的某种风格、某位杰出艺术家及其作品作为模拟对象，据《汉书・扬雄传》载，“蜀有司马相如，作赋甚弘丽温雅，雄心壮之，每作赋，常拟之以为式”，所谓“拟之以为式”就是把模拟当作学习前人艺术表现与技能的方式，其模拟的目的就是获得创作上的启发，掌握一些基本要领、形式法则和表现技法等。每个从事艺术创作的人都有师法对象，钟嵘《诗品》载，“汉都尉李陵诗，其源出于《楚辞》”“汉婕妤班姬诗，其源出于李陵”，“晋步兵阮籍诗，其源出于《小雅》”“晋平原相陆机诗，其源出于陈思”“晋记室左思诗，其源出于公干”，“宋临川太守谢灵运诗，其源出于陈思”等，钟嵘虽未直接指明模仿其迹，但“源出于”某某，即已说明这些文学家的艺术风格与前贤有类似之处，如果不存在师法模拟的话，风格不会呈现出流派性特点。文学史上，众多文学大家，如屈原、嵇康、曹植、李白、杜甫、王维、姜夔、苏轼、辛弃疾、关汉卿、郑光祖、白朴、王实甫、汤显祖、沈璟、曹雪芹、施耐庵……不胜枚举，无不是从师迹开始投入文学创作进而逐步形成个人风格的。对于书画艺术而言，更是如此，尤其强调师法名人名迹的重要性，无数书画名家，如张芝、王羲之、吴道子、张萱、周昉、李成、范宽、米芾、赵孟頫、吴镇、王蒙、倪瓒、清初四王、四僧、扬州八怪……哪一个不是从遍临众多名家名迹入手。对于表演艺术同样也不例外，无论是器乐演奏，还是声乐演唱，还是舞蹈表演，同样需要从模仿学习前人“一招一式”开始。可见，“师迹”不仅是继承传统法度的必经阶段，更是成就个人风格的起始。

师古贵在把握古典作品的内在“神”“意”。师古不能仅限于对作品外在表层“形”“迹”的逼真模拟，更须深入作品内部，把握“神”“意”的内涵主旨。要对笔墨技巧、线条变化、构图经营、赋色处理以及风格特点等进行认真研习，掌握艺术创造所必需的知识和技能，将把握“神”“意”作为师古的重中之重。“形”的摹写容易，“神”的把握尤难。师古进到“师意”阶段，才算是善学。宋陈槱《负暄野录・学书须观真迹》引石湖语：“学书须是收昔人真迹佳妙者，可以详视其先后笔势轻重往复之法。若只看碑本，则惟得字画，全不见其笔法神气，终难精进。”明唐志契《绘事微言・仿旧》说：“画者传摹移写，自谢赫始。此法遂为画家捷径。盖临摹最易，神气难得，师其意而不师其迹，乃真临摹也。

如巨然、元章、大痴、倪迂俱学北苑。一北苑耳，各各学之，而各不相似。使俗人为之，定要笔笔与原本相同，若之何能名世也？”清沈宗骞《芥舟学画编》说：“学画者必须临摹旧迹，犹学文之此揣摩传作，能于精神意象之间如我意之所欲出，方为学之有获。若但求其形似，何异抄袭前文以为己文也。”清方薰《山静居画论》说：“临摹古画，先须会得古人精神命脉处，玩味思索，心有所得，落笔摹之，摹之再四，便见逐次改观之效。若徒以仿佛为之，则掩卷辄忘。虽终日摹仿，与古人全无相涉。”清唐岱《绘事发微·临旧》说：“凡临旧画，须细阅古人名迹。先看山之气势，次究格法，以用意古雅、笔精墨妙者为尚也。而临旧之法，虽摹古人之丘壑梗概，亦必追求其神韵之精粹，不可只求形似。”[①]清松年《颐园论画》强调：“多读古人名画，如诗文多读名大家之作，融贯我胸，其文暗有神助。画境正复相似，腹中成稿富庶，临局亦暗有神助。笔墨交关，有不期然而然之妙，所谓暗合孙吴兵法也。”清朱和羹《临池心解》说：“作书要发挥自己性灵，切莫寄人篱下。凡临摹各家，不过窃取其用笔，非规规形似也。”……如此这般的谆谆教导，都在强调师古切忌停留于师迹，被古人的模板、谱式所拘囿固。然师古虽离不开外在“形”“迹”的拟仿，但更重要的是领会其内在“神”“意”的内涵，将古人之法创化为己有，进而自由灵活地运用于创作之中，开创自家面目。

“师迹”和“师意”是师古过程中必须面对的两个重要问题，二者应相辅相成，盲从于任何一方，都将导致“形”“神”偏执于一端，造成文质失衡的不良后果。宋元以来，由于过度强调传神写意，而排斥形似写实，终使画道流于空疏薄弱；明清时期又由于过度强调临摹拟形，导致辗转相临，甚至有些人终身临摹，而使创作陷于泥古不化的泥潭中难以自拔，丧失了艺术创新能力。可见，对于“师迹”与“师意”，要有一个合适的“度”的把握，唯有懂得从“迹”中“进”，从“意”中“出”，师古才算是真正落到实处，才能更好地服务于个性风格的形成。

2. 广采博收

艺术风格的独创与发展并非一蹴而就的事情，需要创作主体广采博收，汲取诸长，为我所用，才能由起初“依门傍户”，逐步走向“自立门户”。

“自立门户”意味着艺术创作由模仿期走到了成熟期。一般说来，处于模仿时期的创作主体，需要经历一个较长的成长过程，将艺术史上成就卓著的名家大师及其精品杰作作为模仿的范本，从对前人艺术成果的学习当中不断汲取营养，以此作为个人发展的基础，为日后风格的独创积蓄能量，正所谓“积学以储

① ［清］唐岱：《绘事发微》，载潘运告主编：《清人论画》，湖南美术出版社2004年版，第337页。

宝”，这是每个艺术家成长的必经之路。

师法古人，不能只学一家，应转益多师，博采众长。书法大家王羲之，开辟了表现个人风格的新纪元，其书法是在师法前代众多名家名迹的基础上，自开生面的。他曾说：“予少学卫夫人书，将谓大能；及渡江北游名山，见李斯、曹喜等书；又之许下，见钟繇、梁鹄书；又之洛下，见蔡邕《石经》三体书；又于从兄洽处，见张昶《华岳碑》，始知学卫夫人书，徒费年月耳。遂改本师，仍于众碑学习焉。”[①]唐代诗人杜甫，其高度艺术成就的取得，与其长期秉持“不薄今人爱古人”的师承态度有关，他不但没有废弃被唐人贬斥的齐梁音律和六朝藻饰，而且将屈、宋、汉魏乃至初唐诸家都纳入自己的师承范围，其《戏为六绝句》曾言“别裁伪体亲风雅，转益多师是吾师”。宋魏庆之在《诗人玉屑·草堂·少游进论》中总结道：“杜子美之诗，实集众家之长，适当其时而已。昔苏武、李陵之诗，长于高妙；曹植、刘公干之诗，长于豪逸；陶潜、阮籍之诗，长于冲淡；谢灵运、鲍照之诗，长于峻洁；徐陵、庾信之诗，长于藻丽。子美者，穷高妙之格，极豪逸之气，包冲淡之趣，兼峻洁之姿，备藻丽之态，而诸家之作所不及焉。然不集诸子之长，子美亦不能独至于斯也。”可见，师法不同风格的前人作品，有助于灵活掌握古法，学习掌握不同风格的表现技巧和创造精神，从中有所感悟与启发，进而逐步形成个人的风格。清代沈宗骞曾在《芥舟学画编》中说：

> 其始也专以临摹一家为主，其继也则当遍仿各家，更须识得各家乃是一鼻孔出气者，而后我之笔气得与之相通。即我之所以成其为我者，亦可于此而见。初则依门傍户，后则自立门户……若但株守一家而规摹之，久之必生一种习气，甚或至于不可向迩。苟能知其弊之不可长，于是自出精意，自辟性灵，以古人之规矩，开自己之生面，不袭不蹈，而天然入彀。可以揆古人而同符，即可以传后世而无愧，而后成其为我而立门户矣。……若初学时，则必欲求其绝相似，而几几可以乱真者为贵。盖古人见法处，用意处，及极用意而若不经意处，都于临摹时，可一一得之于腕下。至纯熟后，自然显出自家本质。如米元章学书，四十以前自己不作一笔，时人谓之集书。四十以后放而为之，却自有一段光景。细细按之，张、钟、二王、欧、虞、褚、薛，无一不备于笔端。使其专肖一家，岂钟繇以后复有钟繇，羲之以后复有羲之哉？即或有之，正所谓奴书而已矣。书画一道，即此可以推矣。

① ［晋］王羲之：《自论书》。

沈宗骞的分析是深刻而值得反思的，临摹由一家到多家，即可以发现他们的相通之处，皆是由模仿到独创。如果长期只坚守一家进行模仿而不知变通，必然会生出一种不良习气。只有临习诸家，从不同风格的作品中取长补短，才能逐步开创出独具自家特色的风格，既合于法度，又出己新意，正所谓“以古人之规矩，开自己之生面”。沈宗骞强调初学者对作品的模拟，应力求形似绝对逼真，如此可将古人的法度、用意处、极用意而若不经意处，都在临摹的时候掌握于腕下，当技巧达到高度纯熟后，自然转化为自己的特性。可见，对作品的形似的技巧训练是十分必要的。他以米元章学书为例。米氏个人风格的成熟，经历了漫长的学习过程，四十岁之前，都在师法古人，遍临名家名帖。然而他并未拘囿于前人止步不前，而是在掌握古法的基础上，别创自家面目。如果仅仅是步名人之后尘，其书只能被称作“奴书”，绝不会在艺术创作上有所造诣。其实，在艺术创作实践当中，这种只宗学一家一派是司空见惯的事情，常常导致模仿者为一家所囿，终究不能获得出蓝之誉。郭熙《林泉高致·山水训》对这种专学一家的现象提出了批评：“今齐鲁之士惟摹营丘，关陕之士惟摹范宽。一己之学，犹为蹈袭，况齐鲁、关陕，幅员数千里，州州县县，人人作之哉？专门之学，自古为病，正谓出于一律。”某一地区众多模仿者都学一家，造成千篇一律，千人一面，毫无新意。艺术风格以独特性为本质特征，专学某人，永远赶不上某人，更无法谈及个人风格。正缘于此，郭熙主张艺术创作师法诸家，兼收并揽：“至于大人通士，不局于一家，必兼收并揽，广议博考，以使自成一家，然后为得。”

广采博收除了师法诸家之长，还体现在博采不同门类艺术之长，使不同门类艺术相互融通。赵孟頫博学多才，尤其在书画方面造诣颇深，书法功底深厚，篆、隶、草、行、真无所不工，他提倡复古，主张“作画贵有古意，若无古意，虽工无益”[①]。他将书法用笔技术运用到绘画笔墨线条中，以增强画作的写意性。其作《秀石疏林图》（图4.1）鲜明地体现了书法入画的特质，并在卷后诗题写道：“石如飞白木如籀，写竹还与八法通。若也有人能会此，方知书画本来同。”同样是师古，赵孟頫却将师古作为创新的手段，这是他“师古”“用古”进而实现“变古”的生动写照。可见，师古并非只是一味地屈从于传统，广采博收传统法度，汲取诸家之长为我所用，才是促进个人风格不断创新、别开生面的重要途径。

---

①［元］赵孟頫：《松雪论画》。

图4.1　元　赵孟頫《秀石疏林图》

3.师古知变

虽然无数创作者都在师古，希冀从师法名人古迹中获得创作技能技法，提高创作才能和丰富自身学养，以便形成独特风格。然而，并非人人都能够成为“包前孕后，古今独立”的艺术家，关键在于是否能做到“师古知变”。

“师古知变”是艺术风格能否创新发展的关键。只师古，不知变，只能落于前人的窠臼之中，拾前人牙慧。师古而能知变，才会使创作呈现出迥异于前人的自家面目。中国书法体式在魏晋六朝时期就已发展完备，形成了“晋人尚韵”的形式美法则，确立了王羲之在书法领域的最高地位。其书法代表了“晋字”的最高成就，且周边有一大批重要书家，共同烘托出时代特征。其子王献之在继承家学的基础上，以外拓的笔法形成新妍风格，区别于羲之内擫笔法形成的古质风格。王书法度经隋入唐，取得了稳定的核心地位，尤其是唐初太宗李世民的极力推崇，使王羲之书法成为众人崇尚效仿的典则。唐代作为一个极富创造精神的时代，在书法艺术方面同样具有创新精神，虽然书法承学二王，但并不为其所囿，涌现出众多的书法大家，如欧阳询、虞世南、褚遂良、薛稷、颜真卿、柳公权等，各个独具特色、风格迥异。入宋之后，众书家师法于二王与唐法精粹，但同样不为“法”囿，形成了苏、黄、米、蔡等为代表的尚意书风。可见，风格的发展是创作主体在继承前学基础上的不断突破。只有深谙“师古知变”之理，才能独创个性风格，推动书风不断嬗变。

艺术发展需要师古，继承传统，但更需要新变。在有着浓厚“尚古”文化传统的中国古代，复古的声音始终不绝于耳，有个特别值得注意的现象，每当艺术创作在继承传统基础上不断新变，由内容与形式相统一、文质平衡，发展到逐渐偏离传统法度，只追求形式变化，华而不实、文质失衡的时候，总是打出师古、复古的旗号予以矫正，希冀通过“复古以革新”来扭转不良风气。刘勰《文心雕龙·通变》篇，为矫正宋初新讹诗风，倡导“还宗经诰”；唐初为矫正革新六朝齐梁萎靡诗风，陈子昂提出“风骨”与“兴寄”，李白倡导“圣代复元古，垂衣贵清真”；唐宋八大家为矫正中晚唐、五代直至宋初绮丽华艳的诗风而掀起古文运动等，都是极力倡导复古，不仅成功地矫正了时弊，而且开创一代新风。然而到明代，同样倡导复古，却未能取得如同前代一样丰硕的成果。明代为矫正“台阁体”独占文坛的不良风气，前、后七子举起“文必秦汉，诗必盛唐”复古大旗，虽然在某种程度上革除了时弊，但却未能开创新风。明初整个社会被浓厚的复古之风所笼罩，“‘书必篆隶’‘器从旧式’‘官名从古’‘礼从古制’等社会风气以及经学领域的汉学复兴，学术领域的考据学兴起，藏古之家的大量出现等，乃是同一种背景下的产物”①。在复古风潮的影响下，文学艺术创作陷入了对古法、古式的遵从和模拟之中，明人以创作上接近古人、毕肖古人为荣。明初宫廷院体和浙派山水画，以南宋马夏风格为竞相效仿的对象，以临摹逼真为能事。由于明人不遗余力地醉心于形式外观的模拟，强调笔墨技法的家数与师承，致使艺术创作深陷于模式化、程式化的形式主义泥潭不能自拔。虽然，复古思潮下也涌现出很多名家高手，其作品也具有一定的风格特色，但多以形式技巧的高超与精湛取胜，作品中模仿痕迹较为浓厚，个人独创性明显不足。明代复古思潮对文学艺术创作的影响是深刻的，说明了片面强调师古、复古，盲从、沉迷于前人所创建的法度、体裁和技法，泥而不化地进行模拟，终将使主体丧失艺术创新的动力。如此这般地师古，不但不会促进艺术风格的创新发展，反而会使艺术创作陷入僵化，甚至成为影响艺术发展的牵绊。

总之，师古是继承传统古法和既有风格模式的重要渠道，师古更是艺术风格发展的重要途径。然而，师古不能盲目，首先要注意处理好“师迹”与师意的关系；其次要注重广采博收，汲取诸长，为我所用；最为关键的是师古知变，切忌过度专注于形式之模拟，要将继承传统与风格创新相结合，以此推动艺术风格的发展嬗变。

二、师造化：求“真”的现实基础

“师造化”，即师法于天地自然万物。“师造化”一词是我国古代画论中一个重要理论范畴，最早出现于南朝陈姚最《续画品》，评湘东殿下：“学穷性表，心师造化。”指画家从客观万物汲取创作素材，以反映现实生活，说明艺术创造与天地自然万物之间的关系，也表明创作主体与客体的关系。晚唐张璪提出“外师造化，中得心源”的命题，是对“心师造化”的完善，明确将主客体有机融合，且更强调主体作用的发挥。这一概括明确将艺术创作的师法对象由“师古”转向

①刘毓庆：《“前后七子”的诗文复古与明代文化复古思潮》，《山西大学学报》2004年第5期。

了“师造化”，拓宽了创作主体的审美视野，使创作者不再仅仅局限于“书斋式”狭小空间的模拟，以继承传统法度、了解和掌握已有的风格模式为满足，而是走出书斋，放眼天地万物，到大千世界中汲取更多的创新元素。师法造化，在某种意义上，是主体求“真”态度的体现，以此为创作的现实基础，才能为艺术风格的不断创新带来无限的可能。

长久以来，人们对天地万物、自然山水一向情有独钟。在中国古代，自然山水尤其受到古圣先贤的热爱，他们将自然山水作为“道”的一部分，对自然山水的游历，就是对“道”的观照和体验。儒家哲学有“智者乐水，仁者乐山”的说法，将人的精神品质与自然美欣赏相联系。道家哲学则以“道”为最高范畴，认为“道”是原始混沌，产生万物，所谓“道生一，一生二，二生三，三生万物。万物负阴而抱阳，冲气以为和”[①]。宗炳在《画山水序》中提出：“山水质有而趣灵”“夫圣人以神法道，而贤者通；山水以形媚道，而仁者乐”。认为山水在其物质之外包含着灵妙趣味，山水的形状是“道”的体现，在感知自然山水获得审美愉悦的同时，也实现了对“道”的观照。山水画作为对客观现实的反映，同样具有畅神的作用。因而古圣先贤、高士名流、文人墨客都喜好到名山大川中游览，感受自然山水变化所给予的灵妙趣味。人们在自然山水面前，其心境完全不同于伏在书案前师法古典作品时的静心屏气；天地造化的千变万化，使人“望秋云，神飞扬；临春风，思浩荡。虽有金石之乐，珪璋之琛，岂能仿佛之哉？”[②]如此神思飞扬、激情浩荡的审美感受，即使是金石音乐、珪璋宝物也难以相比。这样愉悦的精神享受，怎么可能冷眼旁观、无动于衷，怎么可能不激发人的创作激情和欲望呢？为此，无数的文人墨客都热衷于到自然山水间游心畅怀，到自然天地中感受造化的千姿百态，体验造化的本体和生命之道。与此同时，也可从客体世界中寻找到创作的灵感和风格新变的因子，诗、词、赋、书、画、琴、乐各个领域中流传的无数佳作名篇即是最好的例证。

1. 师造化与丰富表象资源

天地万物形态万千、变化多端，为艺术创作提供丰富而独特的表象资源。自然天地间不存在两片完全相同的树叶，师法造化，为艺术创作提供取之不尽的创作素材和表象资源，确保艺术作品形象的独特性与新颖性。即使是表现同一地区的同一座山峰、同一条溪流，也可能由于观察角度、远近距离、四季变化的不同，而呈现出迥异的风貌。艺术家仅师法传统是远远不够的，要想在艺术创作上独树一帜，必须拓宽审美视野，师法造化。

① 《老子・四十二章》，载朱谦之撰：《老子校释》，中华书局1963年版，第112页。

② ［南朝］王微：《叙画》。

古代艺术家和理论家十分重视师法自然造化，强调主体应走出书斋，到自然世界中寻求创作的资源和灵感，“读万卷书，行万里路”在古人那里已达成共识。明莫是龙曾说：“画家以古为师，已是上乘，进此当以天地为师。”①董其昌也说：“胸中脱去沉浊，自然丘壑内营，立成鄞鄂，随手写去，皆为山水传神矣。”②明唐志契《绘事微言》中强调要“看真山水”：

凡学画山水者，看真山水，极长学问，便脱时人笔下套子，便无作家俗气。古人云：“墨渖留川影，笔花传入神。”此之谓也。盖山水所难，在咫尺之间有千里万里之势，不善者纵摹画前人粉本，其意原自远，到落笔反近矣。故画山水而不亲临极高极深，徒摹仿旧人栈道瀑布，终是模糊丘壑，未可便得佳境。

其“画有自然”再次重申：

画不但要法古，当法自然。凡遇高山流水，茂林修竹，无非图画。又山行时见奇树，须四面取之。……看得多，自然笔下有神。传神者必以形，形相与心手凑而相忘，未有不妙者也。

自然造化为创作提供丰富的表象资源，自然之“真”是艺术反映现实的基础。清人松年《颐园论画》也指出：“前人固有佳本，亦系目睹真形而传笔墨，吾辈既应古法，尤在于以造物为师。两处贯通，融汇心手，其丰采润泽全赖运笔用墨之中，神而明之存乎其人可耳。”可见，亲临自然、师法造化是从事艺术创作不可或缺的重要组成部分。

师法造化，强调对自然万物的直接观照。宋代郭熙《林泉高致·山水训》提出“身即山川而取之”的命题，他认识到自然山水之变幻莫测，创作主体只有亲临真山真水之间，才能对不断变幻中的自然山水有所体验：

盖身即山川而取之，则山水之意度见矣。真山水之川谷，远望之以取其势，近看之以取其质。真山水之云气，四时不同：春融怡，夏蓊郁，秋疏薄，冬黯淡。画见其大象而不为斩刻之形，则云气之态度活矣。真山水之烟岚，四时不同：春山淡冶而如笑，夏山苍翠而如滴，秋山明净而如妆，冬山惨淡而如

① ［明］莫是龙：《画说》。
② ［明］董其昌：《画禅室随笔》卷二《画诀》。

睡。画见其大意而不为刻画之迹，则烟岚之景象正矣。真山水之风雨，远望可得，而近者玩习不能究错纵起止之势。真山水之阴晴，远望可尽，而近者拘狭不能得明晦隐见之迹。……山近看如此，远数里看又如此，远十数里看又如此，每远每异，所谓山形步步移也。山正面如此，侧面又如此，背面又如此，每看每异，所谓山形面面看也。如此是一山而兼数十百山之形状，可得不悉乎？山春夏看如此，秋冬看又如此，所谓四时之景不同也，山朝看如此，暮看又如此，所谓朝暮之变态不同也。如此是一山而兼数十百山之意态，可得不究乎？

自然山水不是单一平面、固定不变的，始终处于不断的变化当中。尤其是随着人们观察角度、观察时节的不同，自然山水所呈现的审美形象也完全不同。山水间之云气、烟岚，春、夏、秋、冬各具各色；山水间之川谷、风雨、阴晴，远看、近看各不相同。即使是同一座山，远望、近看、正面、侧面、背面，春看、夏看、秋看、冬看，所获得的审美感受也完全不一，所谓“一山而兼数十百山之形状”“一山而兼数十百山之意态”，就是指自然山水审美形象具有无限多的侧面。为此，对自然山水采取多角度观察是十分必要的。只有多角度观照，才能发现无穷变化的自然美，对丰富而灵动的自然山水有所把握，才能为艺术创作提供丰富的表象资源。

更进一步，郭熙主张创作主体对自然山水的观照应具有一定的广度和深度。要将视野放宽投远，充分领略不同地域的千姿百态的名山大川，在“饱游饫看”中充实自己、丰富自己：

嵩山多好溪，华山多好峰，衡山多好别岫，常山多好列岫，泰山特好主峰，天台、武夷、庐、霍、雁荡、岷、峨、巫峡、天坛、王屋、林虑、武当，皆天下名山巨镇，天地宝藏所出，仙圣窟宅所隐，奇崛神秀，莫可穷其要妙。欲夺其造化，则莫神于好，莫精于勤，莫大于饱游饫看，历历罗列于胸中。而目不见绢素，手不知笔墨，磊磊落落，杳杳漠漠，莫非吾画。此怀素夜闻嘉陵江水声而草圣益佳，张颠见公孙大娘舞剑器而笔势益俊者也。今执笔者，所养之不扩充，所览之不淳熟，所经之不众多，所取之不精粹，而得纸拂壁，水墨遽下，不知何以掇景于烟霞之表，发兴于溪山之巅哉？

郭熙的思想是深刻而值得反思的。不同地域的自然造化千姿百态，各美其美，创作主体游历于各地名山大川时，领略着不同自然山水的真实美，在“饱游饫看”中拓展眼界，丰富审美感受，唯此才能创作出“夺其造化”的作品，使作品呈现出“磊磊落落，杳杳漠漠”的气象。创作主体亲临真山真水，感受世间万物之万千变化，是拓展审美观照广度和深度、丰富自身学养储备的重要途径。许多艺术大家之所以能够创作出令人惊叹的艺术作品，以独特的艺术风格夺人耳目，与其师法造化之真实，注意从自然造化中吸取精华、获得灵感有密切的关系。郭熙以草书大家怀素和张旭为例，由于他们曾有过“夜闻嘉陵江水声”“见公孙大娘舞剑器”的审美经历，并从中获得启示，将其迁移到艺术创作当中，才使他们的书法获得很高的艺术成就。

艺术创作以自然造化为师法对象，在某种程度上，即是求真的体现。自然造化林林总总、包罗万象，山水、树石、花鸟、鱼虫、马牛、梅兰竹菊等千姿百态，为艺术创作提供了丰富的表象资源，关键在于创作主体如何去发现、挖掘、选择适合的物象予以创造。尽管自然造化作为客观存在相对不变，在前人的作品中亦可看到相关的艺术表现，然而，不同创作主体需要从多角度挖掘创作的可能性，方能将自然造化与现实生活丰富而真实的面目展现得更加全面、充分、深刻。这是艺术家的责任，也是艺术创新的不二法门。可以说，古代艺术史上不同艺术门类的名家杰作，如谢灵运《登池上楼》、李白《望庐山瀑布》、王维《山居秋暝》、孟浩然《春晓》、白居易《钱塘湖春行》、张若虚《春江花月夜》、苏轼《题西林壁》等诗歌作品，郭熙《早春图》、范宽《溪山行旅图》、米友仁《潇湘奇观图》、夏圭《溪山行旅图》、黄公望《富春山居图》、王蒙《夏山高隐图》、郑板桥《兰竹石图》、李方膺《潇湘风竹图》等绘画作品，以及《高山》《流水》《梅花三弄》《潇湘水云》等古琴曲，《寒鸦戏水》《渔舟唱晚》等古筝曲，《阳春古曲》《平沙落雁》《月儿高》等琵琶曲……不胜枚举，这些作品所采用的艺术表现手法、阐释角度不同，形成的艺术风格也迥然有别。然而，哪一件不是师法造化、独具匠心的艺术创造。师法造化是真实反映自然世界和社会生活的必要前提，也是风格创新的重要途径。

2.师造化与激发情感、想象和灵感

自然造化所提供的丰富表象，有助于激发创作者的情感、想象与灵感，使艺术创作更具创造性。

当创作主体面对自然造化，总是被其千姿百态、万端变幻所感化，思绪、情感随其涌动。这种由于客观外物的变化而触发主体心灵、情感的现象，在中国古代称之为“兴”或“感兴”，即感于物而兴。《礼记·乐记》说：“凡音之起，由人心生也。人心之动，物使之然也。感于物而动，故形于声。”“乐者，音之所由生也，其本在人心之感于物也。"[1]指出音乐之"声"是由于人心受到外物感发而成，这里的"心"指主体的情感。魏晋六朝时期，陆机《文赋》指出："遵四时以叹逝，瞻万物而思纷，悲落叶于劲秋，喜柔条于芳春。"钟嵘《诗品·序》也有类似的表达："气之动物，物之感人，摇荡性情，形诸舞咏。"都是阐发由于外物感发人心，唤起主体情感的感兴思想。刘勰《文心雕龙·物色》篇专门论述了自然造化触发主体情感，进而引起创作发生：

> 春秋代序，阴阳惨舒；物色之动，心亦摇焉。盖阳气萌而玄驹步，阴律凝而丹鸟羞；微虫犹或入感，四时之动物深矣。若夫珪璋挺其慧心，英华秀其清气；物色相召，人谁获安？是以献岁发春，悦豫之情畅；滔滔孟夏，郁陶之心凝；天高气清，阴沉之志远；霰雪无垠，矜肃之虑深。岁有其物，物有其容；情以物迁，辞以情发。

不同的自然造化引发创作主体不同类型的情感，此景此情下进行艺术创作必然呈现出不同的审美意象。在感兴中，创作主体不仅是与眼前的物象相交感，"实质上是宇宙自然对人的情感的感发唤起，也是人的情感对于宇宙自然的呼应"[2]。自然造化与主体情感的相融相谐，产生一股强劲的推动力，使主体所感物象在情感的触发之下，创化为审美意象，以主体熟谙的艺术语言表现出来，进而形成一件件意象独特的艺术作品。如李白的《关山月》、马致远的《天净沙·秋思》、辛弃疾的《南乡子·登京口北固亭有怀》，苏轼《枯木怪石图》、徐渭《墨葡萄图》、朱耷《荷石水禽图》、石涛《蕉菊图》，郭沔的琴曲《潇湘水云》等，无不是主体感于物而兴，情感被触发唤起而作。

自然造化激发创作主体的艺术想象。创作主体面对变幻多端的自然造化，常常情不自禁，神思飞扬，正如王微《叙画》所说，"望秋云，神飞扬；临春风，思浩荡"，这种基于物的感兴所引发的神妙思维，其实就是我们常说的艺术想象。艺术想象是艺术构思的重要因素，没有想象的艺术创作，必然是索然无味的，艺术家"最杰出的艺术本领就是想象"[3]。在自然造化激发下，艺术想象是超越时空限制的。陆机《文赋》形容艺术想象为"精骛八极，心游万仞""浮天渊以安流，濯下泉而潜浸""观古今于须臾，抚四海于一瞬"，说明想象之广阔、深远与迅捷。刘勰在《文心雕龙·神思》篇专门对艺术想象作了深入细致的研

① 《礼记·乐记》。

② 张晶：《"感兴"：情感唤起与审美表现》，《文艺理论研究》2008年第2期。

③ ［德］黑格尔著，朱光潜译：《美学》（第一卷），商务印书馆1979年版，第357页。

究，他借用《庄子·让王篇》中的两句古语“形在江海之上，心存魏阙之下”，对“神思”作了定义，说明“神思”是艺术构思中由此及彼、不受时空限制的想象活动，又进一步描述“神思”、“文之思也，其神远矣。故寂然凝虑，思接千载；悄焉动容，视通万里。吟咏之间，吐纳珠玉之声；眉睫之前，卷舒风云之色。”[①]说明想象的远阔，既可以遥想到千年以前，还可以通达万里之外。想象一旦展开，眉目之前立即浮动着风云变幻的景色，珠圆玉润的声音也在吟咏中脱口而出，这就是想象所营造的美妙境界。刘勰还提出“思理为妙，神与物游”[②]的见解，他认为想象的美妙境界，是创作主体主观精神与客观物象始终紧密结合、相伴相随的共同遨游。师法造化，并非只是对客观外物“形”的模拟，而是在外物的激发之下，展开想象的翅膀，使客观物象与主观精神、情感相融相济，创造一个基于现实而又高于现实的艺术意象。当然，在艺术想象中也伴随着强烈的情感活动。如果对外物没有情感，想象也不会展开，主体在“登山则情满于山，观海则意溢于海”的激情涌动之下，想象必然是积极的，所创作出的艺术形象必然是鲜活而富有生命力的。苏轼创作《念奴娇·赤壁怀古》想必是在“躬历山川”时，睹物感怀，想象驰骋、神情感怀的产物。因此，“故欲求神逸兼到，无过于遍历名山大川，则胸襟开豁，毫无尘俗之气，落笔自有佳境矣”[③]。

另外，自然造化激发主体情感与想象的同时，有时还伴随着一种难以预期的创作心理，它是在偶然间的触遇中产生的一种特殊的精神现象，这就是灵感。灵感具有突发性、偶然性和稍纵即逝的特点。清沈宗骞《芥舟学画编》曾这样描述灵感：

> 机神所到，无事迟回顾虑，以其出于天也。其不可遏也，如弩箭之离弦；其不可测也，如震雷之出地。前乎此者杳不知其所自起，后乎此者杳不知其所由终。不前不后，恰值其时，兴与机会，则可遇而不可求之杰作成焉。复欲为之虽倍力追寻，愈求愈远。

可见，灵感并非神的恩赐，而是在外物触发之下所引爆的一种特殊心理状态或思维形式。黑格尔认为灵感就是“活跃地进行构造形象的情况本身”，“最伟大的艺术作品也往往是应外在的机缘而创造出来的”。[④]韩愈《送高闲上人叙》对草书大家张旭曾有这样一番描述：

① ［梁］刘勰：《文心雕龙·神思》。

② ［梁］刘勰：《文心雕龙·神思》。

③ ［清］唐岱：《绘事发微·游览》。

④ ［德］黑格尔著，朱光潜译：《美学》（第一卷），商务印书馆1979年版，第364、365页。

> 往时张旭善草书，不治他技，喜怒窘穷，忧悲、愉佚，怨恨、思慕，酣醉无聊、不平，有动于心，必于草书焉发之。观于物，见山水崖谷，鸟兽虫鱼，草木之花实，日月列星，风雨水火，雷霆霹雳，歌舞战斗，天地事物之变，可喜可愕，一寓于书。故旭之书变动犹鬼神，不可端倪，以此终其身而名后世。①

张旭书法笔势变幻莫测，而其创作的灵感正来自于自然造化的激发。在“感于物而动于心”的感兴状态之下，其创作的情感、想象在自然造化的千变万化中被点燃，灵感瞬间爆发，由此能够创作出“变动犹鬼神”的佳作。无独有偶，唐另一位草书大家怀素，曾与颜真卿论及草书笔法、书势时，也颇有心得地说：“吾观夏云多奇峰，辄常师之。其痛快处如飞鸟出林、惊蛇入草；又遇坼壁之路，一一自然。”②可见，怀素变幻莫测的狂草之奇异态势，痛快淋漓的自由挥洒，与对自然物象的深刻领悟与灵感激发是分不开的。

灵感不是随时可以出现的，它与艺术家长期刻苦钻研、勤奋努力有密切的联系，是久久寻觅而又突然降临，且转瞬即逝的一种高度亢奋状态。灵感来时有如神助，如登仙界，瞬间茅塞顿开，豁然开朗。正如人们常说的“踏破铁鞋无觅处，得来全不费功夫”。当然，灵感一定是建立在勤奋努力的基础上，艺术家锲而不舍地执着追求、孜孜不倦地苦思冥想，才会有获取灵感的机缘。黑格尔曾风趣地说：“最大的天才尽管朝朝暮暮躺在青草地上，让微风吹来，眼望着天空，温柔的灵感也始终不光顾他。”③灵感是可遇不可求的精神产物，基于丰厚的学养储备基础上，才有可能获得瞬间的感悟。郭熙曾指出：“今执笔者，所养之不扩充，所览之不淳熟，所经之不众多，所取之不精粹，而得纸拂壁，水墨遽下，不知何以掇景于烟霞之表，发兴于溪山之巅哉?”④他认为“感兴”之作，是目睹自然造化，灵感爆发下的产物，如果创作者平时不注重所养之扩充、所览之淳熟、所经之众多、所取之精粹，不可能“掇景于烟霞之表，发兴于溪山之巅”。

灵感是主体在感兴状态下与客体之间的偶发感遇，是一种不可遏制的创作冲动，它使艺术家的头脑瞬间进入亢奋而奇妙的创作境界，以独一无二的艺术语言创作出无与伦比的佳作。陆机《文赋》说：“若夫应感之会，通塞之纪，来不可

① [唐] 韩愈：《送高闲上人叙》。

② [唐] 陆羽：《释怀素与颜真卿论草书》。

③ [德] 黑格尔著，朱光潜译：《美学》(第一卷)，商务印书馆1979年版，第364页。

④ [宋] 郭熙：《林泉高致・山水训》。

遏，去不可止。藏若景灭，行犹响起。方天机之骏利，夫何纷而不理。思风发于胸臆，言泉流于唇齿。”由于灵感的瞬间性、短暂性，需要创作主体及时捕捉，以免错失良机。苏轼对此颇有感触，其诗《腊日游孤山访惠勤惠思二僧》写道："作诗火急追亡逋，情景一失后难摹。”故而，他常随身携带笔墨，及时记录灵感爆发时头脑中闪现的动人意象。苏轼曾这样描绘画竹的情状：“画竹必先得成竹于胸中，执笔熟视，乃见其所欲画者；急起从之，振笔直遂，以追其所见；如兔起鹘落，少纵则逝矣。”[①]据苏轼《书蒲永升画后》载，孙知微曾为成都大慈寺寿宁院作壁画，“营度经岁，终不肯下笔。一日，仓皇入寺，索笔墨甚急，奋袂如风，须臾而成，作输泻跳蹙之势，汹汹欲崩屋也”[②]。可见，灵感的到来，缘于某一外物的瞬间刺激而引爆，如果创作者能及时予以捕获，其作品必然风格特异。古希腊哲学家德谟克利特曾说：“没有一种心灵的火焰，没有一种疯狂式的灵感，就不能成为大诗人。”[③]确实如此，杰出的艺术家与经典的艺术作品是以风格的独特性而引人瞩目的，而风格的独特，特别需要灵感的支持与辅助。如果创作主体不主动走进自然山水，亲身感受天地造化的丰富多样、无穷变幻的表象资源，如何能激发起创作激情、想象与灵感，如何能创作出与众不同的精品杰作？

3.师造化与艺术语言表现方式

艺术语言表现形式，是指创作主体为反映客观现实生活，表达主体思想感情，所采取的各种方法和技巧。创作主体采用何种艺术语言表现方式，直接关系到其作品的风格特色与整体风貌。为了获取富有个性特色的艺术语言表达方式，创作主体常常会走进客观世界，从自然造化与现实生活的万千姿态中汲取创作的素材与灵感，从中获得心灵的感悟和方法的启示，由此形成了各种与之相应的艺术表现方式。

就绘画艺术而言，艺术语言直接产生于师法造化中。

首先，为了形象鲜明地表现山石的文理质地，使其看起来更为真实自然、形象生动，古人在长期师法造化的过程中，逐渐形成了用以表现山石的不同皴法。如披麻皴、云头皴、芝麻皴、乱麻皴、折带皴、马牙皴、斧劈皴、雨点皴、弹涡皴、骷髅皴、矾头皴、荷叶皴、牛毛皴、解索皴、鬼皮皴、乱柴皴，这十六种皴法都源自于自然造化的启示，又复归于自然造化的表现。每一种皴法在用笔、用墨、运腕、轻重、浓淡等方面各不相同，用以表现的自然物象也不同，它们是古人长期师法造化所获得的技法总结。有些技法甚至因为某位艺术家首创，而成为

① ［宋］苏轼：《文与可画筼筜谷偃竹记》。

② ［宋］苏轼：《书蒲永升画后》。

③ 转引自朱光潜：《西方美学史》，人民文学出版社1979年版，第35页。

其独特风格的标志性语言。如雨点皴，为米元章首创，由于米芾常住江南，尤其对镇江一带云山烟雨饱游饫看，基于对真山真水直接而深切的感悟，为其创用“落茄点”（雨点皴）表现雨景找到了最佳的艺术语言表现方式，这种皴法由此成为米氏的代表性语言。

其次，由于对自然物象观察距离的远近不同，所形成的审美意象也不同，故而形成了表现物象的“三远”法。郭熙《林泉高致・山水训》提出：“自山下而仰山巅，谓之高远。自山前而窥山后者，谓之深远。自近山而望远山，谓之平远。”①其后，韩拙《山水纯全集》又进一步提出新“三远”法：“有近岸广水，旷阔遥山者，谓之阔远；有烟雾暝漠，野水隔而仿佛不见者，谓之迷远；景物至绝而微茫缥缈者，谓之幽远。”②这些都是长期艺术实践的经验总结。

再次，由于师法的自然物象所处地理环境不同，不仅引起整体风格面貌的差异，而且其笔法风格也各具特色。如五代至宋，山水画形成南北派风格两大体系，以荆浩、关仝、李成、范宽等为代表，多表现北方大山大水，风格雄伟壮观，以气势取胜；而以董源、巨然为代表的多表现南方山水，风格秀美雅致，以韵度取胜。在笔法上，北派笔笔见骨，以刚为主；南派笔笔见筋，以柔为主。

最后，由于对自然物象的审美角度切入点不同，可能会引起构图风格的差异。有的侧重于正面取景，追求宏伟壮观的气势，采用全景式构图，如范宽《溪山行旅图》，表现北方山水的峰峦浑厚，势壮雄强，刀削壁立的山岩顶部，丛林密布，山顶凹处岩隙飞瀑直流而下，奔泻千仞，响彻山谷，高山的静与飞瀑的动相融，撼动人心。有的侧重于侧面或局部取景，追求特殊的审美意趣，采用局部式构图，如马一角、夏半边，都是从某个最佳角度截取自然景观，以特写的方式夸大景物的一角，使画面上留下大量的空白，但却营造出特殊的意境，这也是南宋山水的主要构图样式。

此外，山水画在着色方面，有青绿和水墨两种风格，同样源自于自然造化的启示。清唐岱《绘事发微・著色》说：“山有四时之色，风雨晦明，变更不一，无著色无以像其貌。所谓春山艳冶而如笑，夏山苍翠而如滴，秋山明净而如洗，冬山惨淡而如睡：此四时之气象也。水墨虽妙，只写得山水精神，本质难于辨别。四时山色，随时变现呈露，著色正为此也。”可见，为山水着色是对自然象貌的客观再现，而以水墨书写则更多出于对精神的主观表现。由此可见，师法自然造化，不仅给予创作主体以丰富的表象资源，同时也丰富了艺术语言表现技法与手段。正是由于其艺术语言表现方式不同，才使得艺术风格不断推陈出新。

---

①［宋］郭熙：《林泉高致・山水训》。

②［宋］韩拙：《山水纯全集・论山》。

就诗词创作来看，师法造化同样是主体获取艺术语言表现方式的最佳途径。主体在作品中所呈现的不只是形态万千的自然景色，更是为了借景抒情，表现主体精神世界，使其思想情感、理想愿望获得完美诠释。其所采用的艺术语言表现方式，常常就源自于自然造化之中。如“动静结合”，采取以静写动、以动衬静的方式，所塑造的艺术形象往往比单独描写静态和动态更为生动，如王维《山居秋暝》“明月松间照，清泉石上流”，孟浩然《春晓》“春眠不觉晓，处处闻啼鸟”等，采用动静结合、相互映衬的方式，形象、生动，别有一番情趣。又如“主次结合”，世界万物是彼此联系的，写景状物在突出主体形象的同时，还必须联系周围的环境或事物予以衬托，使形象更为丰满，如柳宗元《江雪》“千山鸟飞绝，万径人踪灭。孤舟蓑笠翁，独钓寒江雪”，前两句为背景铺陈，以“千山”“万径”加上“绝”“径”，描绘出极端幽静、沉寂的景色，以衬托其后下着大雪的江面上一叶孤舟，一位头戴蓑笠的老渔翁在“独钓”，这样主次结合的表现手法将作者想要摆脱世俗、超然物外的清高孤傲的思想感情刻画得淋漓尽致。又如“寓情于景”，当创作者有感于自然景物时，往往会借对景物的描绘来抒发个人的思想情感，如李白《静夜思》“床前明月光，疑是地上霜”，将思乡之情寓于明月之中；杜甫《喜雨》“好雨知时节，当春乃发生。随风潜入夜，润物细无声”，表现对春雨的喜悦之情；张继《枫桥夜泊》：“月落乌啼霜满天，江枫渔火对愁眠。姑苏城外寒山寺，夜半钟声到客船。”该诗有声有色、有景有情，表面看似一个夜泊者对江南深秋夜景月落乌啼、霜天寒夜、江枫渔火、夜半钟声、孤舟客船等景象的描述，实则抒发作者身处乱世、无所归依的绵绵愁思之情。再如“虚实结合”，这也是中国绘画的一种表现方法，实指画面描绘细致可视的物象部分；虚指画面稀疏或空白之处，给人留下想象的空间，令人回味无穷。诗画同理，以虚实结合的方法进行诗歌创作，虽从自然物象“实境”着眼，但却能从字里行间营造出一个象外之“虚境”。如苏轼《念奴娇·赤壁怀古》“大江东去，浪淘尽”“乱石穿空，惊涛拍岸”等是对实景的描绘，“千古风流人物”“三国周郎赤壁”“谈笑间，樯橹灰飞烟灭”“故国神游”等是虚景，通过对月夜江面壮美景色的描绘，借对古战场的凭吊和对风流人物的追念，表达作者怀才不遇、功业未成的忧愤之情。整首词景“实”情“虚”，借景抒情，借古感怀，将写景、咏史与抒情融为一体，雄浑苍凉、大气磅礴，被称为“古今绝唱”。又如“白描手法”：也是中国绘画技法，是仅以墨色线条勾画形象而不施色彩的画法，用于文学创作指用朴素简练而不加藻饰烘托的手法进行创作，如马致远《天净沙·秋思》：“枯藤老树昏鸦，小桥流水人家，古道西风瘦马。夕阳西下，断肠人在天涯。”通过对一系列毫无修饰、甚至毫无关联的词语摆列，营造出一种悲凉的自然景象，同时也是悲凉人生境遇的写照。再如“象征手法”：是通过某种特定的、容易引发联想的具体形象，来表达某种观念、思想和情感的表现方式。象征是中国诗词创作的生命线，没有象征的诗歌，缺乏深厚的内涵，也不会有感人的力量。古人十分喜欢将抽象的事理寄托于梅、兰、竹、菊、莲、松、柏、牡丹、桃花、鸳鸯、孤雁、鹿、鹤等具体可感的自然物象，含蓄委婉地表达内在深层意蕴。这种手法，不只用于诗歌创作，在绘画艺术中同样也存在大量象征手法之作。此外，还有拟人、夸张、想象等多种表现方式，也是创作主体基于自然造化的启迪，为了更加生动形象地表现物象，更加充分深刻地表达情感而创造出的艺术表现方式。

其他门类艺术创作，艺术语言的表现方式同样离不开对自然物象的感悟与方法的启示。如书法艺术创作，常从千姿百态的自然物象中汲取灵感、获取方法，进而形成一些颇具形象感的表现方法，诸如印印泥、锥画沙、折钗股、屋漏痕、银钩虿尾等，都是笔法之悟。而且，古人在探讨用笔、点画、笔势等，也都喜欢采用意象化的比喻，如蔡邕《篆势》、钟繇《用笔法》、成公绥《隶书体》、卫恒《四体书势》、卫铄《笔阵图》、欧阳询《用笔论》、虞世南《笔髓论》等，尤其是相关书法风格的品评，古人最喜欢采用意象化品评方式，如袁昂《古今书评》、萧衍《古今书人优劣评》、庾肩吾《书品》、李嗣真《书后品》、张怀瓘《书断》、朱长文《续书断》、清桂馥《国朝隶品》、包世臣《艺舟双楫·历下笔谭》以及康有为《碑品》等，采用大量象喻式比拟，将抽象的概念说教转化为具体可感的自然物象，恐怕也都是基于对自然造化的启示。又如中国戏曲艺术，作为技巧性很强的表演性艺术，其身姿体态、动作表演，同样离不开客观世界自然物象与现实生活的启示，是基于客观现实基础上的高度凝练。戏曲的“四功五法”，即唱、念、做、打，手、眼、身、法、步是塑造舞台艺术形象的表现手法，一举一动、一招一式，都源于自然、生活，同时又高于自然、生活，是更具审美价值的提炼和概括。这些表现方式使戏曲在有限、固定的时空中展现出一个个自由、灵活而流动的时空。所谓“三五步行遍天下，六七人百万雄兵”，“顷刻间千秋事业，方丈地万里江山”，自然中的刮风下雨、船行马步、穿针引线、开门关窗、上下楼梯等等，都要通过虚拟化动作来表现。这种以虚代实、假中见真，经过高度凝练后的舞台表演，不仅美化了客观自然与现实生活，而且比原状更传神、更鲜明，更能集中深刻地反映现实，表达主体情感。

由此可见，艺术表现方式的形成的确离不开对自然造化（包括现实生活）的感悟。创作主体形成独特的个性风格，必须师法于自然造化，用一双善于发现

“美”的眼睛，从不同角度、不同侧面去亲近自然、走进生活。无数成就卓著、风格特异的艺术大家及精品杰作，无不是从师法造化中汲取创作的表象资源，点燃创作的激情、想象和灵感，获取与之相通相应的艺术表现方式，唯此才能将物象表现得生动形象，将生活反映得深刻真实，将情感抒发得淋漓尽致，才能独创属于自己的个性风格。

三、师心：创“新”的开拓精神

“师心”，即师法于自己的本心，按照自己的心意与情感，采用富有独创性的表现方式进行创作。“师心”一词，最早见于《庄子·齐物论》：“夫随其成心而师之，谁独且无师乎？”这是庄子批评人们总是自以为是，以自己的思想和成见作为判断是非的标准。南朝齐谢赫《古画品录》对列于第三品的张则画作进行评价：“意思横逸，动笔新奇。师心独见，鄙于综采。”显然具有褒奖之意，形容创作有独到之处。刘勰《文心雕龙》也持以褒义，《论说》篇在谈到傅嘏、王粲、嵇康、夏侯玄、王弼、何晏等人文章优秀、匠心独具时说：“并师心独见，锋颖精密，盖人伦之英也。”对他们独出心裁的见解，笔锋锐利、条理缜密的论说，发出由衷的赞叹。《才略》篇评嵇康：“师心以遣论，阮籍使气以命诗。”再次称赞嵇康能独创性地发挥议论，以心为文。由此可见，“师心”指的是一种富有个人独创性的艺术表现方式。

“师心独见”以褒义出现在魏晋六朝时期，这是人的自我意识觉醒的时代，是文学艺术走向自觉的时期。魏晋名士狂放不羁的个性通过文章、书画表现出来，必然融入了创作主体自身的独创性。刘勰“师心独见”两次提到嵇康，嵇康为文不受圣贤和传统观念的束缚，大胆发表个人见解，其“思想新颖，往往与古时旧说反对”。[①]由此可知，刘勰所理解的“师心”，是指“以自己的本心为师，追随自己心意、情感的变化而为文”。[②]“师心”强调创作主体个人的独创性，敢于超越前人，以某种别出心裁的表现方式进行创作，自成一家。

1. 突破传统法度

“师心”首先体现在对前人既有法度和风格模式的突破上。艺术贵在创新，创新是艺术的生命。艺术创作不能总是被动地、亦步亦趋地屈从于古人，拘囿于古法的限制之中，按照前人创设的固有模式泥而不化地坚守传统，而应“以自己本心为师”追随个人的心意和情感，对既有法度和传统风格模式不断进行突破。张彦远《历代名画记》论及“顾陆张吴用笔”，他们均是以独特的艺术风格而著

①鲁迅：《而已集·魏晋风度及文章与药及酒之关系》，人民文学出版社2006年版，第114页。

②刘志中，唐诗：《〈文心雕龙〉中的“师古”与“师心”》，《中国文化研究》2014年春之卷。

称于世的书画艺术大家，也都曾师从古法，然而却能突破古式，在“习古中见出自我”：

> 昔张芝学崔瑗、杜度草书之法，因而变之，以成今草书之体势：一笔而成，气脉通连，隔行不断。唯王子敬明其深旨，故行首之字，往往继其前行。世上谓之一笔书。其后陆探微亦作一笔画，连绵不断，故知书画用笔同法。陆探微精利润媚，新奇妙绝，名高宋代，时无等伦。张僧繇点曳斫拂，依卫夫人《笔阵图》一点一画，别是一巧，钩戟利剑森森然，又知书画用笔同矣。国朝吴道玄古今独步，前不见顾陆，后无来者，授笔法于张旭，此又知书画用笔同矣。

从中可知，张芝在师法崔瑗、杜度草书的基础上进行变化而形成今草，其“一笔而成，气脉通连，隔行不断”的风格特点被王子敬所吸收利用，将其改造为“行首之字，往往继其前行”的“一笔书”，形成了个人的风格。这一“连绵不断”的笔法又被画家陆探微运用到绘画之中，形成了“一笔画”，其精利润媚、新奇绝妙的风格特点，在当时达到无与伦比的地步。张僧繇是梁武帝时期的著名画家，据说他的画作神奇，金陵安乐寺画白龙而未点睛，当应众人要求点了其中两条龙的眼睛后，瞬间雷电交加，二龙破壁而去。张僧繇擅长佛像绘画，以“张家样”著称。张僧繇用笔独特，“笔才一二，像已应焉”[①]，被称为“疏体”，其用笔的一点一曳，一斫一拂，挺拔有力，犹如带钩的戟，锋利的剑，森然可怖，然而这一切皆来自于书家卫夫人的《笔阵图》。又如被誉为前无古人、后无来者的画圣吴道子，以绘画各种变相为盛名，画中人物“奇踪异状，无一同者”，尤其是地狱变相，他在前人基础上大胆发挥，画面如有一股阴气袭来，令观者不寒而栗。其咄咄逼人的视觉效果，主要源于其异乎寻常的天才想象力和如有神助的用笔。吴道子早年曾随张旭学习书法，学书不成后改学绘画，他将狂草的用笔运用到绘画造型中来，加上其敢于突破成法、大胆革新：“众皆密于盼际，我则离披其点画；众皆谨于象似，我则脱落其凡俗。”[②]使其取得了迥异于前人的独特风格，成为继张僧繇“张家样”之后，以“吴家样”著称的又一佛教图式，而且其作画线条笔势圆转，粗细变化不可穷诘，所画人物衣带如同被风吹拂

① ［唐］张彦远：《历代名画记》，载潘运告主编：《唐五代画论》，湖南美术出版社1997年版，第174页。

② ［唐］张彦远：《历代名画记》，载潘运告主编：《唐五代画论》，湖南美术出版社1997年版，第174页。

之状，完全不同于北齐曹仲达人物衣衫紧贴身上，犹如刚从水中出来一般，被宋郭若虚《图画见闻志·论曹吴体法》称为“吴带当风，曹衣出水”。从以上各位书画名家事例可以看出，风格的创造都脱胎于对前人古法的继承，唯有不断突破古法与既有风格模式，才能开创自家面目。

艺术风格的独创与发展，是在不断的继承与突破中实现的。突破是个体创造精神的体现，是师从本心的表现。如果一个艺术家没有敢于突破前人、敢于挑战自我的创新意识，永远也不可能形成个人独特的风格。一代文豪苏轼，无论在书画领域，还是在文学领域，都是一个极具开拓意识的艺术家，书法方面，他以大刀阔斧的写意笔法对传统严谨精致的书画予以改造，在博采众家之长之上自出己意。近人马宗霍《书林藻鉴》概括苏字风格来源“实则本之平原（颜真卿）以树其骨，酌之少师（杨凝式）以发其姿，参之北海（李邕）以峻其势”[①]。苏轼所开创的尚意书风突破了传统法度的局限，如《黄州寒食帖》（图4.2），疏密对比反差鲜明，字距行距随意而安，因情而变，做到师其本心而作。文学方面，苏轼以慷慨悲歌的豪迈气概冲击婉约含蓄的词曲创作，不同于“诗言志”传统，词在题材上一向被视为“艳科”，专写花前月下、儿女情长之风流韵事，到苏轼这里，他以“无意不可入，无事不可言”[②]的勇气，打破了诗词界线，将过去诗歌所涉及的广泛人生领域，统统纳入词曲创作，拓展了词的创作空间，[③]在风格上一改先前词曲以婉约为主的风格特征，使词曲既可以表现阴柔之美，还可以表现阳刚之气。从其《念奴娇·赤壁怀古》“大江东去，浪淘尽，千古风流人物”的语句中，可以感受到顶天立地的豪迈气概。这种大胆突破传统的革新精神，正是师从本心的体现。

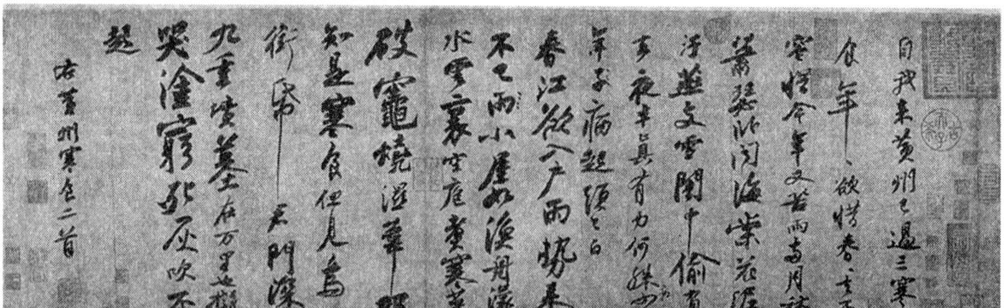

图4.2　苏轼《黄州寒食帖》

① 马宗霍辑：《书林藻鉴》卷第九，载《书林藻鉴 书林记事》，文物出版社1984年版，第116页。

②［清］刘熙载撰：《艺概·词曲概》，上海古籍出版社1978年版，第108页。

③ 陈炎主编：《中国审美文化史》（唐宋元明清卷），山东画报出版社2007年版，第208页。

2. 表现内心真情

“师心”还体现在对本真自我内心情感的真实表现上，即在艺术创作中注重突出自我的个性意识，敢于将个人的内在本质、真实情感，毫无保留地自由宣泄出来，不做作、不伪饰，一切师从于“本心”进行创作。

“师心”是个体精神自由的体现，主“我”、重“情”、求“真”，是师心的特征。创作主体的“师心”之作，往往是其内心情感的真实体现，或激情豪迈，或苦闷彷徨，或深恶痛绝，或玩世不恭，或忧伤感怀……由于创作主体人生阅历、社会地位、性格趣尚、理想追求等不同，决定了他们各自所持的心态、看待事物的角度以及艺术表现方式的不同，然而无论是从哪个角度进行创作，“师心”之作，都是创作主体本真自我的真实体现，在艺术风格上常常体现出不拘一格的独创性。

艺术是人们内在情感表现方式，是艺术家心灵的投影。艺术家创作是抒发其心灵对客观现实生活的独特感受和真实体验。师心之作更多体现的是主体内心的真情实感。苏轼作画不求“形似”，而在于写其生气、传其神态，重“意气”、求“象外”之妙。其作《枯木竹石图》描绘怪石一块，枯树一枝，石头缝隙有碎竹小草，皆以干笔淡墨，似勾似擦，草草而成，其造型怪奇，笔触寥落，画法极为草率，约略示意而已，正如邓椿《画继》说其“高名大节，照映古今。据德依仁之余，游心兹艺，所作枯木枝干，虬屈无端倪；石皴亦奇怪，如其胸中蟠郁也”。又如明代徐渭，一生穷困潦倒，八次乡试落第，曾参加抗倭斗争，遭受重创，曾一度精神失常，致误杀妻子而入狱，监禁7年出狱后已经53岁，这时才开始真正从事文学艺术创作，他将自己坎坷的人生经历与苦闷的内心感受投之于艺术创作当中。徐渭《墨葡萄图》(图4.3)，以酣畅淋漓的墨汁，拟人化的手法，书写他的性情，寄寓他的心声，题画诗曰：“半生落魄已成翁，独立书斋啸晚风。笔底明珠无处卖，闲抛闲掷野藤中。”这是作者对其一生怀才不遇、屡陷困顿的抒发，是对绝望中愤懑与感伤的宣泄。他将自己浓烈的思想感情融注于笔墨之中，其水墨大写意奔放淋漓，追求个性解放，所画无法中有法，极具天趣。徐渭所创作的艺术形象带有强烈的主观性，他将现实生活中的事物形状按

图4.3　明　徐渭《墨葡萄图》

照自己的理解进行夸张、变形和重组，如他将草书笔法和花鸟写意技法融合，以突出“野”的风格和“润”的效果，从而表现潇洒的笔墨情趣和盎然的生命意兴。可以说，师法于本心的艺术形象，渗透了主体的精神和情思，也许其外在形貌与客观世界中的物象不符，甚至变形，然而艺术家“要表现的不是事物的实在面貌，而是事物的实际情况对主体心情的影响，即内心的经历和对所观照的内心活动的感想，这样就使内心活动的内容和活动成为可以描述的对象”①。此话一语中的，击中了师心的本质。徐渭正是将他自己的坎坷经历、内心愁苦、所思所想全都倾注于画作之中，以其独特的艺术风格著称于世。

无独有偶，清代八大山人朱耷的艺术创作也充满着内心真情的涌动。作为明王室后裔，入清不久就出家为僧，好酒、行动佯狂，借此摆脱与清廷的政治干系，他将胸中积聚的愤懑寄托于山水花鸟创作当中，以此传达其亡国之痛。朱耷画风以简取胜，笔墨精练，概括性强，寓意深刻，所画花鸟多表现寒风中缩头缩脑的寒鸟，或孤独自怜的幽禽，最具个性特点的是“白眼向人”的形象，俨然一副桀骜不驯的样子，如《荷石水禽图》（图4.4），将作者愤慨沉闷的内心与愤世嫉俗的情感抒发得淋漓尽致。其款印也具隐晦性，以草书连写，很容易使人误以为“哭之”或“笑之”，借此暗喻其对富有戏剧性变化的社会状况、对哭笑不得的人生的无奈与感慨之情。

图4.4　清　朱耷《荷石水禽图》

图4.5　元　倪瓒《六君子图》

① ［德］黑格尔著，朱光潜译:《美学》第三卷（下册），商务印书馆1981年版，第188页。

此外，古代文人常将梅、兰、竹、菊、树、石头等自然植物，视为个体托物言志、遣兴抒怀的媒介物。如：画竹名家文同说自己画竹“学道未至，意有所不适，而无以遣之，故一一发于墨竹”[①]。可见，他将画竹作为宣泄情感、遣发胸怀的手段。宋遗民画家郑思肖以水墨画兰不画土，人问其故，说“土为番人夺去”，寓意亡国的沉痛心情。倪瓒《六君子图》（图4.5）画松、柏、樟、楠、槐、榆丛生陂陀上，此六种树木皆为良材，寓意人之清高特立之品格。王冕《墨梅图》借梅花抒写自己不与黑暗社会同流合污的清高志趣。梅花，在中国古代被视为高洁的秉性和孤傲的人品的象征，正如作品自题所写：“不要人夸好颜色，只流（留）清气满乾坤。”[②]可见，师心是创作者依从于本心的创作，虽然有时在形制上有些夸张、离奇、怪诞，甚至背离传统法度、不拘俗套，然而，这些奇特的方式正是主体内心真情的体现。

3.追求独创自我

“师心”最本质的特征，体现在对自我个性风格的独创性的追求上。没有独创自我的求新意识，不为艺术注入独创性元素，就永远不可能在艺术上有所造诣。然而独创自我并非意味着抛弃传统与法度，而是强调在学习继承前人法度的基础上开创富有个性特质，迥异于传统与寻常的新风格。

“师心”是艺术家对自己心灵的叩问，是开启个性风格的重要因素。《宣和画谱》载宋代山水画家范宽，在长期艺术实践中领悟到“前人之法未尝不近取诸物，吾与其师于人者，未若师诸物也。吾与其师于物者，未若师诸心”。正是出于师心的独创意识，范宽主动脱去旧习，深入到终南山、太华山等深山僻谷，终日危坐，细致观察山中云烟惨淡、风月阴霁等难状之景的微妙变化，对景凝想造意，默与神遇，心景交融，终于将北方崇山峻岭的雄伟气势和老树寒林的荒僻景色“一寄于笔端之间”，形成了自己的独特的风格。其代表性作品《溪山行旅图》，从立意、构图，到布景、造型，都重在体现北方崇山峻岭的雄浑伟岸和磅礴气势，用笔刚骨朴质，雄劲老硬，沉着宁静而不事华饰，参用“点子皴”与“短条子皴”，层层晕染皴擦，追求山峦厚重浑然的艺术效果[③]，山石的“简”“淡”与林木的“繁”“浓”对比鲜明、相互映衬，高山巨岩的静穆安寂与山涧飞瀑的倾泻巨响动静结合。作者师于本心，从对北方山水真实感受中，探索出一套写山真骨的笔墨技法，使其作品成为照耀古今的名作。范宽也因此与李成、关仝一起被称为“百代标程”式的人物。可见，范宽对“师心”“师造化”与“师

① 转引自周林生主编：《魏晋至五代绘画》，河北教育出版社2012年版，第17–18页。

② 周林生主编：《宋元绘画》，河北教育出版社2012年版，第263页。

③ 周林生主编：《宋元绘画》，河北教育出版社2012年版，第19页。

古”的排序，不无道理，“师心”对艺术创作具有举足轻重的主导作用。如果总是师法于古人，永远也赶不上古人；师法造化，须中得心源，否则可能陷于形似的巢窠；唯有师法于心灵，才能富有独创性。

“师心”贵在突出“我”在艺术创作中的核心作用。无论是从传统中寻找创新元素，还是从自然造化中获取灵感，抑或是自己独创新法，师心都特别强调创作主体对艺术创作的主导性和能动性。回首古代艺术史上的名品佳作，无不打上艺术家个人的标记和烙印。李白《梦游天姥吟留别》的飘逸、杜甫“三吏”“三别”的沉郁、白居易《卖炭翁》的浅近、韩愈《南山诗》的雄奇、苏轼《念奴娇·赤壁怀古》的豪放、李清照《如梦令·常记溪亭日暮》的优美、马致远《天净沙·秋思》的平淡；王羲之《兰亭序》的古质、王献之《鸭头丸帖》的新妍、颜真卿《东方朔画赞碑》的雄浑、柳公权《玄秘塔碑》的劲健、张旭《古诗四帖》的狂放、米芾的“刷字”、金农的“漆书”、郑板桥“六分半书”、张萱《捣练图》的丰腴华美、韩幹《照夜白图》的肥硕、梁楷《泼墨仙人图》的怪诞、李公麟《五马图》的简洁、赵孟頫《秀石疏林图》的古意、黄公望《富春山居图》的疏秀、王蒙《青卞隐居图》的繁密、倪瓒《六君子图》的简淡、徐渭《墨葡萄图》的墨汁淋漓、八大山人《眠鸭图》的孤寂、石涛《墨荷图》的恣肆、郑板桥《兰竹石图》的倔强、阮籍《酒狂》的癫狂、郭沔《潇湘水云》的淡泊……哪一件不是创作主体灵心妙用、独具匠心的成果，其间无不熔铸着艺术家对社会、自然和人生独立而透彻的思考，以及对艺术创新独到的见解与领悟，还凝聚着艺术家独特的审美经验和审美情感，携带着艺术家的主观色彩和个性追求，体现着艺术家鲜明的独创性。尤其对于文人画来说，其画作是“写”出来的，而非精心描摹的，诚如元代倪瓒所说：“余之竹聊以写胸中逸气耳，岂复较其似与非，叶之繁与疏，枝之斜与直哉？”[①]可见，创作的重心不在于对客观物象之“形”的再现与写实，“写”胸中之“意”才是真正的目的，此时的创作“含有了‘形似以外’或者‘超越形似’的积极含义”，这也是艺术创作成功之原因所在。真正的艺术创作“不在于精湛的技法，也不在于动人的构思，而是在深刻的思想以及艺术家内在之我旨趣的天然流露”[②]，这是“师心独见”的结果。

“师心”就是要体现艺术家的独创性，体现“我”对艺术独一无二的创见。正如石涛在《画语录》中所说：“法自我立。”“夫画者，从于心者也。”“我之为我，自有我在，古之须眉不能生我之面目，古之肺腑不能入我之腹肠。我自发我

① [元] 倪瓒：《云林论画》。

② [美] 方闻著，李维琨译：《心印：中国书画风格与结构分析研究》，陕西人民美术出版社2003年版，第5页。

之肺肠，揭我之须眉。”[①]师心是艺术创新的根本，师心是风格不断新变的动力。

综上所述，“师古”“师造化”“师心”是独特风格形成与发展的三条重要路径，三者之间相辅相成，缺一不可。“师古”为风格的形成、发展提供必要的前提和基础，同时还是风格创新的不竭动力和源泉；“师造化”为艺术提供丰富的表象积累，激发创作主体的情感、想象和灵感，并有助于艺术技法的革新与创造；“师心”特别强调主体对艺术创造的主导性、能动性和创造性，是不断突破传统，敢于表露自我真情，勇于独创自我的体现。“三师”路径对于任何时代、任何门类的艺术创作都是必然遵循的发展路径。中国古代艺术风格之所以能够在历史发展长河中不断演变创新，同时还不失去本民族的特色，最主要、也是最重要的发展路径就是“三师”。即使是进入近现代社会，艺术发展仍须沿着“三师”路径不断迈进，唯此才能既保持民族风格的稳定性、独特性和民族性，同时又能实现风格的创新发展。

第三节　古代艺术风格对后世创作的影响

中国古代各门类艺术在不同历史时代形成了丰富多彩的风格样式，每一种既有的艺术形态和风格样式都为其后艺术的发展、风格的创新提供着丰厚的资源储备和典型范式，引导并影响着其后艺术创作及其风格发展的趋向，使各门类艺术总是在继承并保持着民族传统特色的基础上不断地“添枝加叶”、增删补益，而不是任意凭空地捏造，更不是摒弃传统，在融入其他创新元素中失却“自我”，淹没于世界大同之中。

回首中国历代艺术，其发展犹如一条绵延不绝的长河，从蒙昧的原始时期到夏商周三代，再到秦汉、魏晋、唐、宋、元、明、清，直至近现代乃至当代，古代艺术传统的发展从未间断。尽管近现代以来，由于西方列强入侵，使中国社会陷入灾难深重的历史阶段，被迫发生历史性变革，国人不得不发出“师夷长技以制夷”，并以实际行动努力探寻救国、治国乃至强国的良策。20世纪，“西学东渐”的社会思潮几乎贯穿于整个世纪，外来因素（包括政治、经济、文化及艺术等方面）对中国的历史文化传统的严重冲击，使传统文化艺术遭受到前所未有的侵袭与挑战。然而，强劲的外来之风并未能完全破坏或中断中国传统文化艺术发

① ［清］石涛:《苦瓜和尚画语录》。

展的基因链条，反而促使国人在放眼世界、吸收融纳新鲜因素的同时，不断地反思自我、调整自我，重新审视自我。

中国古代各门类艺术在20世纪百年沧桑与历史巨变中艰难行进，不断经历着传统与现代的碰撞与融合，不断探寻摸索着既不丢弃传统，又能反映时代精神的艺术发展道路。尤其是20世纪80年代中国社会步入新时期之后，各门类艺术创作及理论研究也随之迎来了发展的大好机遇。艺术创作及理论研究，不仅注重外来因素吸收借鉴，而且更加注重对文化艺术传统的挖掘、整理和承传，艺术创作和理论研究取得了一系列令人欣喜的成果。进入21世纪后，现代社会经济的繁荣、信息传播媒介的发达，多元文化的共享以及人们精神审美需求的激增，再次对古代文化艺术承传与发展发起新的冲击与挑战。新的时代形势下，更须加强对古代文化艺术精粹的继承与弘扬，以保持艺术民族性和独特性。实践证明，只有保持民族特色的艺术，才具有存在的意义。因此，继承、挖掘与发扬中国传统艺术的精粹，使其融入现代社会生活，并为当下乃至今后的艺术创作及风格创新提供不竭源泉与创新发展的动力，已然成为艺术创作者和研究者所面临的重要课题。

一、“层累说”的启示

中国历代不同门类的艺术所取得的辉煌成就及异彩纷呈的风格面貌，对后世艺术创作的影响是必然的。每一个时代的艺术创作，都会结合当下的社会体制、思想倾向、文化审美以及审美趣味等因素，对之前的艺术形态或风格样式给予某种程度上的创新或改造，使其呈现出鲜明的时代特征，而且历时越久，艺术的风格面目积累得也就越多，为其后艺术创作所提供的资源和储备也就愈加丰富。由此可知，古代艺术风格对后世艺术创作的影响，是不断累积叠加的。顾颉刚研究古史曾提出“层累说”，对我们研究古代风格对后世艺术创作的影响有很大启示。

“层累”一说，源自于顾颉刚的书信，1923年5月6日，顾氏以“与钱玄同先生论古史书”为题，将其发表在《读书杂志》上。该文认为，中国传说中的古史系统，并非自古就有，而是“层累地造成的中国古史”。这一学说主要包含三个意思：

第一，“时代愈后，传说的古史期愈长”。顾颉刚认为，在周代人心目中最古的人是禹，而到孔子时代，禹之前有了尧、舜，战国时出现了黄帝、神农，秦时又出现三皇，汉代交通苗族后，又将其始祖加入，出现盘古开天辟地之传说。可见，古史的演变并非是与人毫无关系的孤立客体，而是在人的主体参与下逐渐演化“层累”形成的，“‘层累’说既是进化史观，又包含鲜明的主体意识”。[①]

第二，“时代愈后，传说中的中心人物愈放愈大”。如舜在孔子时代只是“无为而治”的圣君，到《尧典》则成为“家齐而后国治”的圣人，到孟子时则成为孝子模范了。顾颉刚在《春秋时代的孔子和汉代时的孔子》一文中指出：“春秋时的孔子是君子，战国的孔子是圣人，西汉时的孔子是教主，东汉后的孔子又成了圣人，现在又快要成君子了。”[②]可见，古史传说中的人物并非固定的铁板一块，而是随时代更替，不断被放大，“各时代的人，他们心中怎样想，便怎样说，孔子的人格也就跟着他们变个不歇”[③]。表明“历史现象并不是孤立的个体存在，而是受‘时代’的制约，即受时代的文化和时代的心理的制约而不断‘重写’、不断‘重构’、不断‘层累’起来的”[④]。

第三，我们对于古史，“即不能知道某一件事的真确的状况，但可以知道某一件事在传说中的最早的状况”。例如：“我们即不能知道东周时的东周史，也至少能知道战国时的东周史；我们即不能知道夏商时的夏商史，也至少能知道东周时的夏商史。”[⑤]可见，“层累地造成中国古史”这一学说，表明传说的古史并非自古皆然，而是掺杂有人为主观的因素，且经历了从无到有、从简单到复杂不断演化过程。顾氏所理解的古史，并不在它的真相而在它的变化，即所谓“不立一真，惟穷流变”。[⑥]其实，对于“一件故事的真相究竟如何，当世的人也未必能知道真确，何况我们这些晚辈”[⑦]。这是顾氏对于古史中事件真实性的看法。虽然真实情况无法知道，但对其传说的古史变化，人们却是可以知道的，这也是顾氏“我们要辨明古史，看史迹的整理还轻，而看传说的经历却重”[⑧]的缘由所在，由此，他将“不立一真，惟穷流变”作为其研治古史的主要旨趣。

顾氏古史观并非要以历史事件的真实确证为根本，侧重于古史本身的演变，而是认为“古史知识谱系是‘层累地’‘慢慢地’‘逐步逐步’演化、添加、拉长起来的”[⑨]。侧重点在于古史知识的形成过程，而且其“所着重处理的，其实只

---

① 赵吉惠、毛曦：《顾颉刚“层累地造成中国古史”观的现代意义》，《史学理论研究》1999年第2期。

② 顾颉刚：《古史辨》（第二册），上海古籍出版社1982年版，第139页。

③ 顾颉刚：《古史辨》（第二册），上海古籍出版社1982年版，第131页。

④ 赵吉惠、毛曦：《顾颉刚“层累地造成中国古史”观的现代意义》，《史学理论研究》1999年第2期。

⑤ 顾颉刚编著：《古史辨》（第一册），上海古籍出版社1982年版，第60页。

⑥ 顾颉刚编著：《古史辨》（第一册），上海古籍出版社1982年版，第273页。

⑦ 顾颉刚编著：《古史辨》（第一册），上海古籍出版社1982年版，第273页。

⑧ 顾颉刚编著：《古史辨》（第一册），上海古籍出版社1982年版，第59页。

⑨ 王学典、李扬眉：《“层累地造成的中国古史”——一个带有普遍意义的知识论命题》，《史学月刊》2003年第11期。

是传说或故事版本的翻新变异，而非故事或传说本身所著录、附着或反映的原始事实”。[①]顾氏“层累说”是极富卓识创见的，此说一出，便在学术界引起强烈的震动，受到众多学者的赏识和推崇。钱玄同感叹道：“‘层累地造成的中国古史’一个意见，真是精当绝伦。……我看了之后，惟有欢喜赞叹，希望先生用这方法，常常考查，多多发明，廓清云雾，斩尽葛藤，使后来学子不致再被一切伪史所蒙。”[②]胡适也颇为赞赏地说道：“顾先生的‘层累地造成的古史’的见解真是今日学界的一大贡献。”[③]又说：“颉刚的‘层累地造成中国古史’一个中心学说已替中国史学界开了一个新纪元了。中国的古史是逐渐地、层累地堆砌起来的……在中国古史学上，崔述是第一次革命，顾颉刚是第二次革命，这是不须辩护的事实。”[④]郭沫若也说：“顾颉刚的‘层累地造成的中国古史’，的确是个卓识。……他的识见委实是有先见之明。……旧史料中凡作伪之点大体是被他道破了的。”[⑤]诸如此类的赞叹之声还有很多，“层累地造成的中国古史”这个命题在史学界所产生强烈的“震动效应”，就连顾颉刚本人也始料未及，他说：“哪里想到，这半封题为“与钱玄同先生论古史书”的信一发表，竟成了轰炸中国古史的一个原子弹。”[⑥]那么，这一具有强烈轰动效应的学说，是如何形成的呢？

“层累说”的形成，一方面，此说集古代学者疑古辨伪思想之大成，并受到近现代实证方法和科学怀疑精神的影响。最早对史事提出质疑的是孔子的弟子子贡，《论语·子张》中子贡说：“纣之不善，不如是之甚也！是以君子恶居下流，天下之恶皆归焉。”其后，历代均有学者辨伪史事，顾颉刚在《自序》中说道：“古史古书之伪，自唐以后书籍流通，学者闻见广博，早已质疑。如唐之刘知几、柳宗元，宋之司马光、欧阳修、郑樵、朱熹、叶适，明之宋濂、梅鷟、胡应麟，清之顾炎武、胡渭、毛奇龄、姚际恒、阎若璩、万斯大、万斯同、袁枚、崔述等人都是。”[⑦]特别是郑樵、姚际恒和崔述的思想，对顾颉刚影响很大：“我的学术工作，开始就是从郑樵和姚、崔两人来的。崔东壁的‘经’也不可尽信。郑樵的书启发我做学问要融会贯通，并引起我对《诗经》的怀疑，所以我的胆子越

① 许冠三：《新史学九十年》，岳麓书社2003年版，第170页。

② 顾颉刚编著：《古史辨》（第一册），上海古籍出版社1982年版，第67页。

③ 顾颉刚编著：《古史辨》（第一册），上海古籍出版社1982年版，第191页。

④ 顾颉刚编著：《古史辨》（第二册），上海古籍出版社1982年版，第338页。

⑤《郭沫若全集·历史编》（第1卷），人民出版社1982年版，第304-305页。

⑥ 顾颉刚编著：《古史辨·我是怎样编写〈古史辨〉的？》（第一册），上海古籍出版社1982年版，第17页。

⑦ 顾颉刚编著：《古史辨·自序》（第一册），上海古籍出版社1982年版，第78页。

来越大了，敢于打倒经和传、记中的一切偶像。”[①]可见，古代学者疑古辨伪的思想给予顾氏深刻的启示。从近的来说，顾颉刚“层累说”则是受了胡适、钱玄同二人的启发，尤其是胡适，他借鉴杜威的“实验主义”科学方法严谨治学，认为“实验主义”的方法具体说来就是“历史的方法”与“实验的方法”。胡适诠释“历史的方法”为“祖孙的方法”，即“从来不把一个制度或学说看作一个孤立的东西，总把他看作一个中段：一头是他所以发生的原因，一头是他自己发生的效果；上头有他的祖父，下面有他的子孙。”[②]不难看出，顾氏“看史迹的整理还轻，而看传说的经历却重”，“不立一真，惟穷流变”等观点，与胡适历史主义有着密切而直接的联系。可见，“层累说”的思想渊源和理论基础也是在继承和借鉴前人疑古辨伪的积极成果基础上的进一步发扬光大和高度概括。

另一方面，“层累说”的形成，得益于顾颉刚对戏曲、歌谣以及民俗方面的关注和研究。他在《我的研究古史的计划》中说：“老实说，我所以大胆怀疑古史，实因从前看了二年的戏，聚了一年歌谣，得到一点民俗学的意味的缘故。”[③]可见，顾氏“层累说”之所以能够超越前人、独树一帜，备受学界赏识和推崇，还是有坚实的实践基础的。顾颉刚于1913年在北大读预科时看了两年多的戏，“唯一的成绩便是认识了这些故事的性质和格局，知道虽是无稽之谈，原也有它的无稽的法则”[④]。而且在欣赏戏曲的过程中，“忽然认识了故事的格局，知道故事是会变迁的，从史书到小说已不知改动了多少，从小说到戏剧又不知改动了多少，甲种戏与乙种戏同样写一件故事也不知道有多少点的不同。一件故事的本来面目如何，或者当时有没有这件事实，我们已不能知道了；我们只能知道在后人想象中的这件故事是如此分歧的。推原编戏的人所以要把古人的事实迁就于他们的想象的缘故，只因作者要求情感上的满足，使得这件故事可以和自己的情感所预期的步骤和结果相符合。”[⑤]顾颉刚认识到从史书到戏曲，被后人改动无数，遂形成各种各样的版本，都是将古代某个事件迁就于时人的想象，使其按照主体的主观愿望、情感来发展。顾颉刚遂将戏曲故事与古史事件联系在一起，以戏曲角色的眼光来考察古史，他说：“只要用了角色的眼光去看古史中的人物，便可以明白尧舜们和桀纣们所以成了两极端的品性，做出两极端的行为的缘故，也就可

① 顾颉刚编著：《古史辨·我是怎样编写〈古史辨〉的?》（第一册），上海古籍出版社1982年版，第12页。

② 胡适：《杜威先生与中国》，载《胡适文存》（第1集），首都经济贸易大学出版社2013年版，第234页。

③ 顾颉刚编著：《古史辨》（第一册），上海古籍出版社1982年版，第214页。

④ 顾颉刚编著：《古史辨》（第一册），上海古籍出版社1982年版，第22页。

⑤ 顾颉刚编著：《古史辨》（第一册），上海古籍出版社1982年版，第22页。

以领略到他们所受的颂誉和诋毁的积累的层次。只因我触了这一个机，所以骤然得到一种新的眼光，对于古史有了特殊的了解。”[①]这种“新的眼光”就是其“层累说”的独特视角。1917年，顾颉刚在为北京大学搜集民间歌谣时又进一步认识到，“歌谣也和小说戏剧中的故事一样会随时随地变化”[②]，如“同是一首歌，两个人唱着便有不同。就是一个人唱的歌也许有把一首分成大同小异的两首的”，甚至由于“形式的改变以至连意义也随着改变了”[③]。这种情况在我国民歌创作中是司空见惯的，顾颉刚由此悟出古史与民间歌谣一样，都会随时随地发生变化。

其实，对“层累说”影响最大的，是顾颉刚在民俗学方面对孟姜女民间传说的个案考察研究。1924年11月他在北大《歌谣周刊》上发表《孟姜女故事的转变》一文，将先前古史领域所得出的方法在民俗研究领域中进行尝试，考证出孟姜女故事是由《左传》中杞梁之妻的故事发展层累而成的。这个民间传说的故事中心一再转变，由起初的不受郊吊，转变为悲歌哀哭，又转变为哭夫崩城，最后转变为旷妇怀征夫，[④]故事的中心随着历史的推移一再转变。1925年，关于孟姜女故事研究又有新突破，在《孟姜女故事研究的第二次开头》中说他看到徐水县古迹和河南唱本的不同，“发现孟姜女故事不只是随历史的发展而层累，而且还随地域而分化”[⑤]。可见，从孟姜女故事发展演变来看，不仅有纵向的演变，同时还有横向的发展。基于这些发现，同时受到胡适研究考证《水浒》的启发，更加强化了顾氏将研究故事的方法运用于古史研究的想法，“现在我试把这件故事比拟传说中的古史。江浙人说孟姜女生在葫芦、冬瓜或南瓜中……厦门唱本说孟姜女升天后把秦始皇骂得两脚浮浮，落在东海里做春牛……广西唱本说孟姜女寻夫经过饿虎、毒蛇、雨雪诸村……我们若能了解这一个意思，就可历历看出传说中的古史的真相，而不至于再为学者们编定的古史所迷误”[⑥]。顾颉刚发现了孟姜女故事演变与古史演进之间的相通之处，不同时代、不同地域的人们对于某一事件都会以自己的独特视角予以“改造”，因而，对于古史中“向来万想不通的地方想通，处处发现它们的故事性”，从此以后，对于古史的主要观点，也就

① 顾颉刚编著：《古史辨》（第一册），上海古籍出版社1982年版，第41页。

② 顾颉刚编著：《古史辨》（第一册），上海古籍出版社1982年版，第37页。

③ 顾颉刚编著：《古史辨·自序》（第一册），上海古籍出版社1982年版，第37页。

④ 张京华：《“层累造成”还是“层累阐释”——孟姜女与顾颉刚的民俗学研究》，《淮阴师范学院学报》（哲学社会科学版）2008年第3期。

⑤ 黄海烈：《功夫在诗外：戏曲、歌谣和民俗学对顾颉刚“层累说”的影响》，《西华大学学报》（哲学社会科学版）2009年第2期。

⑥ 顾颉刚：《古史辨·自序》（第一册），上海古籍出版社1982年版，第68-70页。

“不在它的真相而在它的变化”[①]了，由此得出“不立一真，惟穷流变”的结论。

可以说，顾颉刚基于戏曲、歌谣和民俗学的发现而总结出的治学之道，以故事演变的方法来考察和研究古史，的确是一种独具慧眼的卓识创见。

顾颉刚“层累说”，应该被视为“一个带有普遍意义的知识论命题”[②]，它不仅对于分析古史演变或某个时段历史是适用的，而且对于其他学科领域的研究也具有一定的借鉴、参考和启发意义。尤其对于我们研究古代艺术及其风格的发展演变，同样可以用“层累说”理论予以阐释，二者之间存在“异质同构”之处。这个具有普遍意义的命题，对于艺术各个门类，无论是表演艺术，抑或是造型艺术，都是适用的。艺术总是处于不断的发展变化当中，从纵向历时性来看，艺术作品风格随时代发展而嬗变；从横向共时性来看，艺术作品风格随着民族、地域的不同而不同。这些特点在顾颉刚“层累说”中都有涉及。特别重要的一点是，顾氏“层累说”的三个意思中包含着深刻的“主体”思想，特别强调主体——人的主观能动创造作用，而这一点，与艺术风格的形成与发展是极为相似、吻合的。艺术风格是以独特性为表征的，而独特的风格更多源自于主体的创造性，不同历史时代创作主体总是以自身独特的视角与艺术表现手段，使艺术创作呈现出与众不同的风格面目，因而，从总体来看，古代各门类艺术及风格对后世创作的影响，呈现出一种“层累”的态势。

二、影响的两种方式

古代艺术及风格对后世艺术创作影响的“层累”态势，主要以历代遗留的艺术作品为媒介。一般说来，艺术作品包括外在的表现形式与内在的思想内容两大基本构成要素，它们之间相互渗透、融汇为一、不可分割。正如别林斯基所说：“没有内容的形式或没有形式的内容，都是不能存在的”[③]，“如果形式是内容的表现，它必和内容紧密地联系着，你要想把它从内容中分出来，那就意味着消灭了内容；反过来也一样：你要想把内容从形式上分出来，那就等于消灭了形式。”[④]然而，内容与形式之间的关系，一方面，内容决定形式，形式服从于内容；另一方面，形式也反作用于内容。任何一件艺术作品风格的呈现，都是形式与内容的和谐统一，中国古代不同历史时期所创造的难以数计的风格面目，都是形式与内容的结合体，因而，它们对后世艺术创作的影响，也主要通过内容与形

① 顾颉刚：《古史辨》（第一册），上海古籍出版社1982年版，第273页。

② 王学典、李扬眉：《“层累地造成的中国古史”——一个带有普遍意义的知识论命题》，《史学月刊》2003年第11期。

③［俄］别林斯基著，梁真译：《别林斯基论文学》，新文艺出版社1958年，第76页。

④［俄］别林斯基著，梁真译：《别林斯基论文学》，新文艺出版社1958年，第147页。

式来展开。

1. 内容的衍生与演变

艺术创作作为一种特殊的精神生产，熔铸了创作主体对自然与社会生活的选择、提炼、加工和改造，也即“艺术家在个人体验的基础上，按照自己的审美理想、愿望、意志对生活加以重组、创造”[①]。因而，艺术作品本身就带有与生俱来的“主体性”，创作主体的思想、情感、意志以及理想、愿望等主观因素不可避免地会融入作品之中，而成为作品内容不可或缺的重要因素。这一特点也是艺术作品风格之所以呈现出独特性特征的根本原因。顾颉刚“层累说”启示我们，传说中的古史系统是“层累”造成的，古史中的事象、人物都不是固定孤立的，而是随时随地在发生变化，而这一变化恰恰来自于创作主体所发挥的主观能动作用。对于艺术创作来说，同样如此，任何一个艺术门类的创作，都不可能永远停滞于起初的“原型”状态，或始终原封不动地流传下来，而总是掺杂着不同时代、不同地域创作主体的改造、重组与衍生，使艺术作品既保存有“原型”中基本的事象、人物等要素，又融入新时代人们的独特理解与认识。创作主体采用多种艺术手段与多元视角进行创作，不仅是为了反映所处时空、地域的现实生活，抒发主体的个人思想、情感和愿望，更是为了满足当时人们普遍的社会心理、情感诉求和审美需要，由此使得不同时代、不同地域的艺术作品呈现出丰富多彩的风格面貌。

艺术作品内容不是抽象的概括说明，内容呈现主要通过题材、主题、情节以及一系列的细节等因素，融汇合一、生动完整地予以展现。中国古代艺术对后世艺术创作的影响，从内容上来看，更多地体现在题材内容的衍生与演变上。也就是说，古代某个久已流传的特定题材总是被不断地“再现”演绎，并以“层累”的态势，为后世艺术创作提供取之不尽、用之不竭的创作资源和储备。而创作主体根据自己所处时空境域，对其主题开掘角度、情节脉络的发展以及一系列细节处理、艺术表现手段等进行创造性的发挥与改造，往往会使内容不断衍生、演变，从而使得艺术作品总是呈现出新的风格面目。回首中国艺术史上无数的名篇佳作，以古代某个特定神话传说、民间故事、历史事件、历史人物等为“原型”，从不同角度予以阐释、创编而进行艺术再创造的成功案例比比皆是。大体说来，主要有以下几种情况：

第一，对同一题材内容，采用不同门类艺术形式予以表现，是使作品内容呈现出层累、叠加和多样化风格最基本、最重要的创新手段。艺术门类的多样性是艺术发展进程中出现的一种必然现象，不同的门类艺术具有区别于他种艺术的特

① 王宏建主编:《艺术概论》，文化艺术出版社2000年版，第376页。

殊性、独立性特点。各门类艺术所采用的媒介材质、结构布局、技能技巧、艺术语言等表现手段各不相同，必然造成同一题材内容的作品从艺术门类体式上呈现出各自独特的风格特点，如音乐、绘画、书法、舞蹈等门类艺术各不相同。而且，不同门类艺术之间也不仅只是相互区别和独立，还有相互联系与融通的一面，如文学与音乐融合形成歌曲或歌剧，文学与音乐、舞蹈融合形成舞剧，书法与绘画融合形成题画诗等，艺术种类与样式的发展总是在不断的分化与综合中渐进。众所周知，原始时期的诗歌、音乐、舞蹈是“三位一体”的综合形式，但却在发展中不断走向独立，后又相互吸收、借鉴，再次走向综合，甚至还吸收其他门类艺术，更大范围地综合形成了新的艺术门类，如中国戏曲，就是综合文学、音乐、说唱、舞蹈、绘画等多种门类艺术在内的综合性艺术。各种不同的门类艺术为艺术风格的多元性提供着各种丰富的可能性，由此使得同一题材内容，不仅可以借助不同门类艺术呈现出门类风格特点，而且还使同一题材内容的流传在时空范围和传播效应上获得扩大与增强，从而使艺术作品的风格总是处于不断的衍生拓展当中。如以《洛神赋》为题材的作品，在魏晋时期就有三种不同的艺术表现形式，最初有曹植的文学作品《洛神赋》，后来顾恺之采用绘画形式、王献之采用书法形式，对其进行了不同艺术门类的表现和诠释，风格各不相同，更不用说其后历代对这一题材的艺术创作的不断衍生与丰富，使其艺术风格样式愈积愈多。

又如以“三国”历史故事为题材的艺术作品，有小说、评书、戏曲、绘画、民间工艺等多种传统表现形式，每一门类艺术都以自身独特的艺术语汇对这一题材进行着风格迥异的诠释和创造，以“层累”态势为后世艺术创作提供了丰厚的资源，树立了典型的范本，表明同一题材采用多种门类艺术表现是可行而有意义的，对后世艺术创作有启示作用。近现代社会以来，随着科学技术的发展，艺术与科技联姻，产生出广播艺术、摄影艺术、影视艺术等新型艺术门类，创作主体采用电影、电视技术所编创的影视作品，使古代“三国”题材的历史故事更为“真实”“生动”地展现在观众面前，其融视听于一体的强大的传播效应，不仅弥补了原先仅以视觉或听觉艺术形式进行“一时”“一地”面对面小范围传播的缺憾，而且其强大的复制功能可以使艺术作品“同时”，甚至“反复”呈现，实现了作品更广范围的传播，促进同一题材作品创作在风格上进一步衍生、拓展。同样，以“梁祝”民间传说为题材的艺术作品，有文学故事、地方戏曲、古典舞蹈、音乐（包括声乐与器乐）、绘画、工艺以及影视作品等多种表现形式。这些不同门类艺术表现形式，以各自特有的艺术语言诠释并丰富着作品的内容，在带给欣赏者美好而丰富的审美感受的同时，也使其内涵意蕴通过各种不同的表现形式一次次获得提升与演绎。诸如此类，不胜枚举。总之，不同的门类艺术不断丰富着古代某一题材内容的再创造、再衍生，使不同时期的艺术创作总是在保持着内容相对“同一性”的同时，通过各种门类艺术的演绎与改造，使作品风格以“层累”的态势不断叠加、累积、衍生发展。

第二，对同一题材内容，从不同角度予以表现，是使作品风格呈现出层累、叠加、多样化的又一重要的创新手段。由于创作主体所处历史时代、性格个性、身份地位、生活经历等的不同，往往会在面对同一题材内容时，产生不同的内心体验，其所采取的创作角度、艺术表现手段也会随之而异，由此造成作品风格的不同。如，以“马”作为绘画题材的创作，不同时代众多画家曾创造出风格各异的精品杰作：唐代宫廷画家韩幹笔下的马，如《照夜白图》（图4.6），体态浑圆、膘肥肉厚，不仅因为那是专人喂养仅供玄宗皇帝使用的御马，同时也是盛唐“以肥为美”审美特征的体现；元代赵孟頫笔下的马，如《秋郊饮马图》（图4.7），个个精神抖擞，形态各异，体现出马的健美和善于奔跑的习性，马不仅是蒙古游牧民族的象征，同时在汉文化中也是杰出人才的代表，象征着英姿勃发的精神，以赵孟頫特殊而显赫的身份地位，以马为题材进行创作，可起到寓意双关的作用。

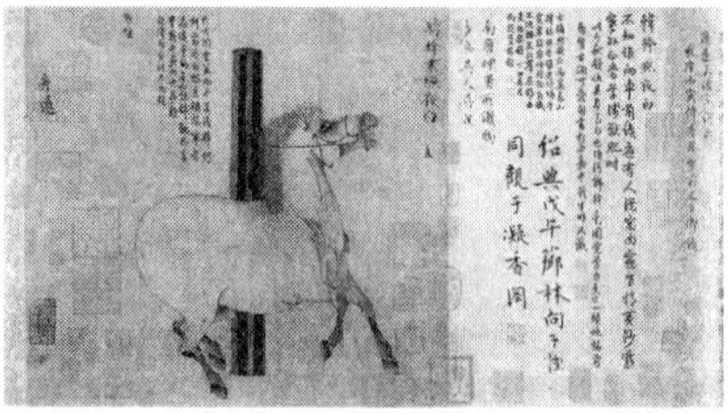

图4.6 唐 韩幹《照夜白图》

图4.7 元 赵孟頫《秋郊饮马图》

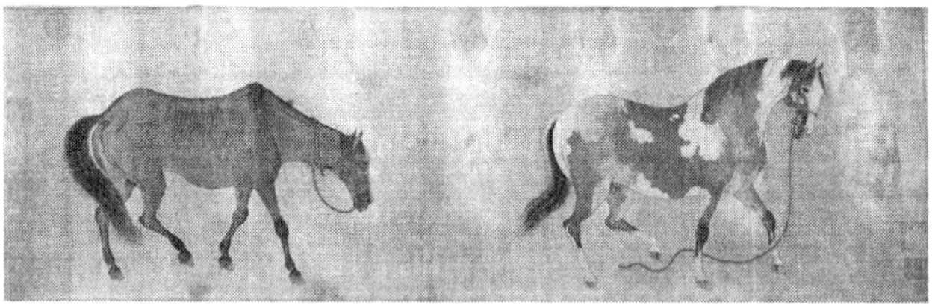

图4.8 元 任仁发《二马图》

图4.9 清 郎世宁《八骏图》局部

而另一位元代画马名家任仁发，其所作《二马图》（图4.8）却体现为一肥一瘦，旨在通过画作抒发其充当“吏事”的卑微处境与内心苦楚，进而传达其“瘠一身而肥一国”的思想内涵。清代宫廷画家郎世宁，将西洋画法传入中国，其所画的马，如《八骏图》（图4.9）特别注重物象的写实性，无论马的形态、结构，还是质感，都显得栩栩如生，如状目前。西洋画法的传入，在拓宽了国人视域的同时，也不可避免地影响并冲击着中国传统绘画风格。

到近现代画家徐悲鸿这里，更为大胆地将西洋素描结构与传统笔墨相结合，重视以动势神情夺造化之功，突破了自古以来以统治者意志为中心或文人贤士怀才不遇的程式，而赋予马更多个人情感与厚重的时代精神。因而，徐悲鸿笔下的马，如《奔马图》（图4.10）雄骏矫健、豪气勃发，那是作者托物抒怀，表达爱国热情的骏马。徐悲鸿将“马”这一题材的绘画推向新的高度，其所画之马“从早期‘踯躅四顾，萧然寡俦’，‘仄觅生刍尽日驰’，怀才不遇、放浪不羁的野马，到九一八事变后‘哀鸣思战斗’，及至抗战爆发后‘相期效死得长征’的战马，再到1953年‘山河百战归民主，铲尽崎岖大道平’的凯旋之马，几成一部时代史诗”。[1]可见，徐悲鸿对于马的诠释，熔铸了个人独特的视角和表现手段，既继承了中国古代以马为题材所采用的笔墨技法，又大胆融入西洋画法，旨在借助西法来改革传统绘画。他提倡写实主义，主张以造化为师，巧妙地将传统水墨写意笔法与西画的透视、解剖、明暗及构图法则融会贯通，进而创造出一种新的水墨风格。从中可见古代艺术风格对后世创作的“层累”影响。

图4.10　徐悲鸿《奔马图》

同样是表现“昭君出塞”这一题材，马致远的《汉宫秋》以彰显伟大民族气节、抨击懦弱无能为旨向，王昭君成为民族矛盾的牺牲品，充满凄楚与感伤；郭沫若的《王昭君》却基于反封建、争取自由的社会背景，将王昭君塑造成一个自愿下嫁匈奴、义无反顾的形象，显现出悲壮之美；而曹禺《王昭君》更是以歌颂民族团结为出发点，王昭君主动请缨出塞，使作品在风格上呈现出明朗而欢快的特色。可见，创作主体对某一题材不同角度的诠释阐发，不可避免地会将其所处时代背景、社会状况以及个人立场、角度等融入其中，从而使其作品以迥异于他人的、独特的风格面目呈现于世。因为，艺术是现实社会的反映形式，创作主体虽然采用的是古代的题材内容，然而所要彰显的却是时代精神。

总之，作品内容在主题、旨趣方面，必须紧跟时代步伐，保持与人民群众的密切联系，力求对古代艺术题材内容予以新角度的开发与拓展，实现艺术反映现实社会的艺术功能。由于不同时代艺术家对于社会生活的感受、思想、情感以及愿望等各不相同，因此艺术作品作为艺术家思考、判断生活的精神凝结，必然因人而异、因时而异、因地而异。正是在这种意义上，我们说，古代艺术影响后世

① 周林生主编：《近现代绘画》，河北教育出版社2012年版，第69页。

艺术创作，主要体现在题材内容的衍生、拓展上，这也是艺术风格“层累”态势之所在。

2. 形式的延续与拓展

形式是构成艺术作品的又一基本要素，它是作品内容得以承载、依托的具体样式，是实现艺术家创作意图、思想情感、愿望追求的表现方式。任何艺术题材内容的呈现都必须借助于某种具体的艺术形式。中国古代艺术创作在文学、音乐、舞蹈、书法、绘画、建筑、园林等艺术领域中，已然形成了各自成熟、完备的形式体系，对于后世艺术创作及风格多元化，具有基础的规范作用。一般说来，艺术作品形式主要通过体裁、结构、技法、语言等几方面对后世艺术创作产生影响。

体裁，是作品的具体呈现形式，不同门类艺术包含有不同的体裁，如文学中的诗、词、曲、赋等，音乐中的清商乐、鼓吹乐、散乐、大曲、古琴音乐等，书法中的篆、隶、楷、行、草书等，绘画中的工笔画、水墨画、版画、漆画、壁画等，每一种体裁在结构、技法、语言等方面都具有一定的规范与法则。艺术家选择不同门类艺术或同一门类艺术中的不同体裁，往往会决定作品风格整体面貌的倾向。

结构，是作品的内在组织与构架。其功用体现在创作中各个要素、部分、环节等的和谐统一，形成浑然一体的艺术整体。结构是作品成功与否的关键。古人在不同门类艺术创作中，特别强调结构的重要性。如绘画方面，谢赫《古画品录》提出“六法”将“经营位置”作为绘画之法之一，五代荆浩《笔法记》提出“六要”中的“思”，释为“删拨大要，凝想形物”，认为绘画之前要进行整体构思，对物象进行提炼取舍，选取最为集中、典型，最能概括物象特性的艺术语言进行创作，而非不加取舍、不分主次、不讲经营布局地笔墨堆砌。中国传统绘画在长期艺术实践中发展出各种各样的结构样式，如全景式、边角式、折枝式、一江两岸式等，各种不同的结构布局，体现了创作主体对画作结构的独特经营，有些结构甚至成为其个人风格的典型标志，如南宋画家马远、夏圭的山水画作，在结构布局上仅画山之一角或水之一涯，物象描绘笔墨简约，却能在以少胜多中获得“言有尽而意无穷”的艺术效果，其独特的结构被誉为“马一角”“夏半边”。中国绘画不仅注重画面中物象的结构布置，而且还重视空白的运用，将虚空视为画作的有机组成部分，以营造“象外”之意境。特别是中国绘画所创立的诗、书、画、印相结合的结构体制，被视为具有民族特征的中国水墨画的经典范式。中国戏曲艺术同样重视结构，清戏剧家李渔在《闲情偶寄》“词曲部”中将“结构”置于第一的位置：“而予独先结构者……至于‘结构’二字，则在引商刻羽之先，拈韵抽毫之始，如造物之赋形，当其精血初凝，胞胎未就，先为制定全形，使点血而具五官百骸之势。”①古代建筑与园林艺术更强调结构，宫廷建筑艺术采用的中轴式、左右对称的结构布局，是皇家至高无上的地位、宽广博大的气度的彰显与展示；而园林艺术“曲径通幽”式的结构布局，不仅具有通达无限幽境的导向功能，符合中国独特审美心理，而且是中国古典园林区别于西方园林的典型特征。由此可见，作为艺术形式表现手段的结构，对作品风格的塑造具有重要作用，尤其对后世艺术创作在结构营造上具有启示意义。

技巧，为艺术创作提供技术支持，是艺术家主体建设的重要组成部分。任何一种门类艺术创作都有专属自己的表现技巧，如音乐的演唱、演奏技巧，舞蹈的形体动作技巧，绘画的运笔、运墨、调色等技巧，雕塑的雕刻工艺技巧，戏曲的“四功”（唱念做打）、“五法”（手眼身法步）等技巧，它们是从事艺术创作的基本功，是形成艺术风格不可或缺的因素。古人在长期实践中，积累了大量关于艺术技巧的方法与经验，如《考工记》关于工艺制作的方法，燕南芝庵《唱论》关于演唱方法，计成《园冶》关于园林设计方法，众多书论、画论中关于用笔、用墨、布白等书写、绘画方法以及大量的各种碑拓、书帖、画谱、舞谱、琴谱、乐谱等，为后世各门类艺术创作提供了一套行之有效的方法体系或程式，无疑是极为珍贵的。艺术技巧是从事创作的必要因素，需要长期不懈地勤奋学习、刻苦训练方可掌握。任何一个成就卓著、风格独特的艺术家，无不是经历了长年累月的艺术技巧训练，才成为名满天下的艺术家。明解缙《春雨杂述》载：“捏破管，书破纸，方见功夫。张芝临池学书，池水尽墨钟丞相入抱犊山十年，木石尽黑。赵子昂国公十年不下楼。巎子山平章每日坐衙罢，写一千字才进膳。唐太宗皇帝简板马上字，夜半起把烛学《兰亭记》。大字须藏间架，古人以箒濡水，学书于砌，或书于几，几石皆陷。”②可见，技巧掌握是艺术家成就个人风格的必经之路。对于戏曲、舞蹈、歌唱等表演艺术来说，也是如此，要想在舞台上有精彩动人的表演，需要冬练三九、夏练三伏，练就扎实的基本功，才能将前人之技，化为自身之艺，再融入个人对艺术的认识、理解和创造，进而形成个人风格。可见，艺术技巧对艺术传达是至关重要的。成熟而精湛的艺术技巧是艺术创新的手段，是将创作者头脑中构思的创作意图、思想情感、理想愿望等鲜活生动地传达给观众的必要手段，唯此才能以夺人耳目的独特风格魅力为他人所接受、欣赏。

语言是艺术表达的手段、媒介。没有艺术语言，就没有艺术作品。如绘画语

① ［清］李渔：《闲情偶寄》，载《中国古典戏曲论著集成》（七），中国戏剧出版社1959年版，第10页。

② ［明］解缙：《春雨杂述》，载潘运告主编：《明代书论》，湖南美术出版社2002年版，第1–2页。

言的线条、色彩等，音乐语言的节拍、节奏、旋律、调式、曲式等，舞蹈语言的形体、韵律、造型等，艺术语言不仅是塑造艺术形象的必备要素，而且是抒发主体思想情感的媒介手段。中国古代各门类艺术在长期艺术实践中形成了自己独特的语言系统。如绘画方面，水墨画以笔墨线条造型，积累了丰富多样的线条与皴法语言，明代汪砢玉《珊瑚网》一书，附录《汪玉水论画》中总结“古今描法”十八种：高古游丝描、琴弦描、铁线描、行云流水描、马蝗描、钉头鼠尾描、混描、橛头描、曹衣描、折芦描、橄榄描、枣核描、柳叶描、竹叶描、战笔水纹描、减笔描、柴笔描、蚯蚓描。清代郑绩《梦幻居画学简明》总结山水皴法共有十六种：“古人写山水，皴分十六家：曰披麻，曰云头，曰芝麻，曰乱麻，曰折带，曰马牙，曰斧劈，曰雨点，曰弹涡，曰骷髅，曰矾头，曰荷叶，曰牛毛，曰解索，曰鬼皮，曰乱柴。”这些绘画语言是古人在长期艺术实践中，为将人物、山水等物象描绘得更加生动、形象所创造出来的艺术语言形式。中国传统绘画色彩有所谓“五墨”“六彩”之说，清华琳《南宗抉秘》说：“墨有五色，黑、浓、湿、干、淡，五者缺一不可。五者备则纸上光怪陆离，斑斓夺目，较之著色画尤为奇恣。得此五墨之法，画之能事尽矣。”清唐岱《绘事发微》指出：“墨色之中分为六彩。何为六彩？黑、白、干、湿、浓、淡是也。六者缺一，山之气韵不全矣。”这些绘画语言是历代创作者长期艺术实践的经验总结，是独具民族特色、完全不同于西方绘画的艺术语言。

中国古代的音乐语言，围绕宫、商、角、徵、羽作为主音而确立的五声调式体系，同样极具民族特色。传统音乐采用不同调式音阶创作的旋律曲调，风格特色各不相同，加之节拍、节奏、快慢、强弱的多样变化以及曲式结构反复与循环，使得音乐风格更加异彩纷呈。特别是古代音乐还有自己独特的记谱语言，如古琴音乐，采用文字谱或减字谱记录乐曲演奏的音位和手法，使得古老的音乐能够保持传统“本色”长久承传下去。

中国戏曲是“以歌舞演故事”的艺术类别，歌唱、舞蹈和表演作为构成戏曲的基本要素，在走向成熟后形成了一套相对稳定的戏曲语言，戏曲中的唱腔、舞蹈身段、表演动作、化妆脸谱以及道具背景等表征性语言，逐渐发展成为凝固的规范化程式。戏曲的程式化使得戏曲形式逐渐变得相对独立。观众欣赏戏曲，无须听懂或看懂剧情，仅就其类型化的人物脸谱、成套的唱腔曲调、唯美的身段表演就足以感受到戏曲艺术的魅力。

中国书法也是特别注重形式美的艺术类别，书法形式美主要体现在笔画、结构和篇章方面。笔画的美，讲究有筋有骨，力透纸背，以彰显强健的生命力，然而无筋无骨的笔画，犹如病弱之躯。[1]结构的美，书法要求一点、一波、一横、一竖都要充分考虑到其大小、短长、粗细、轻重、缓急、纵横、主从、疏密、正斜等，以便做到均衡和谐，既符合不同书体的基本要求，又不至于平直相似，状如算子。篇章的美，是指整幅书作应做到篇章段落安排有度，字形大小错落有致，行距间距绵密疏阔相间，首尾呼应气脉贯通。这些都是古人在长期艺术实践中积累的经验总结和审美标准，历代书家都是在掌握了这些基本形式语言的基础上才逐步形成个人风格的。

可以说，中国古代各门类艺术在艺术表现形式方面取得了丰硕的成果，积累了成熟的经验，古代无数精品杰作的成功很大程度上有赖于艺术形式的完美呈现。艺术形式是艺术内容得以呈现的手段和媒介，是为内容服务的。艺术内容随着时代变迁而不断变化，引起了艺术形式的相应变化，由此使得艺术形式也以不断“层累”的态势对后世艺术创作产生影响。

综上所述，中国古代艺术及风格影响后世艺术创作，一方面，提供富有“民族性”特征的题材内容和表现方式，推动艺术创作总是保持着民族独特性不断承继发展；另一方面，也提供着可供效仿的“模式性”的规范、谱式。借鉴古人创建的久已成熟、稳定的艺术表现形式，有助于保持艺术的民族传统。然而，任何事物都具有两面性，古代艺术及风格样式在为后世艺术创作提供艺术传统的优势资源的同时，也不可避免地成为后世艺术创作发展创新的牵绊。我们知道，古代久已成熟的艺术表现形式，是在古代不同历史环境下，为适应当时的现实生活内容而形成的，某个艺术门类发展得越是成熟，其艺术语言的规范性、程式性也越强。如果在进入现代社会之后，仍然采用古代的艺术形式来表现现代社会生活，必然会出现内容与形式不相符合、甚至“张冠李戴”的结果，不但不能很好地表现现实生活，而且这些形式还会成为艺术创新发展的障碍。因此，如何合理选择、有效利用古代艺术表现形式，使其更好地适应时代的需要，反映时代脉搏，就成为现代社会艺术创作和理论研究必须思考的重要课题。

任何一个民族的艺术，都不是无源之水、无本之木，都需要立足本土、立足传统，从中汲取有利于自身发展的创新因素，使艺术创作在保持传统艺术本色的同时，彰显时代精神，使现代艺术创作既富有民族性，又具有时代性，唯此才能推动艺术创作风格始终保持鲜活的生命力，生生不息地传衍发展下去。

---

① 据钟繇《用笔法》载：“故知多力丰筋者圣，无力无筋者病，一一从其消息而用之，由是更妙。”卫夫人《笔阵图》也强调：“下笔点画波撇屈曲，皆须尽一身之力而送之。……善笔力者多骨，不善笔力者多肉，多骨微肉者谓之筋书，多肉微骨者谓之墨猪。多力丰筋者圣，无力无筋者病。一一从其消息而用之。”

本章要点

本章主要对风格发展的规律、路径以及对后世艺术创作的影响作了研究。艺术风格不断发展变化是必然的，一方面随同时序、世情的更迭而嬗变，另一方面又不完全与其同步，而是受到自身发展规律的制约。这一基本规律就是“通变”，其哲学基础源自于古代哲学辩证法思想的“变动性”“盛极而衰”“穷—变—通—久”等内涵，“通变”规律的本质是“通”与“变”的辩证统一。

古代艺术风格不断承传发展，在不同时代创造了一个个新的发展峰值，关键在于创作主体秉持了“三师”的发展路径。“师古”强调继承传统古法和既有的风格模式，但却不是全盘复古。要注意处理好“师迹”和“师意”的关系，注重广采博收、汲取诸长，更为关键的是师古知变，将继承传统与风格创新相结合；“师造化”强调师法天地万物，是创作求“真”的现实基础，天地造化为创作提供丰富独特表象资源，还有助于激发创作者的情感、想象与灵感，更是获得与之相通、相应的语言表现形式的最佳途径；“师心”强调师法于自己的本心，按照自己的心意与情感进行创作。师心是创“新”开拓精神的体现，体现为不断突破传统法度，敢于表现内心真情，勇于独创自我，体现“我”对艺术独一无二的创见。

中国古代艺术风格多样，影响后世艺术创作是必然的，且历时越久，为后世所提供的资源储备与典型范式也就愈加丰厚。顾颉刚“层累地造成的中国古史”思想启示我们，古史中的事象、人物从来不是固定孤立的，而是随时随地发生变化，其变化来自于主体的主观能动作用。同理，古代艺术风格从未停滞于最初的“原型”状态，总是随同时空地域的转换而发生变化，且以“层累”态势对后世艺术创作产生影响，主要通过内容与形式两方面展开，体现在创作主体结合所处时代、地域状况与受众审美情趣，对某些内容或形式进行改造、重组或衍生，使作品既保持“原型”基本特质，又融入新时代的独特见解与创新意识，由此推动古代艺术风格在内容的衍生、演变与形式的延续、拓展中生生不息。

参考文献

古籍史料

［汉］刘安等编著，［东汉］高诱注：《淮南子》，上海：上海古籍出版社1989年版。

［汉］扬雄撰，韩敬注：《法言注》，北京：中华书局1992年版。

［汉］班固撰，赵一生点校：《汉书》，杭州：浙江古籍出版社2002年版。

［汉］司马相如著，朱一清、孙以昭校注：《司马相如集校注》，北京：人民文学出版社1996年版。

［魏］曹植著，赵幼文校注：《曹植集校注》卷三，北京：人民文学出版社1984年版。

［三国］刘劭著，秦云侠译：《人物志》，武汉：武汉出版社2009年版。

［西晋］陆机著，金涛声点校：《陆机集》，北京：中华书局1982年版。

［南朝宋］刘义庆著，黄征、柳军晔注：《世说新语》，杭州：浙江古籍出版社1998年版。

［宋］范晔撰，［唐］李贤等注：《后汉书》，北京：中华书局1999年版。

［北齐］魏收：《魏书》，北京：中华书局1974年版。

［梁］萧子显撰：《南齐书》，北京：中华书局 1999年版。

［梁］沈约撰：《宋书》，北京：中华书局1999年版。

［梁］钟嵘著，曹旭集注：《诗品集注》，上海：上海古籍出版社1994年版。

［梁］刘勰著，詹锳义证：《文心雕龙义证》，上海：上海古籍出版社 1989年版。

［唐］房玄龄等撰：《晋书》，北京：中华书局1999年版。

［唐］韩愈撰，马其昶校注：《韩昌黎文集校注》，上海：上海古籍出版社1998年版。

［唐］刘禹锡著，瞿蜕园笺证：《刘禹锡集笺证》，上海：上海古籍出版社1989年版。

［唐］李延寿撰：《北史》，北京：中华书局1999年版。

［唐］李延寿撰：《南史》，北京：中华书局1999年版。

［唐］魏徵撰：《隋书》，北京：中华书局1999年版。

［唐］柳宗元：《柳河东集》，北京：中华书局1960年版。

［唐］杜佑撰，王文锦等点校：《通典》，北京，中华书局1988年版。

［后晋］刘昫等撰：《旧唐书》，北京：中华书局1999年版。

［宋］陈淳著，熊国桢、高流水点校：《北溪字义》，北京：中华书局1983年版。

［宋］朱熹撰：《四书章句集注》，北京：中华书局1983年版。

［宋］欧阳修、宋祁撰：《新唐书》，北京：中华书局1999年版。

［宋］苏辙著，曾枣庄、马德富校点：《栾城集》，上海：上海古籍出版社1987年版。

［宋］欧阳永叔：《欧阳修全集》，北京：中国书店1986年版。

［宋］杨万里撰，辛更儒笺校：《杨万里集笺校》（第6册），北京：中华书局2007年版。

［宋］赵与时：《宾退录》（二册），北京：中华书局1985年版。

［宋］魏庆之编：《诗人玉屑》（上、下），上海：上海古籍出版社1978年版。

［宋］魏泰撰，李裕民点校：《东轩笔录》，北京：中华书局1983年版。

［宋］胡仔纂集，廖德明校点：《笤溪渔隐丛话》（前、后集），北京：人民文学出版社1962年版。

［宋］严羽著，郭绍虞校释：《沧浪诗话校释》，北京：人民文学出版社1961年版。

［明］王世贞著，罗仲鼎校注：《艺苑卮言校注》，济南：齐鲁书社1992年版。

［明］徐渭：《青藤书屋文集》，北京：中华书局1985年版。

［明］袁宏道著，钱伯城笺校：《袁宏道集笺校》（全三册），上海：上海古籍出版社1981年版。

［明］谢榛著，宛平校点：《四溟诗话》，北京：人民文学出版社2005年版。

［明］李东阳著，李庆立校释：《怀麓堂诗话校释》，北京：人民文学出版社2009年版。

［清］王先谦撰，陈凡整理：《庄子集解》，西安：三秦出版社2005年版。

［清］何文焕辑：《历代诗话》（全二册），北京：中华书局1981年版。

［清］张廷玉等撰：《明史》，北京：中华书局1999年版。

［清］浦起龙：《读杜心解》，北京：中华书局1961年版。

［清］叶燮著，霍松林校注：《原诗》，北京：人民文学出版社1979年版。

［清］沈德潜著，霍松林校注：《说诗晬语》，北京：人民文学出版社1979年版。

［清］薛雪著，杜维沫校注：《一瓢诗话》，北京：人民文学出版社1979年版。

［清］姚鼐著，刘季高标校：《惜抱轩诗文集》，上海：上海古籍出版社1992年版。

［清］章学诚著，叶瑛校注：《文史通义校注》，北京：中华书局1985年版。

［清］刘熙载撰：《艺概》，上海：上海古籍出版社1978年版。

［清］王夫之等撰：《清诗话》（全二册），北京：中华书局1963年版。

［清］张玉穀著：《古诗赏析》，上海：上海古籍出版社2000年版。

李学勤主编：《十三经注疏》（丛书），北京：北京大学出版社1999年版。

王国维撰：《人间词话》，上海：上海古籍出版社2008年版。

丁福保，周云青编：《四部总录（三）艺术编》，杭州：浙江人民美术出版社2014年版。

何明主编：《荀子新注》（上、下），北京：西苑出版社2001年版。

朱谦之撰：《老子校释》，北京：中华书局1963年版。

黄永堂译注：《国语全释》，贵阳：贵州人民出版社2008年版。

刘黄晖撰：《论衡校释》（全四册），北京：中华书局1990年版。

陈奇猷校释：《吕氏春秋校释》，上海：学林出版社1984年版。

刘俊田、林松、禹克坤译注：《四书全译》，贵阳：贵州人民出版社1988年版。

张少康：《文心雕龙新探》，济南：齐鲁书社1987年版。

张长青：《文心雕龙新释》，长沙：湖南大学出版社2009年版。

石声淮、唐玲玲选注：《苏轼文选》，上海：上海古籍出版社1989年版。

张璋等编纂：《历代词话》，郑州：大象出版社2002年版。

丁福保辑：《历代诗话续编》（全三册），北京：中华书局1983年版。

申骏编著：《中国历代诗话词话选粹》（上），北京：光明日报出版社1998年版。

赵永纪编著：《古代诗话精要》，天津：天津古籍出版社1989年版。

郭绍虞主编：《中国历代文论选》，上海：上海古籍出版社2001年版。

王文治：《明诗话全编》，南京：江苏古籍出版社1998年版。

蔡景康编选：《明代文论选》，北京：人民文学出版社1999年版。

郭绍虞编选，富寿荪校点：《清诗话续编》，上海：上海古籍出版社1983年版。

王运熙、顾易生主编：《清代文论》，北京：人民文学出版社1999年版。

郭丹主编：《先秦两汉文论全编》，上海：上海远东出版社2012年版。

穆克宏主编：《魏晋南北朝文论全编》，上海：上海远东出版社2012年版。

［元］杨维桢：《东维子文集》，《四部丛刊》影旧钞本。

［清］沈德潜：《归愚文钞余集》，清乾隆刻本。

［金］元好问：《遗山先生文集》，《四部丛刊》影明刊本。

［宋］苏辙：《苏学士文集》卷二《赠释秘演》，《四部丛刊》影印本。

［宋］梅尧臣：《宛陵集》卷四十三至四十八，《四部丛刊》影印本。

学术论著

王运熙、杨明：《隋唐五代文学批评史》，上海：上海古籍出版社1996年版。

郭绍虞：《中国文学批评史》（上、下），北京：商务印书馆2010年版。

王运熙、顾易生：《中国文学批评通史》，上海：上海古籍出版社1996年版。

张伯伟：《中国古代文学批评方法研究》，北京：中华书局2002年版。

汤用彤：《汤用彤学术论文集》，北京：中华书局1983年版。

张国庆：《〈二十四诗品〉诗歌美学》，北京：中央编译出版社2008年版。

鲁迅：《而已集》（第二版），北京：人民文学出版社2006年版。

顾颉刚编著：《古史辨》，上海：上海古籍出版社1982年版。

樊浩：《中国伦理精神的历史建构》，南京：江苏人民出版社1992年版。

冯天瑜、何晓明、周积明：《中华文化史》，上海：上海人民出版社1990年版。

王凯符：《八股文概说》，北京：中国和平出版社1991年版。

许冠三：《新史学九十年》，长沙岳麓书社2003年版。

吴承学：《中国古典文学风格学》，北京：北京大学出版社2011年版。

吴功正：《文学风格七讲》，上海：上海文艺出版社1983年版。

陈望道：《修辞学发凡》，上海：复旦大学出版社2008年版。

乐云主编：《唐宋诗鉴赏全典》，武汉：崇文书局2011年版。

童庆炳、程正民主编：《文艺心理学教程》，北京：高等教育出版社2011年版。

美学论著

李泽厚：《美的历程》（修订插图本），天津：天津社会科学院出版社2001年版。

敏泽：《中国美学思想史》（上、下），长沙：湖南教育出版社2004年版。

叶朗：《中国美学史大纲》，上海：上海人民出版社1985年版。

朱光潜：《西方美学史》（第2版），北京：人民文学出版社1979年版。

任继愈：《中国哲学史》，第3册，北京：人民出版社1964年版。

宗白华：《美学与意境》，南京：江苏文艺出版社2008年版。

陈炎主编：《中国审美文化史》（先秦秦汉魏晋南北朝卷），济南：山东画报出版社2007年版。

陈炎主编：《中国审美文化史》（唐宋元明清卷），济南：山东画报出版社2007年版。

艺术论著

长北：《中国艺术史纲》（全二册），北京：商务印书馆2006年版。

长北编著：《中国古代艺术论著集注与研究》，天津：天津人民出版社2008年版。

李希凡总主编，李心峰主编：《中华艺术通史》（夏商周卷），北京：北京师范大学出版社2006年版。

胡家祥：《气韵：艺术神态及其嬗变：中国传统的艺术风格学研究》，北京：中国书籍出版社2013年版。

李心峰主编：《艺术类型学》，北京：文化艺术出版社1998年版。

凌继尧主编：《中国艺术批评史》，上海：上海人民出版社2011年版。

刘道广：《中国古典艺术思想史》，上海：上海人民出版社1998年版。

刘承华：《艺术的生命精神与文化品格》，北京：中国文史出版社2005年版。

彭吉象主编：《中国艺术学》，北京：北京大学出版社2007年版。

彭吉象：《艺术学概论》，北京：北京大学出版社2006年版。

施旭升：《艺术即意象》，北京：人民出版社2013年版。

王宏建主编：《艺术概论》，北京：文化艺术出版社2000年版。

杨琪：《艺术学概论》，北京：高等教育出版社2003年版。

张同道：《艺术理论教程》（第3版），北京：北京师范大学出版社2010年版。

［明］董其昌著，周远斌点校纂注：《画禅室随笔》，济南：山东画报出版社2007年版。

［清］石涛著，周远斌点校纂注：《苦瓜和尚画语录》，济南：山东画报出版社2007年版。

俞建华注译：《中国画论选读》，南京：江苏美术出版社2007年版。

潘运告主编：《中国历代画论》（丛书），长沙：湖南美术出版社1997—2003年版。

周积寅、陈世宁主编：《中国古典艺术理论辑注》，南京：东南大学出版社2010年版。

葛路：《中国绘画美学范畴体系》，北京：北京大学出版社2009年版。

王伯敏著：《中国绘画通史》（上、下），北京：三联书店2001年版。

王子云：《中国雕塑艺术史》（上、中、下），北京：人民美术出版社2011年版。

洪再新编著：《中国美术史》，杭州：中国美术学院出版社2000年版。

周林生主编：《中国名画名家赏析》，石家庄：河北教育出版社2012年版。

潘运告主编：《中国历代书论》（丛书），长沙：湖南美术出版社1997—2003年版。

崔尔平选编点校：《明清书法论文选》，上海：上海书店1994年版。

金学智、沈海牧：《书法美学引论："新二十四书品"探析》，长沙：湖南美术出版社2009年版。

徐利明：《中国书法风格史》，郑州：河南美术出版社2009年版。

《历代书法论文选》，上海：上海书画出版社1979年版。

崔尔平选编、点校：《历代书法论文选编续》，上海：上海书画出版社2012年版。

毛万宝、黄君主编：《中国古代书论类编》，合肥：安徽教育出版社2009年版。

《现代书法论文选》，上海：上海书画出版社1980年版。

中国戏曲研究院编：《中国古典戏曲论著集成》丛书，中国戏剧出版社1959年版。

［明］臧晋叔编：《元曲选》（第一册），北京：中华书局1989年版。

郑绍基、王菊艳选注、译评：《元曲选评》，长沙：岳麓书社2006年版。

刘永济辑录：《元人散曲选》，上海：上海古籍出版社1981年版。

金宁芬：《明代戏曲史》，北京：社会科学文献出版社2007年版。

孙继南、周柱铨主编：《中国音乐通史简编》，济南：山东教育出版社1999年版。

杨荫浏：《中国古代音乐史稿》（上、下），北京：人民音乐出版社1981年版。

刘承华：《中国音乐的人文阐释》，上海：上海音乐出版社2002年版。

刘承华：《古琴艺术论》，南京：江苏文艺出版社2002年版。

刘再生：《中国古代音乐史简述》，北京：人民音乐出版社1989年版。

许健编著：《琴史初编》，北京：人民音乐出版社1982年版。

蔡仲德：《中国音乐美学史》（修订版），北京：人民音乐出版社2003年版。

［明］计成原著，陈植注释：《园冶注释》，北京：中国建筑工业出版社1988年版。

［明］计成著，赵农注释：《园冶图说》（修订版），济南：山东画报出版社2010年版。

闻人军译注：《考工记译注》，上海：上海古籍出版社1993年版。

刘敦桢：《中国古代建筑史》（第2版），北京：中国建筑工业出版社1984年版。

外文译著

［德］歌德等著，王元化译：《文学风格论》，上海：上海译文出版社1982年版。

［德］沃林格著，王才勇译：《抽象与移情》，北京：金城出版社2010年版。

［德］黑格尔著，朱光潜译：《美学》，北京：商务印书馆1981年版。

［法］丹纳著，傅雷译：《艺术哲学》，北京：人民文学出版社1963年版。

［美］方闻著，李维琨译：《心印：中国书画风格与结构分析研究》，西安：陕西人民美术出版社2003年版。

［美］鲁道夫·阿恩海姆著，滕守尧、朱疆源译：《艺术与视知觉》，成都：四川人民出版社1998年版。

［俄］金兹堡著，陈志华译：《风格与时代》，西安：陕西师范大学出版社2004年版。

［俄］别林斯基著，梁真译：《别林斯基论文学》，上海：新文艺出版社1958年版。

［匈牙利］阿诺德·豪泽尔著，居延安译编：《艺术社会学》，上海：学林出版社1987年版。

［英］贡布里希著，杨成凯、李本正、樊景中译：《艺术与错觉》，南宁：广西美术出版社2012年版。

［英］贡布里希著，范景中译：《艺术发展史》，天津：天津人民美术出版社1998年版。

［英］克莱夫·贝尔著，周金环、马钟元译：《艺术》，北京：中国文联出版公司1984年版。

伍蠡甫等编：《西方文论选》（上、下），上海：上海译文出版社1979年版。

陆梅林辑注：《马克思恩格斯论文学与艺术》，北京：人民文学出版社1982年版。

后 记

本书是我的第一本学术专著，在博士毕业论文基础上修订而成。2015年5月4日，一个充满青春的日子，让我终生难忘的日子，这一天参加博士学位论文答辩，我的学术梦想圆满实现了。回首这些年不断求学，追逐一个又一个梦想，一次次憧憬不断前行才能看到不一样的风景，终于在坚持不懈中收获了人生最大的喜悦和幸福。每每想起这一刻，感慨天道酬勤的同时，深感自己是幸运儿，真心想说的就是“感谢”！

首先要感谢的是我的导师王廷信教授。三年读博生涯，王老师对我从事学术研究给予诸多思想启迪和方法指导，使我深刻认识到学术研究并非易事，不仅需要不断拓宽学识视野，逐步培养敏锐的学术洞察能力，更需具备严谨认真的学术态度和求实创新的学术精神。不仅如此，王老师的正直善良、平易近人，对待学生一视同仁、悉心关怀，对待工作认真负责、周详全面等品质，也深深感染着我，能够拜在王老师门下读书学习，的确是一件非常幸福快乐的事情。对于我的博士论文，从选题方向、提纲设定到章节撰写，每一环节都离不开王老师的指导与点拨。记得在选定“中国古代艺术风格”这个宏大论题时，我缺乏足够的底气，尤其是在搜集阅读了大量相关古代艺术风格的研究论文之后更是迷茫。王老师提示我：古代艺术风格事象纷繁复杂，相关风格理论文献零星分散，是否可从自己的学科专业方向“艺术学理论”来思考“古代艺术风格”问题？这一点拨让我豁然开朗，目前相关古代艺术风格论题研究多从单一学科门类艺术视角切入，研究对象多针对风格问题的个案研究，而很少从宏观层面来审视与观照古代各门类艺术所具有的“共性”的风格问题，而这一视角正是当前艺术学理论学科所急需的视点方向。在王老师的鼓励下，我重新调整了研究思路，对古代艺术风格论题的理解在广度和深度上有了新的认识，理论框架也愈加清晰。在具体内容撰写、篇章布局以及字斟句酌等方面，王老师也给予很多指导。在论文的进一步修改完善过程中，我尽可能地追求“至善尽美”（东南大学艺术学院院训），终使博士论文顺利通过答辩，并获得校级优秀博士论文，为后续进一步深入探讨古代艺术理论相关论题奠定了扎实的研究基础。真心感谢恩师给予我为人、处事、治学等方面的指引与帮助！

感谢东南大学艺术学院凌继尧、陶思炎、徐子方、刘道广、周武忠、汪小洋等知名教授，诸位老师辛苦的授课与治学方法的指引，使我对艺术学理论这个新的学科有了宽泛而深入的理解与认识！感谢东南大学艺术学院各位领导、老师和同学所营造的良好学术氛围，院里经常组织各类学术研讨会和讲座，丰富拓展了我的学术视野。

感谢中国艺术研究院李新风研究员，当我将博士论文初稿亲自交到李老师手中时，他对本论题的研究意义高度认可，认为从宏观层面对古代风格事象与风格理论文献进行综合研究，是当前艺术学基础理论研究的重要论题。李老师非常细致、认真地阅读了论文初稿，并提出了一系列修改完善的合理化建议。尽管由于客观原因，我无缘进站中国艺术研究院，但李老师对我进一步深化古代风格论题研究指明了方向，并予以方法引导，尤其是在百忙之中为本书撰写序言，不胜感激！

感谢南京艺术学院夏燕靖教授，在博士论文答辩过程中，对本论题研究给予的鼓励与支持，提出了诸多中肯的修改建议。进站南京艺术学院以后，夏老师对我的博士后研究计划予以充分肯定，对博士后出站报告理论框架的建构与完善，相关课题项目申请以及博士论文的出版等工作，给予很多指导与建议，并在繁重的教学与科研工作之余，为本书作序，对此深表感谢！

此外，还应感谢山西大学文学院许并生教授。读研期间，许老师富有前瞻性的学术眼光，对艺术学学科独到的理论见解，对我影响很大，坚定了我从音乐学拓展至艺术学研究方向的信心，为日后进一步深造打下了良好的基础。

感谢博士同学楚小庆、王建英、白艳霞、李韬、吴彦颐、程波涛、杨晓辉、周晖晖等，在读博期间大家经常在一起交流沟通、相互鼓励，三年博士生活过得充实而有意义！

读博是我人生的一件大事，最应感谢的是我的家人。感谢给予我生命的父母，你们勤劳善良、积极上进的精神品质，是我一生受用不尽的精神财富，使我不断追寻、实现着一个个新的人生目标！遗憾的是，在我读博期间，母亲因病去世，悲伤心痛只能化作前行的动力，不辜负母亲的养育之恩与厚爱！感谢我的妹妹、弟弟，对我学业的支持，在我外出求学时，替我分担照料父母的责任！感谢我的爱人，多年来与我相随相伴，对我工作、学习的鼓励与支持，尤其在我读博期间，他独自挑起家庭重担，并对我的学业以“理工科”思维给予治学方法的启迪。感谢我的儿子，开朗乐观的个性、独立自觉的学习态度，使我能安心读书，顺利完成学业！

此外，本书得以顺利出版，还要感谢东南大学、南京艺术学院、山西教育出版社等单位的支持！

如今《中国古代艺术风格论》一书即将正式出版，欣喜之余内心也有一些惶恐。由于时间有限，加之自己学识浅薄，能力不足，对古代不同门类艺术风格事象关注的广度、对理论文献挖掘的深度还远远不够，尤其是突破门类艺术之间的壁垒，从宏观层面对古代不同门类艺术所具有的普遍的、一般的“共性”风格问题进行综合研究，还处于初步的探索阶段。希冀本书能为古代艺术风格论题研究提供一个新的研究视角，同时也为艺术学基础理论体系的完善，尤其是关于“艺术风格学”的理论建构做一点基础的理论探索工作。

张兰芳

2017年6月于南京石头城